3·1운동에서 본 행정학

3·1운동에서 본 행정학

이문영

고려대학교출판부
KOREA UNIVERSITY PRESS

서문

이 책《3 · 1운동에서 본 행정학》은 나의 일곱 번째 행정학 책이다. 일곱 차례에 걸쳐 행정학 책을 펴내는 이유는 그전에 썼던 행정학 책을 여섯 번 고쳐 보았다는 뜻이다. 여섯 번의 고쳐 봄을 개관하자.

첫 번째 행정학 책은 1962년에 쓴《행정학》(일조각, 1962)이다. 이 책은 내가 1956년에서 1959년까지 경영학, 행정학 공부를 위해 유학했던 미국 학문의 인상을 바탕으로 귀국 후인 1959년부터 3년간 행정학 강의를 하였는데 이를 정리한 책이다. 돌이켜 볼 때 다시 쓰고 싶은 책은 바로 이《행정학》이다. 제2차 세계대전에서 승리한 미국인의 긍지와 행정학적 지략이 후진국의 한 유학생의 눈에 비쳐졌었는데 그때 그 사실을 덜 파헤쳤다는 뉘우침이 지금 있기 때문이다.

첫 번째 책에 대한 바로잡음을 나는《한국행정론》(일조각, 1980)에서 시도했다. 내가 발견한 미국과 한국의 행정현상의 차이점을 발견해 나간 논문집이 이 책일 뿐만 아니라 이 책에는 내가 고려대학교에 제출한 박사학위 논문〈북한 행정 권력의 변질에 관한 연구〉라는 사례 연구가 축약되어 포함되어 있다. 이 논문의 첫째 글은〈한국에서의 행정 개혁을 지향하는 행정 개혁 이론의 모색〉을 탐구하고 있다. 이 글에서 나는 행정에서의 담당자인 공무원, 이 공무원이 마땅히 수행해야 할 과제, 그리고 이 공무원이 일을 수행하기 위해서 상호 협조하는 방법을 나누어 검토하되 담당자, 과제, 그리고 협력 방법에 영향을 미치는 한국 정치와 문화의 특징을 구별했다. 이 구별은 1962년에 쓴 나의 행정학 책 제1장과 대비할 때 엄청난 변화이기도 했다.

나는 내 박사학위 논문을 원래는《서울신문》을 분석하여 쓰고자 했다.《서울

신문》은 군사정부가 의도한 바를 정직하게 표현했기 때문에 이 표현의 차이를 분석함으로 군사정부의 인도주의적 방향으로의 변이를 찾고자 했다. 그러나 나는 분석의 자료를 북한의《로동신문》으로 바꿨다. 한국 정부와의 불필요한 마찰을 피하고자 했다. 아무리 내가 마찰을 피하고자 했어도 나는 군사정부와 드디어 부딪혔다. 한편 북한은 6 · 25전란의 복구사업을 남한보다 더 효율적으로 했다. 이 북한의 효율이 소련의 스탈린 사후 김일성의 주체사상으로 흔들리는 것을 보았다. 이를 구체적으로 말하면 농업협동조합운동에서 '청산리 방법', 공장에서의 '대안의 사업체계' 등 조선로동당으로부터 자율하는 효율운동이 김일성의 주체사상으로 변질하는 것을 보았다. 이 효율의 변질은 김일성 사후 김정일의 선군정치 때문에 더욱 저하되고 있다. 아무리 전체주의 사회라 할지라도 나라가 지배하는 정당의 통제를 벗어나 자율하는 효율운동, 즉 '일하는 조직'이 생기고 나아가 '개인을 존중하는 조직'이 생기면 나라가 자유화도 되고 남북한이 교류 · 공존도 가능하다는 것이 내 발견이었다. 이 이론은 북한에만 적용되는 이론은 아니었다. 남한도 '일하는 조직'과 '개인을 존중하는 조직'이 생겨나면 체제의 자유화도 가능하며 남북한 간의 교류 · 공존도 가능하다는 것이다. 남북한에 공히 적용되는 이 이론을 먼저 실천한 쪽은 남한이었다. 남한은 '일하는 조직'이 성공해 일찍이 포니 자동차를 수출했고 지금은 그랜저를 수출하고 있다. 한편 70년대의 박해 속에서 김대중 대통령 후보가 4대국 보장론과 대중경제론을 펴기 시작하더니 그 후 몇 차례의 올바르지 못한 행위가 있었음에도 불구하고 수평적 정권 교체를 하기는 했다.

《한국행정론》에서 제기된 일하는 조직과 개인을 존중하는 조직의 원형 연구를 나는 10년간의 해직과 5년간의 투옥으로 인해 수행할 수가 없었다. 나의 본격적인 연구는 1984년 8월에 고려대학교의 연구실로 최종적으로 복직된 이후의 일이다. 고려대학교에서 정년한 1992년 직전 해인 1991년에 출간된《자전적 행정학》(실천문학, 1991)이 두 가지 조직의 원형 연구 방법을 비로소 논술한 행정학 책이다.

네 번째의 행정학 책은《논어맹자와 행정학》(나남출판, 1996)이며 이 책이 '일하는 조직'의 원형 연구이다. 네 번째의 행정학 책 이후부터 지금 쓰는 책 일곱 번째의 행정학 책은 나의 정년 이후의 저술이다. 따라서 나는 65세 이후 지금 83세까지 4권의 행정학 책을 썼다. 나는 1984년 고려대 복직 이후 법과대학 법제사연구실에서 개최하는《논어집주》와《맹자집주》의 강독회에 출석하는 행운을 가졌다. 이 참석 도중에 문득 논어와 맹자를 합본하여 다시 제시하면 이것이 곧 논리실증주의를 벗어난 행정학 책이 된다는 점을 착안하여 1996년에《논어맹자와 행정학》을 집필했다. 이것이 나의 네 번째 행정학 책이다.

다섯 번째 나의 행정학 책은《인간 · 종교 · 국가 — 미국행정 청도교 정신 그리고 마르틴 루터의 95개조》(나남출판, 2001)이다. 이 다섯 번째 책은 네 번째 책인《논어맹자와 행정학》의 부족함을 보완한 책임이 자명하다. 중국의 은나라에서의 전체주의 행정이 주나라의 합리주의적 조직 문화를 통하여 극복되었다 하더라도 주나라는 민주국가가 아님이 명백하다. 민주주의는 통치자를 향하여 그 잘못의 시정을 요구하되 정권 교체를 최종 목적으로 한 기독교 문명의 선지자 활동에서만 이를 볼 수가 있다는 것이 나의 다섯 번째 착안이었다. 종교개혁자 마르틴 루터가 1517년에 발표한 항의문에서의 개혁된 교회에서의 교인들의 행위를 민주국가에서의 공무원의 행동으로 바꾸어 본 연구가 나의 다섯 번째 행정학 책이었다.

중국에서 발전된 관료제 조직 문화와 유대 나라와 유럽 기독교 문명의 경험을 거친 예언자 문명이 잘 결합해서 운영되는 나라의 모습을 검토한 책이 나의 여섯 번째 행정학 책인《협력형 통치》(열린책들, 2006)이다. 이 책에서 나는 삼국통일을 칸트의《영원한 평화를 위하여》에서 제시된 원칙을 어기면서 밀어붙인 통일신라의 우악스러움을 견제했던 원효를 검토했다. 성리학의 질곡에서 헤매고 있던 조선조에서 최선을 다해 공직 생활을 다함으로 유교의 상하질서를 합리화했던 한 공직자, 이율곡을 나는 다루기도 했다. 또한 민주주의적 저항이 성공해서 통치하게 된 김대중, 노무현 정권의 잘못을 함석헌의 세 가지 안목에서 검토하기도 했으며, 민주정부가 세계 국가들과 협력해 나아갈 원형을 김구의 임시정부를 통하여 검토하기도 했다.

이상 여섯 번에 걸친 나의 저술이 나는 두 가지 점에서 단순한 상아탑에서의 저술과 차이가 난다고 생각한다. 그 하나는 학문의 동기가 자유주의를 구가한 분위기에서 이룩된 점이다. 나의 첫 번째 저술《행정학》과 그 축약이《한국행정론》에 포함된 나의 박사학위 논문이다. 거듭 쓰지만 나는 다시 쓰고 싶은 책이 1962년에 낸《행정학》이다. 그 까닭은 책을 서둘러 내느라고 생전에 처음 본 민주국가의 모습을 덜 파헤쳤다는 아쉬움 때문이다. 내 박사학위 논문은 1967년도에 하버드대학교 연경학회 초빙학자로 초빙되어 갔을 때 그곳 도서관에서 수집하고 있던《로동신문》을 분석함으로써 가능했는데 이 작업을 하는 도서관 밖에는 월남전을 반대하는 히피들의 운동이 가득 차 있었다. 학생들이 맨발로 대학 구내를 다니는 것이 내 눈에는 긍정적으로 보였다. 미국의 대학은 잔디와 포장된 도로로 구성되어 깨끗한데 구두를 신고 발에 무좀이나 생기게 하는 것이 이치에 안 맞는다는 생각이 들었다. 머리맡에 놓는 초인종 시계를 목에 걸고 다니는 학생들도 꽤 있었다. 긴머리를 고무줄로 매었다. 졸업생을 모집하러 온 군수회사의 모임이 히피학생들의 반대로 중단되었다. 나는 비단 미국만이 아니라 유럽까지도 반체제 운동으로 열심인 분위기 속에서 나의 박사학위 논문을 끝마쳤다는 것을 기쁘게 생각했다. 이상 6권의 저술에 관하여 언급할 다른 한 가지는 이 책들에 대하여 그 가치를 인정하는 상을 받았다는 점이다.《논어맹자와 행정학》에 대하여 한국행정학회가 학술상을 수여했다.《협력형 통치》에 대하여 대한민국학술원이 2007년도 기초학문 육성 우수학술도서로 선정했다. 위에 적지 않은 나의 마지막 저술《겁 많은 자의 용기》에 대하여 한국간행물윤리위원회가 어느 달 이달의 책으로 지정했다.

그러나 관료제 문화와 민주문화가 늘 서로가 협력하여 운영되지 않는 것이 통례라는 것이 내 생각이었다. 두 가지 종류의 문명이 결합되더라도 해당 국가가 다음과 같은 세 가지의 모순을 겪을 때에 하나의 큰 질곡이 생긴다는 것이 나의 일곱 번째 고민이었다. 세 가지의 질곡 중 하나는 나라가 군사국가화하는 일이다. 둘은 나라 안에 가난한 자가 더욱 빈곤화하는 외에는 다른 길을 발견할 수 없는 경우이다. 셋은 나라가 이쯤되었는데 이를 바로잡으려는 지식인의 활동이 미약한 경우이다. 나는 이 세 가지의 과제를 안고 있는 나라로 미국을 지목한다. 이 일곱 번째 과제를 수행한 한 예가 바로 1919년 3월 1일에 한반도의 방방곡곡에서 일어난 일본 경찰서 앞에서의 대한독립운동 만세 사건이다. 이 만세 사건은 지금 막 서술한 세 개의 모순을 극복해 주었다. 한국 민중이 가서 만세를 부른 일본 경찰서는 일본 군국주의를 상징하는 일대 괴물이었는데 이 괴물은 청나라와 러시아를 전쟁을 통해서 극복했었다. 그 괴물 앞에 몇몇 지도자만이 소리를 질러 저항한 것이 아니라 온 백성이 나가서 소리 질렀으니 이는 하나의 큰 장관이 아닐 수 없었다. 나는 이 장관을 생각할 때마다 생각나는 것이 예수와 그 제자들이 46년 걸쳐서 지은 성전 앞에서의 행위와 비교하게 된다. 예수는 큰 성전 앞에서 부자가 많은 돈을 내는 것도 보고 한 과부가 그녀의 하루의 생활비에 해당하는 돈을 헌금하는 것도 보았다. 이 두 헌금 내놓은 것을 보고 과부가 부자보다 더 많은 돈을 냈다고 말했다. 예수와 동행했던 제자는 이 예수의 말을 알아듣지도 못하고 그 어마어마한 성전이 46년이나 걸려서 지은 건축물인 것을 말했다. 이 말을 들은 예수는 "성전을 왜 46년이나 걸려서 짓느냐? 사흘이면 지을 수 있는 것이 성전인데"라고 말함으로써 과부의 돈까지도 빼앗아 성전을 세우는 부조리를 비판했다. 이제 이 예수의 비유를 우리의 3 · 1운동과 견주어 보게 된다. 예수의 경우 예수가 살았던 유대나라는 로마제국주의에 희생된 하나의 변방 국가였다. 이 변방 국가의 종교인 유대교는 큰 성전을 짓는 것에 몰두해 나라의 질곡을 따지는 것은 외면하고 있었다. 이러한 기막힌 사정과 견줄 만한 상황이 1919년 3월 1일에 한국에 바로 있었던 것이다. 유대 나라에는 저항자가 예수 한 사람밖에 없었으나 1919년 3월 1일 한반도에는 저항자가 일반 백성들이었으니 우리는 졸지에 예수들의 분출을 겪었던 것이다. 이 예수들의 분출 현상은 극동 정치문화에서의 이변이었다. 동일한 극동정치문화에서 중국은 아직도 정권 교체를 허용 않은 일당 독재하에 있으며 일본도 정권 교체를 어렵게 하는 나라에 속해 있다.

나는 지금까지 일곱 권의 행정학 책을 썼다고 했는데 문득 생각하니 행정학이라는 이름 이외에 썼던 글들도 다 행정학 책이었다는 생각이 든다. 그러니까 나는 일생을 행정학 책만 썼다. 예를 들어 《제3일》에 30회에 걸쳐 연재한 〈아나로기아〉나 《기독교사상》에 기고한 20회 정도의 논문은 모두 행정학자가 본 그리스도를 논한 점에서 행정학을 신학화한 행정 이론서들이다. 나의 법정에서의 진술은 포악한 정치를 끝장내고자 하는 진술이었으니 문명사회를 지향하는 논의를 법정에서도 편 것에 불과하다. 나의 행정학 연구는 이 땅에 문명사회를 도입하고자 하는 한 지식인의 몸부림이었다.

성서란 무슨 책인가? 성서가 인류를 위하여 해결해야 할 과제를 적은 것이 〈창세기〉 거의 첫 부분에 있는 5대 설화이다. 5대 설화에 적힌 인간의 죄를 통치자의 죄로 본서는 부각했다. 〈요한계시록〉 제21장, 제22장을 이 통치악을 극복된 상태로 제9장 4절에서 묘사했다. 선지자들은 통치악을 극복하고자 나섰던 인물들인데 선지자들의 완성자인 예수는 전술한 대로 우리의 3 · 1운동에 해당하는 저항을 몸소 보였던 사람이다.

본서의 집필이 다 끝나 원고를 출판사에 보낸 후에야 내 교회의 목사 — 제11장 〈개혁이 있는 교회〉에서 C목사로 지칭된 목사 — 가 나를 단독으로 방문했다. 이 방문은 내가 책의 집필 중에 요청했던 것이 드디어 이루어진 것이다. 내 집에 담임목사가 심방 온 일은 제11장에서 언급된 A목사가 내 집을 방문한 지 근 30년 이후에 있는 방문이었다. 내가 《겁 많은 자의 용기》(삼인, 2008)의 집필 목적은 한 권의 행정학 책을 내 일생의 생활을 통해서 다시 다듬어 내고자 모색하는 것이었는데 그때의 제목은 '신문명에서의 공직자'였다. 여기에서의 신문명이 본서에서는 3 · 1운동으로 바뀌었고 나의 자서전 단계에서 구상되어진 공직자는 본서에서 행정학으로 표현이 바뀌었다. 나의 자서전에서의 구상 중 공직자의 사례로서 내 교회의 목사가 개혁되는 모습을 무엇보다도 먼저 바랐다. 나는 이 바람이 얼마나 간절했으면 자서전 책머리에 다음과 같은 글을 써 넣기도 했다.

> 나의 이 고집 같은 기다림을 탓하지 말기를. 기다림은 나의 길이다. 나의 의무다. 나의 숨쉼이다. 배선표 목사님 — 이 배선표 목사님이 제11장에서 적절하지 못한 목사인 A목사, B목사, 그리고 C목사와 대비되는 모범이 되는 목사로 묘사되었다 — 같은 공회의 장이 계셨기에 나는 장남임을 행세해 동생들을 때린 것을 뉘우쳐 이 교회에서 울었다. 이 울음은 지금까지 나를 울게 하는 울음의 샘이다. 교회가 사유화되고 있는 것, 이 때문에 나라가 썩은 것을 아파해 그 후에도 계속 울었고, 지금도 울고 있다.

오해원 씨가 나 대신 제11장 1, 2절을 목사에게 읽어 주었다. 이를 듣고 난 목사가 말문을 열었고 이 말에 이어서 내 말이 이어졌다.

목사 = 지금 들은 장로님의 말씀은 하나도 틀린 데가 없습니다. 저의 잘못을 루터의 95개 조를 견주어 비판하신 점이 뛰어납니다. 그러나 제가 목사로 부임해 온 지 6년 동안 새로운 목회를 위하여 여러 가지의 프로그램을 하고 있고 장학사업을 힘쓰고 있고 장로 중 엄격하고 까다로운 성품의 U장로가 감사를 하고 있는 등 최선을 다하고 있습니다.

나 = 제가 지적한 세 가지를 맞는 말이라고 하신 것과 목회에서 여러 가지로 일을 하신 것이 서로가 모순이 됩니다. 아무리 일을 많이 했어도 A목사로부터 넥타이를 받은 것을 엘리사가 엘리아로부터 겉옷을 받았던 것과 똑같은 행위였다고 설교 중에 원로 목사와의 사적인 관계를 고마워했던 설교는 당신이 아무리 일을 많이 했어도 이 설교에서 교인들에게 풍겼던 당신의 격을 변경시킬 수는 없습니다.

목사 = 설교 중에 제 말은 농담이었습니다.

나 = ……(침묵한다. 그러나 마음속으로 다음을 생각한다.)

'허기야 의인을 죽이는 사람들은 사람 죽이는 것을 하나의 즐거움으로 할 테지. 군사정부 때 나를 잡아가 때린 사람은 나를 때리면서 즐거워했지. 이솝우화에 의하면 대어를 잡았다고 어부들은 즐거워하겠지만 바다에 살다가 잡혀 올라온 생선 떼들에게는 죽음의 장일 텐데.[1]

나는 C목사의 말을 들으면서 내가 어부에게 잡혀 올라 온 생선 떼 안에 있구나라고 한없는 모멸감을 느꼈는데…. 내가 이 C목사가 회개할 때까지 하나님께 기도할 일이 꽤 남았구나. 루터의 말과 같이 사람이 회개하는 것은 쉬운 것이 아니구나.'

목사 = 오늘 좋은 말씀을 들었습니다. 성서에서 한 구절을 찾아 읽겠습니다.

목사가 〈아모스〉 제8장 11절을 읽어 준다.

'내가 이 땅에 기근을 내릴 날이 멀지 않았다. 주 야훼의 말씀이시다. 양식이 없어 배고픈 것이 아니요, 물이 없어 목마른 것이 아니라. 야훼의 말씀을 들을 수 없어 굶주린 것이다.'

다시 심방하겠습니다. 교인들 앞에서 말씀도 해 주세요.

나 = …….(아무 말도 안 한다. 내가 하고 싶었던 말은 다음과 같다.)

'당신의 회개를 지켜보겠습니다. 제가 앞으로 교인들에게는 이번에 나오는 책을 통해서 대화하겠습니다.'

나는 말년에 교회에 나가 앉아서 딱 한 가지 목사가 개혁되기를 기도했던 나의 바람 — 본서에서 언급한 대로 다른 한 가지의 기도는 북한의 김정일이 회개하기를 기도하는 기도가 또 있다 — 을 나의 교회의 주인이신 하나님께서 듣고 계심을 나는 감사한다. 3·1운동 전에 있었던 평양에서 교회 지도자인 선교사들이 앞장서 울음을 터트림으로 대부흥운동이 일어났다. 대부흥운동은 회개의 체험을 통해서 새로운 자아와 새로운 민족적 의지가 형성되었으며 3·1운동의 뿌리가 되었고 드디어는 3·1운동으로 나타났다. 이 대부흥운동이 3·1운동을 일

1 이문영, 《인간·종교·국가 — 미국행정, 청교도 정신 그리고 마루틴 루터의 95개조》, 나남출판, 2001, 143, 145쪽.

으켰듯이 하나님의 역사하심으로 동대문 언덕 위에 우뚝 선 내 교회에서 C목사의 울음이 있기를 갈망하며 이 울음이 나라 전체를 회개하게 하는 울음이 되기를 나는 기대한다.

한 지식인의 몸부림을 가까이에서 본 제자들이 나의 저서에 평가위원을 이번에도 해 준 것을 나는 감사하게 생각한다. 나의 세 번째 책인《자전적 행정학》때에 고려대학교 대학원생이었던 고창훈 교수—그는 내가 1974년에 제1차로 복직했을 때 학부생으로 내 방을 찾아와 내 조교가 되기를 희망했다. 그러니까 내가 괴로움을 겪고 있는 교수인 것을 익히 알고 나를 찾아 온 첫 제자였다. 지금은 제주대학교 교수이다—와 내 연구실 조교였던 김동환 교수—1984년 복직 이후 나를 찾아와 내 조교가 되었으며 현재는 중앙대학교 교수—, 그리고 이종범 교수의 조교였던 윤견수 교수—지금은 고려대학교 교수—등이 내 저술에 평가위원을 지금도 하고 있다. 이 세 명에 첨가해서 나의 경기대학교에서의 석좌교수 생활 동료였던 정성호 교수가 평가교수로 합류했다. 정성호 교수의 합류에 맞추어 내 교회 중앙성결교회의 협동목사였던 김문기 교수—지금은 평택대학교 신학대학원장—의 동참이 있었다. 이 다섯 분들이 내 글을 성의를 다해 읽어주지 않았더라면 건강하지 않은 내 몸을 이끌고 본서의 집필을 끝내기는 어려웠을 것이다. 다섯 교수 중 서울에 거주하는 정성호, 윤견수, 김동환 세 분 교수는 자주 만나기도 하고 맥줏집에 모이는데 나는 건강상 그 축에도 못 끼고 있다. 본서의 제3부를 구성한 3개 장들이 하나는 행정의 특색을 공무원들이 마음을 비우는 것으로 보고 다른 한 장의 특색은 행정을 사람 사이의 의미 있는 만남이라고 보며 다른 한 장은 행정에서 의미 있는 것이 비폭력을 지향하는 기다림이라고 보는 생각은 내 일생에 걸친 행정학의 간추림이기도 하지만 이 세 가지 중 윤견수는 비움, 정성호는 만남, 그리고 김동환은 기다림이라고 서로가 강조하는 것을 나는 듣고도 있었으니 나는 이 책을 제자들을 대신해 쓴 것이기도 하다. 행정학이란 행정부 내에서 누가, 무엇을, 어떻게 하는가를 검토하는 학문이다. 비움, 만남, 그리고 기다림은 누가 무엇을 어떻게 하는가에 맞추어 형성된 덕목이다. 행정의 요체를 비움, 만남, 그리고 기다림으로 보는 세 분 교수의 안목은 군사정부 때에 그 세를 떨쳤던 이한빈 · 박동서 교수의 발전행정론의 주장과 정반대되는 주장이다. 제7장 3절 〈발전행정의 사이비〉에 의하면 발전행정은 1) 민주주의가 없다, 2) 관계가 없다, 3) 학문이 없다 등의 특징을 갖고 있다. 이 세 가지 특징은 3 · 1독립선언의 공약 3장과 그 취지를 정반대로 한다. 즉 인간관에서 볼 때 민주주의가 없는 것은 공약 1장에 어긋난다. 사람에게 마땅히 있어야 할 관계를 무시하는 것은 마땅히 행해야 할 일에 목숨을 건 공약2장과 어긋난다. 고작 통계를 학문으로 보았던 발전행정론에는 인간이 마땅히 취해야 하는 방법을 비폭력으로 보았던 공약 3장의 인도주의와 어긋난다.

김문기 교수는 세 평가교수 중 김동환 교수의 기다림을 신학화했다. 그에 의하면 내 책은 옛날 로마정부 밑에서 시달리던 유대 백성들이 메시아를 기다리듯이 일제하에서 그리고 군사정부하에서 새로운 공직자를 기다리는 책이라는 것이다.

1976년 3 · 1절 기념예배 때 내 교회 목사는 나에게 설교를 부탁했었다. 나는 76년 3월 1일 〈민주구국선언〉에 서명했기에 구금상태가 되어 설교할 기회를 잃었다. 그때에 구상했던 내 설교는 예수의 심판관 앞에서의 말씀과 공약 3장이 동일하다는 것이었다. 예수는 경비원이 따귀를 때릴 때에 “내가 잘못한 것이 있으면 증거를 대라”라고 말씀했는데 이 점은 비폭력을 주장하는 공약 3장과 동일하다. 예수는 심판관 앞에서 자신이 유대나라의 왕인 것을 부인하지 않는 당당함을 보였는데 이 모습은 정당한 일을 목숨을 바쳐서 주장하는 공약2장과 동일하다. 예수는 자신이 하나님의 아들인 것을 주장했는데 이는 만세를 부르는 백성이 하나님의 아들인 것을 공약1장에서 천명하고 있다. 이 불쑥 생각났던 76년 3월 1일의 이야기는 전술한 김문기 교수의 3 · 1운동에 대한 신학화와는 달리 3 · 1운동의 공약 3장에서 본 미시적 신학화이다. 김문기 교수의 신학화와 76년 3월 1일에 만들었던 나의 신학화를 합하여 이에 제시한다.

고창훈 교수는 거시론적인 서평을 했다. 그에 의하면《3 · 1운동에서 본 행정학》은 한반도에서의 교회, 가정, 대학, 그리고 공직자의 거처인 관청을 통해 나온 하나의 새문명의 모습만이 아니라 어두운 아시아와 패권주의를 탈피 못한 강대국에 대한 문명론적 행정학이라는 것이다. 5인 평가교수 중 한 사람인 윤견수 교수는 나에게 그간의 책을 평가한 소감을 편지해 오기도 했다. 그에 의하면 나의《자전적 행정학》은 책의 화두가 아름다움이며,《논어맹자와 행정학》의 화두는 윗사람의 아랫사람에 대한 따뜻함이며,《인간 · 종교 · 국가—미국행정, 청교도 정신 그리고 마르틴 루터의 95개조》의 화두는 올바름이며,《협력형 통치》의 화두는 평화라는 것이 윤견수 교수의 말이다. 나는 이 아름다움, 따뜻함, 올바름, 그리고 평화를 창세기에 나오는 주요 개념으로 생각해 이를 내 글 어디인가에 밝혔다. 지금도 이 제자들은 내가 투석을 하는 병원 시간에 맞추어서 나와 함께 식사를 같이 하고 내 말 듣기를 기다리고 있으나 내 몸이 이를 용납하지 못하고 있다. 사람은 끝이 있고 학문은 영원한 것이라는 것을 느낀다.

《씨올 함석헌 평전》(시대의 창, 2005년)의 저자인 이치석 선생은 이상의 평자들과는 달리 함석헌을 다룬 제8장 〈조선옷을 입은 한 청교도〉 한 장만을 읽었다. 제8장은 제2부인 〈3 · 1운동의 후예〉와 제3부 〈환희로서의 행정학〉을 잇는 한 장이다. 이치석 선생이 이 한 장을 읽고서 "민족의 정체성을 입고 있는 조선옷과 순수한 기독교 정신의 깃발을 올린 청교도는 서로 낯설고 거리가 멀다. 하지만 함석헌에게 조선옷과 청교도는 아주 훌륭하게 어울리는 그림이 분명하다"라고 말했다. 함석헌이 《성서적 입장에서 본 조선역사》에서 《생각하는 백성이라야 산다》를 이어서 《하나님의 발길에 채어서 I, II》에 이르기까지 근 40년을 표현은 다르지만 세 가지 면에서 끈질기게 역사와 현실 비판을 하고 있는 점이 예수의 3대 유혹과 동일하다는 나의 지적을 하나의 감동으로 전했다. 김대중, 노무현 두 정권의 잘못을 함석헌의 세 가지 개혁 지점인 사람관, 일관, 그리고 방법관을 통해서 본 근거를 이치석 선생은 본서의 저자가 3 · 1민주구국선언사건으로 투옥해서 체험한 숨결에 근거한 것이라고 말했다.

좀 더 속 이야기를 할 차례다. 한 토요일 나는 《겁 많은 자의 용기》 책 표지에 서평을 써 준 안병영 교수와 마주 앉았다. 긴 이야기를 나누었는데 그가 나에게 내가 행정학자 중에서 거의 유일하게 고생을 한 학자인데 지금의 내 형편이 쓸쓸한 것이 안쓰럽다고 말했다. 이 안 교수의 말이 우리의 모임을 끝마치게 했다. 안 교수의 말에 대해서 내가 침묵했기 때문이다.

안 교수와 헤어진 후 나는 왜 내가 침묵했는가를 3일간을 생각했다. 내가 대답했어야 했던 내용을 다음에 정리한다.

소크라테스는 감옥에 있을 때 제자들이 그를 출옥시킬 조치를 다 취해 놓고 자기 스승에게 출옥할 것을 권했다. 이때 소크라테스는 출옥하지 않았다. 예수가 십자가형장으로 잡혀가기 전에 제자들이 예수를 말렸다. 이때 예수는 자신의 죽음이 제자들에게 유익함을 말하면서 성령의 유익함을 설명했다. 두 분 다 자신이 죽을 때를 피하고 살면은 너절한 생을 살게 되는 것을 직감해서였다고 생각한다. 3 · 1운동 같은 큰 운동을 지도했던 민족지도자 중 일찍 작고한 분은 아니지만 긴 일제시대를 살아남은 지도자들은 8 · 15해방을 맞이하고 보니까 거의 한 사람도 빼지 않고 친일파로 변절해 있었다. 내 경우 세 번의 옥고 중 첫 번째와 두 번째 옥고는 정부가 나를 출옥시킨 것이니까 해당이 안 되지만 세 번째의 옥고, 김대중 내란음모사건의 옥고는 매를 맞고 김대중이가 내란음모를 안 했는데 했다고 손도장을 찍은 허위진술을 한 옥고였으니 실로 불명예스러운 옥고였다. 이 옥고를 다 치뤘다면 그런대로 체면을 세울 수 있었겠지만 짐작컨대 미국 정부의 간섭으로 나는 출옥했다. 나는 감옥에서 말하자면 죽지 않고 나온 것이 늘 부끄러웠다. 손도장을 찍고 살아남은 나는 이 부끄러움을 잊기 위하여《자전적 행정학》이후 지금의 책까지 여섯 권의 책을 쓰고 있다.

토요일 후 셋째 날인 월요일에 나는 김경재 목사를 만날 기회가 있었다. 우연한 일치였다. 김경재 목사도《겁 많은 자의 용기》의 책 표지에 서평을 적어 준 분이다. 이분은 내 자서전의 제목이 겁 많은 자의 용기라는 것을 좋아하던 목사다. 이때 안병영 교수와의 대화가 막혔었던 이야기를 했다. 내 말을 듣더니 책 제목《3 · 1운동에서 본 행정학》을《손도장 찍고 살아나온 한 학자의 고백》으로 고쳤으면 좋겠다고 말했다. 지금으로서는 요 다음의 책을 기약할 수 없으니 나는 이 권고를 기쁘게 받아들여서 본서의 제목으로 삼을 생각을 했다. 그러나 이 생각은 책을 평가해 주었던 5인 교수와 한 달에 한 번 모이는 교수들 모임에서 받아들여지지 않았다. 내가 《자전적 행정학》 이후 지금까지 출옥한 사람의 부끄러움을 달래기 위하여 썼던 것은 사실이지만 고친 책 제목이 책의 내용을 밝힌 것이 아니라는 것이 이유였다.

나는 본서 제3부부터를 계속할 수가 없을 뻔했다. 몸이 죽과 미음을 포함해 아무것도 받아들이지를 못할 뿐 아니라 한없이 헛구역질을 했다. 눈은 잘 안 보이게 됐다. 이래서 나는 일주일에 세 번씩 병원에 가 누워 투석받기를 결정했다. 투석을 받으면 최소한 음식을 먹게 되고 음식을 먹게 되어야만 내 책을 끝낼 수가 있다는 생각에서였다. 나는 내 생각대로 했다. 내 생각은 맞은 것이었다. 병원에서의 투석은 또 하나의 행운을 나에게 가져왔다. 문병 온 한 제자, 오해원吳海元 군이 내 책을 마무리하기 위하여 대독과 대필을 할 수 있는 사람인 것을 나는 알았기 때문이다. 그는 82학번 고려대학교 정외과 졸업생으로 영국 버밍햄 대학교 석사이며 포천에서 농사를 짓고 대리운전을 하는 등 험한 생활을 하고 있으며 원하는 직업은 일찍이 방문했었던 나라인 필리핀의 대사가 되고 싶어 하는 사람이다. 그는 제9장을 쓰기 위해 내 책 《논어맹자와 행정학》과 《인간 · 종교 · 국가 — 미국행정, 청교도 정신 그리고 마르틴 루터의 95개조》에서 해당 부분을 찾아 내 마음에 맞게 간추리는 일을 했다. 제10장 제1절을 쓸 때에는 나의 사고를 유발하는 유용한 대화도 함께 나누었다. 나는 이 책을 마치면서 오해원 군에게 감사하며 그가 그의 꿈을 이루는 미래를 내가 보지 못함을 섭섭하게 생각한다.

김대중 씨가 70년대에 박해를 받았을 때부터 모였던 교수들의 모임에 나는 지금도 나가고 있다. 한 달에 한 번씩 모인다. 이 책의 완성을 기뻐해 줄 사람들이 이 분들이다. 나를 자동차 있는 곳까지 배웅하면서 기차게 염려의 말을 귓전에 던져 주었던 것 중 "이제는 책을 쓰지 말고 쉬세요"라는 말을 했던 백경남白京男 교수 그리고 온병훈 교수 부인의 아우성을 이제는 안 들어도 될 것 같다. 내 건강이 더 이상 책 쓰는 것을 허락하지 않을 것 같기 때문이다. 이분들은 박해받은 김대중 씨를 도왔던 사람들로 이제는 내 한 몸을 잘 가꾸지 못하는 내게 바싹 붙어 서서 나를 배웅했었던 것에 대한 감사를 이 책을 드림으로 표시하고자 한다.

본서를 고려대학교출판부가 출판해 준 것에 감사한다. 나의 마지막 행정학 책이 될 이 책의 출판을 고려대학교출판부에 요청한 이는 나였다. 이 요청을 고려대 윤성식 교수를 통해서 했다. 출판부에서 출판을 하겠다는 소식을 들었을 때 나는 기뻤다. 과거에 현직으로 있을 때 두 번의 복직했을 때만큼 기뻤다. 본서는 박정희 시대를 풍미했던 이론, 발전행정의 허위를 지적한다. 한편 권위주의의 쓰라린 지배 속에서도 더듬어 나가야 할 학문의 모습을 제시한다. 행정학 교수로서의 제일 과제는 자신의 전공학문에서의 정진이라고 본다. 이 정진을 나타내는 하나의 표가 본서의 출간이다. 그리고 이 정진이 바로 권위주의하에서 학문으로서의 행정학을 더듬었던 나의 모습이기도 하다. 나는 이 책을 끝내기 위해 많은 책을 고려대학교 도서관에서 빌려서 읽었다. 이 책을 빌려 주는 전문가 사서가 고려대학교 중앙도서관 1층 자료실에 있는 것을 알게 되었다. 그분의 이름이 백영희 씨이다. 감사의 말씀을 드린다. 나는 이 책을 쓰는데 적십자간호대학 학생인 박보미 양의 타이핑 도움을 받았다. 까다로운 나의 요구에 미래의 간호사답게 어려움을 순응하는 태도로 일해 준 박양에게 감사한다.

한 권의 책, 어떤 면에서 내 생의 마지막이 될 책을 쓰면서 문득 나는 쓸쓸함을 금할 수 없다. 37년간을 살았던 내 집에 이제는 나 혼자 남게 된 것이 새삼스럽다. 나는 유난히 내 집에 애착을 갖는 사람이다. 3년 전에 작고한 아내, 김석중金惜中의 호칭도 나는 늘 집사람이라고 불렀다. 집사람이 없는 집에서 나는 이 책을 썼다. 그러나 집사람이 세상을 떠난 후 나는 내 집을 집사람이 살아 있는 듯 간수하면서 살아왔던 것이 사실이다. 내 첫 번째 행정학 책의 원고를 출판사에 넘기기 전 집사람이 정리해 주던 모습이 회상된다. 첫 번째의 행정학 책을 쓰고서는 아이들을 양육하느라고 그 후 나를 돕지는 못했다. 그러나 도와주지 않은 지 꽤 오래된 지금에서 아내의 손길을 내가 찾고 있다.

차례

2부 3·1독립운동의 후예

3부 환희로서의 행정학

들어가면서

열매를 보면 나무를 안다

한 집이라는 열매

3 · 1독립운동이 일어난 1919년에서 8년이 지난 1927년에 위에 누님들이 넷이 있는 집의 장남으로 나는 출생했다. 할머니와 부모님이 다 계셨다. 할머니는 종교감리교회에 나가셨고 자신의 방에서 성서를 읽고 기도하시는 분이셨다. 아버지는 기독교 신도였지만 교회에 매이지 않는 분이셨다. 아버지는 종중묘소에 가서도 서서 묵념만 하셨고 집안에서 제사하는 것을 못 보았다. 제사 지내는 것을 내가 처음 본 곳은 처갓집이었다. 어머니는 여전도사가 되고자 감리교신학교에 다녔지만 졸업을 못했다. 어머니가 일생을 출석한 교회는 내가 지금 다니는 무교동성결교회다. 지금은 명칭을 중앙성결교회로 바꿨다.

아버지는 보성중학교 졸업 후 보성전문학교 법학과를 집이 가난해 중퇴했다. 아버지의 중학교 졸업 때 우등증서가 집에 있었던 것으로 보아 보성전문학교를 마쳤었더라면 좀 더 나은 직장에 가셨으리라 생각되지만 그는 그저 일생을 미국회사의 사무직원 일을 하셨다. 미일전쟁이 발발해 미국 회사가 자기 나라로 철수해 나간 후부터는 무직이었다. 어머니는 결혼 후 시작했던 감리교신학교의 학업을 중단하고 내가 5세 때 이사한 세종로 집에서 남면한 길가에 게딱지만 한 양옥이층집을 짓고 손재주가 있어 그곳에서 양복점을 했다. 아버지 실직 후는 어머니의 바느질이 내 집의 유일한 수입원이었다. 내 집 모습을 더 쓰고 싶다. 다만 내 이야기를 쓰는 것은 한낱 자랑을 늘어놓기 위함이 아니라 학문의 필요상 불가피하다는 점을 적고 싶다. 나는 내 《자서전》 말미에 말년에 쓰고자 하는 책의 서문을 쓰는 것으로 책 마무리를 했다. 따라서 내 말년에 쓰는 이 책은 내 이야기가 제기하는 문제를 탐구하고자 하는 것이다. 내 《자서전》과 본서가 합하여져 2부작을 이루는 내 마지막 말이고 싶다. 이런 취지에서 이미 썼던 내 집 모습에 덧붙여 집 모습을 좀 더 분석적으로 설명하자.

1. 내 집은 물질이 아니라 정신을 중요시하는 집이었다. 장남인 나는 단 한 번도 부모로부터 커서 출세하라느니 돈을 잘 벌라느니의 말을 듣지 못했다. 6·25 때 군대에 있는 나에게 보내신 편지에서 아버지는 내 몸 걱정 같은 것을 안 쓰시고 앞으로 명예와 공명의 노예가 되지 말라는 가르침을 쓰셨다.

생일이 일러서 나는 다른 급우들보다 거의 일 년을 일찍 초등학교에 들어가 공부를 쫓아가기가 힘들었다. 설상가상으로 전염병 세 가지를 줄줄이 앓아 성적이 엉망이었다. 초등학교 졸업 후 삼 년 만에 아홉 번을 시험 봐 그것도 청을 넣어 겨우 합격한 중학교가 배재중학교였다. 이러한 나를 부모님은 단 한 번도 나무라지 않았다. 부모님은 딸들까지도 다 진명, 경기, 숙명 등 고등보통학교에 다니게 했는데 장남이라는 나는 경쟁해 들어가는 인문계 중학교는 싫고 원은 청량리에 있는 3년제 을종학교 경성원예기술학교에 가고 싶어했었다. 그러나 이 같은 말을 감히 부모님께 나는 못했다. 이런 나를 둔 내 집은 아이들 공부에 방해된다고 집안에 라디오 하나를 안 사놨다.

2. 내 집은 온 식구가 힘을 합하는 집안이었다. 공부를 못해 제 구실을 못하는 나만 빼고 세 종류의 가족 구성원들이 집안이 잘되도록 제각기 공헌했다. 가장 먼저는 할머니와 아버지의 공헌이다. 할머니는 방에만 계셨지 며느리를 간섭 안 하셨고, 아버지는 실직 중에 늘 부엌에서 밥을 지으셨다. 하루는 추운 겨울날 부엌에서 밥상을 들고 방으로 올라오시더니 다시 나가서 콩나물국에 넣을 고춧가루를 학교 다니는 딸들을 안 시키고 자신이 직접 갖고 오셨다.

이 할머니와 아버지의 모범을 보고 자란 나는 나라가 잘되려면 나라에서 권력을 쥔 공직자가 잘 하는 것이 시작이라는 생각을 갖게 되었다. 예수는 세상을 구원한 자인데 예수는 세상을 구원하기 이전에 자신을 먼저 구원했다고 본다.

둘은 어머니가 열심히 일하셨다. 하룻밤을 새고서 양복천 남자 두루마기를 하나 지으면 일본 돈 2원을 받으셨다. 어머니는 92세에 돌아가셨는데 주일날 자신의 빨래를 다 해놓고 교회에 가셨다가 부인회 회의가 끝나기 직전에 성급하게 남들보다 먼저 나오시다가 넘어지셔서 돌아가셨다. 어머니는 누가 택시라도 잡아 드릴까 봐 이렇게 서둘러 나오시기를 버릇처럼 하셨다.

이 어머니의 희생을 보고 내가 오늘 생각하는 이는 내 나라의 어머니 격인 노동자이다. 노동자가 내 어머님같이 집안에서 잘 해야 나라가 잘된다. 외국 노동자들이 물밀듯이 들어와 궂은일을 하고 노동자들은 과격한 노동운동을 하는 것을 나는 걱정스럽게 본다. 북유럽의 노동자들처럼 노동자들이 세력이 커져 있지만, 임금을 올려 달라고 하면 생산품이 비싸서 상품이 안 팔리니까 임금을 올려 달라고 하지 않는다. 그 대신 부자들이 세금을 낸 것으로 정부가 노동자의 자식들이 암스테르담대학교에 입학하면 생활비까지라도 대 주고 있는 나라가 네덜란드이다. 이렇게 평화적 노동운동을 하는 노동자, 세금을 내는 자본가, 그리고 복지정책을 쓰는 정부, 3자가 대타협을 하는 곳이 네덜란드이다. 이 대타협을 하는 중심 고리는 노동자다. 나는 2007년 대선 때 정동영, 권영길, 문국현이 이런 대타협을 도모하기를 바라면서 영등포구에 있는 민주노동당 청사를 몇 번 찾기도 했다. 세 곳이 아니라 민주노동당사만을 내가 방문했던 것은 노동자가 나라의 어머니 격이어야 한다고 보았기 때문이다.

끝으로 여자들이 도왔다. 여자들은 어머니 격의 사람들이었다. 바로 아래 여동생 화영은 부모가 나의 학비만 대시라고 자기가 다니던 숙대를 그만두었고, 시집간 신영 누님은 동생들 학비를 많이 보태 주었다. 나는 이런 모범을 보아서 10년간의 강제해직 중에도 두 딸의 공부를 박사까지 시켰다.

3. 내 집은 비폭력을 체득한 집이었다. 공부를 집안이 어려워도 시킨 것도 바로 비폭력의 예이다. 누님들까지도 전문학교에 보냈으니, 미국의 청교도들이 그 전후를 잘 모르겠으나 영국과 독립전쟁도 했지만 하버드대학교를 세웠던 것을 나는 인간의 이성에 합일한 비폭력이었다고 본다. 우리의 경우 동학혁명 이후 천도교 교령 손병희가 근 10년간을 고려대 전신인 보성전문학교를 경영했었다. 그러나 천도교가 이후 대학을 안 세웠던 것을 나는 가장 큰 흠으로 생각한다.

또 하나 가장 중요한 비폭력은 포악한 권력에 대하여 말로만 대응하는 것을 뜻했다. 실직 중의 아버지에게 하루는 종로경찰서 사복형사가 찾아왔다. 내 집에는 내 방이 따로 없었다. 나는 아버지 방에서 공부를 하고 있어서 목격할 수 있었다. 형사 말이 "왜 일본식 창씨개명을 안 하였소"였다. 아버지 대답은 딱 한마디 "일본 법률 어디에 창씨개명하라고 적혀 있습니까?"였다. 이런 대답을 들은 형사가 잠자코 좀 있다가 슬그머니 일어나서 나갔는데 아버지는 배웅은커녕 쳐다보지도 잘 안 하시는 듯 보였다.

악한 권력에게 무기를 들면 권력을 쥔 이는 더욱 무장을 단단히 할 뿐 아닐까. 이에 비해 적에게 있는 이성이 거절 못하는 말을 해 적이 마음속으로는 거절할 수 없는 말을 한다면 적들에게 금이 가기 시작한다고 생각한다. 그래서 모세가 파라오 왕에게 열 번을 같은 말 "내 동족으로 하여금 나가서 예배를 드리게 해 달라"를 말했었다. 이 모세의 요구를 들은 파라오 왕은 자신이 신이 아닌 것을 앎으로 마음속으로는 모세의 말을 거절 못 했겠으나 단지 그의 이해관계가 모세를 쉽게 허용할 수는 없었던 것이다. 그러잖아도 공직자의 제1의 과제는 자신을 최소화하는 심성과 훈련을 받아야 한다고 본다. 〈요한복음〉 제1장 1절에 태초에 말씀이 있었다고 쓰고 있다. 폭력을 극복할 태초에 있었던 대안이 '말'이었다는 것이다. 예수가 취조 받은 첫 심문도 "너 무슨 말을 하고 다녔느냐?"였다. 이 심문에 대하여 "내가 무슨 말 하고 다닌 것을 네가 이미 알고 있는데 왜 묻느냐?" (아마 그때도 유신 때 모양으로 민주인사들 강연장에 정보원들이 앉아서 내용을 적어 갔을 것이다)라고 말대답을 했다. 이를 듣고 취조실에 앉아서 경비 보던 놈이 다가와 예수의 따귀를 때리면서 "취조하는 분이 누군지나 알고서 말대답이냐?"고 했다. 예수는 뺨을 맞고서도 또 말대답을 했다. "왜 때리느냐? 내가 잘못했으면 증거를 대라"가 그의 이성에서 나온 말이었다. 이성에서 나온 말이 곧 비폭력과 동의어이다.

위에서 서술 된 내 집의 모습은 세 가지 관점에서 3 · 1독립선언의 공약 3장과 그 내용이 같다고 생각한다. 다음에 일단 공약 3장을 적고 내 집과 공약 3장의 모습을 대비한다.

공약 3장

1. 금일 오인의 차거此擧는 정의인도 생존존영生存尊榮을 위하는 민족적 요구이니, 오직 자유적 정신을 발휘할 것이요 결코 배타적 감정으로 일주逸走하지 말라.
1. 최후의 일인까지 최후의 일각까지 민족의 정당한 의사를 쾌히 발표하라.
1. 일체의 행동은 가장 질서를 존중하여 오인의 주장과 태도로 하여금 어디까지든지 광명정대光明正大하게 하라.

내 집	공약 3장
1. 정신이 제일이다.	1. 일본을 미워해서가 아니라 우리 고유의 천부인권을 신장하기 위해서이다.
2. 힘을 합한다.	2. 마지막 한사람이 남을 때까지 하겠다.
3. 비폭력으로 한다.	3. 어디까지나 질서를 지키면서 만세를 부르겠다.

한미寒微한 한 집인 내 집이 그 큰 공약 3장의 기풍을 받았다니! 그 까닭은 이렇다. 3 · 1운동 때 내 아버지가 충청도 직산에 있는 미국인 경영 금광회사에 취직하고 있었다. 그때 내 집에 하숙하고 있었던 양대 초등학교 교사 임영신 선생(이분이 바로 내가 배재에 입학할 때 배재 교장에게 청을 넣은 분이다)에게 아버지가 독립선언문을 인쇄해 드리되 돈 10원 여비를 지원해 임 선생의 고향인 전주에 가서 이를 뿌리게 했던 고사가 있었다. 이 고사는 내 집의 비밀이었고 내 집의 긍지였다.

그리고 이런 집안에서 나온 한 산물이 이문영이었다. 이런 집안이 아니었다면 결코 다음과 같은 나의 어렸을 때의 행동들이 생겨나지 않았을 것이다. 그러니까 나의 어릴 적 행동들은 다 내 개인의 공적이 아니라 하느님과 부모님으로부터 주어진 은총의 결과였다. 내가 지금 기억하는 의미 있는 나의 첫 행동은 공부를 잘한 것 같은 것이 아니었다. 나는 공부를 못했다. 얼마나 못했으면 산술시험 10점 만점에 6점을 받았을 때 이를 좋아라 했을 정도였다. 이러한 내가 하룻밤 교회에서 어린이 부흥회 때 많은 어린이들 틈에 앉아서 윤판석 장로님의 설교를 들었다. 이분 설교를 듣고 나는 몹시 흐느껴 울면서 장남으로서 남동생들을 툭하면 때린 것을 뉘우쳐 울었다. 이 울음을 터트린 내 곁에 주일학교 오吳교장선생께서 오시더니 열심히 기도를 해 주셨다. 이 뉘우침이 3 · 1운동에 감히 참여했던 한 가정의 장남이 겪은 첫 의미 있는 행동이었다.

지금 생각하니 나를 움직였던 정신은 〈요한복음〉 제16장 8절에 나오는 성령이 하시는 일 세 가지라고 생각한다. 사람이 마음을 고쳐먹는 것은 자기가 잘났다고 고쳐먹는 것이 아니다. 하느님의 긍휼과 자비가 있어 한 불쌍한 사람에게 영향을 미쳐 그를 회개하게 하는 것이다. 사람이 성령을 받으면 죄와 심판과 정의를 알게 된다는 것이다. 여기에서 죄란 관헌에게 잡혀가게 될 예수를 지금까지 따르던 것을 포기하고 배반하는 것이 죄였다. 심판은 무슨 도둑질 한 것을 심판한다는 것이 아니라 악한 통치자를 심판하라는 것이었다. 정의는 출세와 돈 같은 보이는 것이 아닌 것을 가치 있게 보는 마음이었다. 그러니까 성령을 받아 알게 되는 것은 학교공부가 아니었다. 돌이켜 생각하니 내가 만일에 어려서 공부를 잘 한 아이였다면 으쓱해져서 회개하기는커녕 동생들을 더 때렸을 것이다.

어린이 부흥회 때 울었던 나의 행동은 성령이 하시는 일 중 죄를 알게 한 행동이었다. 그 다음으로 성령이 하시는 일은 심판에 관한 앎인데 나는 악한 정부를 심판하는 행동을 중학교 예배시간에 그것을 착안했다. 그때는 일본어로만 수업이 강요된 때인데 유독 일주일에 한 번씩 보는 예배시간만은 한국어가 사용되었다. 나는 이때 들은 한국어를 아름답게 들었다. 이제부터는 공부를 잘하되 나라를 위하여 그리고 기독교의 틀 안에서 공부하기를 결심했다. 그러니까 을종학교에—그 당시 배제중학교는 갑종학교였다—가고 싶었던 내 마음이 바뀐 것은 일본 정부를 심판하기 위해서 공부를 해야 했기 때문이었다. 끝으로 정의正義인데 앞서 말한 일본 형사 앞에서 취하신 내 아버지의 의연한 모습이 자신의 불이익을 전혀 개의치 않으시는 태도이니 이 태도가 곧 정의의 마음임을 알았던 것이다.

요약해 보자. 우리 민족에 대한 일본 제국주의의 자의적 지배의 비극을 몸소 안 내 집안이었기에 그 집안에서 가르침을 받은 나는 나이 어린 동생들을 자의적으로 지배한 것을 마음속으로 뉘우쳤고, 악한 통치를 심판하기 위하여 공부 잘할 것을 결심했고, 불이익을 감수하더라도 적의 이성을 깨우치는 말을 하는 모범을 보았던 것이다. 이제 내 집과 성령이 알게 하는 세 가지가 바로 3 · 1공약 3장의 세 가지와 같다는 것을 다음에 대비할 수 있다고 생각한다.

내 집	성령의 기능	공약 3장
뉘우친 것	죄	질서 내에서 싸움을 시작할 것
결심한 것	심판	마지막 한 사람 남을 때까지 악한 일정에 저항할 것
가르침을 받은 것	정의	보이는 복수보다도 천부인권을 더 존중할 것

'3 · 1 민주구국선언'이라는 열매

38년 전이면 내 나이 43세 때이다. 1970년에 나에게 새로운 시작이 있었다. 그해에 학위 논문인 〈북한 행정권력의 변질 요인에 관한 연구〉를 고려대 대학원에 제출해 박사학위를 받았다. 나는 북한을 북괴라고 지칭하던 그 시절에 《로동신문》 60개월 분을 2기로 나누어 논문자료로 분석하였다. 이 논문은 대외비로 정부에 의하여 분류되었다.

이 논문은 아무리 전체주의 국가라 할지라도 집권당 조직만이 아니라 일하는 조직과 개인을 존중하는 조직이 생겨나기 시작만 한다면 그곳도 경직성을 벗어나고 남북 간에 공존 · 교류가 가능할 것을 전망했다. 나는 이 금서가 된 논문을 그 해 고려대 아세아문제연구소가 주최한 〈남북한 통일에 관한 국제회의〉에 제출했다. 이 영문 논문은 금서이기는커녕 그 후 계속 고려대 박물관이 이를 전시해 오고 있다. 다행한 시작이었다.

나는 그 후 이 연구에서 제기된 원형 연구를 하고 싶었다. 그런데 나는 1973년부터 1984년까지 근 10년간을 독재정부에 의해 해직되어 연구실을 빼앗겼고 이 중 5년간을 감옥에 있었기 때문에 원하던 연구를 할 수가 없었다.

나의 본격적 연구는 고려대에 복직한 1984년 이후의 일이다. 1992년 정년 후는 경기대학교에서 나에게 석좌교수 직을 부여했다. 지배하는 힘을 해체하는 전망을 연 책이《자전적 행정학》(실천문학사, 1991)이고, 일하는 조직의 원형을 연구한 책이《논어맹자와 행정학》(나남, 1996)이다. 개인을 존중하는 조직의 원형 연구는《인간 · 종교 · 국가 — 미국행정, 청교도 정신 그리고 마르틴 루터 95개조》(나남, 2001)이다. 이상과 같은 선행과정 후에 생겨난 남북간의 공존 · 교류를 다룬 책이《협력형 통치 — 원효 · 율곡 · 함석헌 · 김구를 중심으로》(열린책들, 2006)이다. 그러니까 나의 지난 38년간은 통치자의 자의적 지배의 비극을 탈출하고자 몸과 연구로 몸부림 친 기간이었다.

문득 이 38년간의 과거를 되돌아 보아 나의 황금시기는 언제였을까를 더듬고 싶어진다. 얼핏 생각할 때 책들이 나오고 학술상을 받고 외국에서 번역되고 학술원에서 우수도서로 선정을 받았을 때가 나의 황금기같이 생각도 될 것이다. 그러나 그렇지 않다. 나의 38년 중에서 황금기는 10년간의 해직기간이었다. 왜 그럴까.

1. 그때에는 돈이 없었기에 황금기였다. 돈이 아니라 그때는 말하자면 '사람'이 있었다. 한번은 수원역에서 내려서 버스를 타고 더 가는 한 교회에서 강연을

했다. 나는 강사료로 3천 원을 받았다. 전철과 버스로 오가는 비용을 빼고 저녁 식사를 음식점에서 안 사 먹고 남은 돈을 아내에게 가져다주었다. 나는 이때 행복했다.

그때는 돈이 없었지만 사람이 있었던 이야기를 하자. 내가 감옥에 있을 때 지갑을 세 번 아내가 분실했다. 남편을 감옥에 둔 사람이 허둥지둥했을 것이다. 그런데 그 지갑 안에 든 주민등록증에 있는 남편 이름을 보고 지갑을 내 집 대문까지 갖다들 주었다. 세 번을 다.

민심民心이 나를 취조하는 검사들에게도 있었다. YH사건으로 출옥해서 들었는데 하루는 검찰청 직원 일동이 사환아이를 시켜서 금일봉을 갖고 왔다는 것이다. 포승줄에 묶여 검찰청 엘리베이터 안에 있을 때 그 건물 1층에 엘리베이터가 서더니 신사복들이 우두두둑 들어왔었다. 그중 한 사람이 나를 보자마자 눈시울을 붉혔다. 나는 이 사람이 필경 고려대 법대 졸업생이려니 직감했다. 모르긴 해도 금일봉을 보낸 이들을 이런 사람이 주선했을 것이다.

2. 그때에는 기독교가 살아 있었다. 물론 독재자를 위하여 조찬기도회를 하는 목사들도 있었지만 기독교의 한 모퉁이는 살아 있었다. 문익환, 이우정, 서남동, 안병무, 문동환, 이문영 등 해직 교수들이 돌아가면서 설교하는 갈릴리교회를 했다. 이 6인이 주동이 되어 함석헌, 김대중, 정일형, 윤반웅, 윤보선 등 교파가 다른 기독교인들이 합해져 1976년 3월 1일에 유신헌법의 개폐를 요구하는 성명서를 냈다. 이 성명서는 유신시대에 이름 석 자를 쓰고서 요구한 첫 성명서였다. 이 성명 때문에 3회 구속 중 첫 번째의 옥고를 나는 치렀다.

3. 그때에는 나라는 독재였지만 우리가 바라는 나라다운 나라의 대안이 드러나 있었다. 1971년 대선에 야당 후보로 나왔던 김대중 씨가 대중경제론과 4대국 보장론을 내건 것이 바로 나라의 바람직한 모습이었다. 대중경제론은 개발독재에 대한 대안이었고 4대국 보장론은 후일의 햇볕정책과 6자회담의 첫 징조였다. 모르긴 해도 김대중 씨도 자신의 황금기를 그의 집권기보다도 이때를 더 칠 것으로 나는 생각한다.

이렇게 인간 · 종교 그리고 국가가 몰려져 있는 시대가 위대하다. 이 세 개념과 관계가 없는 것은 군사정부와 황금 둘이다. 근세사가 어떻게 중세의 암흑을 뚫고 펼쳐져 나왔는가를 보면 이를 안다. 즉 사람이 노예가 아니라 '사람'으로 이해되었던 문예부흥기, 그 후 곧 사람들이 참된 종교를 찾는 종교개혁, 주권재민사상에 기초한 나라를 세우고자 한 계몽사상의 시기 등을 거치면서 위대하게 변화되었다. 자, 보아라. 여기 어디에 군사정부의 그림자라도 있으며 어디에 산업화니 황금이니 이명박 정부가 잘 쓰던 말 개인소득 4만 불이니가 있는가.

산업화가 필요 없다는 말이 아니라 산업화는 필요하다. 그러나 세계사에서 산업화는 참된 인간 · 종교 · 국가가 생겨난 이후에 인간 · 종교 · 국가의 결과물로 생겨났지 산업화가 산업화를 만들지 않았다. 함석헌 선생님 말씀과 같이 사람은 떡으로 사는 존재가 아니라 생각하기에 사람이며, 생각하기에 백성인 존재이다.

인간 · 종교 · 국가가 한곳에 몰려 있는 예를 바로 함석헌 자신에게서 찾을 수 있다. 그분은 사람 중에서도 맨 사람 되기를 사모해 사람을 씨ᄋᆞᆯ이라고 일컬었다. 그분은 꼭 문예부흥 때의 학인學人들모양으로 고전 연구에 몰두했다. 그분은 종교개혁자였다. 즉 1930년대에 쓴 처녀작 《성서적 입장에서 본 조선역사》에서 기독교를 부끄러워하지 않았고 1956년 《사상계》에 기고한 첫 글은 〈한국 기독교는 무엇을 하고 있는가〉였다. 말년에 퀘이커 신도가 되기까지는 그는 허위에 찬 기독교회를 질타하는 무교회주의자였다. 그는 나라의 정치가 나빠서 일제에 의해 북한의 공산주의에 의해 그리고 남한의 자유당 정부에 의해 옥고를 치렀다.

인간 · 종교 · 국가가 몰려 있는 결합물이 곧 보석임을 보여 주는 곳이 예루살렘 성전 지성소이다. 그곳에 보물 세 가지가 있다. 이들은 다 유대 백성이 출애굽 과정의 세 가지 고사에서 생긴 보물들이다. 이를 성서 〈히브리서〉 9장 4절이 전한다. 그중 하나는 만나를 담았던 그릇이다. 이 만나는 하늘에서 매일 내려온 식량이었다. 이를 다음 날 두었다가 군중들이 먹으려고 비축하면 썩어 버렸다. 사람에게는 일용할 양식이 필요하지 비축할 양식이 필요없다는 교훈이다. 나는 이 만나를 김대중 씨의 대중경제사상과 빗대어 생각도 한다. 만나를 담았던 그릇 사상은 후일에 기업마다에 노동조합을 있게 한 사상이기도하다. 우리의 경우 '삼성'에 노동조합이라도 있었더라면 이건희 회장의 비리가 덜 생겼을 거라고 생각한다.

또 하나의 보물은 십계명을 새인 석판이다. 이 석판은 곧 유대인들의 참된 가르침이었음을 말한다. 오늘날, 교회와 대학과 언론이 이 보물 구실을 해야 한다. 이 점에서 취직할 인재 양성처로 전락한 오늘의 대학과 신자들의 욕심을 충족시키는 기복신앙을 북돋아 주는 오늘의 교회가 보물의 역할을 못하고 있다. 한편 자본과 편집이 분리 안 된 신문사는 기업주 신문이지 국민의 신문이 아니다. 국민의 신문이 아니니 신문이 국민을 가르치지 못하고 있다. 또 하나의 보물은 아론의 지팡이다. 정치 정당성이 있는 정치 지도자만이 보물이라는 이 사상은 국가의 바람직한 모습을 말해 준다. 그리고 경쟁적 야당이 없었던 시기가 바로 보물이 없는 군사정권시대였다.

이제 확실해진 오늘의 과제는 민주화를 계속하는 일이다. 여기에 문제가 있다. 민주주의 중 어떠한 민주주의를 계승할 것인가가 문제이다. 우리의 경험으로 보아 세 가지의 가능성이 있다. 다음 중 하나를 정부는 택해야 한다.

하나는 심하게 무서웠을 때, 즉 1970년대의 민주주의다.
둘은 좀 더 덜 무서웠을 때, 즉 1980년대의 민주주의다.
셋은 10년간의 민주정부 즉 김대중 · 노무현 두 정부의 민주주의다.

위 세 개는 서로가 다르다. 이 구별을 이해하는 데 도움이 되는 책은 크레인 브린튼의 《혁명의 해부》이다. 차기벽 교수가 번역한 책의 저자 하버드대학교 브린튼 교수에 의하면 현대 혁명이 프랑스, 러시아, 영국 그리고 미국의 혁명 등 넷인데,

이 중 프랑스 · 러시아 혁명의 유형과 영미 양국의 혁명 유형이 다르다는 것이다.

후자 혁명에서는 무서울 때 나섰던 혁명투사들이 혁명 후는 혁명 후 생긴 정권에 안 들어가고 자신들의 본업으로 돌아갔지만 전자 혁명에서는 덜 무서웠을 때에 뒤에 있었던—무서웠을 때의 투사 뒤에 있었던—소위 투사라는 사람들이 나와 정권까지를 잡았다는 것이다. 이 두 유형 중 혁명으로서 성공한 예는 후자라는 것이다.

우리의 경우 무서웠을 때는 1970년대이며 덜 무서웠을 때는 1980년대이다. 전 시대에서의 요구는 민주화 하나였지만 후 시대에는 민족 · 민중 · 민주가 합친 삼민주의의 시대다. 덜 무서우니까 말이 많아졌다. 후 시대의 대학생들은 이른바 386세대라 해서 출세한 사람들이 많지만 전 시대의 젊은이들은 고생 끝에 병으로 죽되 험하게 죽든지 암으로 죽은 사람이 천지이다. 김경숙, 김병곤, 김상진, 안종필, 유구영, 윤한봉, 이범영, 전정배, 전태일, 정법영, 조영래, 조민기, 홍성엽 등이 그중의 이름들이다.

민주화를 위해 투쟁하던 때의 정념情念과 민주화된 정권의 정념이 확 달라지기도 했다. 국민의 정부는 김모 전직 국무총리를 초대 국무총리로 함께하기도 했다. 참여정부는 자신을 대통령으로 뽑아 준 정당을 박차고 따로 나가기도 했다. 권력의 논리에는 참된 인간 · 종교 · 국가와는 반대되는 원리 · 부패 · 과격 · 분열 등이 쉽게 자리 잡았다. 2008년 4월 9일 총선에서 통합민주당이 이 부패 과격 분열을 바로잡지 못하더니 목표했던 100석을 못 얻고 81석으로 끝냈다. 민심은 한명숙, 유시민, 김근태, 유인태, 이상수 등에 등을 돌렸다. 손학규, 정동영 두 지도자도 고배를 마셨다.

위에 언급한 세 가지 가능성 중 첫째의 길은 4 · 19를 잇는 길이며 또한 1919년의 3 · 1독립운동을 잇는 길이기도 하다. 자, 보아라. 독립선언의 공약 3장과 70년대의 길이 같은 길인 것을.

공약 3장	70년대의 길
일본이 미워서가 아니라 우리 고유의 천부권리를 신장하기 위함이다.	인간(돈은 없지만 인간이 있었다).
마지막 한 사람 남을 때 까지 만세를 부르겠다.	국가(대중경제와 4대국 보장론은 모든사람이 힘을 합하자는 것이다).
비폭력으로 투쟁하겠다.	종교(해직 교수들이 따로 예배를 보겠다던 갈릴리교회가 기점이 되어서 3 · 1민주구국선언이 나왔다).

다시 쓴다. 1976년 3월 1일에 발표 된 〈3 · 1민주구국선언〉은 유신정부를 향하여 유신헌법을 개폐하라고 11명이 이름 석 자를 쓰고서 발표한 첫 성명서였다. 함석헌, 김대중, 윤보선, 윤반웅, 정일형, 문익환, 이우정, 안병무, 서남동, 문동환 그리고 이문영 등이 그 이름이다. 이 중 문익환을 필두로 한 6인은 갈릴리교회를 만든 해직 교수들이다. 우리는 이 성명서를 발표할 때 3 · 1절이 다가오는데 가만히 있을 수 없어서 이 글을 냈다. 가만히 있을 수 없었던 첫 번째 인물은 시인 문익환이었다. 그러나 이 갈릴리교회는 해직 교수인 이문영이 역시 해직 교수인 문동환에게 해직 교수들이 돌려가면서 설교하는 독재자에 저항하는 교회를 만들자고 제의해 만든 저항교회였다. 이심전심이라는 것이 있다. 또 한편으로는 김대중 씨가 3 · 1절에 가만히 있을 수 없어 유신헌법 반대성명을 계획 중이었다. 일이 된 경위는 이렇다. 갈릴리교회 쪽의 성명서를 먼저 윤보선 씨가 서명했고 이를 김대중, 정일형, 윤반웅, 함석헌 등으로 넓혔다. 우리는 물론 더 넓히고 싶었다. 그러나 서명했던 한 분이 다음 날 새벽같이 찾아와 서명을 취소하는 이변이 생겼다. 무서운 세상이라 서명자는 더 구할 수도 없고 지체하면 비밀만이 누설될 것이 염려 되어 11명으로 그쳤다. 이렇게 3 · 1독립운동이 〈3 · 1민주구국선언〉을 만들었고 우리는 이 때문에 모두가 옥고를 치렀다. 그리고 우리의 옥고가 하늘의 도움으로 유신정부를 끝장낸 위대한 시대를 빛나게 하였다.

이런 나무의 뿌리는 무엇인가

큰 나무 3 · 1독립운동이라는 이 나무는 어디에 그 근원을 두고 있을까? 뿌리가 만드는 것이 무엇일까? 뿌리가 만든 열매의 특징은 무엇일까? 그리고 어떻게 이 열매가 생겨났을까? 우선 일반론을 말해 보자.

나무를 옮겨 심을 때 뿌리와 가지 둘 다 조금도 다치지 않게 옮겨 심기가 어려울 때가 많다. 옮겨 심으면 나무가 몸살을 하기 마련이며 몸살이 심하면 나무가 뿌리째 말라 버릴 수 있다. 그러나 가지를 더러 잘라도 뿌리만 성하면 나무가 산다. 아니, 가지가 지상에 전혀 안 보여도 뿌리만 땅 속에 살아 있으면 겨울 지나 봄이 되면 파릇파릇 싹이 돋아난다. 내 집 한란에서도 이를 나는 보았으며, 진흙 밑의 연꽃에서도 이를 보았다.

1983년에 3개월간을 나는 해외에 강연여행을 한 적이 있다. 하룻밤 나는 미국 뉴욕 유니온신학교 근처에 있는 옛날에 조병옥, 장덕수 박사 등이 유학시절에 다녔던 한 한인교회의 기도회에 섰다. 조국의 민주화를 기도하는 목요기도회였다. 이때 청중을 대하며 우리의 고인古人을 졸지에 만난 듯한 편안함을 나는 느꼈다. 얼굴의 모습이 옛날 중국 사람들이 우리 조상들을 보고 느꼈던 순박하고 예의 바른 얼굴들이었다. 미국이면 내 나라보다 잘사는 나라인데 입은 옷들도 하나같이 구식이었다. 이 청중 중에 정명훈 씨의 장모님도 계셨는데 이 장모님이 우리의 뿌리를 이곳에서 잘 지켰기에 위대한 음악가 사위를 길러 내셨을 것이라고 나는 생각했다.

내가 이야기 하고자 하는 이야기는 나무의 뿌리 이야기는 아니고 이 정명훈 씨의 장모님이 지녔던 우리라는 뿌리 이야기이다. 정명훈 씨의 장모님은 문익환 목사님 사모님의 언니이시며, 이들의 아버지는 한말에 일군에 의해서 무장해제 당한 구한말 우리 장교였다. 이분들은 일찍이 북간도로 옮겨 가 산 후예들이며 시인 윤동주의 이웃들이었다. 따라서 이들은 3 · 1독립운동에 영향받은 분들이다.

1. 사람이라는 나무의 뿌리는 하느님이다.

2. 하느님께 뿌리를 둔 사람이 맺는 열매는 사상이다.

3. 여기에서 사상이란 노예였던 사람이 나라의 주권자인 시민으로 바뀌게 만든 사상을 말한다.

4. 이 사상은 자의적 지배를 하는 통치 밑에서 겪은 피의자의 괴로움과 슬픔을 통해서만 성숙된다.

위 네 개 원리를 3·1독립운동을 통하여 이해해 보자. 이 설명이 본서의 제목이 말하는 3·1독립운동과 새 문명 두 개 점의 개요를 설명하는 것이기도 하다.

1. 하늘에 뿌리를 둔 사람: 나는 이 책에서 궁극적 존재를 하느님으로 적었지 하나님으로 안 적었다. 같은 기독교에서도 가톨릭이 사용하는 공동번역성서는 하느님이라고 쓰고 있다. 이 책은 개신교와 공동으로 번역한 것이기에 나는 하느님으로 쓴 것이다. 이렇게 하나님을 하느님으로 쓰듯 궁극적 존재의 명칭이 바뀔 수가 있다고 나는 생각한다. 예를 들어 사도신경에 의하면 궁극적 존재가 하느님, 예수 그리고 성령으로 다르게 지칭된다. 내 책 《협력형 통치》(열린책들, 2006)에서는 하느님이 XY축상의 +X로 표현되기도 했다.

3·1운동의 뿌리로서 제1부가 다룰 4개 장은 각각 다른 명칭의 궁극적 존재를 다룬다. 제1장에서는 고조선의 빋어, 블, 븕 사상이 제2장에서는 풍류도의 흔과 삶과 멋이, 제3장에서는 1860년의 최제우의 주문의 세 가지 요소가 그리고 제4장에서는 기독교의 성령을 통하여 알게 되는 죄, 심판, 정의가 언급된다.

독립선언서 33인 서명자의 종교적 분포는 기독교 16인, 천도교 15인, 그리고 불교도 2인이다. 독립선언서 작성자 최남선은 고조선의 시조를 신앙한 사람이다. 제1장에서 다룰 빋어, 블, 븕 사상은 일제 시 시대일보 사장이었던 최남선으로부터 그곳 기자였던 안재홍에게 교시했던 사상이다. 이 빋어, 블, 븕 사상은 일하는 방법, 일의 내용 그리고 일하는 사람의 모습을 보여 주기도 하고 공약 3장의 비폭력, 합일하는 모습 그리고 천부의 인권신장을 도모하는 사람의 모습을 보여 주기도 한다. 제2장 풍류도에서 불교의 기여가 보일 것이다. 제3장에서 다룰 최제우는 동학의 창시자이다. 그리고 최제우의 주문呪文은 동학의 요체이다. 제4장 기독교의 요체 중 성령의 기능 분석으로 내용을 삼는 이유는 성령이 사람에게 알게 하는 세 가지인 죄와 심판과 정의가 각각 공약 3장의 비폭력, 마지막 한 사람 남을 때까지 투쟁하는 것, 그리고 운동자의 품격이 정의 실현에 있는 것과 그 맥을 같이하기 때문이다.

2. 사상이라는 열매: 3 · 1운동에서의 사상은 공약 3장이라는 뜻이기도 하고 만세 부름 자체를 말했기도 한다. 공약 3장 중 시작의 개념은 비폭력이기에 3 · 1운동에서의 사상의 시작은 비폭력이라고 말할 수 있다. 그리고 비폭력은 전술한 예수의 취조받음에서 보듯 폭력을 쓰는 통치자도 지닌 이성이 그 타당함을 거절 못하는 '말'을 적을 향하여 말함이다.

따라서 적에게 폭력을 사용하지 않는 '말함'은 하늘에 그 뿌리를 둔 사람의 첫 행동이다. 이 하늘에 그 뿌리를 둔 생각이 성장해 동지들 간의 단결이 곧 해야 할 '일'이라는 사상으로 이어지고 드디어는 천부인권을 생각하는 자유자재하는 사람의 모습으로 옮겨 가는 것이다. 사람은 생각해야만 산다. 사람이 생각할 의미 있는 세 가지는 어떻게 할까, 무엇을 마땅히 할까, 그리고 누가 이를 할까이다. 누가 무엇을 어떻게 할까를 답하지 못하는 기업은 문을 닫게 되고 이 대답을 못하는 백성은 나라를 이민족에게 빼앗긴다. 아내가 작년에 작고한 후 나는 내다 보이는 뜰에 사과나무 묘목을 심었다. 금년에는 처음으로 열매가 열 개쯤 열렸다. 이 사과나무도 빨갛게 변해 가는 열매가 있어서 귀한 것이지 열매가 없으면 베어버릴 것이 아니겠는가. 예수도 열매 없는 무화과나무를 이래서 저주했다. 열매 맺음에 관심이 많았던 예수가 돌아가기 전 제자들보고서 자신은 참 포도나무이니 제자들이 자신에게 붙어 있어 열매를 맺으라고 말씀했던 것이다. 사상은 사람이라는 나무가 맺는 열매다.

3. 무슨 사상인가?: 文明이라는 한문이 먼저 있었는지 혹은 civilization이라

는 영어가 먼저 있었는지를 나는 잘 모르겠다. 다만 나에게 확실한 것은 사람들이 많이 읽는 책이 없었더라면 문명도 없고 civilization도 없다는 생각이다. 따라서 사서삼경과 성서가 중요하다. 따라서 책이란 사람의 '말함'을 쓴 것이며 책은 그 뿌리를 신에게 둔 비폭력 자체이다. 살펴보자. 문명이란 한자로 글 문文이 밝다는 명明과 합한 뜻이다. 글이 밝다는 뜻은 사람들이 많이 읽는 책들을 말한다. 그렇다면 무슨 글을 사람들이 꾸준히 읽어 왔나? 이를 알기 위하여 문명의 영어에 해당하는 말 civilization 즉 시민화됨을 보면 수긍하는 데가 있다. 즉 노예였던 사람이 시민화가 된 것에 관련된 역사와 시와 이론을 적은 글들이 바로 고전인 것이다. 예를 들어 사서삼경이 그렇고 신 · 구약성서가 그렇다. 삼경 중《서경》이 역사를,《시경》이 시를 그리고《역경》이 이론을 적고 있다.

인류 역사에서 통치자의 자의적 지배를 극복한 두드러진 두 개 문명을 여기에서 적시할 수 있다. 그 하나는 관료제이며 다른 하나는 경쟁적 야당이 있는 민주주의이다. 이 두 개 문명은 역사상 거의 비슷한 시기 기원전 1,300년경에 그 시작이 하나는 중국, 다른 하나는 이집트에서 생겼다. 제3부 마지막 장에서 후발 문명인 3 · 1독립운동이 어떻게 선발 문명들을 보완 · 완성할 것인가를 서술할 것이다.

그러나 내가 읽은 선발 문명들에 대한 대안을 제시한 첫글은 3 · 1독립운동 이전의 사람인 톨스토이Lev Nikolaevich Tolstoy(1828-1910)가 쓴 동화《바보 이반》이다. 이 동화를 통해서 톨스토이가 꿈꾼 세상은 세 가지 특징이 있는 나라다. 하나는 그 나라에는 군대가 없으나 군악대만이 있다. 둘은 금화가 있으나 금화는 어린이들의 장난감이다. 셋은 누구나 국민이면 밥을 먹는 것이 아니며 손에 못이 박인 사람만이 밥을 먹는다. 이 동화는 오늘의 미국이 월남전과 이라크전 등 군사주의로 국력을 소비하고 역시 북유럽의 나라 등에 비하여 복지정책을 소홀히 하는 것을 경고한 글이다.

기원전 1,300년경에 서로 거리가 떨어진 두 곳에서 문명이 일어났듯이 기원후 1,900 내지 2,000년대가 비폭력 운동이 세계 각처에서 정착한 시대로 볼 수 있다. 사상은 바람이 국경을 넘어서 불어오듯이 나라가 다른 백성들의 마음을 흔든다고 본다. 은나라를 극복한 주나라의 역사를 담은 글《서경》만 해도 그 내용의 4분지 1가량이 이슬람문명의 자연과학 지식과 동일한 것을 쓰고 있다.

비폭력 문명의 세계에서의 오고감을 적어 보자. 우선 톨스토이가 쓴《전쟁과 평화》가 있다. 전쟁이 끝났다고 평화가 자동으로 오는 것이 아니라 전쟁 중 평화를 이룩할 만한 네 개 형의 인물 즉 비폭력, 개인윤리, 사회윤리 그리고 자기희생을 몸소 실천한 인물들이 있었을 때에만 평화가 온다는 것이다. 그러나 톨스토이의 생각을 운동으로서 성공시킨 나라가 러시아는 아니었다. 공산주의 혁명은 비폭력 문명이 아니었기 때문이다. 러시아와 이웃한 나라 한국에서 비폭력 문명의 시작인 3 · 1독립운동이 발발했다.

미국 청교도인들이 몰려 사는 지대 메사추세츠주 한 호숫가에서 소박한 나무집을 짓고 혼자서 산 사상가 소로Henry David Thoreau(1817-62)도 이때 사람이다. 소로는 무저항주의자였다. 중국의 5 · 4운동이 생긴 것은 3 · 1운동 다음의 일이다. 마하트마 간디Mahatma Gandhi(1869-1948)가 주도한 인도의 비폭력투쟁도 우리 후의 일이다. 남아공의 독립도 그 후의 일이며 공산주의 국가들이 총이 아니라 거리에 군중들이 가슴에 꽃을 달고 나온 것뿐인데 뭉개진 것도 물론 그 후의 일이다.

1984년 9월 학기 고려대 복직을 앞두고 나는 한 여름을 캐나다 빅토리아 대학교 호지킨슨Hodgkinson 교수의 초청으로 나가 있었다. 이때 호지킨슨 교수가 나를 대하면서 두 가지를 놀라워하는 듯했다. 하나는 그때 마침 '현대'에서 만든 포니 자동차가 캐나다에서 팔리기 시작한 일이었다. 둘은 한 보잘것없는 나라의 지식인이 독재에 저항해 10년간을 강제해직되어 연구실 밖에서 있었고 그중 5년간을 감옥에 있었다는 사실이었다. 나는 놀라움으로 썼지만 이 표현이 정확하지 않을 듯도 하다. 우습게 보았던 한국에서 어떻게 이런 일이 있을 수 있느냐 하는 의아해 하는 표정이었다고 말함이 더 적절할지도 모르겠다.

그러나 놀라운 일이 맞는 말이었다. 지금은 포니 자동차가 아니라 소나타 그랜저가 캐나다나 미국에서 팔리고 있고, 지금은 한국의 민주화운동에서 생긴 햇별정책이 부시 미국 정부를 변화시켰다. 부시는 김대중, 노무현 두 대통령을 거북해 했었지만 미국과 북한도 남북이 그러했듯이 공존 · 교류해야 하는 원리를 김대중, 노무현을 미워하면서 배워 핵 포기와 국교를 동시에 실현했던 사람이 부시였다. 이 경우 포니의 수출은 현대자동차 주식회사라는 관료조직 문화의 성숙을 뜻하며 햇볕정책의 수출은 한국 국민의 민주주의 문화의 성숙을 뜻한다.

4. 괴로움과 슬픔을 먹고 자란 사상: 1919년 3월 1일을 기해 일어난 범 민족적 비폭력 독립운동은 피치자의 괴로움과 슬픔을 통해서 일어났기에 전국 합계 1,542회의 시위가 있었고 2,023,089명이 시위에 참가했다. 사망자 7,509명, 부상자 15,911명이며 투옥자는 46,948명이었다.

이 3 · 1독립운동이라는 비폭력 운동은 한국에서 시작된 운동이었다. 이 비폭력투쟁이 민주화를 이룩할 수 있는 모형이라는 것은 영국의 명예혁명과 프랑스혁명을 이은 새로운 민주화의 틀이며 문명의 틀이었다. 위대한 비폭력사상이 우리에게서 생겨났던 이유가 무엇일까? 이는 자의적 지배를 하는 통치 밑에서 겪은 피치자인 우리 겨레의 괴로움과 슬픔이 유별나게 심했기 때문이다. 자의적 지배를 한 통치악을 요약하자면 조선조의 성리학적 유교 지배다.

조선조가 통치의 준거로 한 글은《논어》《맹자》였다. 그러나 이 두 권 책의 고전 이해를 원전대로 하지를 않고 중국 송나라 때 통치체제의 체제강화를 위한 이론으로 내세웠던 성리학적《논어》《맹자》의 해석을 고려조를 찬탈한 이성계가 직수입해 사용했다. 송나라는 백성을 너무 눌러서 통치불능이 되었고 나라를 이민족 몽고족에게 빼앗겼다. 조선조의 경우 다른 사상 예를 들어 동학과 기독교를 이단사상으로 정죄해 가톨릭의 경우에는 로마와 터키에 이어 많은 수의 순교자를 낸 나라가 되더니 나라를 이민족 일본에게 36년간을 빼앗겼다. 조선조가 채택한 글과 다른 원시 유교의 입장에서 쓴 책이 내가 쓴《논어맹자와 행정학》(나남, 1996)이다. 조선조의《논어》《맹자》 등 원전으로부터의 이탈을 다음 몇 가지로 적시할 수 있다.

첫째, 원전에는 충忠도 있고 효孝도 있으나 충효라는 합성어 정치이념은 없다. 부모에 대한 철저한 효 훈련을 통하며 왕에 대한 충성을 다짐했던 것이 조선조였다. 변변한 취직이라는 것이 관직이었던 세상에서 부모가 죽으면 자신의 관직을 사임하고 묘소 옆에서 3년을 지내게 했으니 하나의 희극이었다.

둘째, 칠거지악七去之惡을 만들어 부인이 첩을 둔 남편에게 불평하는 것조차 부인을 이혼할 사유로 만든 것이 조선조였다. 위대한 왕 세종도 남편이 방에 안 들어와 부적을 몸에 지니고 있던 며느리를 내쫓았고 또 며느리 방에 하도 아들이 안 들어가니까 동성연애자가 되어 버린 며느리를 다시 내쫓았다.

셋째, 《맹자》에는 장가 간 아들에게 정부가 3,000평의 농지를 주고 항산책恒産策을 마련하도록 되어 있었으나 조선조는 농노로 유지되는 경제였고, 그래서 툭하면 농민반란이 일어났는데, 동학혁명이 가장 대표적인 농민혁명이었다.

넷째, 중국과는 달리 조선조는 지방의 세력자와 중앙정부가 계약을 맺어서 통치하는 봉건제가 아니라 중앙에서 임명한 관찰사가 지방을 통치하는 나라였다. 임명한 지 수개월도 안 되어 한양에 불려올려진 관찰사가 꽤 많았다.

북한은 이러한 5백 년의 성리학 질곡도 모자라 일제 강점 36년을 거쳐 공산독재가 동구권에서 다 붕괴된 후에도 피치자를 괴롭히는 일을 계속하고 있다. 위대한 사상은 위대한 괴로움과 슬픔에서 탄생한다. 나는 북한 주민들이 봉기해 주권을 찾되 3·1독립운동 같은 비폭력 운동으로 이룩할 앞날을 꿈꾼다. 이 꿈 안에는 북한 출신자가 새 통일될 한국의 대통령으로 선출되는 꿈도 포함된다. 위대한 괴로움과 슬픔이 위대한 사상을 만들고, 위대한 사상을 가진 이가 참 어른이 된다.

다른 사리事理를 생각해 보자. 은나라의 전체주의를 이긴 주나라의 건국자들이나 이집트에서 엑소더스한 히브리인들이나 다 운동가들이다. 이 사상은 피치자의 괴로움과 슬픔을 견디어서만 성숙하는 것이기 때문에 사상운동에서 잃은 것이 많은 기득권자는 운동에서 이탈하기 마련이다. 3·1운동의 근거 이론인 민족자결주의를 주창한 사람은 미국의 윌슨 대통령이다. 그런데 그는 그의 밀사 태프트와 일본의 밀사 가쓰라 사이에 밀약을 맺어 미국은 필리핀을 그리고 일본은 한국을 점유하게 했다. 3 · 1운동의 경우 운동 후 일찍 작고한 분들은 말고 1945년 해방됐을 때의 33인 지도자들 중 생존자는 모두가 친일파가 되어 있었다. 심지어는 선언문의 기초자 최남선도 친일파로 밝혀졌다.

1919년에서 26년이 지난 1945년에 가서는 이분들이 괴로움과 슬픔을 견디어 내지 못했던 것이다. 그렇잖아도 1976년 3월 1일에 3월 1일을 그대로 지날 수 없어서 반유신헌법을 서명했던 11명의 경우도 서명 후 26년 후인 2002년에는 어찌되었을까를 나는 생각해 11명을 일일이 2008년에 쓴 내 《자서전》에서 분석했다. 26년이 뭔가. 5년도 못 되어 전직 대통령인 윤보선 씨는 동지들을 내란음모로 죽이려고 한 전두환에게 순해져 그의 비서를 전두환의 전국구 국회의원으로 보냈다.

그러니까 일반대중 중에서 지식이 있고 돈이 있고 자리를 잡은 지도자들인 기득권자가 배신하지도 않는다면 괴롭고 슬픈 세상도 아니다. 또한 이 기득권자가 배반하지도 않으면 그까짓 것이 운동도 아니다. 그러니까 예수는 몇 사람이 자신의 이름으로 모이는 것을 끔찍이 여겼다. 웬만한 이들이 뿔뿔이 도망가지도 않는다면 그까짓 것은 운동도 아니다. 1976년 3월 1일의 〈민주구국선언〉 서명자로 11명밖에 못 구했었던 것이 오히려 그 선언의 파급효과가 컸었다고 나는 생각한다. 나는 일제시대 변절한 사람도 후기가 전기보다 많았을 것이라고 생각한다. 한때는 잘하다가 나이 들어 힘이 없고 외롭고 심심해지니까 변절했다고 생각한다. 혼자 있을 때 조심하라는 뜻에 신기독愼其獨이라는 말이 있다. 이때의 독은 늙었을 때의 독 아닐까 한다.

괴로움과 슬픔이 사상을 만든다는 점에서 한 가지만 더 말하자. 괴로움과 슬픔을 잘 견디는 끝자리에 가서야 꽃이 피고 열매를 맺는 것이기에 괴로움과 슬픔을 정 못 견디었으면 이 지구상에서 그 공동체는 멸망해 버리고 마는 것이다. 모르긴 해도 남미에서 보는 잉카문명이 그런 것이 아니었을까 한다. 그러나 견디면 사상을 낳는다.

내 어렸을 적에 앞집에 김남호 의사가 계셨다. 허름한 옷을 입고 부인은 가톨릭교회에 늘 봉사활동을 다녔다. 나는 이분 진료실에서 한문으로 쓴 안재홍 씨의 《조선상고사감》을 얻었다. 이분은 어떻게 보면 엉터리 의사였다. 내 몸을 봐 달라고 가면 "가서 잘 쉬세요. 약을 지어 드릴까요?"라고 환자인 나에게 묻는 분이기 때문이다. 이렇게 돈을 벌어서 돌아가시기 전에는 많은 재산을 자신의 모교 서울의대와 동네 교회 세종로 가톨릭교회에 기부하셨다. 한번은 진료실에 내가 앉아 있을 때 의사와 한 노인이 대화하는 것을 나는 들었다. 노인이 자기의 아들이 무릎이 아프다고 말했다. 의사 말이 "좀 기다려 보세요"였다. 그 노인이 간 후 나는 김 의사에게 농담을 했다. "사람 죽이려고 기다리라고 그러셨어요"라는 내 말에 의사는 무엇이라고 말했는지 아는가? "무릎 안에 기껏 있어야 고름이 있습니다. 그 고름이 밖으로 나오면 그 병이 나아요"가 그의 대답이다. 이 대답을 나는 종종 생각한다. 죽지만 말고 견디어 내면 내 겨레도 사상도 문명도 만들어 낸다고.

새 사상과 새 문명을 만드는 이를 성서는 창녀와 세리가 만드는 세상이라고 말한다. 포도원 주인에게 아들 둘이 있었다. 주인이 큰아들 보고 포도원에 가서 일하라 하니까 큰아들이 가겠다고 말하고는 가지 않았다. 둘째 아들에게 포도원에 가서 일하라고 말했더니 둘째 아들은 면전에서는 가지 않겠다고 말했는데 둘째 아들은 일하러 갔다. 예수는 둘째 아들을 더 낫다고 말했다. 성서는 아버지가 죽으면 자동적으로 아버지의 재산을 이어받는 장자를 꺼려 한다고 나는 생각한다. 이 비유를 말하면서 예수는 미래의 세계는 기득권자가 아닌 천대받는 창녀와 세리가 만든다고 말했던 것이다.

미국이 우습게 보던 그리고 주동자들조차도 우습게 보던 만세 부르던 사람의 뿌리를 따지는 것이 이 책의 제1부가 될 것이다. 제1부를 간추린다. 독립선언의 공약 3장이 일하는 방법, 일 그리고 일하는 사람의 바람직한 모습을 보여 준다.

비폭력 → 단합 → 천부인권의 신장으로 성숙해 나갈 문명의 모습이 고조선, 풍류도, 주문, 그리고 성령이 하시는 일에서 이미 드러나 있었다.

공약 3장	고조선	풍류도	주문	성령이 하시는 일
비폭력	ᄇᆡᆨ어	혼	영세불망	죄
단합	ᄇᆞᆯ	삶	조화정	심판
천부인권의 신장	ᄇᆞᆰ	멋	시천주	정의

3·1운동이 이미 겨레에 만들어 놓은 일이 크다. 이처럼 이미 만들어 놓은 일들을 따지는 것이 제2부가 될 것이다. 우리의 4·19와 민주화운동 그리고 인도의 해방과 동구권의 붕괴가 그 내용이 될 것이다. 그러나 3·1운동에 참여했던 인사들의 변절이 있었고, 4·19와 민주화운동으로 탄생한 정권에게도 잘못이 있었다. 이를 따지는 것이 제7장이다. 잘못 이후의 3·1운동정신을 어떻게 계승할 것인가를 생각한 장이 제8장 함석헌의 〈펜들힐의 명상〉이다. 함석헌의 글은 70년대의 길목에서 그가 쓴 글로 권력과 돈과 자신을 해치는 적을 넘어서는 자유자재하는 한 영혼의 모습을 보여 준다. 끝으로 앞으로 만들 세계를 꿈꾸는 것이 제3부가 될 것이다. 비폭력에서 새 학문이 무엇을 배우며, 단합에서 새 윤리의 내용이 무엇이 되며, 천부인권의 신장에서 새 종교의 모습이 어떻게 될 것인가를 3개의 장이 다룰 것이다. 그리고 이 모든 꿈이 실현되기 위한 행정의 모습은 어떻게 달라져야 하는 것일까를 더듬는 부가 〈환희로서의 행정학〉이다. 행정의 정의를 맨 나중에 다룬 것을 유의하기 바란다. 행정은 사람을 괴로움과 슬픔에서 구해 내는 학문이다. 따라서 학문 이전에 먼저 괴로움과 슬픔에서 사람이 탈출할 수 있었던 한 고사를 나는 기억할 수밖에 없는 것이다.

1부

3·1독립운동이라는 뿌리

제1장
우리의 〈창세기〉

잉태와 허공

81년 생애 중 내가 봤던 겨레의 좋은 점과 궂은 점 하나씩을 뽑을 수가 있다고 생각한다. 좋은 점은 〈들어가면서〉에서 쓴 대로 3 · 1독립선언서를 등사했던 부모의 자식으로서 마음에 간직했던 긍지와 3 · 1민주구국선언에 서명해 옥고를 치른 이의 기쁨 두 가지다. 두 가지 중 전자는 어떻게 보면 사적인 것이고 후자는 공적인 것으로 다르게 보일 수 있으나, 내 경우 이 둘은 하나다. 둘이 하나인 것을 작고한 집사람의 유품 중 무엇을 내가 귀중하게 여기는가를 보면 이를 안다. 내가 소중히 여기는 집사람의 유품은 3 · 1사건 때 구속자 가족들이 목에 걸고 다녔던—그래서 집사람도 걸고 다녔던—목걸이다. 둥근 동판 앞에는 십자가가 뒤판에는 물고기가 새겨진 소박한 목걸이다. 그가 지녔던 패물붙이도 입었던 옷도 구두도 적금통장도 사랑했던 목련나무도 다 사라지고 버렸어도 이 목걸이를 나는 간직하고 있다.

3 · 1사건을 내가 뜻 있게 보는 것을 재판의 최후진술에서 나는 기쁘다고 말했던 것을 보아도 이를 알 수 있다. 난방이 없는 감방은 추웠다. 하루는 밤중에 추워서 깼다. 그런데 깨면서 나는 웃으며 깨고 있는 나를 발견했다. 이 발견과 동시에 나는 웃는 얼굴을 벽 쪽으로 돌렸다. 웃는 얼굴을 시찰구를 통해서 교도관이 보기라도 하면 이문영 교수가 감방에서 이제는 못 견디어서 돌았다고 보고할까 봐였다. 이때 나는 왜 내가 웃는가를 생각했다. 이때 생각한 것은 두 종류의

웃음이 사람에게 있는데 하나는 쾌락이며 다른 하나는 즐거움이라는 것인데, 내가 웃었던 웃음은 즐거움이라는 걸 알았다. 대저 두 종류의 웃음이 생기는 원천이 상이하다는 생각을 다음과 같이 했다.

종류	원천
쾌락	환경과 물질적인 조건이 좋은 데서 생긴다.
즐거움	참여와 정신의 올바름에서 생긴다.

그런데 쾌락과 즐거움은 일직선상의 한쪽 끝에 쾌락이 있고 다른 끝에 즐거움이 있는 식으로 존재하는 것이 아니라는 생각도 했다. 즉 쾌락과 즐거움은 서로가 계통이 다르다는 것이다. 즉 쾌락이 있어도 즐거움이 없을 수 있고 쾌락이 없는데도 즐거움이 있을 수 있다는 것이다. 거친 밥을 먹고 추운 방에서 나는 불쾌했지만, 아니 불쾌했기 때문에 오히려 나는 '보람' 속에 있었다. 나는 이때 신약성서가 적고 있는 참된 행복을 생각했다. "나 때문에 모욕을 당하고 박해를 받으며 터무니없는 말로 갖은 비난을 다 받게 되면 너희는 행복하다"(〈마태오복음〉 제5장 11절) 곰곰이 생각할 때 외롭고 늙은 지금의 내가 견딘다기보다는 그런대로 행복한 근원도 이 감옥에서의 즐거움에 연원이 있다고 생각한다. 이 비슷한 심정을 나는 내 《겁 많은 자의 용기—지켜야 할 최소에 관한 이야기》(삼인, 2008) 끝 무렵에 썼다.

위 3·1민주구국선언사건에서의 옥고는 나의 제1차 구속이었다. 그 후 제2차 구속이 YH사건이며 제3차 사건이 김대중 내란음모사건이다. 세 번으로 옥고가 거듭할수록 즐거움이라는 이 감정 경험이 중첩되면서 무엇인가 다른 것이 첨가됐던 것이 있었음을 나는 이 시점에서 회상할 수 있다. 즐거움은 말하자면 3·1민주구국선언사건은 기쁨이라는 제1악장이었다. YH사건에서 첨가된 감정은 노동자에게, 특히 죽은 김경숙에게 아무것도 해 주지 못했던 무력감이었다. 바람직한 노사관계의 틀이 군인정치에 의하여 무참하게 휘어지는 것을 막을 수 없었다. 짐작하건대 이런 심정에서 나와 함께 구속되었던 고은 시인은 석방 후 노동학교를 만들었을 것이다. 나의 제3차 구속으로 이 기쁨과 무력함이라는 늪에 이어서 하나가 더 생겼다. 그것은 나보다 더 나은 실체인 보통사람에게 소망을 거는 실낱 같은 바람이었다. 내란을 하지도 않았으면서도 김대중 씨를 죽이는 사건으로 지장을 찍고서 나만 살고자 했던 나에게 아직도 남아 있던 자그마한 내 양심이 숨쉬는 생각이었다. 글 꽤나 했다는 나 같은 이는 소용이 없을 뿐 아니라 소용이 있는 이가 곧 보통사람이라는 희미한 생각이다. 그래서 제3악장의 제목은 보통사람들이라는 소망이다. 1919년의 3 · 1독립운동사건에서 민족자결론을 편 미국 대통령 윌슨이나 1945년 해방됐을 때 변절자들로 발견된 지도자들과는 달리 흰옷을 입고 나와 만세를 불렀던 보통사람들의 역할에 나는 주목해 이 책을 쓰고 있다.

이 기쁨, 무력함, 보통사람들의 소망으로 이어지는 나의 세 번에 걸치는 4년 10개월의 옥고를 나의 81년 생애 전체라는 지평에서 생각하고 싶다. 좀 아까 나는 오늘의 늙은 몸을 견디어 보는 근거를 이 옥고에서의 감정경험이라고 말했던 생각에서이다. 크게 보아 잇속으로 사는 생활을 떠나 올바름으로 사는 생활로 가고자 하는 몸부림이 생각의 요약이 아닐까 한다. 어려서부터의 부모님과 교회와 배재중학 · 보성전문학교 등으로부터의 가르침의 요약도 잇속을 따르지 말고 올바름을 따르라는 것이었다. 옥고의 3악장 기쁨, 무력함 그리고 보통사람들이라는 소망도 따지고 보면 올바르게 살고자 하는 인생역정의 모습이었고 그리고 지금 불편한 몸으로 책상 앞 불빛 아래 앉아서 이 글을 쓰고 있는 것도 역시 올바르게 살려고 하는 몸부림이다.

그러니까 올바르게 살고자 함은 새로운 삶이다. 이 새로운 삶에 대한 교훈은 53년을 함께 산 내 집사람의 유언이기도 했다. 집사람이 입원하고 있었던 병상에서 날보고 했던 말 "저는 당신을 결코 출세시키는 데 기여한 사람은 아니지만 승리하게 하는 데 기여한 사람이어요. 그러니 신문에 이름이 나오는 사람이 되지 마세요"는 부디 바로 올바르게 살아 달라는 말이었다. 그래서 내가 그 사람의 유품으로 3 · 1민주구국선언사건 때 구속자 가족들이 목에 걸고 다녔던 동일한 목결이를 간직하고 있는 것이다.

한편 내가 겪은 궂은일을 적어 보자. 내가 본 궂은일은 예수가 겪은 세 개 유혹이 우리의 각 도道에 각각 한 가지씩 몰려 있음을 본 일이다. 권력으로부터 먼 데 있는 도가 겪는 유혹은 돌까지도 떡이 되었으면 하는 이利로 치닫는 유혹이다. 권력을 쥔 도에 인접한 도가 겪는 유혹은 자신은 성전 위에서 뛰어내려도 자기만은 다치지 않기를 바라는, 자신에게 덤을 주는 유혹이다. 권력을 쥔 도의 유혹은 사람들의 절 받기 좋아하고 나도 권력에 쉽게 절해 그 대가로 부귀영화를 누리는 것이다. 잇속에 집작하던 한 도는 부패해졌고, 덤을 좋아하던 한 도는 분열하였고, 권력에 절하던 한 도는 과격해졌다. 부패하지 않고, 편파적이지 않아야 하고, 과격하지 말아야 하는 세 가지는 사람이 마땅히 피해야 하는 세 개의 유혹이다. 따라서 세 개의 유혹이 우리에게 있는 것 자체가 궂은일은 아니다. 다만 한 가지 유혹이 한 지방에만 몰려 있는 것이 비극이며 궂은일이라는 것이다. 이런 궂음을 보면서 내가 유심히 보았던 지도가 프랑스의 지도다. 일직선으로 지방을 나누고 있어서인데 우리도 도를 지금 같이하지 말고 위도별로 일직선으로 동서로 그었으면 이른바 지역감정이 해결되는 데 도움이 된다고도 생각한다.

일반론으로서의 세 개 유혹을 다시 말해 보자. 철학자 칸트는 사람이 대답해야 할 질문 세 가지를, 사람은 무엇을 알 수 있는가, 사람이 마땅히 행해야 하는 일은 무엇인가, 그리고 사람이 무엇을 원할 수 있는가의 세 가지라고 하였다. 원리가 이와 같은데 사람이 기껏 아는 것은 과격이며, 할 일은 서로가 단결해 하는 일이 아니라 자기만 다르게 하겠다는 것이며, 바라는 것이 떡이면 이는 곧 인간의 비참함을 설명한다. 이 비참함이 유독 내 나라에서만은 한 지방에 한 가지씩 붙어 있다는 것이 내 경험이다. 이를 나는 몸소 봐서 알았다.

윤보선 씨와 박정희 씨가 한참 대선운동을 할 때인데 박정희 씨의 고향 스승이었던 이효상 씨가 선거유세를 하면서 하는 말이 애향심으로 표를 찍어 달라고 말했다. 이 애향심을 북돋은 이효상 씨는 후에 국회의장이 되었다. 서울 사람이어서 이런 애향심이 없는 나는 이 말을 큰 충격으로 들었다. 일본 군대에 갔다가 해방되어 학도병으로 풀려나온 내 선배 서울 사람 말이 생각났다. 중국에서 일본 군대가 해산될 때 모두들 고향사람들끼리 몰려서 가는데 자기는 서울 사람이라 함께 오는 사람이 없었다고 했다.

나는 80년 5월 17일에 내란음모로 중앙정보부에 잡혀갔다. 청와대 차지철 경호실장 밑에서 차장보로 있었던 사람이 졸지에 보안사령관이니 중앙정보부장대리이니 급속 승진하더니 80년 5월 17일 밤에 우리를 내란음모로 잡아갔다. 55일간을 지하 취조실에 있었다. 여름이라 취조실 방문들을 열고서 취조를 해서 옆방에서 무슨 말이 나오는지 다 들었다. 내 좌편 방에서는 한승헌 변호사가 취조를 받았고 내 우편 방에서는 이해동 목사가 취조를 받았다. 그런데 이 두 분은 매를 많이 맞았다. 이해동 목사는 하도 매를 맞아 맞은 자리를 처치하기 위해 쇠고기를 갖다 댈 정도였고, 한승헌 변호사는 글씨 쓴 것이 왜 이 모양이냐며 때렸다. 그런데 나는 안 맞았다. 글씨는 한승헌이 명필이고 내 글씨는 세상이 못 알아 보는 악필인데 나는 그때까지는 안 맞았다. 그런데 왜 이분들이 심하게 맞았는지 아는가? 왜 내가 안 맞았는지 아는가? 이때 못 들을 말을 들었다. 취조관들이 내 방 건너편에 있는 한완상 교수를 취조하는 방에 몰려들 와서 무용담 말하는 것을 나는 들어서였다. "나에게는 애국심까지는 모르겠고 애향심이 있습니다"가 무용담의 한토막이었다. 내가 맞지 않은 것은 전라도 출신이 아니었기 때문이었다.

나는 김대중 내란음모사건 최후진술에서 이 애향심을 비판하는 한마디를 했다. "내가 이 법정을 만일에 살아서 나간다면 내 본적을 전라남도 광주로 옮기겠습니다"가 내 진술 안에 있었다. 2009년 5월 17일 밤에 'KBS 스페셜'에서 광주사건이 지난 29년 사이에 고문받은 악몽을 떨쳐 버리려고 자살한 사람이 39명임을 보도했다. 병명이 외상 후 스트레스 장애(ptsd, post traumatic stress disorder)였다. 지금도 밤에 잠 못 이루는 침상의 사람들을 스페셜이 보도했다. 그런데 나는 그 후 전라도 사람들의 애향심도 물론 봤다. 그런데 전라도 사람들의 애향심은 다르다는 것을 알았다. 양 김씨가 경쟁할 때에 한국교회협의회가 여론조사를 했다. (1) 만일에 김영삼 씨가 대선에 출마 않고 김대중 씨만 나오면 김대중 씨를 찍겠는가를 경상도 사람에게 물었고 다른 한편 (2) 만일에 김대중 씨가 출마 않고 김영삼 씨만 나오면 김영삼 씨를 찍겠는가를 전라도 사람에게 물었다. (1)에서는 김대중 씨를 안 찍겠다는 수가 꽤 나온 반면 (2)에서는 김영삼 씨를 찍겠다는 수가 훨씬 많이 나왔다. 그러니까 이상신 교수의 박사학위 논문제목과 같이 파당적인 것이 오히려 객관적인 것으로 해석해야 하는 심리, 즉 박해를 받은 전라도 사람들의 단결을 오히려 긍정시 해야 한다는 것이다. 남을 눌러서 먹고 살아야 하니까 우악스러운 사람이 일단 생겼고, 이 우악스러운 사람들 옆에 어디 가지를 못하고 살아야 하니 생활 방도를 따로 마련하고 살아야 하는 사람들이 생겼고, 좀 더 멀리 있는 사람들은 보아 하니 대장하기는 틀렸고 그렇다고 붙어 먹기는 싫으니까 중국에라도 왔다갔다 하면서 장사라도 하고 사는 사람들이 생겼던 것이다.

우리 몸에 배어 있는 내가 겪은 이 좋음과 궂음은 나에게 큰 충격을 주었다. 이 충격들을 나는 잊지 못해 왔다. 문득 이 좋음과 궂음의 근원이 무엇일까? 우리 역사의 먼 시작에 우리 역사에 반드시 이 좋음이 있었을 터인데 그것이 무엇일까? 또 궂음도 먼 옛날에 있었을 터인데 그것이 우리 역사의 어디에 있었을까? 이런 물음에 대한 대답을 나는 찾았다. 〈창세기〉는 시작을 기록한 글인데 〈창세기〉가 적은 시작 안에는 좋은 것과 궂은 것이 둘이 있듯이 우리의 시작에서도 좋음과 궂은 것이 둘이 다 있었을 것이라고. 궂은 것을 〈창세기〉는 죄라고 말하고 죄가 많은 곳에 하느님의 은혜라는 좋음이 있다. 5대 설화가 죄의 묘사다. 한편 〈창세기〉에는 아름다움, 따뜻함, 올바름 그리고 평화에 해당하는 좋음이 있다. 〈창세기〉의 첫마디부터가 아름다움을 말한다. 천지를 창조한 신이 느꼈던 감동이 아름다움이었다. 아담이 하와를 처음 보고 하는 말이 따뜻한 말이다. 그런가 하면 5대 설화는 잘못을 바로잡았으니 올바름이 있다. 아벨을 죽인 카인을 못 죽이게 야훼신은 카인에게 꼬리표를 달아 주었고, 죽임을 당한 아벨의 후손이 비로소 예배를 드렸으니 평화가 있다. 시작이란 아름다우며 따뜻하며 올바르며 그리고 평화스럽다는 것이 내 생각이다. 인류에 구원을 시작한 예수도 이런 시작이 있었다. 예수를 노래한 마리아의 노래 〈루가복음〉 제1장 46-55절을 나는 다음과 같이 분류한다.

아름다움 (46, 47)	"내 영혼이 주님을 찬양하며 내 구세주 하느님을 생각하는 기쁨에 이 마음 설렙니다.
따뜻함 (48, 49)	주께서 여종의 비천한 신세를 돌보셨습니다. 이제부터는 온 백성이 나를 복되다 하리니 전능하신 분께서 나에게 큰일을 해 주신 덕분입니다. 주님은 거룩하신 분
올바름 (50, 51, 52, 53)	주님을 두려워하는 이들에게는 대대로 자비를 베푸십니다. 주님은 전능하신 팔을 펼치시어 마음이 교만한 자들을 흩으셨습니다. 권세 있는 자들을 그 자리에서 내치시고 보잘것없는 이들을 높이셨으며 배고픈 사람은 좋은 것으로 배불리시고 부유한 사람은 빈손으로 돌려보내셨습니다.
평화 (54, 55)	주님은 약속하신 자비를 기억하시어 당신의 종 이스라엘을 도우셨습니다. 우리 조상들에게 약속하신 대로 그 자비를 아브라함과 그 후손에게 영원토록 베푸실 것입니다."

〈창세기〉는 요셉이라는 보석과 같은 인물을 등장시키기도 한다.

거듭 말해 뭔지 비슷한 발견을 나는 우리 역사에서 볼 것만 같았다. 나는 헤맸다. 그러다가 드디어 대답이 들어 있는 책 한 권을 나는 찾았다. 민세民世 안재홍安在鴻의 《조선상고사감朝鮮上古史鑑》이 그 책이다. 이 책은 안재홍 씨가 일제 시 아홉 번의 옥고를 치르면서 쓴 것인데, 해방 후 미군정장관을 지내기도 한 그가 1946년에 순 한문으로 출판하여 세상에 내놓은 그분의 주저이다.

옛날 내수동 내 집 앞 김남호 의사 진료실에서 그 책을 나는 얻어왔었다. 그런데 이 책을 어쩌다 분실했었다. 다행히 나는 이 책을 1958년에 '지식산업사'가 번역해 출판한 것을 구했다.

이 시점에서 공부를 하느님이 도우시는 것을 적고자 한다. 평택대학교의 김문기 교수가 어떻게 연구에 꼭 맞는 책인 안재홍의 책을 찾았는가를 나에게 물었었다. 그때 말이 입에서 빨리 안 나오는 나는 침묵했다. 그러나 여기에서는 그 까닭을 써야겠다. 나는 내 나라 정상이라는 박정희에게 대들었던 사람이며 김대중을 정상이 되게 하기 위하여 도왔던 사람으로 한때는 내 나라의 정상이었던 안재홍의 훌륭함을 직감하고 있었다. 새 세상인 3 · 1운동이 열 세상에는 새 정상이 나와야 한다는 생각을 적는 이 책에서 3 · 1운동의 뿌리를 캐고자 해 조선상고사를 더듬고 싶었다. 이 탐색에서 내 서가에 이미 꽂혀 있었던 책이 기억되었던 것이다. 그러니까 안재홍의 책을 내가 찾았다고 말할 수도 있지만 내 서가에 한때 꽂혀 있었던 책을 연상했다는 점에서 이 책은 나에게 주어진 책이었다. 이 책에는 겨레의 시작에 있었던 좋음과 궂음 둘을 다 전한다. 본 절에서 우선 우리 겨레의 좋음에 해당하는 것을 우선 〈잉태와 허공〉이라는 제목으로 정리하고자 한다.

책은 전체 433쪽에 달하는 두툼한 책이다. 13장으로 나누어 조선상고사의 기원에 관한 글들을 모으고 있다. 1. 기자조선고考, 2. 아사달과 백악 · 평양 · 부여변辨, 3. 고구려 건국사정고, 4. 고구려 직관고職官考, 5. 신라건국사정고, 6.신라직관고략考略, 7. 3한국과 그 법속고法俗考, 8. 6가라국소고, 9. 부여조선고, 10. '붉', '볼', '빅어' 원칙과 그의 순환공식, 11. 고구려와 평양별고, 12. 백제사총고 그리고 13. 조선상대지리문화고가 목차다. 장마다 간추리는 말도 있다. 대체로 부여, 고구려, 백제, 가야 — 안재홍은 가야를 가라로 썼다 — 그리고 신라 등으로 이어지고 집필년도도 이런 순서를 따르고 있다. 책은 우리 옛말을 더듬는 언어학적 접근을 하고 있다. 책이 마지막 장으로 진전할수록 이론들이 제시되고 있다. 자료의 집합이 이론을 만들고 있는 것이다. 따라서 이 이론 장에서 주목할 장은 최종 장 13장 〈조선상대지리문화고〉이다.

나는 언어학에 문외한인 사람이다. 그 당시에 출간된 양주동의 고어 연구에 관한 책이라도 공부하면 더 도움이 될 것도 같은데 그것도 그만둔다. 취지만 알면 될 것 같아서이다. 나는 일단 잘 모르는 대로 독서를 하고 제1장에서 인상적인 글에 밑줄 친 것을 다음에 옮겨 본다.

> 조선은 '지'의 나라이니, '지'는 수장이요 대인이요 공민인 것이다. … 주로 남계 중심의 수장 · 대인의 칭호로 된다. … 공公이며 '기'인데 부父가 또한 '기' 혹은 '자'였음을 증명한다. … 柢의 '지'는 수장 또는 대인의 뜻임을 표시하여 비로소 '東方曰夷 夷者柢也'라는 본 뜻이 명백해진다. … 대인은 다만 巨人 · 大漢의 칭호가 아니요, 오직 大德之人의 뜻도 아니어서 수장으로서의 대인이요, 수장인 대인들이 때때로 산지 혹은 개울가에 로천회의를 열어 은연 장터와 같은 형태를 이름을 전문한 애매한 기술일 것이다. … 次次雄의 첫 次는 '지'의 표음이니, 수장 혹은 원수란 뜻이요, 다음 '次雄' 두자는 '지웅' 즉 '즁'의 표음이니 승려직의 '중'을 의미하는 것이다. … 智의 지와 公의 '기' '귀'가 동일한 어의임을 알아차리려니와 현대어의 '아부(지)'와 또는 '金(之) 李(之)' 하는 비속한 말도 그 법속 유래가 오램을 알 것이다. … 오인吾人의 '지' '기' 혹 '치'가 公侯의 뜻으로 된다는 말을 입증키에 넉넉하다. 다만 신라 후대에서는 '아부지'에서와 같이 거의 그냥의 경칭어로 된 것을 주의할 것이다. … '기' '지' 또는 '치'가 최초 수장 · 대인의 어의로서 시작하였고 역사 행진의 단계적 과정을 따라 거기에 일정한 중층적인 위격을 첨가함에 의하며, 갈수록 그 명호의 변동을 오게 한 것이다.

책이 이런 분위기의 책이다. 책을 읽어 대체로 세 개의 맥을 나는 뽑을 수 있었다. 그 하나는 고조선의 주류를 이룬 '좋음'에 관한 관찰이다. 3 · 1독립운동에서 밝힌 공약 3장의 뿌리가 될 만한 사상의 연결, 빅어, 볼, 붉 사상이 부여, 고구려, 백제 중에서 지천으로 보인다. 둘은 우리 겨레의 '궂음'에 해당하는 뿌리를 엿보게 하는 신라와 가야의 이야기들이다. 그러나 이 부분은 책의 주류가 아닌 듯 보인다. 이런 비주류가 있기에 그리고 이런 비주류가 실제로 통치를 했다는 비극 속에서 주류의 사상의 빛남을 알게도 한다. 마지막으로 셋은 책의 최종 장에서 밝힌 '잉태와 허공' 사상이다. 나는 이 세 개의 맥을 다 본 장에서 다룬다. 다만 첫째와 둘째의 맥들을 절을 따로 해서 다루고자 한다. 다만 본 절에서 본서의 결론적 사상인 잉태와 허공의 결합으로서의 사상을 언급하고자 한다. 이 잉태와 허공의 결합이 조선의 건국사상이라는 것을 안재홍은 다음과 같이 제13장 서두에 간추리고 있다.

> 원시시대 이래 사람들이 '씨' 즉 種에 대한 관조가 깊고 또 '빅' 즉 虛空에 대한 관조가 매우 자상하였으며, '씨' 그 핵심을 짓고 '빅' 그 外延으로 되어 조선문화의 큰 출발이 되었다. 種과 虛空 — 虛無가 아닌 — 의 두 개념은 전 인류문화에서도 매우 중요한 두 개의 주축이려니와 조선사상에서는 특히 그 이채를 지음이라. … 이 빅의 철리를 발견함이 조선사를 해명하는 열쇠가 되는 것이다. 필자는 일찍 감옥에서 빅의 깊은 뜻을 깨닫고 기뻐하였었다.

최종 장에서도 그가 감옥에서 깨달음을 얻어 기뻤다는 내용을 설명하거나 후일의 그분의 행적이 이 사상과 수미일관했던 것을 엿볼 수 있는 예견도 쓰지 않고 있다. 이러한 해석 부분은 이 책을 읽고 책을 보는 내 숙제일 수밖에 없어 이를 본장의 마지막 절에서 다룬다. 몇 군데 언어분석을 한 것을 인용하고 싶은 유혹도 참는다. 제13장에서 인용할 것이 다음 절에서도 나올 것 같아서이다. 다만 나는 몇 가지의 관찰을 덧붙이고자 한다. 우선 잉태와 허공사상이 빅어, 블, 붉 사상과 어떻게 연관이 되는가를 밝히고자 한다. 앞으로의 두 개 절이 밝힐 것이지만 가야는 하천 개념이며 신라는 성채 개념이니 가야나 신라는 군사작전 냄새가 나는 나라다. 이에 비하여 북쪽에 있었던 부여는 비읍 자가 들어가는 부로 시작하는 나라이며, 종당에는 부여의 손주뻘인 백제도 비읍 자가 들어가는 백으로 시작하는 나라이다. 빅어는 뱃속에 후세가 잉태됐다는 뜻도 있지만 비어 있다는 공허의 뜻도 있다. 이 빅어가 작동을 해 블이 되며 블의 작동이 끝나서는 드디어는 붉이 된다는 것이다. 허공은 허무가 아니란다. 일단 땅 속에서 종자가 움이 터 싹이 나오면 허공 속에서, 즉 비와 바람과 태양을 마음대로 만끽하면서 자라는 나라가 부여이며 백제라는 것이다. 그리고 고구려의 구려는 사람들이 사는 마을이라는 뜻이다. 그러니 신라가 자기 혼자 살겠다고 쳐들어오기까지는 각 나라들이 제각기 땅속에서 종자가 움이 터져 나와 역시 제각기 제 세상을 실컷 살되 이 모든 나라들이 한데 어울리는 하나의 언어 풍속을 지닌 민족이었던 것이다.

이러한 그림에서 본 고조선의 우리의 원형은 세계에서 제일 먼저 영세중립국을 만든 스위스나 세계에서 제일 먼저 민주국가를 만든 미국과 같은 합중국(united states)이었던 것이다. 이런 나라들은 다 시작이 있었던 나라들이며 아름다움, 따뜻함, 올바름 그리고 평화가 있었던 나라들이다.

이 지구상에서 사계절이 분명한 지방에서만 문명의 꽃이 피었다고 생각한다. 중국도 다는 아니고 중국의 산동지방이 그렇고 우리의 한반도가 그렇고 일본도 다라기보다는 나라와 교토, 오사카 정도다. 사계절의 영향을 받아 유학도 봄에서는 만 가지를 조심하는 신信, 만물이 성장하는 여름에서는 개인윤리에 해당하는 지智와 인간관계의 향상을 도모하는 예禮, 나무마다 열매를 맺는 가을에서는 측은한 사람에게 열매를 나누어 주는 인仁, 그리고 잎사귀까지도 나무에서 떨어뜨리는 겨울에서는 자신을 부끄러워하는 의義를 배웠다. 기독교를 탄생시킨 유대나라는 안 가 봐서 정확히는 모르겠으나 사계절이 덜 분명할 것 같다. 마리아 머리에 뭘 쓰고 있는 것을 보아도 너무 더웠을 것 같다. 이 환경의 악조건 때문에 그런지 유대 · 기독교 문명이 몹시도 친농경문화적이다. 〈시편〉 23편은 물가에 있는 푸른 풀밭에 사람이 눕기를 바란다. 예수의 비유 중 농사짓는 이야기가 꽤 나온다. 열매를 못 맺는 무화과나무를 저주까지 했다. 그의 말년에 제자들보고 너희들은 가지가 포도나무에 붙어 있으라고 말한다. 유대 · 기독교 문명에서도 우리의 잉태 · 허공의 결합 개념이 있다고 본다. 다만 우리와는 달리 유대나라는 땅속이 우리보다 못했던 모양으로 씨 뿌리는 비유에 보면 길가 밭, 돌작밭 그리고 가시덤불이 있는 밭을 면하고 있으면 좋겠다는 바람을 적고 있다. 모르긴 해도, 우리는 흙이 좋아서 이 흙에서 나오는 과실이 맛이 있기에 그런데 가서는 우리의 사과니 배 같은 과일을 찾기 어려울 것이다. 종자는 땅에서 움이 터져 나와 공허한 하늘 아래에서 저마다 제각기 마음대로 살아야 하는 것이니 잉태와 공허가 결합된 사상, 고조선의 사상은 비단 내 나라만이 아니라 인류를 위하여 바람직한 나라의 모형을 보여 준다.

신라와 가야

신라와 가야의 성적을 매길 차례다. 몹시 괴롭다. 몹시 괴롭지는 않아도 그것 대로 괴로웠던 경험을 하나 써 본다. 며칠 전 일이다. 다섯 명의 수강자가 있었던 대학원학생들의 성적을 내는 것을 나는 미적미적하고 있었다. 3등급의 차이가 있는데 3등급 중 제일 낮은 점수를 다섯 명 중 한 명에게 주어야 하는 것을 고민하느라고 성적 내는 기한을 넘기고 말았다. 드디어 대학원 직원에게서 전화가 왔다. 나는 할 수 없이 구두로 성적을 전했다. 물론 한 학생의 성적이 최하급이었다. 이렇게 성적을 매기고는 나는 괴로워 하고 있다.

신라와 가야의 성적을 매기는 경우는 이와는 다르다. 몹시 괴롭다. 그러나 이를 나는 견디어야 한다. 견딤이란 무엇일까? 이를 피할 수는 없을까? 왜 견디어야 하나? 말년에 친구하고 얼렁뚤렁 어울리고 편하게 살지, 대학 동창들이 아까 불렀을 때도 일이 있다고 못 나간다고 거절하면서 고민했으니 이 고생이 웬일이냐? 이 모든 것이 왜 그런가? 그 이유는 간단하다. 내 경험에서 답이 나온다. 즉 나같이 어려서 공부 못했던 사람을 공부하게 하는 것이 학문의 목적이며, 죄 많은 곳이기에 하느님의 은혜가 많아야 하는 때문이다. 나는 회개를 강조한 마르틴 루터의 95개 논제 시작과 결론이 회개를 강조한 것을 유의한다. 크리스천은 천국에 들어가는 것보다는 회개라는 전前 과정을 거치는 것이 중요해 회개를 일생 동안 하여야 하며, 심지어는 임종하는 사람의 머리맡에 가서 임종하는 사람에게 예수가 당신을 위하여 대신 죽었으니 안심하고 죽으라고 가르치는 신부를 루터는 저주까지 했다. 그러니까 한반도의 잘되고 못되고가 신라와 가야에게만 달려 있다. 나는 이 점을 생각해 원효의 풍류도 그리고 최수운이 질곡의 깊숙한 핵심 속에서 생겼던 것을 유의미하게 보아 이들을 본서에서 다룬다. 이런 점에서 전일 민주당 대표로 출마했던 경상도 사람 추미애 국회의원의 동향을 관심 있게 나는 지켜봤었다. 나는 경상도 사람 중에서 전일에 1971년의 김대중 씨 같은 대안, 대중경제론과 4대국 보장론 같은 대안이 나오기를 고대한다. 독일은 통일된 후 서독 출신이 아닌 동독 출신 여자가 총리를 하고 있지 않은가! 동독이 더 괴로움과 슬픔의 원천이었으니 동독에서 희망이 나와야 했었다. 부자는 낙타가 바늘구멍으로 못 들어가듯이 천국에 못 들어간다. 그러나 부자가 마음이 가난만 하면 행복의 출발을 내딛는다. 〈마태오복음〉 제5장의 여덟 가지 복의 으뜸은 가난한 마음을 가진 부자다. 이 정도로 나를 달랜다. 이제는 신라와 가야를 살펴보자. 그 죄악을 따져 보자. 우선 안재홍의 인용을 모아 본다. 인용을 뽑을 대상은 다음 네 곳이며 한 장에서 한 곳씩을 인용한다.

5장　신라 건국 사정
6장　신라직관고략新羅職官考略
8장　6가라加羅국 소고
13장　조선상대지리문화고

제5장: 신라의 국명 기원은 자못 말이 많다. 신라新羅 사라斯羅 사로斯盧로 쓰는 것으로 '시라' 즉 동국東國, '새라' 즉 신국新國의 뜻으로 앞서간 선비들의 정설이요 또 이치에는 맞는다. 그러나 변진弁辰 24개국에 주선국州鮮國이 있어, 마치 여기에도 별개의 조선국이 있었음을 생각하게 하는데, 사로斯盧가 또 그 열국의 하나로 신라의 최고最古 국명으로 기록된 것이다. 《시라기》라는 일본 문헌상의 칭호도 있다. 사로기斯盧岐 – 사라후시대斯羅後時代 이래 멀리 교통이 빈번한 해양 이주민 사이에 그 명문이 퍼졌던 것을 짐작할 만하거니와 마한馬韓 54개국 중에도 사로국駟盧國의 명자名字가 있으며 말갈靺鞨의 '실위室韋' 부가 있음과 같이 고진인계古震人系의 국가 혹은 부족 명명의 한 유형으로 신라가 가장 큰 형태를 이룬 나라일 것이다. 그러므로 이제 이를 고찰하건대 사라斯羅 · 사로斯盧 등으로 '시로' 혹은 '실'의 사음寫音으로 고대사회 사람들이 협곡峽谷에 요채要砦를 두어 종족생활의 근저지로 삼는 데서 기원된 것 같으니, 이 물론 하나의 가설이다. … '실'은 협곡峽谷이다. … '실'은 성채城砦이다.

제6장: 이는 알천안상閼川岸上에서 6부 수장들과 그 인민의 회의로서 문득 국가건설 공작이 시작되게 된 이면의 소식을 알게 한다. 그리하여 그중에 가명家名 및 인물이 가장 대표적인 'ᄫᅳᆯ치 – 해척海尺'을 추대하여 '긋한' 거서간居西干, 거필한居芯邯인 제정장祭政長, 사군주師君主의 위에 모시고 'ᄇᆞᆰ의뉘' 'ᄇᆞᆰ의누리'의 최종이요. 또 신창정치로新創政治로의 출발을 비롯하여 '소불' 나라로서의 생장기로 나아간 것이다. 즉 국호를

서벌徐伐(또는 서나벌徐那伐)로 일컫던 것은 사량沙梁 부족이 처해 있던 형승의 인문지리와 소벌공蘇伐公(소불기) 서벌공徐伐公, 사훼곡沙喙谷, 사량부장沙梁部長이 뽑혀 의장 노릇을 하게 되는 우월적 지위 등에 의해서 신천조新踐祚의 '굿한'인 원수가 사량부沙梁部 내內인 남산하에 궁궐을 짓고, '소불'인 금성金城을 쌓고 한동안 '소불'국 성장의 걸음을 걸은 것이니, 이 '소불'국의 원수가 된 분은 실은 '불' 훼양喙梁부의 세습수장의 혈통을 이은 '붉'(朴)을 씨족 이름으로 삼는 '블치아기'이던 것이다.

제8장: 가라加羅의 명칭은 고래 자못 어수선한 송안訟案으로 되어 있다. 누구나 아직 단안을 내리지 못한 것이다. 명칭이 가락국駕洛國을 비롯하여 가야伽耶 · 가라加羅 · 가라加囉 · 가라迦羅 · 가라呵囉 · 가라柯羅 등으로 쓰고 김해인 대가야에 한하여 금관金官의 명칭이 있고 … 가락駕落 혹 가라加羅로 씀이 요컨대 모두 '가라'의 사음寫音이니 '가라'는 고어 '가람'의 뜻으로 8가라加羅 혹 9가라加羅 제국이 주로 낙동강 우안에 있어서 당시 강하종족江河種族으로서 칭호를 가짐에 의함이다 …

제13장 : 상대 제민들의 지명 · 국명 등은 의미 없이 된 것 없으니 그 발생 및 명명命名의 처음에는 모두 까닭이 있던 것이다. 메소포타미아는 '하중河中의 지地'요. 인도는 '곤로차나昆盧遮那'와 병층되는 신神 '인들라因陀羅'에 좇음이요. 이디오피아는 '세계의 얼굴'이요. 프랑스와 노르웨이는 그 종족명이요. 대화大和의 야마토는 '산문山門'이요. 지나支那 중화中華 혹은 중하中夏는 '중앙 문명의 성'을 의미하는 등 이루 헬 수 없다. 고구려가 '커골'이니 대군大郡 즉 대국이요. 백제의 'ㅂㅣ치' 그 위호에서 얼음이요. 신라는 '실' 혹 '시로'이니 협곡峽谷에 있던 성채城砦에서 기원한 말이요. 가라加羅는 '가라'니 강의 고의 '가람'에 좇음이다. 신라의 국도 서벌徐伐이니 '소불'이요. '불'은 또 '실'로 통하니 서술西述은 '소실'이다. '소(불) · 소(실)'이 어의가 같고 서술신모西述神母의 전설에서 신라의 국명연기 '실'에서 비롯하여 서벌徐伐 · 서술西述의 병용한 때도 있음을 알 것이며 백제의 국도 '울ㅅ기'이니 '소불'이 리성裡城인 대신 '울ㅅ기'를 '얼ㅅ기'는 장상성長上成이요. ('올ㅅ기'가 표준자表準字이다) 또 강성江城이다. 그 전대에서는 마한馬韓 이를 월지月支로 썼고 이두吏讀에서 또 위례성慰禮城으로 되니 그 '올ㅅ기'임은 마찬가지이다.

이상 네 개의 인용에서 알 수 있는 것은 신라 · 가야 지역은 성채와 강하를 중요시한 나라임을 알 수 있다. 성채와 강하를 중요시하는 나라는 나라의 성격상 군사국가임을 말한다. 이 군사국가 신라가 그 나라 이름답게 강력한 성채 군사국가를 만들어 백제를 660년에 고구려를 668년에 멸망시키고 통일신라국을 만들었다. 두 나라를 멸망시키되 몹쓸짓을 하고서 멸망시켰다. 즉 백제의 경우 신라군 혼자서만도 아니라 당나라 군대와 함께 망가뜨렸다. 고구려의 경우는 더 심했다. 고구려의 땅 일부를 당나라에 주고서 공동작전으로 망가뜨렸다. 신라가 반도 통일을 이룩한 첫 과정은 당 고종高宗이 소정방蘇定方으로 하여금 백제를 치게 한 것이다. 신라와 당의 군대는 수도 사비泗泌(부여)로 밀려갔고, 웅진熊津(공주)으로 몸을 피했던 의자왕이 660년에 드디어 항복했다. 한편 백제를 멸망시킨 당은 예정된 신라와 연합해 공격의 화살을 고구려로 돌렸다. 마침 독재자 연개소문이 죽은 후 그 두 아들들 사이에 싸움이 생겼다. 맏아들이 국내성國內成(장안)에 가서 당에 항복하였고, 동생은 신라에 투항하였다. 당은 이 기회를 놓치지 않고 이적李勣으로 하여금 고구려를 침략케 하였고 신라는 이에 호응하여 출동하였다. 668년에 고구려는 멸망한다. 이기백 교수는 그의 《한국사 신론》(일조각, 2001)에서 당이 백제와 고구려를 멸망시킨 후 여러모로 우리 나라 전체에 대한 지배를 시도했다고 기술한다. 그리고 이런 시도가 다 백성의 고생과 죽음을 대가로 하는 것이었다.

신라가 고구려의 땅을 당에게 준 행위는 '어떠한 독립 국가도 상속, 교환, 매매, 혹은 증여에 의해 다른 국가의 소유로 전락할 수 없다'는 칸트의 《영원한 평화를 위하여》의 예비조항 2를 위반한 행위였다. 이 신라의 행위는, 일본이 우리의 체제와 통치에 폭력으로 간섭해서는 안 된다는 칸트의 예비조항 5를 어겼으며 나아가 예비조항 6도 위반해 고종의 황후를 죽인 행위에 견줄 만한 포악한 행위였다.

신라와 가야가 이렇게 포악했다. 그러나 신라와 가야는 사람들이 사는 데였다. 갖은 포악 속에 사람들이 있었기에 그때도 가난한 이, 슬퍼하는 이, 온유한 이, 옳은 일에 주리고 목마른 이, 자비를 베푸는 이, 마음이 깨끗한 이, 평화를 위해 일하는 이, 그리고 옳은 일을 하다가 박해를 받는 이가 있었다. 한마디로 사상이 생겨났다. 한 도의 사람이 누구나 다 같은 것은 아니다. 한 사물의 한계를 이해하는 것이 철학이며 사상이다. 원효가 이런 사상을 지닌 스승이었다. 따로 장을 만들어 다룰 풍류도, 그리고 역시 따로 장을 만들어 다룰 대구 사람 최제우의 사상 또한 말하자면 신라라는 질곡이 있어서 만들어진 사상이다.

원효는 617에서 686년까지 살았다. 원효란 호는 큰 새벽이라고 해석될 수 있는 원효元曉이다. 과연 그는 한반도의 비극의 밤을 깨뜨린 큰 새벽이었다. 그는 불교가 신라에 들어온 지 90년 만인 617년에 6두품에 속해 있어 전체 17등 관직 중 11등까지만 올라가는 신분의 설薛씨 가문에서 태어난다. 일생 동안 승려생활을 했다. 《삼국유사》는 그를 '원효불기元曉不羈'라는 제목으로 소개한다. 불기란 아무 속박도 받지 아니하는 사람을 말한다. 신라가 백성을 세 가지 점에서 구속했으리라는 것이 나의 가정이다.

1. 신라에는 나라가 믿게 하는 신 같은 교조적 이념이나 주의 같은 것만 있었고, 이런 신을 안 믿게 한다고 불이익을 감수할 정도의 비판정신의 소유자들이 없었다는 것이 가정의 하나이다. 즉 신라는 한 가지 이념과 주의가 꽉 차 있는 숨 막히는 나라였을 것이다. 이 이념과 주의는 제도화된 국가가 옹호하는 종교로서의 불교였다. 그 당시의 불교가 사람의 숨을 막히게 하는 질곡의 종교였던 것을 분명하게 보여 주는 예는 원효의 사후 세워진 어마어마하게 큰 사원들과 불상과 주조된 종들이다. 어느 종교이건 간에 큰 사원이 큰 종교를 뜻하지는 않는다. 큰 사원은 인간에 대한 큰 질곡일 뿐이다. 기독교의 경우 오늘날까지 세계인들이 줄을 서 관광을 가는 로마의 성 베드로 성당도 중세 교회의 타락을 보여 주는 실증물에 불과하다. 이래서 예수는 사마리아 여인에게 예배는 예루살렘에서만 드리는 것이 아니라 구조물이 아닌 성령과 진리로서 드리는 것이라고 말했다.

2. 신라는 나라와 나라 간에 서로 죽이고 신라만이 정치를 하였다. 아무도 빈손으로 보내지 않고, 아무도 혼자서만 주장하는 공동체가 아니어야 한다는 진여眞如의 정신이 삼국 통일에 전혀 실현되지 않았기 때문이다. 백제와 고구려를

신라 공동체에서 몰아내되 즉 무견無遣이 아니었고, 신라만이 혼자서 주장하는 즉 무립無立이 아닌 공동체를 신라가 만들었기 때문이다.

3. 호국불교와 삼국 통일의 강력한 정부와 정권으로부터 자율하는 국민의 활동을 결코 기대할 수 없었을 것이다. 성골, 진골, 평민 등으로 구분되는 엄격한 신분제도 아래 평등한 대우를 결코 못 받는 사람들의 집합체가 곧 나라였다.

이상의 속박을 벗어난 원효의 면모를 열거한다. 그도 화랑 출신이었다. 마침 오늘을 산 참된 지식인이 6·25전쟁에 참가했던 것과 비슷하다. 승려 공부를 하기 위하여 직산에서 하룻밤을 잤다. 밤에 목이 말라서 바가지에 든 물을 맛이 있게 마셨는데 아침에 일어나 보니 시신의 해골 속에 든 물이었다. 이 경험 때문에 유학을 단념한다. 왜 그랬을까? 학문에서는 깨달음이 더 중요하기 때문이다. 이 깨달음을 얻기 위하여 굳이 잘사는 당나라에까지 갈 필요가 없고 위에 적은 것과 같은 질곡이 가득한 이 땅에서 살면서 깨닫는 것이 오히려 참된 공부라고 생각했을 것이다.

책도 여섯 권을 썼다. 예를 들어《대승기신론 소·별기》를 썼다. 이 책은 그 원문이 산스크리트어인지 한문인지가 불분명한 불교 전도서이다. 부처의 정의를 큰 슬픔을 지닌 분으로 썼는데 큰 슬픔은 자신과 잘 알지도 못하는 사람의 집에 불난 것을 끄는 것이라고 썼다. 책의 요약을 책머리에 썼는데 신앙을 가지면 세상이 뻥 뚫려서 마치 큰 하늘과 같이 사私가 없게 된다고 말했다. 사가 없다는 것은 남의 것을 도둑질하는 것이 없다는 뜻이다. 한자 私자를 보라. 私자는 벼 화禾자와 사 사厶자가 합한 글자로서, 사람이 벼를 한 팔에 움켜쥐고 가는 모습을 나타낸 글자이며 사가 없다는 것은 다른 사람이 농사지은 볏단을 밤에 훔쳐가는 일이 없다는 것이다.

다른 한편《대승기신론》이 바라본 세상은 넓어서 마치 큰 바다와 같이 공公에 이르고 있다는 것이다. 공에 이르렀다는 것은 얼핏 생각하기에 사私가 없다는 말과 동의어같이 생각될 것이다. 그러나 공은 사가 없는 것을 포함할 뿐 아니라, 공은 사의 반대 개념보다 더 넓다. 그렇다면 공 안에는 남의 것을 탐내지 않는 것 이외에 또 무엇이 있을까? 하나가 더 있다. 이는 타인의 의사표시를 막지 않는 일이다. 공의 세계가 재산권의 신성과 의사표시의 자유 두 가지 때문에 넓은 세계임을 밝힌 이론이 원효 사후 근 천사백 년이 지나서야 이 땅의 법과대학에서 강의하기 시작한 사법私法의 두 가지 공리, 바로 그것이다.

원효는 산속에 있는 절에서 전도를 않고 경주 거리를 걸으면서 군중들 앞에서 춤을 추었다. "누가 자루 없는 도끼를 빌려 주지 않겠는가? 이 도끼로 하늘을 떠받드는 기둥을 베어 올 터인데…"라는 노래를 불러 도끼 없는 이에 해당하는 과부인 요석공주와 장가갈 뜻을 품어 드디어 아들을 낳았다. 이 아들을 승려로 만들지 않고 신라 10현의 한 분인 유학자 설총으로 키웠다. 말년에 자신을 소성거사小姓居士라 칭해 자신의 성도 버리고 이름도 버리고, 살기는 경주 어느 산모퉁이 굴 속에서 절이라고 정하고 살았다. 원효의 사상을 일심一心사상이라고도 하는데, 그는 고구려 천민의 마음이나 신라 신분제도의 꼭대기에 있는 성골의 마음이나 마음은 다 같은 마음이라고 말했다.

신라와 가야의 궂음이 주는 교훈을 한마디로 요약하면 '과격하지 말자'이다. 따라서 원효의 가르침도 '과격하지 말자'이다. 돌이켜 볼 때 원효 이후 1354년 후인 1971년에 김대중 씨가 대선후보로 나서면서 남북한의 갈등을 4대국 보장으로 해결할 것을 주장했다. 이 4대국 보장론이 1998년 집권 시 햇볕정책으로 변했다. 원효가 산 신라만큼이나 질곡이 심했던 시대가 박정희 군인정치 시대였다. 그러나 질곡의 시대에서는 그 질곡 속에서 질식해 죽지만 않는다면 원효나 김대중 같은 대안이 나온다고 생각한다.

빋어, 볼, 볽과 공약 3장

나는 이미 〈들어가면서—열매를 보면 나무를 안다〉에서 독립선언서 공약 3장에 맞추어 여러 가지를 대비했다. 내 집, 성령의 세 개 기능, 70년대 민주화의 길 등이 그것이다. 그런데 본 절에서는 고조선의 빋어, 볼, 붉 사상이 곧 공약 3장의 뿌리라고 말할 작정이다. 빋어, 볼, 붉 사상을 묘사하기 전에 이 모든 대비의 근거가 되는 공약 3장이 왜 인간이 마땅히 대답해야 하는 질문에 해당하는가를 밝히고자 한다. 한 집안이 올바른 길을 가고, 한 크리스천이 올바른 신앙을 가지며, 한 나라 사람들이 올바른 민주화운동을 하는 것도 다 공약 3장에 부합해야 한다기보다도 사람이 마땅히 가야 할 길에 부합하는 것이어야 하기 때문이다.

내가 1962년에 쓴《행정학》첫 절은 행정학을 정의하고 있다. 이 정의를 하는 데 등장한 범주는 사람, 일, 방법의 세 가지이다. 공무원이나 관료제도가(이상 사람) 현대국가에 부과된 기능을 수행하되(이상 일) 이 일을 능률적으로 수행하는 방법을(이상 방법) 탐구하는 학문이 행정학이라는 것이었다. 이 사람, 일, 방법을 유의미하게 보는 생각은 미국 유학 이전에 영어교사 생활을 했을 때의 발견이기도 했다.

중학교 제2학년 영어시간 첫 과가 Spring has come으로 시작되는 글이었다. 나는 학생들에게 '봄이 왔다'라고 물론 가르쳤다. '왔다'라는 동사라면 동사 come의 과거형 came이 안 오고 have 동사 플러스 come의 현재형을 합한 has come을 현재완료형이라고 나는 설명했다. 그런가 하면 '너 연필을 갖고 있는가?'를 묻는 경우 Do you have a pencil?도 맞고 Have you a pencil?도 맞다는 발견을 했다. 이 둘 중 have를 의문문에서 앞세우는 것이 더 고어답다는 것도 알았다. have 동사가 영어에서 이렇게 특별한 역할을 한다는 것을 나는 알았다. 그런가 하면 be 동사 아닌 동사가 들어가는 문장의 의문문에서는 조동사 do를 앞세워 글을 만드는 것도 알았다. 이래서 내가 그 당시 생각한 사람의 움직임의 원형 속에서는 세 단계의 움직임이 있음을 알았다. have, do, be가 그것이다. 이 세 개 동사는 그 격이 동일한 것은 아니고 제일 격이 높은 것이 have이며, 다음이 do이며, 제일 격이 낮은 것이 be라고 알았다. 그 당시는 내가 비록 빈곤한 집안 사람이지만 앞으로 내 것 무엇 하나를 갖고 싶었던 때였다. 나는 만난을 무릅쓰고 집사람보고 과외 지도를 해 송금해 달라고 하고 유학할 차비를 하고 있을 때였다. 이때 내가 생각한 인생의 지표는 다음과 같았다.

to have는 to do보다 앞선다.
to do는 to be보다 앞선다.

제일 못난 이 단계는 먹고만 살아 존재만 하는 be의 단계의 사람이다. 그 다음 단계의 사람은 비록 남의 심부름을 할지언정 뭔가를 하는 do하는 단계의 사람이다. 그리고 have 단계의 사람은 나같이 만난을 무릅쓰고 유학을 하는 단계라는 것이다.

이 사람, 일, 방법을 담당자 형성, 효과, 그리고 능률로 바꿔서 내 행정학이 말하기 시작했다. 행정이란 인생의 한 부분에 불과하니까 행정에도 사람, 일, 방법이 있어야 하는 것이다. 이 to have, to do, to be의 행정이 단순미래와 의지미래에 양분된 미래 속에 달라지는 것을 본 논문이 내가 《행정학》을 쓴 후의 첫 논문이었다. 고려대 행정문제연구소가 편 《법률행정론집》 1964년 9월에 〈우리나라에서의 적용을 위한 행정 개혁의 이론 모색〉을 다음과 같은 틀에서 모색했다.

행정개혁은 제일 못난 be/shall의 세계에서 위 화살표에서 표시한 대로 개혁

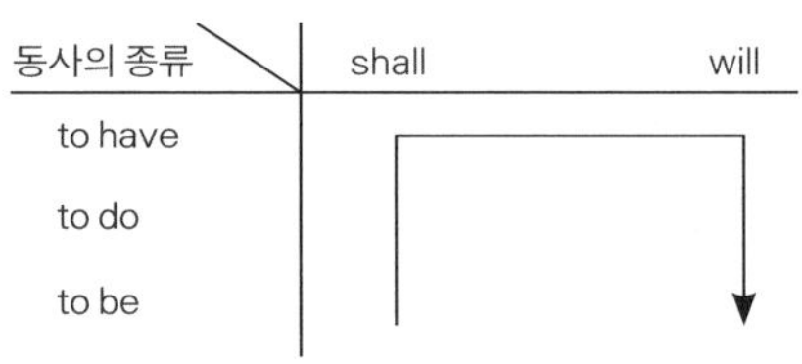

을 진행하며 나가야 하는 것을 이 논문에서 밝혔다. 적어도 《타임스》지 겉장에 나오는 시대를 이끄는 인물은 have/will의 세계로부터 시작된다는 것이었다. 이 be → do → have에의 진행을 나는 3 · 1독립선언의 공약 3장에서의 진행에서도 본다. 3 · 1공약에서 볼 때에 우선은 비폭력적 만세 부름이 있어야 하고 → 단결해야 하고 → 드디어는 우리 고유의 천부인권을 신장해야 한다는 것이다. 나는

본 절에서 빅어 → 블 → 븕으로의 진전을 밝히고자 한다. 빅어는 방법, 블은 일 그리고 븕은 사람의 모습을 말한다. 이 빅어, 블, 븕의 진전을 살피기 전에 방법, 일, 사람의 모습을 《논어》의 첫 글이 어떻게 다루고 있는가를 다음에 고찰하자.

學而時習之　　不亦說乎
有朋自遠方來　不亦樂乎
人不知而不慍　不亦君子乎

이상이 《논어》의 첫 글이다. 이 글은 사람이 무엇을 알아야 하며 사람들과 일을 함께 하는 데 사람이 마땅히 행해야 할 일이 무엇이며 나아가 사람의 참 사람됨이 그 사람의 무엇을 보면 아는가를 말한다. 배운 것을 다시 익혀서 배운다는 것은 습득한 지식의 보편성을 높이라는 말이다. 내가 경상도 사람인데 경상도 사람이 아니라 먼 데인 전라도 사람이 오면 기뻐하는 상태에서는 경상도 사람들이 하는 일이 단합이 잘 될 것이 자명하다. 보편적 지식을 갖거나 먼 데 사람과 친하면 둘 다 사람을 즐겁게 만든다고 쓰고 있다. 이 경우 즐거움은 내가 감옥에서 경험한 쾌락은 물론 아니고 즐거움에 해당한다. 예를 들어 직장의 윗사람이 나를 알아주지 않아도 내 직책이 요구하는 최선을 다했다면 나는 군자라는 말을 대하며 나는 제2차 세계대전 중 나치정권에 저항해 자신의 떳떳한 길을 갔던 실존주의자의 모습을 생각한다. 일하는 방법, 일의 내용 그리고 사람의 참 모습 등을 간추린 글이다. 이런 분류를 할 수 있는 글이 《논어》에 열한 곳이 더 있다. 이렇게 어떻게/무슨 일을/누가 해야 하는 것을 더듬는 《논어》를 대하면서 생각나는 것이 인류에 관료조직 문명을 처음으로 소개한 글답게 《논어》는 행정의 기본 범주를 첫 글에서 말하고 있다는 생각을 한다.

방법, 일, 사람의 본질을 묻는 것이 사람이 마땅히 물어야 할 3대 질문이라고 말한 것이 이렇게 《논어》에만 있는 것이 아니다. 이마누엘 칸트(1724-1804)에서도 이를 나는 발견했다. 다음은 앙드레 베르제와 드니 위스망이 공저한 프랑스 고교철학교과서 《인간학 · 철학 · 형이상학 — 프랑스고교철학 I》(남기영 옮김, 삼

협종합출판부, 2001) 18쪽에서의 인용이다.

> 철학적 반성은 인생의 문제에 어떻게 적용되는가? 칸트는 철학의 전체적 계획을 세 개의 질문으로 요약한다. '우리는 무엇을 알 수 있는가? 우리는 무엇을 해야 하는가? 우리는 무엇을 원할 수 있는가?'

첫 번째 질문은 지식의 문제에 적용된 철학적 관점에서 나온 질문이다. 이 질문은 과학철학을 포함하는 동시에 현상에 대한 과학적인 해결을 넘어서서 우주와 존재의 심오한 의미를 탐구하는 형이상학을 포함한다. 두 번째 질문은 행동의 철학의 문제이다. 무엇을 우리는 원할 수 있는가? 하는 셋째 질문은 형이상학적 차원의 문제라는 것이다. 나를 윗사람이 알아주지 않아도 인간은 참으로 자기 인생의 주인이어야 한다는 것이다.

이 정도로 잉태와 허공을 뜻하는 ᄫᅵ어, 종자의 진행과정인 ᄇᆞᆯ, 진행의 결과인 ᄇᆞᆰ의 분류의 타당성을 논한다. 이제는 안재홍의 《조선상고사감》으로 돌아가 앞서 인용하지 않은 8개 장에서 ᄫᅵ어, ᄇᆞᆯ, ᄇᆞᆰ 사상을 밝히는 설명 한 토막씩을 인용함으로 본 절을 닫는다. 인용에 앞서 해당 장과 나라 이름을 쓴다. 언어를 전문하는 이의 도움으로 번역을 좀 붙일까 하다가 한자의 발음만 내가 쓰고 만다. 원문이 아름답기 때문이다.

> **제2장** 아사달과 백악 · 평양 · 부여: 'ᄫᅵ달' 'ᄫᅵ어달' 'ᄫᅵ땋' 혹 'ᄫᅵ어들'은 복지잉양腹地孕壤의 뜻이다 … 인체에 있어 족부足部가 '발'이니 원야原野인 '벌'과 유사하다. 대지에서 해양이 '바랄'이요 또 '바다'이니 '바랄'은 족부足部인 '발'과의 인연이 있고 '바다'는'바닥' 즉 저부底部의 원달이다 … 천계天界의 태양인 'ᄇᆞᆰ'에 따라서 대지에는 'ᄇᆞᆰ'산이요 인간에는 'ᄇᆞᆰ'의 신도神道요 전세계에 대하여 'ᄇᆞᆰ'종족이니 그는 스스로 신명지족神明之族이요 … 한번 움직여 'ᄇᆞᆯ' 'ᄇᆞᆰ'도 되고 'ᄇᆞᆯ' 한번 움직여 민물民物이 의존하고 생성하는'ᄫᅵ' 혹 'ᄫᅵ어'로 된다 … '아씨'에서 원종原種의 글을 발견할 수 있으니 고대사회에서 이미 '씨'를 종자의 철리를 알고 있었음이 하나요 '비' 또는 'ᄇᆞᆯ'이 'ᄫᅵ' 즉 허공의 철리에서 발생 성장한 바임을 알 바이다.

제3장 고구려: 동명왕東明王은 이미 부여의 한 왕손이요 그 동도찬획東途贊劃한 자 모두 부여 출신의 귀족이요 졸본부여卒本夫餘 시대에는 동명왕의 '나라'도 한 소도시 국가로서 하나의 부여夫餘 'ᄇᆡ' 혹 'ᄇᆡ어'이던 것이다 … 평平壤의 'ᄇᆡ나' '베나' 또는 'ᄇᆡ어나'는 대체 백악白岳 이래의 일정한 명사를 또 전변轉變이니 모두가 졸본부여卒本夫餘 이래의 승습承襲한 국도명 또는 국명의 유운遺韻이요. 평양의 일명 '백아강百牙岡'이니 白岳 · 平壤 · 夫餘가 모두 동일어의 중심으로 전변한 바임은 별론別論 있고, 국내성國內城의 일명 '불내不耐'는 이와 다른 듯하나 '불내不耐'의 '불내'는 '불류천拂流川'의 이어이니 '불'과 'ᄇᆡ' '베'가 오용되는 원칙도 해명한 바 있다 … 고려高驪의 소소小小한 국가 있었을 것이요 동명왕 이후 드디어 독자적인 고구려高句麗를 일컫게 된 시대가 있는 바일 것이다. 아마 허구한 '구려국駒驪國' 시대는 부여국에의 복속시대일 것이다. 그리고 신라의 기사가記史家들이 려麗 · 제濟 · 라羅 3국의 건국 순서를 고의로 변개하며 려 · 제 2국을 신라의 후진국으로 만든 바는 학자 잘 아는 바이다.

제4장 고구려: 고구려 최초의 건국이 졸본부여卒本夫餘의 '조분ᄇᆡ어'였고 제2국도第二國都가 위나암尉那巖으로 '울나ᄇᆡ어'였고 제3국도가 서경西京 '평平'양壤의 'ᄇᆡ나'로 '베나'이니 역시 'ᄇᆡ어' 어원語源이었고 그 일명 백아강百牙岡은 'ᄇᆡ어달'의 대자對字로 '백악百岳' 이래로 고운古韻을 여기에도 병용하던 한 어운語韻이요 따로이 3경三京의 하나인 한성漢城도 '남평南平'양壤이었으니 즉 '하평양下平壤'으로 'ᄇᆡ나'이자 'ᄇᆡ어'인 것이다. 평양平壤의 '베나'와 백악百岳의 'ᄇᆡ달'은 하나는 '내'천川 하나는 '산山'달達으로 항상 서로 넘나드는 것이며 현경성現京城에도 남평양南平壤 그것에 응하여 백악百岳이 있다.

제7장 3한국: 진인震人의 발상지는 만주 중원 백두산의 벌 송화 압록과 요하 상류의 지방地方이니 백두는 'ᄇᆞᆰ한'이요 불함不咸은 '불한'이요. 태백太白은 '한ᄇᆞᆰ'이요. 또 '신불'(커ᄇᆞᆯ · 함ᄇᆞᆯ)이라 그들이 일찍부터 '한'으로도 일컬었음은 진역震域 최고 형식의 신화神話인 환인桓因 환웅桓雄 환검桓儉의 3신 전설에서도 잘 드러난다.

제9장 부여: 'ᄇᆞᆰ', 'ᄇᆞᆯ', 'ᄇᆡ'(ᄇᆡ어)의 연관관계에서 'ᄇᆞᆰ' 즉 'ᄇᆞᆯ', 'ᄇᆞᆯ' 즉 'ᄇᆡ', 'ᄇᆡ' 즉 'ᄇᆞᆰ'인 공식에 의하여 이 부여조선사를 해명해 나아갈 것을 이에서 미리 정해 두는 것이다 … 예맥濊貊의 '맥貊'은 'ᄇᆞᆰ'의 표음表音으로 'ᄇᆡ어'의 표음인 부여와 동의이형同義異型 또는 동어이음同語異音인 것이며 … 부여夫餘 즉卽 발發, '발發' 즉卽 '맥貊', 맥貊 즉卽 '부여夫餘' … 부여夫餘는 'ᄇᆞᆰ', 'ᄇᆞᆯ', 'ᄇᆡ어'의 전형轉型된 어사語詞로서 결국에서 모두 자생산육孳生産育

생취번영生聚繁榮을 핵심사상으로 신神 · 신명神明 등의 뜻을 내포한 말이다.

제10장 '볽', 'ㅂㅣㄹ', 'ᄇᆡ어' 원칙: '볽'움직여 'ㅂㅣㄹ'을 이루고 고요하여 'ᄇᆡ'를 이루니 '볽'은 그 '환'이라 본체本體요. 'ㅂㅣㄹ'은 그 '벌'음이라 작위作爲요. 'ᄇᆡ' 'ᄇᆡ어–잉태 · 잉'는 그 'ᄇᆡ음'이다 곧 정축停蓄이니 한번 작위와 한번 정축에 둘인 듯 '한'이요 토막인 듯 '늘'이니라. 움직임은 그 '맹작萌作'이니 '볽'이 온갖 '엄'(모母)을 지음이요 '엄'의 쓰임(용用)은 그 '음'이니 '음'은 곧 맹얼萌蘖이라 '음'이 '지' '作'어 온갖 이룸이요. '고욤'은 다시 종류鍾溜함이니, '낳', '하', '한', '늘'의, 생生 · 위爲 · 대大 · 환桓의 도道가 대환의 생위에서 다시 대환의 종류種溜를 갖나니 무릇 인온정축絪蘊停蓄은 대환생위大桓生爲의 한 반면인 것이요. 대환생위大桓生爲는 불함도不咸道의 대간을 짓는 것이라 … 온 한누리 대천세계大千世界의 삼라만유森羅萬有 모두 '뷔'로부터 원元 '시始'를 지으니 '뷔'일새 밝고, 밝을새 알고, 알새 옳고, 옳을새 '하'고, '하'므로 'ᄇᆡ'잉孕고 '빔'으로 '낳'고, '낳'으므로 '불'ㅅ고, 불어서 '버'언지고 '벌'어서 두루 '펴'지지 않음 없으며, 길이 뻗히지 않음 없나니, 그 오직 '뷔'일새. 항상 '뷤'없음을 언음이요, 온갖이 모두 '뷔'에서 일어났음일새, 가로대 '비로서'이라 '비로서'는 만유萬有 원시元始다 … '복'은 그 '두頭' 뇌腦요, 'ㅂㅣㄹ'은 그 족이요 'ᄇᆡ'는 그 복腹이라. '복' 있어 온갖을 마름(마리 두頭)하고, 'ㅂㅣㄹ' 있어 온갖에 운행運行하며, 'ᄇᆡ' 있어 온갖을 정축停蓄하나니, '볽 · ㅂㅣㄹ · ᄇᆡ'는 셋이로되 '한'이요, 따로로되 그 '은'이요 가름한 듯 그 '늘'이라. 이 또한 대환생위大桓生爲의 도요 주축이니 대환大桓은 '하늘'이라 '천天'이요, 생위生爲는 그 '낳하'이라 또 '자아自我이니, '나'이므로 '낳'았고 '나'이므로 또 스스로 기점이요 핵심核心을 이루나니 '하늘' 있어 '나' 있고 '나' 있어 '하늘' 있음이니라.

제11장 고구려와 평양: 진방震方사에서 평양의 지명이 보이기는 달군조선의 첫 번째 수도首都로서가 그 가장 옛 것이었고 또 고구려 7백여 년 내 대부분 시대의 국도명으로 나타나 있었으므로 평양平壤의 지명地名이 매우 인상 깊은 것일뿐더러 실제로 진방震方일반사의 연구도정硏究途程에서도 평양은 자못 주요한 거점이 되는 것이다 … 평양平穰 혹 평양平壤으로 쓰는 그 어의語義는 3국 중엽 이후 'ᄇᆡ나' 즉 '베나'로 고정된 바로서 '변나卞那', '평나平那'로 씀도 가한 것이다. 그 어원語源인 즉 백악百岳인 '볽달'에서부터 승통承統하여 온 바이니 이는 아사달阿斯達 이래의 문화 전통을 계승하여 '달, 불, 나' — 달達, 불弗, 나那 — 진행 과정을 밟고 다시 '볽', 'ㅂㅣㄹ', 'ᄇᆡ' 동일원칙에 따라야 '볽달'(백악白岳, 백산白山, 태백산太白山)의 신역神域 · 성산聖山이 드디어 원국原國 · 원성原城인 'ᄇᆡ나' 또는 '베나'로까지 도달하고 만 것을 보임이니.

제12장 백제: 백제사百濟史는 그 국명의 원뜻을 '볽, 볼, 빅 원칙原則'이 적용되는 것이니 백제百濟는 '빅치'의 사음寫音이요. 원공原公 혹 성공聖公으로 전역轉譯할 수 있는 그 고대위호古代位號를 전차轉借하여 된 국명이다. 즉 부여공夫餘公의 뜻을 고구려古句麗 · 패자沛者 · 평자評者라는 직명과 동의이자洞義異字인 것이다 이는 '볽, 볼, 빅 원칙原則' 제삼형第三型의 적용임은 자명하여진다 … 비류沸流 · 온조溫祚가 일국의 황명으로 부여계夫餘系의 공족公族들을 인솔하고 멀리 반도의 중부까지 남하하여 한강 유역에 새로운 국가를 건설하고 '빅치' 또는 '빅치한'의 위호位號를 가져 그대로 국명을 삼은 것이다. 그리고 부여는 '빅'의 사음이요 그 어원 '뷔'의 철리에서 일어나 생생자식生生孳殖 발전 번영의 함축적인 말뜻을 가져 그대로 수도명首都名이자 국명國名이자 또 종족명이요 신앙상으로는 부여신夫餘神 또는 백악신百岳神으로도 쓸 수가 있는 종족신鍾族神의 명칭으로 된 것이니.

이제 부여, 고구려, 백제 등의 건국을 설명한 빅어 볼 볽 사상이 겨레에 제시하는 교훈을 간추려 보자. 이를 한마디로 말하면 일이 되는 나라를 만들자는 것이다. 빅어는 일하는 방법을, 볼은 마땅히 성취되어야 할 일을, 그리고 볽은 일하는 사람의 바람직한 모습을 보여 준다. 거듭 말해 이 방법, 일, 사람의 세 개 범주는 행정의 정의定義를 설명하는 기본 범주이다. 예를 들어 위에 적은 제10장의 볽 볼 빅어가 샘물 솟듯 이어져 나오는 묘사가 기가 막히다. 이 감정은 내가 모차르트의 피아노 소나타를 들으며 느끼는 기막힘과 같다. 3 · 1독립선언의 공약 1장이 공약 2장을 공약 2장이 공약 3장을 그리고 공약 3장이 공약 1장을 부르며 나서는 모습이 연상된다.

안재홍의 실천

《조선상고사감》은 안재홍의 주저主著다. 이 주저는 우리가 시작한 나라의 궂음과 나라의 좋음을 둘 다 밝히고 있다. 궂음은 기껏해야 성채와 하천을 중요시 해 군사국가를 만들었던 한 국가가 언어와 생활풍속을 같이 하되 다만 나라 이름을 달리하는 나라들을 강대국을 끌어들여 붕괴시키고, 이 끌어들인 강대국에게 침범당한 나라의 영토를 주고서 한 나라를 통일했다는 것이었다. 한편 나라의 좋음은 나라의 궂음보다 먼저 있었다. 다행한 일이었다. 나라의 좋음은 나라들이 제각기 자신의 삶을 살되, 즉 빈어 볼 붉의 길을 따라 살되 이웃나라들과 서로 평화스럽게 살았던 일이었다. 이 나라의 궂음과 좋음을 안재홍은 75년간의 그의 생애 중 그의 학문과 행동에서 잊지를 않았다. 학문과 행동에서의 잃지 않음을 나는 실천이라고 이름한다.

그는 주저를 옥중에서 썼다. 그는 책 제1장과 제13장에서 발견된 진리를 심히 기뻐했다고 적고 있다. 감옥에서 후회하고 좌절하고 실망하기는커녕 감옥에서도 아니 감옥에 있었기 때문에 오히려 기뻐했으니 이 기쁨은 안재홍으로 하여금 만난을 무릅쓰고 올바름을 행하며 올바르게 살게 한 원동력이었음이 자명하였다. 따라서 이 옥중에서 책을 쓰면서 느낀 기쁨이 바로 안재홍의 실천을 설명하는 열쇳말이다. 세 가지 점에서 이 기쁨을 탐색하고자 한다.

1. 두 곳에서의 기쁨이 동시에 생겨난 것을 나는 유의한다. 하나는 책 쓰면서이며 다른 하나는 감옥에서이다.

2. 안재홍이 이렇게 기뻐했다면 이 기쁨은 그가 참으로 기뻐했다는 것인데 이 기쁨에 반대되는 그가 참으로 싫어했던 것을 짐작하고 싶다. 이 싫어했던 것이 바로 그가 책에서 쓴 나라의 궂음과 그 맥을 같이한다는 가정하에서이다. 그를 아홉 번 구속한 일본과 그가 특정 행동을 하다가 그 행동 등을 그만두고 떠난 행동을 분석하면 '나라의 궂음'과 맥을 같이 하는 그 무엇이 나오리라는 생각을 한다.

3. 안재홍의 기쁨이라는 동기는 세계 근대국가의 형성에서 보는 문예부흥이라는 학문 → 종교개혁 → 민주국가의 건국이라는 과정을 밟기 마련이었을 것인데 과연 그의 학문, 종교 그리고 건국사상이 각각 그가 그의 책에서 밝힌 '나라의 좋음'과 맥을 같이하는 것이었는가를 밝히고 싶다.

1. 그는 행동하면서 기뻤고 학문하면서 기뻤다. 나는 〈들어가면서—열매를 보

면 나무를 안다〉에서 내 3·1민주구국선언사건 시의 구금을 즐거움으로 간추렸다. 이 즐거움이나 안재홍 선생의 기쁨이나 쾌락과 다른 종류의 감정인 점에서 그 맥을 같이하는 표현이다. 내 경우 이 즐거움이 바로 감옥에 있지 않은 오늘도 내가 책을 쓰고 있는 동기임을 보아도 두 사람의 경험의 동질성을 나는 말하고 싶다.

안재홍이 행동하면서 기뻤고 학문하면서 기뻤던 것을 안재홍 스스로 깨우쳤다고 생각되지 않는다. 몇 가지 이유에서 나는 이를 공자와 맹자로부터 배웠다고 생각한다. 우선 그가 그의 장년기에 집필 완료한 《조선상고사감》을 순 한문으로 썼던 것으로 미루어 보아 한문 몰입 교육을 받았음을 알 수 있고, 나아가 하나 더 언어 한문만이 아니라 그 언어를 사용했던 문화에 깊이 빠져 있었음을 짐작할 수 있다. 따라서 그가 빠져 있었던 유학의 입장을 생각하게 한다. 그의 유학의 입장은 정권의 통제를 지나치게 강조한 성리학적 입장이 아니었을 것이다. 당대의 양명학의 대가였던 정인보 연희전문교수와 더불어 실학자 정약용전집을 감수했던 것을 보아 이를 짐작할 수 있다.

《논어》의 공자가 학문과 행동을 일치한 분이었다. 그는 사람이란 행함을 먼저 하고 힘이 남으면 이것으로서 학문을 하라고 말했다. 말 잘 하고 얼굴이 멀쩡하게 생기고서 이런 사람이 어질기가 드물다고도 말했다. 교언영색선의인巧言令色鮮矣仁이 이 말이다. 공자의 학문 동기는 전체주의 국가 은殷나라를 멸망시킨 주周나라 800년간이 망가짐을 안타깝게 여긴 것이고, 은나라를 극복한 주나라의 제도를 인문학적으로 묘사한 책이 《논어》다. 공자보다 후세인 맹자는 공자의 동기와 동일한 동기로서 주나라의 제도를 사회과학적으로 묘사한 분이다. 공자의 이 행동과 학문에 대한 열정은 그의 말년에도 식지 않았다. 말년에 자신의 기운이 떨어져서 주나라를 건설한 분, 주공周公의 꿈을 덜 꾼다고 한탄하기도 했고, 말년에 자신의 나라 노魯나라에 돌아와서도 나라를 바로잡기 위해 도리에 맞는 행동자, 중행자中行者와 더불어 건국운동을 해야겠는데 이를 못 구하는 괴로움을 말하기도 했다. 마땅히 가야 할 길에 딱 맞는 사람을 못 구한다면 — 앞으로 본 절에서 쓰겠지만 안재홍 씨가 과격한 좌나 우가 아닌 중행자를 못 구한다면—차라리 광狂이나 견狷과 더불어라도 일을 해야겠다고 말했던 것이다. 이 경우 광자狂者는 진취적인 사람이요 견자狷者는 우리로 치면 독립운동에 아무 한 바가 없는 사람을 말했다.

안재홍이 기뻐서 하되 아홉 번 구속되었고 무려 7년 3개월을 옥중에 있었다. 그리고 그는 공부를 기뻐서 하되 우리의 〈창세기〉에 해당한 《조선사상고사감》을 썼다. 구약성서의 〈창세기〉를 이집트에서 종살이 하던 유대 백성들을 해방시킨 모세의 작품이라는 말도 이 점에서 수긍이 간다. 통치악의 궂음과 이를 극복한 좋음이 시작된 것을 밝힌 그 마음으로 유대 백성을 압제하는 궂음을 벗어나 원래 유대 사람의 좋은 모습을 회복하고자 했던 이가 바로 모세였던 것이다.

2. 그가 산 일본 제국주의에서의 '나라의 궂음'은 피지배자에 대한 자의적 지배였다. 이 그의 경험에서 발견한 지배자의 우악스러움과 안재홍이 집필하면서 발견한 나라의 시작의 궂음, 고조선의 낙원을 붕괴시킨 궂음이 동일한 궂음이었다. 이 시점에서 생각나는 것은 본서를 나는 내 자서전인 《겁 많은 자의 용기》(삼인, 2008)와 합하여 2부작으로 쓰고 있다는 점이다. 본서와 자서전의 공통점이 궂음을—본서는 나라의 궂음을 자서전은 나의 궂음을—극복하고자 함에 집필 목적을 두고 있는 점이다. 내 자서전의 경우 비록 소학교 때에 학교 공부를 못했지만 교회 어린이부흥회에 가서 설교를 듣고 형이라고 남동생들을 툭하면 때려 준 것을 뉘우쳐 심히 울었던 것을 나의 삶의 기점으로 썼다. 약자인 동생에 대한 자의적 지배의 극복이 내 생의 과제였다.

안재홍이 겪은 '지배의 자의성'을 두 계통에서 찾을 수 있다. 하나는 그를 아홉 번 구속한 일본 정부에서이며 다른 하나는 그가 열중해서 하던 독립운동이나 건국운동으로부터 그를 떠나게 만든 요인들이다. 이 일본 정부와 그를 열중하던 특정 운동에서 손을 떼게 한 요인들의 공통점이 바로 '우악스러움'이라는 것이 나의 발견이다. 그리고 다시 쓰지만 이 '우악스러움'은 고구려의 고토를 당나라에 주고서 3국 통일을 했다는 신라의 우악스럼과 그 맥을 같이한다는 것이 나의 판단이다. 그가 겪은 '우악스러움'을 정윤재의《다사리 공동체를 향하여—민세 안재홍 평전》(한울, 2002)에 나오는 평가를 따라 정리해 본다. 우선 그분의 9회 구금이다.

제1차(3년): 대한민국 청년외교단의 활동에 관여해서 구금된다. 이 청년외교단은 상해 임시정부를 지원하기 위해 결성된 최초의 국내 단체이다. 이 단체는 임시정부에 대하여 정보를 제공하고 독립운동기금을 모금해 보내고 선전활동을 하는 것이었다. 안재홍은 〈국회기념경고문〉과 〈외교시보〉를 인쇄해 비밀리에 배포하는 일을 하다가 체포된다. 3년의 옥고다. 3년이면 전체 옥고 7년 3개월 중 중요한 시기에 걸치는 옥고였는데 이 첫 번째 옥고는 몇 가지 점에서 안재홍을 깨닫게 했다고 생각한다.

(1) 적과 동지를 구별했다. 일본 제국은 적이며 임시정부는 동지이다. 따라서 비타협적 항일을 해야 한다.
(2) 독립운동을 하되 무력행사가 아니라 하느님이 피압박 민족에게 준 천부의 무기 말하자면 '말'로서 하고자 결심한다.
(3) '말'로서 하되 남이 쓴 말을 전하며 심부름하는 일이 아니라 이제는 직접 자신이 글을 써서 하자(즉 '핵심에 들거나 아주 그만두어라'라는 그의 좌우명이 바로 그것이었다).

제2차(금고 4개월):《조선일보》사설에 〈보석保釋 지연遲延의 회상〉을 써서 일본 제국주의의 감옥제도, 고문 그리고 감옥 내에서의 비인도적 처우를 비판해 옥고.

제3차(1928년 5월): 〈제남사건濟南事件의 백상관壁上觀〉이라는《조선일보》사설로 옥고.

제4차(1929년 12월): 신간회의 총무간사로 광주학생운동 진상보고 민중대회를 준비하다가 발각되어 구속됨. 말하는 것을 무기로 삼았던 안재홍에게 광주학생운동의 진상 규명은 그의 주요 관심사였을 것이다. 진상을 알아야 특히 학생들의 진상을 글로 쓴다는 것이었다.

제5차(1931년 10월): 조선일보 사장을 하면서 일본의 만주 침공으로 더욱 심각한 곤경에 처하게 된 만주 동포들의 문제를 협의하는 모임의 상무로서 만주에 대표를 파견하며 진상을 조사하게 하는 한편 각 언론기관을 통해 구호금을 모았다. 일제는 안재홍을 공금유용 혐의로 구속하고 1932년 3월 25일로 동 단체를 해체해 버렸다. 이 구속도 진상을 알아보는 글쓰는 이의 과정에 일제가 제동을 건 것이었다.

제6차(2년 징역): 중국 항주의 군관학교에 한 청년을 보내려다가 발각되어 종로경찰서에서 구속 2년 징역. 제6차 구속부터는 구속된 이유에 미래에 생겨날 국가제도에 대한 바람과 조바심이 보인다. 다만 복역 중 1937년 보석으로 석방되어 고향인 평택에 칩거하면서《조선상고사감》의 집필을 시작했다. 그러니까 7, 8, 9회의 옥고를 포함한 9년간의 집필 끝인 1946년에 집필을 끝냈다.

제7차(1938): 흥업구락부 사건으로 5월에 서대문서의 경찰에 의해 약 3개월간 구속됨. 미국에서의 독립운동을 위해 모금해서였다. 윤치영, 구자옥, 장택상, 안재홍, 유억겸, 최두선, 이춘호, 변영로 등 쟁쟁한 인사들이 걸린 사건이었다.

제8차(징역 2년): 제6차 사건이 대법원 상고심이 확정되어 다시 구속.

제9차(1942년 12월-1943년 3월): 조선어학회가 주관했던 사전편찬 작업에 수정위원회의 한 위원으로 구속됨. 마지막 구속이 한글 보존 때문이니 제6차와 7차를 제외하고는 글을 쓰는 데 관련한 옥고였다. 이 제9차 출옥 후 2년 5개월 만에 일제가 패망해 민족이 일제로부터 해방한다.

안재홍이 독립운동과 해방 후의 건국운동에 관여했다가 자신이 했던 운동을 멈추고 이를 탈퇴했던 것을 정리하고자 한다. 독립운동은 물론이고 건국운동도 일이관지一以貫之하게 그를 떠나게 한 요인을 발견할 수 있으니 이는 폭력을 행사하는 것 혹은 과격한 노선으로부터의 이탈이다. (1) 일제를 싫어했음도 말하는 것 글쓰는 것도 다 금하는 일제의 포악함 때문이며, (2) 일제의 과격을 벗어나는 독립운동이나, (3) 일제의 과격을 벗어난 이후의 건국운동도 폭력 사용을 주무기로 하거나 과격은 안 된다는 것이 그의 지론이었다. 그리고 이 지론은 3·1 독립운동에서의 비폭력운동과 그 맥을 같이하며 그가 저술한《조선상고사감》에서의 '나라의 좋음'이 보여 주는 정신과 그 맥을 같이했다. 몇 가지 운동들에서 그가 떠나게 된 이유를 밝히되 이를 언급한 정윤재 교수의 책 쪽수도 밝힌다.

신간회(61쪽): 신간회는 공산주의자들의 방해공작과 일제의 탄압으로 결국 해체하고 말았는데, 안재홍은 서정희, 이종린 같은 사람들과 함께 신간회 이후 시대의 반일 활동을 어떻게 지속할 것인가를 상의하고 그후, 안창호 계열의 이광수, 조만식, 김성엽 등의 도움을 얻어 민족단체협의회의 구성을 시도했다. 그러나 이것도 결국 공산주의자들의 비협조와 방해공작으로 성공하지 못했다.

건국준비위원회 — 약자 건준(92, 93쪽): 민세 안재홍은 건준에 참여하면서 그것이 민족 진영이 좌파 진영을 이끌어 가는 좌우합작, 즉, '제2의 신간회'로 발전되기를 기대했다… 그는 또 처음부터 건준이 중경의 임시정부를 대체하거나 그것에 대립되는 정치적 조직이 될 수 없다는 입장을 견지했다.

조선국민당(100, 101, 120쪽): 건준 탈퇴 후 그가 당수가 되어 발족한 조선국민당은 친일세력이 다수 가담했던 한민당이나 조선인민공화국 — 건준을 안재홍이 탈퇴한 후 건준이 선포한 나라 — 에 집착했던 공산당과 구별되었다. 국민당은 그 주장하는 다사리주의와 귀국한 임시정부 사람들이 만든 한독당의 삼균주의가 궁극적으로 상호 일치하며 합당하였다.

좌우합작운동(129-146쪽): 1946년 정국은 미소공동위원회가 무기 휴회되면서 모스크바 3상회의 결정에 의해 한반도에 통일 임시정부가 수립될 전망은 더욱 불투명해졌다. 이때 국내의 정치는 다음과 같이 나뉘었다.

(1) 미소공위가 성공해서 자신들이 주도하는 정부가 수립되는 것을 기대했던 좌익 단체들
(2) 남한만의 단독정부 수립을 주장한 이승만
(3) 임시정부의 법통을 내세워 반탁 자주독립을 주장하는 김구
(4) 미군정의 후원하에서 여운형을 상대로 좌우합작을 추진하고 미소공위의 재개에 의하여 모스크바 3상회의에서 결정된 통일임시정부 수립을 목표로 좌우합작운동을 하는 김규식

위 네 갈래 노선 중 안재홍은 (4)에 속했었다. 제1차 좌우합작위원회 시 우측 대표는 김규식, 원세훈, 안재홍, 최동오이며 좌측 대표는 여운형, 장건성, 박건웅, 김찬, 강순 등이다. 특히 1946년 10월 10, 13일자《한성일보》에 안재홍은 미국을 아무런 제국주의적 야심이 없이 우리의 완전 해방과 자주독립 완성을 원조하는 데 전력하고 있는 것을 신뢰한다고 말했다. 나는 안재홍의 미국 평가를 안재홍의 좌우합작 태도와 더

불어 탁월한 견해로 본다. 제2차 세계대전이 독재국가들이 연합해서 일으킨 전쟁이었고 이 전쟁에서 일본이 패망해 우리는 해방을 얻은 것이니 좌우합작 태도와 미국을 역사의 주역으로 보는 태도는 건전한 역사의식을 가진 것이었다. 미군정 좌우합작위원들과 한미공동회담을 열어 10월 초 영남 대폭동 이후의 사태 수습에 노력한다. 미군정의 개혁 시도에 참여했고 이어서 좌우합작운동과 입법의원의 설치가 표리관계로 진행되었다. 입법위원은 '한국 근대사상 최초의 대의정치기관'이었고 안재홍은 입법의원의 의원이 되었다.

한독당(153-158쪽): 미군정의 후원하에 좌우합작운동을 했던 안재홍은 드디어 남조선 과도정부의 수반이 되며 이 움직임은 그가 속했던 한독당의 지론과 충돌하게 된다. 미군정에 협조하는 길만이 최소한 남한의 적화를 방지하고 나아가 친일파의 지지를 받는 보수적 우익세력의 득세를 방지하는 최선책이라고 안재홍은 생각했다. 이런 안재홍의 선택은 그가 당원으로 있던 한국독립당의 반탁노선과 부딪히게 되어 한독당에서 제명당한다.

민정장관(178-184쪽): 1950년 5월의 총선에서 무소속으로 출마 제2대 국회의원에 당선된 후 본 직을 사임한다.

이상에서 본 안재홍의 (1) 과격을 피하고, (2) 일을 하되 되도록 좌우합작 속에서, 그리고 (3) 자율화되기를 모색한 사상의 원천이 무엇이었을까를 이에 정리할 차례이다. 이런 세 가지 행위를 할 수 있었던 직접원인은 그가 3 · 1독립운동을 몸소 겪은 분이어서이다. 3 · 1독립운동은 무엇인가? 우리의 새로운 건국운동이 일본 군대의 소총부대에 살육당했던 한을 풀기 위해 세계에서 처음으로 비폭력투쟁을 나섰던 운동이었다. 청나라와 러시아를 총으로 이긴 일본도 일본 파출소 하나도 불 지르지 않은 조선 군중의 비폭력 앞에 완전히 그 대비 방법을 찾을 수 없었던 기막힌 전쟁이었다. 인류는 이 기막힌 군중의 움직임 앞에 집권당의 당황함을 그 후 인도에서 그리고 공산주의의 동구권에서 목격하게 된다. 그리고 그 후 무엇보다도 한국의 4 · 19, 1970, 80년대 민주화운동에서 그리고 이명박 정부를 허둥지게 만든 2008년 초의 촛불시위에서 보았던 것이다. 하나 더 이러한 행위의 원인이 우리에게 있었다. 고조선의 찬란한 사상이었다. 바로 이 점을 밝힌 책이 안재홍이 그가 옥중에서 기뻐서 쓴《조선상고사감》이었다.

3. 2에서 본 것과 같은 안재홍의 실천의 한결같음은 건국운동에서의 한결같음이다. 그러나 건국운동 이전에 그의 한결같음을 그의 학문과 종교에서 볼 수 있고 15년간의 북한 내에서의 건국운동에서도 볼 수 있다. 무릇 학문, 종교, 건국운동의 세 개 과정은 근세 유럽을 민주화시킨 과정이었다는 점에서 이 세 개 과정에서의 성실을 다한 인물을 보면 그 인물의 틀림없음을 말할 수 있다는 것이 내 생각이다. 예를 들어 함석헌 선생 같은 분이 역사학이라는 학문, 기독교라는 종교개혁 그리고 나라의 민주화에의 공헌을 한 몸에 실천한 분이었다. 비슷하게도 안재홍의 경우 그의 학문, 종교 그리고 그의 말년인 북한에서의 15년간의 실천이 한결같음을 알 수 있다. 나는 종교를 봄으로 그를 안다고 본다. 종교는 한자 宗敎 그대로 큰 가르침이기 때문이다. 그리고 나는 말년을 중요시 한다. 예를들어 3 · 1운동의 독립선언 서명자 중 말년에 지조를 안 지킨 자는 겨레에 모범이 될 수 없었기 때문이다. 마르틴 루터의 95개 논제의 결론도 사람은 생을 마치는 마지막까지 회개를 하라고 말하고 있다.

안재홍의 해방 후의 작품이 그의《조선상고사감》과 동일한 연구임을 밝힌 글을 나는 아직 접하지 못하였다. 다만 정윤재, 박찬승, 김인식, 조맹기, 박한용 5인교수가 민세의 해방 후 사상인 신민족주의 틀을 검토한《민족에서 세계로》(봉명, 2002)에서 정윤재 교수의 글을 살펴봄으로 안재홍 사상의 한결같음을 엿보고자 한다.

그의 종교의 출발은 기독교였다. 기독교 학교 출신자이며 세례를 도쿄에서 받았고 중앙고보 교사 직에서 해직된 후 그에게 직장을 준 곳도 기독교였다. 그러나 그는 단군을 신앙하는 대종교大倧敎로 귀의했다. 이 귀의를 나는 그의 사상의 한결같음의 선상에서 평가할 수 있다고 생각한다. 끝으로 15년간의 북한에서의 연방제사고를 그의 사상의 한결같음으로 평가하고자 한다. 이 시기의 안재홍의 평가를 위하여 "1960년대 이후 북의 공식 통일 방안인 '연방제'는 이들 월 ·

납북인들의 평화통일 노력이 없었다면 나오지 못했거나 나중에 나왔을지도 모른다. 재북 민족주의자들의 활동은 이런 면에서 재평가되어야 할 것이다"라고 맺음말을 한 이신철《북한 민족주의운동 연구》(역사비평사, 2008)을 나는 사용한다. 북한의 연방제 사상에 안재홍이 영향을 미쳤을 것이라는 생각을 그의《조선상고사감》을 보거나 납북 이전의 그의 실천을 보거나 능히 이를 짐작할 수 있기 때문이다.

학문: 정윤재 교수의 글 〈안재홍의 조선정치철학과 다사리 이념〉에서 안재홍이 1945년 9월에 출판한《신민족주의와 신민주주의》의 내용을 소개한다. 이것은 안재홍의 만물 생성의 원리로서 '비 · 씨 · 몬'의 철학을 말한다. 이것은 '비'는 '비움' 즉 허공이며 '씨'는 종種이며 종자이며, '몬'은 물질이라는 설명으로 시작해 안재홍의 해방 후의 사상이《조선상고사감》의 사상과 같은 것을 알 수 있다.《조선상고사감》에 덧붙여서 하나에서 열까지를 풀이한다. 한국 사람은 하나에서 열까지를 세우면서 생각하는 것이 수마다 달라서 수의 이름을 생각에 따라서 다르게 붙였다는 것이다.

하나: 하나는 '한'이니 수의 시원이요 큰 세계에서의 천天이다.
둘: 둘은 들과 통하며 원야原野다.
셋: 셋은 '씨' 혹은 '씨앗' 즉 종자이다.
넷: '네' 혹은 '넷'이니 '나' 혹은 '나엇' 즉 출생이다.
다섯: '다섯'이요 '다사리'이니 곧 '다스림의 원리'이다.
여섯: 여섯은 '여어서'요 지속이요 존속이다.
일곱: '일곱'은 일이 됨이요 흥기요 성취요 도달이다.
여덟: '여덟'은 '열고 닫음'이다.
아홉: '아홉'은 종합이요 회통으로 곧 어울름이다.
열: '열'은 개전開展이요 현현顯現이다.

위에서 하나 둘 셋에서 천지인天地人을 보며 넷에서 의미 있는 창조를 보며 다섯에서 '다사리' 곧 '다스림의 원리'를 찾은 것이 놀랍다. 한국 사람은 하나 둘 셋을 세면서까지 다사리 공동체를 생각했다고 보는 안재홍의 생각은 그가 얼마나 한 원리를 골똘히 생각했다는 것을 알 수 있다.

종교: 3 · 1독립운동 이후 기독교계가 심하게 그 생기를 상실해 내면화의 길을 걸었던 것이 교회사의 정설이다. 이에 비해 단군을 숭앙하는 대종교大倧教는 1909년에 시작되었으나 초대 교주 나철羅喆은 한일합병 후 1916년에 구월산에서 자결했고, 제2대 교주 김교헌金教獻은 일본군에게 학살당했다. 이런 살아 있는 종교에 안재홍이 귀의해 1949년 5월 교단의 원로인 대형大兄의 칭호를 받게 된 것을 보고 나는 두 가지를 생각했다. 하나는 전술한 대로 나쁜 정권에 대한 심판력을 상실한 기독교를 우습게 보았을 것이라는 것이다. 제4장 기독교 장에서 후술하겠지만 〈요한복음〉 제16장 8절의 성령의 하시는 일 중 하나는 악한 통치자를 심판하는 것인데 이런 일을 않고 예수를 믿어 내세에 천국에만 가기를 원하는 종교를 안재홍은 결코 용납할 수가 없었을 것이다. 둘은 《조선상고사감》에서 밝힌 그의 '잉태와 허공'의 사상이 그를 굳이 기독교에 매이게 하지 않았다는 생각이다. 어차피 기독교도 사람을 살려내는 종교이며, 땅속에서 종자가 잉태되어 이 종자가 움이 터 허공에서 마음껏 바람과 비와 태양을 쐬며 자라게 하는 사상을 복음서의 씨 뿌리는 비유에서 보듯 기독교 역시 받아들인다고 생각했을 것이다.

연방제 사상: 안재홍의 연방제 통일 사상은 불쑥 나온 것이 아니다. 그 이전 과정에 말하자면 '빅어'와 '볼'의 두 개 과정이 있은 이후에 '붉'에 해당하는 연방제 사상이 발표된 것으로 나는 평가한다. '빅어'는 과격을 피하는 단계이다. '볼'은 일의 성취가 있는 단계이다. '붉'은 다른 주체를 결코 해하지 않은 나와 너와의 공생 단계이다. 빅어, 볼, 붉은 빅어 → 볼 → 붉이기도 하다. 일하는 방법 → 일 → 일하는 사람의 형성 등 일이 만들어지는 차례를 나타낸다. 따라서 붉이 끝나면

새로운 빅어가 시작된다. 1965년 3월 1일에 생을 마친 안재홍의 경우 3월 1일이 빅어를 다시 시작하는 날이기도 하며 동시에 빅어가 붉 다음에 이어서 들어가는 빅어 → 블 → 붉 → 빅어의 네 단계 순환과정을 끝마친 날이기도 하다. 안재홍이 순환원리를 발견하고 서울 감옥에서 기뻐했었던 원리를, 아득한 옛 고조선 때에 그 원리가 처음으로 실천되었던 고조선이 자리 잡았던 땅 평양에서 이를 안재홍이 몸소 실천하면서 기뻐하였으리라고 나는 짐작한다. 네 개 단계에서 안재홍이 한 일을 적되 이것이 언급된 이신철의 책 쪽수를 괄호 안에 밝힌다.

빅어: 안재홍이 북한에서 기피의 대상으로 삼았던 포악이 김일성 독재라기보다는 미국에 대한 반대인 것을 알 수 있다. 납치된 처음에 두 번이나 방송에서 반미방송을 했다.(264, 269쪽) 전일에 《한성일보》에 글을 쓰되 미국은 제국주의적 국가가 아니라고 단정했을 뿐 아니라 미군정 시 행정책임자를 지낸 사람으로서 큰 변절이었다. 그러나 이 초기 방송에서 안재홍은 이남에서 내무장관을 지낸 김효석의 방송보다 덜 인민공화국에 아첨했다.(272쪽) 그러나 나는 이 안재홍의 변절을 그의 북한에서의 빅어에 해당하는 경험으로 분류한다. 2008년 가을 김정일이 병상에 있을 때 KBS는 북한이 김정일의 유고조차도 버티어 나가는 까닭을 백낙청 교수의 말 '북한이 버티어 나가는 까닭은 반미가 있어서이다'를 연상해 북한으로서는 미국이 자기들을 짓누르는 폭력 자체라고 그 당시에는 더욱 생각했을 것이다. 미국이 전쟁에 참전만 안 했더라면 북한은 소기의 목적을 달성했을 것이 분명했다. 이 미국의 짓누름으로부터 일단 벗어나는 것을 모름지기 안재홍은 북한의 과제로 보았을 것이다. 그러나 반미 발언을 했음은 변절이며 이 변절은 끝에서 언급할 새로운 빅어를 안재홍이 탄생해야 만 하는 숙제를 남겼다고 짐작한다.

블: 안재홍은 1955년에 짧은 시간에 이루어진 전후 복구사업을 '하나의 장관'으로 표현했다.(363쪽) 납북된 인사들이 복구사업 현장을 시찰한 후의 논평이다. 나는 이 논평을 진실로 받아들인다. 1953년에 스탈린 사후 스탈린이 격하된

것을 보고 주체사상으로 체제강화에 몰두했던 시기 이전의 북한의 효율운동이 성과가 있었기 때문이다. 북한은 이때에 자신이 만든 트랙터를 아프리카에 수출까지 했었으나 이 효율성이 주체사상 때문에 저해를 받았던 것이다.

붉: 안재홍은 1956년 5월에 있은 재북 민족주의자들의 토론에서 노동당과 자유당 대표들 간의 협상을 김일성과 이승만의 회담을 의미한다고 말하고 통일정부의 국체로서 '연합정부'를 제기했다.(366, 367쪽) 이 사실을 책의 저자가 중요시 해 책의 결론에서 1960년대 이후의 북의 공식 통일방안인 '연방제'에 영향을 줬다고 말하고 있다.

빅어: 1965년 3월 1일에 안재홍이 갑자기 돌아간 것을 나는 그의 빅어 행위로 본다. 이 판단은 물론 나의 주관적 판단이다. 나는 15년간의 북한 체류를 통해서 적어도 다음을 안재홍이 감지했었다고 추정한다. 하나는 주체사상 등장을 통해서 본 김일성의 변신(책 361쪽을 보면 1955년 11월에 김일성이 조소앙 · 안재홍 · 오하영 등에게 사과를 전할 정도로 김일성과의 사이가 일방적이 아니었다), 둘은 스탈린 사후의 러시아의 변화, 셋은 남한에서의 제2대 대선에서의 조봉암의 약진(147, 208, 313, 381-384쪽), 4 · 19혁명(412쪽) 그리고 5 · 16으로 대치된 4 · 19의 실패 등이다. 이런 사실들이 1965년 3 · 1절을 맞이해 남한에 있는 그의 후배들이 1976년 3월 1일에 가만히 있을 수 없어 '3 · 1민주구국선언'을 발표했듯이 뭔가를 하려고 시도하다가 그만 당하고 말았을 것이 아니겠는가가 내 판단이다. 거듭 쓴다. 그가 생을 마친 곳과 날은 보통의 곳과 날이 아니었다. 그곳은 그가 생각한 겨레의 시작, 빅어가 역사의 시작에 터져 나왔던 곳이며, 때는 겨레가 극심하게 일제 밑에서 고생 끝에 싹을 움터 낸 날이었다.

〈창세기〉는 통치악의 슬픔을 적었지만 유대 민족의 희망도 적었다. 5대 설화가 전자이며 요셉의 등장이 후자였다. 우리의 〈창세기〉가 전하는 슬픔은 신라 · 가야의 우악스러움이었고 희망은 부여 · 고구려 · 백제가 서로 어울려 평화스럽게 사는 일이었다. 우리의 비극은 이 희망이 우악스러움 때문에 깨진 일이었다. 이 희망의 깨어짐은 희망을 깨뜨린 측의 자기긍정과 깨뜨려진 측의 자기부정을 공동 조건으로 해 성립되었다. 자기부정을 당한 측은 우악스러운 측을 마음속으로는 긍정할 수도 있어 열등의식 속에 포로가 될 수도 있었다. 다른 한편 패배한 자신을 부정하면서 상대방의 우악스러움도 마음속에서 부정함으로 허무주의에 빠질 수도 있었다.

이렇게 열등의식과 허무주의의 혼합이 우리 겨레의 특색이 되어 우리는 민요 〈아리랑〉을 불렀다. 일제시대인지 해방 후인지 기억이 불분명하다. 일본 사람이 쓴 책이 해방 후에도 도서관에 있어서이다. 학교 도서관에서 일본 사람이 쓴 한 책에서 아리랑이라는 말의 유래를 읽었다. 이 책에 따르면, 아리랑은 벙어리 '아啞'자와 장님을 뜻하는 한자 '리'와 — 그 한자를 나는 잊었는데, 흔히 쓰는 '맹盲'자가 '리'로 변했을 것 같지는 않다 — 귀머거리 '롱聾'자의 '롱' 발음이 '랑'으로 바뀌어서 세 자로 합하여 만들어진 것이라고 한다.

이 세상을 살되 입으로 말할 수 있지만 마치 벙어리인 것처럼, 귀로 잘 듣지만 마치 귀머거리인 것처럼, 그리고 눈으로 잘 보지만 마치 눈먼 사람처럼 못난이로 헛되게 살자는 말, 아리랑 아리랑 아라리요를 연거푸 부르면서 가신 님을 — 그 가신 님 중의 한 분이 바로 본 장에서 다룬 안재홍 씨였다 — 기다린 노래가 아리랑이었다. 따라서 우리는 아리랑을 우리가 부를 때 우리 겨레의 슬픔만이 아니라 희망도 불렀다. 아니 슬펐기 때문에 오히려 우리에게 희망이 있었다. 어떻게 보면 본서는 겨레의 한 슬픈 행정학도가 쓰는 "나의 아리랑"이다. 이 희망의 끄트머리를 더 찾아 모아 보는 것이 앞으로 쓸 3개 장 풍류도, 동학, 그리고 기독교 등이며, 드디어는 가신 님을 더듬는 것이 본서 3부 〈환희로서의 행정학〉이다.

제2장

하늘아래자기땅에서산멋진이

궂음의 조건

"하늘 아래 자기 땅 위에서 자기의 삶을 산, 그러나 사는 것만을 집착하지 않았던 멋있는 사람". 이런 모형의 삶과 정반대되는 모형의 사람을 써 본다. "우선 백성들 앞에 나서기 전에 꼭 거울을 보고 얼굴에 분칠을 하고 목에 큼지막한 구슬을 걸고 손에는 어마어마한 칼을 쥐고 나서는 왕 밑에서 살았다. 살기는 그 칼잽이의 명령으로 적을 죽이는 대가로 부모 처자식들이 몸 붙여 살라고 허락한 땅 위에서 죽지 못해 살았다. 이렇게 구차한 생을 살면서도 그런 삶조차도 자기가 죽은 후 자식들이 못 물려 받을까 봐 전전긍긍하면서 살다가 죽은 못난이였다".

이런 틀로서의 궂은 삶을 신라에서 설명하기 위해서는 적어도 세 가지가 밝혀져야 한다. 하나는 신라에는 위 두 개 글 중 하나도 고칠 데가 없이 꼭 맞는 것이 있었다는 것이다. 그것은 첫 글이다. 둘은 이렇게 좋은 것은 민에서만 나왔다는 점이다. 셋은 좋음을 깨뜨린 이는 권력을 쥔 관이었고 좋음을 깨뜨리는 방법은 민이 하던 좋은 일의 꼭 반대되는 짓만을 골라 했던 일이다.

1. 먼저 두 개 글에서 신라에 그대로 있어서 하나도 고칠 데가 없었던 것이 있다. 그것은 하늘 아래 삶을 산 멋있는 사람이다. 이것은 비록 늦게 된 신라라 할지라도 몸에 밴 조선 사람의 원 모습이 남아 있었던 일이다. 반도의 끝자락에 자리잡은 신라는 뭐가 늦게 되었다. 사람들이 정착한 것도 늦었고 유교와 불교와

노자의《도덕경》이 들어온 것도 늦었다. 이런 것들이 다 북에서 들어왔다. 이 들어온 것 중 가장 먼저 들어와 끝까지 신라인에게 남은 것이 조선 사람의 원 모습이었다. 이 끝까지 남은 자가 조선인이라는 것은 다르게 표현하면 이들이 피지배 백성이었다는 뜻이다. 가령 문무왕의 선조가 중국에서 일본으로 가는 물길에 있는 김해를 거쳐서 경주에 이주해 온 흉노匈奴의 후예 김씨라 할지라도 이 김씨 지배족에게 지배되었던 백성은 조선인이었다는 것이 내 지적 사항이다. 지배자가 아니라 피지배자가 겨레의 항수라고 나는 본다. 먼저《삼국유사》에서 고조선 시조 이야기를 다음에 옮겨 적어 이 이야기가 우리 겨레는 천지인天地人 세 개 요소를 담고 있었음을 보자. 제1장에서 보았듯 하나 둘 셋을 세면서도 하늘과 들인 땅과 생명의 시작인 씨앗에 시초적 관심을 우리의 시조가 가졌었다.

《고기古記》에는 이렇게 말했다.

옛날 환인桓因의 서자 환웅桓雄이 자주 천하에 뜻을 두고 인간 세상을 탐내어 구했다. 아버지가 아들의 뜻을 알고는 삼위태백三危太伯을 내려다보니 인간을 널리 이롭게 할 만하여 환웅에게 천부인天符印 세 개를 주어 즉시 내려보내 인간 세상을 다스리게 했다.

환웅이 (다스리는 데 필요한) 무리 3000명을 거느리고 태백산太白山 꼭대기 신단수神檀樹 아래로 내려왔다. 이곳을 신시神市라 하고 이분을 환웅천왕이라고 한다. 환웅천왕은 풍백風伯과 우사雨師와 운사雲師를 거느리고 곡식, 생명, 질병, 형벌, 선악 등 인간 세상의 360여 가지 일을 주관하여 세상을 다스리고 교화했다.

그 당시 곰 한 마리와 호랑이 한 마리가 같은 굴 속에 살고 있었는데, 환웅에게 사람이 되게 해 달라고 항상 기원했다.

이때 환웅이 신령스러운 쑥 한 다발과 마늘 스무 개를 주면서 말했다.

"너희가 이것을 먹되, 백 일 동안 햇빛을 보지 않으면 사람의 형상을 얻으리라."

곰과 호랑이는 쑥과 마늘을 받아 먹으면서 삼칠일三七日 동안 금기했는데, (금기를 잘 지킨) 곰은 여자의 몸이 되었지만, 금기를 지키지 못한 호랑이는 사람의 몸이 되지 못했다.

(그러나) 웅녀熊女는 혼인할 상대가 없어 매일 신단수 아래에서 아이를 갖게 해 달라고 빌었다.

환웅이 잠시 사람으로 변해 웅녀와 혼인하여 아들을 낳았으니 단군왕검이라고 불렀다.

단군왕검은 당요唐堯가 즉위한 지 50년이 되는 경인년庚寅年에 평양성平壤城에 도읍을 정하고 비로소 조선이라고 불렀다.[2]

그날 사량리沙梁里 알영정閼英井가에 계룡이 나타나 왼쪽 옆구리에서 여자아이를 낳았다. 여자아이의 얼굴과 용모는 매우 아름다웠으나 입술이 닭 부리와 같았다. 아이를 월성月城 북천北川에서 목욕시키자 부리가 떨어져 나갔다. 그 때문에 시내 이름을 발천撥川이라고 했다.
남산 서쪽 기슭에 궁궐을 짓고 성스러운 두 아이를 받들어 길렀다. 남자 아이는 알에서 태어났는데, 그 알이 박처럼 생겼다. 향인들이 바가지를 박朴이라고 했기 때문에 성을 박씨로 했다. 여자아이는 태어난 우물 이름을 따서 이름을 지었다.
두 성인이 열세 살이 되는 오봉五鳳 원년 갑자에 남자아이를 왕으로 세우고, 여자아이를 왕후로 세웠다. 그리고 나라 이름을 서라벌徐羅伐 또는 서벌徐伐 또는 사라斯羅 또는 사로斯盧라고 했다.[3]

두 이야기가 다 하늘, 땅, 사람의 순서를 따르고 있다. 고조선 왕검조선전설 제1막은 하늘 이야기다. 천신 환인이 서자 환웅을 이 땅에 내려보낸다. 천신이 서자를 이 땅에 내려보내는 목적이 인간을 널리 이롭게 하는 데 있다. 환웅은 무리 3천 명을 거느리고 있다. 그는 바람과 비와 구름을 통제하고 곡식, 생명, 질병, 형벌, 선악 등을 주관한다. 제2막은 땅 이야기이다. 땅은 씨앗이 떨어지는 곳이며 여자가 있는 곳이다. 여자는 사람의 씨앗이 들어가는 입구니까 여자는 땅이다. 환웅이 준 쑥과 마늘을 받아먹으면서 백일 동안 금기를 지킨 곰이 여자의 몸이 되었다고 한다. 이렇게 한 집안의 어머니는 잘 참고 견디어야 한다는 것이 본서에서 절을 만들어 앞으로 쓸 노동자의 의미다. 참고 견디어 내는 어머니가 없는 집은 이미 집이 아니니 듯 참고 견디는 노동자가 없는 나라는 나라가 아니다. 제3막은 사람 이야기다. 환웅과 웅녀가 결혼해 아들을 낳았으니 그가 단군왕검이라는 것이다.

---

2 일연, 김원중 옮김, 《삼국유사》, 민음사, 2007, 35, 36쪽.

3 위의 책, 74쪽.

고조선보다 후발 국가인 신라의 전설은 어떻게 보면 고조선의 전설보다 더 천지인의 구분이 분명하다. 즉 다음 인용에서 보듯 혁거세왕은 고조선의 경우와 같이 하늘에서 내려온 이야기보다는 자주색 알에서 나왔다. 이 알 앞에서 이상한 기운이 땅을 뒤덮었고 백마 한 마리가 꿇어앉아 절하다가 하늘로 올라갔다 하니 알이 하늘에서 내려오고 있다. 신라의 경우 땅의 개념이 고조선의 경우보다 좀 더 정치 공동체적이여서 이미 있었던 6개 마을 사람들이 모여서 군주를 의논해 찾는다.

> 3월 초하루에 여섯 부의 조상들은 각기 자제들을 거느리고 알천閼川 남쪽 언덕에 모여 다음과 같이 의논했다.
> "우리들은 위로 군주가 없이 백성들을 다스리기 때문에 백성들이 모두 방자하여 자기가 하고 싶은 대로 하고 있다. 덕 있는 사람을 찾아 군주로 삼아 나라를 세우고 도읍을 정하는 것이 어떻겠는가?"
> 그러고는 높은 곳으로 올라가 남쪽을 바라보니 양산楊山 아래 나정蘿井 옆에 번갯불과 같은 이상한 기운이 땅을 뒤엎었고 백마 한 마리가 꿇어앉아 절하는 모습이 보였다. 그래서 찾아가 보니 자주색 알이 하나 있었다. 말은 사람들을 보더니 길게 울고는 하늘로 올라가 버렸다. 그 알을 깨뜨려 사내아이를 얻었는데, 모습과 거동이 단정하고 아름다웠다. 사람들이 놀라고 이상히 여겨 동천에서 목욕을 시키니, 몸에서 빛이 나고 새와 짐승들이 춤을 추며 천지가 진동하고 해와 달이 맑아졌다. 그래서 혁거세왕赫居世王이라 이름하고 위호位號는 거슬한居瑟邯이라고 했다.[4]

하늘 아래 땅 위에 삶을 영위하되 멋있게 산 고대인의 모습을 위의 전설보다 더 잘 들어내는 것이 나라들에서 보는 제천의례이다. 다행히 3세기경의 진나라의 사가 진수가 펴낸 《삼국지》의 일부를 이루고 있는 문헌 〈위지〉 '동이전'이 우리나라의 제례풍습을 쓰고 있다. 유동식 교수의 《풍류도와 한국의 종교사상》(연세대학교출판부, 1997, 39쪽)에서 이를 간추려 다음에 옮긴다.

4 위의 책, 73쪽.

음력 정월에 천신에게 제사를 드리는데, 백성들이 대회를 열어 며칠씩 음식과 노래와 춤을 계속하며, 그 이름을 영고迎鼓라 했다. 이때에 미결된 옥사들을 판결하여 죄수들을 석방하였다. 군사(전쟁)가 있을 때에는 또한 하늘에 제사를 지냈으며, 소를 잡고 그 발톱을 봄으로써 길흉을 점쳤다.(부여)

10월에는 천신에게 제사를 지내는데 온 나라가 대회를 열고, 그 이름을 동맹東盟이라 했다 … 10월 대회에는 수신隧神을 맞이하여 나라 동쪽으로 돌아와서 높은 곳에 모시고 제사했는데 신좌에 목수木隧를 모시었다. 그리고 감옥이 없었다.(고구려)

언제나 10월절에는 천신에게 제사했는데 밤낮을 헤아리지 아니하고 술 마시며 노래하고 춤을 추니 그 이름을 무천舞天이라 하였다. 또 호랑이를 신으로 제사하였다.(예)

5월에 파종을 마치면 귀신에게 제사했는데 군중이 모여 노래하고 춤추며 밤낮을 헤아리지 아니했다. 춤출 때엔 수십 인이 함께 일어서서 서로 따르면서 땅을 디디며 손발을 낮추었다 높였다 하며 서로 장단을 맞추는 것이 택무와 비슷했다.

10월에 농사가 끝나면 또 이렇게 하였으며, 귀신을 믿되 나라마다 각기 한 사람을 뽑아 천신에게 제사지내는 것을 주관케 하고 그 이름을 천군天君이라 하였다. 또 모든 나라에 각기 별읍을 두어 이름을 소도蘇塗라 하며, 긴 장대에 방울과 북을 달아 귀신을 받들었다. 모든 망명인이 이에 이르면 이를 반환시키지 아니했다.(진한)

위 인용 다음에 유동식 교수는 제례의식이 뜻하는 바를 세 가지로 설명하고 있다. 첫째는 하늘에 관한 것이며 둘째는 땅에 관한 것이며 셋째는 사람에 관한 것이다. 즉 제천의식인 동맹은 하늘 또는 하느님을 최고 신으로 신앙한 의식이었다는 것이다. 영고는 하느님을 맞이하는 맞이굿이란 뜻이며, 이를 동명東明으로도 기록하듯이 밝은 하느님에 대한 제사라는 뜻이며, 무천은 하느님께 노래와 춤으로 제사한다는 뜻이다. 제천의식이 땅과 관계되는 것을 단적으로 나타내는 것은 제사를 온 백성 혹은 성읍 단위로 지내는 것이었으며, 한결같이 며칠씩 밤낮을 가리지 않고 떡 해 놓고 술 마시며 노래와 춤으로써 진행된 점이다. 제천의식이 사람의 행사인 것을 단적으로 보이는 것은 죄수들은 석방하고 망명인이 이르면 그를 돌려보내지 아니한 일이다. 다만 내 마음에 좀 걸리는 것은 사람들이 전쟁 시 하늘에 제사하며 길흉을 점쳤던 일이다. 모름지기 사람은 사람으로서 살아야 하지 꼭 부귀영화를 누리고자 하는 것은 멋있는 삶이 아니기 때문이다.

이 잇속을 따지는 것은 연일 음주가무하는 정신에 어긋나기도 하다. 그러나 어찌하랴. 사람이란 사람 아니겠는가. 급하면, 예를 들어 전쟁 시 지푸라기라도 잡는 덧없는 존재가 그때나 지금이나 사람이다.

2. 신라에 있었던 좋음은 1에서 전설과 종교의례를 통해서 본 사실을 통하여 정리할 수 있는 것은 무릇 좋음이란 민民에서만 나온다는 것을 뜻한다. 얼핏 생각할 때 건국에 관한 전설은 관官의 이야기같이 생각된다. 그러나 아니다. 전설이란 백성이 사실이라고 믿었던 이야기들이니까 민에서 나온 것이다. 한편 종교의례는 더더욱 민의 것이다.

이 좋음은 민에서 궂음은 관에서 나온 것을 착안해 긴 글쓰는 생활을 시작한 분이 함석헌 선생이다. 그분은 일본 동경고등사범학교에서 역사학을 전공했다. 귀국 후 오산학교에서 역사를 가르쳤다. 이때 처녀작으로 쓴 책이 《성서적 입장에서 본 조선역사》였는데 중국 사람들이 우리의 고인古人을 보면서 말했던 것이 사람들이 순박해 흡사 바보들같이 생겼고 길을 양보했다는 것이다. 그런데 이런 백성이 변한 것은 백성 위에 군림하는 정권이 외세에 아첨해 갖은 못된 짓을 다 하는 밑에서 구차하게 살아야 했기에 사람의 성질도 변했다는 것이다. 이 책에서 그런 정권의 구체적 예시는 없었다.

민과 관을 이분二分하는 생각은 함석헌 독서 후의 내 지론이다. 아리스토텔레스만 해도 자유와 권력을 나눠서 잘 생각했었다. 자유는 민의 것이며 권력은 관의 것이다. 현대 헌법을 봐도 기본권의 문제와 민주제도의 문제가 헌법의 양대 과제다. 눈을 밖에서 돌려 집에 들어와 볼 때에도 민 같은, 자유 같은, 기본권 같은, 따뜻한 어머니가 집집마다 있고, 한편 관 같은, 권력을 쥔, 그래서 제도를 만드는 아버지가 있다. 더 가깝게 경험하는 우리의 몸만 하더라도 양분되어 있다. 몸을 연구하는 의과대학의 기본 과목을 보면 이를 안다. 기본 과목들 중의 하나는 몸의 움직임을 따지는 생리학이며 다른 하나는 몸의 구조를 따지는 해부학이다. 하나를 더 말해 보자. 사람에게 영혼이 있고 육체가 있다. 그리고 모든 선은 영혼에서 나오고 모든 악은 육체에서 나온다.

3. 위 두 개 글 중 두 번째 글은 세 가지가 다 관이 하는 짓이다. 그리고 민이 하던 좋음을 꼭 반대로 깨는 일을 하는 이가 관이다. 나는 열여덟 살에 해방을 맞을 때까지 일본 식민지 교육을 받았다. 일본의 시조는 구름을 타고 하늘에서 나타났는데 이 시조가 세 개의 보물을 지녔었다는 것이다. 칼과 거울과 구슬이 그것이다. 이런 말을 소학교 때 듣고서 나는 일본의 시조라는 이는 백성 앞에 나타나기 전에 거울을 보고 구슬은 달고 칼을 들고 나선 사람임을 쭉 연상했었다. 물론 거울을 볼 때에 얼굴에 분칠도 했을 것이다. 이 칼과 거울과 구슬은 그러니까 백성 앞에 위엄을 부리는 필수품이었다. 이쯤 알다가 내가 대학생일 때 따라서 해방 후에 〈히브리서〉에서 예루살렘 성전 지성소에 세 개의 보물이 있는데 이들은 출애굽 과정에서의 고사에서 생긴 물건들인 것을 알았다. 만나를 담았던 그릇, 십계명을 새긴 석판, 그리고 아론의 지팡이가 그것이다.

무엇을 보물로 보는가를 보면 그 사람을 안다. 이 두 나라의 보물 차이가 두 나라의 문명의 차이를 만든다는 것이 내 생각이다. 일본은 상하 관계가 주축을 이루는 관료조직 문화의 나라인 데 반하여 유대 나라는 권력에 국민들이 대들어 정권의 악을 바로잡는 시민조직 문화의 나라다. 일본은 쇼군將軍과 다이묘大名 밑에서 칼차고 다니는 사람이 남자 구실을 해 온 나라다. 이에 비해 이집트에서 종살이하다가 탈출했던 출애굽 과정에서 유대 민족이 겪은 고사 세 가지로 상징되는 역사가 유대 민족의 오늘이 되었던 것이다.

이 두 계통의 보물 차이를 골똘히 생각하는 것이 내 말년에도 계속되었다. 그래서 고려대 정년 후 첫 번째로 쓴 책이 관료제도의 원형 연구인《논어맹자와 행정학》이었다. 두 번째로 쓴 책이 시민조직 문화의 원형을 찾는《인간 · 종교 · 국가—미국행정, 청교도 정신 그리고 마르틴 루터 95개조》이었다.

여기에 문제가 있다. 포악한 통치는 오래가지 않는다는 것이다. 권불십년權不十年이 이 말이다. 찬란했던 민주국가 희랍 도시국가들도 군사주의로 망했다. 일본의 모형도 나쁜 모형의 나라라면 일본도 망했어야 했다. 물론 일본이 망했다. 1945년에 일본이 망했어도 크게 망했다. 그러나 일본은 망하지 않고 있다. 일본은 해방 후 쭉 자민당이 정권을 쥐고 있고 세계 제2의 경제대국이라 하며 떵떵거리며 살고 있다. 이런 까닭이 무엇인가? 이를 나는 나라의 궂음을 설명하는 데 도움이 되니 꼭 말해야 한다. 위 두 개 모형 중 두 번째 모형을 완화하는 조치가 일본에 있어 왔기 때문에 지금도 떵떵거리고 산다는 것이 내 의견이다. 이 극악을 완화하는 조치 몇 가지를 열거하자. 그 하나는 일본의 천황이 칼을 쥐고 있지 않은 지가 꽤 오래된다. 도쿠카와德川 장군이 왕 대신 칼잽이 역을 담당했었다. 이 점에서 나는 전일 김일성 사후 그 아들 김정일이 하필이면 군사위원회 위원장을 맡았었던 것을 불길하게 봤었다. 일본은 지방마다 칼잽이 영주가 있어 지방민을 자치적으로 통치해 왔다. 일본의 경우 명치유신 이후 도쿄 대학을 만들어 능력에 의한 신분 상승의 길을 열어 놨으니 고루한 신분제도가 무너졌었다. 그 대신 일본도 한국같이 일류 대학에 자녀들을 입학시키느라고 과외공부를 시키고 야단법석을 떠는 나라다.

그러나 이를 더 말하지 말고 일본이 망할 만한 틀을 갖고 있는 나라라는 것을 좀 더 말해 보자. 틀을 말해 보는 것이 진상을 이해하는 데 도움이 된다. 예를 들어 일본 사람의 애국가는 우리와 다르다. 바다의 자갈돌이 바위가 되며 그 바위 위에 이끼가 생길 때까지 천황이여 오래 살아 달라고 노래하는 것이 그들의 애국가다. 서로가 다른 두 나라의 모습이 다음과 같이 생긴다.

한국	일본
하느님	통치자이며 왕초 하느님
|	|
통치자	조무래기 하느님들
|	|
백성	백성

왕초니 조무래기니 하는 점잖치 않은 말을 참아 달라. 어디까지나 하나의 극단을 정해 봐야 하기 때문이다. 일본의 모형을 좀 더 설명해 보자. 두 개 도표 중

왼쪽 표와 닮은꼴의 나무가 35년 전에 내 집 뜰에 옮겨 심은 은행나무다. 이 은행나무가 이 글을 쓰는 내 서재 창에서 내다보이는 데 서 있다. 나는 책상을 창을 향해 놓고 있다. 지금 보는 은행나무는 온통 노란색이다. 지금은 늦가을이다. 앞의 소나무에 가려서 여기에서는 잘 안 보이는데 가지 하나가 축 늘어져 손을 들어 만질 수 있게 낮은 데서 한들거리고 있다. 이 나무의 멋은 바로 사람의 손을 안 댄 데 있다. 나는 이 은행나무의 아름다움을 내가 어려서 많이 봤던 세종로 한가운데 은행나무보다도 더 아름답게 본다. 그 까닭은 세종로의 것은 사람이 손을 대서 가지를 잘랐기 때문에 멋이 간 것이다. 이 늘어진 한 가지가 모르긴 해도 땅에 닿아도 나는 이를 그냥 둘 작정이다.

이 멋있는 은행나무의 비결이 사람의 손을 안 댄 것으로만 말하는 것은 그러나 불충분한 표현이다. 그러면 어떻게 말해야 하나? 이 은행나무의 아름다움은 나무가 그저 하늘을 향해서 땅 위에 버티어 서 있었던 것에만 있는 것이다. 도표로 돌아가자. 내 나라 백성의 아름다움은 그저 하늘을 향해 그러니까 통치자를 향해서가 아니라 통치자 위에 있는 하늘을 향해서 버티고 섰던 것에 있었던 것이다. 내 이야기를 한다. 나도 내 나름으로는 저 은행나무와 비슷하고 싶은데, 나를 저렇게 만든 것은 내가 군인정치 통치자 박정희가 아니라 박정희 위에 있는 하늘을 바라보면서 이 서재에 앉아 있었기 때문이었다고 생각한다.

풍류도 – 궂음으로부터의 탈출

원래가 좋음은 백성의 것이었다. 이것이 첫 단계의 인류다. 둘째 단계로 이 좋았던 것을 악한 권력자가 망쳐 놓았다. 이 악한 권력자의 비행을 바로잡은 것이 셋째 단계의 인류다. 이 세 개 단계의 과정을 다음과 같이 일단 정리한다.

제1단계	민이 만든 좋음
제2단계	관이 뒤집은 궂음

제3단계 회복된 좋음

위 좋음 궂음 좋음의 순환 과정 중 셋째 단계에는 누가 하는지가 안 적혀 있다. 즉 관이 하는지 민이 하는지 누가 하는지가 빠져 있다. 이 빠진 부분을 메꾸자는 것이 본 절의 과제이다. 여러 가지 생각이 난다.

하나는 노자의 《도덕경》도 제왕의 통치를 잘 이어지게 하기 위한 글이라는 식의 생각이다. 이 생각은 개혁의 주체는 어디까지나 제왕이라는 사고이다. 본 장 마지막 절에서 보듯 나는 《도덕경》을 민이 가는 길을 밝힌 글로 본다. 그런데 이 글조차도 관을 위한 글이라는 것이 제왕들의 생각이다. 하기야 관이 민의 길을 알면 그 관이 오래 해 먹을 수 있을 것이다. 그러나 제왕이 개혁의 주체였기에 제왕 노릇을 길게 했을 것이다. 우리 화폐의 그림에 세종대왕이 나오며 왕들 밑에서 훌륭한 개혁자였던 율곡이 보이는 것도 개혁의 주체가 관인 것을 말한다.

세종이 사는 궁전 울타리 안에 공부에 전념하는 선비를 모은 집현전을 둔 것이 개혁자 세종의 모습이다. 플라톤의 《국가론》 생각이 난다. 군주를 칼잽이들이 포위하고 있는 것은 나라들끼리 싸워야 하는 그때에는 어쩔 수 없었지만 무사들 다음 자리에라도 철학자가 포진해 있어야 한다는 것이 《국가론》이다. 그런데 이 《국가론》을 영국의 러셀은 그의 《서양철학사》에서 유토피아적이라고 혹평했다. 플라톤이 말하기를 무사들의 사유재산은 없어야 하고 처들도 공유해야 하며 자식들은 다 양육원에서 키워야 한다는 것이었다. 그러나 철학자 교육의 제1과가 좀 있다가 논할 우리 화랑들 모양으로 노래 부르기다. 군사국가의 일본 교육 때 소학교마다 음악 시간이 아니라 창가唱歌라는 시간이 있었던 생각이 난다. 비슷한 생각에서일 것이다.

둘은 천황을 전쟁범죄 재판에 못 세우게 점령군에게 갖은 친절을 다했던 일본 국민 이야기다. 전술한 대로 일본은 오랫동안 군주와 군벌이 분리되어 있어 전자에 대하여는 백성들이 좋은 감정을 갖기 마련이었다. 이 점에서 일본의 천황은 개혁 주체이며 그를 보호하려는 국민도 개혁의 주체였다.

이런 판단을 내가 하게 된 것은 1959년 2월 도쿄 관광버스를 탔을 때 내 옆자리에 앉았던 미국 관광객이 나에게 한 말을 통해서였다. "저는 일본 말을 못 알아 듣습니다. 그리고 저 가이드는 제가 익숙하게 보는 미국 사람도 아닙니다. 그러나 저 여자가 친절하다는 것을 알겠습니다"가 그의 말이었다. 이 말을 듣고서 그의 말대로 가이드가 성의를 다해 친절하다고 새삼 나는 느꼈고 또한 그의 말을 들으니 십여 년 전 패전한 일본인이 점령군에게 얼마나 친절했었으면 점령 사령부가 일본 천황을 건드리면 민심이 동요되어 점령에 도움이 안 된다고 생각했을 정도였겠나 하고 생각했다. 일본을 비하하는 말을 바로 전 절에서 썼지만 이 비하는 관료조직 문화가 시민문화만 못하다는 의미의 비하이지 일본이 논어 · 맹자의 가르침을 받은 국가 중에서는 그나마 제일이라는 것이 내 생각이다.

셋은 선거로 그러니까 백성이 합법적으로 악한 정권을 선거로 내쫓는 이야기다. 2006년 5월 31일 지방선거에서 우리 국민은 그 당시 여당에게 단 한 석도 허용하지 않았다. 이 성난 국민이 2007년 겨울 대선에서 박정희를 뿌리로 하는 정당 출신 입후보자가 대통령으로 나서는 것을 받아들였다. 그 당시의 여당이 마음에 안 들어서 아예 박정희 정당이 쏜살같이 들어왔다. 그러나 새로 들어온 정부가 쇠고기 협상에서 국민을 우습게 다뤘다. 말하자면 박정희가 하던 식으로 새 정부가 했다. 이에 성이 난 국민이 촛불시위를 2008년 봄에 연일연일 해서 대통령의 지지도를 20% 이하로 내려놨다. 그렇다고 그 국민이 자신의 잘못을 고백하지 아니하는 전 정권 여당의 지지도를 결코 높여 주지도 않았다.

이 이야기는 국민이 개혁의 주체라는 이야기이다. 이런 이야기를 우리는 미국에서 2008년 겨울에 또 봤다. 그것은 이 해에 집권해 들어온 이명박 대통령의 친구라는 미국의 부시 대통령이 속한 공화당 대통령 입후보자 매케인을 흑인 출신 오바마가 대선에서 배수를 넘는 표차로 패배시킨 일이다. 오바마는 전체 인구의 10퍼센트를 좀 넘는 소수의 흑인 출신자였으니 오바마를 백인들이 투표에 참여해 찍었던 것이다. 부시와는 달리 외교는 힘이 아니라 외교와 원조로 하고 경제는 대기업이 아니라 중소기업 중심으로 하겠다는 오바마는 관료조직 문화권 통치자들, 특히 이명박 정부를 당황케 했다. 그러나 이명박 씨는 자신이 오바마와 닮은 데가 많다고 말했다. 아마도 이명박 씨가 오바마를 닮아 가고 싶었을 것이다.

하나 더 엑소더스exodus, 출애굽 이야기다. 동방 고대에 생겼던 종족이 많았지만 그중 히브리 민족이 특이했다. 히브리 민족은 기원전 1,300년경까지 이집트에서 종살이하며 살았었다. 마치 한국민이 일본에서 지금도 2급 시민으로 살고 있듯이. 처음은 그 수가 야곱의 가족 하나였지만 얼마 안 있어서 60만 명쯤으로 늘었다. 애당초 야곱의 아들 요셉은 이집트에 요긴한 인물이었으나 요셉이 죽은 후 히브리인은 천덕꾸러기로 전락해 60만 명이나 되었다.

모세라는 인물이 이집트 왕 앞에 나서서 자기 백성은 따로 나가서 야훼신께 예배를 드리겠다고 청원했다. 왕 위에 신이 따로 있다는 히브리인들의 청원은 열한 번 거절당했다. 거절당할 때마다 왕에게 불상사가 생겼는데도 이를 거절했다. 열두 번째 모세가 말했을 때 왕은 또 나타나 청하면 죽이겠다고 말했다. 그런데 왕의 거절 후 죽기는 자신의 아들이 죽는 불상사가 생겼다. 왕이 비로소 유대 백성에게 나가라고 했다. 이래서 모세가 60만 명을 끌고 고향땅을 향해 행진했다. 모세의 탈출의 제1의 특색은 비폭력이었다. 비폭력은 악한 통치자가 하는 행위의 정반대의 행위여서 왕이 열한 번 고집을 부렸어도 여전히 그 왕에게 같은 말을 모세가 했다. 말한다는 것은 '하늘'이 만든 사람에게 준 무기였다. 모세의 출애굽 제2의 특색은 '땅'—그곳에 가서 자신들의 신에게 예배드리는 자기의 땅—인 고향땅으로 가는 일이었다. 그리고 모세의 출애굽 제3의 특색은 '멋'이었다. 그는 산만 넘으면 고향으로 들어가게 되었을 때 죽었던 것이 그의 멋이었다. 노자의 말과 같이 공성이불거功成而不居한 것이다. 이 모세의 하늘과 땅과 멋은 전 절에서 논한 우리의 천지인天地人의 품격에 해당하는 드높음 바로 그것이었다.

유동식 교수는 전술한 그의 책 63쪽에서 천지인이 다 들어 있는 삶의 방법인 풍류도를 '멋진 한 삶' 또는 '한 멋진 삶'으로 표현했다. 이 경우 한이 하느님이며 삶이 땅이며 멋을 지닌 이가 사람이다. 그러나 나는 이 두 개 표현을 다 마다하고 좋음의 틀에서 천지인의 순서를 따라 그리고 한을 분명하게 하느님으로 써서 본 장의 제목을 '하늘 아래 자기 땅에서 산 멋진 이'로 썼다. 따라서 이것이 나의 우리말 풍류도이다. 따라서 풍류도는 고조선과 출애굽의 요소를 다 지니며 동시에 보편타당한 인류의 도리 자체이기도 하다.

고조선, 출애굽 그리고 인류에 보편적으로 맞는 길, 이렇게 쓰고 보니 본서 제3부 〈우리는 무슨 꿈을 꿀 수 있나〉의 내용이 이 시점에서 엿보인다. 풍류도의 구도 겸 제3부의 구도를 다음에 소개하자. 꿈이란 새로움의 탐구다. 나라의 시초에서 봤던 천지인을 셋 따로 보지 말고 유의미한 상호 관계들로 보자는 것이 구조다. 천지인을 두 개의 구도로 다시 설명할 수 있다고 생각한다.

(1) 하느님과 사람과의 관계와 사람들끼리의 관계 그리고
(2) 이 모든 관계들과 통치자와의 관계

이 관계를 설명하기 전에 이 두 관계가 들어 있는 그림을 다음에 그려 보자.

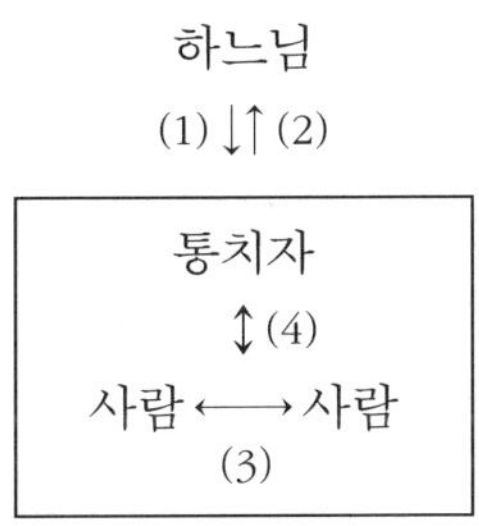

천지인이라고 말해도 천은 (1) 사람에게 좋은 것을 내려 보내고, (2) 사람으로 하여금 그 하늘을 우러러 보게 하며, (3) 사람들끼리 친한 관계를 맺게 한다. 천지인이라고 말하면서 위 관계와 그림에는 지地가 싹 빠져 있다. 그러나 아니다. 들어 있다. 사람 있는 곳이 곧 땅이다. 위 그림에서 상자 안이 곧 땅이다. 30년 전 그 무서운 시대에 썼던 조세희의 소설 《난장이가 쏘아올린 작은 공》을 그간

엄청나게 많은 독자들이 읽었다. 이 엄청나게 읽힌 책에 나오는 주인공 극빈자가 식구들과 오순도순 살고 있던 집, 그러니까 집이 세워진 게딱지만 한 땅을 조세희는 천 년을 걸려서 자기 땅으로 만들었던 땅이라고 쓰고 있다. 땅이 곧 사람이며 사람이 곧 땅이다.

고조선의 시조는 하늘에서 내려왔고 고조선인들은 하늘을 우러러봐 하느님에게 빠져 연일 노래하며 춤을 췄다. 이를 좀 풀어서 말해 보자. 하느님에게 빠진 이는 돈과 부귀영화에 빠진 것이 아니다. 가무를 연일하되 혼자서 하지는 않고 모여서들 했으니 사람들 상호 간에 오고 감이 있었던 것이다. 이렇게 하느님으로부터 내려오는 것을 종교라 이름하고 하느님으로 향하는 것을 학문이라 하며 사람들끼리 오고 감을 윤리라고 거창하게 이름 붙일 수도 있다고 본다. 새 종교 새 학문 그리고 새 윤리가 오늘날 필요하며 이 모든 것을 아우르는 어른 공직자가 시조 단군 같은 분이, 그리고 제1장에서 본 안재홍 같은 분이 오늘날 필요한 것이다. 오늘이라는 시형時形은 감정을 갖는다. 오늘 오늘이라고 나는 연거푸 쓰는 데 악한 권력자로부터의 탈출을 모색하는 것이 오늘의 숙명이다. 오늘의 대명사는 곧 한숨 짓는 것이다. 이렇게 볼 때 어제의 대명사는 고조선과 출애굽이 있었던 그리움 자체이다. 그리고 내일은 내일이라는 시간이 아니라 꿈이라는 생명체이다.

구도 설명을 실례를 들어서 더 해야겠다. 내가 들 예는 위의 관계에서 (4)에 해당하는 예수가 세상에 왔을 때의 이야기다. 위 관계도에 보이는 (1)(2)(3)(4)는 본서 제3부 〈환희로서의 행정학〉에 포함될 세 개 장의 내용이기도 하다. 다만 제3부에서는 (2)(3)의 순서가 바뀌어 (2)를 제11장이 (3)을 제10장이 다룬다. 우선 루가의 이야기이다. 루가는 직업이 의사였다. 루가가 〈루가복음〉과 〈사도행전〉을 썼으니 예수와 예수교가 이 세상에 처음 들어왔을 때를 묘사했던 사람이다. 그가 예수를 본 접근 방법이 다른 복음서 저자들 마태오, 마르코, 그리고 요한과 다른 데가 있다. 루가는 사람의 몸을 과학적으로 다룬 의사답게 뭐라 할까 좀 더 사실에 가깝게 사물을 봤다. 예를 들어 루가만이 약은 청지기 이야기를 적고 있다. 어떤 부자가 청지기 한 사람을 두었는데 자기 재산을 그 청지기가 낭비한다는 말을 듣고 청지기를 불러서 말했다. "자네 소문을 들었는데 그게 무슨 짓인가? 이제는 자네를 내 청지기로 둘 수 없으니 자네가 맡은 일을 다 청산하지." 청지기는 자리에서 물러날 때 자신을 자기 집에 맞아줄 사람들을 미리 만들어 놓아야겠다고 생각했다. 그래서 그는 자기 주인에게 빚진 사람들을 하나씩 불러다가 빚진 문서를 다 감하게 적어 주었다. 이래서 청지기가 주인에게 해고된 후에 살 수 있게 된 것을 루가는 긍정적으로 적고 있다. 말하자면 생존권이 중요하다는 것이다. 하느님께 기도하는 것을 루가는 보잘것없는 과부가 거만한 재판관을 졸라대듯 하는 것이라고 말한다. 전일 공산 치하의 폴란드에 민주화운동이 일어났을 때 한 신부가 군중에게 연설할 때도 이 루가의 이야기를 하였으니 루가의 기도는 민주화운동 자체였다. 〈루가복음〉 처음 두 개 장을 다음에 정리한다.

(1) 하늘에서 사람에게 내려오는 것: 예수를 구원자로 세상에 소개할 세례자 요한을 잉태한 즈가리아의 아내 엘리사벳에게 주님의 천사가 나타나 태어날 아기의 이름을 정해 주고 그가 포도주나 그 밖의 어떤 술도 마시지 않겠고 어머니 태중에서부터 성령을 가득히 받을 것을 말했다. 한편 엘리사벳이 아기를 가진 지 여섯 달이 되었을 때 하느님께서 가브리엘을 갈릴레아 지방 나자렛 동네로 보낸다. 그곳에서 천사가 다윗 가문의 요셉이라는 사람과 약혼한 처녀를 찾아간다. 그 처녀의 이름은 마리아였다. 천사가 마리아의 집으로 들어가 "은총을 가득히 받는 이여, 기뻐하여라. 주께서 너와 함께 계신다" 하였다. 이어서 아기를 갖게 될 것을 말하며 이름을 예수라 하라고 정해 준다.

(2) 사람이 하늘을 우러러보는 일: 즈가리아 · 엘리사벳 내외가 나이가 많았는데도 그리고 엘리사벳은 아기를 낳지 못할 여자였는데 아이 갖기를 하늘에 간구했었다. 한편 예수를 잉태한 마리아는 제1장에 적은 것 같은 아름다운 노래를 불렀다. 마치 고조선 사람들의 노래가 하늘을 향했던 것과 같았다. 예수가 탄생한 후 즈가리아도 노래를 불렀다. 예수가 탄생했을 때 밤을 새워 가며 양떼를 지

키고 있었던 목자들이 기뻐했다. 모세가 정한 법대로 정결예식을 치르는 날이 되자 부모는 예수를 데리고 예루살렘으로 올라갔다. 예수는 미아가 된 줄 알고 찾고 있었던 부모에게 "왜, 나를 찾으셨습니까? 내가 내 아버지의 집에 있어야 할 줄을 모르셨습니까?"라고 말했다.

(3) 사람들끼리 친한 일: 벙어리가 되어 말을 못하게 된 즈가리아가 성전에 들어가는 동안 동네 사람들이 즈가리아를 기다렸다. 즈가리아는 자기 부인이 아기를 갖게 된 것을 남부끄럽지 않게 여기게 되었다 말할 정도로 사람들을 의식했다. 마리아가 엘리사벳의 집에서 석달가량 함께 지내고 자기 집으로 돌아갔다. 위에서 적은 대로 목자들이 예수의 탄생을 기뻐했다.

(4) 으뜸 통치자 예수: 예수의 부모는 갈릴레아 지방의 나자렛 동네를 떠나 유대 지방에 있는 베들레헴이라는 곳으로 갔다. 요셉은 마리아와 함께 호구조사에 응해 등록하러 갔다가 거기에서 마리아가 달이 차서 아들을 낳았다. 지금으로 치면 주민등록을 한 이가 예수였다. 베들레헴 여관에는 그들이 머무를 방이 없었기 때문에 예수가 이 땅에 처음 자리 잡은, 즉 한 갓난아이가 포대기에 싸여 누여진 곳은 말 구유였다. 유다의 한 시민으로 말구유에 처음 자리 잡아 누운 이가 예수였다. 예루살렘에 사는 시몬이라는 사람이 "이 예수는 수많은 이스라엘 백성을 넘어뜨리기도 하고 일으키기도 할 분이십니다. 이 아기는 많은 사람들의 반대를 받는 표적이 되어 당신의 마음은 예리한 칼에 찔린 듯 아플 것입니다. 그러나 그는 반대자들의 숨은 생각을 드러나게 할 것입니다"라고 예수의 부모에게 말했다.

루가가 〈사도행전〉에 구 문명이 예수를 받아들인 모습도 이와 비슷하게 분석할 수 있다고 생각한다. 그리고 예수라는 세상을 구원할 자, 통치자가 유다의 전통을 어떻게 받아들였는가를 〈마태오복음〉을 보면 좀 더 잘 알 것도 같다. 그러나 이런 것을 다음 기회로 미룬다. 하늘 아래 자기 땅에서 산 멋있는 사람 예수를 이 정도로도 좀 시사되었다고 생각하기 때문이다.

전 절까지에서 밝힌 궂음으로부터의 탈출 예가 화랑이 된다는 것을 밝힐 차례다. 이를 위해서 일단 신라 제24대 진흥왕(540-576) 때부터의 이야기를 적어야 한다. 그 이유의 하나는 화랑도의 기원이 진흥왕 때의 일이기 때문이다. 《삼국사기》가 〈진흥왕과 화랑 근원〉이라는 제목하에 이를 설명하고 있다. 두 번째 이유는 진흥왕 이후 다음다음 왕인 진평왕 때 원광법사로부터 선비 귀산貴山과 추항箒項이 들은 가르침 세속5계戒가 화랑의 행동강령이었기 때문이다. 이 점을 《삼국유사》와 《삼국사기》가 공히 전한다. 셋째 이유는 이때의 나라 사정이 퍽 어려웠기 때문에 난국 극복책으로 화랑이 생겼기 때문이다. 따라서 화랑도는 전 절에서 본 네 가지 궂음으로부터의 탈출 방법 중 국민 모두가 일치단결하여 해결하는 제2의 방법에 해당되는 것이었다. 이선근의 《화랑도 연구》(동국문화사, 1954)를 비롯해 역사서들, 예를 들어 이기백의 《한국사 신론》(일조각, 2006)도 이 점을 밝히고 있다.

1. 화랑도의 기원: 제24대 진흥왕 37년(576) 봄에 처음으로 화랑의 근원이었던 원화源花를 받들었다. 처음에는 비슷한 젊은이들끼리 유람하며 사귀도록 하고 그 행실과 의리들을 살핀 이후에 이들을 추천하며 왕이 등용하려고 했다. 이리하여 아름다운 두 여인을 뽑았는데 한 사람은 남모南毛이며 또 한 사람은 준정俊貞이었다. 그런데 두 여인은 300여 명의 무리를 모아 놓고 아름다움을 다투다가 서로 질투하게 되었다. 준정이 남모를 자기 집으로 꾀어 들여 억지로 술을 권하며 취하게 한 후 강물에 던져 죽였다. 그리고 결국 준정도 그의 숨은 죄가 밝혀져 죽임을 당했다. 이래서 무리들이 융화하지 못하고 흩어져 없어졌다는 것이다.

그 후 다시 잘생긴 모습의 남자들을 뽑아 이들을 꾸미고 단장하여 화랑이라 이름하고 이들을 받들도록 했다. 이에 무리들이 구름처럼 모였는데 혹은 도덕과 의리로서 서로 갈고 닦고 혹은 노래와 풍류로서 서로 즐거워했다. 또 산과 물을 즐겨 유람하니 먼 곳이라고 이르지 않은 곳이 없었다. 이로 인해 그 사람이 바르고 바르지 못한 것을 알게 되어 그중 착하고 어린 이를 가려 뽑아 이들을 조정에 추천했다.

화랑의 무리는 이렇게 젊은이들의 무리다. 화랑이었던 젊은이의 무리 경험을 나는 내 당대에 직접 경험도 했고 목격도 했다. 4 · 19 때 7, 80년대 민주화운동 때 젊은이들과의 관계가 직접 경험이다. 서대문 감옥에서 사형수로 있었던 말하자면 당대의 화랑이었던 이승만이 말년에 독재자로 쫓겨나는 것을 본 것, 청년 지도자 이철승, 김대중, 김영삼 등의 말년을 본 것이 목격 예들이다. 그런데 크게 보면 교수라는 내 직업 자체가 화랑을 만드는 직업이다. 이래서 이 화랑의 기원 이야기가 만감의 감회를 낳게 한다. 나는 70년대에는 고려대생을 가르치는 교수 직도 모자라 한국기독학생총연합회 이사장까지를 했다. 동시에 한국기독자교수협의회 회장도 했는데 이런 직책들은 다 젊은이들을 독재자 박정희 반대에 몰아넣는 지도교수 직이었다.

내 감회 중 무리들이 융화하지 못하고 흩어져 없어진 경험이 가슴 아프다. 내가 감옥에 있을 때 통방했던 젊은이들이 작년 선거에서 아예 떨어질까 봐 출마도 못했고, 출마해도 낙선했고, 공금유용으로 구속도 되었다. 화랑은 순수할 때에만 화랑이지 순수함을 잃으면 자신만이 아니라 무리도 흩어진다. 예를 들어 이승만의 경우 그는 서대문 감옥에 갇혀 있었던 사형수였다. 그러던 그가 귀국 후 벌이도 없으면서 돈암장이니 이화장이니에 산 것 자체가 이미 그의 어두운 그림자였다고 본다.

화랑에게 하늘과 땅과 사람이 공히 있었던 것이 놀랍다. 도덕과 의리로서 서로 갈고 닦았던 것이 하늘을 우러러 보았다는 뜻이다. 노래하였음도 하늘과의 합일을 말한다. 산과 물을 찾아다닌 것이 땅에 대한 그리움을 말한다. 사람은 혼자서가 아니라 무리를 짓는 것이 사람이며 이 무리들 중에서 지도자 화랑이 추천되어 나오는 것이 사람 세계이다. 풍류로서 서로 즐거워했다는 것이 바로 하늘 아래 자기 땅에서 멋있게 산 사람을 말한다.

2. 세속오계世俗五戒: 승려 원광圓光을 소개하자. 그는 세속의 성이 박씨朴氏다. 그는 자신의 풍부한 지식이 중국에 미치지 못한 것을 부끄럽게 생각하며 중국 금릉에 갔다. 그가 신라에서 공부한 학문은 유학이었다. 그러나 중국에서 불교의 강론을 듣고는 자신을 오히려 썩은 지푸라기처럼 느꼈다. 원광이 불교 공부를 많이 할 뿐 아니라 불교를 잘 가르치는 사람이어서 넓은 중국 먼 데서 그의 명성을 듣고 찾아오는 사람이 많았다. 원광은 첫 중국 유학생이었다. 이 원광이 귀국해 절에 있을 때 화랑도인 두 사람 귀산歸山과 추항箒項이 원광을 찾아가 다음과 같이 대화를 했다.

화랑들: 우리들은 덕망 있는 선비와 교류하길 기약하면서 살고자 해 찾아왔습니다. 한 말씀만 해 주시면 평생토록 경계로 삼겠습니다.

원광: 불교를 제대로 닦으려면 지켜야 할 것이 열 가지가 있으나 너희들은 사람의 신하된 몸으로는 아마도 감당할 수 없을 것이다. 세속에 있는 다섯 가지의 계戒를 말하겠다.

첫째, 충성으로 임금을 섬길 것

둘째, 효도로 어버이를 섬길 것

셋째, 믿음으로 벗과 사귈 것

넷째, 싸움터에 나가서는 물러섬이 없을 것

다섯째, 살생을 가려서 할 것

화랑들: 다섯 개의 계 중 살생을 가려서 하라는 것만을 잘 모르겠습니다.

원광: 한 달에 날을 정해 6일과 봄여름에는 살생을 하지 말아야 하는데, 이는 때를 가리라는 것이다. 부리는 가축을 죽이지 말라고 하는 것은 말, 소, 닭, 개를 말하는 것이다. 미물을 죽이지 말라는 것은 그 고기가 한 점도 되지 못하는 것을 말한다. 또한 죽일 수 있는 것도 꼭 필요한 양만큼만 죽이고 많이 죽이지 말라.

위 대화는 세속오계가 천지인 사상에 기초한 것을 말한다. 대화 중 하늘에 해당하는 것은 다섯째의 계, 살생을 가려서 하라는 것이다. 불교인 원광이 원래 하고 싶었던 말은 봄이라고 마당으로 기어 나오는 미물도 죽이지 말라였을 것이다. 그러나 원광의 말 서두에 있듯이 왕 밑에 신하로 사는 사람으로서 적은 죽여야 한다고 원광은 판단했던 것이다.

대화 중 충忠, 효孝, 신信은 땅을 다스리는 유교의 원리다. 그러나 유교에 몰두했던 자신을 원광은 불도를 들은 후 썩은 지푸라기같이 느꼈던 것으로 보아 이 충, 효, 신은 하늘이 아니라 하늘 아래에 있는 땅의 원리로 여겼을 것이다. 그렇지 않아도 다음 절 〈처음 들은 가르침〉에서 보듯 유불선에서 불교는 하늘이며 유교는 땅이다. 대화 중 사람은 넷째의 계, 임전무퇴臨戰無退이다. 전쟁터에 나가서 다섯째 계에 따라 적을 죽이는데 그 대신 그 전쟁터에서 살아 돌아오지 말라는 것이 곧 사람의 바람직한 모습이라는 것이다. 사람은 멋이 있어야 하는데 화랑들도 그러하듯 노래를 잘해 멋있는 것이 아니라 자신을 전쟁터에서 버렸기 때문에 멋있었던 것이다. 불명예스럽게 전쟁터에서 생환해 온 자식을 보지 아니했던 신라의 어머니가 있었기에 신라는 반도의 한 귀퉁이에서 짓눌려 죽기는커녕 오히려 힘을 모아 나라를 통일할 수 있었던 것이다. 《삼국사기》는 〈열전〉이라는 항목에서 화랑들의 이야기를 전한다. 버리는 것이 곧 멋임을 나는 마음에 새겨 며칠 전 혜화동 가톨릭대학 신학부 교정에 세워진 교가를 찬찬히 보고 왔다. 세계 가톨릭 선교사상 로마와 터키에 이어서 많은 순교자를 낸 한국 가톨릭의 화랑을 만드는 학교다운 교가의 첫 구절을 비석에서 다음과 같이 적어 온다.

> 진세를 버렸어라 이 몸마저 버렸어라
> 깨끗이 한 청춘을 부르심에 바쳤어라

이 최민순 신부의 노래도 천지인의 노래다. 진세는 땅이며 이 몸이 사람이며 부르신 이가 하늘이다. 천장지구天長地久라는 말이 있다. 하늘도 땅도 길다는 뜻이다. 그러나 사람은 이 세상을 버리고 떠나야지만 사람이다. 이 교가를 역시 한국 신부인 이문근 신부가 작곡했다고 돌에 새겨져 있다. 언젠가 한번 이 교가를 나는 듣고 싶다.

3. 나라의 사정: 이선근의《화랑도 연구》의 첫 절은 진흥대왕의 업적과 화랑도의 기원이다. 화랑도가 생겨났던 나라의 사정을 잘 묘사한 첫글을 다음에 옮긴다.

> 서기 6세기 초엽 우리 역사에서 3국시대 중엽까지 정세를 살펴본다면 북쪽의 고구려가 영주 호태왕好太王과 장수왕長壽王의 양대를 거쳐 가장 융성하고 강대하였으니 그 경역이 북은 흑룡강으로 남은 한강에 이르렀으며 서는 요하遼河로 동은 바다 동해에 접하며 오늘의 남북 만주와 한강 이북의 우리 국토를 모두 차지하였던 터이다. 다음은 서남의 백제이었으니 한강 이남 충청 전라의 비옥한 해안지대를 차지하며 부유한 살림살이 남부럽지 않을 정도였다. 그러나 유독 신라만은 낙동강 동쪽의 경상남북도와 강원도의 일부를 차지하여 협박한 산악지대에서 산업 교통에 가장 불편한 채 언제나 고구려의 남침과 백제의 동녘을 막을 길 없이 신음하고 고민하여 왔던 것이다.

위 인용에 안 보이지만 신라를 위협하는 것이 그 당시에 하나가 더 있었다. 그것은 빈번한 왜의 침범이다. 자신의 무덤을 동해바다에 만들라고 유언한 문무왕의 염원을 보아도 이를 알 수 있다. 그러니까 신라는 사방이 적에게 포위된 말하자면 하나의 섬이었다. 정치 통합력도 점점 강화해 나갔음을 알 수 있다. 신라의 통치자는 54대를 이었다. 통치자의 명칭이 변한 것을 보면 정치 통합력의 변화를 알 수 있다. 1대에서 16대까지의 명칭은 이사금이었다. 17대에서 21대까지는 마립간이었다. 18대 지증왕부터 54대왕 경명왕까지가 왕이다. 마립간은 일설대로 흉노족인 김씨의 등장부터로 볼 수 있다. 이기백의《한국사 신론》은 27대 선덕여왕과 28대 진덕여왕이 성골 출신의 마지막 왕들이었고 29대 태종무열왕(654-661)은 진골 출신이었는데, 그는 상대등上大等 비담의 반란을 진압하고 또 상대등 알천과의 경쟁에서 승리를 거두고 왕위에 올랐으니, 그는 상대등으로 대표되는 귀족세력을 누르고 왕위를 차지했던 것이다. 태종무열왕은 신라의 빛나는 합의제 정치기구 화백의 결정을 무시하고 왕이 되었다. 한편 신라에서 31대인 신문왕(681-692)이 전제적인 왕권을 확립했다는 것이다.

이와 같은 점차 강화되어진 통치세력의 변화와 화랑의 성쇠가 연관관계가 있었겠다는 것이 내 전제다. 화랑의 화랑됨은 임전무퇴하는 멋에 있었는데 정치권력이 공고히 된 후에는 집권세력에 화랑들이 등용되어 들어가 결국 부패했었으리라는 것이 내 판단이다. 대한민국을 건설한 젊은이들이나 민주정권을 수립한 젊은이들의 비극을 나는 익히 보아 왔다. 따라서 젊은이를 교육하는 나의 관심은 말년까지 그들의 순수함을 어떻게 지키게 하는가에 있으며, 그들을 교육하는 대학이 대학 졸업 후 좋은 데 취직시키는 학원으로 변질되고 있는 것을 한탄한다. 이 시점에서 제1장의 한 절 〈신라와 가야〉에서 언급한 신라의 궂음을 면할 수 있었던 방책이 보인다. 즉 신라가 통치권력의 강화를 억제해 통일 후에도 초기에 있었던 합좌제도로 돌아갈 수만 있었더라면 그래서 신라 고구려 백제 삼국이 연방제 국가를 만들 수 있었다면 제1장에서 언급한 신라의 과격에서 생긴 민중의 비극도 없었을 것이며 무엇보다도 순수하고 창조심 있는 젊은이가 연이어 나왔을 것이다.

이에 생각나는 성서의 고사 몇 가지가 있다. 하나는 히브리 민족이 출애굽기의 장정이 끝날 무렵에 야훼신이 모세를 환국하지 못하도록 죽게 한 일이다. 〈신명기〉 끝 절이 모세의 죽음을 전한다. 모세가 광야에서 예리고 맞은편에 있는 느보산 비스가 봉우리에 오르자 야훼께서 그에게 온 땅을 보여 주신다. 야훼께서 그에게 말씀하셨다. "이것이 내가 아브라함과 이삭과 야곱에게 맹세하며 그들의 후손에게 주겠다고 한 땅이다. 이렇게 네 눈으로 보게는 해 준다마는, 너는 저기로 건너가지 못한다." 모세는 야훼의 말씀대로 죽어 이국땅에 묻혔는데 그 무덤이 어디에 있는지를 오늘날까지 아무도 모르고 있다. 나는 이 고사를 기억해 김대중 씨가 재야 때 모세와 같이 정권을 못 차지하게 될 문제를 논의했던 적이 있다. 김대중 씨가 나에게 모세가 고국에 못 들어간 이유가 모세에게 있지는 않지 않는가를 말했다. 나는 모세에게 있다고 말했다. 이유는 장정 과정에서 백성들이 목마르다고 물을 달라고 아우성일 때 모세가 바위에서 물이 터져나오게 막대기를 바위에 내리친 일이 바로 그것이라고 나는 말했다. 물론 야훼가 그렇게 하라고 하니 쳤던 일이지만 이 놀라운 행동이 모세의 카리스마를 굳혔고, 이 카리스마를 간직한 채로 귀국하면 새 나라에 도움이 안 된다고 야훼가 판단했다는 것이 내 설명이었다.

생각나는 고사 또 하나는 과연 이스라엘 민족은 환국 후 정치체제를 유연하게 유지해 판관들이 지배했던 일이다. 또 생각나는 고사는 이 바람직한 정치체제를 변경하려는 움직임이 생겼던 일이다. 백성들이 왕 제도를 요구했다. 선지자 사무엘이 반대했다. "왕이 너희를 어떻게 다스릴 것인지 알려 주겠다. 그는 너희 아들들을 데려다가 병기대나 기마대의 일을 시키고 병거 앞에서 달리게 할 것이다. 천인대장이나 오십인대장을 시키기도 하고 그의 밭을 갈거나 추수를 하게 할 것이며 보병의 무기와 기병의 장비를 만들게도 할 것이다."(《사무엘상》 제8장 11, 12절)가 사무엘의 말이었다. 사무엘은 과연 나라의 어른이었다. 이 어른의 말을 안 들은 이스라엘은 강력한 통치를 해 나라가 두 쪽으로 갈라지기도 했고, 온 백성이 이웃나라에 포로로 잡혀가기도 했고, 긴긴 세월 나라를 잃되 제2차 세계대전 이후에야 나라를 세우게 되었다. 너무 백성을 심하게 눌러서 나라를 일본에게 빼앗겼던 우리의 이야기가 다음 장에 이어질 것이다.

처음 들은 가르침

우리 겨레가 처음 가르침을 듣기 전에 배운 것이 글씨였다. 한자였다. 한자는 글씨도 어려웠지만 한자로 쓰는 중국 글은 조선 말과는 달라 문장에서 주어 동사 목적어의 배열도 달랐다. 그래도 우리 겨레는 그 외국 글씨와 글을 배웠다. 한자를 우리말 음대로 써서 만든 글을 이두吏讀라 했다. 그러나 이 이두를 잘 안 쓰고 일상 생활언어와는 다른 제대로의 한문, 즉 순 한문으로 600년경부터 우리를 표현하기 시작했다. 왜 그랬을까. 배울 것이 중국에 있어서였다고 생각한다. 세종 때에 한글이 제정되었어도 여전히 한글을 덜 썼고 한문을 썼다. 한글의 시작 두 글자 ㄱ, ㄴ은 땅과 하늘을 나타냈다. ㄱ은 하늘이 땅과 화합하는 모습이며, ㄴ은 땅이 하늘을 향해 열린 모습이었다. 한 글자를 건너서 있는 ㄹ은 ㅡ가 ㄱ과 ㄴ 사이에 있어 둘이 만나 ㄹ인 사람을 낳는 모습이었다. 한글은 천지인을 먼저 생각한 글자였다. 이렇게 사상성 있는 글을 버리고 오늘의 고등고시에 해당하는 과거시험 답안지만 해도 한문으로 썼다. 그 이유도 배울 것이 아직도 중국에 있어서였다고 생각한다. 불교도 중국을 통해서 들어왔다. 백여 년 전에 천주교를 들여온 곳도 중국이었다. 공자, 맹자 그리고 노자는 중국인들이었다. 우리는 비록 고조선에서 천지인天地人 사상을 잉태했었어도 이런 좋은 가르침들을 그 후 받아들인 바가 없었다면 모르긴 해도 고대 잉카문명이 그랬듯이 자생력을 상실하고 말았을 것이다. 유럽인도 기독교를 받아들인 후에야 야만성을 멸했었다. 가르침이 있어야만 사람은 사람으로 산다. 그런데 우리가 3 · 1독립운동이라는 새 문명을 만든 후에는 우리말과 글이 쏟아져 나왔다. 사상은 관이 아니라 백성이 만드는 것이다. 연세대학교 교정에 세워진 윤동주의 시비만 보아도 고려대가 내세우는 조지훈의 한문이 섞인 시와는 달리 지금 내놓아도 흠이 없는 한글 시이다. 3 · 1독립운동이라는 새 문명이라고 지금 적었는데 중국이 우리 운동을 보고서 북경대 학생들이 5 · 4운동을 일으켰다. 5 · 4운동을 뿌리로 해서 극복의 대상이 되는 공산주의 국가를 중국은 세웠지만 우리는 3 · 1운동을 뿌리로 해서 민주국가를 세웠다. 일본만 해도 순 일본말 글이 아니며 한문이 뒤섞인 글이다. 일본도 역시 군국주의 일본을 자력으로 극복한 나라가 아니어서 그렇다고 생각한다. 우리는 한글을 일제 때 지키고 살려낸 위대한 백성이다. 다시 쓰지만 통일신라 때문에 고조선이 엉망이 되었다. 이 엉망된 나라에 그러나 문명의 길을 보여 주는 가르침이 한문으로 쓰인 글로 중국에서 들어왔다. 이런 글들조차 안 들어 왔다면 우리의 재래에 있었던 천지인의 길이 영 없어지고 말뻔 했다는 것이 내 판단이다. 중국에서 들어온 불교, 유교, 선교의 세 가르침이 우리의 천지인에 해당하는 가르침이라고 나는 생각한다.

우리의 길	처음 들은 가르침
천	유교
지	불교
인	선교

사람에 따라서는 위에서와 같이 하나의 가르침이 천지인 중 하나씩을 영향했다고 안 보는 사람이 있다. 불교도 천지인이며 유교도 천지인이며 선교도 천지인이라고. 나는 아니라고 생각한다. 각각 가르침의 역사성을 무시하고 각 가르침이 후세에 내면화되었던 것을 비교해 말하면 곧 양자가 동일한 것이 된다. 초기 불교에는 불상도 없었다. 그러니까 신도들이 절하는 데가 아니라 가르침을 듣는 곳만 있었다. 불상이 생기게 될 때의 불교를, 즉 원시 불교가 아닌 송나라 때의 성리학적 유교 때의 불교를 볼 것 같으면, 불교가 유교와 같고 유교가 불교와 같이 생각되었을 것 같다. 특히 노자를 연구하는 사람은 불교도 유교도 노자적으로 해석하기도 했다. 이렇게 불교, 유교, 선교에 독자성이 있는 것을 합하니 현묘한 도가 생겨 풍류도가 생긴다고 설파한 이가 바로 신라 말기의 학자 최치원崔致遠이었다.

이런 잘못들은 한 가지, 각각의 가르침이 생겨난 동기를 무시한 데서 생긴다. 그렇다면 각 종교가 생겨난 동기를 어떻게 알 수 있나? 하나가 있다. 그것은 글을 읽어야 안다. 글을 읽다니? 글을 읽으면 아는 말을 밝힌 어휘가 글이 밝다는 어휘 문명文明이다. 문명은 영어의 civilization이다. 문명과 civilization을 합하여 생각하면 사물을 해석하는 온당한 실마리를 알게 된다. 글은 무슨 글이어야 하는가를 civilization이 시사한다. civilization은 명사이고 이 말과 어원을 같이 하는 동사는 civilize이다. civilize의 뜻은 시민화한다는 말이다. 과거에 노예였던 사람이 시민되는 것이 civilization이다. 따라서 과거에 노예되었던 사람을 시민되게 한 글들을 읽고 또 읽는 곳이 바로 문명된 곳이다. 이제 내 나라에서 붓다, 공자 그리고 노자의 글을 어떻게 받아들였을가를 더듬는다.

1. 불교. 불교가 처음 수용된 것은 고구려 소수림왕 2년(372) 전진에서 순도順道가 와서 불상과 불경을 전한 때였다. 나는 좀 전에 불상도 없었던 초기 불교를 의미 있게 본다고 말했는데 이렇게 순도가 갖고 들어온 것 안에 불상도 있었다. 이보다 12년 뒤인 침류왕 원년(384)에는 동진으로부터 마라난타摩羅難陀가

백제에 와서 불교를 전했다. 신라에는 눌지마립간訥祗痲立干(417-458) 때 고구려를 거쳐 아도阿道에 의하여 불교가 파급되었다. 신라의 법흥왕은 불교의 수용을 위하여 노력하였으나 귀족들의 반대로 실패하고 그 결과 이차돈異次頓은 순교했다.(법흥왕 14년, 527) 그러나 이를 계기로 하여 결국 신라에서도 법흥왕 22년(535)에 불교가 공인되었다.

불교를 신라에서 공인했다는 것은 호국불교로서의 불교를 신라가 받아들였다는 뜻이 된다. 귀족세력이 동의해서 불교가 받아들여졌을 터인데 불교의 윤회전생輪廻轉生의 사상이 귀족들의 신분적 특권을 인정해 주기에 환영하였을 것이다. 불교가 왕권을 중심으로 한 중앙집권적 귀족국가의 사상체계로서 받아들여졌다는 이기백 교수의 논리에 나는 동의한다. 그러나 내가 쓰고자 하는 불교는 왕을 위한 종교가 아니라 왕의 공고한 체제를 거절하는 입장, 말하자면 상술한 문명의 입장에서 불교를 말하고자 한다. 유불선에서 불이다 했을 때 신라에서 이를 주장한 이는 최소한 권력과 거리를 둔 지식인들이었기도 하다.

불교의 시조는 붓다다. 그는 그대로 있으면 왕이 될 사람이었는데 그 자리를 헌신짝같이 벗어 던지고 출가한 분임을 우리는 기억해야 한다. 이 붓다의 사정을 나는 내 책《협력형 통치》(열린책들, 2006)에서 밝힌 것을 다음에 간추린다.

붓다는 왕이라는 이가, 왕족이라는 이들을 포함하는 왕이라는 이가 살며, 이 삶을 더 굳히면서 살기만 하며, 그러다가 사람의 뛰어남을 버리고 옳게 살지는 않고 이상해지며, 드디어는 타인만이 아니라 자신도 파괴 · 멸망하는 모습을 보았을 것이다. 이를테면 생주이멸生住異滅하는 권력자의 무상을 혼과 혼 속에서도 이성이 유난히 발달된 붓다는 느꼈을 것이며, 이 생주이멸은 궁전 밖에서 본 평범한 사람들의 생로병사와 대조해 볼 때에 어처구니없이 추잡하고 더러운 왕자로서의 인생임을 깨달았을 것이다.

왕	평범한 사람
생生	생生
주住	로老
이異	병病
멸滅	사死

붓다(B.C. 623-544)는 그 핏줄이 피비린내 나는 권력투쟁에 찌든 가문인 것쯤은 알고 있었을 것이다. 붓다의 증조부 별성別成은 네 번째 왕자로서 왕위를 이은 사람이며, 증조부의 네 형제는 다 감자甘蔗왕의 후궁이 낳은 아들들이기 때문에 감자왕의 중궁에게 밉게 보여 모두가 다 내쫓겨 히말라야 산기슭에 도읍을 정했다. 그러니까 감자왕의 중궁의 핍박을 피해 나와서 살되, 후궁이 낳은 첫째 아들도 아닌 막내아들이 왕이 된 이가 붓다의 증조부이니 그 증조부가 얼마나 각별한 어머니의 귀여움을 받았겠는가. 이와 같이 짙은 육애肉愛의 고해 속에서 긴긴 여정을 거쳐서 생긴 아들이 붓다였고, 이 더러운 역사를 붓다는 알았을 것이다.

이 긴 더러운 죄의 물림 속에서 성장한 붓다가 평범한 사람들의 생로병사를 보고는 슬픔이기는커녕 오히려 생의 신선한 충격을 받았을지도 모른다. 이 평범한 사람들이 왕같이 기득권을 유지하려고 아등바등하는 것이 아니라 그저 살다가 늙어 가는 것뿐이며, 왕들은 사람 마음이 이상해지지만 평범한 사람들은 그저 몸에 병이 생기는 것뿐이며, 왕들은 사람들도 죽이며 드디어는 자기도 멸망당하는 생멸의 세계에 살지만 평범한 사람은 그저 무슨 바람과 같이 살아가다 죽는 것이다.

붓다는 왕궁에서의 생활이 얼마나 못 견디게 싫었으면 이런 것을 철저하게 피해 산속에서 살았고, 왕이라고 사람을 죽이는 것에 얼마나 진저리가 났으면 그는 땅에 기어다니는 벌레까지도 죽이지 말라는 사람으로 변한 것일까? 이러한 반작용은 인류에 대한 놀라운 기여였다.

중학교 때에 내 아버지가 간디 문집을 사다 주셨다. 나는 간디의 영국에 저항하는 비폭력투쟁을 읽었다. 나는 이 문집이 내 서재에 지금은 없는 것이 아쉬워

언제인가 일본에 갔을 때 도서관에서 이 문집을 찾아 복사해 오기도 했다. 나는 이 간디의 비폭력을 읽으면서 처음에는 간디가 으레 내가 믿는 기독교 신자인 줄 알았는데, 그렇지가 않고 바라문교와는 다른 계통인 자이나교도라는 것을 독서 과정에서 알았다. 역시 바라문교와는 다른 계통인 불교도 비폭력을 내세웠던 것을 나는 그 후 쭉 호의를 갖고서 마음에 두어 왔다. 그리고 이 비폭력을 나는 하늘에서 사람에게 내리는 소식으로 보는 것이다. 이에 바로 전 절에서 원광의 세속오계 중 골라서 죽이라는 말을 하늘에서 온 말로 보았던 것이다.

2. 유교. 유학에 관하여 이곳에서는 긴 이야기를 않고자 한다. 이는 유학의 해악이 신라대가 아니라 조선조 성리학性理學의 지배 때에 극성을 보였기 때문에 이를 다음 장 제1절에서 다루고자 한다. 문명의 입장에서 본 유교와 어긋난 모습을 조선조가 보여 줬다. 다만 신라 때의 유학이 선한 기능이었던 것을 이미 언급하였다. 원효가 나라를 떠받드는 기둥인 아들을 키우겠다 해 키운 아들이 승려가 아니라 유학자 설총이었던 것도 이를 말한다. 원광이 중국에 유학 가기 전에 공부했다는 것도 유학이었고, 세속오계 중 충·효·신을 말했던 것도 유학이었다.

유학이 천지인 중 땅인 이야기를 하고자 한다. 땅에는 무엇이 있는가? 나무가 있다. 공자와 맹자는 나무가 사계절마다 변화하는 지역인 중국 산동성의 사람들이다. 사계절마다 나무의 모습이 달라지며 이 달라진 나무가 다른 종류의 덕목을 인간에게 가르친다고 나는 생각한다. 사계절, 나무의 모습 그리고 그 나무로부터 사람이 받는 가르침을 일단 다음에 정리한다.

사계절	나무의 모습	사람이 나무에서 배우는 것
봄	움이 트고 새 잎이 나온다	신信
여름	잎이 무성해진다	지智와 예禮
가을	열매를 맺어 사람에게 준다	인仁
겨울	잎새를 다 떨어뜨린다	의義

설명이 필요하다. 봄이면 나무에 변화가 생기는 것을 나는 말할 필요가 없다. 나무에 새로운 움이 트고 새잎이 나오는 것에서 사람이 무슨 교훈을 받는가가 문제이다. 긴 겨울에 나무를 안타깝게 지켜봤던 사람만이 교훈을 얻는다. 나뭇가지에 움이 트면 신기해 하며 나는 정원으로 나가 본다. 나는 봄이 되었다고 불쑥 나가지만 코트라도 더 입어야 한다고 다시 집에 들어온다. 집에 들어오면 따뜻하고 좋다. 집에 들어와서 지금 보고 온 나무의 새 움과 새 잎이 걱정된다. 춥다고 되돌아갈 집이 나무에겐 없기 때문이다. 그런데 다시 다음 날 나가 봐도 새 움과 새 잎이 여전히 있을 뿐 아니라 다른 움과 잎이 더 나와 있다. 이를 본 나는 걱정을 접는다. 나무는 되돌아가 몸을 더웁게 할 필요가 없게 속옷도 입고 코트도 입고 조심조심 움직이고 있다는 것을 보기 때문이다. 이 조심하는 모습이 믿을 신信이다. 신은 사람 인 변에 말을 합한 글자다. 어제 한 말이 오늘 그의 행동을 보니 다르지 않으며 오늘 하는 말이 어제 말과 같은 이가 신이다. 봄에 나무에서 어제 본 새로운 움과 새로운 잎이 오늘도 여전하듯 사람도 사람이니까 비로소 했던 말을 날이 바뀌어도 바꾸지 아니하는 것이 사람이어야 한다. 유학에서 이런 세계를 믿을 신의 세계로 보며 후술할 기독교에서는 비폭력이라고 말한다.

여름에는 잎이 무성해진다. 내 집의 경우 뜰의 둘레에 느티, 후박, 은행 등이 여름에 무성해지면 내 집을 포위하고 서 있어 동네 다세대주택이 안 보일 정도다. 나뭇잎 색깔도 여름에는 달라진다. 어떻게 보면 여름의 진한 녹색이 봄의 연두색보다 끔찍함을 느끼게 한다. 사람으로 치면 올림픽 경기에 나서는 몸들을 보는 듯하다. 사람의 성장은 지智와 예禮로 한다. 지는 시시비비를 가리는 마음이며 예는 남에게 사양하는 마음이다. 유교에서 그렇게 말한다. 지·예의 두 면을 행정학에서도 말하는데 지에 해당하는 말이 과학적 관리(scientific management)이며 예에 해당하는 말이 인간관계(human relations)의 향상이다. 그리고 과학적 관리와 인간관계의 협상을 도모함은 개인윤리를 함양해야 가능해진다.

가을에는 나무가 열매를 맺는다. 은행나무에서 가을이면 은행 열매가 쏟아져 내린다. 이를 동네 사람들이 들어와 주워 간다. 열매를 통하여 사람이 배우는 교훈은 나누는 일이다. 유교에서는 남을 긍휼히 여기는 마음을 인仁의 끄트머리 마음이라고 말한다. 좀 내 마음에 걸리는 것이 있다. 사과나무와 감나무를 나는 겨울이 되어도 안 딴다. 보는 것이 먹는 것보다 더 좋아서이다. 이렇게 쓰고 보니 마음 걸려 할 필요가 없다는 생각이 든다. 나는 길 가는 사람들도 불러들여서 사과 열린 것을 구경시키기 때문이다. 나는 사과나무의 아름다움을 가을이면 사람들에게 나누고 있으니 나는 사과 안 따는 것을 마음 걸려 할 필요가 없는 것이다. 이 이웃에게 나누어 주는 마음을 사회윤리라 말한다.

겨울에는 그 많던 잎이 하나도 남김없이 다 떨어진다. 80년 육군형무소에 갇혀 있을 때 작은 창 너머로 큰 나무에 유독 한 잎이 겨울에도 안 떨어지는 것을 보고 나는 사형을 안 받기를 바랐다. 그러나 아니다. 잎이 하나도 남김없이 다 나무에서 떨어지는 것이 겨울이다. 누구나 다 죽는 것이 사람의 운명이다. 유교에서는 자신을 부끄러워함이 의義의 단端이라고 말한다. 이 유교의 의義 면을 기독교에서는 자기희생이라고 말한다.

3. 선교. 노자는 공자 때의 사람이다. 노자는 공자같이 자신의 뜻을 펴기 위해 많은 나라를 찾지도 않았고, 붓다같이 깨달음을 얻어 집을 나서며 서두르지도 않았다. 그는 한곳에서 살았고 직업은 어느 도서관 직원이었는데 쓰기는 딱 한 권《도덕경》을 썼다. 그 책도 긴 논술이 아니며 짧은 글들을 모은 것이다. 그러니까 노자는 하늘 · 땅 · 사람 중 사람, 사람 중에서도 맨 사람이었다. 노자는 정부 쪽 사람들이—공자는 그곳에 끼기 위해서 일생을 애썼다—무엇을 한다는 것을 딱 싫어했다. 제발 너희들은 뭘 한다고 좀 말하지 말라고 주장했다. 무위無爲가 이 말이다. 최치원도 무위를 바로 노자의 핵심 사상이라고 말했다. 그러면 세상에서 누가 무엇을 하는가 하면 맨 사람 백성이 한다는 것이 노자의 생각이었다. 따라서 노자의 이 무위사상은 노예였던 백성을 제대로의 사람으로 만드는 문명의 입장에 맞는 사상이었다. 이 노자 사상을 이렇게 피지배자의 입장에서 보지

않는 입장도 그 후에 생겼다. 둘이 있다. 그 하나는 통치자 왕들을 위해서《도덕경》을 썼다는 생각이다. 하기야 왕들이 백성을 잘 이해할수록 그만큼 통치를 잘 할 것이니 이것이 틀린 말이 아니었다. 다른 하나는 노자의 사상을 신비적으로 내면화해 생각하며 해석하는 입장이다. 마치 희랍의 노예가 썼던 글《이솝우화》가 통치자를 비판하되 직접 말을 못하니까 약한 동물의 입장에서 강한 동물을 실패시키는 이야기들을 썼듯이 노자도 백성을 비유해 하늘의 해가 아니라 달이라고 쓰고 지세는 골작이라고 쓰며 남자가 아니라 여자를 드높이는 등 비유가 많으니 사람들이 비유의 뜻보다는 오묘함에만 몰두할 수도 있어 일종의 종교인 선교가 생겼던 것이다.

그러나 나는 문명의 입장에서《도덕경》풀이를 한다. 내 책《협력형 통치》(열린책들, 2006)에서 노자《도덕경》중 80개 장 중 제1장을 풀이한 것을 다음에 옮긴다. 일단 제1장의 번역이 다음과 같다.

사람이 갈 길이라고 할 만한 길은 정부가 내세워서 늘 가야 할 길이라고 일컫는 그런 길이 아니다. 올바르게 개념 정의를 내리는 것도 역시 정부가 나서서 마땅히 이것만이어야 한다는 식의 것이 아니다. 이름 지음 없음이 천지의 시작이며, 이름 지음 있음이 만물의 어머니이다(따라서 없음이 있음보다 더 높다). 정부가 아닌 보통 사람들만이 늘 욕심이 없기 때문에 기묘함을 보며, 늘 욕심이 있는 정부는 고작 분명하게 구별되는 것만을 본다. 묘한 것과 분명하게 구별되는 것은 함께 사람으로부터 나왔으면서도 이름이 다른 것이다. 이는 마치 백성과 백성이 뽑은 민주정부가 원래는 같은 것을 같이 보아야 하면서도 실제로는 다르게 보는 것과 같다. 이 '같음'은 그윽한 일이다. 그윽하고 다시 그윽함이 모든 기묘함의 문이다.

도가도비상도道可道非常道　　명가명비상명名可名非常名
무명천지지시無名天地之始　　유명만물지모有名萬物之母

고상무욕故常無欲　이관기묘以觀其妙　상유욕이관기교常有欲以觀其徼
차양자동출이이명此兩者同出而異名　동위지현同謂之玄
현지우현玄之又玄　중묘지문衆妙之門

하루에 만 보를 걷기 위해 나는 일일이 손가락으로 보수步數를 세었다. 걷기를 멈출 때마다 호주머니에서 날짜가 적힌 종이쪽지를 꺼내 연필로 합계를 냈다. 나는 이 계산서를 일기장 사이에 꼬박 끼워두기도 했다. 이런 방식의 걷기가 나를 적지 않게 속박했다는 것을 만보계를 허리에 찬 다음부터 조금씩 알게 되었다.

우선 계산을 만보계에 맡기니까 그만큼 편했다. 꼭 만 보를 채워야 한다는 강박관념이 사라지기도 했다. 종이에 적을 때는 만보가 되면 더 이상을 걷지 않았지만, 만보계를 사용한 이후부터는 만 보가 넘는 날을 밤에 자기 전에 가끔 발견하기도 했다. 또 이런 장점도 있었다. 걷기만을 하고 다른 운동을 전연 하지 않는 일이 없게 되었다. 예를 들어 나는 아침에 뜰을 한 삼십 분 걷는데 종이에 적을 때는 딴 일을 하지 않았다. 걷기를 멈추면 그때마다 종이를 꺼내서 적어야 하니까 귀찮아서였다.

그런데 만보계를 사용하고 난 다음부터는 집 안에 다시 들어가 걸레를 들고 나와 나무대문이나 뜰의 의자를 말끔히 닦기도 했다. 걷기만이 아니라 좀 다른 종류의 운동을 했는데도 한 삼십 분을 뜰에 있으면서 이천오백 보쯤이 되어 계산을 적을 때와 비슷함을 알았다. 이렇게 '도라고 일컬을 만한 도는 늘 있어야 할 도가 아니다(道可道非常道)'이다. 이것만이 언제나 지켜야 할 방법이라고 하는 것은 늘 지켜야 할 방법이 아닌 것이다.

따지고 보면 만보계를 차고 다니는 것 자체도 '도라고 일컬을 만한 도'가 못된다. 만보계 없이 어린이들은 온종일을 논다. 하루에 무시로 빈 지게를 지고서 산으로 향해 집을 나서는 촌부도 만보계 없이 쉽게 만 보를 걷는다. 온 세상을 재미로 들끓게 한 월드컵 선수들이 만보계를 찼다고는 아무도 생각하지 않는다.

동료 교수 한 사람은 나와 밖에서 밥을 잘 먹는데 그의 말이 내가 교회의 장로이면서 식사 전에 기도를 하지 않는다고 자주 지적을 한다. 이에 대하여 나는

"신앙이란 그런 형식에 있지 않다"고 변명은 않는다. 나는 교회 예배에 성서를 갖고 다니지 않는다는 구설수를 듣는다. 그런가 하면 나는 내 교회에서 쓰지 않는 《공동번역 성서》를 들고 갈 때가 많다. 나는 젊었을 때 내 매부가 나를 만나기만 하면 지난 주일에 교회에 갔었느냐고 물어서 이를 속박으로 받아들였다.

道可道라고 소리 지르는 이는 종교만이 아니다. 道可道를 외치는 다른 한 사람은 국민을 억누르는 정부이다. 노자의 《도덕경》은 이 정부만이 국민을 위하여 무엇인가를 한다고 설쳐대는 유위有爲의 정책을 아니라 말하며, 일은 국민이 하는 것이니 정부는 제발 아무것도 하지 말라는 무위無爲를 설파한 글이다. 이 설파를 하되 마치 헬라스의 노예가 쓴 글 《이솝우화》가 정부라는 말 한마디도 쓰지 않고 정부를 비판했듯이, 정부다 피치자다라는 말을 쓰지 않고서 일생을 도서관의 직원이었던 노자가 쓴 글이 《도덕경》이며, 위 글이 이 《도덕경》의 첫 글이다.

본 장을 닫는 시점에 이르렀다. 하늘 아래 자기 땅에서 산 멋있는 이, 고조선인의 한 후예 윤동주尹東柱(1917-1945)를 기억하고 싶다. 그는 남의 나라 북간도北間島 용정에서 출생했다. 1942년 서울에서 연희전문학교를 졸업하고 일본 교토에 건너가 도시샤대학同志社大學 영문과에 다니면서 시작에 정진했다. 1943년 친우 송몽규와 함께 독립운동에 관련하여 일본 경찰에 체포되어 후쿠오카福岡 형무소에서 2년 형을 복역 중 1945년 바로 해방되던 해에 옥중에서 죽었다. 가족에 의하여 그의 시체는 북간도에 옮겨져 묻혀졌다. 해방 후 그의 유고가 모여져 첫 시집을 친구들이 냈다. 모두 30편 미만의 시를 남겼다. 이 중 그의 〈서시〉가 지금 그의 모교 연세대 캠퍼스에 세워져 있다. 이를 다음에 옮긴다.

죽는 날까지 하늘을 우러러
한 점 부끄럼 없기를,
잎새에 이는 바람에도
나는 괴로워했다.
별을 노래하는 마음으로

모든 죽어가는 것을 사랑해야지.
그리고 나한테 주어진 길을
걸어가야겠다.

이 시에 하늘이 있고, 서로 사람들이 사랑하며 살아야 하는 땅이 있고, 주어진 길을 걸어가는 사람이 있다. 그러나 현실에서의 윤동주는 일본에 의해서 자기 땅 아닌 것으로 만들어진 북간도 용정에서 일본에 의해 강제 이주된 개척민으로서 성장했다. 죽기는 자기 땅 아닌 적의 땅 그것도 감옥에서 죽었다. 다만 공부를 자기 땅 서울 신촌에 와서 연희전문학교를 졸업했다. 그러니 하늘, 땅, 사람 모두가 윤동주에게 있지는 않았다. 땅이 없었다. 윤동주가 그리던 것은 자기 땅이었다. 다음 장에서 우리 땅을 송두리째 모두 일본에게 빼앗기기 직전 한 멋있는 젊은이가 큰 영감을 얻은 이야기를 전하고자 한다. 이 사람이 바로 나이 사십에 사형 당한 최제우崔濟愚이며, 그의 24대 선조가 최치원崔致遠인데, 최치원이 바로 유불선 세 개의 가르침이 곧 풍류도 자체임을 밝힌 신라 말기의 큰 학자다.

문득 화랑으로부터 화랑을 이은 최제우의 주문까지가 너무 길다는 생각이 든다. 최제우가 주문을 발표한 1860년에서 화랑이 시작되었던 576년을 빼면 1,284년간이다. 이렇다면 이 긴 세월에 화랑이 끊긴 공백기였다는 말인가? 그렇지는 않다. 화랑들이 연이어 있었던 것을 밝힌 연구가 앞에 언급했던 이선근의 《화랑도 연구》이다. 이 연구가 제시하는 두드러진 화랑의 재현을 고려조와 조선조에서 하나씩을 거론하자. 고려조의 경우 화랑과 불교가 합하여 건국하였으나 유교 때문에 망했다고 이선근은 쓰고 있다. 993년 고려 성종 12년에 거란契丹의 소손녕蕭遜寧이 대군을 끌고 들어와 거란契丹은 고구려의 옛터를 계승하였고 고려는 신라의 후계이니 고려가 차지한 고구려의 판도를 저희에서 돌려보내라 했다. 이때 외교로 이지백, 서희 그리고 무장으로 대도수가 화랑정신을 발휘했다. 한편 조선조에서는 당쟁 속에서도 임진왜란 때 충무공이 화랑정신으로 위훈을 세웠다. 그러나 이지백, 서희, 대도수, 이순신 등의 공훈은 어디까지나 전근대 정치체제 속에서의 화랑의 공훈이었던 것이다. 다만 유독 최제우의 공훈과 동학도들의 혁명 참여가 근대 민주정치를 이 땅에 시작하도록 새로운 문명을 연 사상 운동이었다. 우리와 인류의 흠은 너무나 긴 세월을 사람들이 왕 제도 밑에서 신음하며 살았던 일이다. 따라서 이 긴 세월에 마치 서양에 기사들이 있어 왔듯이 우리에게는 화랑이 있어서 다행이 아니었을까 한다.

제3장
인내천人乃天 사상

한말의 질곡과 인내천 사상

연산군燕山君 묘소 뒷길에 있는 한 음식점에서 내 동네 사람이 나에게 밥을 샀다. 내가 밥값을 안 내니 부담을 느끼는 밥이었다. 그러나 밥 먹으면서 그분이 나에게 질문을 하나 했고, 이 질문에 나는 답을 했더니 그가 참 좋은 말을 들었다고 했으니 나는 밥값을 하고서 밥을 먹은 셈이다. 거듭 그는 좋은 말을 들었다고 했다. 천직이 선생인 사람은 별수 없이 남에게 말을 하고 밥을 먹어야 하는 것임을 나는 생각했다.

이때의 그의 질문은 "연산군을 어떻게 생각하십니까?"였다. 밥 먹을 때는 물론이고 식사 후 내 집 뜰에 와 앉아서까지 내 대답은 이어졌다.

"한마디로 말해서 연산군은 조선조의 성리학性理學적 유교의 질곡에 반항하다가 이 질곡을 극복할 대안을 왕으로서 내지 못한 채 성리학적 유교에 의해 압살당하고만 왕입니다"가 내 말의 간추림이었다. 나는 물론 이 말을 풀이했다. 이야기가 꽤 길었다. 그 내용을 대화 형식으로 옮겨 본다.

그: 유교면 유교이지 성리학적 유교는 무엇입니까.

나: 크게 보아 인류를 문명으로 이끈 책에 중국에는 《논어》《맹자》가 있고, 서양에는 《성서》가 있습니다. 이런 책들을 경전이라고 지칭합니다. 경전마다 경전

을 썼던 당시의 시초 동기를 왜곡해 반문명적으로 이를 해석하는 일이 생겼습니다.《성서》의 경우에서 볼 때 예수가 해석했던《성서》는 그 당시의 종교지도자들의 해석과 달랐습니다.《논어》《맹자》는 은殷나라의 전체주의적 통치를 벗어났던 주周나라 800년간의 경험을 이론화한 책들입니다. 그런데 이런 취지를 어겨 나라를 전체주의적 방향으로 통치하고자 했던 왕들이《논어》《맹자》를 왜곡해 통치를 강화하는 수단으로 경전을 사용했습니다.

그: 중국에서 그런 예를 들어 주세요.

나: 송宋나라가 그 예입니다. 국민을 못살게 누르되 경전에 적혀 있는 대로 누른다고 하면서 누르니깐 국민의 마음이 왕으로부터 떠났습니다. 이러한 유학의 경전 해석을 성리학性理學이라고 말합니다. 민심이 정권으로부터 떠나 있던 틈새에 이민족 몽고족이 쳐들어와 송나라를 빼앗아 원元나라를 세웠습니다.

그: 그렇다면 송나라와는 반대로 백성의 마음을 얻은 정권은 그 영토도 넓히고 통치를 지속했겠습니다.

나: 그렇습니다. 그 예가 로마제국입니다. 로마제국은 그 영토를 바다 건너 영국까지도 지배한 적이 있었습니다.

그: 그 사정을 구체적으로 말씀해 주세요.

나: 로마제국에는 로마법이 있었습니다. 이 법률을 갖고서 통치를 해서 국민들이 안심하고 따랐습니다.

그: 우리 조선조에도 대전회통大典會通이니 하는 법률이 있었는데 같은 법률을 갖고서 로마는 영국까지도 먹었는데 우리는 일본을 먹기는커녕 왜놈에게 나라를 빼앗겼습니다. 로마법과 대전회통이 어떻게 달랐습니까?

나: 우리는 왕이 직접 나서서 죄인을 다룰 때가 있었는데, 왕 말이 사실을 고할 때까지 매우 치라고 했습니다. 그러니까 매가 무서워서 안 했던 범죄도 했다고 고백하는 것이 우리의 법 운영이었으니 백성은 불안하기 짝이 없었습니다. 아까 은나라를 언급했었는데 은나라가 죄인을 잡아 놓고는 거북점을 쳐서 죄의 유무를 결정짓는 나라였으니 은나라 역시 증거에 의해서 죄를 정하는 나라가 아

니었습니다. 단 하나 로마법에는 의사표시의 신성함이 보장되어 있었습니다. 즉 매를 맞고서 안 했던 것도 했다 말하는 것은 의사표시에 흠이 있는 것이니 매 맞고 한 고백은 그 자체가 무효였습니다.

그: 그렇게 구별하시니 조선조의 운명과 로마의 운명에 차이가 생기는 것을 알겠습니다.

나: 그렇습니다. 예수가 살았던 유대 나라도 로마의 속국이었습니다. 예수를 재판한 로마의 제5대 총독 본디오 빌라도는 자기로서는 예수에게 벌을 줄 증거를 못 찾았다고 말했습니다. 다만 본디오 빌라도는 종교지도자들의 아우성에 밀려서 사형을 선고한 나약한 통치자였습니다. 예수는 심문관에게 "왜 때리느냐 내가 잘못했으면 증거를 대라"고 말했던 것을 보아 로마의 식민지 사정을 엿볼 수 있습니다. 이렇게 증거를 갖고서 그리고 의사표시를 존중해 통치를 했기 때문에 로마는 이민족들까지도 지배할 수가 있었습니다. 그런데 조선조는 이민족이 아니라 내 민족을 지배하되 때려서 지배를 했기 때문에 백성을 때리는 왕과 때림을 겁내는 백성 사이에 생기는 틈새에 왜놈이 밀고 들어와 나라를 빼앗았습니다. 백성을 때려서 다스리는 나라는 자기 민족의 나라도 유지를 못합니다.

그: 백성을 매로 때리는 통치가 설사 이웃 나라 땅을 차지하게 되더라도 이를 유지 못할 것이라는 것을 짐작할 수가 있습니다. 다만 조선조가 성리학을 통해서 유교를 어떻게 왜곡해 통치했는가를 말씀해 주십시오.

나: 본론으로 들어가야겠습니다. 네 가지의 기법을 통해서 《논어》《맹자》를 조선조가 왜곡했습니다. 저는 《논어맹자와 행정학》이라는 책을 썼는데 이 책이 바로 조선조가 해석한 유학이 원시 유교와 다르다는 것을 밝힌 책입니다. 이 책은 828쪽에 이르는 큰 책인데 얼마나 원시 유교가 좋아서 몰입했으면 고려대 정년 후 사 년 만에 써 냈습니다. 이 책을 중국의 동화출판사가 번역해 냈고 한국행정학회가 학술상을 주었습니다. 네 가지의 악을 열거하겠습니다.

첫째, 《논어》《맹자》에는 충忠이라는 말도 있고 효孝라는 말이 있습니다. 그러나 눈을 아무리 씻고 봐도 두 책에는 충효忠孝라는 합성어는 없습니다. 이 합성어는 조선조 독창의 정치이념입니다.

그: 말씀 도중에 질문을 해 죄송합니다. 낱말과 합성어가 어떻게 다릅니까?

나: 충은 왕에게 성심을 다하라는 것이며 효는 부모를 존경하라는 뜻입니다. 그런데 이 두 말을 합해 놓으면 사람을 들볶게 됩니다. 집안에서 부모에게 복종하듯 이를 연장해 밖에 나와 왕에게 복종하라는 사상으로 바뀌게 됩니다. 자 보십시오. 조선조 때 직장이라고는 정부에서 벼슬하는 것이 아니었겠습니까? 그런데 부모상을 당하면 그 알량한 직장도 쉬고 돌아간 분의 묘소에 가서 만 이 년을 울고만 있어야 했습니다. 사람마다 아버지만 있지 않고 어머니도 있습니다. 그러니까 한창 일할 나이에 만 사 년을 부모 묘소에 가서 울고 있어야 했는데 그렇다고 유급휴가도 물론 아니었습니다. 그러니까 충효는 사람을 들들 볶는 기법이었습니다.

그: 이는 끔찍한 부조리입니다. 다른 세 가지는 무엇입니까.

나: 열거하겠습니다.

둘째, 조선조에는 《맹자》가 말하는 항산책恒産策이 없었습니다. 항산책이란 남자아이가 장가들어 나가면 정부가 그에게 3천 평의 농토를 보장해 주라는 사상입니다. 조선조의 경제는 노비들에 의해 유지되었습니다. 좀 견딘다는 집에는 행랑채가 있었고 여기에는 농사일은 물론이고 연료가 되는 장작을 산에 가서 패오며 물을 길어 오는 장정이 살았습니다. 조선조에 있었던 반란은 거의 모두가 농노들이 일으킨 반란이었습니다. 동학혁명도 바로 농민에 의한 혁명입니다. 그러잖아도 《맹자》는 조선조 눈에서 볼 때에 불온한 서적이었습니다. 항산책이 적혀 있을 뿐 아니라 비록 왕이라 할지라고 백성을 돌보지 않으면 왕을 대치할 수도 있다는 말이 나오는 책이 《맹자》였습니다. 따라서 과거시험 같은 때 수험자들이 거침없이 《맹자》를 인용하면 유신 때 운동권 학생으로 찍히듯이 의심을 받아 낙방하는 경우가 많았습니다.

셋째, 조선조에는 지방분권이 전무했습니다. 그런데 《논어》를 보십시오. 공자는 그의 제자가 이웃나라를 함부로 침범하는 것을 탓하고 있습니다. 중국은 지방분권의 전통이 살아 있어 오늘날 한국 동포들이 중국 동북부에서 활개 치며 살고 있습니다. 그런데 우리의 경우 지방마다 서울에 있는 중앙정부의 지소支所 격인 말하자면 본부의 관찰사가 있어서 각 지방에 서울에서 보내진 장이 있었습니다. 우리에게는 지방의 토호와 서울의 정부가 상호계약을 맺어서 전자가 도백을 맡고 후자는 전자로부터 계약된 세금을 받는 대신 중앙정부가 지방정부의 안전을 도모해 주는 봉건제도라는 것이 아예 있지도 않았습니다. 임명을 받고 몇 달도 안 되었는데 서울에서 새 관찰사를 보내는 경우가 허다했습니다.

넷째, 하나 더 끔직한 통치수단을 성리학은 쥐고 있었습니다. 이는 가정에서 여자의 권리를 짓밟는 칠거지악七去之惡이라는 규율입니다. 부인이 자신의 남편이 계집질한 애인을 시기해도 그 부인은 시집갔던 집에서 내쫓겼습니다. 아들을 못 낳아도 내쫓기고요.

그: 나라 안에 그런 끔직한 통제가 깔려 있었으니 백성들이 숨이 막혀 어떻게 살았습니까?

나: 참 좋은 지적입니다. 숨 막히는 세상이었습니다. 그러나 스트레스를 푸는 길이 딱 하나가 있었습니다. 그것은 마음대로 여자들과 섹스를 할 수 있는 일이었습니다. 칠거지악이 남자들의 숨통 막힌 것을 푸는 장치였습니다. 연산군의 어머니는 자신의 남편을 할켰다는 죄목으로 왕궁에서 내쫓깁니다. 장차 왕이 될 사람에게는 어머니가 필요하다는 것쯤은 알고 있어야 했는데 이 도리도 조선조 유교는 외면했습니다. 그러니까 연산군이 왕이 된 후 마음껏 방탕의 길을 가되 계집질을 성리학의 본산인 명륜관에 가서 했습니다. 연산군에게는 그까짓 인간의 도리를 외면하는 가르침이라는 것은 없는 것이나 같다는 것이었겠습니다. 마치 형해화한 기독교 종교의 질식 속에서 독일 철학자 니체가 그런 신은 없다고 부르짖은 것과 동일한 부르짖음이죠.

그: 섹스 외에는 길이 없었군요.

나: 그래요. 숨막히는 전체주의를 묘사한 소설 조지 오웰의《1984년》에 보면 남녀는 만나자 마자 섹스부터 합니다.

그: 그러면 연산군이 어떻게 했었어야지 그가 죽음도 면하고 나라도 구할 수 있었겠습니까?

나: '사람이 곧 하늘이다'쯤 생각하는 인내천 사상이 나왔어야만 했습니다. 일단 유학의 경직성도 해체가 되고 양명학陽明學적 유학이 대체되기라도 했어야 했습니다. 그러나 이러한 각성은 실학實學의 대두를 통해 움터 나옵니다. 다만 이 움터져 나옴은 연산군 사후 근 백 년 이후의 일입니다. 이 '사람이 곧 하늘이다'라는 사상은 동학사상이기도 한데 이 문제는 별도의 문제로 다루겠습니다. '연산군을 어떻게 생각하는가?'라는 질문에 대한 대화를 이 정도로 마감하겠습니다.

연산군은 1476년에서 1506년까지 30년간 살았다. 동학의 창시자 최제우崔濟愚의 40년 생이 1824년에서 1864년까지이다. 연산군 사후 최제우의 출생까지가 368년이나 된다. 이 368년은 가히 암흑기였다. 그러나 암흑이 새벽을 이기지 못했다. 병자호란 후—드디어 이민족 만주족이 쳐들어와 우리의 왕이 그 군대 앞에 무릎을 꿇는 병자호란 이후—인질로 8년간이나 심양에 머물러 있었던 효종의 개혁정치가 있었다. 그러나 그의 개혁정치는 성공하지를 못했다. 성공한 것은 실학이었다. 실학은 영 · 정조英 · 正祖 시대에 일어난 학문으로 성리학적 유교가 실리와는 동떨어진 학문이 되고 말았던 것을 바로잡았다.

실학의 비조는 반계磻溪 유형원柳馨遠(1622-1673)인데 그를 계승한 성호星湖 이익李瀷과 더불어 실학의 앞길을 닦아 놓았다. 유형원의 《반계수록磻溪隨錄》과 이익의 《성호사설星湖僿說》은 현실적인 문제들, 즉 정치의 길 · 지방제도 · 재정 · 경제 · 과거제도 · 학제 · 병제 · 관제 등을 날카롭게 비판하고, 그들의 장래에 대한 이상과 구상을 논한 책이다. 이런 책들 외에 정약용丁若鏞도 《목민심서牧民心書》 《경세유표經世遺表》 《흠흠신서欽欽新書》를 지어 현실의 개혁을 부르짖었다. 이 외의 실학자 몇몇을 지문각에서 편 《국사대사전》에서 뽑아 거명만 한다면 안정복安鼎福, 이긍익李肯翊, 한치윤韓致奫, 유득공柳得恭, 이중환李重煥, 신경준申景濬, 김정호金正浩, 권상기權尙驥, 성해응成海應, 김여金鑢, 정약전丁若銓, 박세당朴世堂,

서유구徐有榘, 신경준申景濬, 유희柳僖, 황윤석黃胤錫, 박제가朴齊家, 홍대용洪大容, 이덕무李德懋, 박지원朴趾源, 홍양호洪良浩 등과 같다. 이들은 실로 하늘의 별들만큼이나 찬란한 이름들이며, 이들은 유럽에서 중세의 질곡을 깨뜨린 문예부흥에 해당하는 휴머니즘을 이 땅에 도입한 어른들이다.

유럽에서 문예부흥에 이어 종교개혁이 나왔듯이 실학에 이어 동학이 창시되었다. 동학이 창시되되 제1장에서 언급한 겨레에 궂음을 제공했던 바로 그 지역 경상도 경주에서 출생한 최제우에 의해 창시된 것을 나는 의미 있게 평가한다. 경상도는 질곡이 더욱 뭉쳐진 땅이었다. 김구의 《백범일지》에 보면 그분이 경상도에 가서 충격적으로 받은 인상 하나는 길가에서 양반인 소년에게 머리가 센 상민이 길을 비키며 깍듯이 인사하는 광경이었다는 것이다. 신라 때는 성골 진골 평민으로 나뉘는 신분제도가 엄격했다. 나는 이런 경상도에서 고구려의 땅을 당나라에 증여하고 고구려를 멸망시켰던 신라, 해방된 조국에서 군사정부를 일으킨 박정희 그리고 신군부 통치의 전두환을 냈던 것을 멈추고 이제는 제대로의 통치자가 탄생하기를 바라는 것이다. 독일이 전일에 세계에 짐이 되었었지만 독일에서 브란트 같은 위대한 수상이 탄생해 폴란드 무명용사의 묘지에 가서 정확하게 무릎을 꿇고 사죄했기에 독일이 새 나라로 살아났듯이 경상도가 살아날 앞날을 나는 꿈꾼다. 그리고 이 꿈의 실현을 내가 믿는 근거가 바로 최제우라는 동학의 창시자가 경주 사람인 것에 있다.

최제우는 인내천人乃天 사상, 즉 사람이 곧 하늘이라는 생각을 편 사람이다. 사람이 곧 하늘이라는 사상은 성리학이 내세우는 전술한 네 가지를 정면으로 뒤집는 사상이다. 자 보아라. 각자가 제각기 하늘이니 충성하는 대상이 이제는 왕도 심지어는 부모도 아니다. 사람이 하늘같이 귀한 존재이니 이제는 농노가 아니다. 지방 촌구석에 사는 사람도 사람이니 지방민이 이제는 관찰사의 노략질 대상이 아니다. 그리고 이제는 여자도 사람이다. 다시 대구에서의 인물대기론을 말한다면 전일 민주당 당수 입후보자로 대구 사람 여자 변호사 추미애 씨가 출마했었던 것을 나는 반갑게 생각했다. 최제우崔濟愚는 순조 34년에서 고종 1년까지 꼭 40년을 산 사람으로 호는 수운水雲이다. 《국사대사전》에서 그의 경력을 옮긴다.

그는 몰락한 양반 출신으로 어려서부터 한학을 배웠으나 일찍 부모를 여의고 한때 아내의 고향인 울산에 내려가 무명 행상을 직업으로 전국의 각처를 돌아다녔다. 1855년(철종 6년)부터 양산군 천성내원암梁山郡千聖內院庵에서 수도생활을 시작하여 1860년(철종 11년) 4월 천주天主 강림의 도道를 깨닫고 도를 창설하였다. 이 무렵 중국에서는 태평천국太平天國의 난과 영·불 연합군의 북경침입北京侵入 사건이 있었고, 그 여파로 우리나라에 대한 열강列强의 세력 침투가 시작되어 민족적인 위기를 조성하였다. 특히 서학西學-天主教의 전래는 사상과 풍속이 다른 우리나라에 많은 물의를 일으키니 최제우의 머리에는 이들이 시대적 불안으로 반영되어, 서학에 대항하는 민족 고유의 신앙으로 새 종교를 창설하기에 이르렀다. 그 교리는 제병장생濟病長生을 토대로 하여 동양적인 유·불·선儒佛仙의 정신을 참작, '인내천人乃天'·'천심 즉 인심天心卽人心'의 사상을 주장하여 인간의 주체성을 강조하고 지상천국의 현실적인 이상을 표현한 것이었다. 동학은 구미歐美·일본의 침략과 정부의 압제로 인하여 농민 사이에 급속히 파급되어 중대한 사회문제가 되었으며, 특히 충청·전라·경상도에 많이 전파하여 후일 동학란을 일으키는 주체가 되었다. 1863년(철종 14년) 정부는 동학을 사교邪教로 규정하고 최제우를 체포, 이듬해 3월 대구에서 혹세무민惑世誣民의 죄로 사형시켰으나 1907년(융화 1년)에 그의 죄가 용서되었다.

이상과 같이 조선조의 질곡 속에서 실학이라는 학문이 생겼고 이어서 동학이라는 종교가 창시되었다. 유럽의 선례를 미루어 보아 이제 남은 일은 인내천의 나라를 세우는 것이다. 이 나라 세우는 일을 동학도들은 물론 시작했다. 동학혁명이 그것이었다. 이 동학혁명은 프랑스혁명과 미국의 독립전쟁에 해당하는 혁명일 뻔했다. 다만 우리의 혁명은 프랑스·미국에서의 혁명과는 달리 외세가 반혁명세력에 가담해서 혁명세력을 무참하게 도살하는 혁명이었다. 이 가담한 세력이 바로 청일전쟁에서 곧 승리할 군사력을 가진 일본 군대였다. 백의를 입고 현대식 무기를 안 가졌던 소박한 동학혁명군은 현대식 군복을 입은 일본의 소총부대에 의해 쉽게 학살당했다. 한편 동학혁명군의 진압을 요청받은 일본군은 동학혁명만 진압한 것이 아니라 한반도에서 청나라 군대도 내보내게 되었고, 청으로부터 요동반도와 대만을 할양받았다. 이렇게 우리 정부가 든든하지 않았음으로 동양의 평화가 무너지기 시작했다. 든든한 영세 독립국가를 유지할 정도의 정부가 있었어야 했다. 1885년에 이미 유길준兪吉濬이 쓴 〈중립론〉이나 독일영사 부들러Budler의 영세국외 중립국론이 맞는 말들이었다. 이 점을 나는 제10장 중의 한 절 〈6개국 사이〉에서 다룰 작정이다. 내 나라 정부가 단단하지 않아 주변이 흔들리는 예를 그 후 러일전쟁에서 더욱 확실하게 보았다. 고종이 러시아 영사관에 일 년을 가 있게 되니까 불안증이 생긴 일본이 러시아와 전쟁도 하게 되었다. 그러나 여기서 청이니 러시아니 일본이 어떻게 되었는가가 문제가 아니라 우리 문제가 문제이다. 이래서 동학이 새 나라를 내 나라에 세울 수가 없었던 것이다. 동학혁명의 실패는 우리 겨레의 한恨이었다. 나는 이 동학혁명의 한을 내 고려대 재직 중 서관 시계탑에서 시간마다 울려 나오는 전봉준 장군의 다음 노래를 들을 때마다 느꼈다.

새야새야 파랑새야
녹두밭에 앉지마라
녹두꽃이 떨어지면
청포장수 울고간다

이 동학도들이 기독교도들과 합세해 지도자가 되어 1919년 3·1독립선언을 수많은 군중들과 더불어 읽으며 대한독립 만세를 거리에 나서서 외쳤다. 이 만세 부름 앞에 무기로만 대항해 오는 것에 익숙했던 일본 제국이 당황했다. 그러나 이 만세 부름은 굳이 일본 제국만이 당황해 한 것이 아니었다. 이 만세 부름은 인류 역사상 처음 있는 일이었기 때문이다. 동학혁명에서 소총 앞에 무참하게 패배한 혁명군이 고안해 낸 희안한 저항 방법이 이 비폭력 항일운동이었다. 이 비폭력투쟁은 세계 민주화 역사에서 존 로크와 루소의 혁명 방식만이 다인 줄만 알았던 것에 새로운 모형을 제시하는 것이기도 했다. 인도 간디의 영제국으로부터의 해방운동이 이 모형을 따랐다. 20세기 말 공산권의 붕괴 시 시민 광장에 가슴에 꽃을 달고 나온 군중 때문에 생긴 혁명도 이 모형을 따랐다. 비폭력투쟁의 원조 한국은 이 모형으로 군사정부를 물리쳤다. 10년간의 통치를 잃었다가 다시 집권했다는 즉 군사정치 37년째라는 이명박 정부를 그의 집권 초에 촛불시위로 당황케 만들었던 것도 이 모형 때문이었다.

최제우崔濟愚의 주문呪文

동학은 철종(1824-1864) 때에 최제우가 제창하기 시작했다. 그러나 동학보다는 먼저 한국에 전파된 종교는 서학, 즉 천주교였다. 서양인 신부와 많은 신도가 순교당한 후 마카오에 가서 신학교를 졸업하고 최초의 신부가 된 김대건金大建의 귀국 활동이 있었던 것이 1845년이다. 철종 즉위 시 천주교도의 수가 2만 명에 이르렀다. 동학 특히 최제우가 1860년에 발표한 주문만 하더라도 이미 나라에 들어와 있던 서학의 주장을 포함한 것이라고 나는 본다. 따라서 글의 순서로 보아 기독교 장을 동학에 앞서서 써야 하기도 하다. 그러나 나는 동학을 앞세운다. 동학이 동학으로 그치지 않고 동학혁명을 일으켰기 때문이다. 마치 서구에서 종교개혁에 이어서 군주체제의 극복이 있었듯이 동학이 조선조를 끝장낼 수 있는 혁명을 일으켜 가르침으로서의 타당도가 높았던 종교로 보아야 하기 때문이다. 나의 최제우의 주문 해석에서 다음 장에 본격적으로 언급할 기독교 이야기가 미리 보여 중복되는 것을 독자는 양해하기 바란다.

동학을 세운 최제우가 순교한 이후 교도들이 스승이 남겨 놓은 글들을 모아 수도의 지침으로 삼게 되었다. 수운이 남겨 놓은 글 가운데 한문체로 된 것을 따로 엮은 것이 《동경대전東經大全》이다. 이 이름은 동학의 경전을 죄다 모아서 엮은 책이라는 뜻이다. 《동경대전》은 긴 앞부분에서 동학의 간추림으로 볼 수 있는 주문呪文을 위한 해설을 쓰고 있다. 나는 최동희의 《새로 쓰는 동학》(2003, 집문당)에서 주문 연구한 것을 참고하고자 한다. 긴 설명 후에 나오는 주문이 다음 13자이다.

시천주 조화정 영세불망 만사지侍天主 造化定 永世不忘 萬事知

이 주문을 보면서 내가 제일 먼저 느끼는 것은 이 주문이 곧 천지인을 그대로 반영했다는 생각이다. 수운이 이 주문을 발표한 해가 1860년이다. 1860년이면 나라안이 어수선했을 때였다. 홍경래의 난은 평정되었으나 이로 인해 민심이 더욱 동요되었고, 홍경래가 살아 있다는 풍문이 여기저기 퍼져 있었다. 주문이 발표된 2년 후인 1862년에는 진주민란이 터졌고 이어서 40일 만에 익산에서 농민들의 반란이 일어났다. 이런 어수선함 중에서 최제우는 이럴 때일수록 천지인으로 나라를 구해야 한다고 생각했다. 놀라운 영감이다. 주문 설명에 앞서서 우선 주문과 천지인과의 상응성相應性을 다음에 표시해 본다.

주문	천지인
시천주	하늘
조화정	땅
영세불망	사람

이 주문 앞에 나오는 설명문의 문체도 그렇고 주문 후에 나오는 시와 노래들이 많은 것도 그렇고《동경대전》의 진리에의 접근이 시문학적이다. 이 접근은 화랑들이 노래 부르기를 즐겼던 것이나 공자가 자식 공부를 시작한 것이나 플라톤의《국가론》에서의 교육의 시작이 각각 시가였던 것을 상기케 하는 매우 고전적 접근이다. 시가 다음에 정리된 가르침의 요약 13자를 다음 다섯 개의 특징이 있는 것으로 분석하고자 한다. 분석한다는 것은 주문을 비시가적으로 본다는 뜻이다.

1.동학의 가르침은 우리나라 즉 동쪽에 있는 한 나라에서의 모든 가르침을 망

라하고 있다. 여기에서 가르침이란 큰 가르침인 종교宗教를 말한다. 시작말이 두 개의 옛말을 합한 '시천'이 아니다. 하나의 옛말 '시侍'와 하나의 새말 '천주天主'를 합한 '시천주'가 시작말이다. 한쪽 끝에서는 샤머니즘을 다른 한 쪽 끝에서는 그 당시 새로 들어온 가르침 기독교를 망라하고 있다. 샤머니즘을 나타내는 말의 가르침의 요약은 남에게 재앙이 내리기를 빌며 신불神佛에게 소원성취하기를 비는 뜻의 呪자이다. 샤머니즘의 체취를 첫글인 시천주侍天主의 侍자에서도 본다. 侍는 높은 사람의 옆에서 시중든다는 뜻의 '모실 시'이다. 천주를 모신다는 것은 천주를 따른다는 것과는 다르다. 전자는 모실 상대에게 아첨도 불사하지만 고급종교는 신에게 아첨하는 것을 금한다. 사람이 아첨하는 것은 잇속을 얻기 위함이기 때문이다. 《맹자》의 첫글은 맹자가 자기 나라에 왔기 때문에 자기 나라가 이롭게 되겠다고 말한 양혜왕을 맹자가 나무라는 말로 시작한다. 왕은 모름지기 이利가 아니라 올바름인 인의仁義를 구해야 한다는 것이 맹자의 말이다. 〈출애굽기〉 제20장에 보면 잇속이 아니라 이집트로부터 백성의 해방을 도왔던 야훼신은 이 사람들이 자신의 이름을 망녕되이 불러서 기도하는 것조차 금하고 있다. 여기에서 망녕되이 부른다는 것은 야훼에게 잇속을 구한다는 뜻이다.

동학이 샤머니즘에서 천주학까지를 망라하면서도 그 스스로가 오히려 독자적이라는 의미는 주문 이해를 최소한 각종 가르침인 유교, 불교 그리고 기독교 등의 주문에 해당하는 각각 가르침의 요약들과 모순되지 아니한 것을 전제로 한다. 주문 앞부분의 설명 안에 서양 사람들을 다음과 같이 비난하는 글도 있다.

> 한편으로 서양 사람들은 싸우면 이기고 공격하면 빼앗게 되니 그들의 뜻대로 되지 않은 일이 없다. 이리하여 중국이 온통 망해 없어지면 우리나라도 따라서 큰 어려움을 겪게 될 걱정도 없지 않다. 아, 이 나라를 돕고 이 백성을 돌보아 편안케 할 대책對策이 앞으로 어디에서 나올 것인가?

위 인용은 최동희의 앞의 책 201쪽에서이다. 기독교를 나타내는 말은 시천주에 보이는 천주이다. 물론 이렇게 설명되는 최수운의 글은 안 보인다. 그러나 천주는 그 당시 이미 들어와 있던 기독교의 명칭이 바로 천주를 공부한다는 천주학이었다. 이렇게 기독교를 남의 나라를 침략하는 앞잡이로 보는 부정적 시각이 있기에 동학에는 기독교의 진수를 오히려 긍정시 하는 시각이 최수운과 같은 높은 지성에게 있었다고 나는 가정한다. 《근암집近庵集》(최옥 지음, 최동희 옮김, 창커뮤니케이션, 2005)에 의하면 최수운은 《근암집》을 쓴 그의 아버지 최옥으로부터 16세까지 심오한 학문을 전수받은 분이다. 따라서 동학의 독자성은 이미 있었던 종교의 긍정적 면들을 수용하는 데 있으며 이 통합성 때문에 협력형 통치를 우리 나라에 만들 수 있는 기초가 동학에 있었던 것이다.

2. 동학은 이 세상과 이 세상 아닌 세상을 대비하되 이 세상 아닌 세상의 우두머리를 천주로 말한다. 侍天主가 그 말이다. 천주는 이 세상 아닌 세상의 주인主人이기에 이 세상에도 물론 주인인 통치자가 있다. 따라서 '시천주'는 천주와 이 세상의 통치자의 대립을 전제하고 있다.

3. 동학은 이 세상과 이 세상 아닌 세상의 구도를 설계하고 있다. 조화정造化定이 이 말이다. 무릇 조화란 천지자연의 이치를 말한다. 천지자연은 위아래, 이 세상 아닌 세상과 이 세상이다. 조화정의 내용을 알기 위하여 나는 유학의 간추림으로 볼 수 있는 《대학》의 8개 조와 기독교에서 말하는 하느님과 이웃을 마음과 뜻과 목숨을 다해서 섬기라는 첫째 가르침을 이해하는 것이 필요하다고 생각한다.

4. 동학은 사람이 일생을 걸고 마음 바쳐서 신앙해야 할 가르침이다. 영세불망永世不忘이 이 말이다. 이 말은 이 세상에서 천주가 있는 세상을 찾는 험한 노정을 가는 것을 평생 잊지 말라는 것이다. 따라서 영세불망은 가야 할 길을 안 가면 화가 닥치고 가야 할 길을 가면 상이 따른다는 것을 뜻한다. 이 말은 가야 할 길을 안 가면 지옥에 가며 갈 길을 가되 덜 가면 연옥에 가며 제대로 가면 천국이라는 중세 천주교의 교리를 연상케 한다. 따라서 영세불망에서 목적어가 생략되어 있다고 볼 수 있다. 영세불망해야 하는 것은 사람이 곧 사람인 것을 영세토록 잊지 말라는 것이다. 영세불망은 천지인 중 인人에 해당하는 주문이다. 사실 최제우는 "가장 신령한 자는 사람이다"라는 전제 위에서 "천심즉인심天心卽人心"이라

고 강조했다.

5. 동학은 사람이 알아야 할 모든 것을 알게 한다. 여기에서 무엇이 모든 것인가가 문제인데 나는 만사를 시천주/조화정/영세불망에 관한 세 가지라고 생각한다. 근세 철학의 아버지 칸트가 무엇을 우리가 알 수 있는가를 말하면서 이 앎은 형이상학적 앎이라고 한정했던 생각도 나며, 창세기에 보는 야훼신은 범죄한 아담을 동산에 나가서 소리내어 불러서 찾았지 야훼는 지금으로 치면 CCTV만도 못했다. 만사를 다른 데서 찾을 것이 아니라 이미 주문에서 언급한 세 가지가 만사라는 것이다. 이 세 가지를 위 4에서 언급한 상벌의 관념과 연결해 이를 다음과 같이 정리할 수 있다. 일생을 잊지 말고 가라는 것을 평생불망이 아니라 영세불망으로 표현한 것에 유의할 필요가 있다. 평생만이 아니라 영세불망하라는 것은 평생을 잃더라도 영세를 구하라는 뜻이며 죽음과 만난을 무릅쓰라는 뜻이다.

시천주 조화정 그리고 영세불망이 사람이 마땅히 가야 할 길이라면 이 길을 사람이 안 갈 때는 어떻게 되는가를 따지고 싶다. 정의를 따르지 않게 되며 악한 통치자를 심판하지 않게 되며 개인으로는 죄를 짓게 된다는 것이 나의 정리이다.

(1) 시천주를 하지 않으면 잇속을 따르는 사람이지 정의를 따르는 사람은 아니다.
(2) 조화정을 잘못한 이 세상의 통치자, 권력자는 심판을 받아야 한다.
(3) 수운과 같이 영세불망한 삶을 살아도 그 때문에 오히려 순교한 사람을 의로운 사람으로 여기지 않는 이는 죄인이다.

정의, 심판, 죄의 세 가지를 알아야 한다고 말한 기독교 경전은 〈요한복음〉 제16장 8절이다. 수운이 사형집행당한 이유의 하나가 말은 동학이라 하지만 실질적으로는 이단인 천주교와 동일하다는 것이었는데, 취조 후 142년 후에 쓴 내 글을 취조관이 알았더라면 그 당시 검사의 논지가 더 든든해졌을 것이라는 불경스러운 생각을 나는 감히 한다. 그분이 오시면—예수가 죽은 후 신도들을 돕기 위하여 오는 성령이 오시면—죄와 정의와 심판에 관한 세상의 그릇된 생각을 꾸짖어 바로잡아 주실 것이라는 것이 〈요한복음〉 제16장 8절이다. 이 8절에 이어서 죄, 정의, 심판을 설명하고 있다. 예수를 믿지 않은 것이 바로 죄이며, 예수가 아버지께 돌아감으로 신도들이 예수를 보지 못하게 되는 것이 곧 정의를 나타내며, 이 세상의 권력자가 예수를 죽임으로 이미 심판을 받았다고 말한다.

영세불망을 가르치는 동학에서의 정의를 나는 최수운의 순교라고 본다. 최수운의 순교를 통하여 최수운이 심판받은 것이 아니라 최수운을 심판한 권력이 심판을 받았기 때문이다. 사정이 이러함에도 불구하고 최수운을 죽인 정권을 향하여 최수운의 죄를 사면해 달라는 운동을 일부 동학도가 했던 것은 잘못이었다고 나는 역설적으로 생각한다. 동학은 최수운의 순교를 동학에 활력을 불어넣는 계기로 만들었어야 했고, 동학은 최소한 조선조를 극복했어야 했다.

만사가 모든 것인데 내 서재에 걸려 있는 피카소의 복사 그림 〈늙은 기타리스트〉를 보고 성악가 정은숙 씨가 한 말 "이 그림에는 모든 것이 있습니다"를 나는 지금 연상한다. 나는 이 그림을 시카고 미술관에서 본 후 두 번인가를 더 가 봤다. 이 사본은 내가 이 그림을 좋아하는 것을 안 내 막내딸이 시카고 미술관서 복사본을 사서 보내 준 것이다. 집사람은 이 그림을 별로 좋아하지 않는다. 그래서 이 그림을 거실이 아니라 내가 책상에 앉아서 바라보이는 벽에 걸어 놓고 있다. 1996년에 《논어맹자와 행정학》을 썼을 때에 서문에 이미 〈늙은 기타리스트〉를 언급하고 있으니 이 그림이 한 십 년이 넘게 걸려 있다.

이 그림이 무엇인가? 피골이 상접해 깡마른 한 늙은이가 눈을 감고 다리를 꼬고 앉아서 기타를 치고 있는 그림이다. 앉은 모습이 고개는 떨구고 휘어져 있다. 입은 옷은 감청색 위아래가 통으로 된 흡사 여자의 임신복 같은 것이다. 옷을 하도 입어 해어져 있다. 무릎을 덮지 않은 옷의 바지 끝이 너덜너덜하다. 어깨 한쪽의 살을 덮지 못하고 있다. 인물의 배경도 감청색이다. 한 노인이 기타를 친다는 한 업에 몰두하고 있는 것이 내 마음을 끈다. 감청색이 내 눈을 이 그림에서 못 떼게 한다. 감청색은 내가 5년간 감방에서 입었던 죄수복의 색이다.

이 그림이 나에게 주는 교훈은 죽는 날까지 아무리 어려워도 책을 쓰라는 것이다. 이 그림은 〈요한복음〉 제16장에 나오는 예수가 보내시는 사람을 도우시는 성령을 다 담고 있다. 물질의 세계가 아니라 보이지 않은 세계를 기타리스트가 사모하니 정의正義를 알게 한다. 권좌에 앉아 있는 얼굴이 큰 사람들 같은 것을 오히려 더럽게 보게 하니 심판審判을 알게 한다. 그리고 이 늙은 기타리스트와 동일하게 인생을 끝내고자 아니할진데는, 관헌에 끌려가게 된 예수를 안 믿겠다는 것이 죄罪임을 알게 한다.

문득 위 5개의 조건을 갖춘 요약이 동학의 요약이라면 이런 동학의 요약을 13자 주문만큼 요약된 중학생들이 수학시간에 그리는 다음과 같은 XY축 그림으로 표현할 수 있다고 나는 생각한다. 내 책《인간 · 종교 · 국가 — 미국행정, 청교도 정신 그리고 마르틴 루터의 95개조》120쪽에서 이런 그림을 딴다.

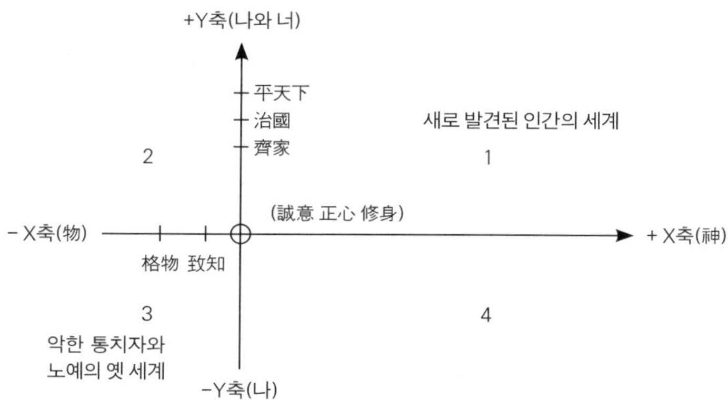

이 그림 2001년에 만든 그림이며, 이 그림를 동학의 주문으로 살려 보는 지금은 수운이 주문을 만든 1860년으로부터 148년 만인 2008년이다. 이 XY축 그림이 위 5개 요건을 설명하는가를 다음에 따져 보자.

1. 격물, 치지, 성의, 정심, 수신, 제가, 치국, 평천하의《대학》8개 조가 발견되며 불교에서 사람에게 버리기를 바라는 물욕과 자기애自己愛가 마이너스 축에 밝혀져 있다. 성의, 정심, 수신이 모이는 XY축의 교차점을 기독교의 첫째가는 계명 "네 마음을 다하고 목숨을 다하고 뜻을 다하여 주님이신 너희 하느님을 사랑하여라. 이것이 가장 크고 첫째가는 계명이고 네 이웃을 네 몸같이 사랑하여라 한 둘째 계명도 이에 못지않게 중요하다. 이 두 계명이 모든 율법과 예언서의 골자이다"(〈마태오복음〉 제22장 37-40절)가 설명한다.

유교	기독교
정심	마음을 다하고
수신	목숨을 다하고
성의	뜻을 다하고

그런가 하면 첫째가는 계명은 신과 이웃으로 향하는 두 개의 방향성을 갖고 있는데 그림은 이를 X와 Y의 두 개 축으로 표시한다.

2. 그림에는 천주가 있는 제1사분면의 세계와 악한 통치자가 있는 제3사분면의 세계가 정확하게 대립되어 있다. 제1사분면은 한문으로 第一四分面으로 쓴다. XY축 그림의 위 우측은 제1사분면, 위 좌측은 제2사분면, 아래 좌측은 제3사분면 그리고 아래 우측은 제4사분면이다. 다만 제2사분면과 제4사분면은 존재하지 않는다. XY가 마이너스끼리 혹은 플러스끼리만 만나기 때문이다. 예를들어 물질을 초월한 신을 생각하는 +X가 이타적이 아닌 -Y와 함께 있을 수가 없다.

3. 그림은 두 개 세계를 설계하고 있다. 다만《대학》8개 조에는 신으로 향하는 과정이 안 보인다. 실용성에 입각한 유학다운 생략이다.

4. 그림은 영세불망하는 길을 XY축 각각에 붙인 화살표가 표시한다. 이 화살표를 역행하면 이를테면 지옥이며, XY축의 교차점도 못 이르면 연옥이며, 그리고 교차점을 지나서 행하면 천국행이다. 다만 XY축의 교차점을 넘어서면 현세에서도 보상을 받을 수 있는 것을 이 그림은 나타내지를 않고 있다. -X의 세계에

서 물질이 있는데 +X에서는 물질이 아닌 것이 존재해 물질과 물질의 초월이 양자택일적으로 표시되고 있기 때문이다. 우선 성의, 정심, 수신의 단계를 거치면 몸이 앓고 있는 병도 치유된다는 것이 동학의 가르침이다. 주문 앞부분 설명에 주문과 함께 놀라운 힘을 가진 병을 고치는 부적 얘기를 다음과 같이 하고 있다. 최동희의 앞의 책 198, 199쪽에서 다음을 딴다.

> 나도 그 말씀에 따라 영부靈符를 받았다. 이것을 종이에 써서 먹어 보았더니 몸이 윤택潤澤하여지고 병이 나아졌다. 비로소 이것이 바로 선약仙藥임을 알게 되었다. 이것을 다른 사람들의 병에 써 보았더니 어떤 사람은 낫고 어떤 사람은 낫지 않았다. 그러므로 그 까닭을 알 수 없었다. 그렇게 되는 원인을 잘 살펴보니 정성을 다하여 지극히 하느님을 위하는 사람은 번번이 효력이 있고 도덕에 따르지 않는 사람은 모조리 효력이 없었다. 이것은 영부靈符를 받는 사람의 정성精誠과 공경恭敬에 달려 있기 때문이 아닐까?

전봉준이 잡혀서 조사를 받을 때 조사관이 "동학을 공부하면 병을 면하는 외에 다른 이익을 얻는가?"라는 물음에 전봉준이 "다른 이익이 없다"고 답하는 것을 보아 동학을 믿음으로 병을 고치는 관행을 알 수가 있다. 신복용의 《전봉준의 생애와 사상》(양영각, 1982, 176, 177쪽)이 이를 전한다. 병을 고치는 기적은 기독교의 관행이기도 하다. 예수가 병을 고쳤고 초대 교회인들의 특징 중 하나가 신유에 있었다. 기독교의 경우 병을 낫게 하는 이익 이외에 세속의 복도 잘 받는다는 말도 있다. "너희는 먼저 하느님의 나라와 하느님께서 의롭게 여기시는 것을 구하여라. 그러면 이 모든 것도 곁들어 받게 될 것이다. 그러므로 내일 일은 걱정하지 마라. 내일 걱정은 내일에 맡겨라. 하루의 괴로움은 그 날에 겪는 것만으로 족하다"라는 말이 〈마태오복음〉 제6장 33, 34절에 있다. 막스 베버는 개신교인들의 근면과 신앙이 오히려 자본주의를 만들었다고 주장한다. 나는 이 점을 《협력형 통치》(열린책들, 2006, 279-298쪽)에서 밝혔다.

문제는 XY축 그림이 신앙을 가지면 세속의 복을 누린다는 점을 반영하고 있지 않다는 데 있다. 그림에 -X와 +X가 일직선상에 놓여 있음으로 +X에 옮겨간 사람에게 -X에 있는 물질이 없게 되어 있기 때문이다. 따라서 X축의 진행이 -에서 +로 행하되 평면상의 일직선이 아니라 동일 지면상에서의 진행을 휘어져서 가게 함으로 -X와 +X가 동시에 있을 수 있는 다음과 같은 입체 그림을 만들 수 있다고 생각한다.

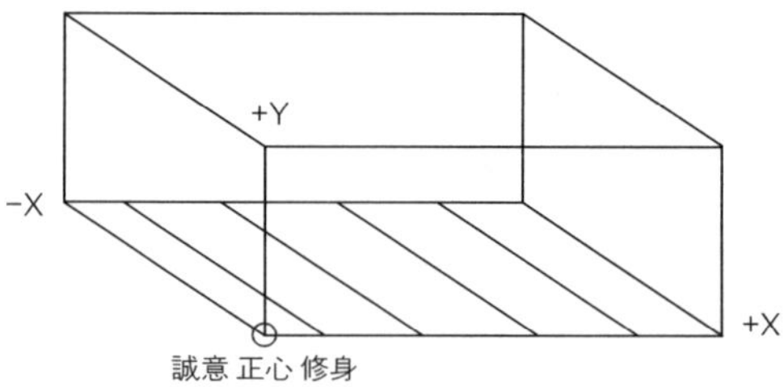

위 그림에서 X선의 마이너스인 -X선이 성의誠意라는 점에서 플러스 방향으로, 즉 +X로 휘고 있다. 그러나 이 두 개 부분이 휘고는 있지만 이 두 개의 선은 모두가 동일한 수평선상에 놓여 있다. 그림에서 빗금 친 부분이 동일 지면인 지평을 표시한다. 그 대신 성의誠意라는 점에서부터 협력형 통치의 선인 Y선의 플러스, 즉 +Y가 수평선과 직각으로 올라가고 있다. 이제 -X, +X, +Y의 3차원이 만드는 새로 발견된 인간의 세계라는 하나의 입체가 생기게 된다.

위 입체 그림은 경기대학교 행정학과 3학년 김민자 학생의 질문에서 힌트를 얻어 그린 것이다. 나는 입체 그림을 나에게 XY축의 마주침으로 형성되는 4개분면의 이름을 일러 주었던 내 앞집 청년 성균관 공대 출신의 경재문 씨에게 보인 바 있다. 경씨는 나에게 제1사분면의 세계를 입체 안에 가두어 두지 말 것을 시사하고 다음과 같은 그림(141쪽)을 그려 주었다.

맞다. 사람의 시도는 무한대이다. 첫 번째 표는 사람의 좋은 방향으로의 시도만을 그렸지만, 여기에서는 사람의 나쁜 방향으로의 시도도 그려져 있다. 이 그림을 그려 놓고 경씨는 무한으로 뻗는 네 개 선의 끝을 무엇으로 이름 하는가를

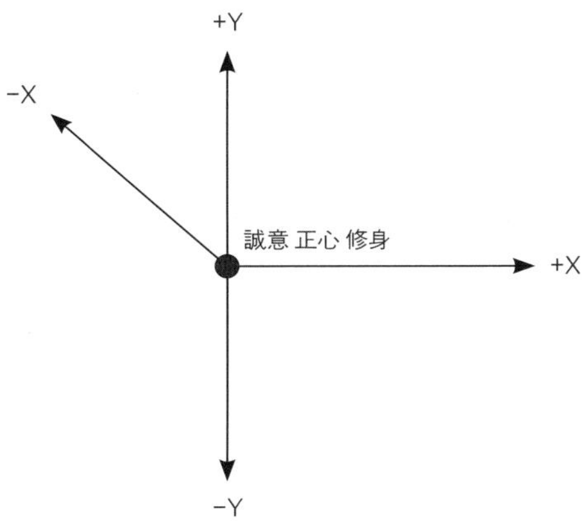

물었다. 나는 다음과 같이 답했다.

-X: 物을 神으로 여긴다.

+X: 보이지 않는 것을 신으로 여긴다.

-Y: 친구를 죽이고 자기 이익을 도모한다.

+Y: 친구를 위하여 자기 목숨을 버린다.

네 개 선의 끝 중 -X와 -Y는 어거스틴의 《고백록》 중 유아기의 추억에 나오는 두 가지 원죄와 같다. 그 하나는 물질적인 것을 추구하여 이득을 취하는 -X로, "나에게 해로움을 알고 내 말을 들어주지 않는 그들에게 원한을 품어 해를 끼치려 했던 짓들을 좋은 것이라 할 수 있습니까?"라고 고백한 세계이다. 다른 하나인 -Y는 다른 갓난아이가 제 어머니의 젖을 먹는 것을 보고 새파랗게 질린 얼굴을 하고 있던 세계이다. 이들에 비해 +X와 +Y는 예수의 첫째가는 계명의 세계로, 의意와 심心과 신身을 다해서 하느님을 사랑하는 것이 +X요, 이웃을 네 몸과 같이 사랑하는 것이 +Y이다.

5. 다시 평면도 그림으로 돌아가자. 그림을 통하여 동학을 믿음으로 알게 되는 세 개의 앎을 설명할 수가 있다. 화살표 방향으로 만난을 무릅쓰고 XY 양축 선상에서 진행한 사람을 믿지 않음이 죄짓는 것이며, 진행해 가야 할 데가 눈에

보이는 물질이나 출세가 아닌 보이지 않는 제1사분면의 세계를 향하는 것이 정의이다. 가는 것을 잊지 않음이 영세불망이며 갈 데가 바로 시천주의 세계이다. 한편 만난을 무릅쓰고 진행했다는 것은 이 세상 즉 제3사분면의 통치자로부터 박해를 받았다는 뜻이기도 하지만 이 박해한 통치자는 정의에 의하여 심판받아야 할 자라는 것을 뜻한다. 이렇게 제1사분면과 제3사분면이 있는 것이 곧 세상 이치인 조화造化이다.

6. 정리를 하자. 이렇게 그림 속에 시천주, 조화정 그리고 영세불망 등이 다 있음을 보면 이 그림이 곧 하늘과 땅과 사람 모두를 보여 주는 그림임을 알 수가 있다. 따라서 이 그림은 옛날의 가르침들인 불교, 유교 그리고 노자—자신을 버릴 것을 가르치는 점에서 노자—의 사상을 담고 있다. 이뿐 아니라 이 그림은 동학이 그 당시에 막 포교되었던 천주교를 수용한 점을 보여 준다. 따라서 이 최수운의 주문은 한마디로 말해 겨레의 극심한 위기 앞에 내놓은 위대한 대안이었다.

동학혁명

최제우가 1864년에 유교가 아닌 이단사상을 가진 죄로 사형당했다. 제2대 교주 최시형崔時亨이 최제우 사후 여러 가지 난관을 극복하고 각지에 포包 · 접接이라고 일컫는 교도의 조직망을 설치한다. 양반들에 대한 피지배인의 반항과 외국세력에 대한 저항이 이러한 반응을 만들었다.

이렇게 동학이 큰 사회세력으로 확대되자 그 힘으로 교조신원운동教祖伸寃運動인 시위가 활성했다. 최제우 사후 28년 만인 1892년의 일이다. 그 해에 충청과 전라의 두 감사에서 교조의 억울한 누명을 풀어 줄 것과 교도에 대한 탄압을 금지할 것을 요구했다. 이 운동에서 기각 결정을 받은 교도들은 박광호를 지도자로 하여 상경하여 궁궐 앞에 꿇어 엎드려 상소했다. 이 상소도 실패했다. 그들은 다시 충청도 보은에 2만여 명이 모여 돌담을 쌓고 깃발을 세우고 척왜창의斥倭倡義의 구호를 세웠다. 정부는 비로소 당황해했다. 무력동원의 기세를 보이면서 부패한 향리의 징벌을 약속하며 회유책으로 겨우 해산되었다.

이상이 1894년 2월에 전라도 고부에서 전봉준의 지휘하에 동학혁명이 시작되기 직전의 상황이다. 이 동학혁명은 조선조를 대치해 정권을 세운 전쟁이 아니었다. 이 전쟁은 같은 해 9월에 평양에 집결했던 청의 대군을 일본군이 총공격해 청군을 조선에서 퇴각시켜 일본의 한반도에서의 발판을 마련하는 데 도움을 준 것으로 끝났으니 실패한 혁명이었다. 이러함으로 갑오농민전쟁은 한낱 실패한 전쟁이라고 볼 수 있다. 이래서 역사서에 갑오농민전쟁 혹은 동학농민군의 봉기 정도로 쓴다. 그러나 나는 이 크게 실패했다고 여겨진 동학농민군의 봉기를 동학혁명으로 명명한다. 다음과 같은 몇 가지 이유에서이다.

1. 동학농민군의 봉기는 한번 일어났다가 실패하고 만 봉기가 아니라 그 봉기의 뿌리가 오래되었고, 그 전쟁이 다른 형태로 다시 살아난 연속성을 나는 주목하기 때문에 혁명이었다. 동학 교주의 신원운동이 교주의 사후 28년 만에 생겼고 교주의 사후 30년 만에 전봉준의 봉기가 생겼다. 그런가 하면 일본군의 소총부대에 몰살당했던 동학도들이 그 교의 이름을 천도교로 바꾸어 몰살당한 후 55년 만에 기독교도들과 연합해 3·1독립운동의 지도자로 출현했다. 1919년은 최제우의 주문 발표가 있었던 1860년부터 59년 만의 일이다.

2. 동학농민군의 봉기는 실학이라는 학문의 발달과 서학을 극복한 동학의 출현이라는 종교개혁 과정을 거친 운동으로 이념 무장을 전제한 운동이었기 때문에 혁명이었다. 대저 학문 없는 종교가 종교의 타당도가 낮으며, 종교를 개혁하지 못할 정도의 학문도 학문의 인간주의에의 공헌도를 의심케 되는 것을 우리는 유럽의 학문과 대학에서 보아 왔다. 실학 동학 그리고 동학혁명에 이르는 일련의 운동이 아시아 문명권에서 유독 한국에만 있었던 것을 나는 주목한다.

막스 베버Max Weber(1864-1920)는 《프로테스탄티즘의 윤리와 자본주의 정신》에 2백자 원고지 약 육칠십 매 정도의 긴 서문을 썼다. 이 서문에서 줄곧 유럽의 우월성을 열거하고 있다. 여덟 개 정도의 열거가 다음과 같다.

① 우선 오늘날 그 타당성을 인정하는 발전 단계의 과학이 서구에만 존재한다고 말한다. 물론 우주와 삶의 문제에 대한 반성, 가장 심오한 종류의 철학적인 지혜 등은 인도, 중국, 바빌로니아, 이집트 등에도 존재했다. 그러나 예를 들어 인도의 자연과학은 실험 방법이 결여되었었다. 인도에서 약학은 경험적 기술에서 발달했으나 생물학적 토대들과 생화학적 토대는 결여되어 있었다. 중국의 고도로 발전된 역사 연구도 투키디데스의 방법을 가지고 있지는 못했다. 바빌로니아의 천문학이 그리스인들로부터 수용된 수학적 기초를 결여했다.

② 엄격한 체계적 형식의 사고를 가진 법률은 로마법과 이 영향을 받은 서구 법률의 몫이며, 교회법과 같은 구조는 단지 서구에만 있다.

③ 합리적인 화성음악, 대위법과 화음, 3도 음정을 지닌 세 화음에 근거한 음의 조직, 공간에 따라 해석되지 않고 르네상스 이래로 화음에 따라 해석된 반음계와 미세음계, 현악 사중주를 핵심으로 하는 오케스트라, 관악 합주의 조직, 베이스 반주 등등 이 모든 것은 단지 유럽에만 존재한다.

④ 압력을 배분시키는 수단으로서의 고딕식 둥근 천정(The Gothic Vault)의 사용과 거대한 기념 건물의 구성 원칙으로서 지붕 공간의 합리적 사용은 유럽의 소산이다.

⑤ 인쇄를 통해서만 디자인된 인쇄 문헌, 특히 신문과 정기간행물은 단지 서양에만 있다.

⑥ 합리적이고 체계적인 전문화된 과학을 추구하는 대학은 단지 서구에만 존재한다.

⑦ 근대국가와 서구 경제생활 모두에게 기둥의 역할을 하는 훈련된 관리들이 서구에만 존재한다.

⑧ 봉건제도마저도 법에 따라 통치하는 곳이 서구만이다.

이러한 열거는 무엇을 말하나? 문화와 정치 면에서 사람들이 침체해 있지 않고 움직이고 있다는 뜻이며, 이런 활성화는 위가 아래를 너무 누르지 않아 아래로 하여금 숨이라도 쉬는 틈새를 주고 있다는 뜻이 된다. 그리고 이 활성화는 윗사람의 자의恣意가 배제된다는 점에서 합리성이 자리 잡게도 된다.

나는 이런 긴 열거를 왜 했나? 두 가지 이유에서이다. 하나는 이런 긴 열거에서 보는 문명의 조짐이 없이는 근대화도 인내천 사상혁명도 불가능하기 때문이다. 다른 하나는 이런 현상의 증후가 우리에게 보였기 때문이다. 이 두 개 이유는 곧 혁명이라는 이름에 맞는 혁명은 긴 혁명 과정과 긴 절차를 필요로 함을 말한다.

3. 동학농민군의 봉기는 그 봉기의 의도와는 정반대로 일본의 제국주의를 이 땅에 불러들이는 말하자면 큰 실수를 했기에 이 실수를 바로잡아 성숙한 혁명 운동을 나라와 인류에 우리가 제시했기에 혁명이었다. 사람은 실수하는 존재이며, 혁명은 사람이 하는 것이며, 다만 실수를 바로잡은 사람은 위대하며, 위대한 사람만이 위대한 혁명을 만든다. 유럽의 특성을 말한 막스 베버의 나라 독일만 해도 근대화 혁명 과정에서 실수와 실수를 거듭한 후 이를 바로잡고서야 위에 적은 우월성을 갖는 문명도 만들었고 오늘의 독일을 형성한 나라다. 독일이 겪은 두드러진 실수 안에는 제1차와 제2차 세계대전을 일으킨 것, 특히 제1차 세계대전 후의 히틀러의 나치정권 등장이 포함된다. 이러한 큰 실수는 아니지만 상술한 종교개혁 때의 농민전쟁도 하나의 극복되어야 했던 난점이었다.

그러잖아도 갑오농민전쟁이 독일의 농민전쟁과 같은 동일한 성격의 전쟁이며 이런 성격의 전쟁이 중국이나 일본에는 없었다고 지적하는 책이 재일교포 학자 조경달이 쓰고 박명수가 번역한 《이단의 민중반란》(역사비평사, 2008)이다. 독일 농민전쟁에 신학자 뮌처는 동의했지만 마르틴 루터는 반대했던 것을 갖고서 민중 신학자 안병무에게 내가 말했던 이견이 새삼스럽게 상기된다.

물론 농민이 역사에 등장하는 세상을 꿈꾸어야지요. 그러나 기독교에서 중요한 것은 천국이라는 결과가 중요한 것이 아니라 천국이라는 결과에 이르는 과정이 중요해요. 성령을 받는 것이 중요하지 않고 먼저 회개함이 중요해요. 마르틴 루터의 95개조 논제의 서문과 마무리에서 회개를 강조했던 것을 나는 의미 있게 봐요. 회개 없이 어떻게 천국이 와요? 개신교의 중요 교파 장로교는 하느님의 섭리를 강조하며 감리교는 규칙과 방법을 강조해 교단 이름을 방법론자 methodist라고 말했어요. 그리고 세속 사회에서의 평등 문제도 민주 절차 속에서만 실현되어야 해요.

이상이 내 말이었다. 그 당시의 내 말이 뭔지 볼품없는 이론이었다. 그러나 그 후 동구권이 무너지고 나서부터는 내 생각이 맞는 말이었다고 나는 자신을 갖기도 했다.

동학혁명으로서의 동학농민군의 봉기를 어떻게 볼 것인가? 즉 실체에의 접근을 어떻게 할 것이며, 연구 방법론이 무엇인가? 한 접근 방법을 나는 제시한다. 7, 80년대에 내가 겪은 민주화운동을 통하여 동학혁명을 살펴보자는 것이다. 내가 겪은 혁명은 7, 80년대의 혁명이며 어차피 나는 내가 경험한 이상을 말할 수도 없다.

먼저 생각나는 것이 내가 73년, 75년 80년에 세 번을 고려대 교수 직에서 해직되었는데 이런 해직이 동료들과 나에게 없었더라면 동학 교주의 신원운동을 나는 이해 못했을 것 같다는 것이다. 모르긴 해도 교수, 기자들의 강제해직자가 근 100명은 되지 않았을까 한다. 박해받은 정치인들도 꽤 많았다. 동학 교주 최제우의 신원만이 아니라 합법화가 안 되어 있는 교인들 일반의 불행이 심했을 것이다. 제1차 해직 때에는 움추려지고 겁이 났다. 제2차 해직 시부터는 달랐다. 해직 교수 동료들이 있었다. 고려대 박물관에 고려대 100년사 자료실이 있다. 그곳에 가면 활짝 웃고 있는 내 사진이 있다. 이 사진을 같은 해직 교수인 안병무 댁에서 몰려 앉아 신이 나 있는 내 얼굴을 독일의 슈나이츠 목사가 찍은 사진이다. 이 사진이 내 석방운동 시의 포스터 사진으로 사용되었다.

나는 해직 시 기독자교수협의회 회장을 했으며 회의 12명 중앙위원 중 11명이 정부에 의해 해직되었다. 나는 그들 중 서남동, 문동환, 안병무와 함께 갈릴리교회를 시작했다. 네 사람의 뭉쳐짐을 보고 문익환, 이우정이 합세해 갈릴리교회 6인의 설교자가 만들어졌었고, 이 6인에 더해 이름 석 자를 처음으로 내고서 유신헌법 철폐에 서명하는 민주화운동이 11명에 의하여 1976년 3월 1일에 시도됐다. 우리는 감옥에 들어갔다. 유신헌법을 비판만 해도 감옥에 넣겠다던 이른바 대통령긴급조치 제9호를 위반해서였다. 이 해 감옥에 같이 들어간 사람 중에 김대중 씨가 있었고 우리는 출옥 후 자연스레 그를 대통령이 되도록 도왔다. 제1차 해직 후 제1차 구속 시까지 한국기독대학생연맹(영어 약자 KSCF)의 이사장을 했다. 해직 교수들을 이곳의 지도교수로 초빙해 대학생 교육을 담당케 했다. 고려대생도 모자라 전국 학생들을 상대로 말하자면 이들을 감옥에 보내는 운동을 했다. 이상이 내 이야기이다. 해직된 이가 하도 많은데 하도 많은 사연이 있는 것이고 하도 많은 전투와 전쟁을 이들이 지휘했을 것이다.

7, 80년대의 눈으로 동학혁명을 봐야 할 점의 하나는 7, 80년대 민주화운동 때와는 달리 동학혁명 때에는 외국의 지원이 없었다는 점이다. 1978년 크리스마스 때 제1차 구속에서 석방되어 집에 왔을 때 나를 반겨 준 이가 내 집식구만이 아니었다. 세계 각지의 시민들로부터 격려의 편지가 과장하게 표현해 산더미같이 모여져 있었다. 일본에서 나에게 보냈던 일본 시민의 후원이 동학혁명 때 있었더라면 일본의 소총부대가 함부로 남의 나라에 와 총질을 못했을 것이다. 고려대 중앙도서관 자료실에 가면 국사편찬위원회에서 펴낸 민주화운동 자료색인이 큰 책으로 두 권이나 있다. 여기에 보면 그 당시 제네바에 있는 세계교회협의회(WCC) 아시아 국장 박상증 박사가 한국교회협의회의 국제담당관 오재식 선생에게 보낸 편지들의 목록이 있다. 한 예로 박상증 박사는 세계 교회 교인들에게 한국의 독재의 부당함을 알린 분이다. 이분은 귀국 후 어디 대사라도 나갈 만한 분인데 이를 안 하고 작은 교회의 목사를 하면서 시민활동을 하고 계신다. 박상증 목사도 바로 외국으로 하여금 우리를 지원케 한 하나의 고리였다. 실로 수많은 동지들이 있어서 민주화운동이 가능했다. 일본의 하역노동자들이 한국으로부터의 하역을 거절도 했고 역시 일본의 택시기사들이 시간을 정해 거리에서 경적을 울려서 사형선고를 받은 김대중의 구명운동을 했다.

동학혁명에 없었던 것 하나만을 더 쓰자. 그것은 동학혁명의 경우 항거한 사람들이 맨주먹으로 나서지를 않았던 일이다. 그들은 관에서 탈취한 약간의 무기와 곤봉을 가졌을 뿐인 것을 나는 7, 80년대와의 차이점으로 지적한다. 이 지적은 물론 동학에게 너무나 가혹한 지적이다. 후술하겠지만 7, 80년대 민주화운동이 꽤 과격했었고 민주화로 탄생한 정부들이 잘하지도 못했다. 그러나 동학혁명시 총을 들고 나섰던 과거 때문에 1919년의 봉기에서는 맨손으로 길에 나서서 독립선언서를 읽고 대한독립만세를 불렀던 것이다. 이 말함과 소리 지름은 신이 우리 겨레에 내린 하느님이 무기였다.

동학혁명은 어떻게 완성되나? 동학혁명은 오늘의 우리를 통해서만이 완성에 이르는 혁명이었다. 말하자면 혁명은 연이은 동지들의 '믿음'이었다. 믿음은 우리가 바라는 것들을 보증해 주고 볼 수 없는 것들을 확증해 준다. 옛 사람들도 이 믿음으로 하느님의 인정을 받았던 것이다. 이를테면 그 많은 실학자들은 믿음이 있음으로 이 세상이 하느님의 믿음으로 창조되었다는 것, 곧 우리의 눈에 보이는 것이 보이지 않는 것에서 나왔다는 것을 알았다. 최제우는 믿음으로 성리학자들의 것보다 더 나은 재물을 하느님께 바쳤다. 그 믿음을 보신 하느님께서는 그의 예물을 기꺼이 받으시고 그를 의인으로 인정해 주었다. 그는 사형받은 후에도 여전히 말을 했다. 이 말을 듣고 신도들이 보은으로 서울 대궐 앞으로 모여들어 울부짖었다.

전봉준, 김개남, 손화중 등은 믿음이 있었기에 고부 군수의 못된 짓을 규탄하고 나섰다. 태인, 금구, 부안 등 각처의 농민들이 믿음이 있었기에 합세하여 머리와 허리에 갖가지 색깔의 띠를 둘렀으며 탈취한 총기가 없으면 죽창이나 곤봉을 들고 나섰다. 황색기를 표기로 내건 동학농민군은 몸에 부적을 지니면 탄환에 맞아도 상하지 않는다 하며 사기가 대단히 왕성했다. 이 '믿음이 있었기에'의 혁명의 행렬이 2008년 봄 촛불시위에까지 수없이 이어졌다. 히브리인들이 겪은 믿음의 다음 이야기는 우리에게 그대로 있는 이야기이다.

> 어떤 이들은 조롱을 받고 채찍으로 얻어맞고 심지어는 결박을 당하여 감옥에 갇히기까지 하였습니다. 또 돌에 맞아 죽고 톱질을 당하고 칼에 맞아 죽기도 했습니다. … 이런 사람들에게는 이 세상이 살 만한 곳이 되지 못했습니다. 그래서 그들은 광야와 산과 동굴과 땅굴로 헤매며 다녔습니다. 이 사람들은 모두 믿음이 있었기 때문에 하느님의 인정을 받았습니다. 그러나 약속된 것을 받지는 못했습니다. 하느님께서 우리를 위해서 더 좋은 것을 마련해 두셨기 때문에 그들은 우리를 제쳐 놓고는 결코 완성에 이르지는 못하게 되어 있었던 것입니다.(〈히브리서〉 제12장 36-40절)

동학을 위한 고언

동학혁명은 동학이라는 이름을 다하지 못했다. 그런데 꼭 동학이라는 이름으로 혁명을 할 필요는 없었다. 누군가가, 말하자면 믿는 이가 이어져 나왔으니 동학혁명이 이룩된 것이다. 그러나 사리가 이러함에도 불구하고 갑오농민군이 패배하고 만 것이 섭섭하다. 이 섭섭함을 달래기 위하여 오늘의 동학이 어떠해야 하는가를 좀 따져 보고자 한다.

여기에 동학이란 1860년의 최수운의 큰 깨달음을 지칭한다. 따라서 내 생각은 예를 들어 벤자민 B. 윔스Benjamin B. Weems가 《Reform Rebellion and the Heavenly Way》(The University of Arizona Press, 1964)가 1860부터 1905년 사이의 천도교를 세 과정으로 나누어 보는 것과는 차이가 있다. 즉 윔스의 개혁, 반란 그리고 천도의 세 과정 연구는 나의 견해와는 달리 원전 이해를 근거로 하지 않는 데서 생긴 문제점이 있다고 본다. 원전 이해 없는 현상 연구는 혁명, 국가건설, 통일 등이라는 과제에 맞춰서 사물을 보기 때문에 일을 서둘러 해야 하는 조바심에서 생기는 과격을 면할 수 없게 되고 안목의 협소화를 초래할 수 있다. 한편 원전 연구를 통한 분석은 같은 현상을 새 문명, 인권, 남북공존 등의 비과제적 차원으로 과제를 해석하게 한다. 즉 원전 없는 현상 이해는 원전과 관계 없는 이념을 만들고 원전 연구에 입각한 현상 분석은 진상에의 접근을 가능하게 한다.

나는 유교 입국을 한 조선조의 성리학적 왜곡을 이해하기 위하여 현상윤 교수의 《조선 유학사》에서 보는 접근과 같이 조선 유학자들을 열거하지 않고 이들이 근거했어야 했던 《논어》《맹자》라는 원전 연구를 《논어맹자와 행정학》에서 썼다. 나는 청교도 입국을 한 미국을 이해하기 위하여 미국의 역사를 보기 전에 마르틴 루터의 95개조를 《인간 · 종교 · 국가 — 미국행정, 청교도 정신, 마르틴 루터의 95개조》에서 비교했다. 한편 오늘에 필요한 협력형 통치를 탐구하기 위하여 그간의 중요 개혁가들인 원효, 율곡, 함석헌, 김구 등의 고전 연구와 이들의 생각에 해당하는 외국 고전들을 비교하여 《협력형 통치》를 썼다.

동학이 오늘에 어떻게 처신해야 하는가를 말하기 위하여 전 절에서 언급한

XY축 그림으로 돌아가고자 한다. 동학의 요약을 주문의 다른 표현인 XY축 그림으로 나는 설명했었다. XY축 그림에서 바람직한 관계들이 나왔던 것이라면 동학이 오늘을 위하여 할 수 있는 지점들이 역시 같은 XY축 그림에서 발견될 것이기 때문이다. XY축 그림에서 내가 뜻이 있게 보는 행위는 (1) 사람들이 의미 있는 생을 진행을 하되 (2) XY교차점을 통과해 (3) 제1사분면의 세계로 진행하는 세 개의 행위이다. 이 세 개 행위를 오늘을 위한 바람직한 세 개 관계로 다음과 같이 설명해 보자.

1. 사람들이 화살표 방향으로 진행한다는 것은 이 세상의 통치자인 정부에 역행함을 말한다. 이 역행은 악한 통치자의 통치수단과는 반대되는 방법인 비폭력이다. 따라서 화살표 방향으로 가는 사람은 통치자의 눈치를 안 보는 사람이기 때문에 순수하다고 말할 수 있다. 제3부 〈환희로서의 행정학〉 중 제11장 〈목민관을 위한 준비〉에서 이 순수함을 다룰 것이다.

2. 사람들이 XY축의 교차점을 통과한다는 것은 학문과 올바른 관계를 가짐을 말한다. XY축 교차점이 보이는 학문이란 +X인 신을 향한 학문과 +Y인 타인을 향한 학문을 말함으로 오늘의 어휘로 인문학과 사회과학을 지칭한다. 따라서 XY축 교차점에 서 있는 사람은 여러 가지의 자극 앞에 놓여 있어 예리한 사람이다. 제3부 〈환희로서의 행정학〉에서 이 예리함을 다룰 것이다.

3. 사람들이 제1사분면의 세계로 진행하면 신과 이웃과의 관계를 맺는다. 제3사분면에 그가 있을 때에는 욕심에 가리워 있었지만 제1사분면에서는 +X와 +Y가 끄는 대로 끌려가는 대로 가는 진행에서 나 아닌 이의 도움을 받는 상황에 놓이게 된다. 따라서 제1사분면에 속한 사람은 힘이 있는 것이 특징이다. 제3부 〈환희로서의 행정학〉 중 제 9장 〈새 정부가 보는 사람〉에서의 힘의 작위를 다룰 것이다.

이 세 관계의 존재를 나는 일생을 동학 연구에 바치고 있는 한 학자의 글, 노태구 교수의 《동학과 신문명론》(아름다운 세상, 1999)에서도 찾는다. 즉 노태구 교수에 의하면 동학과 신문명을 논하는 책에서 혼란된 오늘의 세상에서 네 개 종류의 도둑들이 날뛰어 백성들이 계몽시민화될 수 없다고 다음과 같이 말한다.

사도四盜란?

첫째 천도天盜, 둘째 대도大盜, 셋째 강도强盜, 넷째 지능범知能犯으로 네 가지의 좀도둑도 아닌 특별한 도둑을 지칭한다. 그러나 위의 네 가지 도둑은 배고파서 남의 것을 몰래 훔치는 좀도둑과는 유형이 다르다. 사회적으로 공인되다시피한 특별한 도둑이기 때문에 사도四盜라고 이를 뿐이다.

첫째 천도天盜란 종교라는 간판으로 진리를 왜곡시키거나 눈에 보이지도 않는 천당을 팔아먹는 악질들로서 국민을 현혹시켜 종교적 기만과 착복을 누리는 종교도둑의 신조어라 할 수 있다. 그 숫자가 많을수록 국민은 헐벗고 국가는 파멸이 온다는 것을 우리는 저 공산주의자들의 반종교론과 그들의 무신론까지 태동한 것으로도 그 해악이 얼마나 큰 것인가를 알 수 있다. 훌륭한 종교를 세우려면 낡은 기성 종교의 무실한 관념에서 벗어나야 할 것은 물론이고 기성 종교의 혼미를 해결키 위해서도 국가철학의 확립이 시급함을 알 만한 일이다.

둘째 대도大盜란 정치적 도둑을 말한다. 앞에서 지적한 종교적 비리나 정치적 권력적 비리는 보통 문제가 아니라 국가의 흥망과 직결되는 중대한 문제이다. 권력 독점과 주도권 쟁탈로 빚어진 수많은 인명 살상은 역대 왕조뿐이거나 북한의 폭정만도 아니다. 완전한 국민정부가 수립되기 전의 권력은 대도로 변하는 것이 통례라 할 수 있다. 역대 대통령의 부정과 비리는 권력을 통한 공공연한 사실이었음을 숨길 필요도 없게 되었다. 이 땅의 비극은 위와 같은 종교적 천도天盜와 정치적 대도大盜에 있고 이 양자의 불완전이 자본주의적 자유주의라는 허울 밑에서 수많은 불노不勞 착취의 강도와 지능범(사기꾼)들이 들끓게 된 것이다. 이를 요약하여 사도四盜라 한다.

항민恒民이란?

실학의 선구자들 중에서 허균許均은 백성을 대체로 크게 셋으로 나누어 원민怨民과 항민恒民과 호민豪民으로 분류하였다. 그중에서 원민怨民이란 세상을 원망만 하며 살아가는 백성을 칭한 것이다. 아무런 세력도 대안도 없이 세력에 짓눌리어 살아가는 가난한 백성과 억울한 일을 당한 사람들이 모두 원민에 속하고 국민 중 대다수의 하층민들이 거의 원민이라고 본 것이다. 그 다음으로 항민을 꼽고 있다. 항민이란 세력을 쫓는 백성을 뜻한다. 이쪽이 세력이 세면 이쪽에 붙고 저쪽이 세력이 세다 싶으면 저쪽에 붙어서 일신만 편안하려는 세력 추종의 기회주의자 또는 세력 추종의 어용적 사람을 총칭한 표현이다. 오늘 우리 사회는 이러한 항민들만 부쩍 늘어나고 호민豪民이 없다. 끝으로 호민豪民이란 지모智謀가 뛰어난 탁월한 인물을 말한다.

이상은 노태구 교수의 앞의 책 216, 217쪽에서 뽑은 말이다. 노태구 교수의 천도는 신과의 관계가 부적절할 수밖에 없는 상황을 말한다. 대도는 정부의 과격을 말한다. 지능범은 학문과의 관계의 부적절을 만든다. 따지고 보면 사도四盜는 XY축 그림의 제1사분면에 속해 있다고 속이는 무리를 말한다. 즉 천도는 +X를 빙자하며 대도는 +Y를 빙자하고 지능범은 자신이 XY 양축의 교차점에 존재함을 빙자한다. 천도, 대도, 지능범은 다 공통점으로 올바름이 아니라 잇속으로 백성의 돈을 빼앗으니 강도들인 것이다.

이제 오늘의 동학을 위한 세 마디의 고언이 불가피해졌다.

1. 오늘의 동학은 영세불망해야 한다. 영세불망하라는 것은 순수하라는 뜻이다. 전봉준이 죽기 전 취조관 앞에서의 답변이 다음의 간추림과 같이 순수했다.

대원군의 사주가 아니었다.
목적 달성 후 관직이나 집권이 아니었다.
비록 관청이 배약했으나 그 말을 들었다.(이상 국내적으로, 한정적 목적 때문에 무기를 들었다.)
일본병과 각 군인으로서 서울에 유주하는 자는 모두 내쫓으려 한 것은 아니다. 각국 군인은 통상만 하는데 일본인은 군대를 이끌고 서울에 진을 치고 체류하는 고로 우리나라 영토를 침략하려는 것이라고 의심을 품게 되었기 때문이다.(이상 국제적으로 장래 말하자면 청일 · 일러전쟁을 이길 강한 일제와 싸웠다.)

동학혁명 후 철저하게 비폭력 노선을 취하지 않았음을 동학은 반성해야 한다. 예를 들어 로마제국의 초기 기독교인들은 밑바닥에서 철저하게 비폭력 노정을 감으로써 침략해 들어온 게르만족을 무색하게 만들었다. 미국 청교도들은 영국과 독립전쟁을 끝낸 후 철저하게 집으로 돌아갔다.

2. 오늘의 동학은 조화정 해야 한다. 조화정이란 세속과 천국의 구도를 설계함이다. 이 설계의 고장은 대학교이다. 미국의 청교도들이 하버드 대학교를 세우지 않았더라면 청교도도 아니다. 원광대학을 세웠음으로 원불교가 더욱 든든해 졌다. 동학의 제3대 지도자 손병희가 고려대학교의 전신인 보성전문학교를 약 10년간 주관했던 것을 나는 유의한다. 그러나 나는《고려대학교 90년지》(고려대학교출판부, 1995)를 훑어보면서 다음과 같은 문제점을 발견한다.

> 연희 · 이화와는 달리 보성전문은 법학과 상학과의 취직할 학생 양성의 학교였지 '만사지'를 가르치는 인문학이 없었다. 게다가 보성전문 — 고려대의 관여 외에 손병희 작고 후 동학이 세운 뚜렷한 교육기관이 없었다.

3. 오늘의 동학은 시천주해야 한다. 한 사람이 시천주하면 힘이 있게 된다. 왜 그런가? 감히 제3사분면의 지배자인 권력자를 승리하는 이가 시천주하는 이이기 때문이다. 동학의 무기력은 긴 군사독재 때 침묵했던 데서 찾아 반성해야 한다.

맺는 말을 할 차례다. 문제를 부각하는 데 도움이 될 것 같아 오늘에 우리의 관심을 끄는 이슬람문명을 예로 들어 말하겠다. 오늘의 이슬람문명이 다음 세 가지를 개혁할 수 있었더라면 이슬람국가도 좋아지고 그만큼 세계와 인류에 도움도 되었을 것이라고 생각한다. 하나는 순수해야 한다. 매일 오후 세 시만 되면 마호메트를 향해 절하는 의식, 굳은 교리와 제도를 벗어나 윤리성이 있는 실질을 지녀야 한다. 둘은 이슬람국가에 세계의 젊은이들이 유학 가기를 바라는 대학교가 그곳에 있어야 한다. 셋은 이슬람국가는 민주국가여야 한다.

내 나라로 돌아오자. 내 나라에 순수한 종교가 있고 세계의 지성이 모이는 대학교가 있고 그리고 이웃나라의 인권을 고민할 정도의 민주주의가 있기를 나는 고대한다. 나는 이 기다림이 오늘의 개신교의 가족주의적 기복사상으로 인한 퇴조에 기인함을 알기 때문이다. 한 예로 2006년 6월 15일자《동아일보》는 '위기의 개신교 돌파구를 찾아라'라는 보도를 하고 있다. 10년 동안 신자 14만여 명이 줄었는데 박영신 교수는 교회가 물질주의를 버려야 한다고 말한다. 오늘의 개신교는 동학혁명 이후에 들어온 초기 개신교와는 다르다. 내 글이 보는 세 개 관점을 살필 수 있는 초기 개신교의 신선함을 그려 낸 책이 백낙준의 《한국개신교회사》(연세대학교출판부, 1973)이다. 이 책을 다음 장 중 한 절에서 언급하고자 한다. 나는 본 장 제1절에서 주문의 중요 부분을 〈요한복음〉의 성령을 통하여 설명했으나 오늘의 개신교는 성령을 세속적 복을 받는 도구로 변질시키고 있다. 이러한 실망 속에서도 그러나 나는 새 날을 고대한다. 우리에게 있었던 1970년대 민주화운동, 1919년 3 · 1독립운동 그리고 1860년의 수운의 큰 깨달음 등은 나의 기대가 헛된 것이 아님을 말하는 증거들이다.

제4장
죄와 심판과 정의

사도신경

가톨릭 미사 때나 개신교의 예배 때에 공동으로 사용되는 것의 하나는 성서다. 내 교회 예배에서는 현대어로 번역된 공동번역을 사용하지 않지만 나는 예배에 가톨릭과 공동으로 사용하는 성서를 갖고 간다. 물론 번역이 좀 다른 데도 이를 갖고 간다. 공동번역 성서를 갖고 가는 이유는 공동번역이 현대어이어서 번역이 오늘의 내 몸에 좀 더 맞고 각 장 속에 여러 토막마다 여러 개의 제목까지 붙이고 있어서 글의 개념을 정리하기가 쉬워서이다. 공동번역에서는 신을 하느님이라고 번역하고 있지만 내 교회가 쓰는 성서—내 교회에서는 성서라고 말하지 않고 성경이라고 말한다—에서는 하나님이라고 말한다. 나는 이 하느님, 하나님 중 하느님을 선호한다. 가톨릭과 개신교가 모처럼 공동으로 번역한 것이니 공통성이 중요하기 때문이다. 한번은 예배 때 내가 대표기도를 했을 때 부목사가 내가 쓴 기도문을 인쇄에 붙인다고 달라고 했다. 이 부목사가 눈도 빨랐다. 내 기도문을 받자마자 나에게 묻지도 않고 내가 쓴 하느님을 하나님으로 쏜살같이 고쳤다. 이를 본 나는 가만히 있었다.

가톨릭교회에서 내가 좋아하는 것이 또 있다. 미사 때마다 예수의 죽음을 애도하는 정확한 마음가짐이다. 미사 때에 예수의 몸을 신도들의 입속에 넣는 의식은 미의 극치같이 보인다. 또 내가 좋아하는 것이 있다. 아름다운 교회의 구축물이다. 3·1민주구국선언을 이우정 교수가 발표한 곳이 바로 명동성당 밤 미사에서였다. 나는 이때 천장의 샹들리에를 아름답게 보았었고 이 등이 현대식 등으로 그 후 대체된 것의 부적절함을 가톨릭의 누군가에게 지적한 적이 있다.

또 좋아하는 것이 있다. 그것은 노래다. 이 노래는 개신교 찬송가의 어머니 음들이어서이다. 내가 좀 더 좋은 오디오를 마련했을 때 윤성식 교수가 고전음악 100개를 구워서 갖고 왔는데 그중 1번이 가톨릭성가 〈그레고리언 찬트〉였다. '어머니 음'을 사모한다. 전일에 집사람 추모식에 나는 찬송가 30장 〈여호와 하나님〉을 부르자고 제의했다. 이 찬송은 내가 육군형무소에 구속됐을 때 잘 부르던 찬송이다. 이 찬송은 가톨릭의 찬송도 아니고 유대교의 노래다. 여호와 하느님을 찬양하는 노래인데 유대교는 기독교가 그 집에서 나온 형님집이다.

하나 더 좋은 것을 쓰겠다. 이는 미사 때에도 내 교회에서 고백하는 동일한 사도신경을 고백하는 일이다. 기독교의 간추림인 사도신경을 소리 내어 교인들이 외울 때 나는 내 입을 벌린다기보다는 듣기를 잘 한다. 사람들의 웅얼거림을 나는 아름답게 들으며 입을 안 벌리는 대신 나는 사도신경을 음미도 하고 생각을 한다. 일단 사도신경—내 나이 81세 때까지 내 교회에서 사용했던 사도신경—과 영어번역을 다음에 옮긴다.

> 전능하사 천지를 만드신 하나님 아버지를 내가 믿사오며, 그 외아들 우리 주 예수 그리스도를 믿사오니, 이는 성령으로 잉태하사 동정녀 마리아에게 나시고, '본디오 빌라도'에게 고난을 받으사, 십자가에 못 박혀 죽으시고, 장사한 지 사흘 만에 죽은 자 가운데서 다시 살아나시며, 하늘에 오르사, 전능하신 하나님 우편에 앉아 계시다가, 저리로서 산 자와 죽은 자를 심판하러 오시리라. 성령을 믿사오며, 거룩한 공회와, 성도가 서로 교통하는 것과, 죄를 사하여 주시는 것과, 몸이 다시 사는 것과, 영원히 사는 것을 믿사옵나이다. 아멘.

> I believe in God the Father Almighty, Maker of heaven and earth: And in Jesus Christ His only Son our Lord, Who was conceived by the Holy Ghost, Born of the Virgin Mary, Suffered under Pontius Pilate, Was crucified, dead, and buried; He descended into hell: The third day He rose again from the dead; He ascended

into heaven, And sitteth on the right hand of God the Father Almighty; From thence he shall come to judge the quick and the dead. I believe in the Holy Ghost; The Holy Christian Church, the Communion of Saints; The Forgiveness of sins; the Resurrection of the body, And the Life everlasting. Amen.

기독교서회가 편《그리스도교 대사전》에 의하면 사도신경(The Apostles' Creed)이 390년 교황 시리키우스Siricius에 의한 밀라노 종교회의의 한 문서 속에서 발견되었다고 한다. 같은 시대 404년에 루피누스Rufinus는 사도신경의 해석을 썼다고 한다. 또한 이 동일한 신경을 종교개혁자 마르틴 루터가 채용했다고도 써 있다. 이렇게 오래된 글이며 많은 사람들이 외어 온 글이니까 내 귀에 들어서 즐거운 하나의 글이다. 그리고 사도신경을 대하면서 생각하는 나의 생각의 간추림은 내가 기독교를 왜 믿는가의 간추림이기도하다. 이 생각을 다음에 다섯 가지로 간추린다.

1. 사도신경을 외우면서 생각하는 첫 번째 생각은 영원한 시간 속의 한 지점에 내가 서 있다는 생각이다. 그러잖아도 예배 때 사도신경을 서서들 외운다. 내가 서서 바라보는 한쪽 끝 시간에는 천지를 만드신 전능한 하느님 아버지가 있다. 사도신경의 시작 글이 '전능하사 천지를 만드신 하나님 아버지를 내가 믿사오며'이다. 서서 바라보는 다른 한쪽 끝 시간에는 영원이 있다. 사도신경의 마지막 글이 '영원히 사는 것을 믿사옵나이다. 아멘'이다. 여기에 아멘이란 뜻은 유대인의 교당에서 쓰던 관용어로 '신뢰하다' '믿다'라는 동사에서 파생된 단어이며 '진실로' '참으로'라는 감탄의 말이다. 그저 세상을 술에 취한 듯 꿈을 꾸듯 얼렁뚤렁 살던 한 사람이 한순간만이라도 영원한 시간 속의 한 지점에 서 있다고 생각을 해 보아 엄숙함을 느낀다는 것은 하나의 축복이요 계시이다.

도대체 사람에게 시간이란 무엇인가? 예를 들어 지금은 2008년 8월 12일 오전 8시 32분이라는 하나의 측정測定을 표시한 것이 시간의 다가 아니라고 나는 생각한다. 사람에게 시간은 감정이기도 하다. 시간은 사람에게 의미를 부여한다. 지금은 8시 32분이라는 시간이지만 이 시간은 글을 쓰는 진지한 시간이기도 하다. 이렇게 시간에 덧붙여진 감정을 나는《자전적 행정학》(민중문학사, 1991)에서 다음과 같이 분류해 봤다.

시간	덧붙여진 감정
과거	그리움
현재	한숨
미래	꿈
영원	감동

나로 하여금 시간에 감정을 덧붙여서 생각하게 하는 까닭은 예수의 생애를 고백하는 첫 말에 '본디오 빌라도'에게 고난을 받으셨다고 나오기 때문이다. 그리고 고난은 감정의 한 지극한 경지에서 생긴다. 본디오 빌라도는 누구인가? 빌라도는 예수 당시 유다에 부임한 제5대 로마 총독으로 예수의 십자가형을 선고한 비겁하고 나약한 인물이다. 〈요한복음〉은 이 사건을 자세히 보도하고 있다. 예수가 산 생활을 설명하는 첫마디가 '본디오 빌라도'에게 고난을 받았다는 것으로 미루어 보아 그 당시의 유다 사람들이 로마에 지배당하기 이전의 유다를 얼마나 그리워했는지 짐작할 수 있다. 한편 예수가 로마 통치하에서 한숨 지었던 것도 짐작할 수 있다. 예수는 산 위에서 예루살렘을 내려다보면서 울기도 했다. 또한 유대인들은 로마의 악정이 없는 미래를 꿈꾸었다고도 볼 수 있다. 그리고 이 그리움, 한숨, 꿈이라는 감정이 다 합해져 유다 사람을 일제 때의 우리들 마음과 같이 간절하게 만들었을 거라고 생각한다. 나는 이 간절함을 감동으로 써 본다.

함석헌이《성서조선》에 연재했던 〈성서적 입장에서 본 조선역사〉에 의하면 옛 고조선인은 얼굴이 흡사 바보같이 순박했고 길에서 길을 잘 양보하는 사람들이라고 중국의 고서가 적고 있다는 것이다. 함석헌은 애당초의 이 좋은 사람이 왜 약삭빠르기를 다투게 되었고 길 가다가 양보는커녕 남을 건드리고 가도 미안하다는 말을 않게 되었는가의 이유를 하도 자주 외국의 침략자가 있어 왔고 이 침략자에게 빌붙어서 윗사람 노릇하는 통치 밑에서 백성들이 시달려 살아 순박함을 잃었다는 것이다. 이 잃어버린 순박함을 되찾는 것을 조선역사의 과제로까지 말하고 있다. 이런 관찰을 미루어 보아 한국사람들은 유난히 감성이 예민할 수밖에 없었다고 생각한다.

2. 사도신경을 외우면서 생각하는 두 번째 생각은 서로 다른 세 존재가 있다는 생각이다. 하느님, 예수 그리고 성령의 셋이다. 셋이 다르다는 뜻은 각각 셋의 특성이 다르다는 뜻이다

하느님의 속성은 전능하고, 천지를 만들고, 외아들 예수의 아버지이며, 성령을 사람에게 보내는 네 가지에서 정해져야 한다. 이 네 가지 속성 중 외아들 예수의 아버지인 점과 성령을 사람에게 보내는 점은 하느님의 고유의 특성이라기보다는 하느님과 예수나 인간 사이를 잇는 하느님 속에 있는 인자로 보아 이를 일단 특성으로 고려하는 데서 제외해 본다. 그러면 남은 하느님의 속성은 전능하고 천지를 만드신 하느님이 남는다. 이 두 가지 성질을 합하여 본 하느님의 특성은 물리학적 혹은 자연과학적 진리 자체와 같은 것이 하느님의 특성이 된다. 이런 하느님의 세계에서는 예를 들어 병 세균이 사람 인체에 들어가면 누구든지 병을 앓고 이 병균 때문에 누구든지 죽는다.

하느님의 속성이 하느님의 고유성과 사람과의 관계를 맺는 인자로 양분되는 점을 설명해 보자. 그 하나로 하느님이 외아들 예수의 아버지라고 고백한다. 하느님이 예수의 아버지라면 예수의 어머니가 있어야 하는데 어머니는 사도신경에 없다. 그리고 어머니가 없는데도 아들을 낳는다는 것은 물리학적 혹은 자연과학적 진리에 어긋난다. 다른 한편 하느님이 성령을 사람에게 보내시는 것도 물리학적 혹은 자연과학적 진리로써 설명되지 않는다. 예를 들어 비가 오면 누구나 비를 맞고, 태양이 나면 누구나 햇별을 쬐는 것이 진리인데 성령은 사람에게 예수다 특정인이다 식으로 선별적으로 전함을 받으니 이것도 물리학적 혹은 자연과학적 진리로 설명되지 않는다. 따라서 하느님의 고유성과 인간과의 관계

를 맺는 인자 둘 중 전자가 후자 앞에 그 고유성을 포기하는 것을 보여 준다. 왜 그럴까? 그럴 만한 중대한 이유가 있는가? 그 이유가 있다. 다음의 존재인 예수의 설명에서 그 까닭이 나와야 한다.

예수의 속성을 다음에 적어 보자. 여덟 가지가 된다.

① 하느님의 외아들 우리 주 예수 그리스도
② 성령으로 잉태하사 동정녀 마리아에게 나시고
③ '본디오 빌라도'에게 고난을 받으사
④ 십자가에 못 박혀 죽으시고
⑤ 장사한 지 사흘 만에 죽은 자 가운데서 다시 살아나시며
⑥ 하늘에 오르사
⑦ 전능하신 하나님 우편에 앉아 계시다가
⑧ 저리로서 산 자와 죽은 자를 심판하러 오시리라

이 여덟 개 중 ①, ②는 위에 적은 대로 하느님과의 연결을 표시함으로 예수의 고유의 특성이랄 수가 없다. ③, ④는 예수의 특성이다. ⑤, ⑥, ⑦, ⑧은 ③, ④가 생겼기 때문에 하느님이 부수적으로 만드신 일이라고 볼 수도 있고 ⑤, ⑥, ⑦, ⑧은 물리학적이며 자연과학적 진리 자체라고 볼 수 있는 하느님의 특성을 하느님이 포기한 현상이라고도 볼 수 있다. 예수나 예수의 제자들의 행적 중 뜻이 있는 행적은 병자를 기도로 치유한 일인데 이런 신유는 전술한 하느님의 특성에 대한 변이變異를 말하고 있다. 나는 이 변이가 병자에 대한 예수나 예수의 제자들의 긍휼히 여기는 마음 때문에 생긴 것이라고 보며, 이 긍휼히 여기는 마음을 천지를 창조한 신이 동의하셔서 생긴 행위로 본다.

이렇게 볼 때 예수의 특성으로 ③, ④만이 남게 된다. 남은 ③, ④가 말하는 예수의 특성은 무엇인가? 예수는 악한 세상에서 악한 세상의 핍박을 받더라도 심지어는 목숨을 빼앗긴다 하더라도 올바르게 살아야 한다는 것이 예수의 특성이

다. 이 예수의 고유성을 전술한 대로 하느님이 자신의 고유성을 포기하면서 드러낸 것이다. 이 예수의 올바름을 향한 집념이 강해 ⑧번에 보면 악한 통치자에 굴하지 않은 산 자와 올바른 자를 죽인 악한 통치자를 구별하여 심판하러 예수가 재림하신다고까지 말한다.

올바른 삶이란 무엇인가? 이 올바름의 정의도 사도신경이 말하는 예수의 행적에서 찾아야 한다. 올바른 삶은 본디오 빌라도의 삶이 아닌 다른 삶이다. 이는 본디오 빌라도의 삶이 악한 통치자의 삶이기 때문이다. 본디오 빌라도의 악한 삶의 전형을 잘 설명하는 글이 〈창세기〉의 5대 설화다. 설화의 형식으로 악한 통치자의 죄의 시작을 적었음을 나는 유의미하게 생각한다. 희랍의 노예가 통치자의 악을 묘사하되 약한 동물이 악한 동물을 실패시키는 우화의 형식으로《이솝우화》를 썼던 것과 5대 설화가 그 취지를 같이한다. 우리가 경험한 악한 통치체제인 유신정부 때의 상황을 5대 설화에서의 상황과 맞추어 다음에 대비한다.

5대 설화	박정희 정부
아담	박정희
하와	대통령을 돕는 이
뱀	어용학자들과 중앙정보부의 평가교수
선악과	박정희를 비판한 교수와 기자들
카인	박정희
아벨	김대중
바벨탑 쌓기 위하여 단결한 사람들	경상도 사람들
바벨탑	경부고속도로 · 중화학공장 등
소돔 · 고모라를 방문한 천사들	인권 문제를 제기한 미국 목사들

이상 몇 가지의 대비對比를 갖고도 박정희의 이야기를 손쉽게 적을 수 있다. 박정희 체제가 보기에 먹음직하고 따 먹고 싶었던 선악과에 해당하는 이가 그를 비판하는 교수들과 신문기자들이었다. 국민의 지지가 김대중 씨에게 몰리니, 즉

김대중 씨가 드리는 제사를 박정희가 드리는 제사보다 국민이 더 즐기니 박이 김을 시기해 동해바다에 김을 처넣으려고 했다. 바른말 하면 직장에서 쫓겨나고 정당한 정치 경쟁자는 제거되니 국민 일반은 타락을 일삼을 수밖에 없었다. 노아의 홍수 때같이 어린아이들까지 타락했었다. 이쯤 상황이 되니 부랴부랴 경상도 사람들이 서울에 올라와 단결했던 것이 무너지지 않게 하기 위하여 이른바 경제성장이라는 바벨탑을 세웠다. 바벨탑이 세워지니 국론이 분열되어 김대중 씨는 대중경제와 4대국 보장론을 대선공약으로 들고 나왔다. 김대중 씨를 감옥에 넣었다. 대안이 제거되니 자체적으로 문제를 해결할 수가 없게 되었다. 이래서 민주국가인 미국의 간섭이 필요했고 국민들은 한국의 신문이 아니라 멀리 미국 워싱턴 D.C.에서 방송되는 〈미국의 소리〉 방송을 들어 소식을 알았다. 전두환 때 고려대 교수가 한 시국선언도 〈미국의 소리〉가 처음으로 보도했다. 끝으로 카터 미국 대통령이 와서 박정희에게 한 말이 당신이 했다는 경제성장에 상응하는 민주 발전도 해야 하지 않느냐고 말했다.

악한 통치자가 아닌 순박한 보통사람들이 기도해야 하는 주기도문을 보면 마치 요가체조를 하면서 느끼는 편안함을 느끼게 한다. 악한 권력자의 요구와는 달리 굉장한 부가 아니라 일용할 양식을 달라고 하느님께 기도하는 것이 주기도문이다. 자기의 죄를 함부로 용서해 달라고도 않는다. 자신에게 잘못한 타인을 용서해 준 것만큼만 자기 죄를 용서해 달란다. 악한 통치자는 입만 벌리면 민족과 국가를 위하여 일한다고 큰소리를 친다. 그러나 주기도문에서는 제대로의 사람의 요구가 최소한이다. 우리를 시험에 들지 말고 악에서나 구해 달라고 기도한다. 이렇게 〈창세기〉의 5대 설화와 주기도문을 비교해 볼 때 올바른 사람의 삶이란 악한 통치자의 길을 벗어나 보통사람, 맨사람의 삶을 사는 삶이라는 것을 알 수 있다.

예수의 핵심 부분이 이상과 같이 올바른 삶이다 보니 올바름의 세계에서 물리적이며 자연과학적인 진리조차도 맥을 못 쓰는 현상을 볼 수 있다. 전술한 ⑤, ⑥, ⑦, ⑧에 등장하는 신은 자신의 고유성을 포기하는 신이며 〈창세기〉 5대 설화에 등장한 신은 전지전능한 신도 아니다. 범죄자 아담과 하와를 동산에서 불러서야 찾아냈지, 오늘의 검찰이 영장을 갖고서 범죄인을 끌고 가는 것만도 못했고, 범죄인들을 불러내서야 찾았으니 요즘의 은행에 붙어 있는 카메라만큼도 밝지 못했다. 노아의 홍수 때에는 노아의 홍수를 내린 신이 후회하기까지 했다. 말하자면 전지전능한 신도 아니다. 이렇게 올바름이라는 기준을 가진 세계에 부딪히는 물리 · 자연과학적 진리는 맥을 못 쓰고 만 것이다. 마치 사람의 키를 재고자 하면 자를 갖고 재야지 체중기로 잴 수가 없듯이 물리 · 자역과학적 진리를 갖고서 사람들 사이의 올바름을 측정할 수는 없었던 것이다. 다른 종류의 기준이 필요했다. 이래서 5대 설화를 자세히 읽기 바란다. 5대 설화에 등장하는 신은 천지를 창조한 전능하신 하느님이 아니라 그 이름부터가 다르다. 야훼가 그 이름이다. 그러니까 예수의 신은 야훼신이라는 특성을 지닌다. 그러면 야훼신은 그냥의 신과 어떻게 다르며 그 특성이 무엇인가? 이를 밝힌 글이 〈출애굽기〉 제20장 2절이다. 십계명의 전문에 해당하는 글이기도 하다. 이 글은 '너희 하느님은 나 야훼다. 바로 내가 너희를 이집트 땅 종살이하던 집에서 이끌어 낸 하느님이시다'이다. 그러니까 야훼신은 악한 통치자 본디오 빌라도로부터 사람들을 벗어나게 도와주는 신이다.

사도신경에 나오는 세 번째의 존재 성령을 생각할 차례이다. 사도신경에 성령이라는 말이 성령으로 예수가 잉태되어 동정녀 마리아에게 나셨다고도 하지만 주로 예수 사후 신도들의 생활지표로서 성령이 등장한다. 성령의 인도하심으로 시작하는 신도의 생활을 열거한다.

① 성령을 믿으며

② 거룩한 교회를 믿으며

③ 성도가 서로 교통하는 것을 믿으며

④ 죄를 사하여 주시는 것을 믿으며

⑤ 몸이 다시 사는 것을 믿으며

⑥ 영원히 사는 것을 믿습니다.

이들 여섯 가지 생활의 공통점이 무엇인가? 이 여섯 가지 생활의 공통점은 성령의 특징을 말한다. ①에서 눈에 보이지 않은 것 ②에서 거룩한 교회 ③에서 성도가 서로 교통하는 것 ④에서 죄를 사하시고 ⑤ 몸이 다시 사는 것 그리고 ⑥ 영원히 사는 것 등을 관통하는 것은 부귀영화에 찌든 사람의 눈에는 보이지 않는 세상의 현상이다. 따라서 성령의 특성은 눈에 보이지 않은 것을 긍정하는 데 있다. 이 눈에 보이지 않는 것을 긍정하는 과정은 악한 통치자에게 핍박을 받아 죽더라도 통치악에 협조할 수 없는 실존적 욕구를 충족하는 당연한 결과이기도 하다.

3. 사도신경을 외우면서 생각하는 셋째 생각은 인생이란 위에서 말한 시간과 존재 두 가지에 영향을 받는다는 것이다. 세계라는 말도 세가 한자 世이니 세는 시간 개념이며, 계는 한자 界이니 계는 존재, 즉 공간 개념이다. 존재에 X부호를 주고 시간에 Y부호를 준 후 XY 두 개의 독립 변수가 작용하는 평면도를 다음과 같이 그릴 수가 있다.

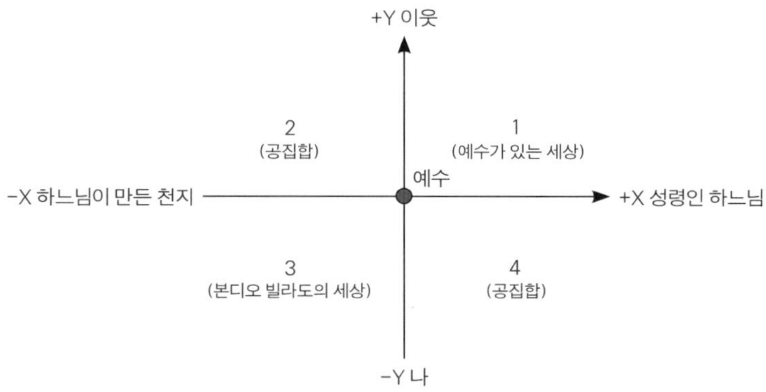

위 그림에서 제3사분면에 속한 인생은 지옥에 사는 사람이다. 제1사분면에 속한 인생은 비록 이 세상에 살지만 천국에 사는 사람인 신도들이다. 제3사분면에 속해 있는 사람은 눈에 보이는 물질과 본디오 빌라도라는 '나'에 집착하는 권력이라는 독립 변수들에 영향을 받아 사는 종속적 존재이다. 이에 비하여 제1사분면에 속해 있는 사람은 성령인 하느님과 이웃이라는 눈에 보이지 않은 영원을 바라보면서 악한 통치자가 심판받을 것을 아는 순수한 맨사람과 역시 맨사람 간의 평화스러운 관계 속에서 사는 원래 모습의 사람이다.

그러나 나는 위 그림을 대하면서 문제점을 생각한다. 제1사분면에 속해 있는 사람이 의인인데 영어 번역은 의인을 성자(saints)라고 말한다. 이 그림에 따르면 성자인 의인에게는 하느님이 창조하신 천지가 없게 된다. 따라서 이 그림에 의하면 의인에게는 천지가 없으니 의인은 부자가 아니다. 이렇게 되면 의인이 자본주의자라는 것을 지적한 막스 베버의 생각에 어긋나게 되며, 〈마태오복음〉 제7장 33절 "너희는 먼저 하느님의 나라와 하느님께서 의롭게 여기시는 것을 구하라.(제1사분면의 +X와 +Y를 구하라) 그러면 이 모든 것도(제3사분면의 -X와 -Y) 곁들여 받게 될 것이다"와 안 맞게 된다. 이래서 궁리해 낸 그림이 -X에서 예수까지 가는 선과 예수에서 +X에로 가는 선이 평면도에서와 같이 일직선으로 가지 않고 두 개 선이 동일 지면에 놓이는—따라서 -X에서 예수까지 움직였던 선이 같은 지면상에서 방향만을 바꿔 +X의 방향으로 움직이는 선을 근—입체 그림이다. 다음 그림의 아이디어는 강의 중에 경기대 행정학과 3학년 김민자 학생의 질문에서 힌트를 얻어 만들었다. 앞에서 그렸던 그림으로 다시 설명해 보자.

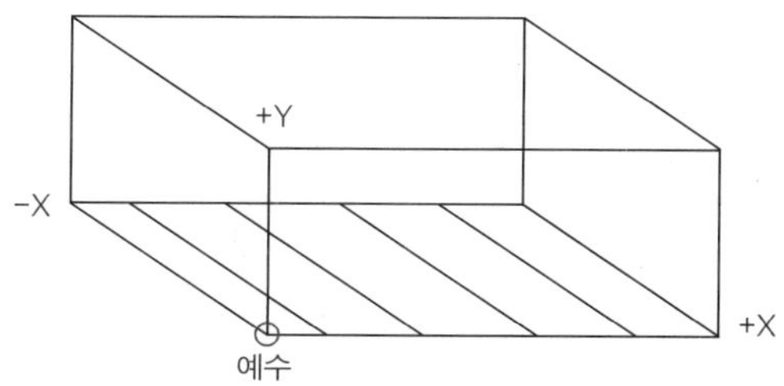

이 그림은 제1사분면의 세계가 입체 속에 담겨진 그림이다. 빗금 친 표시된 평면은 땅에 붙는 면이며 -X에서 +X에 이르는 선이 동일 지면 위로 가되 다만 예수에 이르러 휘고 있어 제1사분면의 역량을 높이고 있다.

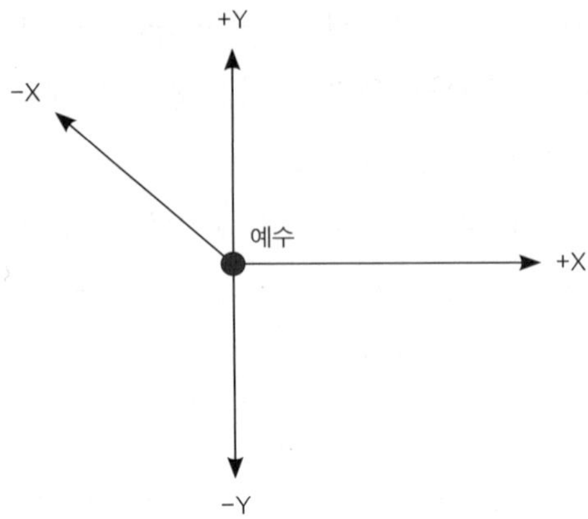

무한으로 뻗는 네 개 선의 이름은 다음과 같다.

-X: 물物을 신神으로 여긴다.
+X: 보이지 않는 것을 신으로 여긴다.
-Y: 친구를 죽이고 자기 이익을 도모한다.
+Y: 친구를 위하여 자기 목숨을 버린다.

4. 이상과 같이 사도신경이 나에게 무한대를 생각하게 한다. 그러나 나는 이 땅에 사는 사람이다. 나는 유한의 세계로 돌아오고 싶다. 사도신경을 외우면서 우선 생각하는 것은 바로 사도신경에는 하느님, 예수, 성령의 세 존재가 있어 나를 복잡하게 만드는 듯 하나 이는 결코 다신多神 상황이 아니며 오히려 하느님 예수 성령은 하나로 관통하는 하나의 신이라는 생각이다. 이런 생각을 하면서 내가 18살되던 1945년까지 일제 교육을 받았던 사람으로 예민하게 일본 사람들의 다신교 문명에 대한 비판을 거듭한다.

일본에 들를 때 지금도 보기가 거북한 광경은 절하는 데가 많은 다신교 국가 모습이라는 것이다. 전철에서도 책들을 보며 사람들이 친절하고 괜찮다. 환경이 깨끗하다. 그런데 이런 일본 사람들이 절하는 데가 많다. 일본 기모노를 잘 차려 입은 여인들이 번화한 길을 걷다가 한 여자가 "좀 참배를 하고 갑시다" 하니까 쭈루루들 옆 골목으로 들어가는 것을 나는 한번 보았다. 관광객인 나는 이를 뒤따라 가 봤다. 쪼그만 뭘 모셔 논 신사 앞에들 가더니 동전을 괴에 넣고서 두 손을 모아 절들을 하는 것이다. 절을 하고서 나오면서 한 여자 말이 "오늘 장사를 잘하게 될 것입니다"라고 말하는 것을 들었다. 그러니까 돈을 잘 벌자는 잇속으로 절을 하는 것임을 곧 알 수 있었다. 그러고 보니 일본 사람들은 절하는 데가 많다. 내가 현직 교수일 때 일본인 학자에게 서울 근교 이곳저곳을 안내한 적이 있다. 그때에 누군가의 묘소를 지나치게 되었는데 그는 가던 걸음을 멈추더니 묘소 앞에 가서 묵념을 드리고 갔었다. 일본에는 마을마다 신사가 있고 절이 있고 집에는 불당이 있다. 일 년에 한두 번은 이 마을 신사에 모신 것을 끌어내어 동네 선남선녀들이 허벅지를 내놓은 옷들을 입고 나와 뛰면서 즐기는 축제를 연다. 그 말 많은 야스쿠니 신사에 가 본 적도 있다. 신사 앞은 먹자골이며 동전을 던지고 절하는 사람이 지천이다. 일본 도쿄의 전철역들 이름도 무슨 귀신 이름들 천지다.

이 일본의 다신교 현상을 보면서 나는 내 나라와 일본을 비교한다. NHK방송을 보면 금년에도 히로시마와 나가사키의 원폭 희생자를 애도해 울고불고 야단이다. 그러나 이들 우는 이 중 단 한 사람도 일본이 전일에 인접 국가에 한 짓을 돌이켜 보아 그 정도 희생자를 낸 것도 다행한 일이라고 말하는 이가 없다. 독도의 어거지도 같다. 일본이 한국에서 한 짓을 생각하면 일본 본토가 유지된 것만도 감사하다고 생각해야 하는데 그렇지 못하다. 평화헌법을 기회 삼아 동북아에서 중립 국가를 만들 생각은 꿈에도 않고 나라의 정치는 극우세력이 우세하다. 이런 우악스러움 앞에 왜 이 사람들이 이럴까를 생각한다. 이들의 어리석음은 나라의 최고 통치자를 신으로 모시는 나라이니 말하자면 본디오 빌라도를 거절해 본디오 빌라도보다도 더 높은 존재가 있다는 것을 국민들이 깨닫지 못한 나라이니, 나라에는 본디오 빌라도보다는 높은 존재가 있다고 생각하는 나라의 백성들에게 뒤질 수밖에 없다.

이에 비해 우리는 1919년 3 · 1독립운동에서 성립된 상해임시정부가 나라를 일제에 빼앗긴 조선조 왕을 모실 생각을 꿈에도 안 했던 영특한 백성이었다. 특히 3 · 1독립운동을 지도한 세력들은 동학과 기독교도들이었다. 기독교도들이 외우는 사도신경에는 '저리로써 산 자와 죽은 자를 심판하러 오시리라'를 믿는다고 적고 있다. 이 산 자의 영어 번역이 빠른 자(the quick)이다. 빠른 자는 3 · 1독립운동에서 보듯 악한 통치자를 심판할 자(+Y)와 눈에 보이지 않는 정의(+X)에 빠르게 반응하는 산 사람들이다. 제3사분면의 세계는 1945년 해방 직전의 서울 거리모양으로 조용했다. 제1사분면의 세계는 해방 직후의 서울 거리같이 빠른 자들이 갑자기 모여들어 활기가 생겼다. 따라서 빠른 자는 그간 한일전 운동경기에서만 승리해 온 것이 아니라 앞으로 나라 전체가 승리할 수 있게 하는 것이다. 이쯤 비교를 해 놓고 보니 독도도 자기 것이라는 일본에 대해 승리할 능력이 시원적으로 우리에게 있다는 생각이 든다. 구체적인 실천이 어떻게 진전될지를 여기에서 논할 필요를 나는 느끼지 않는다. 다만 마음이 온유한 자가 땅을 차지한다는 8복의 말씀을 옳다고 생각한다. 일본이 한국을 36년간을 강점했었어도 오늘날 일본 촌락 단 한 곳도 한반도에 없지만 일본에는 우리 교민들이 이곳저곳에 펼쳐져 살고 있다. 사도신경을 외우면서 나는 일본을 승리하는 미래를 내다본다.

5. 유한의 세계로 돌아오되 우리를 침략하는 그까짓 나라 일본에 매일 수는 없다. 3 · 1독립선언의 공약 제1조는 우리가 만세 부름은 일본을 미워해서가 아니라 우리 본연의 길을 가기 위함이었다. 우리 문제의 핵심은 이 땅에 민주주의를 세우는 일이다. 이 우리의 핵심 과제는 사도신경의 핵심 과제가 본디오 빌라도에 고난을 받아 십자가에 못 박혀 죽으신 예수를 생각하는 것이 듯 민주적 대통령을 사모하는 데 초점이 맞춰져야 한다. 그리고 이 길을 가되 죽음을 무릅쓰고 가야만 참 생명을 찾는 실존주의자의 길이 곧 기독교인들의 길이었다. 나는 유신정부 때 《제3일》에 〈아나로기아(18)〉로 기고했던 글을 다음에 옮김으로서 글을 닫고자 한다. 한편 이 글은 6 · 25 때 북한에 납치되어 가 1965년에 평양에서 작고한 남조선과도정부 수반 안재홍을 기리는 글이기도 했고, 유신 때 동해바다에서 죽임당할 것을 면하고 귀가한 김대중 씨를 긍휼히 여겼던 글이기도 했

다. 본서의 제목을 《3 · 1운동에서 본 행정학》으로 정했지만 원래 내 《자서전》에서 구상한 책 제목은 '새 문명에서의 공직자'였다. 대통령은 공직자의 우두머리이며 공직자 자체다. 새 문명이 곧 3 · 1독립운동이 열 문명이니 다음 〈공무원 신조〉는 본서의 중요한 사상이다.

> 전능하사 행정부를 만드신 국민을 내가 믿습니다. 그 국민의 외아들 우리 주 민주적 대통령을 믿습니다. 이 민주적 대통령은 민주사상으로 잉태하사 깨끗한 표로 나시고, 구악에게 고난을 받으사, 십자가에 못 박혀 죽으셨습니다. 장사한 날과 그 다음 날은 어두운 날이었으나 그 다음 날은 밝은 날이어서 그가 죽은 자 가운데서 다시 살아나시며, 국민의 마음에까지 오르사, 전능하신 국민의 우편에 앉아 계시다가 저리로서의 산 자와 부패한 자를 심판하러 오실 것입니다.
> 민주사상을 믿습니다.
> 민주주의를 위한 결사와 진리와 동지들이 서로 교통하는 것과 툭하면 권력남용으로 향하는 나의 죄를 사하여 주시는 것과, 옳은 일을 하다가 한 곳에서 좌절하더라도 또 다른 곳에서 일어설 것과, 옳은 일을 함으로 직장에서 쫓겨나더라도 옳은 정신만은 그 직장과 더불어 영원히 남을 것을 믿습니다. 아멘.

이 세상의 사람을 죄에서 해방시키기 위하여 독생자가 오셨고, 덴마크의 국민을 체제에 대한 불신에서 해방시키기 위하여 햄릿이 왔다면 행정부의 공무원들을 부패에서 해방시키기 위하여는 누가 와야 하나? 민주적 대통령이 와야 한다는 것이다. 우리나라에서 대통령들을 탄생시키는 계절인 여름에 쓰는 윗글은—이 글을 《제3일》에 기고한 달이 1972년 8월호이다—따라서 사도신경이 아니라 공무원신조라고 명명할 수가 있다. 이 신조가 믿는 것은 크게 나누어 역사, 이데올로기, 행동방법 등 세 가지이다. 각각에 관하여 약간의 풀이를 붙여 본다.

역사. 왕이 만민의 아버지인 줄 알았는데 만민이 왕의 아버지가 된다 하니 이는 새 역사가 아닐 수 없다. 우리의 가슴이 아플 정도로 심한 충격을 주는 사실은—그러잖아도 그 충격 때문에 그를 믿는 것인데—만민의 외아들인 왕 즉 민주적 대통령의 더 없이 멋있는 생애다.

그는 민주사상으로 말하자면 성령으로 잉태하사 깨끗한 표, 즉 동정녀 마리아에게 나신 것이다. 육으로 결혼녀에게 난 것이 아니다. 그는 대통령으로 재임 중 구악, 다시 말해서 육으로 결혼녀에게 난 자로부터 고통을 꽤 받으시고 십자가에 못 박혀 죽으신다. 그래서 어두움이 다시 땅을 뒤덮는다. 아마 이 어두움은 옛날의 어두움보다 더 어두운 것일지도 모른다. 왜냐하면 이 어두움은 빛 다음에 온 어두움이기 때문이다.

그러나 이 어두움보다 빛이 더 강하다는 것이 역사상 전개된다. 어두움의 지배는 단 이틀뿐인 것, 사흘째는 다시 밝아 오는 것, 더 밝아 와 국민의 마음마음에 민주의식이 생기는 것, 그리고 무엇보다도 이 의식을 가지고 국민 통제의 결핍에서 오는 부패를 지적하고 또 지적하는 것과 같다.

이데올로기. 이데올로기는 하나뿐이다. 이는 곳 민주사상이다. 이는 곧 대통령을 낳게 하고 살게 하고 또 죽게 한 에스프리다.

행동 방법. 이제 그러면 우리는 어떻게 사나. 어떻게 하나. 무엇을 하나. 그런데 우리가 할 일이 다행히 많지가 않다. 그저 민주적 대통령을 믿기만 하면 된다. 그 사람을 그리워하며 불쌍히 여기며 애처롭게 생각하면 된다. 다만 문제는 이런 믿음이 우리를 아무것도 안 하게 가만 놔두지를 않는다는 데 있다.

그래서 우리는 모이는 일에 힘쓴다. 우리끼리 돕는다. 역시 그분 때문에 우리의 미치지 못하는 것과 더러운 것을 비로소 깨닫는다. 그러나 새 믿음을 가진 이제는 옛날과는 다르다. 이 흉한 죄들이 이런 모든 것들 때문에 오히려 치유돼 나가는 것을 몸에 새겨 안다. 옳은 일을 하다가 으레히 우리는 넘어진다. 그러나 우리는 좌절하지 않는다. 무슨 일이 있어도 또한 무슨 일을 당하여도 다시 일어서며 같은 길을 걸어가는 것이다.

어쩌면 이 중에서 가장 중요한 것이 죄의 사함을 받는 일인지도 모른다. '죄들'이라고 했으나 원은 하나이다. 무슨 범죄의 차원이 아니라 죄스러운 인간성의 차원에 더 상처를 느끼기 때문이다. 또한 '이런 모든 것들 때문에'라 했으나 원은 역시 하나, 그분에 대한 믿음뿐이다. 믿으면 죄를 알게 되며 믿으면 죄를 사함 받게도 된다.

사도신경의 신이나 공직신조의 신이나 다 믿음이 본질이다. 믿음이란 내 몸을 불타게 하는 것이다. 믿음이란 사랑이다. 주는 것이다. 빼앗기는 것이다. 겉옷을 달라 하는데 속옷까지를 주어도 오히려 모자라는 아쉬움이다. 일곱 번을 일흔 배 해 용서해 줘도 그래도 못 미치는 커다람이다.

그런데 현실의 공무원은 얼마나 크고 얼마나 아쉬움에 가슴 조이고 있을까. 얼마나 주며 심지어는 얼마나 빼앗기고 있을까.

그러나 불쌍한 공무원을 너무 탓할 수 없다. 어차피 공무원을 들볶는 것은 율법시대의 관리 방식이다. 아무리 공무원이 애를 썼다고 구원이 오는 것이 아니다. 구원은 그리스도가 옴으로만—그러잖아도 본서의 마지막 장이 〈목민관을 위한 준비〉이다—가능해진다. 그러면 그리스도가 우리에게는 없다는 말일까. 그리스도가 있다면 왜 오늘은 이럴까. 그리스도가 있다면 죽은 후 제삼일 이전이어서 이럴까. 글쎄, 어느 것일까. 어느 것이어도 나에게는 큰 상관이 없다. 나에게 상관되는 것은 지금은 어두우며 이 어두움은 빛으로 대치되어야 한다는 신조이다.

성령이 하시는 일

인문학의 내용을 문사철文史哲이라고 말한다. 문사철은 문학, 사학 그리고 철학의 약자이다. 인문학에서의 문사철 각각의 역할을 생각하게 하는 글이 〈요한복음〉 제16장 8절에 나오는 성령의 세 가지 하시는 일이라고 생각된 주일 예배가 있었다.

예배 때 목사가 〈사도행전〉 제19장 처음에 나오는 성령받은 이야기를 했다. 교인들보고 그 당시 에페소 사람들같이 성령을 받으라는 설교였다. 좋은 말 같았다. 열심히 하는 말이었다. 그런데 나는 목사의 얼굴을 쳐다보지도 않았고 그저 어느 한 점을 무심히 쳐다보면서 왜 내가 설교에 무심한가를 골똘히 생각했다. 설교에서 목사가 언급도 않은 성령의 세 가지 기능이 성령을 받으면 무엇이 죄인가를 알며, 심판이란 무엇을 심판할 것인가를 알며 그리고 정의가 무엇인가를 알게 된다는 것인데, 교인들보고 받으라는 성령이 이 세 가지 중 단 하나에도 해당되지 않는다고 우선 생각했다.

혹 성령을 받으라는 것을 정신적인 것으로 선의로 해석하고도 싶었다. 그러나 그렇게 해석하기에는 목사의 말이 목사의 그간의 언행과 불일치하다는 생각을 했다. 고작 성령을 무슨 복권 타듯이 받아 돈을 엄청 벌어 교회에 내라는 인상을 나는 그간 받아 왔었기 때문이다. 교인들보고 교회에 나오라고는 말했지만 회개하라고는 말 안 했고, 감사하라고는 말했지만 이웃에게 봉사하라고는 말하지 않았던 것으로 보아 교회에만 돈을 내라고 말했고, 비전을 갖는 사람이 되라고만 말해 왔던 것이 눈에 지금 보이지 않는 것을 사모하라는 것이 아니라 비전이라는 이름을 붙인 교회 부속 건물을 세우는 데 돈 내라던 생각이 났다. 그러나 설교자가 성령을 받으라고 말하니 정신성을 강조하는 것을 나는 유념할 수밖에 없었다. 정신성 정신성 그러는데 왜 나는 그를 불신하고 무심한 상태에 있으니 내가 한심스럽기도 했다.

그러나 나는 한심스럽지 않았다. 문득 인문학인 역사학, 문학, 철학의 세 학문의 탐구 순서와 각각 학문의 탐구 목표를 성령의 세 가지 하시는 일과 연관해 볼 수 있다는 생각을 하기 시작해서였다. 생각에 골몰하면 나를 한심스럽게 볼 틈이 없게 되는 것이다. 우선 성령이 하시는 일 세 가지를 열거한다.

죄를 아는 일. 예수는 〈요한복음〉 제16장에서 자신이 잡혀 가게 된다고 자신을 안 따르는 제자들이 바로 죄짓는 것이라고 말했다. 최수운의 주문의 영세불망永世不忘에 해당하는 앎이다. 지금까지 따르던 스승이 관헌에 붙잡혀 가게 되었어도 그 스승에 대한 존경을 잊지 않는 것이 죄를 안 짓는 것이다.

심판을 아는 일. 예수는 역시 같은 장에서 악한 통치자를 악하다고 판단하는 것을 심판이라고 말했다. 종교 지도자들과 부딪히더니 드디어 십자가형을 받은 예수는 통치자에게 심판받은 사람이다. 그러나 예수는 악한 통치자를 죽음으로써 거절했으니 이들을 오히려 심판한 분이다. 최수운은 세상 이치를 정하라고 조화정造化定을 신도들이 외우게 했다. 내가 말하는 것만이 세상 이치라고 우기는 통치자가 득실거리는 이 세상에서 사람들이 정신 차리고 살아야 하기 때문이다.

정의를 아는 일. 같은 장에서 세상에서 보이는 것 부귀영화가 아닌 눈에 안 보이는 세계를 눈에 보이는 세상보다 더욱 긍정하는 것이 정의라고 말했다. 최수운은 역시 눈에 보이지 않는 천주를 모시는 시천주侍天主를 말했다.

이렇게 성령이 하신 일을 적어 놓고 보니까 예수의 일대기가 세 개의 토막으로 이어져 상상된다. 내가 만일 《예수전》을 쓴다면 ① 죄를 안 시기, ② 악한 통치자를 심판한 시기, ③ 보이지 않은 세계를 선택한 시기로 3분할 것 같다. 따지고 보면 나 같은 하찮은 한 예수신도의 일생도 내 자서전 《겁 많은 자의 용기—지켜야 할 최소에 관한 이야기》이 3부로 구성되어 있다. 〈나에게 주어진 은총〉〈내가 행한 것〉〈버림인가 버려짐인가?〉가 3개 부의 제목들이다.

인생의 세 과정, 죄를 아는 것, 심판을 아는 것 그리고 정의를 아는 것의 연속을 인문학의 세 개 학문에서 연속 지을 수도 있다는 생각이 든다. 역사학 → 문학 → 철학이 이것이다. 이 학문의 연속도 역시 인생의 역정에서 죄를 아는 것 → 심판을 아는 것 → 정의를 아는 것으로 이어진다고 생각된다. 이 이어짐을 통해서 각 학문의 요체가 무엇인가 하는 것을 알게 된다는 소득이 생긴다.

역사학의 요체는 죄를 아는 것이다. 역사는 모든 것을 적는 것이 역사가 아니라 따지고 보면 시작을 적는 것이 역사다. 사람의 DNA를 알면 그 사람을 안다는 식이다. 그리고 인생의 시작에서 의미 있는 시작은 그의 죄를 아는 일이다. 그러니까 사람은 회개할 때에만 새로운 DNA를 만든다. 그 두드러진 예를 보여 주는 것이 종교개혁이다. 종교개혁 이전에는 기독교문명이 이슬람문명에 뒤져 있었다. 한편 오늘의 이슬람문명은 개혁과 반성을 전일의 청교도들만큼 하지 못하고 있기 때문에 그만큼 문명의 진전이 멈추고 있다. 종교개혁의 효시자 마르틴 루터의 95개조 논제의 시작과 마무리는 회개를 말한다. 천국에 들어가는 것보다는 천국에 들어가기 전에 회개하되 일생을 회개하라고 말한다. 임종하는 교인에게 가서 예수가 당신의 죄를 짊어지고 돌아가셨으니 당신은 안심하고 돌아가라고만 말하는 신부를 루터는 저주까지 하고 있다. 평생을 잊지 않아야 하는 것이 자기가 저지른 죄라는 것이다. 이 정신을 따라 장로교회는 '섭리'를 강조한다. 네가 천국에 들고 안 들고는 하느님의 섭리에 있으니 너는 회개만 하라는 것이다. 감리교회는 천국에 드는 내용(substance)이 중요하지 않고 천국에 들어가는 방법이 중요하다고 해서 교단의 이름을 방법론자(methodist)라고 칭했다.

이상에서 회개란 무엇이며 죄란 무엇인가의 정의가 가능해진다. 죄란 자신이 인정하기 싫어하는 진실이며 회개란 이 진실에 따르는 행위이다. 그러니까 죄를 뉘우친다는 것은 마치 사물의 이치를 알아 물건을 만드는 이학과 공학에 해당하는 지극히 과학적인 행위이다.

내가 가까이에서 뵈었던 김성식 사학교수님의 엄중한 모습이나 고려대 이상신 사학교수에서 보는 칼날 같은 모습도 역사학의 핵심이 죄를 알게 하는, 즉 잇속으로 수긍하기 싫은 사실을 받아들이는 것임을 보여 준다. 고려대 총장 시 전두환 정부로부터 민정당사 사건의 학생을 처벌하라는 지시를 거절해 총장 직에서 쫓겨난 김준엽 교수도 역시 사학을 한 분이어서 그랬다고 생각한다. 그분의 총장 퇴임 후에도 정치정당성 없는 대통령으로부터 총리 직을 종용받았으나 이를 거절했던 것도 역시 무엇이 죄라는 것을 깊이 안 학문인의 태도였다.

문학의 요체는 악한 통치자를 심판하는 것이다. 문학은 물론 모든 문제를 다룬다. 즉 호손의 《주홍글씨》와 같이 죄를 다루기도 하고 생텍쥐페리의 《어린왕자》와 같이 눈에 보이지 않은 세상을 사모하기도 한다. 그러나 문학의 고유 분야인 회개와 영원한 세계 사이에서의 삶의 묘사를 계속하다 보면 악한 통치자와의 부딪힘이 불가피해진다. 최수운의 주문에서와 같이 세상 이치를 정하고 살아야 하게 된다. 그런데 이 세상에서 살다 보니까 나의 맨 사람으로서의 삶을 방해하는 것에 부딪히게 된다. 방해자 안에 글깨나 아는 자와 부자나 권력을 쥔 이가 포함한다. 이들이 갖은 못된 짓을 저지른다.

엄밀히 말해서 이 세상 모든 악의 뿌리는 악한 통치자에서만 나온다고 나는 말한다. 이 입장은 1991년의 내 《자전적 행정학》 이후의 입장이다. 이에 비해서 성서를 한낱 역사의 내면화에 치중한 글로 보는 입장은 종교—종교란 큰 가르침이라는 뜻으로 글깨나 읽는 악인들의 우두머리에 종교가 있다—를 이 세상에서 올바르게 살기 위한 큰 가르침으로 안 보는 입장이며, 일정한 제도종교의 교리를 따라 세상을 산 후에 사후에 천국에 가는 것이 종교라는 입장이다. 이 세상을 올바르게 살아 그 결과로 좋은 저세상으로 가는 것이 아니라 전술한 대로 회개에 합당한 행동 없이 교리와 제도교회의 규례를 준수한 결과로 예수가 자신이 진 죄를 대속했으니 편안히 죽자는 것이 종교라고 생각하는 세상에서 득을 보는 사람은 악한 통치자들이 되게 되는 것이다. 이런 세상에서는 아무도 피 흘리면서까지 악한 통치자의 악을 바로잡으려 하지 않기 때문이다. 나는 성서를 보되 〈창세기〉의 5대 설화를 전술한 대로 일반사람들의 악이 아니라 악한 통치자의 악으로 본다. 이 통치 악을 극복하는 과정을 거쳐 드디어는 성서의 최종 책인 〈묵시록〉에서는 선한 이가 통치자로 취임하는 것으로 끝맺음을 한다. 그러니까 성서는 악한 통치자를 심판하면서 사는 인생의 역정을 쓴 문학이다.

철학의 요체는 눈에 보이는 것이 가득 찬 이 세상에 살면서 눈에 보이지 않은 세계를 바라보는, 즉 눈에 보이지 않는 세계를 긍정하는 학문이다. 이 세상에 있으면서 이 세상 아닌 다른 세상을 보는 사고가 철학자에게 적어도 다음과 같은 공헌을 한다.

1. 자신을 반성하는 공헌을 한다. 지금까지 누리고 있었던 기득권을 버리는

것이 곧 자기 반성이다. 이 때문에 철학자가 역사학의 훈련을 덜 받았어도 철학은 사물의 한계를 이해하는 학문이어야 하기에 죄를 뉘우치게 된다.

2. 악한 통치자를 비판하는 공헌을 한다. 그런데 악한 통치자를 비판하는 것 자체가 곧 악한 통치자로부터의 불이익 감수를 뜻하게 된다. 이 때문에 철학자가 문학인은 아니지만 악한 세상을 비판하게 된다.

3. 모든 지금 있지 않은 것, 이른바 '다른 것'의 탐구는 철학자를 걷잡을 수 없는 감동 속에 몰입하게 하며 이 속된 세상에 '감동'이라는 충격을 제공한다고 본다. 자 보자. 철학자는 지금에 살면서 좋았던 옛날을 그리워한다. 오늘에 살면서는 오늘에 만족하지 않고 한숨짓는다. 그리고 불쌍한 사람들이 역사에 참여하는 미래를 꿈꾼다. 이렇게 그리움, 한숨, 그리고 꿈이 합해진 사람은 반드시 감동을 창출해 내고 감동은 속된 세상을 좀 더 사람다운 세상으로 만든다.

이 정도로 역사학, 문학 그리고 철학의 관계를 규명해 놓고 볼 때에 왜 내가 성령을 받으라는 설교에 무심하기만 했던 까닭이 한마디로 성령을 거역하는 설교이어서인데 성령을 역행하는 것을 조목조목 말할 수 있을 것 같다.

1. 설교자가 회개를 않고 성령을 받으라고만 말하기 때문이다.

2. 이 세상의 악한 통치자를 비판하기는커녕 악한 통치자와 한통속이 되어 의인을 오히려 심판하는 것을 본업으로 하는 '제도교회'라는 영업을 할 작정을 하고 있기 때문이다.

3. 이른바 비전을 갖고 새로운 프로그램을 한다고 설쳐 대지만—그래서 열심히 하지만—이 열심이 설교자의 영업을 도우며 이 영업에 협조한 교인들의 욕심을 두텁게 만들지언정 교인들의 신앙을 돈독히 만들지 못하기 때문이다.

성령이 3 · 1운동에서 하신 일

지금까지 나는 성령이 '하시는 일'을 논했다. 이제는 이 정도正道를 벗어난 현실

교회와는 달리 성령이 내 나라 땅에서 '하신 일'이 무엇이었을까를 살펴보고 싶다. 이 '하신 일'은 바로 위에 적은 세 가지와 반대되는 일이기도 하다. 나는 기독교가 이 땅에 들어온 후 적어도 3 · 1독립운동 때까지는 성령이 이 땅 위에 움직였다고 생각한다. 성령의 움직임 아니고서는 그렇게 큰 운동이 결코 일어날 수가 없었다고 본다. 3 · 1운동 때 기독교 중 개신교가 움직였지 개신교의 형님 교회인 천주교는 침묵했다. 천주교가 개신교의 형님 교회인 이유는 천주교가 한국에 먼저 들어온 형님이었다. 형이 동생들보다 신중했기에 형이었다. 역사적으로, 중세 유럽에서 볼 때 천주교에서 개혁해 나간 교회가 개신교이기에 천주교가 형님 교회였다. 형편이 이러함으로 나는 3 · 1운동을 신구교 교인들이 다 받는 성령의 역사하심에서 생겼다고 말한다. 이 말은 개신교의 활성화에 천주교의 공헌함이 크다는 뜻이 된다. 이에 나는 두 가지의 공헌 사실과 이 두 가지 사실이 보여 주는 한 가지의 신의 섭리를 다음과 같이 생각한다.

1. 임진왜란 때 천주교인 일본 장수의 한 사람이 고니시 유키나가小西行長였다. 그의 휘하 군인 15만 명 병사 중에는 약 10% 수의 기독교인 병사가 있었다. 고니시가 서양 사람 종군사제까지를 데리고 들어왔다. 이 많은 수의 기독교인들이 내 땅에 우굴거렸으면서도 이들이 전란에 시달리는 한국인에게 기독교를 전도했다는 기록이 안 보인다. 고생하는 사람들이 진리를 심히 기다렸을 터인데 고니시의 신앙은 자기는 사람을 죽이고도 그들만 안 죽고 살겠다는 말하자면 호국기독교였다. 외면당한 우리 백성의 이 모습을 생각할 때 연상되는 것이 내 집 온실에 물 줄 때에 혹 하나둘의 화분이 빠지게 되는 물줄기를 내가 염려하던 것을 연상한다. 나의 모진 마음의 화분에 대한 태도가 이러한데 임진왜란 때 우리 백성들이 기독교의 전도를 못 받은 것을 보고 자비하신 하느님은 심하게 가슴 아파하셨을 것이다.

2. 역시 임진왜란 때 수많은 동포들이 일본에 노예로 끌려갔다. 이 끌려간 조선인 중, 민경배가 1955년에 연세대학교출판부에서 펴낸 《한국기독교회사》 49

쪽에 볼 것 같으면 도쿠가와 이에야스德川家康에게 순교당한 이가 꽤 많았다. 조선인으로서 정배, 투옥의 형고를 겪은 사람이 25명이었고, 신앙을 지키다가 순교한 이가 21명, 그들 중에서 9명이 1867년 7월 2일자로 로마교황 비오 9세가 순교 복자로 시복한 이가 205인 일본인 속에 포함되어 있었다. 나는 이 일본에게 순교당한 조선인 노예의 순교를 하느님이 1791년의 신해교난이나 1801년의 신유교난보다도 오히려 더 불쌍하게 생각하셨을 것이라고 생각한다. 일본에서의 순교는 이국 땅에서의 순교이니 더 쓸쓸한 데서의 순교였다.

3. 〈출애굽기〉 제20장 2절 십계명의 전문前文에 보면 야훼신은 유대 백성이 이집트 땅 종살이하던 집에서 이끌어 낸 하느님이다. 위 1, 2에서 보듯 하느님이 임진왜란으로 신음하던 한국 백성을 가슴 아파하셨으니 하느님이 내 나라를 잘 해 주어야 할 책임을 짊어지셨던 것이다. 이런 이치와 사정을 반영해 부르는 애국가가 하느님이 보우하사 우리나라 만세를 우리가 불렀던 이유가 여기에 있다. 제1절 〈사도신경〉에서 보면 예수가 '본디오 빌라도'에게 고난을 받으사 십자가에 못 박혀 죽으셨기 때문에 그런 예수를 장사한 지 사흘 만에 죽은 자 가운데서 다시 살아나게 하느님이 하셨다. 즉 예수의 비참함 앞에 사람이 죽으면 그만인 자연과학적 진리의 적용을 하느님께서 잠깐 정지시키셨던 것이다. 비슷한 논리로 하느님은 고난받은 조선 백성을 긍휼히 여기셔서 이 백성을 돌보지 않을 수 없었던 것이다.

거듭 쓴다. 하느님의 긍휼하심이 조선을 구했다. 내 말은 실증적이다. 냉전 시대에 러시아에 바싹 붙어 살면서도 복지정책을 써서 러시아 청년들로부터 공산국가는 러시아가 아니라 북유럽이라는 부러워하는 말을 듣던 곳이 북유럽국가였다. 지금 세계에서 제1등급 국가경쟁력 국가들이 북유럽에 몰려 있다. 이 북유럽이 기독교를 받아들이는 데 적어도 400년이 걸렸지만 우리는 안 그랬다. 사도신경의 산 자는 영어의 the quick, 즉 빠른 자이다. 한국을 하느님이 살리고자 했으니 빨리 우리가 움직일 수밖에 없었다. 그런데 이 죽은 자가 아니라 빠른 자가 된 기본 사실은 무엇인가? 이는 한국은 임진왜란 그리고 병자호란 등등으로 수 없이 비참했지만 북유럽은 바다에서 도둑질해서 잘 먹고 잘 산 바이킹족이니 비참함의 질이 우리와 달랐다. 함석헌이 조선 역사를 고난의 역사로 일컬었던 까닭도 고난만이 하느님의 보우하심을 오게 하는 초대장이었기 때문이다.

초기 기독교가 지금의 기독교와 달랐다는 것을 밝힌 책이 백낙준의《한국 개신교사 1832-1910》(연세대학교출판부, 1973)이다. 이 책은 1927년에 예일대학교에 제출된 박사논문 〈The History of Protestant Missions in Korea 1832-1910〉의 번역이다. 원 제목으로 보아 개신교사는 아니고 개신교 선교사이다. 이 선교에 초점을 맞춘 백낙준의 책이 외국인 선교사들의 눈에 비친 한국 기독교인의 모습을 보여 주는 점에서 옛 문명에 던져진 개신교의 모습을 적나라하게 보여 준다. 꼼꼼하게 선교사들의 기록을 인용한 467쪽의 두꺼운 책이다. 이 책에서 한국인이 새 종교를 받음으로 1) 죄를 어떻게 뉘우쳤으며 2) 구문명을 어떻게 심판했으며 나아가 3) 눈에 보이지 않는 세계를 어떻게 사모했는가를 인용하기로 한다.

죄에 대하여: 죄를 뉘우친 후에는 악한 통치자를 심판해야 하며 드디어는 눈에 보이지 않는 하느님에게 가야 하는 인생 노정에서의 첫 노정이 죄를 뉘우치는 일이다. 그러나 한국에 온 첫 개신교 선교사는 죄를 뉘우치라고 말하는 전도인이 아니라 환자를 고치는 미합중국 장로회 소속의 의사 알렌Horace Newton Allen이었다. 그가 1884년 9월에 도착했다. 장로교의 경우와 마찬가지로 한국감리교회의 설립도 의사에 의하여 시작되었다. 선교 방식이 죄의 뉘우침에 직접 호소하는 〈사도행전〉적이라기보다는 병자를 긍휼히 여겨서 고친 예수의 〈마르코복음서〉적 방식이었다. 후자의 방법엔 장단점이 있었다. 알렌의 이야기만을 적자. 알렌은 한국에서 자기가 선교사라는 것을 밝히지 않았다. 만일에 그가 자신이 선교사임을 밝혔다면 한국 정부에 의하여 용납되지 못하였을 것이다.

때마침 1884년 12월에 갑신정변에서 민비의 조카뻘 되는 민영익의 생명을 구하는 데 알렌이 성공했다. 이때 서양 의술의 신비스런 효과는 왕가의 신망을 얻게 하였다. 따라서 공개적인 선교운동의 대로를 닦아 놓았다. 알렌의 의술과 봉사정신과 그들이 보호받고 사는 성조기가 그의 보호책으로서 충분하였다. 알렌 의사는 중상을 입은 민씨를 돌보는 일과 중국인과 한국인 부상병을 치료하는 일에 분주하였다. 민영익이 알렌에게 10만 냥을 보내면서 이것은 알렌을 존경하는 의미에서 보내는 것이니 받아 달라고 말하였다. 이렇게 알렌이 조정의 신임을 받게 되었다. 얼마 안 되어 그는 임금님의 시의로서 정식 임명을 받았다. 장로교가 파송한 한국 최초의 선교목사는 1884년 7월에 임명된 언더우드Horace Grant Underwood였는데, 이 언더우드도 한국에서 자유롭게 설교할 수 있을 때까지는 영어 학교사업이라도 하려고 하였다. 그는 새문안교회의 창설자이기도 하지만 무엇보다도 연세대의 전신인 연희전문학교의 설립자였다. 감리교 선교사 아펜젤러Henry Appenzeller도 언더우드와 비슷한 때에 내한해 정동교회도 설립했지만 한국 최초의 학당인 배재학당을 설립했다.

이러한 의료사업과 교육사업은 물론 진보된 문명을 상징하는 사업들이었다. 그러나 의술과 학문의 발달이 문명의 핵심 징후는 아니었다. 문명의 핵심 징후는 통치가 정당한 데 있다. 예를 들어 의술과 학문이 발달했다는 독일은 히틀러의 독재국가를 뒷받침하기도 했었다. 따라서 권력자가 심판받을 데가 없는 문명만이 참 문명이다. 끝내는 미국이 한국을 침략한 일본에 대하여 간섭하지 아니하는 선교정책을 취했던 것은 통치자를 심판하지 아니하는 반문명성의 예였다. 한편 기독교인은 드디어 눈에 보이지 아니하는 하느님을 사모해야 하는데 기독교인들 중 부국강병의 문명에 현혹되어 잘사는 나라 미국을 기독교 때문이라고 오해해 잘못 판단했을 가능성도 있었다. 초기 기독교인 중 윤치호나 이광수 같은 사람들이 친일로 변절한 것도 이 눈에 보이지 않는 것이 하느님이라는 것을 이해하지 못했던 까닭이라고 본다.

미국 선교사를 통해서 기독교를 받아들인 사람들 중 이 문명과 하느님에 대한 몰이해 때문에 신자의 정도인 회개를 소홀히 한 사람들이 많았다고 생각한다. 그런데 정도를 가는 것은 어디까지나 길 가는 이에게 그 책임이 있지 미국 선교사에게 있지 않았다. 이 점에서 나는 초기 기독교 입교자의 순수한 동기로 입교한 사람들과 1907년의 대부흥 운동에서의 회개를 죄를 뉘우친 사건으로 여긴다. 초기 입교의 신앙고백을 다음에 싣는다.

> "이 세상에는 인간의 선악을 구별하는 조건 하나가 있으니 곧 예수의 교훈이 그것이다. 소위 인간의 외모와 차이란 매우 빨리 변하는 것이어서 차이라고 말할 나위조차 없다. 한국 사람은 황색 얼굴에 검은 머리칼과 까만 눈을 갖고 있으나, 미국 사람은 하얀 얼굴에 가는 머리칼과 파란 눈알을 갖고 있다. 허나 어차피 때가 이르면 얼굴에는 주름살이 잡히고 백발이 성성하여 다른 사람들과 똑같이 황천길을 찾아 든다. 청춘 시절에는 다른 것 같지만 청춘이 변하여 백발 노인이 되면 인생은 매일반이 된다. 운명의 복은 인생에게 선과 악을 꼭같이 나누어 주고, 시기와 사랑, 애통과 쾌락을 골고루 나누어 주는데, 인생은 고해 세상에서 광명천지를 모르고 살다가, 마침내 암흑세계로 가고 마는 것이다. 그러나 예수의 교훈은 놀라운 변화를 가져오고야 만다. 즉 그리스도인은 남을 미워하지 않는다. 그는 사람들을 사랑한다. 만민에게 착한 일을 하고자 한다. 그는 놀라운 진리를 굳게 지키고 악한 일에 참여하지 아니한다. 진실로 놀라운 일이다. 아름다운 광명의 빛이 하늘로부터 내려와 그 사람을 비추어 주면 그는 하나님을 사랑하고 하나님도 그를 사랑하신다."

> "나는 세례받기를 원한다. 그 이유는,
> 내가 가진 재능이 다섯 달란트인지 한 달란트인지, 나의 시간과 재능을 다하여 기독교에 대한 지식과 신앙을 증진하여, 하느님의 뜻이라면, 내 자신과 내 형제를 위하여 쓸모 있는 생을 살려고 함.
> 인생의 황혼이 다가올 때에, 다른 사람들처럼 죽음의 문턱에서 구원의 길을 찾는 일이 없게 하려함.
> 그리하여 나는 옛 사람과 달라진 사람이 된 증거를 드러내고, 또한 갈래길에 서서 방황할 때에 빠지기 쉬운 여러 가지 시험을 덜어 버리려 함.
>
> 나는 하나님은 사랑이심과
> 그리스도는 구주이심을 믿는다.

옛 선지자들의 헌 세계에 대한 예언이 그처럼 사실로 이루어졌다면 내세에 관한 것도 필연적으로 그렇게 될 것을 믿는다."

위 두 개의 눠우침 중 후자는 친일로 말년에 변절한 윤치호의 글이다. 재론하지만 눠우침은 인생 노정의 첫걸음에 불과하다. 입교자가 악한 통치를 심판하며 눈에 보이지 않은 세계를 악한 세상보다도 더 중요시하는 데 입교자가 실패할 수가 있을 것이다. 부흥운동의 기원은 1903년 감리교선교부 선교사의 일단이 원산에서 1주일 동안 기도와 성경공부를 위하여 가졌던 한 모임이었다. 선교사 하디R. A. Hardie 박사는 기도하는 중에 새로운 영감을 받았음을 자각하게 되었으며, 동시에 자기 선교생활의 대부분을 같이하여 온 선교사들 앞에서 자기의 실패와 그 원인을 고백했다. 자신의 교만과 마음의 완악함과 신앙 부족이 빚어낸 모든 결과를 자복하였다.

이렇게 부흥운동이 지도자로부터 생겼다. 본서는 지도자를 중시한다. 제1장에서 미군정 때의 민정장관 안재홍을 다뤘다. 안재홍의 책《조선상고사감》의 제1장은 최고위 수장을 논한 책이다. 다음 장 중 짧은 햇빛의 역할을 한 4 · 19는 이승만과 박정희 두 정상 사이에 낀 짧은 햇빛이었다. 1971년 대선에서 김대중 후보가 내세운 두 개의 대안, 대중경제와 4대국 보장론은 오늘에도 그 적합도가 높은 대안이었고, 긴 군사정부의 정상들은 이 대안과 정반대의 길을 갔고, 이 대안을 가진 김대중을 박해했다. 본서의 최종 장은 〈목민관을 위한 준비〉이다. 예수는 왕의 왕이었다. 예수를 죽인 이는 제사장이었고, 마르틴 루터의 95조 항의문은 가톨릭 교회를 향한 항의문이었다.

하디 박사는 이어서 한국 사람들도 죄를 깨닫고 확실하고 생생한 신앙 체험을 가지는 것을 원했다. 그 다음 해에도 원산 주재 선교사들은 사경기도회를 갖고 같은 체험을 되풀이했다. 평양의 선교사들이 원산에서 일어난 사실을 듣고 사경기도회를 열기로 하고 1903년 8월에 하디 박사를 평양 모임의 강사로 초빙했다. 1907년 1월 15일 조지 S. 매쿤George S. McCune 선교사는 평양에서 다음과 같은 보고를 하였다.

> 크리스마스 다음 날부터 선교사들은 하느님의 권능을 받으려는 목적만을 위해 기도하고 있었다. 지금까지 우리는 정오에 모였다. 우리는 우리들 사이에 피차 죄를 고백하며 집회를 시작했다.

평양에서의 한 집회에서 교회 직임을 가진 한 사람이 일어나서—이 경우에도 한국 사람 교인 중 높은 사람이 일어나서—자기는 선교사에게 대하여 악감을 품고 있었다는 사실을 자백하고 용서를 구했다. 그 선교사가 일어나서 기도를 시작하자 참석한 모든 사람들의 마음에는 이상한 흥분이 감돌기 시작했다. 각 사람의 마음에 자기의 죄가 자기 생활에 정죄판결을 선언하여 주는 느낌을 가지게 되었다. 어떤 사람은 벌떡 일어나서 자기의 죄를 고백할 기회를 얻어 털어놓고 양심의 인정을 얻으려 했고, 어떤 사람은 말없이 있었으나 복받치는 괴로움을 억제할 바가 없어 주먹을 쥐고 머리로 땅을 찧기도 하였다.

또 하나의 특별한 부흥상은 각 개인이 발성 기도를 동시에 올리는 혼성기도였다. 기도 소리는 마치 폭포수 소리와 같아서 기도의 대해조가 하느님의 보좌로 밀어 올라갈 듯하였다. 완전히 화음되어 일시에 울려나는 천여 명의 기도 소리를 듣는 것은 과연 장쾌함 그것이었다. 숭실대학교의 한 학생집회에서 학생들이 죄를 회개하고 애통하였다. 30명 이상의 학생들이 여러 시간 서 있었으면서 죄의 무거운 짐을 벗어 버리는 기회를 얻으려 기다렸다. 이 충격은 평양여자고등학교 학생들에게도 파급되었다. 이처럼 원산에서 감리교 선교사들이 고요하게 시작한 운동이 새로운 기동력이 되어 마침내 전국에 파급되었다. 기독교의 빛을 동양에 비추게 하는 과업은 한국을 통하여만 가능하리라고 1908년 5월 《런던 타임스》는 기사로 전하기도 했다. 세계여행가 이자벨라 비숍Isabella Bird Bishop 부인은 평양의 선교사업을 증언하되 "속죄 성결의 필요성 등 천고의 진리는 사도시대와 마찬가지로 지금도 인간 생활을 변화시킬 수 있음을 보여 주었다"라고 말했다.(백낙준의 책, 392쪽) 한 선교사는 "신자들 가운데 의와 죄의 의식을 심화한 것이고 이 부흥은 교인들의 마음에 죄에 극심한 죄악성을 깨닫게 하여 주는 동시에 의에 살고 행하는 것이 평생 책임이 된다는 인식을 깊이 넣어 주었다"라고 보고했다.(백낙준의 책, 394쪽) 평양에서는 길선주 목사와 장로 한 사람이—이 경우에도 지도자가 앞장섰다—교회당에 와서 새벽기도를 드리는 생활을 시작했다. 한국 기독교의 특징인 새벽기도회가 이렇게 생겼다.

심판에 대하여: 죄를 회개한다는 것은 XY축 그림의 마이너스 두 개의 축에서 플러스 방향으로 옮겨감을 말한다. 이 진행이 제3사분면의 세계를 지나 XY 양축의 교차점을 지난 후에는 제1사분면의 세계로 들어간다. 제3사분면의 세계에 머무느냐 아니면 제1사분면의 세계로 옮기느냐의 갈림길이 XY축의 교차점에서 생긴다. XY축의 교차점에서 생기는 행위는 심판 행위이기도 하다. 즉 일단 제1사분면의 세계로 사람이 옮기면 제3사분면의 세계로부터 말하자면 미움이라는 형식의 심판을 받아 박해를 받으며, 제3사분면의 세계에 계속 있던지 가던 길을 역행해 제3사분면의 세계에 머물면 이 사람은 제1사분면의 세계로부터 심판을 받는다.

동학을 논한 바로 앞 장의 서두에서 보았던 성리학적 질곡 속에 있었던 조선조는 제3사분면의 세계였다. 이 제3사분면의 세계를 유지하는 핵심 비법은 충효, 칠거지악, 항산책의 결핍 그리고 중앙집권제였다. 이 네 가지를 깨뜨리는 것이 곧 제1사분면으로 옮기는 것이기도 했고 제3사분면에 대한 심판이기도 했다.

이 옮겨감과 심판을 초기 선교사들이 해냈다. 방금 보듯이 초기 선교사들이 솔선해서 회개의 모범을 보였듯이, 초기 선교사들이 솔선해서 악한 통치가 유지되는 핵심 진지를 정확하게 파기시켰다. 선교사들이 파기시킨 두 개의 진지는 조상에게 제사 지내는 사람과 첩을 둔 사람을 기독교 교회에 입교하는 것을 정확하게 금한 일이다. 즉 선교사들의 교회 치리治理 조례의 제정에서 가장 어려운 문제는 조상숭배와 복혼複婚의 두 가지 문제였다. 이 문제에 대하여 선교사들과 선교단체들 사이에 광범위한 변론과 토의가 있었다. 서울에 있는 소수 선교사들이 조상숭배가 기독교 교리에 배치됨을 이미 결정한 바가 있었다. 원산에 주재하는 게일James Scrarth Gale이 조상숭배 문제를 교인들에게 서면진술로 의견을 물었다. 다수의 의견이 조상숭배는 신약의 교훈에 위배되고 봉제사는 어리석은 것이라고 하였다. "나로서는 부모님의 은덕을 기념하겠지만 제사를 드리는 일은 어리석다"는 진술이 나왔다. 드디어 조상숭배의 증지를 입교의 필수조건으로 삼았다.

한편 복혼문제는 더욱 어려운 문제였다. 조선조의 남성들로 하여금 스트레스를 풀게 하는 거의 유일의 방법이 성의 문란이었기에 이를 금하는 것이 어려울 수밖에 없었다. 감리교 선교사 올링거Franklin Ohlinger는 1892년에 한국 교인들의 음행, 도박, 음주와 각종의 도범盜犯을 고민하였다. 1895년 감리교회 연회는 남녀를 막론하고 복혼 관계자는 감리교회에 입교하거나 재적할 수 없다는 결의를 했다. 장로교회는 이를 보다 신중하게 다루었다. 모 선교사가 논문도 냈다. 중국 주재 선교사 중 연장 선교사들은 거의 관용적 입장에 서기도 했다. 결정을 1년간 유보하기도 했다. 그러나 장로교회도 복혼한 남자는 교인이 될 수 없음을 교회 규칙으로 결의했다.

정의에 대하여: 〈요한복음〉 제16장 10절은 "내가 아버지에게 돌아가고 너희가 나를 보지 못하게 된다는 것이 하느님의 정의를 나타내시는 것이라고 가르치실 것이다"라고 적고 있다. 이 말은 예수가 관헌에 끌려가 처형당하는 것을 납득 못해하는 제자들인 토마와 빌립보에 대한 교훈이기도 했다. 눈에 보이는 세상에서의 영화와 출세와 거리가 먼, 말하자면 제3사분면의 세계가 아닌 제1사분면의 세계, 즉 하느님과 이웃이 있는 세계를 악한 통치보다 긍정하라는 사상이었다. 이러한 깨달음은 나라가 하루가 다르게 점점 일본에게 빼앗기고 있는 것을 목격하고 있는 한국 교인들이 이해하기가 심히 어려운 일이었다. 한국 기독교인들은 미국 선교사가 한국의 국권 회복에 힘이 되어 주기를 바랐을 것이다.

이 사정은 예수의 제자들의 심정과도 같았다. 이 시점에서 세속적 성취에 도움을 받으려는 제자들 속에서 진리를 갈급하는 제자를 눈여겨 찾았을 예수의 고민을 엿보고 싶다. 예수는 유별나게 병자들의 병을 많이 고쳐 주었다. 중병 환자를 고쳐 준 후 예수는 자신이 고쳐 준 것을 남에게 말하지 말라고 말했다. 이는 자신에게 진리가 아니라 잇속을 챙기기 위하여 오는 사람들을 대하기가 괴로워서였을 것이다. 외딴곳에서 사천 명을 빵 일곱 개와 작은 물고기 몇 마리로 먹이신 기적을 행한 후 사람들이 더욱 몰려들었을 때 예수는 너희가 기적을 바라서 나에게 오는데 내가 보여 줄 기적은 너희들이 나를 먹는 기적밖에 남은 것이 없음을 말씀했다. 이 말씀은 자신이 관헌에 잡혀 험한 죽음을 당해 죽고, 죽은 예수를 사람들이 흠모해 마치 굶은 사람들이 먹을 것을 찾듯이 예수를 찾을 것을 내다보신 말씀이었다. 초기 선교사들의 일본의 침략에 대한 중립적인 태도를 나는 이런 점에서 짐작할 수 있다고 본다. 그러나 진리를 깨닫는 책임은 어디까지나 한국민, 한국 교인에게만 있었다고 본다.

그런데 이 깨달음의 기회가 우리에게 왔다. 야훼신은 한국을 보우하고자 이미 마음먹었던 것이다. 그 하나는 그림자의 형태로 둘은 본체의 형태로 왔다. 그림자의 형태로 온 것은 1907년의 대부흥회에서의 회개운동에서였다. 이 부흥을 통하여 세속적 복락을 누리고자 하는 회개가 아니었기 때문에 나는 이를 세속을 떠난 운동으로 본다. 미국에서 큰 변화인 백인과 흑인이 함께 살고자 했던 남북전쟁과 부자와 빈자가 함께 살고자 했던 뉴딜정책과 같은 정신성 높은 정책 변화가 있기 전에 으레히 부흥운동이 있었던 것과 유사하게 한국의 대부흥운동 후 1919년 3월 1일에 3 · 1운동이라는 큰 변화가 생겼다. 다시 예수의 이야기를 하자. 예수는 〈요한복음〉 제16장 7절에서 자신의 죽음이 오히려 제자들에게 유익한데 그 까닭은 그가 죽은 후에야 제자들을 도와주는 성령이 올 것을 말한다. 비슷하게도 한국민은 나라를 잃고 고종高宗을 잃고 자기 자신을 일본 경찰의 총칼에 잃고서야 하느님의 세계가 "보이지 않는데" 있음을 알았던 것이다. 3 · 1독립선언에서 하느님께 도착하는 마지막 선언은 공약 첫 번째에 있는 말, 우리가 거사함은 일본을 미워해서가 아니라 하늘이 우리에게 준 천부의 권리를 신장하기 위함이라는 말이었다. 다시 쓴다. 나라가 없고 고종이 없고 내가 없으니까 오히려 하느님이 계셨던 것을 안 체험이 3 · 1운동이었다.

기독교의 새 문명에의 기여

지금까지 3 · 1운동의 뿌리를 캤다. 고조선에 빋어 → 블 → 밝 사상이 있었다. 화랑에 정 사람을 죽여야 할 경우 골라서 사람을 죽이고 → 忠 · 孝 · 友하며 → 사람을 죽이러 나가서는 전쟁터에서 살아 돌아오지 말라는 사상이 있었다. 佛教 → 儒教 → 老子 사상도 있었다. 동학에 永世不忘 → 造化定 → 侍天主 사상이 있었다. 끝으로 기독교에 죄를 알고 → 악한 통치자를 심판하며 → 눈에 보이지 않는 세상을 사모하는 사상이 있었다. 이런 모든 사상들은 天 → 地 → 人에 이르는 사상이었다. 이 사상은 일본을 미워해서가 아니라 하늘의 명을 따라야 하기 때문이라는 사상 → 합심하는 운동 → 3 · 1운동의 비폭력투쟁사상으로 이어졌었다.

얼핏 생각할 때 하늘과 땅과 사람이 굳이 한국에만 있다고 나는 말하는 것에 하나의 경이를 느낀다. 이 세상 어디에 가도 그곳에 하늘이 있고 땅이 있고 사람이 있을 터인데 굳이 天地人을 내 나라에 고유한 것으로 나는 내세우기 때문이다. 몇 개 나라와 우리를 비교해 본다.

1. 일본은 천지인 중 천이 천황폐하에 가려져 있는 나라다. 천황을 신으로 모시는 나라가 일본이다. 이렇게 천이 천황으로 가려져 있을 뿐 아니라 사람들의 웃사람이 전통적으로 칼잡이 무사들이었다. 일본 사람들이 공들여 만드는 도자기를 보면 꾸밈이 많다. 천황과 무사들에 눌려서 하늘을 못 본 백성의 비극이 표출된 것이 도자기의 꾸밈이다. 그런데 우리가 치는 도자기는 하늘의 색인 청자와 이 청자를 정 못 만들 경우는 땅으로 내려와 태백산太白山의 백, 백민白民의 백을 따서 백자를 만들었다기보다는 푸른 하늘을 잠시 가리는 구름의 흰색을 따서 백자를 만들었다. 우리의 하늘과 구름의 흰색에는 일본의 것과 같이 더덕더덕

개칠하는 것이 없다. 우리 백성은 천황과 무사들이 짓누르지 않아 곧게 자란 백성이다. 한국 기독교인은 이 청색과 백색의 하늘이 칠흑으로부터 벗겨질 첫 아침을 놓치지 않으려고 예배당으로 향해 새벽기도회에 참석한다. 그러잖아도 나라의 이름도 아침이 신선한 조선朝鮮이었다. 모르긴 해도 세계에서 새벽기도회 가는 교인은 한국 기독교인들뿐일 것이다. 신라의 궂음을 질타한 큰 스님의 이름은 큰 새벽이라는 뜻인 元曉였고, 박정희 군사정부에 항거했던 한국기독교 장로회와 한신대학교의 창립자 김재준金在俊의 호는 긴 하늘을 뜻하는 장공長空이었다.

2. 중국은 천지인 중 지地가 유난히 발달된 나라다. 중국을 무대로 해 쓴 미국 펄벅의 대하소설을 이름하여 《대지大地》라 했던 것도 펄벅이 받은 중국의 인상을 반영한 것이라고 생각한다. 대지가 농산물과 나무를 사람에게 준다. 농산물과 나무는 사람이 가꾼 것이기도 하다. 농사짓기 위하여 홍수도 다스려야 해 토목공사도 해야 한다. 농사를 혼자서 질 수도 없어 마을 사람들과의 협동도 필요하다. 실용주의 문화가 땅의 문화이기도 하다. 전술한 바 있듯이 농산물의 성장과 밀접한 관계가 있는 사계절에서 유학은 信仁義禮智의 교훈을 습득했다. 사계절이 분명한 지역의 중국·한국·일본은 유학의 가르침을 받아 공직자들이 부패는 해도 일은 해낸다. 실용주의가 있어서이다. 필리핀이나 인도네시아에만 가도 공직자가 돈만 먹고 일도 안 한다. 관동대 정인화 교수의 지적과 같이 땅의 가르침인 유학의 영향이 없었기 때문이다. 싱가폴은 국가경쟁력이 높은 나라인데 이 나라는 중국 사람들의 국가이지 민주국가도 아니다. 다만 유교의 가르침을 따르되 부패하지 않은 땅의 나라가 싱가폴이다.

3. 한 곳만 더, 유럽은 어떨까? 우선 유럽은 흐린 날이 많다. 땅도 중국같이 넓지가 않다. 천지인 중 인이 돋보이게 발달된 곳이 유럽이다. 이를 증거와 의사표시를 존중하는 로마법에서도 보며, 개인의 회개를 강조하는 종교개혁에서도 보며, 인권을 존중한 정치 혁명에서도 본다. 그러나 이를 단적으로 나타내는 것은 유럽인들이 만드는 인물 조각상이라고 나는 생각한다. 유럽 사람들은 동양의 불상에서 보는 것과 같은 사람 비슷한 것은 안 만들고 실제의 사람과 똑같은 모

습을 만든다. 나는 언제인가 뉴욕 맨해튼에 있는 인도의 주 UN대사였던 분의 아들 집에 들른 적이 있다. 이때 사업가인 그 집 주인의 넓은 거실에 여러 개의 불상이 수집되어 있고 그 집 주인이 존경하는 인물인 아인슈타인의 그림이 걸려 있는 방에 안내되었다. 불상들이 다 인도에 인접한 서방세계에서 만들어진 불상이었는데—즉 동양에서 만들어진 불상이 아니었는데—이들의 모습이 동양에서 보는 불상과는 달리 사람의 얼굴을 한 불상이었다. 이 불상들의 배경으로 개성 있는 아인슈타인의 얼굴이 서양화로 그려져 있었다. 나는 그 방에서 느낀 한마디의 인상은 이 방은 사람이 있는 방이라는 것이었다.

〈기독교의 새 문명에의 기여〉가 본 절의 제목이다. 이 제목을 〈3·1운동의 새 문명에의 기여〉로 고쳐서 쓸 수도 있다. 그런데 나는 기독교를 고집한다. 기독교라는 사상이 1919년 이전에 우리의 天地人사상을 살려내 주었기 때문에 3·1운동이 생겼기 때문이다. 나는 3·1운동 이후 다시 말해 기독교가 3·1운동 이후에 미친 영향을 이어서 볼 2개 부에서 볼 작정이다. 이 의도는 기독교를 전후해 다음과 같은 시대 구분이 가능하다는 것을 전제한다.

옛 문명 → 기독교 → 새 문명

이 흐름을 이해하기 위해 몇 가지의 설명이 필요하다. 하나는 옛 문명이건 새 문명이건 간에 도대체 문명이란 무엇인가이다. 둘은 새 문명은 옛 문명을 대처하는 것인가 아니면 새 문명이 옛 문명을 보완해 가는 것인가이다. 즉 옛 문명이 폐기되는 것이 아니라 새로움이 덧붙여진 것인가이다. 셋은 만일에 새로운 문명이 옛 문명에 덧붙여진 것이라면 덧붙여진 문명의 핵심이 무엇인가이다. 이 세 가지를 다음에 분설한다.

1. 내 일생의 공부를 한마디로 표현해 '문명으로서의 행정'이라고 말할 수 있

다. 앞서는 시기時期 속에 후기의 연구가 시사되기도 하였으나 연구가 대체로 3기로 나뉘어진다. 제1기는 연구 방법의 탐색기이다. 이 시기는 고려대 정년까지이니까 꽤 길다. 이 방법론 탐색으로 정년 직전인 1991년에《자전적 행정학》을 나는 썼다. 이 책이 담은 내용은 ① 행정학과 한국행정론, ② 수필 · 산문을 모은 사상, ③ 민주화운동에서의 경험, 그리고 ④ 내 박사학위논문 간추림 등이다. 이 네 개 접근은 문명현상으로서의 행정을 더듬는 접근이었다.

한편 제2기는 고려대를 정년한 1992년부터 2006년까지의 14년간이다. 이 기간에 나는 ① 관료조직의 원형 연구를 1996년에《논어맹자와 행정학》으로 썼다. ② 청교도혁명이 미합중국 건국에 영향한 바를 2001년에《인간 · 종교 · 국가》로 썼다. ③ 관료조직 문화와 수평적 정권 교체가 가능한 민주혁명이 만드는《협력형 통치》를 2006년에 한 권의 책으로 썼다. 이 책들은 제1기의 책 ④번에서 언급한 내 박사학위 논문에서 제기된 문제를 연구한 것이기도 했다. 제2기에 쓴 책 세 권은 문명을 구성하는 요건으로 상하 간의 질서만이 아니라 경쟁적 야당이 있어야 하고 나라와 나라 사이가 평화스러워야 한다는 것이었다.

이 시점에서 고려대학교와 경기대학교에 대한 나의 감사를 적고 싶다. 내가 군사정부 때 해직도 되고 감옥에 있는 등 기피 인물일 뿐 아니라 북한을 북괴라고 불렀던 시기에 북한의《로동신문》을 자료로 해 쓴 내 박사논문의 영문번역을 고려대 박물관이 쭉 전시해 줘서 나를 격려했기 때문이다. 이 진정한 성의가 나를 어려움 중에서도 연구를 할 앞날을 바라보며 고통을 인내하게 만들었다. 눈에 안 보이는 성의는 그 성의를 전하는 책임을 하느님이 짊어져서 하느님이 나에게 그 성의를 전했다고 생각한다. 한편 논문이 제시했던 원형 연구를 본격적으로 한 연구실은 내 고려대 정년 후의 경기대 연구실에서였다. 나는 고려대 정년 때 일곱 명 정년 교수 중 혼자만 그 흔한 훈장도 못 받는 불온한 교수였다. 이러한 나를 경기대가 맞아 주었다. 감사한다. 경기대는 그 뿌리가 일제 때 3 · 1운동 이후에 손장희 선생이 대학을 만들고자 하다가 못 만들고 서울 미아리에 설치한 인창보통학교를 그 대학의 뿌리로 하는 대학이었다. 우리 민족에게서 이렇게 대학이란 특별난 성소이다. 현재 이스라엘의 고교졸업생 70%가 대학에 진학한다는데 우리는 교육열이 높아 모르긴 해도 세계 제1위로 고교 졸업생 중 약 85%가 대학에 진학하는 민족의 지성소가 대학인 나라이다.

제3기는 2006년부터 오늘까지이다. 2007년에 내 자서전으로《겁 많은 자의 용기》를 썼고 지금은《3 · 1운동에서 본 행정학》을 쓰고 있다. 전자는 나를 만든 최소 인자를 찾는 책이다. 책의 부제목이 '지켜야 할 최소에 관한 이야기'인 것이 이를 말한다. 후자는 문명에서의 최소 인자를 찾는 연구이다. 두 책이 다 최소를 탐구한다. 최대가 최소에서 시작한다. 믿음은 겨자씨만 한 믿음이 있어 자라서〈히브리서〉의 큰 믿음이 된다. 나의 제1기에서의 네 개의 접근이 지금 쓰는 책에서 다음과 같이 연장돼 나오고 있다.

제1기의 접근	지금 쓰는 책
행정학과 한국행정론	제3부의 제11장〈목민관을 위한 준비〉
수필과 산문(사상)	제1부, 제3부의 제1, 2, 3장
민주화 경험(실천)	제2부
박사학위 논문	제2부

2. 새 문명은 옛 문명을 대치하는 것이 아니라 이를 보완한다. 이 말은 나의 제2기의 작품 순서에서 보듯 먼저는 관료제 문화가 있고 이 관료제 문화에 덧붙여져 민주주의 문화가 있다. 따라서 제2기의 작품 세 권과 제3기의 작품 두 권이 합해진 5권의 책이 나의《자전적 행정학》의 본론이 된다. 이렇게 문명을 이어짐으로 보는 까닭은 문명이란 한문의 文明에서 보듯 글이 밝은 곳, 즉 고전이 있는 나라를 말하기 때문이다. 다만 여기에서 문제는 책 중에 무슨 책을 말하는가인데, 문명을 말하는 영어 civilization을 보면 의문이 풀린다. civilize 즉 노예가 시민화한 경험과 이론과 문학을 적은 것이 고전이 된다. 따라서 중국 은殷나라의 전체주의를 극복한 주周나라의 경험을 적은《서경書經》, 변혁이론을 적은《역경易經》, 그 당시의 시를 적은《시경詩經》이 그 예이다. 주나라의 건국이념을 인문학

적으로 묘사한 책이《논어論語》이며 사회과학적으로 묘사한 책이《맹자孟子》이다. 서양에서도 이집트에서 유대 백성을 탈출하게 한 출애굽 과정에서《구약성서》가 시작되었고, 이 유대 나라의 악정에 대한 선지자들의 바로잡음을 묘사한 책이《구약성서》이다. 신약의 선지자의 완성자 이야기로 시작해 이 메시아 그리스도가 로마 정부에 의해 학살당한 이야기와 그 이후의 이야기를 적고 있는 것이《신약성서》이다.

이 동서양의 경전 소개가 시사하는 것이 두 계통의 고전이 상호 간에 보완관계에 있음을 말하기도 한다. 즉 동양의 것은 관료조직의 원형을 제시한 고전이며 서양의 것은 정권과 경쟁관계에 있는 야당—선지자들이 야당의 뿌리이다—의 원형을 제시한 고전으로 볼 때에 논어, 맹자의 전통 위에 성서의 전통이 있다. 이 점은 중국, 한국, 일본 등 관료조직 문화의 나라들의 앞으로의 과제가 민주국가를 만드는 데 있는 것을 보아도 알 수 있다.

3. 자 그렇다면 민주국가가 보완을 받아야 할 미래는 무엇인가? 그것은 선지자만이 아니라—경쟁적 야당 제도만이 아니라—공동체 내의 제일 밑바닥 사람들이 역사에 참여하는 일이다. 나라의 정상을 ●, 관료조직 문화를 A, 민주문화를 B, 그리고 3 · 1운동 문화인 평등 문화를 C로 정하고 집합 A, B, C 등의 상호관계를 벤다이어그램으로 다음과 같이 그려 본다.

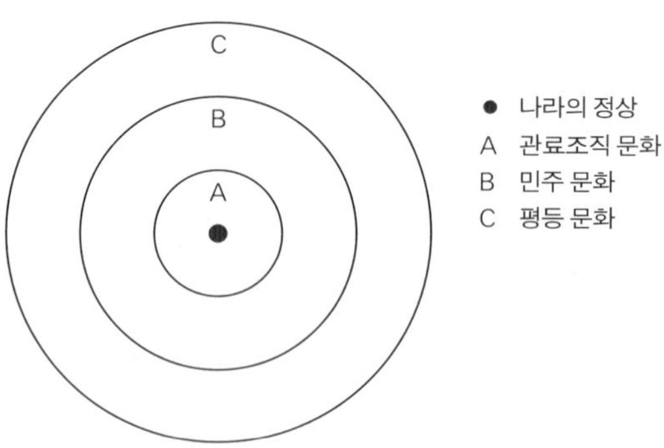

새 문명을 잘 설명하는 이야기가 〈마태오복음〉서에 나오는 '두 아들의 비유' 이다. 공동번역 주에 적힌 대로 어떤 사본에는 맏아들과 둘째 아들의 경우가 바뀌어져 있다고 적고 있는데 나는 둘째 아들을 좋은 아들로 부각해 이야기를 다음에 옮겨 본다. 성서는 탕자가 둘째 아들로 부각되어 있고 가족제도의 형편상 맏아들은 기득권자이기 때문에 성서의 입장이 둘째 아들을 긍휼하게 여긴다고 나는 보기 때문이다. 나는 앞의 절 〈사도신경〉에서 맏아들 가인을 박정희, 둘째 아들을 김대중으로 비유했던 것도 이 때문이다. 이야기는 다음과 같다.

> 어떤 사람이 두 아들을 두었는데 먼저 맏아들에게 가서 '얘야, 너 오늘 포도원에 가서 일을 하여라' 하고 일렀다. 맏아들은 처음에는 가겠다는 대답만 하고 가지는 않았다. 아버지는 둘째 아들에게 가서도 같은 말을 했다. 둘째 아들은 싫다고 하였지만 나중에 뉘우치고 일하러 갔다. " 이 둘 중에 아버지의 뜻을 받든 아들은 누구이겠느냐?" 하고 예수가 물었다. 그들이 "둘째 아들입니다" 하고 대답하자 예수는 이렇게 말을 했다. "나는 분명히 말한다. 세리와 창녀들이 너희보다 먼저 하느님의 나라에 들어가고 있다. 사실 요한이 너희를 찾아와서 올바른 길을 가르쳐 줄 때에 너희는 그의 말을 믿지 않았지만 세리와 창녀들은 믿었다. 너희는 그것을 보고는 끝내 뉘우치지 않고 그를 믿지 않았다."(〈마태오복음〉 제21장 28-32절)

이 '두 아들의 비유' 중 세리와 창녀 그리고 둘째 아들이 바로 3·1운동 때 방방곡곡에 나서서 만세를 불렀던 평범한 백성들이다. 맏아들과 요한의 말을 믿지 아니한 자들은 만세 후 26년 만인 1945년 해방을 맞이해 보니까 한 사람 남김없이 친일파로 변절되어 버렸던 민족 지도자들이다.

이 역사에 살아남은 자, 세리와 창녀와 둘째 아들의 행적을 따지는 것이 다음 부 제2부와 3부이다. 행적은 행동하는 방법, 행한 일의 내용 그리고 행한 사람의 특성으로 분해해 생각할 수 있다. 방법은 사람만이 습득하는 기술이다. 야자수 열매와 돌을 적에게 던지는 것을 습득했던 것도 사람이지만 적을 향해 몽둥이도 안 들고 부당함을 말만으로 저항하며, 고작 들고 나오는 것이 있다면 태극기와 촛불을 들고 나오는 것을 습득한 한국인도 사람이었다. 일은 땅에서 이룩되는 성과이다. 일을 해내려면 일 맡은 사람들이 단결해야 한다. 끝으로 사람은 하늘을 우러러 설 때에만 바로 서는 존재가 된다. 세리와 창녀와 둘째 아들들이 새 문명에서 제시한 방법은 비폭력투쟁이다. 이 비폭력투쟁의 국내외에서의 이야기를 제 2부 〈3 · 1운동의 후예〉가 서술한다. 이 제2부에서 4 · 19와 7, 80년대 민주화 투쟁의 찬란함도 적지만 이 성공 때문에 생긴 정권들의 실수라는 비극도 서술한다. 이 실수를 면할 길도 찾아본다. 이 실수를 면할 길도 3 · 1운동에서 찾는다. 제2부에서 동구권이 비폭력투쟁으로 붕괴된 것을 묘사한다. 간추려 말해 제2부는 일단 1919년 3월 1일에 터진 활화산의 재분출을 관찰한다.

새로운 문명이 만드는 결과물은 새로운 학문이다. 사상은 투쟁의 결과에서 익는 열매다. 그리고 새 열매가 새 세상의 사람들을 기른다. 또한 행정학도 새로운 학문이어야 하지 누군가가 시키는 일을 심부름 하는 아전되는 공부가 행정학은 아니다. 새 문명에서의 학문의 모습을 따지는 — 그래서 행정학의 모습을 따지는 — 장들이 제3부 〈환희로서의 행정학〉의 장들이다. 행정학 공부는 공무원 채용 시험을 준비하기 위한 공부가 아니다. 새로운 행정학은 모든 국민을 종교적으로 윤리적으로 그리고 학문적으로 발전할 수 있게 할 뿐만 아니라 일단 유사시에 활화산이 되도록 도와주는 학문이어야 한다.

새로운 문명은 3 · 1공약 3개 장이 만든 안목에서 볼 때, 공약 제1장 인간의 품격을 높이는 학문은 종교학이어야 하며, 공약 제2장 인간들의 단결을 도모하는 학문은 하나의 사실을 규명하기 위하여 한 전공에 구애받지 아니하는 문사철이 종횡무진으로 적용되는 학문이어야 하며, — 이 인문학적 조명이 대학 수준의 고급 행위라면 3 · 1운동을 겪은 국민의 소학교에서는 아동들이 한 가지 운동경기를 하도록 지도되어 혼자가 아니라 여럿이 함께 '일'을 만드는 것을 몸으로 배워야 한다 — 하나 더 공약 제3장 비폭력을 역시 몸으로 익히는 새로운 윤리가 행정정책으로 구체화되어야 한다. 옛 시대의 윤리인 가족과 친구 간의 관계만이 아니라 부자와 노동자, 여당과 야당, 우리나라와 우리보다 약한 나라들과의 사이가 새로워져야 — 북유럽의 나라들같이 우리에게도 제3세계 원조를 담당하는 장관이라도 세울 정도로 새로워져야—윤리가 새 문명답게 새로워질 것이다.

위 세 개의 접근 중 종교적 접근을 상론하자. 예를 들어 행정학 안에 종교학이 내포되어야 한다. 새 시대의 국민은 3·1공약 제1장에서 일본군 앞에 섰던 존재가 아니라 하느님 앞에 섰던 신성한 존재이니 새 시대의 국민은 한 사람 한 사람이 거룩한 성전으로—큰 고딕식 건물이 성전이 아니라 한 사람 한 사람이 성전으로—높여져야 한다. 그러니까 행정학 안에 제도권 교회의 부패를 단속하는 일도 있어야 한다. 개신교 목사들이 노년에 생활비, 주택비, 의료비를 받게 되도록 세금을 증수하든지 아니면 교단이 그렇게 하도록 권고함으로 제도 교회의 부패를 막고 성전인 국민들이 교회로부터 착취당하지 않게 해야 한다. 종교학, 윤리학 그리고 형이상학이 없는 학문은 학문이 아니다. 행정학의 경우 이런 접근으로 살려 낼 새 행정학을 한마디로 말해 인문학적 조명을 받은 행정학이다. 공약 3장과 인문학적 접근과의 관계를 다음에 대비한다.

공약 3장	인문학적 접근
제1장 인간의 높은 품격	종교학을 포함한 철학
제2장 단결	고전인 문학
제3장 비폭력	인생 노정을 정하는 윤리인 역사학

결론적으로 일을 하려면 일할 사람이 나서야 한다. 이 사람은 단순히 기술과 전문 지식만 구비되었다고 사람이 되는 것이 아니다. 이 사람은 맨사람, 사람이어야 한다. 이 맨사람은 헨델의 메시아 곡이 풍기는 슬픈 실천을 몸소 담당했던 어른이어야 한다. 안재홍의 《조선상고사감》 제1장도 바로 이 어른을 논했다. 그러나 여기에 유의할 점이 있다. 어른은 조직도표의 정상에만 있는 사람이 어른이어야 한다는 재래식 생각은 안 된다. 세리와 창녀도 3·1운동 때 만세를 부른 주역이었듯이 조직 내 말단 구성원들도 어른이어야 한다. 이 문제를 제3부 마지막 장에서 〈목민관을 위한 준비〉라는 제목하에—즉 조직의 정상에 있는 웃사람 executive만을

그리스도로 보는 것이 아닌—다루게 될 것이다. 따라서 본서《3·1운동에서 본 행정학》의 알파와 오메가는 나라와 행정의 구성원들의 바람직한 모습을 모색한다. 이 잃었던 사람 원래의 모습, 씨올을 찾았던 것이 바로 3·1운동이었다. 그리고 모든 행정 구성원 씨올들이 나라 안 모든 구성원들을 원래의 모습, 씨올로 살려내는 행정학을 모색하는 것이 제3부 〈환희로서의 행정학〉이다.

2부

3·1독립운동의 후예

제5장

4·19와 7, 80년대 민주화운동

짧은 햇빛

4 · 19혁명 이전까지 내가 경험한 짧은 햇빛 몇을 지금 회상할 수 있다. 어려서 광화문에 있는 2층 양옥을 짓고 살았던 우리는 내 집 남면에 햇빛을 유난히 기다렸다. 이 기다렸던 햇빛은 눈과 몸이 그 실리를 보는 실제의 물리적 햇빛이었다. 어렸을 때 시내버스가 남산을 돌고 올라가면서 졸지에 내 앞에 서향 볕을 활짝 받고 있는 서울 시내 광경이 눈앞에 펼쳐졌을 때 나는 옆사람을 의식하지도 않고 좋아서 와 하고 소리를 질렀다. 또 한번 비슷한 경험이 중학교 2학년 때에 있었다. 내게 과외 지도 받던 하급생을 데리고 강원도 낙산사에 가는 기차가 원산 아래 정류장 연변에서 갑자기 해안선을 따라서 유턴을 했을 때 나는 내 앞에 갑자기 펼쳐진 동해 바다를 보면서 역시 와 하고 소리를 질렀다. 이런 빛을 계속 아쉬워해 나는 1973년에 지은 집에 남쪽으로 넓게 창을 냈고 지금도 같은 집에 살고 있다. 이 햇빛 드는 집을 시샘하는 이는 악마였다. 군사정부는 햇빛이 안 드는 감방에 나를 5년간 가뒀다. 이 정도로 실제의 햇빛 이야기를 하고 감옥에서 햇빛을 바라듯 그만큼 간절히 바랐던 정신적인 빛 이야기를 좀 써 보자. 즉 여기서 말할 햇빛은 정신적 햇빛을 말하는 것이지 실제의 햇빛을 말하는 것이 아니다.

하나는 1945년 8월 15일 18세 때 보성전문학교 1년생으로 교련시간에 우리는 교정에 모였었다가 휴식시간에 일본 천황의 무조건 항복 방송을 들은 후부터 임시정부 요인들이 환국하기 직전 정도까지가 햇빛을 느꼈던 시기다. 뙤약볕

이 있는 학교 운동장을 피해 우리 몇몇이 학교 서무과에 모여서 라디오를 들었다. 도쿄에서 오는 생방송이 찍찍거렸지만 천황이 무조건 항복했다는 것을 확인했을 때 갑자기 몸에 생기가 났고 거의 쏜살같이 잰걸음으로 나는 귀가했다. 좋아서 밤에 잠 잘 수가 없던 것이 여러 날이었던 것 같다. 그런데 이렇게 좋기만 했던 감정이 슬그머니 사라지는 경험을 나는 학교에서 귀가하는 종로 거리에서 한 벽보를 볼 때에 겪었다. 그 벽보는 임시정부가 귀국하기 며칠 전에 여운형 씨가 주도하는 건국준비위원회가 붙인 벽보였다. 이 벽보는 조선인민공화국을 개국했다는 소식이었는데 대통령에 이승만 국무총리에 김구 등등인데 조각명단 중 여운형이 끼어 있는 것을 보고서 내 마음이 어두워졌던 것이다.

까닭이 있다. 일제 시 헌법 강의 시간에 유진오 교수가 국민이 결정하지 않은 헌법은 현대 헌법이 아니라는 강의를 나는 뇌리에 새겨 들었었다. 이는 일본 헌법도 현대 헌법이 아니라는 큰 깨달음이었다. 여운형 씨는 건국준비위원장인데 이 위원회가 나라를 세우기 위하여 투표를 관리한 적도 없고 따라서 헌법이 만들어진 적도 없는데 어찌하여 건국준비위원회가 나라를 발표까지 하는가가 내 논리이며 항의였다. 그리고 이러한 논리와 항의는 내 가슴에 가득 찼던 기쁨을 슬그머니 지워버리는 역할을 했다.

기쁨은 거저 주어지는 것은 아니며 기쁨만큼 이에 상응하는 책임과 자기부정이 동반되어야만 그 기쁨이 유지되는 그 무엇이라는 것을 나는 그때 어렴풋이나마 생각하기 시작했다. 나는 〈갈라디아〉 제5장 16절 "내 말을 잘 들으십시오. 육체의 욕정을 채우려 하지 말고 성령께서 이르시는 대로 살다 가십시오"를 이에 해당하는 교훈으로 생각했다. 이런 착안의 시작을 연 강의가 일제 시의 유진오 교수의 강의였기 때문에 유진오 선생이 돌아간 후 그 빈소를 서울대병원에서 고려대에 옮겨오는 것을 나는 반대했다. 고려대학교 캠퍼스가 전두환의 국정자문을 한 사람의 빈소가 될 수 없다는 것이 내 논리였다. 주권재민을 나에게 가르쳤던 스승이 주권이 신군부에 있는 전두환 정부의 국정자문위원이었던 것의 잘못을 나는 바로잡고 싶었다.

8 · 15 해방의 기쁨 다음으로 기뻤던 날은 1951년 9월 28일 서울이 수복된 날이었다. 중앙청 동쪽 옆길 삼청동 올라가는 길가 개천이 그때는 복개가 안 되어 있었다. 나는 이 개천으로 통하는 동십자각 지하에 피신하고 있었다. 이 지하는 폭격을 안 맞으니까 사람들이 몰려들 있었다. 그 개울을 따라 북한 인민군 병사들이 도망하기도 했다. 그중 한 명이 우리를 훑어보면서 이 중에 젊은 놈은 없는가 하고 찾기도 했는데 요행히 나는 안 잡혔다. 한참을 주위가 조용했다. 무서운 침묵 후 누군가가 밖을 살피더니 중앙청 광장에 태극기가 걸렸다고 소리를 질렀다. 이때 참으로 기뻤다.

이 9 · 28의 기쁨을 감당하는 〈갈라디아〉 제6장 1절의 책임을 나는 내 몸으로 실천했다. 나는 1953년 종전이 되어 대학생 입대자를 제대시키는 정부의 조치가 발표될 때까지 군인생활을 했기 때문이다. 나는 대학생 병사여서 육군본부에서 통계를 내고 영문교본을 번역하는 일을 했다. 다만 그때는 전시여서 계급이 빨리 올라갔다. 얼마 안 있으면 상사가 되는 시점에서 나는 통역장교시험을 봐 상사가 되는 길을 면했다. 내가 상사가 되기 싫어한 이유는 상사가 되면 비록 내무생활이지만 병사들을 지휘해야 하는데 나는 병사들 앞에서 이상한 목소리로 호령하는 일을 죽어도 못할 것만 같아서였다. 턱없이 상사의 기합을 받는 병사 생활은 오히려 견딜만 했어도 병사들을 지휘하는 자리는 싫었다. 통역장교 훈련받을 때 무기를 해체 결합하는 교육을 받았는데 나는 완전히 건성으로 이 과정을 거쳤다. 나는 몹쓸 군인이었다. 몹쓸 군인이어도 나는 그런대로 잘 참았다. 그 무렵 누군가가 쓴 소설을 읽었다. 이에 의하면 주인공이 나 같은 굴욕을 받는 병사인데 병사로서의 슬픔을 극복하는 대안으로 장교가 되는 것이었다. 나는 그 소설에서와 같이 병사로서의 슬픔을 극복하기 위하여 장교가 된 것은 아니었다. 군대에서 지휘하며 사람 죽이기가 싫어서 통역장교 노릇을 했다.

이 기쁨과 기쁨에 상응하는 욕정을 거스리는 일을 함께하는 일을 군대생활 이후에도 두 번을 더 했다. 하나는 1954년 6월에 결혼한 후의 가정 생활이 그것이며 다른 하나는 1956년 2월부터 3년간의 미국 유학이 그것이다. 첫날밤 나는 좋았다. 그러나 집사람 말이 그냥 자잰다. 나는 그 말을 들었다. 신혼여행이라고 거지 같은 여관에 갔는데 호주머니에 돈이 한 푼도 없었다. 이때에도 집사람이 나를 가르쳤다. 시집오던 날 호주머니에 있던 돈을 다 불쌍한 과부 어머니에게 주고 와서 내가 이제는 집사람에게 의지할 수가 없었다. 나는 여관에서 걸어 내려가 이모네 가게에 가서 돈을 꿔왔다. 이때 집사람이 신혼여행비를 내 대신 내놓았더라면 나는 결코 자수성가하는 사람이 못 되었을 것이다.

미국 유학도 비슷했다. 미국 유학에서 제일 기뻤던 때는 비행기를 탔을 때였다. 그 나머지는 괴로운 나날이었다. 미국 간 사람의 편지마다 좋다는 이야기는 없고 한 장 한 장이 괴롭고 어려운 이야기만 써 왔다는 것이 집사람의 말이었다. 내가 유학한 대학의 총장 주선으로 주한미대사가 집사람의 비자를 내준다는 것도 나는 거절했다. 집사람이 미국에 오면 편안한 미국에 정착하고 말 것 같아서였다. 고려대 대학원장이 나를 부르자마자 짐을 싸가지고 귀국했다. 유학이란 나에게 수업과 고행의 과정이었다. 〈갈라디아서〉 제5장 19, 20, 21절은 이 점을 다음과 같이 쓰고 있다.

> 육정이 빚어내는 일은 명백합니다. 곧 음행, 추행, 방탕, 우상 숭배, 마술, 원수 맺는 것, 싸움, 시기, 분노, 이기심, 분열, 당파심, 질투, 술주정, 흥청대며 먹고 마시는 것, 그밖에 그와 비슷한 것들입니다. 내가 전에도 경고한 바 있지만 지금 또다시 경고합니다. 이런 짓을 일삼는 자들은 결코 하느님 나라를 차지하지 못할 것입니다.

4 · 19혁명 때 한 달 전 3월 1일에 나는 고려대에 전임교수로 임명받았다. 집은 종로구 사직동이었고 출퇴근은 대학 통근버스로 했다. 집에서 걸어 내려와 중앙청 앞에 정류장이 있었다. 출근 차의 학교 도착은 아침 9시 퇴근 차의 학교 출발은 오후 5시였다. 나는 내 연구실을 쭉 지켰다. 다만 4월 25일의 교수단 데모에 참가했다. 서울의대 구내에 있는 교수회관 '함춘원'에서들 모였다. 기억으로 전국 27개 대학 약 400명의 교수가 모였다. 일단 교수회관 광장에서 대학교수단 선언문을 채택한 후 선배 교수님들이 '4 · 19 피에 쓰러진 학생의 피에 대답하라'

는 플래카드를 들고 우리는 거리를 나섰다. 플래카드를 든 좌측 줄 네다섯 번째쯤 서 있는 안경 쓴 얼굴이 나이다. 이렇게 교수단 데모에 참가했으면서도 나는 4·19혁명의 피크를 4월 25일의 교수단 데모까지이거나 아니면 4월 26일의 이 대통령의 하야성명으로 보지를 않는다. 내가 보는 4·19혁명의 피크는 4월 18일부터 교수데모가 있기 전 날인 4월 24일까지의 7일간이라고 본다. 7일간이면 짧은 시간이다. 이 시기를 피크로 보는 이유는 이 기간의 움직임이 순수했다고 나는 기억하기 때문이다.

왜 나는 대학교수의 데모를 순수하게 안 보았는가? 이는 화랑들같이 임전무퇴臨戰無退의 정신들로 나섰다기보다는 한 사람의 어른으로서 설마 나라의 어른을 향해서 경무대에 가겠다는 것도 아닌데 총질을 하겠는가 하는 느긋한 마음이 적어도 나에게는 있었다. 그 뿐만이 아니었다. 데모를 주동하는 교수 모모씨를 나는 이미 의심스럽게 보았었다. 나중에 총장으로 나갔던 얼굴들이 이 중에 있었다. 후술하는 바와 같이 70년대에 죽지도 않고 맨 끝 무렵 80년대에 나서서 공을 세웠다고 한자리를 하는 관행이 참여정부 때 우리의 혁명을 멍들게 했었다.

왜 7일간이 순수했나? 7일간 내가 구경한 것은 3·1운동의 공약 3장 그대로를 보았기 때문이다. 그 당시 《한국일보》의 홍승면 편집국장이 감동적인 4·19 소식을 전했다. 7일간의 혁명의 흐름을 한국일보에서 훑어본다. 7일간의 관련 기사를 《한국일보》 자료실에 가서 훑어보고서 한편으로는 이 7일간이 순수한 기쁨의 시기였음을 확인했다. 무슨 잡스러운 것이 끼지를 않아서였다. 그러나 한편으로는 기쁨의 시기가 7일간이 아니라 원은 4월 18일과 4월 19일 단 이틀뿐인 것을 느끼게 되었다. 이틀의 기사 표제는 다음과 같다.

4월 18일	3천여 고대생 데모 감행—도처서 경찰의 제지 물리치고—안암동서 출발 국회 앞서 농성 하오 2시 45분 현재
	고대 데모 귀도에 유혈의 수라장, 30여 폭력배가 기습, 종로 4가 천일백화점 앞서 쇠뭉치 등 들고, 후퇴 반격 동료규합 8시 50분 귀교

4월 19일 미증유의 학생데모 중대 사태, 2만 학생 경무대 앞서 유혈충돌로 경찰측 발포로 학생 3명 이상 사상 부상도 10여(미확인) 법원 포위 2천여명 이 의장댁 앞 연좌도 1500

소방차 네 대 점거 전진, 통의동 파출소도 침입 파괴

임 시장 사의표명

근본적이고 획기적인 대책, 이 대통령 경무대 국무회의 지시
서울시 일원에 경비 계엄령 선포 오늘 하오 1시 기해/ AP도 보도

학생데모 수도 서울을 휩쓸어
시내가의 전 대학이 합세, 도심 향해 밀물처럼 부풀어 전시가 삽시간에 질서를 상실
도화는 서울 문리대에서 유래, 법대, 약대 등 2천여 학생 합류
최루탄, 곤봉 세례를 풀고, 도심 지배

대광고생도 상오 8시 30분부터

정부, 비상계엄을 선포, 서울 · 부산 · 대구 · 광주 · 대전에
포고 제1호
포고 제2호(모든 집회 즉각 해산, 보도사전검열. 통금시간 연장)
포고 제3호

一面에 보도 런던 시내 석간서 한국충돌사건

공산분자가 선동 양대사 4 · 19데모 논평

폭력행사 및 유발 조치에 유감 표명, 정당한 불만의 해결을 희망, 미대사관 단식 정당

근본적인 원인 고려토록 희망, '매' 대사 작야 경무대
경찰의 발표로 해산, 하오 4시반 이의장댁 앞 데모

미 국무성, 한국사태에 성명 '매' 대사 성명 지지, 유혈 없는 '불만' 해결책 촉구

탄막을 뚫고 폭주, 소방차 뺏어 탄 데모혁명들 총에 맞아 떨어져 죽

는 자도

전국에 임시 휴교령, 서울 전 국민교도

탱크부대도 출동, 서울 진입한 육군, 요소에 대치

놀라지 말고 협조를, 계엄사령관 송 중장 담화, 군대 서울 전국에

공무 외엔 外出 삼가도록, 송 계엄사령관 통금시간 이외도

서울신문 반공회관에 불질러 뭇발길에 밟혀 죽고/세종로 일대 덕수궁 앞서 소방차 소각/골목에 몰려 부상도 다수

환희는 슬픔 다음에 생긴다. 이상에서 4 · 18과 4 · 19 이틀의 벅찬 감동을 간추리면서 이틀 이전에 있었던 슬픔이 연상된다. 이들의 슬픔이 있었기에 환희가 가능했던 슬픔을 열거해 보자. 우선은 2월 28일에 대구에서 학생시위가 있었다. 장면 민주당 부통령 후보의 대구 유세가 있는 날 학생들의 참석을 막기 위한 일요일 등교 지시에 대해 경북고등학교 학생 800여 명이 선두로 가두시위를 한다. '민주주의를 살리자'가 구호였고 이 어린 학생들의 데모는 곧 4 · 19혁명의 시발점이었다. 3월 15일, 우리 모두의 속을 터지게 한 부정선거가 있었다. 자유당은 권력과 금전, 정치력을 동원하여 정 · 부통령에 이승만과 이기붕이 당선되도록 부정선거를 감행했다. 사할 사전선거, 3인조 공개투표, 유령유권자 조작, 기권자 대리투표, 투표함 바꿔치기, 득표율 조작 등이 그 기법이다. 3월 15일날 민주당 마산시당은 선거 포기를 결의한 후 참관인 전부 그 후 시위에 나선 수천 명의 시민과 민주당원에게 경찰이 실탄 사격을 해 다수의 희생자가 발생했다. 4월 13일에 이 3 · 15마산시위에 가담했던 17세의 어린학생 김주열 군의 시체가 마산 앞바다에 떠올라와 발견되어 이에 격분한 시민들이 격렬하게 시위했다.

그리고 4 · 18과 4 · 19데모가 있었다. 이틀이 지난 후의 5일간에는 데모가 단 한 곳에서도 일어나지 않고 있다. 이것이 7, 80년대 민주화운동은 연일 대규모 시위가 있었어도 군사정부가 더욱 건재했었던 것과 극심한 차이를 보이는 점이다. 이틀 후 5일간의 보도를 간추린다.

4 · 19 다음 날 조간은 계엄 당국이 거의 전면을 삭제한 기사를 게재하고 있는데 제목은 다음과 같다.

> 건국 초유의 ○○○○.○○
> 군대진입으로 질서는 점차 회복

하룻밤이 밝았다는 것이다. 4 · 19도 역사에 묻고 있다고 한다. 도로 위에는 전차 바퀴자국이며 거리마다 집총 군인과 경관이 있다. 그러나 계엄사령관은 학생들에게 보복행위를 용납 않겠다고 말하며 평화적 시위는 폭력이 아니란다. 즉 계엄당국하의 언론은 군사정부 때의 언론이 아니다. 병원마다 신음 속에 첫날밤 샌 것을 보도하며 병상 밑에 책가방이 있다고 보도한다.

미국 정부가 빨리 움직인다. 양 주미대사를 허터 장관이 초치해 말하기를 투표의 비밀 등 보존을 제의한다. 이 대통령이 쓰라린 경험이며 큰 교훈이라고 담화한다. 4 · 19 사태에 이 대통령이 심대한 충격을 받았으며, 4 · 19가 불만이 중요 원인임을 인정한다. 송요찬 계엄사령관이 치안국장에게 정상이 경미한 학생을 즉시 석방하라고 지시하며 고문을 금지한다. 시체가 유족에게 인도되며 일구당 조의금 50만 환씩이 지불된다. 부상자를 구해 놓고 보자는 운동이 펼쳐지며 병상의 신음엔 정치색과 무관하게 구호활동이 이루어진다.

'매' 미국 대사가 경무대를 다시 방문한다. 전 국무위원이 4 · 19사태에 인책 일괄 사표를 낸다. 야당 출신 부통령 장면이 10개의 수습책을 낸다. 재선거가 중요 안이다. 송 계엄사령관이 고문 보복행위는 불용납임을 말한다. 살인 · 방화 · 파괴범은 학생이 아니라고도 말한다. 전직 고관들의 자문을 사태 수습을 목적으로 이 대통령이 희망한다. 변영태, 허정이 이에 응한다.

4월 22일에는 고려대생 '데모 깡패'를 모조리 잡는다. 미 국무성이 이 대통령이 4 · 19사태에 담화해 동족 살해는 안 된다고 말한다. 4 · 19 희생자 51구를 화장한다. 늙은 장부葬夫의 목이 멘다. 이 대통령이 변, 허 양 씨를 만난다. 신문검열

제가 폐지된다. 이 대통령이 자유당 총재를 사퇴한다. 노총勞總이 자유당과 쾌별해 노동운동 돌입을 선언한다. 이 대통령이 부상병을 방문한다. 장면이 부통령직을 사임한다. 이기붕도 의장직 사퇴를 고려한다. 이 대통령이 자유당 총재와 일체 사회단체의 장 직을 떠난다. 4월 24일에 비상계엄령이 해제된다.

이렇게 따지고 볼 때에 이승만 정권은 단 이틀간의 데모로 붕괴됐다. 이 대통령 하야성명을 한 4월 26일까지도 4·19 이후 일주일이다. 실로 짧은 햇빛이다. 이에 비해 길게 햇빛이 비쳤었는데도 무너지지 않았던 군사정부의 끈질김이 대비가 된다. 이 대비를 따지는 것이 앞으로의 과제이다. 다만 이곳에서는 짧은 햇빛을 상징하는 김치호金致浩 서울대 문리대 학생의 죽음을 칭송한《한국일보》 편집국장 홍승면 씨의 칼럼〈김치호 군의 일기〉를—이 칼럼을 감동적으로 읽었던 기억을 더듬어 책을 찾아—다음에 옮김으로 본 절을 닫고자 한다.

> 4·19학생 데모에서 죽은 서울대학교 문리과 대학생인 김치호金致浩 군에 관한 신문기사를 읽는 데는 장시간이 걸렸다. 몇 줄 읽다가는 눈물이 쏟아져 활자가 보이지 않아 한참 있다가 다시 기사를 읽으려면 몇 줄이 안 가서 또 뜨거운 눈물이 참아져 잠시 손에서 신문을 놓을 수밖에 없었다.
> 김군은 수학과 3년생. 7남매의 막둥이인데 평소에는 말이 없고 내성적인 성격이었다고 한다. 어린 조카들에게는 다정한 아저씨였고 삘링그의 음악을 즐겨하던 김군은 19일 이렇게 일기를 써 놓고는 집을 나섰다. "나는 정의를 위해 오늘도 죽음을 두려워하지 않으련다."
> 꽃다운 청춘의 정의감은 19일 데모에서 정말 죽음을 두려워하지 않았다. 학생 대표로 경찰에 연행된 김군은 형사들에게 실컷 얻어맞은 끝에 석방되기가 무섭게 一路 경무대 앞 데모 대열로 달려갔다. 데모 대열 앞에서 조국의 민주주의를 절규하다가 김군은 하복부에 관통상을 입고 수도 육군병원에 운반되었다. 중상인 김군을 누구보다도 먼저 군의관이 수술하려고 하는 것을 빈사상태인 김군은 혼신의 힘을 모아 굳이 사양하였다고 한다. 부상한 고교생들이 비명을 울리고 있는 것을 간신히 손짓하면서 "저 어린 동생들부터 제발 살려달라"고—

영국의 월토 로리 경이 싸움터에서 부상하여 심한 갈증을 느끼면서 귀한 물을 빈사 상태의 병사에게 주었다는 이야기는 유명하지만 김군의 경우는 로리 경보다도 훨씬 영웅적이고 기사다웠다고 말할 수 있다. 어린 고교생들의 치료를 조금이라도 빨리 해 주기 위하여 김군은 빈사의 몸임에도 불구하고 수술을 사양하여 마침내 꽃다운 청춘을 조국의 민주전당에 바친 것이다.

만약 지금 김군이 살아 있다고 가정한다면 그는 무엇을 하고 있다고 생각할 수 있을까. 정치인들을 좇아다니면서 무슨 단체를 만들어 국회의원 총사퇴를 언제 해야 하고 정 · 부통령선거를 언제 해야 한다고 떠들어 대고 있을 것인가. 혹은 다시 책상 앞에 앉아서 조용히 수학책을 읽다가 머리가 피곤해지면 뷜링그의 음악에 귀를 기울이고 있을 것인가.[5]

제2공화국의 비극

4 · 19데모 후 7일 만에 무너진 이승만 정권이 허정許政의 과도정부를 거쳐서 장면의 제2공화국이 탄생했다. 그러나 이 민주정부는 다음 해 1961년 5월 16일 새벽에 군인 일단을 인솔하고 한강을 넘어 온 박정희 소장에 의해 그 명이 끊긴다. 슬픈 일이다. 4 · 19가 기뻤던 만큼 그 슬픔이 컸다. 그러나 제2공화국의 비극을 이해할 수 있다. 그 단서를 왜 이승만 정권이 데모 후 단 7일 만에 붕괴했는가를 살핌으로 얻을 수 있다고 생각한다.

이승만 정권이 쉽게 무너진 이유는 단 한 가지이다. 4 · 19데모라는 도전자는 이승만 정권이 전혀 다뤄 보지 않았던 새로운 종류의 도전이었기 때문이다. 이승만이 의지했던 경찰과 군대가 익숙하게 다뤘던, 말하자면 적은 ① 자리를 뺏어서 들어오는 이이며, ② 옳음이라기보다는 잇속으로 움직였고, ③ 이런 일을 하는 수단은 폭력이었다. 건국 과정은 물론이요 6 · 25전쟁이 그러했고 휴전 이후의 국내 정치도 세 싸움이었다.

해방 전까지의 일본 제국주의라는 적도 그러했다. 이승만 정권은 도전자란

5 홍승면, 《잃어버린 혁명》, 나남, 1988, 74, 75쪽.

다 이런 것인 줄만 알았다. 그런데 4 · 19데모는 새로운 종류의 도전이었고, 이 도전 앞에 전혀 준비가 안 되어 있어 어찌 대처할 바를 몰랐다.

데모에 대처할 준비가 안 되었던 것을 우리는 2009년 봄 정권을 얻자마자 이명박 대통령이 맞이했던 촛불시위에서도 보았다. 그는 당황해 청와대 뒷산에서 촛불시위를 내려다보면서 연일 괴로웠을 것이다. 그러나 다행히 괴로움을 멈출 수가 있었다. 유모차가 나서는 순진한 시위에 민주당원들이 자신의 전과를 뉘우치지도 않고 나서는 것을 보고는 오히려 안심하는 한숨을 쉬었을 것이라고 나는 생각한다. 그때쯤일 것이다. 한국기독교교회협의회에서 나에게 대표의 한사람으로 촛불시위에 나와 달라고 전화가 왔었다. 나는 이때 단호하게 거절했다. 한물 간 내가 나가면 촛불을 끄는 역할을 한다고. 지금도 나는 그때 내 말이 맞는 말이라고 생각한다. 4월 25일에 발표된 대학교수단 선언문 4항에 의하면 여당만이 아니라 야당 국회의원도 학생들을 분노케 한 책임이 있다고 말하고 있다. 사정이 이러함에도 불구하고 만일에 4 · 19데모 때 야당 국회의원들도 나왔더라면 데모의 순수성이 희석되고, 데모의 순수성이 희석된 만큼 이 대통령의 하야는 그만큼 늦춰졌을 것이다. 위에 적은 이 정권이 익숙했던 적의 세 가지 성격과는 판이하게 다른 4 · 19데모를 다음에 대비하자.

	이 정권의 적들	4 · 19데모
사람	자리를 빼앗아 들어온다	학생들은 정치인이 아니다
일	잇속으로 한다	주장이 올바르다
방법	폭력을 쓴다	비폭력이다

이쯤 써 놓고 보니 4 · 19데모의 원형이 무엇인가가 드러난다. 4 · 19데모의 원형은 1919년 3월 1일의 독립운동이다. 이 날 우리를 강점했던 일본 정부는 지금껏 겪어 보지 못했던 도전자의 모습에 당황했었다. 군국주의 일본의 적은 그 자신을 해치고 들어오는 미움으로만 무장된 사람이었지 하늘이 부여한 천부의 인

권을 신장하기 위하여 존재하는 거룩한 존재가 아니었다. 일본 정부가 겪었던 적은 잇속으로 쳐들어오는 적이었지 만세를 부르는, 즉 자신들이 생각하기에도 그들을 짓누르는 행위는 정당한 일이 아니었다. 그들은 폭력은커녕 손에 부지깽이도 안 든 적을 대하기는 처음이었다. 3 · 1운동 때 형성된 사람 · 일 · 방법의 교집합을 다음 그림으로 그릴 수 있다.

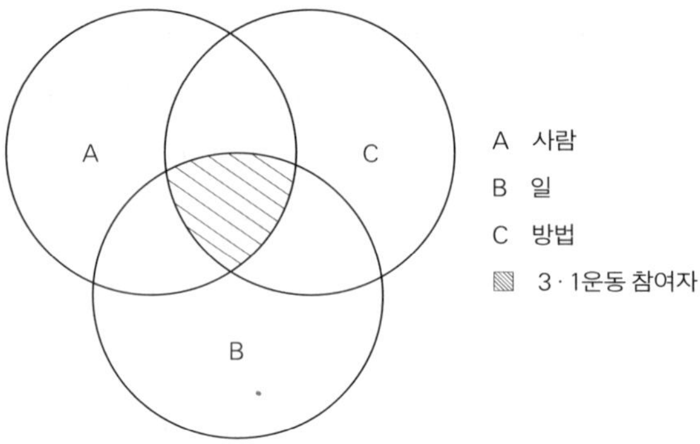

이 그림에서 교집합에 속한 사람은 적을 미워하는 존재가 아니라 자신의 천부인권을 신장하는 사람이다. 일은 잇속을 차리는 일이 아니라 그 정당함을 상대방도 부정 못하는 정당한 일이다. 일하는 방법은 비폭력이며, 이 비폭력은 하느님과 맞닿아 있기도 하지만 정당한 일과 연결되어 있기도 하다.

이승만의 이 당황함은 정권의 종료를 가속화하게만 했던 것이 아니라 제2공화국의 단명을 가져오기도 했다. 즉 이승만은 4월 26일에 하야성명을 내고 나갈 것이 아니라 자신이 불출마하는 조건으로 그간의 부정을 바로잡고 새 나라를 제정하고 새 대통령을 선출하고 나갔어야 했다. 4월 25일의 교수단 선언은 12개 항 중 아무 항에서도 이 대통령의 하야를 언급 안 했는데 이 대통령은 자기가 하지 않게 되었으니 나라 일은 모르겠다는 식으로 나가 버렸던 것이다. 내가 18세 때 종로 거리에 붙은 건국준비위원회 벽보에 위원장의 이름을 각료에 포함시켜 건국을 발표했던 것이 나라의 혼란을 초래했다고 생각했던 것과 동일한 사고의 논리이다. 자신의 욕심을 억제하고 마땅히 해야 할 일을 행함은 위에 적은 ABC 교집합 그림의 시작이기도 하다. 이승만이 마땅히 처리하고 나가야 했던 이유는 그 통치체제만이 갖고 있었던 노하우를 유지함으로써 이 대통령의 하야로서 생길 갑자기 주어진 자유 속에서 분출되어 나올 각양의 좌파 · 폭력운동을 억제했었어야 했기 때문이다. 3 · 15부정선거의 주동자인 경찰이 장면 정부 때 움추리고 있었는데 그 경찰이 잘 다룰 수 있는 좌파 · 과격운동은 오히려 준동했었다. 이 좌파 · 과격운동의 분출은 3 · 1독립운동 이후에도 이미 겪었던 분출이었다. 3 · 1운동 때는 아무 일도 않던 좌파 · 과격세력이 3 · 1운동이 성공으로 끝난 다음에야 준동했었던 것이다. 이 점을 놓고서 고민했던 지도자가 바로 본서 제1장에서 살펴본 안재홍의 고민이었다. 내가 보는 이승만의 가장 큰 잘못은 끝 마무리를 전혀 않고서 하야한 것이라고 생각한다. 부정선거에 관여했던 경찰도 이승만 대통령이 직접 바로잡고서 퇴임했어야 했다. 갑자기 죽은 것이 아닌 이상 멀쩡히 살아있는 사람의 의무는 그 생명을 다할 때까지 이성을 잃지 않고 자신의 잘못을 뉘우치고 회개하는 것이어야 한다고 말한 종교개혁자 마르틴 루터의 95개조의 정신은 가히 민주정부를 만들어 내는 기초 정신이었던 것이다. 일개 범부인 한 노인도 죽기 전에 유언도 하고 집안일을 처리하고 세상을 끝내는 것인데 나라의 정상에 있었던 이승만이 남의 집 버리고 가듯이 나가 버린 것은 한심스러운 일이었다.

장면 정부의 경찰력이 점차 약해졌고 이 정권 때나 4 · 19 때 잠잠했던 좌파 · 과격세력이 형태를 바꾸어 점점 커졌던 것을 잘 묘사한 책이 한승주 교수가 캘리포니아 주립대학에서 쓴 박사학위 논문《제2공화국과 한국의 민주주의》(종로서적, 1975)이다. 이 책에서 저자는 장면 정부의 능력 부족을 혁명세력과 반혁명세력 사이에서 진퇴양난에 놓인 정권으로 우선 설명한다. 반이승만 집단의 불만을 해소하기 위해 전 이승만 지지자들을 처벌하기 위한 특별법의 제정이 힘들었던 점이 묘사되어 있으며, 이 처벌 과정에서 경찰의 사기가 저하되었을 뿐 아니라 부정축재의 처리와 군부의 정화도 부진했던 것이 지적되고 있다.

이러한 능력 부족의 장면 정부가 좌파의 소요와 우파의 반발 사이에 갇히게 된 것을 상술하고 있다. 제일차로 혁신계가 재정비하고 나섰고 교원노조의 조직이 뒤따랐고 이어서 학생들의 과격한 정치 참여가 뒤따랐다. 4·19데모 때의 학생들과는 달리 소위 민족통일학생연맹(서울대학교의)이 공산주의 아래 통일된 한국에로의 길을 열기 바라서 연맹이 북한 학생들을 만나기 위해 판문점으로 갈 것을 다짐했던 같은 달 5월 16일에 군사 쿠데타가 발생했다. 좌파·과격운동의 면모를 보여 주는 것을 한승주의 책에서 뽑는다.

> 1. **혁신계의 재정비.** 1960년 7월 국회의원 선거에서 혁신계는 철저한 패배를 맛보았다. 선거 이전에 혁신계 사이에 두 가지의 사태 진전이 있었다. 하나는 사회대중당 내에서의 진보당계와 반진보당계 분파의 분리이며 또 하나는 사회대중당 내의 분파의 결과로 개혁주의적 정치인들이 중도화와 급진화된 정책적인 재정렬을 보았다는 것이다. 비진보당계 분파들은 진보당계의 궁극적인 목적이 사회주의 이념의 평화적이고 민주적인 이행이 아니라 공산주의 지향적인 사회·정치 혁명이 아닌가 강한 의심을 하고 있었다. 비진보당계는 정상적인 정치 일정 내의 참여를 보다 강조하는 민주주의적 사회주의 가치 아래에서의 혁신계 결정을 검토했으며 진보당계는 헌법 외적인 방법을 통해 그들의 목적을 수행해 나가려 하는 경향이 보이는 비교적 급진적 혁신계들의 단일 동맹을 촉진시키려 노력했다. 1961년 5월 제2공화국이 붕괴할 때까지 두 혁신 집단은 분리된 노선을 걸어서 혁신계 운동을 약화시켰다 …
>
> 행정부의 권위와 효율성을 회복하기 위해 장면 정부는 두 가지 의안을 제시했다. ① 첫 번째 의안은 공공집회와 가두시위의 조직자들에게 행사 24시간 전에 회합의 목적, 시간, 장소, 참석자에 관한 정보를 경찰에 통고하라는 것이다. 게다가 이 의안은 경찰이 그 행사를 중지시킬 수 있고 "불법 집회 혹은 시위"를 규제하기 위해서 경찰이 자체 판단으로 총기를 사용할 수 있도록 하려는 것이었다.
>
> 공산당원의 침투와 지하 활동을 억압하려는 의도를 가진 ② 두 번째 법률은 반정부 조직이라 규정된 용공 집단의 이익이나 활동을 지원하거나 촉진하는 자에게 무거운 벌금을 물도록 하는 것이었다. 비록 이 반공 입법이 기존의 국가보안법에 대한 수정안으로 제시된 것이기는 하나 그것은 북한 공산당을 지지 혹은 찬양하는 가장 경미한 표현에도 무거운 벌금을 물도록 했다 …

3월 하순과 4월 초순 동안 시위대원과 경찰 간의 과격한 대치를 나타내는 다음의 연대기적 서술은 당시 상황의 심각성을 잘 드러내고 있다.

3월 18일, 대구에서 주로 고등학생과 대학생으로 구성된 1만 명가량의 시위대원이 "악법 시행을 검토하는 혁명 반역자를 처단하라", "프롤레타리아 대중을 구제 못하겠거든 물러나라" 등의 구호를 외치며 제안된 입법안의 철회를 요구했다. 게다가 그들은 장면 정부가 강화하고자 하는 기존 국가보안법의 철폐를 촉구했다. 심각한 부상은 없었으나 10명의 데모 대원이 체포되었다. 이 시위는 정당이 아닌 사회, 청년 집단이 조직했는데 주로 좌익 학생들로 구성되었다.

3월 21일, 대구에서 혁신 정당이 조직한 항의시위와 가두행진에 15,000명이 참여했다. 경찰과 시위군중의 과격한 충돌로 60여 명이 부상을 입고 119명이 경찰에 체포되었다.

3월 23일, 부산의 학생 조직이 3,000명가량의 항의시위를 조직했다. 학생 두 명이 경찰에게 심하게 구타당한 것으로 보도되었다.

3월 24일, 대구에서 주로 학생들인 3만 명의 시위대가 항의행진을 했으나 경찰의 저지가 없었다. 이들 중 3,000명은 제안된 보안법에 대한 그들의 반대를 극적으로 나타내기 위해 밤에 횃불행렬을 하였다.

3월 25일, 마산에서 3,000명의 학생들이 보안법을 제안한 장면 정부 내 "불순 분자"들을 규탄했다. 부산, 광주, 전주 등 다른 도시에서도 학생들의 시위가 있어서 2만 명가량이 이에 참여했다.

4월 1일, 대구에서 노동조합연맹이 항의 회합과 행진을 조직하여 5,000명의 조합 노동자(주로 섬유산업계)들이 참여했다. 여기에 2,000명가량이 원주에서 7,000명가량이 광주에서 현안 법률 반대 시위를 했다. 같은 날 주로 퇴역 군인들로 구성된 5,000명이 시위를 벌여 보안법에 반대하는 "용공 세력"을 규탄했다.

4월 2일, 대구에서 노조(특히 교원노조), 혁신 정당, 학생단체의 활동적 인사 600명이 1,000명의 경찰과 충돌하여 이 시위가 생긴 이래 가장 치열한 상황을 초래하였다. 이 충돌 이후, 지방 의원과 노조연맹장을 포함한 시위대원 49명이 체포되었다. 대구 역 앞에서 데모 대원의 시위를 정부가 저지하자 폭력이 터졌다.

2. 교원노조教員勞組의 조직. 이승만 체제에서는 노동조합이 독자적인 이익단체로서 효과적으로 기능할 수가 없었다 … 새 정부에서 가장 주목할 만하고 정치적으로 의미 있는 노동운동상의 발전 중의 하나는 전국 교원노조教員勞組의 성립이었는데, 이것은 그 급진적 이데올로기와 그것의 합법성에 관한 논쟁 때문이었다

한국에서 많은 다른 급진적 운동과 마찬가지로, 교원노조 운동도 대구에서 시작했는데, 수 명의 젊은 교원들이 주도하였다. 이리하여 1960년 4월 29일, 대구의 여러 중등학교 대표 약 60명이 대구에서 중등 교원노조를 결성했다. 이어서 5월 7일에 조직회합이 열려 공식적으로 조합 간부들을 선출하였고, 교원에 대한 정부 간섭의 종식, 교원의 경제적 사회적 안전을 보장하고 증진시킬 교원노조에 관한 법률 제정, 그리고 정부 공무원과 상급자들과의 가까운 연계를 통해서 축재하거나 고위직을 획득한 교원들의 숙정 등을 요구하는 선언을 채택하였다.

몇몇 노조 지도자들은 1945년 해방 후 좌익 활동에 참여했던 것으로 알려졌다. 이를테면 전국에서 제일 강한 경북노조의 의장인 김문심은 한국전쟁 동안 남한으로 오기 전 공산 체제에서 그의 고향 평안북도의 군인민위원회 의장으로 재직했었다.

저력 있는 급진적 교원조직이 전국적 규모로 급격히 성장하는데 놀란 문교부 장관은 공무원에 관한 법(27조)에 따르면 교원까지를 포함한 모든 공무원들은 공공업무 수행 시를 제외하고는 어떤 정치활동이나 집단행동에 가담하지 못하도록 되어 있다고 주장하면서 연맹이 아무 법적 근거가 없다고 선언하였다.

교원노조의 적법성 문제가 1960년 8월에 허정으로부터 장면이 정부를 이양받을 때까지 해결되지 않았다. 그리고 신정부는 교원노조에 대하여 명쾌한 입장을 취할 수 없었다. 대신, 장면 정부는 교원노조의 적법성 문제를 변호사, 학자, 교육자, 그리고 학부모의 견해를 광범하게 청취한 연후에 결정하기로 결심하였다. 이어서 문교부 장관 오천석吳天錫은 국회에서, 비록 법은 분명치 않으나, 정부는 교원노조를 승인할 준비를 하고 있으며 단체교섭의 기구로서가 아니라 단지 교원들의 사회적 조직으로서 그렇게 할 것이라고 진술하였다. 오 문교부 장관은, 교사들의 임무는 신성하므로 그들이 보통 근로자들같이 행동할 수 없다고 말했다. 여하튼 장면 정부가 이 문제에 대해서 양다리를 걸침으로써 교원노조 및 국회의원들로부터 비판적인 반격을 야기시켰을 따름이었다 …

대구 지역에서는 약 200명 이상의 교사들이 단식투쟁의 결과로 그들의 교실에서 졸도했다. 그리고 1만 명 이상의 학생들이 그들의 선생을 위한 동조 시위를 했다. 대구의 거의 모든 중학교 학생들이 그들 자신이 단식투쟁을 시작함으로써, 그리고 재향군인회 같은 확실한 보수단체들이 교원노조에는 "급진" 분자들이 없다고 강력히 부인함으로써 상황은 악화되었고 장 정부는 이들을 통제할 수 없었다. 국회는 교원노조와 그들의 학생 지지자들에게 굴복하여 노조법을 개정하려는 의안을 철회했다. 정부는 — 내각과 국회 모두 — 교원노조의 전투적 압력을 감당할 수 없음이 드러났고,

교원노조는 불법적이고 때로 폭력적인 방법으로 그들의 즉각적 목표를 성취했다 … 진보적 정치운동에 깊이 개입했음에도 불구하고, 교원노조의 지도자들은 기존 혁신 정당을 공공연히 지지하는 것은 조심스럽게 삼가하였다. 그들이 정당에 가입할 수 없었던 하나의 중요한 이유는 그들이 공무원으로서 정당 정치에 참여하는 것이 법적으로 금지되어 있었다는 것이다. 그러나 혁신 정당들이 내분과 외적 고립 때문에 너무 세력이 약하므로 가까운 장래에 교원노조의 주의 주장에 어떤 도움도 주지 못할 것을 노조 지도자들은 뚜렷이 알았다 …
사실상, 제2공화국 후반기에 있었던 하나의 의미심장한 발전은 뚜렷한 정부의 후원도 없이 우익 집단들이 발생한 것으로서, 이들 우익 집단들은 교원노조의 시위를 포함하여 반정부 시위를 부정하는 집회로부터 발단되었다. 우익의 반발은 특히 좌익적 학생들에 대해서 강렬했는데, 학생들은 교원노조와 마찬가지로 한국의 급격한 사회 변화를 옹호하고 북한 공산주의자들과의 화해를 통해서 민족 통일을 이룩하려 하였다.

3. **학생들의 정치 참여**. 1957년에 그 구성원 중 하나가 대학신문에 선동적인 논문을 쓴 혐의로 체포된 뒤, 신진회는 특별히 감시받았다. 그는 뒤에 지방법원에 의해 방면되었지만, 신진회의 제한적 활동은 더욱 타격을 입었고, 이 사건 후에 더욱 지하활동으로 들어갈 수밖에 없었다.
학생통일연맹은 서울대학교의 진보적 학생들이 시작한 것으로서 민족의 통일과 남북한에서 외세 배격을 달성하기 위한 신조를 고수한 학생 통일 조직이었다. 연맹은 신진회 회원들이 고안하여 처음 조직하였고, 서울대학교 문리대 및 법대의 많은 온건하고 진보적인 학생들을 끌어들였다. 비슷한 조직들이, 서울대 동지들의 통일 목표를 공유하는 학생들에 의해서 전국적으로 주요 대학들에 계속 만들어졌다. 서울대학교 민족통일연맹은 11월 초 조직된 뒤 처음 몇달 동안 약 300명의 학생들이 가입했는데, 20명으로 구성된 중앙위원회 지도 아래 움직였으며 중앙위원회는 대부분 자천한(self-appointed) 학생 "대표"들의 모임에서 선출되었다. 중앙위원회위원(모두 약 50명)의 많은 수가 4월 봉기 이전 신진회에 관련했던 학생들이었고, 개인적, 비공식적으로 함께 일했던 학생들이었다. 과거 신진회 구성원들도 중앙위원회 의장, 대의원회 의장, 선전위원회 위원장, 그리고 통일문제연구위원회 위원장 같은 연맹의 요직들을 많이 장악하였다 …

북한과의 화해와 외세 철수를 통한 민족 통일을 학생들이 공개적 행동적으로 내세운 것은 이 정권 아래에서의 그들의 수동적 자세를 급진적으로 탈피한 것을 나타내는 것이었는데 이 정권 아래에서의 통일론은 UN 감시하에 대한민국 헌법상의 절차에 따른 전국적 선거를 통하여 민족 통일을 달성하자는 정책이었다. 이 점에서 학생들은 혁신계 정치인들과 견해를 같이 갖고 있었는데 혁신계 정치인들은 역시 통일 문제에 있어서 남한의 위치를 재평가할 것을 요구하였다.

장면 정부가 예상대로 학생들의 제안을 거부한 반면, 북한은 이를 열광적으로 환영하였다. 11월 24일 북한 최고인민회의는 한국 국회에 다음과 같은 제안을 하였다.

1. 남한은 UN 감시 아래에서의 남북한 총선거를 계속 주장해선 안 된다. 만약 남한의 정부가 중립국가 감시하의 남북한 자유선거를 받아들일 수 없다면 적어도 남북한 간에 정상적 관계를 수립하는 데에 동의해야 할 것이다.
2. 남북한 모두 당분간 그들 각자의 정부 체제와 독립적 존재를 유지할 것이나, 남북한의 공통적 경제, 문화 활동을 연결하고 증진시키기 위해서 연방 기관이 수립되어야 한다.
3. 만약 남한 정부가 "연방안"을 받아들일 수 없다면, 경제적 협조와 교역을 달성하기 위하여 남북한 경제인의 경제위원회가 수립되어야 할 것이다.
4. 남한은 지주로부터 토지를 박탈하고 그것을 농민들에게 무상으로 배분함으로써 토지개혁을 수행해야 한다.
5. 자유로운 여행, 편지 교환, 그리고 기자 교류 등이 수락되어야 한다. 육로 및 해로를 통해서 물자와 통행인 수송을 위한 편의들이 개방되어야 한다. 전화와 전보선이 복구되어야 한다.
6. 양편 모두 군병력을 10만 이하로 감축해야 한다.
7. 남북회담이 즉각 판문점, 평양 또는 서울에서 열려야 한다.

비록 이런 제안들이 장면 정부에 의해서 "교활하고" 실천 불가능한 것으로서 거부되었으나 이것들은 처음부터 북한과의 협상을 제안했던 학생들과 혁신계 인사들 사이에 상당한 낙관론을 야기시켰다. 심지어 보수적인 신민당의 소장 의원 몇 명도 장면 정부가 북한의 제안에 대해서 보다 적극적이고 타협적인 자세를 채택하지 …

학생통일연맹 지도층의 이데올로기의 급진성은 전투적 행동으로 표현되었다. 그들은 한 · 미 경제협정 및 반공법안에 반대하는 항의집회와 가두시위에 다른 학생들과 시민들을 동원시켰다. 시위자들이 비록 수에 있어서는 적었지만 — 보통 200내지 300 — 민족주의적 신조를 확고히 지녔으며 경찰과의 대치에 있어서 상대적으로 강한 내적 결속을 보였다. 그러나, 학생연맹의 급진화와 함께 온건한 진보적 학생들은 그 활동에 참여하지 않았다. 이리하여 전투적인 반정부 행동에 적극 참가하는 과정에서 결국 신진회의 급진적인 과거 회원들 및 다른 극단주의자들이 연맹을 다시 지배하게 되었음이 점점 명확해졌다.

대안이 나온 해, 1970년

제2공화국에 등장했던 혁신계 정치인도 교원노동조합도 그리고 판문점에 북한 학생들을 만나러 가고자 했던 서울대생도 모두 다 4·18과 4·19 때는 자취도 드러내지 않았던 사람들이다. 이 혁명 때에 등장도 않았던 세력이 혁명으로 탄생한 정권을 괴롭혔다. 정권이 괴로워했다는 것은 정권이 문제를 해결할 대안을 거의 못 냈다는 뜻이기도 하다. 이 대안 부재의 상태에 쉽게 군대를 끌고 들어와 침공해 성공한 이가 박정희 소장이다. 그는 사이비 대안이었지 대안이 아니었던 것을 밝히는 그림도 전술한 바 있는 사람, 일, 방법의 교차 그림이다. 박정희 통치의 사람, 일, 방법의 교차 행위는 A. 사람은 적으로 생각하며, B. 일은 잇속을 증진하며, C. 방법은 주먹을 주무기로 하는 교집합이었다. 즉 박정희 정부는 4·19학생들의 교집합 밖에 있던 것들의 교집합이었다. 이에 반해 장면 정부가 만든 교집합은 4·19학생들의 교집합과 동일했다. 그러나 군사정부가 만든 교집합은 사람은 자유 신장, 일은 정당함 그리고 방법은 비폭력 등의 교집합과는 정반대 교집합이었다.

그런데 이 군사정부의 교집합 행위를 정당화하는 이론이 미국에서 나왔다. 이는 이승만 하야를 향하여 재빨리 움직였던 미국 관변 측의 태도와는 썩 달라진 태도였다. 미국은 공산주의 러시아와의 대치관계를 고려해 한국은 물론 아프리카나 동남아 등에서 군사정권을 근대화의 도구로 삼겠다는 이론을 뒷받침했던 것이다. 마리온 레비Marion Levy가 근대화 엘리트로서 군대를 지목한 《Modernization》을 썼고, 미 국무성이 아시아 학자들이 모이기 쉬운 하와이 대학교에 East and West Center를 만들어 독재를 하되 근대화의 일꾼이 되는 기법을 훈련하고 전파했다. 한국에서도 서울대 행정대학원 교수들이 앞장서 이에 참가했고 이들이 귀국 후 발전행정development administration이라는 괴상한 과목을 행정학과에 설치했다. 한때는 고려대 아세아문제연구소가 어떻게 보면 고려대학교보다 더 유명해졌는데 이는 이 연구소가 미국 포드재단의 지원을 받아 아시아에서의 반공을 연구했기 때문이다. 대학마다 교양과목으로 국민윤리라는 과목도 개설했다.

이런 학문 활동들을 나는 악마들의 학문 활동이었다고 본다. 나는 이 악마들의 학문 때문에 득도 보았지만 손해도 봤다. 득 본 것이 먼저였다. 아시아문제연구소가 두 번의 국제회의를 개최했다. 첫 번째는 1965년에 근대화를 주제로, 두 번째는 1970년에 남북통일에 관한 회의였다. 냉전시대에 포드재단에서 돈을 받아 하는 회의에 걸맞는 제목들이었다. 그런데 이 두 개 회의에서 나도 불렀다. 두 회의에서 나는 내 말을 했다. 근대화 회의에 제출된 논문에서 우리 관료제도를 개혁하기 위해서는 효과와 능률만이 아니라 민주성이 확보되어야 하며, 관료제도 밖에 있는 정치의 진행과 사회 내 가치관이 바뀌어져야 함을 지적했다. 예를 들어 군사정부, 극한 투쟁, 굴욕적 외교 등이 정치에서 없어지며, 사회 내 가치관에서는 다른 사람보다 자기가 높다고 생각하는 권위주의가 고쳐져야 한다고 썼다.

이 논문은 비록 미국을 공부했던 결과에서 나온 것이기도 했지만 당위와 직관을 제시한 글이기도 했다. 그러나 이 가설을 26년 후에 쓴 나의《자전적 행정학》에서 증명할 수가 있었다. 그리고《자전적 행정학》을 쓴 것은 감옥을 나온 후 고려대 복직 후의 일이다.

1982년 챈들러Chandler과 플래노Plano의 공저인《The Public Administration Dictionary》가 나왔을 때 나는 여기에 나오는 어휘들을 65년에 발견했던 내 근대화 거점들에 대입해 미국 행정제도의 발전 과정이 나의 예측과 같았다는 것을 확인할 수가 있었다. 이 증명 얻음을 갖고서 나는 1991년에 쓴《자전적 행정학》에서 만이 아니라 2001년에 쓴《인간 · 종교 · 국가》에서도 행정제도의 일람표를 만들 수가 있었다. 그러니까 65년 국제회의에서 내가 얻은 득은 내 학문의 일생을 건 하나의 억측speculation인 '민주주의 없이는 행정도 없다'는 명제를 제시했던 일이다.

남북 통일에 관한 국제회의에서는 내가 몇 년을 두고서 준비하고 있던 박사학위논문을 반년을 앞당겨 발표했다. 비록 북한 사회라 할지라도 '일하는 조직'과 '개인을 존중하는 조직'이 생겨나기 시작만 한다면 체제의 자유화도 되고 남북 간의 교류 · 공존도 가능할 것을 예견한《로동신문》60개월분을 2기로 나누어분석한 논문이었다. 농촌에서 청산리 방법 그리고 공장에서 대안의 사업체계와 같은, 정권으로부터 자율적인 운동이 나왔던 것이 주체사상의 등장으로 후기에 퇴조할 뿐만 아니라 효율이 저하하는 것도 보았다. 이 논문이 바로 내가 고려대를 떠나 감옥에 가 있을 때에도 고려대 박물관 전시실에 전시되어 있었던 논문이니 내 70년도의 국제회의 발표는 나를 학문하도록 격려한 발표이기도 했다.

그리고 이 사이비 학문 때문에 드디어 골탕을 먹었다. 반공연맹에서 주최하는 한 교육 프로그램에 나는 고려대 교무처로부터 참석하도록 위촉을 받았다. 웬만한 일은 참을 만한 나의 제1차 고려대 복직 후의 일이었다. 교육 개회식에서 교육 대상자가 각 대학의 '국민윤리' 담당자임을 알았다. 나는 이를 알자마자 일어서 나와 프로그램 사무 보는 사람에게 내 신분을 밝히고 나는 국민윤리 담당자가 아니어서 간다고 말하고 그곳을 나왔다. 나와서는 고려대 교무처에 가서 직원들 앞에서 내가 언제 '국민윤리'를 맡았었는가를 따졌다. 직원은 유구무언이었다. 제2차 복직 후 이때의 교무처장 한만운 교수로부터 비로소 내 항의에 대한 대답 아닌 대답을 들었다. 교무처장의 답이라면 교무처장으로서 국민윤리 담당 아닌 분을 보내서 죄송했다고 말했어야 했는데 그런 말은 않고 다음과 같이 말했다.

> 전일에 해직된 네 명의 명단 속에 이문영 선생의 이름이 들어간 이유는 전일 국민윤리 담당자 교육을 거부한 것으로 당국의 미움을 받으셨을 겁니다.

혁신계 정치의 출현과 반공을 국시로 해 등장한 군사정부 출현은 둘이 다 나라를 이끌 대안이 아니었다. 이는 적을 죽이고 나는 사는 생멸生滅의 세계의 전개에 불과했다. 이런 상황을 기피했던 우리의 인물로 나는 안재홍 씨를 제1장에서 부각했다. 대안은 생멸의 세계가 아니라 나와 네가 함께 사는 진여眞如의 세계를 창조하는 것이라고 말했던 원효元曉의 생각을 나는 또한 한다. 나는《협력형 통치》(열린책들, 2006)에서 한 장을 별도로 할애해 원효를 썼다. 원효는 신라가 백제와 고구려를 멸망시키고 경주에 기와집들을 짓고 사는 시대에 거처할 절간이라고는 경주 산모퉁이에 굴을 파고 이곳을 절이라 말하면서 산 승려인데, 그는 진여를 약자를 공동체에서 쫓아내지 않는 것, 즉 견遣이 없는 무견無遣과 혼자서만 발언권을 갖는 공동체가 아닌 무립無立을 진여라고 말했던 나라의 어른이었다. 무견과 무립이 만들 나라의 모습을 다음에 표시해 본다.

	나라의 상태
無遣	멀리 고구려에 사는 천민들도 퇴출되지 아니한다
無立	신라만이 발언권을 갖지 아니한다

원효의 말, 진여와 생멸을 바로 앞 절에서 만든 사람 · 일 · 방법의 교집합 그림에서 설명할 수가 있다. 즉 사람 · 일 · 방법의 교집합 부분(3 · 1운동 참여자)이 곧 진여 부분이며 교집합 아닌 부분의 교집합 부분이 생멸 부분이다. 1970년까지의 10년간의 군사정부와 좌파 · 과격의 맞대결은 사람 · 일 · 방법의 교집합이 아닌 생멸 부분끼리의 교집합의 맞대결이었다. 즉 10년간의 대결은 대안으로서의 대결, 즉 사람 · 일 · 방법의 교집합인 진여 부분으로 맞대결한 것이 아니었다. 권불십년權不十年이라는 말이 맞는다. 군사정부 이후 10년 만인 1970년에 사람 · 일 · 방법의 교집합인 진여 부분이 활성화했다. 한 해에 여러 곳에서 여러 사건이 비슷한 시대정신을 제각기 분출하면서 터져 나왔다. 그 화려한 출현을 나는 다음과 같이 회상한다.

4월에 함석헌이 《씨울의 소리》를 발간한다. 《씨울의 소리》는 5월호도 낸다. 그러나 인쇄소를 허가 없이 바꿨다는 이유로 군사정부가 발간을 정지시킨다. 일년 후 8월호에 재판에서 승소해 복간되었지만 전두환이 80년 7월에 이를 폐간시킨다. 이 잡지가 사람 · 일 · 방법의 진여 부분의 교집합을 민중이 이루어 생멸부분인 군사정부에 대항해 나가도록 '사상의 게릴라전'을 제창한다. 7, 80년대 민주화운동의 대부임을 자처하는 말이다. 정간되기 전의 두 권의 권두언에서 이를 쉽게 정리할 수 있다.

> "사람은 군사정부나 이에 붙는 지식인이나 신문들을 사람으로 치지를 않고 전체 씨울에서 지혜가 나온다고 말한다. 즉 사람 중 의미 있는 부분은 지혜를 만드는 부분이다. 할 일의 요약은 말하는 것이다. 말함이 곧 창조하는 능력이기 때문에 역사는 새 단계에 오르게 된다고 말한다. 일하는 즉 말하는 방법도 비폭력이 방법이라고 말하고 있다. 우리의 씨울은 드러내 놓고 하는 싸움이며 폭력으로 하는 싸움이 아니며 우리의 무기는 저쪽의 속에 있다고 말한다."

7월에 부정부패를 풍자한 담시譚詩 〈오적五賊〉 필화사건의 제1회 공판이 열리게 된다. 피고 김지하, 부완혁(사상계 대표), 김승균(사상계 편집위원), 김용성(신민당 민주전선 주간) 등이다. 이항녕이 법정 증언에서 부정부패의 병폐를 들춰내어 없애기 위해 쓴 것이라는 인상을 받았고, 공산주의 계급사상을 고취하려는 것은 아니라고 본다고 말한다. 박두진의 법정 감정서는 "이 정도의 표현과 풍자 고발은 건전한 민주주의를 이룩하기 위해 당연하다"고 말한다. 말하자면 김지하의 담시 〈오적〉은 깨끗하고 정직한 영혼을 갈급하는 시였다. 깨끗한 영혼만이 대안을 낸다.

전술한 대로 8월에 고려대 아시아문제연구소가 남북한 통일에 관한 국제회의를 연다. 이 회의에서 북한의 자유화와 교류 · 공존을 향한 대안을 나는 제시한다. 이 사례 연구는 북한만을 향한 제의도 아니었다. 남한도 자유화하며 공존 · 교류를 모색해야만 한다는 것이었다. 돌이켜 본다. 나까지도 말했으니 내가 말하지 않았더라면 돌들도 말했을 것이다.

9월에 드디어 말하는 사람이 나온다. 신민당이 대통령 후보로 40대 김대중 씨를 선출한다. 만 45세, 전남 신안군 출신, 목포상고 졸업, 만주 건국대 3년 중퇴다. 그가 재벌경제가 아닌 대중경제 그리고 4대국 보장론, 즉 미국 · 소련 · 일본 · 중공의 4개국에 대해 한반도에서의 전쟁 억제를 공동으로 보장하기를 요구한다. 이 대중경제와 4대국 보장론은 나의 자유화와 이에 이은 공존 · 교류를 표현한 말이기도 했고, 박정희가 도저히 못하는 말이기도 했다. 박정희는 익년도인 1971년 7월 4일에 이후락 중앙정보부장을 평양에 보내 박정희와 김일성이 한반도의 안정을 도모하는 협약을 맺었으니 이는 4대국 보장론과 정반대되는 조치였다. 김대중의 대중경제론을 박이 거절해 유신정부 수립 후 노동자를 편만 들어도 구속하겠다는 국가보위법을 제정한다. 김대중 씨는 내세운 대안 때문에 박해도 받았지만 그가 내세운 이 두 대안은 오늘과 통일될 내일을 위한 정책이기도 했다.

11월에 전태일의 분신자살이라는 노동운동의 대안이 생겼는데 이것 역시 박정희가 못 다루는 분야다. 서울 청계천 평화시장 재단사 전태일 씨가 근로조건의 개선을 요구하여 분신자살한다. 전태일 씨는 70년 9월초 3만 원의 전급료를 털어 종업원 여론조사를 실시 ① 95%가 13-16시간의 과중한 근무를 하고 있으며, ② 96명이 폐결핵 등 기관지 계통 질환에 걸려 있고, ③ 102명이 신경성 위장염으로 식사도 제대로 못하고 있음을 밝혀낸다.

10월 7일 노동청에 작업환경 개선을 요구하는 진정서를 제출한다. 10월 23일 2만여 피복근로자들의 작업환경 개선을 요구하고 농성 데모, 11월 13일 전태일을 비롯한 재단사 10여 명은 ① 10시간 노동을 9시간으로 단축할 것, ② 야간 근무수당을 지급할 것, ③ 작업환경을 즉시 개선하고 매년 건강진단을 실시할 것 등을 입주 대표들에게 재차 호소한 뒤 농성 기도, 경찰이 농성을 제지하자 전태일 씨는 '근로기준법을 준수하고 내 죽음을 헛되이 하지 말라'는 유서를 남긴 후 온몸에 석유를 뿌리고 분신자살한다.

나는 전태일의 분신자살을 큰 대안으로 본다. 전태일 분신자살 1주기 기념 강연을《씨올의 소리》가 경동교회에서 주최했을때 나는 강사였다. 그 당시 나는 고려대 노동문제연구소 소장이었다. 내가 전씨를 기렸던 연유는 전씨의 운동이 4·19 이후에 있었던 노동운동과 달라 '더 달라'는 것이라기보다는 주게 된 것이 라도 달라는 것이었고, 상대방을 해치는 것이 아니라 해치기는 자신을 해친 행동이었기 때문이다.

이 전태일 씨의 요구를 박정희는 그가 유신정부를 세운 후 제1차적으로 거부해 나갈이 전태일 씨를 긍정만 해도 구속하겠다는 국가보위법을 국회에서 통과시켰다. 1979년 8월에 YH노동자들의 농성현장을 방문했던 문동환, 고은, 이문영 등이 서경석과 더불어 이 국가보위법 위반으로 구속되었다. 한편 YH사건의 후유증을 서울에서 막고자 하는 측근 회의에서 박정희는 김재규에게 살해되었으니 따지고 보면 박정희는 국가보위법 때문에 자신을 파멸시켰다.

위 다섯 개 사건 중 다른 네 개 사건의 성격을 담은 한 개 사건이 있다. 이것이 제1의 사건인《씨올의 소리》의 출간이다.《씨올의 소리》가 담고 있는 모든 성격 즉 사람 · 일 · 방법의 성격을 다음에 정리한다.

육욕의 충족이 아니라 영혼이 깨끗한 사람
잇속이 아니라 정당한 일
주먹이 아닌 비폭력이라는 방법

《씨올의 소리》는 영혼을 지닌 민중을 야욕의 정권으로부터 속아 넘어가지 않게 하기 위하여 사상의 게릴라전을 펼치는 일을 정권 맡은 야욕가의 이성도 거절못하는 방법으로 하겠다는 것이다. 김지하의 〈오적〉은 사람의 영혼을 구가한 시이다. 이문영의 논문은 마땅히 해야 할 일을 제시한다. 김대중의 대안이 바로 정당한 일의 내용이다. 전태일의 분신은 정당한 절차를 보여 주었다. 여론조사를 했고, 이 결과를 갖고서 정부에 청원했고, 청원을 안 들어주니까 데모를 했고, 데모를 막으니까 '근로기준법'을 몸에 안고 석유를 몸에 뿌려 자기 몸에 불을 질렀다.

이렇게 써 놓고 보니 위 다섯 개의 길과 정반대의 길을 가는 정권의 성격이 다음과 같이 정리된다.

야욕으로 채워진 이가 사람이다.
잇속을 증대시키는 것이 일이다.
일하는 데 꼭 필요한 것이 주먹이다.

긴 민주화 투쟁

이제 나는 긴 민주화 투쟁을 쓸 작정이다. 글의 제목이 '길었던 민주화 투쟁'이 아니라 '긴 민주화 투쟁'이다. 이 말은 군사정부가 들어선 1961년 5월 16일부터 이 글을 쓰는 지금인 2009년 5월 25일, 노무현 전 대통령의 국민장 상 중인 오늘까지 38년간을 우리는 민주화 투쟁을 하고 있다는 뜻이다. 38년이면 일본이 한국을 지배했던 36년보다도 오히려 2년이 길다. 지금은 선거를 통해 한나라당이 집권하고 있는데 지금도 군사정부라고 내가 말하니 이에 나는 증거를 댐으로 내 말을 증명해야 한다. 내가 내세우는 증거는 한나라당 자신이 툭하면 하는 말 '우리는 10년간 좌파 정부에 집권을 빼앗겼습니다'이다. 또 증거를 댈 수 있다. 한나라당 소속 국회의원 중에는 진심으로 박정희를 역대 대통령 중 제일로 숭배하는 사람들이 많다. 내 계산이 틀리지 않았다는 증거가 바로 2009년 국민장 중에도 나왔다. 전직 대통령들이 한마디씩을 한 중에서 돈을 엄청나게 먹은 전두환의 조사는 노무현 씨가 좀 더 꾹꾹 참았어야 했다는 것이다. 이 전씨의 말이 끈질지게 계속되는 군사정부의 속내를 드러낸다. 군사정부는 돈 먹은 것은 개의치 않고 그저 잘 참고 있는 것이다. 그러잖아도 군사정부 때 서울대 행정대학원이 주도해 만들었던 과목 '발전행정'에서는 돈을 먹고 경제개발을 했으면 가하다는 이론이 나왔었다. 이에 비해 노무현 전직 대통령의 서거에서 보듯 군사정부를 상대한 민주화운동 진영은 돈 먹었다는 불명예와 굴욕을 못 참는 것이다.

이 한쪽은 견디고 다른 한쪽은 못 견디어 자살이라도 하는 서로가 상반되는 상황을 보여 주는 그림이 바로 본서가 지금까지 만들어 온 사람 · 일 · 방법의 교집합 그림이다. 이 교집합 그림은 서로가 상반되는 가치관의 차이를 보여 준다. 이 상이한 가치관의 차이를 바로 전 절 마무리에서 다음과 같이 정리한 바가 있다.

견디는 측(군사정부)	못 견디는 측(민주화운동)
야욕으로 채워진 사람	육욕의 충족이 아니라 영혼이 깨끗한 사람
잇속을 증대시키는 것이 일	잇속이 아니라 정당한 일
주먹을 사용하는 방법	주먹이 아닌 비폭력이라는 방법

견디는 측은 원효의 말로 생멸生滅의 세계에 있으며 못 견디어 하는 측은 진여眞如의 세계에 있기 때문에 생멸의 세계에 떨어진 사람으로 간주되는 것을 못 견디어 하는 것이다. 생멸의 세계에 속한 사람은 둘 중 하나라도 생기면 안 되는데 그 하나는 생멸의 세계를 벗어나는 일이며 다른 하나는 그 생멸의 세계에서 넘어지면 안 되는 것이다. 벗어나던지 넘어지면 생멸의 세계에서 단꿀을 못 빨아 먹게 된다. 그러니까 전두환이 사는 비법은 견디는 일이다. 이 지긋지긋하게 사는 것은 범죄한 첫사람 아담같이 길게 산다. 야훼 하느님은 선악과를 따 먹으면 정녕 죽는다고 말했는데 아담이 살기는 930살까지 살았다는 고사가 시사하는 바 자못 크다. 이 군사정부의 생리를 잘 들어낸 운동이 일본 열도를 계절마다 들끓게 하는 스모라고 본다. 사계절마다 여는 이 경기를 꼭 NHK가 중계하는데 남녀노소 관중이 대만원이다. 한번 열리면 15일 계속되는데 우리로 치면 잠실체육관 같은 데가 대만원이다. 그런데 등장하는 역사마다 하도 먹어서 젖가슴이 여자의 젖만큼 크다. 이 거인은 몸을 거기만 가리고 나온다. 나 어려서 보았을 때보다는 가리는 데가 견고해졌다. 그래서 힘을 다해 상대방의 가리개를 잡고 상대방을 넘

겨도 흩어지지가 않는다. 나 어렸을 때 일본 사람들 스모하는 것을 봤을 때는 훈도시라는 가리개 하나로 나왔을 것 같은데 청중 중 여자들이 많은 것은 흘큼흘큼 구경을 하려는 듯 보였다. 그런데 이 경기의 승부는 둥글게 친 링 밖으로 밀려나든지 링 안에서 넘어지면 지는 것이다. 링에서 경기자가 벗어나면 심판이 경기자를 불러들여 경기를 계속 시키는 것이 보통 예인데—예를 들어 한국 씨름이나 레슬링을 보라—일본 스모에서만은 링을 벗어난 자가 진 자가 된다. 기를 쓰고 링 안에 다시 말해 생멸의 세계 안에 머무는 것이 숭상되고 있는 것이다. 따라서 이 스모는 바로 우리 군사정부의 생리를 철저하게 구현하고 있다. 이런 동물들의 게임을 일본 사람들이 즐기는 것을 보면 일본이 과연 무사국가임을 알게 한다.

생멸의 세계와 진여의 세계는 이렇게 서로가 다른데 서로의 싸움은 끝이 없다는 것인가? 아니다. 싸움의 끝, 즉 민주화운동의 끝은 있다. 언제인가. 생멸의 세계에 있는 이가 진여의 세계에 있는 이를 향하여 발길을 돌리는 현상이 보이면 민주화 투쟁은 끝난 것이라고 본다. 이 말을 정당에서 보면 민주화 투쟁이 끝난 나라는 두 개 정당이 극렬 대립을 않든지 다수 정당이 있어서 정책의 연대를 한다. 즉 하나의 법안이 국회에 상정되는 경우 보수당과 진보당이 몸싸움을 할 정도로 격돌하는 것이 아니라 보수당 중 진보당에 가까운 국회의원이 나서서 진보당 국회의원과 의논해 새로운 법안을 만든다. 우리의 경우는 한나라당 안에 과거에 민주화운동하던 국회의원들도 있어 이런 타협을 능히 시도할 만도 하건만 그렇지 못하다. 과거에 민주화운동하던 이로서 한나라당에 들어간 이가 오히려 강경파 역할을 하고 있는 것이 통례이다. 이는 한나라당에 입당한 국회의원이, 민주화운동 때도 후술하겠지만 과격한 형태로 민주화운동을 했던 이들이기 때문이다. 과격한 민주화운동도 사람 · 일 · 방법의 건전한 교집합 행위가 아닌 점에서 과격한 민주화운동자는 군사정부 유지자와 그 길을 같이했던 것이다. 다수 정당이 연립하는 유럽에서는 정당들끼리의 연대를 쉽게 한다. 한편 민주화 투쟁이 안 끝나는 책임이 야당인 민주당에게도 있다. 야당은 전일의 열린우리당이 민주당으로 이름을 바꿨는데 오늘의 민주당은 예를 들어 2006년 5월 31일 지방선거에서 좌파정부로 국민들이 생각해 참패했었고, 이어서 대선에서 이명박 씨에게 참패했고, 이명박 씨가 집권 초 촛불시위를 맞아 인기가 하락했을 때에도 지지표를 못 올리고 있던 정당이다. 열린우리당이 좌파정부로 인정되었던 까닭은 다음 두 가지였다.

1. 햇볕정책을 남북한 공존 · 교류의 입장에서 실시한 것이 아니라 친북파를 햇볕정책도 아니라고 단속하지를 않아 국민 일반이 좌파정부로 생각하게 되었다. 예를 들어 민노총도 아닌 한국노총이 노동절 날 평양을 방문한다 했을 때 참여정부는 평양에 노동조합이 있는가를 엄중하게 따지고 거절했었어야 했는데 유구무언했으니 정부가 실로 어른 노릇을 못했다.

2. 좌파 아닌 정부의 특색은 재산권을 존중하는 데 있다. 한 예를 든다. 참여정부는 분규가 있고 문제가 있는 사립대학마다 그 법인의 대리인을 문제가 있는 법인으로부터 지명받아 책임지게 하는 대신에 법인 이사장과 총장을 열린우리당의 당원으로 충원했으니 열린우리당은 남의 재산을 빼앗는 정권이 되었던 것이다.

이 정도로 '긴 민주화 투쟁'이라는 제목의 이야기를 끝낸다. 두 가지 이야기, 하나는 왜 길었는가를 말하고 다른 하나는 이 긴 투쟁에 투쟁자는 무엇을 준비해야 하길래 긴가를 논하기로 한다. 두 이야기를 다 내 경험을 되돌아 보아서 말하겠다. 따라서 내 말은 그냥 말만은 아니다. 하나의 사실이니까 적는데 내 이야기는 10년간 3회에 걸치는 고려대에서의 해직과 3회의 4년 10개월의 옥고를 치른 사람의 말인 것을 감안하기 바란다.

먼저 왜 민주화운동이 길었는가의 이야기이다. 민주화운동이 길었다는 뜻은 축구 시합으로 치면 연장전을 아무리 해도 골이 안 들어갔다는 말이기도 하고, 3 · 1운동 그리고 4 · 19같이 거족적으로 — 거족적으로까지는 말고 서울광장을 군중이 메울 정도로 — 씨알이 안 모였다는 말이기도 하다. 예를 들자. 70년대 교수는 수업시간 약 30분 전에 학장실에 일단 모였다. 학장이 각 교수에게 순찰할

곳을 지정해 줬다. 교수는 교수에게 부과된 교실들에 가서 책상 밑을 살피고 전단이 있는가를 찾아 회수하는 일이었다. 그러나 학장이 일을 엉터리로 했다. 화장실 담당은 안 정했기 때문이다. 예를 들어 대변 보는 칸에 '오늘 오후 3시 민주광장에!'라는 전단이 붙어만 있어도 거의 전교생이 민주광장에 모였다. 이런 데모를 툭하면 했는데도 서울광장을 메우는 데모는 안 생겼다.

80년대에 복직해 보니 화장실 칸이 아니라 학생회관 전면에 버젓이 긴 붉은 천에 모이는 일시가 적혀 있어도 학생들이 많아야 이삼백 명 정도 모였다. 한 학교에서 이삼백 명밖에 안 모이니까 연합집회를 연세대광장에서 했다. 그러나 이런 데모가 서울광장을 메우는 데모로 확대되지는 않았다. 붉은 천이 캠퍼스에 나부꼈다는 것은 좌파에 물든 과격운동이 나왔다는 뜻이다. 참여정부에 참여한 인사 386 중 8할은 80년대 운동자라는 말인데 80년대의 운동자는 70년대의 운동자 — 화장실 전단을 보고도 말이 말을 전해 전교생이 모였던 운동자 — 와는 달랐다. 70년대는 아주 무서울 때였다가 박정희가 죽은 후인 80년대에 들어서서부터는 덜 무서워지니까 운동이 과격해지기도 했고 좌파 경향을 띠기도 했다.

나는 좌파 · 과격 운동자가 민주화운동에 포함되는 것을 가하다고는 봤지만 이들이 결코 운동의 중심부에 있으면 안 된다고 생각했다. 이 생각은 제2차 세계대전을 겪는 사람의 생각이기도 했다. 독일의 나치 정권이나 이탈리아의 무솔리니 정권 같은 것 — 우리의 군사정부에 해당하는 것 — 을 멸망시키기 위하여 미국과 공산주의 러시아가 손잡는 것을 나는 보았기 때문이다. 일단 제2차 세계대전 승리가 먼저였고, 공산권의 붕괴는 그 다음의 역사적 과제였다.

이름 석 자를 정확히 밝히고 유신헌법의 개정을 요구한 첫 번째 사건으로 11명이 감옥에 간 1976년 3월이었다. 이 안에 나도 포함된다. 이 성명서 이름이 3 · 1민주구국선언이다. 이때 우리는 민심의 뒷받침을 얻었다. 집사람이 내가 감옥에 있는 동안에 세 번 지갑을 분실했다. 한 번은 은행에 갔다가 지갑을 놓고 나오고, 한 번은 택시에 놓고 내리고, 다른 한 번은 전화 걸러 들어갔다가 놓고서 나왔다. 남편을 감옥에 둔 집사람이 허둥지둥했을 것이다. 그런데 지갑이 세 번 다

돌아왔다. 이 중 한 사람이 내 집 대문 앞에서 하는 말이 지갑 안의 분실자 주민등록 남편 이름을 자신의 아버지가 보고 이 돈은 갖는 것이 아니라 해서 가지고 왔다고도 했다. 이렇게 민심이 뒤따랐어도 서울에 군중집회는 안 일어났다. 박정희가 죽기 직전인 1979년 8월부터 12월까지 YH사건으로 나는 감옥에 있었다. 하루는 검찰청에 갔다. 검찰청 엘리베이터에 수인복을 입고 수갑을 찬 내 옆에 교도관이 서 있었다. 엘리베이터가 1층에 섰다. 우두우두 출근하는 신사들이 들어 왔는데 이 중 한사람이 나를 보자마자 눈시울이 붉어지며 눈물을 흘렸으나 그가 나에게 말을 걸지는 않았다. 아마도 내 얼굴을 아는 고려대 제자였을 것이다. 출옥해서 집사람에게 들으니 검찰청의 여직원이 그사이에 금일봉을 갖고 왔었다고 한다. 이렇게 민심이 내 쪽이었는데 서울광장을 메우는 군중 데모는 안 일어났다. 다만 전술한 대로 이 사건으로 서울에서는 마산에 이어서 데모가 있을까 봐 대책회의를 하던 중 김재규가 차지철과 박정희를 사살했다.

이렇게 공이 안 터졌다. 박정희가 사망했어도 공이 안 터졌고, 오히려 문상객이 빈소에 몰려와 슬피 울었다. 신군부가 들어섰다. 신군부가 나도 김대중 내란음모사건자로 구속했다. 구속 중 밖의 사정을 모르겠으나 광주에서 신군부의 대학살극이 벌어졌어도 광주의 이웃인 전주에서조차 데모가 없었고 서울은 물론 조용했다.

지긋지긋한 연장전이었다. 그러나 드디어 1987년 6월 10일에 공이 터졌다. 1919년 3월 1일 그리고 1960년 4월 19일에 이어서 세 번째 골이었다. 공은 이렇게 오랫만에 터지는 것이다. 마침 나는 이때 고려대 복직 교수여서, 이 골 들어가는 것을 목격만 한 것이 아니라 공을 차 넣기 전에 결정적 어시스트를 했다. 전두환의 5년 임기 말에 다음 대통령으로 노태우를 체육관에서 뽑으려고 안간힘을 쓰고 있었다. 직선제 대통령 선출로 바뀌면 군사정부가 자신을 이을 대통령 만들기가 어려워 궁리를 하고 있었다. 이러한 전두환을 향하여 이름 석 자를 내걸면서 반대하기란 어려운 일이었다. 그런데 이 '시국선언'의 시동을 고려대 교수 28명이 1986년 3월 28일에 냈다. 이 성명서는 김우창 교수가 기초했고 김충렬,

이상신, 권창은 교수를 앞세웠지 내가 앞장서서 서명하지를 않았다. 이 날 밤 7시 30분 '미국의 소리' 방송에 고려대 교수의 성명이 보도되었다. 교수들이 한 첫 번째의 발표여서 개헌이 오늘의 초점 문제라고 보도하였다. 일단은 성공한 셈이었다. 이때에는 내신이 겁을 내 이러한 첫 소식을 못 전하고 외신이 이를 전하던 때였다. 아침에 연세대 학생인 아들 선표가 시국선언문을 연세대 캠퍼스에 갖고가 붙였더니 "선생님, 존경합니다"라는 학생의 낙서가 적혀 있었다고 아들이 전화해 주었다. 한편 이 날 교수들의 선언문이 고려대 캠퍼스에 붙여졌다. 조용했던 캠퍼스가 쏜살같이 축제로 변하는 것을 보았다. 학생들이 본관 잔디밭에서 나를 둘러싸고 모여서 김민기의 〈아침이슬〉을 불렀다. 나는 이 노래를 내가 들었던 가장 아름다운 노래로 지금도 기억한다. 이때 광경이 담긴 사진이 고려대 박물관 백년사 전시실에 전시되고 있다.

3월 28일부터 익년 6월 10일까지는 공이 저쪽 골문 앞에서 우리 팀끼리만 연결되었다. 각 대학교 교수들이 학교별로 자신들의 이름을 내고 성명을 선언했다. 전국 48개 대학의 교수와 의사, 한의사 등 80개 단체 6,000여 명의 성명을 이끌어 내는 도화선이 됐고, 결국 대통령직선제를 관철시키는 촉매가 됐다. 치과의사들도 연극인들도 했다. 고문당해 죽은 이한열, 박종철 두 학생의 연세대 빈소에 작고한 철학과 교수 권창은과 내가 조문했다. 김주열의 시체가 마산 앞바다에 올라와 서울 데모가 4·19 때 났듯이 연세대와 서울대 두 학생의 죽음이 이 모든 사람들을 서울광장에 모이게 했다. 이쯤 늦게 터진 공 이야기를 하고 다음에 과거를 회상해 왜 늦게 공이 터질 수밖에 없었던가의 이유를 적시한다.

1. 군사정부가 강했기 때문이다. 군사정부란 한마디로는 악한 체제이다. 그 악한 체제가 강하기까지 한 것을 설명하는 고전이 바로 〈창세기〉의 5대 설화다. 5개 면에서 그 단단함을 설명할 수 있는 것이 강한 악한 체제의 특색이다. 하나는 《씨올의 소리》 창간호에서 보았듯이 지식인들과 신문사들이 군사정부의 편을 든다. 둘은 제2공화국 이후 10년간 도전자가 안 나타난다. 셋은 김지하의 〈오

적〉이 호소하듯 붙어먹은 놈들이 부패한다. 넷은 개발독재에 이론異論을 말하는 이가 없다. 다섯째는 포드재단도 미 국무성도 아무 말을 않는다. 이렇게 '무엇무엇이 없는 상태'가 끝나고 다섯 가지 면에서 '무엇무엇이 생기는 상태'가 1970년이라는 해에 생겨난다. 즉 지난 10년간과는 달리 첫째는 비판적인 교수들과 신문기자들을 해직시켰는데도 오히려 강했다. 둘째는 김대중이라는 도전자가 등장했는데도 오히려 강했다. 셋째는 부패했어도 경제성장만 하면 된다는 발전행정론 학자가 오히려 나타났다. 넷째로 경상북도 구미 사람들이 단결을 도모해 경제성장이라는 바벨탑이 김대중의 대중경제 이론에도 불구하고 세워졌다. 끝으로 인권문제를 지적하는 미국 신부와 목사를 교수 출신 황산덕 법무장관이 추방했어도 오히려 강했다. 이 모든 강해지기만 한 근거는 딱 하나다. 스탈린 사후 북한의 김일성이 주체사상으로 체제를 공고히 하고 있고 이남에도 이에 동조하는 듯한 붉은 사람들이 있기 마련이어서였다.

2. 민주화운동이 분열되어서이다. 이 점을 과격·좌파운동의 대두에서도 이미 보았다. 그러나 운동의 분열을 멀리 가지 않아도, 그렇게 민심의 뒷받침을 받았던 76년 3월 1일의 민주구국선언 서명자 11명을 통해서도 쉽게 설명할 수가 있다. 11명 중 2명은 일찍 작고했으니 9명의 행적을 분석하자. 9명 중 1명은 자신의 재산을 전두환이 찾아준 후 그에게 갔고, 3명은 과격해졌고, 3명은 정치 참여를 했고 1명은 기자들을 복직시키지 않은《동아일보》에서 상도 받고 노태우와 올림픽 때 평화위원장을 맡기도 했다. 얼핏 생각할 때 이런 지명도 높은 이의 행위까지를 비판적으로 보는 것은 지나친 듯도 하다. 그러나 그만큼 기득권자의 벽이 두터웠던 것을 나는 고민했다. 설명이 좀 필요하다. 과격했다는 것은 민족 통일을 서두르느라 평양에 갔고, 민주 절차를 무시하고 노동자를 돕는 것을 말했다. 얼핏 보기에 이런 행위가 좋은 일같이 생각되지만 이런 일이 일어나면 겁먹었던 전두환이 좀 한숨을 쉬며 안심할 수가 있었다. 전두환이 무서운 것은 자기를 독재라고 몰아붙이는 운동인데, 이런 운동을 능히 할 사람들이 평양엘 가고 노동자의 편을 들고, 이 평양 간 것 때문에 또한 노동자의 편을 든 것 때문

에 일부 국민으로부터 인기를 받는 것을 전두환은 안심하고 있었다고 본다. 민주화운동을 해야 할 사람이 환경운동이니 생명운동이니로 빠졌던 것도 일종의 운동의 분열이었다. 물론 정치 참여를 한 3명 중 아무도 한나라당에 들어간 이는 없었다. 한 사람은 대통령이 되었으니 봐줄 만했다. 두 사람이 문제인데 두 사람이 김대중에게 가서 한자리를 한 것을 나는 운동에서의 이탈이라고 보았다. 재야로서 여당이 되었으면 김대중의 측근들과 아들들의 비리를 단속하지 못했을 바에야 한낱 취직한 사람에 불과했기 때문이다.

3. 정치권이 분열했다. 즉, 정확한 박해의 대상이 아닌 김영삼 씨가 1990년 노태우 씨가 소속한 정당에 군사정부의 제2인자였던 김종필 씨와 함께 항복하고 들어가 노태우 씨 후임으로 대통령이 되는 기회주의적 행위가 바로 그것이다. 김영삼 씨가 김대중 씨를 정확하게 정치적 선배로 모시지 않고 공을 다투었던 것은 배신이었다.

돌이켜 볼 때 도대체 민주화운동이란 길 수밖에 없는 것이라는 생각을 한다. 이런 생각을 내가 하는 것은 두 가지인데 하나는 내 집에서 할머니, 어머니, 집사람 그리고 며느리 등 여자라는 약자가 가난한 집안을 일으키는 데 중요한 역할을 한다는 것을 직접 겪었기 때문이다. 긴 시간 지평의 경험이 무엇인가 긍정적인 하나의 결과를 만든다는 것을 긴 민주화운동을 하면서 나는 느꼈다. 할머니의 일 대만도 긴데 할머니부터 4대 후인 며느리까지가 잘하는 것을 보면 길게 여자가 잘해야 한다는 것을 느낀다. 다른 하나는 〈야고보서〉 제5장을 읽고서 깨달은 바가 있어서이다.

먼저 내 집 이야기를 하자. 나는 할아버지는 못 뵈고 성장했다. 내 나이 소학교 6학년일 때 내 집에서 할머니가 83세에 돌아가셨다. 이 할머니가 내 집에서 제일 먼저 기독교를 믿었다. 고귀한 얼굴에 늘 비단옷을 입고 자신의 자리 위에 앉아 계시며 성서를 읽으며 기도를 드리는 것이 하시는 일의 다같이 보였다. 철저하게 내 어머니에게 무간섭이었다. 교회는 예배 볼 때 박수치는 내 어머니가 다니는 무교동교회가 아니고 그 예배가 엄숙한 종교교회에 가끔 나가셨다. 나는 할머니를 따라 종교교회 예배에 할머니 옆자리에 앉아 있는 것을 자랑으로 여겼다. 내 아버지는 65세에 별세하셨고 어머니는 92세에 가셨다. 내 아버지는 미일전쟁 후 취직했던 미국 회사가 철수해 실직자였고, 아버지의 실직 후 어머니가 바느질로 네 아이들의 전문학교 학비를 댔다. 밤을 새서 양복천 두루마기를 지으면 2원을 버셨다. 어머니가 밤샘한 날 아침 부엌일은 실직한 아버지가 하셨다. 어머니는 돌아가신 날도 자신의 빨래를 다 해 놓고 교회에 가셨고, 예배 후 교회 언덕을 내려오다가 미끄러져 병원에서 22일간을 누웠다가 가셨다. 자식들에게 어머니는 폐를 안 끼치고 돌아가셨다. 어머니 통장의 잔금으로 병원비가 꼭 맞게 가셨다. 그 며느리인 내 집사람은 시집와서 소학교 선생을 해 내 유학비를 댔다. 내 십 년간의 해직 생활 중의 생활과 5년간의 옥바라지를 했고 유언으로 나에게 민주화운동자의 긍지를 지켜 정치 참여를 않도록 부탁했다. 이 집사람 다음이 며느리인데 며느리는 전일에 큰 손녀를 수시입학으로 서울대에 입학시키고 내 집에 나타난 얼굴을 보니 비로소 편안해져 있었다. 아이들 공부 뒷바라지한 며느리를 나는 고맙게 생각한다. 나는 80이 넘는 오늘의 생활이 내 할머니같이 아들네와 따로 살고 내 집 아줌마나 운전기사가 하는 일에 전혀 간섭 않고 내 책 쓰는 것만 하는 것과 유사하다고 생각한다. 아침에 잠자리에서 일어나자마자 그리고 외출하고 돌아와 옷을 벗자마자 내가 공부하는 책상에 가 앉는 습관은 어머니로부터 받은 습관이다. 한눈을 안 팔고 책을 쓰는 것은 집사람의 경계가 있어서이다. 그리고 내가 이런 모든 일을 할 수 있도록 편한 환경이 만들어진 것은 며느리가 잘해서이다.

나라에서 여자에 해당하는 이는 노동자이다. 한 집안에서 한 여자의 심장이 멈춰지면 그 다음 여자가 이어서 나서고 이 여자의 심장이 멈춰지면 다른 여자가 다시 이어서 나섰던, 바로 그런 여자가 내 집사람이었다. 그리고는 며느리다. 나라에서의 노동자의 운명이 이런 식이어야 한다. 이런 생각을 하기 시작한 것은 유신정부 직전에 고려대 노동문제연구소 소장을 맡음으로 노동자의 모습을 내 생전 처음으로 대하고서부터이다. 수요일마다 노동자들과 토론회가 있었고 노동자들을 불러서 수 주간씩을 교육도 시켰다. 교육을 시키면서 내가 느낀 것은 교육받는 이가 노동자가 아니라 오히려 나였다는 것이다. 노동자 속에 있는 어머니들의 모습을 그때 보아서이다. 본서 제10장 안에 노사관계를 쓸 때에도 다시 언급할 것 같은데 이때 나는 노동운동의 모델을 줄곧 〈야고보서〉 제5장을 갖고서 생각했다. 〈야고보서〉 제5장은 자본가들의 실상을 파헤치는 부분과 이 부자에 대하여 가난한 이가 어떻게 대처해야 하는가를 적고 있다. 공동번역 성서는 〈야고보서〉 제5장 앞부분을 '부자에 대한 경고'로 뒷부분을 '인내와 기도'로 제목을 붙이고 있다. 가난한 이의 대처를 인내와 기도로 적은 것이 눈길을 끈다. 참아야 하는 것이 노동자라는 뜻이다. 노동자들이 참아야 하는 것이 네 가지인데 이 네 가지는 그리스도인의 새 생활을 적은 〈로마서〉 제12장에 나오는 네 가지 덕목과 일치하고 있다. 비폭력, 개인윤리, 사회윤리 그리고 자기희생의 네 가지다. 노동자는 중얼중얼 불평도 말란다. 중얼거리면 심판자가 문 밖에서 기다리고 있다고 말한다. 〈로마서〉 제12장은 모든 그리스도인은 박해하는 사람을 축복하란다. 개인윤리적으로 완전했던 욥과 같이 노동자가 참으란다. 〈로마서〉 제12장은 각자가 분수에 맞는 생활을 하라고 말한다. 노동자는 주님께서 오실 날까지 기다리란다. 〈마태오복음〉 제25장에 의하면 심판을 견디는 이는 약자에게 물 한 모금이라도 준 사회윤리적 사람이다. 노동자는 선지자들같이 참으란다. 선지자는 자기희생을 한 사람들이다. 한편 〈로마서〉 제12장에서 그리스도인은 자신의 몸을 거룩한 산 재물로 바치란다.

이렇게 참으라는 가난한 이가 오늘날의 노동자로서는 노동법에도 참으라고 적혀 있는 것을 나는 그때 발견했다. 중얼중얼도 하지 말라는 것이 노동법에서는 부당 노동행위의 금지이며, 개인윤리가 단체교섭의 존중이며, 사회윤리가 노조가 노조원의 것이어야 하지 기업주의 것이어서는 안 된다는 것과 같고, 끝으로 자기희생은 노조는 노동쟁의를 하기 위함이지 회사를 차지하거나 무슨 계급투쟁을 하기 위함이 아닌 점을 나는 읽었다.

〈야고보서〉 제5장의 놀라움은 부자가 참기만 하는 빈자의 행위와 꼭 반대의 길을 걷고 있는 점이다. 빈자는 참는데 부자는 폭력을 쓰며 사치하며 품삯을 안 주며 빈자가 저항도 않는데 빈자를 죽인다. 이런 짓을 해 부자가 갖고 있는 금은은 썩었단다. 그러니까 하도 가난한 이에게 돈을 안 줘서 부자가 생산한 상품도 안 팔려 말하자면 공황에 빠져 금은이 썩은 돌같이 되었다는 것이다. 〈야고보서〉 제5장의 다른 놀라움은 이렇게 사회적 행동을 하던 야고보가 졸지에 다음과 같은 말을 하고 있는 점이다.

> 믿고 구하는 기도는 많은 사람을 낫게 할 것이며 주님께서 그를 일으켜 주실 것입니다. 또 그가 지은 죄가 있으면 그 죄도 용서를 받을 것입니다.(〈야고보서〉 제5장 15절)

그러니까 인내와 기도하는 마음으로 부자에게 시달리는 빈자는 인내하고 기도하라는 것이다. 유럽 선진국들에서 오늘날 노사정이 잘 협조가 되는 이면에는 그 나라들을 주도했던 종교인 기독교회가 노동자들로 하여금 인내하며 기도하도록 훈계해 왔던 것이다. 내가 러시아와 동유럽의 민주화운동을 살펴보고 안 사실은 러시아, 폴란드, 체코슬로바키아, 헝가리 등등에는 모두 민주화 문화를 한 세속 지도자만이 있었던 것이 아니라 그 뒤에는 정신적 지도자들이 있었던 것을 본 것이다. 한국에서의 민주화운동을 회고하면서도 함석헌의 《씨올의 소리》가 간행되었고, 나는 70년대 초에 김재준 목사가 주간하는 《제3일》 동인 잡지의 동인활동을 했으며, 유신정부 때 문익환, 서남동, 안병무, 이우정, 문동환, 이문영 등 6인의 해직 교수들이 갈릴리교회를 하지 않았더라면, 즉 악한 군사정부 앞에서 인내와 기도로서 이를 견디어 내지 않았더라면 그나마의 성과를 못 거뒀으리라고 생각한다. 우리 그리스도인들은 〈야고보서〉 제5장 끝에 적힌 대로 진리를 떠나 그릇된 길을 가는 군사정부를 바른 길로 돌아서게 한 사람들이었다. 나는 본 장을 〈야고보서〉 제5장 끝 절을 인용함으로 닫고자 한다.

그러면 죄인을 그릇된 길에서 돌아서게 한 그 사람은 그 죄인의 영혼을 죽음으로부터 구원할 것이고 또 많은 죄를 용서받게 해 줄 것입니다. 이것을 알아두십시오.(〈야고보서〉 제5장 20절)

제6장

공약 3장이 주는 환희

대선 승리

나는 본서를 시작하는 장을 해방 후 남의 나라 미국의 군정하에서 내 나라 사람으로 민정장관이라는 나라의 최고 어른을 지낸 안재홍 씨의 이야기로 시작했다. 미군정 시의 민정장관이란 지금으로 치면 대통령이다. 옛날에는 이런 이를 왕이라고 하였다. 대통령을 선출했던 기쁨을 몇 가지 점에서 되새겨 보고자 한다. 하나는 도대체 환희란 언제 생기는 것인가이다. 둘은 대통령, 즉 왕을 모시는 환희를 적은 내가 읽은 고전을 정리하고자 한다. 셋은 극동문화권 중에서도 대통령을 뽑은 환희가 유독 우리나라에만 있는 현상이라는 착안을 적고 싶다. 넷은 내가 누구를 뽑았을 때 기뻤으며 어떻게 기뻤는가를 적고 싶다.

먼저 환희의 성격 이야기이다. 나는 2009년 봄학기에 경기대 서울캠퍼스에서 '고전과 행정학' 강의를 했다. 약 30명의 3학년 학생들이었고, 교재를 내 《협력형 통치》와 본서 제2, 3, 4장을 썼다. 쌍문동에서 아침 9시 강의에 가느라고 일곱 시 반에 출발해 차 막히는 데를 피해 갔다. 삼청동 산길로 해 북악산길 그리고 인왕산길을 오르락내리락하면서 정신없이 강의실에 간신히 도착해서는 세 시간을 꼬박 강의했다. 기운이 떨어질까 봐 의자에 앉아서 많이 했다. 학기말 시험도 책을 보면서 써 내는 시험이었는데 나는 다음과 같은 문제를 냈다.

우리는 오늘 극단적으로 서로가 다른 두 나라를 보고 있습니다. 하나(A)는 군사력이 강해 핵폭탄도 만들며 국민은 기아선상에 있는데 그 나라를 손자에게 물려준다고 합니다. 다른 하나(B)는 공산국가 옆에 있었을 때조차도 군사비를 줄였던 나라가 지금은 부자가 돼 세계에서 가장 많이 세금을 내는 나라이며 노동자들은 나라의 궂은 일을 마다 않고 하며 평화적 노동운동을 합니다. 이런 노동자 자식들이 대학에 들어가면 나라에서 생활비까지를 줍니다.

우리는 A형 국가의 국민과 피를 섞은 인접 국가이며 우리는 B형 국가와 경쟁해 우리가 만든 상품을 세계에 내다가 팔아야 사는 나라입니다. 대한민국의 어른이여, 우리는 어찌하여야 옳습니까.

Hint : A형 국가 중 잘된 나라 이야기가 무사들의 국가인데 무사들 다음 자리에 플라톤이 말하듯 철학자라도 있든지 중국에서 보듯 관료조직이라도 있어야 하는데 북한은 이런 일을 다 못했습니다. B형 국가들은 북유럽에 몰려 있고 강의에서는 중간시험 이후에 강의한 민회民會와 세계 정부에 관한 강의에 해당합니다.

독서할 것이 좀 있어서 학생들이 수고했고 나는 나이가 있어서 힘들었다. 나름대로 열과 성을 다해 강의를 했다. 그러나 나는 답안지를 읽으면서 보람을 느꼈다. 모두가 A형에서 B형으로 가야 한다고 썼다. 여러 명의 학생은 XY축 그림의 제3사분면에 속한 나라가 A형의 나라이며 제1사분면에 속한 나라가 B형의 나라라고 썼다. 옮겨 가는 그림을 내가 앞서 썼던 벤다이어그램으로 설명하는 학생들도 있었다. 중심점이 북한이며 멀리 있는 둥근 지대가 북유럽이란다. 드디어는 공약 3장의 환희의 내용에 해당되는 언급도 나왔다. 사람 · 일 · 방법의 좋은 쪽의 교집합이 바로 XY축 그림의 교차점이라는 지적이다. 이 말은 우리나라는 제3사분면의 세계를 벗어나 제1사분면의 세계에 들어가는 경험을 사람 · 일 · 방법 등 세 개 면에서 했기에 활기도 있고 환희도 있다는 함축이다. 대선 승리 위기 극복, 촛불시위를 거쳐서 우리는 드디어 제1사분면의 세계에 들어가게 되는데 이 새 세상이 주는 환희가 바로 한류韓流이다. 한류란 외모로 보아 극동문화권 사람인데 그 행위가 통상적인 극동문화권에서 보는 것과 다른 신선함을 말한다. 마치 내 청소년 때 보았던 프랑스 영화를 유럽인들의 영화에서 보는 것과 달라서 심취했던 것과 유사한 경험이 한류이다. 이 학생의 지적을 받아서 나는 다음과 같은 대비를 만든다.

공약 3장의 교집합	환희의 내용
사람	대선 승리
일	위기 극복
방법	촛불시위

환희의 성격을 규명하는 데 도움되는 성서가 보여 주는 종말관을 여기에 정리하고 싶다. 기독교는 환희를 기다리는 종말론을 전제하는 종교이기 때문이다. 대선 승리에 해당하는 성서의 사건은 부활한 예수가 재림한다는 사상이다. 바로 앞의 제5장 마무리에서 나온다. 부패한 지도자의 영혼을 위한 기도는 새 지도자를 기다리는 기도다. 위기 극복에 해당하는 성서의 교훈도 위기의 하나가 나라 안의 노사가 분열하는 것이다. 이 노사 간의 분열을 노동자의 인내와 기도로서 극복하라는 것이다. 다른 하나의 인간에게 닥치는 위기는 몸에 병이 나고 죄를 짓는 일이다. 이런 때에 〈야고보서〉 제5장 15절에 있듯이 병을 하느님이 고쳐 주시도록 참고 기도하라는 것이었다. 촛불시위에 해당하는 교훈은 바로 예수와 세례자 요한이 한 첫마디 "회개하라 천국이 가까왔다"이다.(〈마태오복음〉 제4장) 회개란 곧 하늘을 향하라는 뜻이며 그 하늘이 어두운 것을 밝히는 것이 촛불이다. 끝으로 한류에 해당하는 사건들도 꽤 많다.

예수는 잡혀가기 전날 밤에도 제자들과 푸짐하게 떡과 포도주를 먹었다. 예수는 먹는 것이 많은 잔치를 사모해 적으로부터 먹기에 열난 사람이라는 비난도 받았다. 처음으로 행한 기적이 바로 어느 혼인잔치 집에서 맹물을 포도주로 만든 기적이었다.(〈요한복음〉 제2장) 내가 다니는 교회는 102년 전에 바로 재림, 신유神癒—신유란 하느님이 병을 고친다는 말이다—, 성결, 중생重生—다시 삶을 산다는 뜻—의 네 겹의 복음을 내세워 창설됐는데 나는 이 네 개가 곧 대선 승리,

위기 극복, 촛불시위 그리고 중생에 해당한다고 생각한다.

둘째로 고전 이야기인데 앞서 어딘가에 썼듯이 나는 고전이란 많이 읽히는 책을 말하며, 많이 읽히는 책의 내용은 사람이 백성이 아니라 시민되었던 경험을 적은 책을 말한다. 책을 많이 읽음을 상징하는 말이 글이 밝다는 뜻의 문명文明인데 문명은 영어로 노예였던 백성이 시민이 된다는 뜻의 civilization이다. 따라서 문명과 civilization을 합하여 고전이라는 정의가 만들어진다. 백성이 시민이 된 기록이 바로 고전이며 동양에서는 사서삼경四書三經이 고전이며 서양에서는 성서가 고전이다.

나는 18세에 해방을 맞이했으니 나라 없는 백성, 즉 본질의 대통령이 없는 나라에서 인생을 출발했다. 이 나라 없는 백성이었던 나는 성서의 예수 탄생 이야기를 거의 신비하게 대했다. 성탄절 밤에 주일학교 학생으로서 단에 일고여덟 명이 나란히 서서 유대 나라 베들레헴에 왕이 나신 성서 구절을 한 절씩을 외웠을 때의 긴장과 흥분을 나는 지금도 못 잊는다.

그 못 잊어 하는 것을 내가 이미 본서 제2장에서 예수가 탄생했을 때를 밝혔던 것을 보면 알 수 있다. 공부란 일생을 거는 수업이다. 나는 〈루가복음〉이 전하는 예수 탄생 이야기에서 세 가지의 동반현상을 눈여겨 보았고, 이 세 가지의 동반현상과 예수 탄생 각각에 한 장씩을 부여해 본서의 제3부 〈환희로서의 행정학〉을 쓸 작정인 것은 이미 밝혔다. 이를 여기에 재론하지를 않고 다만 예수 탄생과 새 행정학과의 관계를 여기에 대비한다.

예수 탄생	새 행정학
성령이 사람들에게 내려온다	새 정부가 보는 사람(제9장)
사람들끼리 친하다	새로운 관계(제10장)
사람들이 하느님을 우러러 본다	목민관을 위한 준비(제11장)

이 〈루가복음〉을 분석하기 시작한 것은 내 노년에 이르러서이며 젊었을 때는 〈마태오복음〉을 갖고서 예수의 탄생을 생각했다. 내 '행정학 개론' 강의시간 때도 예수가 이 세상을 뚫고 들어왔던 설명을 통하여 세상 사람이란 결심작성(decision making)을 네 가지 면에서 하는데, 가장 심층적 영향 인자는 이해관계이며 가장 표피적 영향 인자가 합리성인데, 이 두 가지 영향 인자 사이에 좀 더 깊은 데는 사회 관습이 있고 표피에 가까운 데는 인간관계가 있다는 것이 내 설명이었다. 이를 다음과 같은 그림으로 그릴 수 있다.

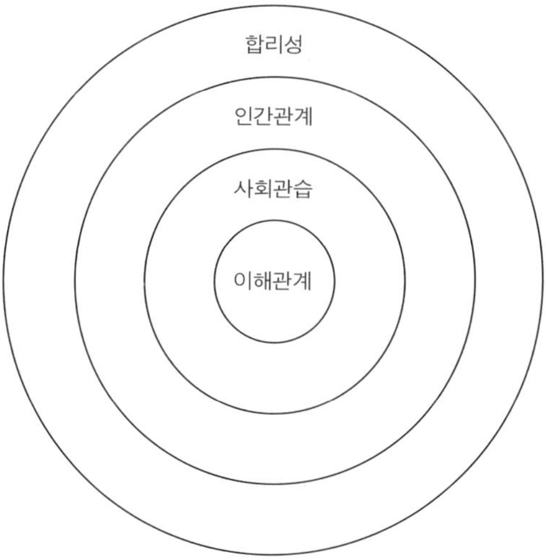

이 네 가지 결심작성 영향 인자를 사용해 〈마태오복음〉에 나타난 예수가 세상 이치로 보아서는 결코 탄생할 수 없었는데 이 세상 이치를 뚫고서 혹은 무시하고서 탄생했던 경위를 설명해 본다. 앞으로 쓸 이야기를 《기독교사상》에 나는 기고한 바도 있다.[6]

이 세상 이치로 봐서는 결코 탄생할 수 없었는데 유대 나라의 왕이 탄생했으

6 이문영, 〈행정학자가 본 그리스도〉, 《기독교 사상》, 1970년 2월호, 94-101쪽.

니 이는 기쁨이며 환희일 수밖에 없었던 것이다.

우선 왕된 사람이 궁전에서 안 나고 여행 중 여관도 못 잡아 어느 집 마구간에서 났다는 것이 세상 이치에 안 맞는다. 예수가 그냥 왕도 아니며 왕 중의 왕이라는 것은 더욱 이치에 안 맞는다. 왕 중의 왕이라니! 예수는 로마제국의 한 식민지 유대에서 극형을 받아 죽은 비극의 사람이었다. 이치에 안 맞는 말이다. 인간관계를 보아하니 극형을 받아 죽을 비극적인 사람이었다. 그 당시 형성된 인간관계로 보아 예수는 죽게 되어 있었다. 즉 예수의 탄생을 알고 예수에게 경배 드리고자 베들레헴을 찾아간 동방박사들이 베들레헴에 가는 길목에서 헤로데 왕을 만나 그에게서 융성한 대접을 받았다. 융성한 대접의 대가는 유대 나라 왕으로 탄생한 예수를 만난 다음에는 귀로에 헤로데 왕에게 그 장소를 알리는 것이었다. 장소를 알면 자기도 가서 예수를 경배한다고 말했다. 이런 인간관계가 유지되었더라면 예수는 헤로데 왕으로부터 죽임을 당할 뻔했다. 그런데 동방박사들이 꿈에서 하느님으로부터 금지 명령을 받아 악의를 품은 왕의 의도대로 되지는 않게 되었다. 왕은 그 후 박사들이 안 오자 나라 안의 2세 이하 유아들을 다 죽이라는 명령을 내렸으며 예수의 가족은 이집트에 헤로데 왕이 죽을 때까지 피신 할 수밖에 없었다.

셋째도 결혼 전의 여자인 마리아가 예수를 잉태했으니 당시의 사회 관습, 즉 간음한 여자는 죽이는 관행대로 예수를 잉태한 마리아는 돌 맞아 죽었어야 했다. 이 경우에도 마리아와 약혼한 남자 요셉이 꿈의 현시를 받아 숨기고 살았으므로 마리아가 예수를 낳을 수 있었으니 예수는 그 당시의 사회 관습대로라면 이 세상에 못 나올 뻔했던 사람이었다. 끝으로 앞서 말한 헤로데 왕은 예수와 이해관계가 정 어긋나는 사람이었다. 그런데 그가 예수를 못 죽였으니 그의 이해관계가 영향을 주지 못했던 것이다.

한국 대선 승리는 동일 문화권이라고 볼 수 있는 극동 문화권에서 하나의 이변이었기에 환희였다. 극동문화권이란 중국, 일본, 베트남 그리고 한국 등 유교

문화의 긴 영향을 받아들인 나라들을 지칭한다. 이들 나라 중 아무리 내 눈을 씻고 보아도 김대중, 노무현 두 대통령이 선출됐을 때의 겨레의 환희와 같은 것을 경험한 나라는 한반도 남쪽에 있는 내 나라 이외에는 안 보이는 것 같다. 겨레라고 썼지만 백성이다. 따라서 백성이 이런 기쁨을 누리려면 민주국가여야 하는데 한국 외의 민주국가는 일본과 대만 정도다. 베트남의 경우 프랑스, 미국과 싸워서 나라를 세운 호치민胡志明이 있었다. 그러나 이 나라는 안타깝게도 아직은 민주국가가 아니다. 싱가포르는 국가경쟁력이 높은 나라이지만 리콴유李光耀라는 한 사람의 나라이다. 호치민이나 리콴유나 이름은 좋다. 치민은 밝음을 향하고 콴유는 밝음이라는 뜻이다. 그러나 한 사람의 나라가 아닌데서 잘난 정상이 나타나되 이 정상이 나타났을 때 국민이 기쁨을 느꼈던 한 나라는 대한민국 이외에 일본과 대만 정도가 어떠할까를 생각한다.

일본, 대만 중 일본만을 보자. 우리가 민주화 정부를 세울 때도 자민당이 집권했었다. 미국의 부시 대통령과 친했던 고이즈미 총리 이후에 기껏 나온 총리가 아베인데, 이 아베의 출신과 행적이 가관이었다. 아베는 그 외할아버지가 기시 수상이다. 기시는 제2차 세계대전 때 상공장관을 했었고 전쟁범죄자로 3년간을 감옥에 있다가 나왔다. 한국전쟁 때 일본이 군수공업으로 번영했을 때 쭉 총리를 이 기시가 했다. 기시 수상은 미국의 닉슨 대통령과 친했다. 아베의 아버지는 부동산 개발로 유명한 다나카 수상 때 외무장관을 했다. 이 아베는 야스쿠니 신사에 참배하는 국수주의자였다. 이 아베가 아프가니스탄 파병 연장을 그 나라 야당과 협의하고자 했었는데 야당 대표가 응하지 않아 사표를 냈었다. 기득권자가 대를 물려서 먹는 나라임을 아베 전후의 수상들의 출신을 보아도 알 수 있다. 아베 직전의 수상 고이즈미의 조부는 우정상을 부친은 방위청 장관을 지냈다. 아베의 후임자 후쿠다는 그 아버지가 총리였을 때 정치에 들어갔다. 이런 식으로 일본만 해도 주류 양반들만이 내리 해 먹는 나라이다.

그런데 김대중과 노무현은 달랐다. 두 사람 다 야당 출신이다. 일본으로 치면 자민당도 아니다. 두 사람 다 한미寒微한 집안 출신들이다. 출신교는 명문대는커녕 아예 대학 문턱에도 못간 상업학교 졸업생이었다. 두 사람 다 젊어서 대통령 하겠다고 나섰다. 두 사람 다 웅변가였다. 김대중의 웅변을 국민들은 광장에서 들었지만 노무현의 웅변은 전두환을 청문하는 그 모습을 국회에서 중계해서 온 국민이 들었다. 이 온 국민을 들끓게 할 대선 주자가 동양에서는 한국에서 있었던 것이다. 이 두 분에게는 떳떳한 자격이 있었다. 그것은 이들이 다 대한민국의 주민등록증을 가졌었다는 점이다. 비슷하게도 만왕의 왕 예수는 지금으로 치면 주민등록을 얻기 위하여 베들레헴을 방문했다가 마리아가 산기를 느껴 여관을 못 잡고 어느 집 말이 매어 있는 칸막이 안에서 낳았고, 그의 몸이 처음으로 눕혀진 곳은 말구유였는데, 이 말구유는 유대 나라에 있는 한 나무 그릇이었다.

김대중, 노무현 두 대통령의 대선 때 내가 마치 성탄절의 어린아이처럼 기뻤던 이야기를 쓸 차례이다. 나는 지금 82세이니까 오래 살고 있다. 더 오래 살고 싶다. 오래 살면서 독재에 항거했고 항거를 멈출 때는 책을 쓰다가 죽고 싶은 것이 내 생이길 원하는 것이 사실이다. 그런데 이런 현상 모두가 내가 어려서 기독교에서 영향받은 행적임을 새삼 쓰고 싶다. 하느님으로부터 이런 것들의 영향을 내가 받은 바가 없었더라면 나는 오늘의 내가 아닐 것이다. 이 점을 이미 본 절 서두에 언급한 바도 있고 또 앞으로 환희의 절들에서 재론할 것 같다. 다음 절 〈위기극복〉에서 보듯 내가 중병을 앓을 때 내가 다니던 교회의 여전도사 박기반 씨 그리고 그 부군인 배선표 목사님이 하느님께 기도를 드려 줘서 내 병이 나았다. 독재에 항거한 것을, 말하자면 쉽게 한 것은 역시 어려서 어린이 부흥회 때 설교를 듣고 장남이라고 세도를 부려 남동생들을 때려 준 것을 뉘우쳐 울었기에 국민을 때리는 집권자에 그런대로 쉽게 항거할 수가 있었다. 그러니까 내가 항거한 것이 아니라 하느님이 항거하신 것이다. 공부하는 것도 배재중학 시절 학교 예배시간에 조선어 예배를 들으며 감격해서 공부를 하되 나라를 위하여 기독교의 틀 안에서 하고자 결심을 했으니 내 머리가 좋아서 지금도 공부하는 것이 아니라 하느님이 나를 과외공부시키니 안 할 수 없는 사람이다.

대선 승리 이야기로 돌아가자. 멀리 베들레헴에서 예수가 탄생할 것을 예언한 예언자들과 동방박사들이 그것을 미리 알았듯이 나는 대선 승리의 환희를 미리 알아서 기뻤다. 〈마태오복음〉 제2장 첫부분의 제목은 '동방박사의 방문'인데 이때의 환희를 다음과 같이 전한다.

> 예수께서 헤로데 왕 때에 유다 베들레헴에 나셨는데 그때에 동방에서 박사들이 예루살렘에 와서 "유다인의 왕으로 나신 분이 어디 계십니까? 우리는 동방에서 그분의 별을 보고 그분에게 경배하러 왔습니다" 하고 말하였다.(〈마태오복음〉 제2장 1, 2절)

나도 동방박사들처럼 별을 보았던 이야기를 적고자 한다. 우선 그 당시 내 나이는 만 70세였으니 나도 박사된 지 26년이 지난 늙은 박사였다. 그러나 머리는 한참 활동 중이었다. 막 《논어맹자와 행정학》이 출판돼 나왔고 새 책 《인간 · 종교 · 국가》를 준비 중이었다. 이렇게 내 임무를 다하고 있을 때 김대중 씨를 투표하는 날을 맞았다. 투표장에 갔다. 투표함에 내 투표용지를 넣었을 때 내 볼에서 하염없이 눈물이 흘러내렸다. 돌발현상이었다. 두 가지 정도의 감정이었다. 하나는 두 번을 함께 감옥에 갔고 두 번을 출마해 낙선했던 그가 이번에는 된다는 생각이 들면서 기뻐서 울었다. 이와 비슷한 경험이 이미 딱 한 번 있었다. 유신정부 때 갈릴리교회 성만찬 예배 때 입에 빵과 포도주를 넣으면서 나는 울었다. 이 빵과 포도주를 거기 모인 한 30명의 구속자 어머니들과 교수 친구들이 함께 먹는 것을 생각하니 기뻐서 나는 울었다. 투표용지가 투표함에 들어가면서 내 눈에 눈물이 흘렀던 또 다른 까닭은 이제는 나는 김대중 씨를 험한 정치세계로 보내고 함께 못 가는 이별의 눈물이었다. 이 승리와 이별의 이중감정을 나는 그 후 내 집사람과 사별할 때 그녀의 얼굴에서도 보았다. 간호사가 소리 질러 집사람이 눈을 떴다. 그녀가 눈을 뜨고 나를 보자마자 눈물을 흘렸는데 동시에 입가에는 웃음이 있었다. 사랑하는 이와 이제는 이별하니까 눈물이 났고 나와 이미 53년을 그간 같이 있었듯이 그 순간을 같이 있으니까 기뻤던 것이다.

나는 노무현 씨의 당선도 미리 알았다. 나는 정몽준 씨와 연대 결과를 선거 전

날 거의 12시 마감까지 초조하게 기다렸다. 그런데 선거운동을 할 수 있는 시간을 몇 분을 남기고서 두 사람의 연립이 깨졌다는 뉴스를 TV에서 들었다. 갑자기 실망감이 나를 사로잡았다. 그러나 공이 아래로 떨어진 다음에는 반드시 튀어오르는 법이다. 아 차라리 잘 되었다. 김대중 때 인터넷이 펴져 있으니 뜻 있는 젊은이들이 투표 참여를 서로가 권유해 투표율이 높아져서 반드시 이기게 될 것이라는 생각이 들었다. 이 생각이 한번 드니까 안심이 되어 잠을 잘 잤다.

내 일생에 이 날 밤같이 잘 잔 잠은 없었다. 나는 잠을 길게 자는 사람인데 한 번도 화장실 가느라고 일어나지 않고 단숨에 긴 하룻밤을 잔 것은 내 일생에 처음이었다. 나는 교도소에서는 밤에 서너 번을 깼었고, 그 이후로 단숨에 하루 밤을 푹 잔 경험이 없다. 이 안심하고 잘 자는 경험을 나는 하느님이 주신 것이라고 생각한다.

나는 이 '안심함'이 바로 다음 절 〈위기극복〉에서 쓰듯 어려서 세 번 중병을 앓으면서도 결코 불안하지 않았던 경험과 동일하다고 생각한다. 이 모든 것이 다 하느님이 내 마음을 편하게 해 주셔서였다. 왜 두 번 대선에서 하느님이 움직이셨을까? 가장 근본적인 이유는 유다 베들레헴에서 왕이 나셨듯 전라남도 신안에서 대통령이 났고 한나라당도 아닌 민주당에서 김해 사람이 대통령으로 나왔기 때문이다. 민심이 곧 천심이라는 말이 맞는 말이다. 천심이 나 같은 사람만 한 민심에게도 기쁜 감정을 주셨다.

위기 극복

나는 소학교 2, 3, 4학년에 각각 한 번씩, 한 번 걸리면 길게 누워 있는 병에 걸렸다. 첫 번째는 성홍열이라는 전염병으로 내 집 동기가 졸지에 셋이나 죽어 나갔고 나를 포함한 세 명이 전염병원동에 격리 입원됐다. 병원에 3개월 있다가 집에 왔다. 그 다음 병은 다 여름에 걸렸는데 한 해에 한 번씩, 그 선후를 잊었는데 이질과 말라리아를 앓았다. 그런데 어릴 때의 나 자신이 무병장수를 바랐던 기억이 안 난다. 말라리아 앓을 때에 할머니가 내 자리 옆에 오시더니 "문영아, 낮에도 자지 말아라. 이번에 네가 자면 네가 죽을 것만 같구나"라고 말씀하셨던 생각이 난다. 그러나 딸들만 난 후에 모처럼 난 아들의 장수무병을 어른들은 바랐을 것이다. 더욱이 사별한 세 동생 중 둘이나 남동생들이었다. 그런데 지금 생각하니 세 번 병중에 내 마음이 담담했던 것 같다. 죽음의 두려움이니 살고 싶은 욕망이니가 없었다는 것이다. 전염병 전문병원 순화병원順化病院에서 세 동기가 나란히 침대에 누워 있었는데 퇴원할 때쯤 되어 몸에 열이 내리니까 그때서야 살고 싶은 생기가 나서 동기들이 오손도손 이야기를 나눴다. 그 이야기 중 누가 말했는지를 잊었는데 "우리 집에 가면 엄마보고 떡을 해 달래자"라고 말했던 것을 보면 좀 살 만해지니까 비로소 살고 싶었던 나였지 않았나 생각한다. 그 후 이 비슷한 강의를 미국서 '노동 경제론' 시간에 나는 들었다. 미국 노동자들이 임금을 좀 벌게 되니까 노동운동이 생겼다는 이야기다.

그러나 나는 병중에 잊을 수 없는 경험을 했다 성홍열 때인데 어머니는 병 앓는 누군가를 간병하러 병원에 이미 가고 안 계셨다. 내 교회 목사 배선표 목사님의 부인이 박기반 전도사님이었는데 병원에 안 가겠다고 울면서 고집 부리는 나를 사정없이 꺾었는데, 그 전도사님이 누워 있는 나를 꽉 잡고 기도해 주셨다. 이때 나는 생각했다. 어린아이라도 나는 생각했다. 어떻게 이렇게 남의 집 아이를 꼭 안고 기도도 하며 병원에 가야 한다고 호되게 야단도 치는가였다. 놀라움이었다. 이뿐만 아니었다. 박 전도사님의 남편 배선표 목사님이 새벽에도 병실에 오셨다. 하루는 오셔서 어머니에게 "제가 기도 중에 하느님께서 문영을 낫게 해 주신다는 응답을 받았습니다"라고 말씀하셨다. 내 집은 가난한 집이고 그때도 그런 습관이 있었는지는 모르겠지만 배 목사님이 오셨다고 왕복 전차 삯이라도 드리는 집도 아니었을 터인데 어떻게 남을 위해서 이렇게 참 마음일까를 나는 어렴풋이 생각하고 놀라워했다.

이 놀라워했음은 진심이다. 증거가 있다. 나는 1남 2녀의 아버지인데 아들을 낳았을 때 아들 이름을 무엇으로 붙일까 했다. 우리나라에 빛을 가져온 사람의 이름을 나는 찾았다. 처음 순교한 김대건金大建 신부 생각이 제1차로 났다. 그런데 나는 그분을 직접 모르고 이름의 뜻대로이면 크게 세운다는 뜻인데 내 아들이 크게 뭘 세우려고만 하는 것도 아들에게 부담을 준다는 생각이 들어 이를 말았다. 그 다음으로 생각한 이름이 배선표 목사님이다. 이분은 얼굴은 곰보이고 눌변이시다. 그러나 나는 이분이 참 사람인 것을 알기에 이분 이름을 땄고 또 이름 한문 글자가 좋기도 했다. 善杓라고 쓰는데 선은 착하다는 뜻이고 표는 국자 같은 것이다. 착함을 인생의 강과 바다에서 작은 용기로 푸라는 뜻이다. 즉 한 국자가량의 물 한 모금을 떠서 주는 착함을 잊지 말라는 뜻이다. 이렇게 중병을 앓은 나를 하느님이 고쳐 주셨고, 내 마음의 위기를 하느님이 극복해 주셨고, 내 마음의 평안함을 주셨다.

이런 회상을 나라에 적용해 생각하고 싶다. 내 나라의 위기, 내가 겪은 위기 하나를 골라 보자. 그것은 6 · 25전쟁이다. 이 6 · 25전쟁을 하느님이 극복하게 하셨다. 그 증거가 UN군이 참전했던 일도 세계사에 드문 일 아닐까 한다. 이 6 · 25라는 위기에 우리는 엄청나게 고생했다. 그러나 우리는 고생만 한 것은 아니다. 고생 중에 영혼이 깨끗하고 환희했던 영혼들이 생겼다. 마치 내가 병중에 하느님이 창조한 배선표, 박기반이란 사람들의 인내와 기도로 내 병이 치유되고 마음의 평안함을 얻었듯이 6 · 25전쟁 중에서 오히려 인생의 가장 높은 경지를 체험한 영혼들이 있다는 생각이 든다. 6 · 25라는 고통을 극복한 영혼들이 있다. 미술, 음악, 그리고 문학에서 이런 움직임이 내 눈에 띄는 영혼들이 있다. 그림에서 이중섭과 박수근, 음악에서 윤이상 그리고 문학에서 김수영 등을 나는 예시한다. 미리 양해하시길 바란다. 나는 그림도 못 그리고 할 줄 아는 악기 하나도 없고 문인이 아니다. 다만 이런 분들이 나 같은 하잘것없는 사람의 혼을 울려 주었던 것이 사실이며, 나는 다만 울림의 일단을 좀 전하고자 할 뿐이다.

6 · 25는 잿더미 자체였고 잿더미 위에 이른바 한강의 기적을 이룩한 것은 박정희였다는 잘못된 생각을 바로잡을 차례다. 이른바 발전행정이 있어서 비로소 한강의 기적이 생겼다는 생각은 틀린 생각이었다. 즉 변동의 동인은 발전행정

보다 깊은 데 있었다. 박정희보다 좀 더 깊은 데 있었던 것부터 아주 깊은 데 있던 것을 열거할 수 있다고 생각한다. 가장 가까이 있는 것은 기업가 정신 정도이며 좀 더 깊은 데 있는 것은 야당의 출현이다. 가장 깊은 데 있는 것은 그림과 음악과 시, 문학이다. 그림과 음악과 시, 문학은 기업이나 야당 정치와는 달리 말하자면 손으로 만질 수 없는 것이고, 이 손으로 만질 수 없는 것을 이곳에서 따지기로 한다.

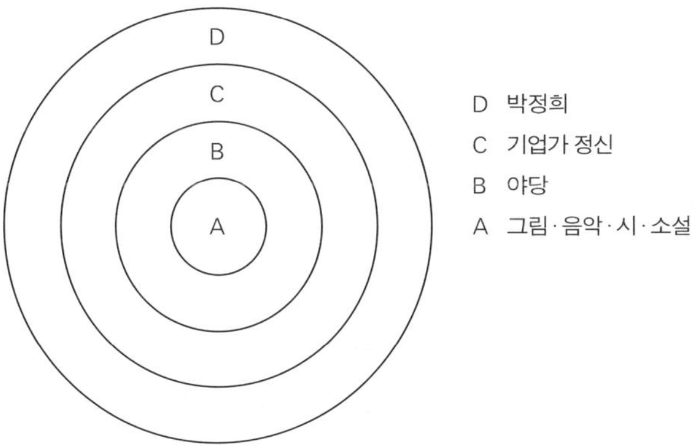

기업가 정신을 박정희에게 가깝게 둔 이유는 기업이 잘되도록 자극, 지도한 이가 정부라고 우길 수도 있기 때문이다. 그러나 박정희의 공은 아니다. 1950년대 내가 미국 유학 시 미국에 와서 가을 하늘에 날리는 연을 만들어 수출하는 기업가를 나는 미국에서 만났다. 유학 와 있던 이병철 씨의 큰아들로부터 모직과 설탕공장 만든 이야기도 들었다. 내가 학사편입한 대학에 LG의 구씨가 유학도 왔다. 모르긴 해도 50년대는 미국 지프 자동차를 개조해 현대가 자동차라고 만들었을 것이다. 그러나 이 모든 움직임이 훌륭한 성장 세포들이어서 이런저런 기업이 성장해 80년대에는 자동차에서는 포니가 수출되더니 이제는 그랜저가 미국에서 점유율 4위를 차지하게 되었다. 웬만한 나라 도시의 중심가에는 한국 제품의 네온사인 광고가 눈에 띈다. 나는 1991년에 러시아 모스크바에 간 적이 있는데 공항에서 시내까지 간판 광고가 걸려 있던 것은 한국 기업뿐이었다. 피터 드러커 교수는 한 글에서 한국은 1950년 한국전쟁 이후 기업가 정신이 있어서 발전했다고 쓴 바 있다.

오늘날 한국이 1950년 한국전쟁 이후 이룩한 눈부신 성공 위에 새롭게 구축해야 하는 것도 이 원형이며 지난 50년간 한국이 극적으로 부활한 한 경영상의 업적에 기인한 것이라는 것이다.[7]

이것도 발전행정학자들이 무시하는 현상인데 우리는 6·25전쟁 중에도 부산 임시 수도에서 이승만의 독재에 항거해 당시 부통령이었던 김성수 씨가 부통령직을 사임했고, 이를 계기로 야당이 탄생했다. 발전행정학자들은 김성수 씨를 물론 무시했다. 그분만을 무시한 것이 아니라 그들은 4·19를 전혀 긍정적으로 평가하지도 않았다. 그러나 발전행정학자들이 김성수 씨를 무시하는 것이 어떤 점에서는 당연도 했다. 왜냐하면 김성수 씨가 돌아간 후 김성수 씨의 후손들까지도 그분의 묘소에 세운 약력에 이 김성수 씨의 빛나는 업적을 싹 뺐기 때문이다. 인촌의 묘가 덕소로 옮기기 전에는 고려대 구내에 묘소가 있어서 나는 약력에 이 저항 부분을 후손이 뺀 것을 늘 아쉬워했었다. 이 무서워하는 병은 독재정부의 비위를 건드릴까 봐 생긴 공포증이라고 나는 짐작한다. 이 무렵 고려대 서관 탑에서 시간마다 울렸던 전봉준 노래가 그쳤다. 이 무서워하는 병을 이기지 못해 오늘의《동아일보》가 맥을 못 쓰는 신문이 되고 만 것이라고 나는 생각한다.

6·25를 겪었는데도 우리가 살아 있었다는 것을 더 — 기업가나 야당정치가 보다는 더—보여 주는 이는 이중섭, 박수근, 윤이상, 김수영 같은 자기 몸은 굶다시피 살면서 예술과 음악과 문학을 살린 분들이다. 이중섭, 박수근 화백 등은 두 분 다 젊어서 죽었고 그들이 그린 그림이 죽은 후에야 고가로 국내외에서 팔렸다. 윤이상은 독일에서 박정희에게 끌려와 간첩 누명으로 옥살이를 했으나 그는 세계인의 심금을 울리는 음악을 작곡했다.

비록 몸은 가난하고 비참했어도 이런 현실에 굴하지 않고 눈에 보이지 않는

7 피터 드러커, 남상진 옮김,《실천하는 경영자》, 청림출판, 2004, 6쪽.

세계에서 화려하게 산 영혼들 이야기를 좀 더 하자. 영혼이 살아야 몸이 산다. 영혼이 죽어 있으면 몸이 살아 있어도 이는 죽은 목숨이다. 이중섭은 1916년에서 1956년까지 40년의 짧은 삶을 살되 세상이 살 만한 곳이 못 되어 늘 피해 다니면서 살았다. 우선 평양의 부잣집 아들이지만 중학교를 평양에서 안 다니고 오산중학교를 다녔다. 다만 오산에서 이중섭은 미국 유학생인 미술 교사를 만나 철저하게 그림 기초를 닦았다. 미술 대학은 일본 도쿄에서 다녔다. 이곳은 오산중학교의 연장인 그림 수업장이었고 이곳에서 일본인 여자와 결혼을 했다. 귀국해서는 해방 후 평양이 아니라 원산에서 부인과 함께 살았다. 그림을 계속 그렸다. 6 · 25전쟁 때 1 · 4후퇴 때 식구들을 데리고 남하했다. 부산에 갔지만 부산을 또 피해 제주도에 갔다. 그곳이 부산보다 더 외로운 데였기 때문이다. 부인과 두 아들을 일본으로 보냈다. 먼저 식구들이 가 있으면 후에 가서 그림에 전념하고 이어서 그림의 고장 프랑스 파리로 가고자 했다. 그러나 불법으로 일본에 갔지만 장모로부터 쫓겨나 서울에 왔다. 서울에 돌아와서는 인왕산 밑에서 방을 얻어 그림을 그렸고, 종이에 그리고 나무판에 그리고 이런 것을 못 구하면 미국 담뱃갑 속에 있는 은종이 위에도 그렸다. 그는 소를 좋아했다. 한참 소 구경을 하고는 울고 있기도 했다. 나는 이중섭의 소 그림이 이중섭 그림의 압권이라고 본다. 이중섭에게는 소가 고생하는 겨레였기에 이중섭은 소를 보고서 울음이 나왔던 것이다. 그런데 이중섭의 소는 소의 통념을 벗어난다. 순하고 우직하고 일만하는 소가 아니라 심하게 성이 난 얼굴의 소이다. 이중섭은 4 · 19를 겪지 않고 술병으로 간이 상해 죽었는데 이중섭의 소는 4 · 19 때 드디어는 성을 내는 소를 미리 예견하고 그렸다고 나는 생각한다.

박수근은 1914년에서 1965년까지 51년간을 살았다. 박수근이 이중섭보다도 2년 앞서서 출생해 이중섭보다 9년을 더 살았으니 일제와 6 · 25를 두 사람이 다 겪었으나 박수근은 4 · 19도 더 겪고 군사정부도 더 겪었다. 이중섭과는 달리 가난한 강원도 농촌 출신이며 학력이래야 보통학교가 다였다. 보통학교 때 미술 성적만 우수했다. 밀레의 〈만종〉 그림을 보고 화가가 될 결심을 굳혔다. 18세 때 조선미술전람회에 입선했다. 두 번째 입선은 22세 때 어린아이를 등에 업고 절구질하는 농촌 여인네를 〈일하는 여인〉으로 그렸다. 23세 때는 소녀를 모티프로 한 〈봄〉이 입선했다. 미술전에 네 번 입선한 후 박수근은 옆집 처녀에게 "내 아내에 대한 여성상은 당신같이 소박하고 순진하고 고전미를 지닌 여성이었는데 당신을 꼭 나의 배필로 하느님께서 정해 놓은 것으로 믿고 싶습니다"라고 편지를 써서[8] 여자의 결혼 승락을 받았다. 1940년에 결혼을 했다. 이후 박수근은 신부를 모델로 그린 〈맷돌질하는 여인〉을 출품해 입선했다. 그후 조선미술전에 아내를 모델로 한 작품을 빈번히 그렸다. 말년에 갈수록 여인상이 많다. 〈귀로〉, 〈아이 업은 여인〉, 〈앉아 있는 여인〉, 〈고목과 여인〉, 〈나무가 있는 언덕과 여인〉, 〈시장의 여인들〉, 〈노상의 사람들〉 등이 몇 개 예이다.

고향 중학교에서의 짧은 미술교사 생활, 미군 PX에서 인물화 그리는 환쟁이 그리고 반도호텔 선물가게에서 그림을 그리는 등 직장이 변변치 못했고 화실은 동대문 밖 창신동의 작은 집 마루였다. 그가 죽은 후 약 70점의 그림으로 유품전을 했으나 미국인을 상대로 작은 그림을 좀 팔렸고 큰 그림은 못 팔다시피 하였다.

내가 보는 박수근의 그림의 압권은 〈일하는 여인〉이다. 그 까닭을 나는 적어야 한다. 하나는 일하는 여인상을 너무나 많이 그렸는데 결혼 후 신부를 모델로 해 그린 그림이 〈일하는 여인〉이기 때문이다. 또 하나의 이유는 박수근이 그림 그릴 결심을 하게 한 그림 밀레의 〈만종〉에 서 있는 여자도 일하는 여자이기 때문이다. 그가 추구한 여인이 밀레의 여인과 어떻게 유사하며 어떻게 차이가 나는가를 몇 가지로 따지기로 하자.

1. 밀레의 여인이 하루 종일 일을 해 벌어 논 재물이래야 가을 곡식의 이삭을 주운 것이다. 박수근의 여자는 맷돌질하거나 빨래하거나 장터에 앉아 있거나 기름을 머리에 얹고 가는 등 최소한도의 생활수단을 얻고자 하는 사람들인 점이

8 오광수, 《박수근》, 시공아트, 2002, 22쪽.

밀레의 여자와 유사하다.

2. 밀레의 〈만종〉에는 멀리 교회당이 보이지만 박수근의 공간에는 교회당이 없다. 그 대신에 박수근의 공간은 한 그림도 빠짐없이 공간이 엄숙하고 신비롭고 슬픈 색조로 채워져 있다. 밀레의 교회당이 들의 맨 끝에 있듯이 박수근의 경우는 맨 끝까지 영원으로 향하는 정서로 가득 차 있다. 이 점에 박수근은 밀레보다도 더 육화肉化된 신학자이다.

3. 밀레의 그림에는 여자 옆에 든든한 동반자 남자가 서 있으나 박수근의 그림은 대체로 여자 혼자다. 혹 아이를 업고 있거나 아이를 데리고 가지만 남자는 기운이 없고 무능하고 한가하기조차 하다.

한마디로 말해 박수근의 여인은 밀레의 여인보다 더 원형적이라는 것이 내 결론이다. 하루는 비오는 날 박수근이 퇴근해 집에 오게 되었다. 부인이 동대문 버스 정류장에 우산을 들고 나왔다가 목격한 이야기이다.[9] 박수근이 버스에서 내렸다. 함께 오는 길에 노점상에 과일을 파는 여인 세 명이 나란히 앉아 있었다. 그 앞을 지나다 아이들에게 과일을 사다 주려고 한 여인에게 몇 알, 다른 아주머니에게 몇 알 사길래 부인이 "비 오는데 한 군데에서 사지 뭘 그렇게 여러 가지를 사느냐"고 말했다. 박수근의 대답은 "한 아주머니에게만 사면 딴 아주머니들이 섭섭해하지 않게 하기 위해 세 아주머니에게 골고루 샀어"라고 말했다. 일하는 여인에 대한 마음가짐을 그대로 나타내는 이야기다. 이런 마음을 가톨릭교회 신학에서 예수의 어머니를 높이는 심정과 맞닿은 경지라고도 생각된다. 이렇게 생각하는 좀 긴 사연이 나에게 있다.

1980년 5월에 내란음모사건으로 육군형무소에 있을 때 고소장이 나에게 전달되었다. 이때 고소장에 김대중 씨의 아버지가 김씨가 아니라 윤씨라고 적혀 있었다. 이 고소장을 회수해 갔지만 나는 법정에서 따졌다. 김대중 씨의 아버지가

---

9 오광수의 같은 책, 51, 52쪽.

윤씨인 것이 무슨 죄냐고, 독일의 브란트 수상은 그 아버지가 누군지 모르는데 그만한 인물이 나왔으면 독일의 명예이지 어찌 부끄러움이냐고, 경상도를 고향으로 둔 신라의 시조 박혁거세는 윤씨도 아니고 달걀알에서 나왔으니 그보다는 낫지 않느냐고 말하고 너희가 정 이렇게 지역 차별을 하면 내가 이 법정을 살아나가면 내 본적을 전라남도 광주로 옮기겠다고 윽박질렀다. 이 사건 때 감방에 있을 때 하루는 교도관이 나에게 물었다. 그 교도관은 내가 뭐든지 아는 사람으로 알고서 물은 것이다. "예수를 성령이 마리아에게 임해서 났다는 것을 못 믿겠습니다"라고. 나는 "못 믿겠으면 의문으로 남겨 두라. 그러나 이렇게 생각도 해보아라. 마리아가 유대 나라에 득실거리고 다니던 한 로마 병사에게 강간당해서 잉태한 아들일 수도 있다고, 만일에 그 일이 사실이라면 그런 아들이 예수만 한 사람으로 성장한 것이라면 이는 성령이 마리아에게 임해서 잉태했다고 말해도 틀린 말이 아니지 않느냐"고 말했다. 그 교도관은 끈질겼다. 그만한 증거나 실증이 있습니까가 그의 질문이었다. 이에 대해서 나는 〈루가복음〉 제1장에 있는 마리아의 노래를 읽어 주었다. 이 아들이 세상에 나와서 부당한 권력자와 부자를 내쫓아 달라는 그 불온한 노래를. 이쯤 하고 박수근의 일하는 여인으로 돌아가자. 박수근의 여인은 일제시대 일본 군대의 위안부로 끌려갔던 정신대 여인들을 한없이 연민의 정을 갖고 바라보고 그린 그림이었고, 민주화된 정권에서야 이 여인들의 슬픔이 상기될 것을 미리 알고서 그린 그림이었다.

윤이상은 1917년에서 1995년까지 살았다. 윤이상은 이중섭이나 박수근과 비슷한 또래로 출생했으나 두 사람 누구보다도 오래 살았다. 박수근보다 꼭 30년을 더 살았다. 경남 출신이다. 3세 때 통영으로 이사간 후 독일에서 작고할 때까지 통영 앞바다를 그리워했다. 그러나 그가 그리워했던 것은 어려서 들었던 음악들이다. 윤이상과 루이제 린저가 나눈 심층 대화가 이를 보여 준다. 통영 앞 배바위에서 어부들이 불렀던 전라도가 기원인 노래들, 무당이 굿하는 리듬, 사찰의 예불에서 듣던 음악 그리고 국악 등이 그것이다. 이 귀에 머무는 음악을 따라 음악 공부할 결심을 하고 18세 때 일본 오사카음악학교에 입학하여 2년간 작곡과 음악이론 첼로를 수학. 22세 때 도쿄에서 작곡가 이케노우치 토모지로에게 작곡을 사사받았고 해방 전에 반일 활동으로 두 달간 옥고를 치른다. 38세 때 최초로 〈현악기 4중주 1번〉과 〈피아노 3중주〉 곡으로 서울시 문화상을 수상한다. 그 이듬해 프랑스로 유학하여 토니 오뱅Tony Aubin에게 작곡을, 피에르 르벨Pierre Revel에게 음악이론을 배운다. 40세 때 베를린에 가서 음악이론을 쉬바르츠 쉴링Reinhard Schwarz-Schilling에게, 12음 기법을 요셉 루퍼Joseph Rufer에게 그리고 작곡은 보리스 불라허Boris Blacher에게 배웠다 42세 때 그의 작품 〈낙양〉이 런던 음악계의 주목을 받기 시작했다. 45세 때 관현악곡 〈바라〉를 초연한다.

46세로부터 50세까지가 윤이상에게 중요한 때였다. 하나는 북한을 방문해 옛 고구려 왕릉 벽화를 보고 심취한다. 둘은 〈가사〉와 〈가락〉과 오라토리오 〈오 연꽃 속의 진주여!〉 〈예약〉 등을 발표한다. 셋은 한국에서 두 분 자녀들이 독일에 와서는 함께 살고, 넷은 50세 때 중앙정보부원들에 의해 서울로 납치되어 이른바 동베를린 간첩사건에 연류했다 하여 재심에서 사형을 선고받고 부인 이수자는 5년 형을 받는다. 부인은 집행유예로 석방된다. 윤이상은 거듭거듭 감형되어 52세 때 석방된다. 윤이상의 복역 중 작곡이 허용되어 〈나비의 미망인〉을 완성한다. 55세 때 서베를린 음악대학의 명예교수가 된다. 이어서 뮌헨 올림픽 문화 행사의 오페라 〈심청〉이 볼프강 자발리쉬Wolfgang Sawallisch 지휘, 권터 레너트Günther Rennert의 연출로 초연된다. 그는 〈심청〉을 작곡한 1972년에서 영면한 95년까지의 23년간에 더욱 왕성한 작품활동을 한다. 그만큼 많은 작곡 의뢰에 수응했던 것으로 보인다.

이 정도 자료를 놓고 이제는 내 주관을 적을 차례다. 나는 그의 음반 여덟 장을 구입해 듣는다. 내가 생각하는 윤이상의 진수는 1년에 걸쳐 작곡을 완료한 〈심청〉으로 보여진다. 〈심청〉은 기독교 문명이 주축이 되었던 3 · 1독립운동이 그곳에 자리 잡았던 사상적 토대, 유불선儒佛仙 사상을 혼합해 노래한 오페라이다. 따라서 윤이상은 현대 음악이론 공부를 18세 때부터 외국에 나가서 공부했지만 이 현대 음악의 틀 속에서 더욱 현대적인 것을 탐구했다기보다는 좀 더 고대적인 것을 견지함으로 오히려 좀 더 현대적인 것을 찾는 온고이지신溫故而知新한 분이다. 나로서는 본서 제2·3장을 연상케 하여 반갑기 그지 없다. 몇 가지의 보충 설명이 필요할 것 같다.

1. 그는 루이제 린저와의 대화에서 한국의 불교 사원이 유럽의 교회만큼 백성과 친숙한 관계에 있고, 자신은 자기에게만 그의 아버지가 가르쳐 준 할아버지의 묘소가 있는 데에 묻히고 싶다고 말한다. 그리고 자식들이 묻힌다면 자기도 통영에 묻히고 싶다고 말한다.

2. 그는 북한을 두 번이나 갔었지만 북한 정치의 부적절함을 알고 있었다. 6·25 때 남침한 것이 북한임을 알고 있었고 안재홍과 비슷하게 6·25에서 복구된 북한을 다행으로 생각했다. 그러나 북한 방문 시 그곳은 자유가 없는 곳임을 알았다. 그러나 그에게는 좌다 우다 하는 현대적 안목이 중요하지 않았고 북한에서 본 고구려 왕묘 벽화의 네 마리 호랑이 그림이 그의 마음을 사로잡았다. 이 고구려 정신을 그는 어려서 듣던 옛 노랫가락들, 독경 소리, 굿하는 소리, 어부들의 노래들에 연결되는 그 무엇이라고 생각했다.

3. 그의 음악이 풍기는 음색은 내 귀에는 종로 비각의 종소리 비슷한 음색이지 그 근처인 영국 성공회에서 울리는 종소리와는 다르다고 나는 들었다. 〈심청〉에 나오는 뱃사람들의 합창은 윤이상이 어렸을 대 아버지와 밤바다에 나갔을 때 들은 어부들의 노래에 대한 추억이다. 〈우물가의 여자〉는 여자들이 밭일 할 때 불렀던 노래를 떠오르게 한다.[10]

4. 좀 더 객관적인 견해를 써야 하겠다. 〈심청〉에는 공양미 300석을 꿀꺽 삼키는 승려가 있고, 눈먼 장님을 돌보는 유교의 장부가 있고, 비록 사기를 당했어도 지성을 다하는 심청의 도교 사상이 있다. 그런가 하면 이 고대 사상은 현대에도 닿아 있어, 〈심청〉은 자본가와 사기꾼들에게 희생당하지만 순정을 다하는 백성

10 윤이상평화재단 옮김, 《윤이상, 상처 입은 용—윤이상·루이제 린저의 대화》, 랜덤하우스, 2005.

의 꿋꿋함과 한결같음이 필요한 현대를 엿보게도 한다.

이렇게 현대 음악이론에서 우리의 떳떳한 고대를 재현했던 윤이상과는 달리 시에서 철저한 모더니스트였다가 4 · 19혁명을 기점으로 현실비판 의식과 현대 정신으로 시를 썼던 한 영혼이 있다. 그는 1921년에서 1968년까지를 산 김수영이다. 서울 관철동에서 아버지 태욱과 어머니 안형순 사이의 8남매 가운데 장남으로 태어났다. 효제보통학교 6학년 때 뇌막염을 앓아 학교를 그만둔 뒤 1936년 선린상고에 들어가 1941년 졸업했다. 일본으로 건너가 도쿄상대 전문부에 입학, 미즈시나 하루키水品春樹에게서 연극을 배웠다. 1943년 겨울 징집을 피해 귀국하여 1944년 가족과 함께 만주 지린성으로 이주했다. 해방 후 돌아와 연희전문학교 영문과 4학년에 편입했으나 곧 그만두었다. 1947년《예술부락》에 〈묘정의 노래〉를 발표한 뒤 마지막 시 〈풀〉에 이루기까지 200여 편의 시와 많은 시론을 발표했다. 1949년 김정린, 박인환, 임효권, 양병식 등과 함께 5인 활동시집《새로운 도시와 시민들의 합창》을 펴내면서 모더니스트로서 각광을 받았다. 6 · 25전쟁 당시 미처 피난하지 못해 인민군에 징집되었다가 거제도 포로수용소에서 석방되었다. 그의 전쟁 체험이 다음 시에서 보듯 일종의 콤플렉스로 자리 잡았다.

> 일전에 어떤 친구를 만났더니 날더러 다시 捕虜收容所에 들어가고 싶은 생각이 없느냐고
> 正色을 하고 물어봅니다.
> 나는 대답하였습니다.
> 내가 捕虜收容所에서 나온 것은
> 捕虜로서 나온 것이 아니라
> 民間抑留人으로서 나라에 忠誠을 다하기 위하여 나온 것이라고,
> —〈祖國에 돌아오신 傷病捕虜 同志들에게〉 일부

미8군 통역, 모교인 선린상고 영어교사와 평화신문사 문화부 차장 등을 맡으

며 여러 직장을 돌아다녔다. 1956년부터는 집에서 닭을 기르며 시 창작과 번역에만 전념했다. 치열한 몸부림과 자기 혁신 후 4 · 19 직전에 다음과 같은 시 〈폭포〉를 발표해 4 · 19의 도래를 미리 꿈꾸었다.

瀑布

瀑布는 곧은 絶壁을 무서운 기색도 없이 떨어진다.

規定할 수 없는 물결이
무엇을 向하여 떨어진다는 意味도 없이
季節과 晝夜를 가리지 않고,
高邁한 精神처럼 쉴사없이 떨어진다.

金盞花도 人家도 보이지 않는 밤이 되면
瀑布는 곧은 소리를 내며 떨어진다.

곧은 소리는 소리이다.
곧은 소리는 곧은
소리를 부른다

번개와 같이 떨어지는 물방울은
醉할 瞬間조차 마음에 주지 않고
懶惰와 安定을 뒤집어놓은 듯이
높이도 幅도 없이 떨어진다

나는 이 〈폭포〉를 1976년 3 · 1민주구국선언 서명으로 감옥에 있을 때에 읽고서 격려를 받았다. 이 격려를 고마워해 제8장 〈조선옷을 입은 청교도〉에서 3 · 1 사건의 어른 함석헌을 검토하면서 제3절을 〈쏟아져 내리는 폭포〉를 제목으로 정해 함석헌의 행위, 행동의 원리를 풀이하고자 한다.

그의 나이 47세 때인 1968년 6월 15일 집앞 거리에서 버스에 치여 그 다음 날 숨졌다. 서울 도봉구에 있는 누이 집 뒷동산에 잠들어 있다. 1969년 5월 1주기를 맞아 문우와 친지들이 그의 마지막 시 〈풀〉을 새긴 시비를 세웠다. 나는 이 시를 여기에 인용 않고 다음 장 중 〈발전행정의 사이비〉를 논하면서 인용하고자 한다.

촛불시위

촛불시위는 촛불과 시위의 합성어이다. 촛불이란 불을 켠다는 뜻이며 시위는 전 장 마지막 인용에서 보듯 하느님께 독재자의 죄를 바로잡아 주기를 기도하는 행위이다. 나는 그 많은 촛불시위에는 한 번도 안 나갔었다. 내가 나가면 촛불이 꺼질 것 같아서였다. 그 대신 내가 잘 하는 행위가 있다. 내 집 뜰의 동쪽에 있는 두 개의 정원등을 켜고 여름에도 가디건을 덧입고 아니면 담요를 들고 나가 어깨를 덮고 단풍나무 아래에 있는 의자에 가서 앉는다. 이 의자에 앉을 때는 어깨를 덥게 하고 나가 앉아야지 그늘 아래가 추워서 그냥 나가 앉으면 감기가 든다. 은은한 정원등 불빛이 좋다. 벤치 앞에 늘어진 가지들이 흔들거리는 틈으로 불이 켜진 내 집 창을 바로 보면서 나는 고독을 즐긴다. 한겨울에는 이 자리에 못 나온다. 그 대신 이 단풍나무에 크리스마스 전등 장식을 한 달간은 해 놓는다. 담 옆에 있는 장식등을 길 가는 사람들이 보면서 걸으니까 동네사람들도 하늘을 바라보라는 뜻이다.

이렇게 혼자만의 시간이 아닌 잊을 수 없는 불빛 아래에서의 기도를 나는 경험한 바가 있다. 1976년 3월 1일 밤 명동성당에서 3 · 1절 미사에 참석했을 때였다. 미사 후 김승훈 신부와 문동환 목사가 증언했다. 이우정 서울여대 교수가 등단해 3 · 1민주구국선언을 낭독했다. 나는 그날 밤의 성당 천장에 달린 샹들리에를 아름답게 쳐다보았다. 내 이름 석 자가 서명되어 들어간 선언문, 즉 기도문을 읽으면서 나는 하늘을 우러러보았던 것이다. 샹들리에가 말하자면 촛불로 하늘을 우러러보는 매체 역할을 했다. 그 후 언제인가 명동성당에 가 보니 이 샹들리에가 없어지고 형광등이 천장에 붙어 있었는데 덜 아름답게 봤다. 기회가 있어 그곳에서 건축 맡은 이에게 내 심정을 전한 적도 있다.

그런데 밤에 희미한 등불 아래에서 실컷 울었던 어린이 부흥회 때가 내가 잊지 못하는 말하자면 촛불시위의 시작이다. 우선 전깃불 이야기인데 그 전등은 내 집 정원등이나 명동성당의 운치 있는 전등이 아니었다. 천장에서 곳곳에 길게 전깃줄을 늘어뜨리고 그 끝에 소켓 장치가 있는 전구들이었다. 물이라도 묻은 손으로 불을 켜면 전기가 옮겨지는 위험물이기도 했다. 불빛이 밝지도 않았다. 우리는 마룻바닥 비슷한 일본식 돗자리가 깔린 평면에 쪼그리고들 앉아서 강대상 위를 쳐다봤다. 그러니까 그때에는 전깃줄에 매달린 전구를 더 정확하게 보았을 것이다. 윤판석 장로의 설교였다. 나는 설교 후 통성기도 시간에 슬피 울었다. 너무 울어 내 옆에 오씨 성을 가진 주일학교 교장선생님이 내 옆에 오셔서 나를 위해서 열심히 기도해 주셨다. 그런데 운 내용이 두 남동생을 툭하면 때려 준 것을 뉘우친 것이었다. 하필이면 성홍열 때 죽었던 동생들인 것을 보면 이 부흥회에서 회개는 성홍열보다도 먼저 있었던 행위였다.

아니, 부흥회에서의 회개는 성홍열에 앞서는 행위뿐만이 아니라 다른 두 개의 기독교적 영향들을 앞서는 행위였다. 다른 두 개의 기독교적 영향은 성탄절 밤 어린이 행사 때 단상에서 〈마태오복음〉을 암송했던 신비함과 조선어로 행했던 배재중학교 예배 시간에서의 이제는 공부를 나라를 위하여 기독교의 틀 안에서 할 것을 결심한 충격이다. 이렇게 어린이 부흥회 때의 회개를 다른 세 개의 기독교적 영향에 앞서는 것으로 정리해 볼 때 내가 어린 동생들을 때려 온 행위의 비겁함이 드러난다. 몸은 중병 세 가지를 매년 앓을 정도로 약했고 겁이 많아 중학교 입학 시험지만 봐도 떠는가 하면 다른 한편으로는 공부 잘하는 누님들에게 열등감을 느꼈던 내가 나보다 약하다고 생각되는 동생들을 때렸 줬으니 이는 비겁함 그 자체였다. 이런 비겁함은 나에게 윤판석 장로님이 가차없이 말씀해 어린이 성탄절에 〈마태오복음〉을 암송할 때 느꼈던 동일한 신비함을 나의 어두운 마음에 던져 주었으니 나는 옆에 앉은 동료들 앞에서도 체면을 개의치 않고 왈칵 심하게 큰소리를 내면서 울었던 것이다.

이날 밤 전깃불 아래에서 운 것이 나에게 큰 사건이었다. 실컷 울고 교회당을 나섰는데 동행하는 누나들 옆에서 이번에는 별이 빛나는 하늘을 바라보면서 나는 마음이 상쾌했다. 그 당시는 길거리가 껌껌했지만 유난히 별빛이 아름다웠다. 그 후 나는 동생들을 안 때렸다. 성홍렬 이후에 우리 집 막내로 동생 이인영 박사가 있는데 나보다 열두 살 아래다. 이 동생을 나는 한 번도 안 때렸다. 내가 안 때렸는데도 형제 간에 질서가 있어서 모처럼 미국에서 귀국해 일 년간을 연구소 고문으로 와 있을 때에도 한 번도 거실의 내 자리 소파에 앉지를 않았다. 어린이 부흥회 때 마음을 고쳐먹은 결정적 증거가 있다. 나는 중학교 동창생들 셋이서 밧줄을 갖고서 인수봉 등반을 간 적이 있다. 인수봉 아래에 닿아서 나만은 안 올라갔다. 겁이 많아서였다. 겁이 많아 등반을 안 했어도 나는 등반하고 내려온 친구들에게 열등감도 안 가졌다. 겁이 많은 것이 내 체질이다. 어려서 동네 개울가 길을 걸을 때는 으레 담쪽으로 붙어서 갔다. 개울가로 가면 개울에 미끄러져 떨어질까 봐였다. 이런 겁 많은 자가 그런대로 쉽게 박정희에게 반대할 수 있었던 것은 무교동교회 어린이 부흥회 때 동생들 때린 것을 내가 동료들 앞에서 체면 불구하고 크게 울면서 뉘우쳤기 때문이다. 그래서 나는 그런대로 쉽게 국민을 때리는 박정희를 손쉽게 반대할 수 있었던 것이다. 그러니까 따지고 보면 나에게서의 행동은 내 행동도 아니었다. 하느님이 시켜서 안 따르면 하느님께 혼이 나니까 따랐던 사람에 불과했다. 예를 하나 든다. 1965년에 고려대 캠퍼스에 군인들이 난입해 들어왔었다. 군인이 대학을 유린한 첫 사건이었다. 이때 C, M, K 그리고 나 넷이서 항의문을 작성했다. 본관 앞에서 교직원과 학생들이 모인 데서 총장이 항의문 작성자를 낭독하라고 찾았다. 그런데 C, M, K가 다 안 보이고 나만이 그 자리에 있어서 내가 읽었다. 그 후에 알았는데 C, M, K는 나 같은 하늘을 두려워하는 사람은 아니고 세상을 사랑하는 사람임을 알았다. C는 그 후 10년 후 월남이 멸망했을 때 교수들 모으는데 팔에 완장을 하고 동원책임자가 되더니 정년 후는 국영기관의 장이 되었다. M은 현직을 정년까지 못 채우고 박정희의 대사로 외국에 나갔다. K는 정년까지를 했는데 명색이 시인인데 종로거리에서 나를 만난 적이 있는데 날보고 지나친 이상주의자라고 충고를 했다. 그렇다 K가 말한 대로 나는 하늘을 바라본 이상주의자였고, 나를 이상주의자로 만든 것은 바로 어려서 희미한 전등불 아래에서의 뉘우침이었다.

촛불시위는 이명박 시대의 일이다. 이명박 씨가 대통령 취임 후 미국에 가서 부시 대통령과 쇠고기 협상을 야합했다고 시민이 일어나 연일 밤을 광화문 광장을 메운 것이 촛불시위다. 촛불시위를 이 대통령은 청와대 뒷산에서 내려다보며 속수무책이었다. 어린아이들의 유모차까지 나오는 신성한 곳을 경찰이 손댈 수도 없었다. 그러나 하루 밤은 그가 데모에 경찰로 하여금 손을 대게 할 수 있는 빌미가 생겼다. 데모 군중 앞자리에 소위 지도자라는 사람들과 야당 국회의원들이 앉아 있어서였다. 나는 제4장에서 4 · 19를 논할 때 그 당시의 교수들이 성명 속에 그 당시의 야당 사람도 비판했던 것을 지적했다. 만일에 4 · 18 때 데모 군중 속에 야당 국회의원이 있었더라면 이승만이 결코 데모로 다쳐서 누운 이들의 병상에 병문안 가거나 하야하지 않았을 것이라는 것이 내 판단이다. 그러니까 여기서 촛불시위라 함은 야당 국회위원이 양복에 국회의원 배지를 달고 나와 앉기 이전을 말한다. 그런데 이런 의미의 촛불시위는 하룻밤 사이에 돌연히 생긴 것이 아니며 적어도 다음과 같은 3단계의 진전 속에서 생긴 시위였다.

① 1987년 6월 10일의 서울 시청앞 데모

② 2002년 월드컵 때의 TV화면 앞에서의 군중

③ 2008년 촛불시위

3단계의 진전은 순수함의 진전을 말한다. 설명이 필요하다. 6 · 10항쟁은 서울 시민이 참여한 첫 시위였다. 이에 비해 27년 전에 일어났던 4 · 19혁명만 해도 학생 데모였고 그 많은 군사정부 때의 시위도 모두가 학생 시위였는데 6 · 10

은 달랐다. 이 넓혀진 참여의 폭이 데모의 순수함을 말했다. 이렇게 참여가 넓혀진 근원을 나는 1986년 3월 28일에 고려대 교수 28명이 발표한 〈시국선언〉이 해직 교수였던 이상신, 이문영 두 교수만이 아니라 참가자를 넓혀 28명 교수가 참여했던 것에서 찾는다.[11] 김충렬, 김우창, 김경근, 이종범, 정문길 등이 앞장선 이름들이다. 이 고려대 교수의 시국선언을 기점으로 해 각 대학의 교수들이 연이어 성명을 냈고 치과의사와 연극인들이 내더니 드디어는 6 · 10군중집회가 생겼던 것이다. 6 · 10항쟁을 갖고도 물론 공을 내세우는 사람이 생겼다. 이런 사람들이 내가 위에서 쓴 이른바 데모 때에 나서는 지도자라는 사람들이다. 매년 6월 10일이면 이런 지도자들이 나서서 기념식을 해 오고 있는데 단 한 번도 이 사람들이 고려대 교수를 부른 적이 없다. 참여정부 때도 민주화운동기념사업회가 크게 모인 적이 있었는데 그때에도 고려대 교수니 치과의사니 연극인은 안 부르고 으레 그럴 때 나서는 사람들이 나서서 행사를 했다.

이 무명無名을 향한 순수함을 역행하는 것이 그 촛불시위도 드디어는 망가뜨리고 말았다. 여론조사에서 민주당의 인기가 떨어졌던 것도 이 때문이었다고 나는 생각한다. 정부의 일방적 통행에 관하여 다음과 같은 일지를 만들었다.

1. 노무현 전 대통령에 대한 강압적 수사. 이로 인한 2009년 5월 23일 노씨의 자살. 검찰의 혹독한 조사를 노 전 대통령이 받은 것에 항의해 노씨가 자살함으로 불명예와 굴욕 속에 머물기를 거절함.
2. 노 전 대통령의 자살이 김대중 대통령에게 충격을 주어 드디어 2009년 8월 18일 서거. 그의 서거를 국장으로 거행함으로 여당이 패배. 촛불시위의 원조인 민주화 운동의 대부를 온 국민이 애도하게 됨.
3. 10월 28일 5개구 국회의원 보결선거에서 수도권 근처의 세 선거구에서 패배.

이상은 촛불시위에 이른바 지도자라는 이들과 야당 의원들이 앞자리에 나가 앉은 잘못에서 기인한 것이었다. 이에 관련하여 ① 야권 정치인의 역할은 무엇이

---

11 이문영, 《겁 많은 자의 용기—지켜야 할 최소에 관한 이야기》, 삼인, 2008, 460-474쪽.

어야 하며, ② 이른바 지도자들은 촛불시위에 나가는 것이 아니지만 무엇을 해야 하는가이며, 그리고 야권 정치인들과 이른바 지도자들이 촛불시위에 나서기 이전에 촛불시위의 효과는 무엇인가를 나는 설명해야 한다. ①, ②를 검토하는 곳이 제8장에서 함석헌의 사상을 따지는 것에 해당한다. 문제 ①을 〈긴 회개〉의 절에서 다루며 문제 ②를 〈쏟아져 내리는 폭포〉 절에서 다룬다. 문제 ③을 다루는 데가 바로 다음 〈한류〉에서이다. 순수한 촛불시위는 단 한 사람 현인만이 아니라 그 많은 사람들을 현인으로 만들기 때문에 그 많은 이의 촛불시위는 '일의 성취'라는 에네르기를 발생시킨다. 6 · 25전쟁의 잿더미 속에서 몸부림친 이중섭, 박수근, 윤이상, 김수영이 열심히 한강의 기적을 만들었듯이 2008년의 촛불시위가 세계 경기의 타락을 막아내고야 말았다고 나는 본다.

한류

인생 수업이 방법, 일 그리고 사람 면에서 진행되었음을 보여 주는 것이 내 사례이다. 어린이 부흥회 때의 뉘우침, 성홍렬에서 살아난 것 그리고 성탄절 어린이 행사 때 예수 탄생 기사를 암송했던 긴장 등이 진행이다. 내 겨레도 같은 길을 갔다. 촛불시위, 위기 극복 그리고 대선 승리 등이 그것이다. 내 교회에서의 가르침도 성결, 신유 그리고 재림의 순서로 나를 가르쳤다. 인생이나 겨레나 종교나 이렇게 마땅히 가야 할 길을 가면 드디어는 다시 새로운 삶을 산다. 내 교회에서는 이를 중생重生이라 말하며 겨레에서는 한류라고 말한다. 한류는 한꺼번에 공약 3장이 발생하는 다이나미즘이다. 이 한류를 말하기 전에 나에게 찾아왔던 한류를 회상하고자 한다.

나는 보통학교를 졸업한 후 삼 년 만에 배제중학교에 입학했다. 이 년을 다른 학생들보다 늦었는데도 두 가지 이유로 다른 학생들과 같아졌다. 그 하나의 이유는 생일이 일러서 다른 학생들보다 거의 일 년을 빨리 보통학교에 입학했었다. 다른 하나의 이유는 그 당시 중학교가 5년제였는데 태평양전쟁 말기의 조치로 4학년만 마치고도 5년 마친 사람들과 나란히 고려대학교 전신인 전문학교에 입학할 수가 있었다. 나에게 새로운 삶이란 배재중학교에서 공부할 결심을 한 후의 생활을 말한다. 나는 배재중학교에 어머니가 친구 임영신 여사에게 부탁해 청으로 들어갔을 뿐 아니라 원래는 경쟁 위주의 교육이 아닌 3년제 을종학교 경성원예기술학교에 들어가고 싶었는데, 배재중학교에서 정신을 차려 공부를 해 이번에는 자력으로 그것도 남들은 5년제를 나오고서 오는데 4년을 마치고 시험 봐 들어갔으니 장한 일이었다. 이 새로운 삶을 2001년에 출간한 《인간 · 종교 · 국가—미국행정, 청교도 정신 그리고 마르틴 루터 95개조》의 첫 장에 다음과 같이 밝힌 바가 있다.

> 일제시대 일본어 사용이 강요된 때, 유독 배재학교 채플 시간에서는 '조선어'가 사용되었다. 열네 살 때 예배 시간에 들은 내 나라 말을 나는 무척이나 아름답다고 생각했다. 그리고 이때 받은 느낌은 '이제부터 나는 내 나라를 위하여, 기독교의 틀 안에서 공부를 잘하자'를 다짐케 했다. 일흔네 살인 오늘 이 다짐 앞에 내가 공부한 것을 책으로 엮어 세상에 내놓는다.

이런 결심은 결심 이전의 삶의 돌출된 재현이었다. 즉 어린이 부흥회 때 운 것이 위 결심에서는 기독교의 틀 안에서가 되었고, 공부를 잘하자가 성홍열에서 살아남은 사람이니까 가능한 일이었고, 나라를 위하여서는 성탄절에 느꼈던 신비함의 연장이었다. 돌이켜 생각하니 결심이란 무서운 것이었다. 나는 비록 일본의 식민지에서 살았지만 나는 일본 아닌 나라에 살았다. 다행히 아버지의 지조로 일본식 창씨개명도 나는 안 했다. 내 반 학생 68명 중 딱 세 학생만이 창씨개명을 안 했는데 한 사람은 그 할아버지가 일본에서 남작 지위를 받은 친일파이니까 백으로 안 했고 김종응 군은 그 아버지가 중앙감리교회 목사여서 창씨개명을 안 했었다. 즉 68명 중 단 두 명만이 지조를 지켰다. 일본식 아닌 이름 석 자를 가슴에 명패로 달고 다녔을 때 내 프라이드는 대단했다. 내 명패는 아버지가 붓으로 써 주었었다. 이 명패를 단 교복을 입고 나는 자랑스럽게 정동길을 걸었다.

운동장에 느티나무 고목이 있었고 교장선생 집이 잔디에 둘러싸여 있었다. 학교 건물은 문예부흥식 벽돌집이었다. 이 셋 중 한 건물은 지금도 정동에 서 있다. 나는 이 환경이 좋아서 지금 살고 있는 집에 느티나무를 심었고 잔디밭을 앞에 만들었고 벽돌집을 36년 전에 지었다. 배재는 운동을 잘했다. 축구, 럭비, 육상 선수들이 즐비했다. 관악합중부 합창부들이 있었다. 유도부도 있었다. 그리고 영어 시간 중에 강영흘의 《The Grass Roof》를 소개해 준 교사가 계셨고 거미를 연구하는 학자가 있었다. 나는 영어, 수학을 잘했다. 일본말 교가가 있었지만 "우리 배재학당 배재학당 노래합시다"를 연속 외치는 조선어 교가가 더 신이 났다.

꿈같이 4년을 보냈다. 보성전문과 연희전문 중 한 곳을 진학할 학교로 정해야 했는데 나는 보성전문을 택했다. 나는 이미 기독교인이며 나를 필요로 하는 학교는 비기독교 학교여야 한다는 생각에서였다. 이 연대냐 고려대냐의 선택은 1959년 미국 유학에서 돌아왔을 때도 겪었던 선택이다. 이때에는 백낙준 연세대 총장의 청을 거절하고 고려대로 갔다. 나를 필요로 한 곳이 고려대라고 생각해서였다. 결심에 관련하여 하나만 더 말하겠다. 나는 6 · 25 때 남하를 못해 서울에 있었다. 집에 석달을 숨어 있으면서 나는 영어 공부를 했다. 공산 치하에서 공산 치하 아닌 세상에 살 미래를 꿈꾸었기 때문이다.

고려대 법대 4학년 때에 6 · 25가 발발하기까지 내 나라에서 처음 생긴 민립대학 고려대학교에서 열심히 공부했다. 그때는 교수들이 강의안을 읽어 주는 강의를 했기에 학생의 부담이 적었다. 그 대신 나는 여러 과목의 강의를 청강했다. 지금도 고려대학교에는 없는 학문이 신학인데 나는 신학이 없음을 아쉬워했다. 현상윤의 '조선사상사' 강의에서 현 교수가 말한 조선 유교의 과오를 나는 그때 부적절하다고 생각했고 이 생각은 움이 터 내 정년 후 첫 작품으로 《논어맹자와 행정학》을 썼다. 원효의 글의 아름다움에 매료되었던 강의도 현상윤의 강의였고 이 매료를 못 잊어 역시 《협력형 통치》에 한 장 〈원효〉를 만들었다. 변영태의 영시 강의가 기막히는 강의였다. 김성식, 박희성 두 분은 학생들에게 필기를 안 시키고 자신의 머리에 있는 것을 곧장 이야기하는 멋있는 학자들이었다. 법대 학생이 이렇게 딴 공부를 했는데 이 딴 공부하는 덕을 나는 단단히 봤다. 법과대학에 '행정학' 강의가 처음 개설됐을 때 이를 강의하는 첫 번째 졸업생으로 선정된 일이다. 학문은 법조문이 아니며 여러 가지의 접근이 접목되는 이론의 장소인 점을 나는 그런대로 활용하는 학자가 되었다. 학문이란 삶 자체이며 환희이다. 나의 행정학의 드디어의 모습을 나는 본서 제3부에서 쓸 작정이다. 이제는 내 겨레가 산 새로운 삶 이야기로 옮기자.

한류는 마치 환자의 혈액 검사를 통해서 환자 전체 몸의 건강을 진단하는 격의 말이다. 한 나라의 모습을 다른 나라 사람들에게 손쉽게 보이는 것이 대중오락과 스포츠이다. 이 TV드라마와 스포츠가 병원에서 보는 혈액 검사 역할을 한다. 즉 우리나라의 TV드라마나 스포츠를 자기네와 비슷한 얼굴을 가진 인접 국가 사람들이 보고서 자기네들이 갖고 있지 않은 특이한 것이 한국의 드라마와 스포츠에 있음을 알기에 이 차이에 심취하는 현상이 한류이다. 따라서 한류 현상이 일본이나 중국에 일어났다는 것은 한국민이 일본인이나 중국인보다 다른 문명공동체 현상을 가졌다는 뜻이 된다.

미국 대학 동창인 일본인 친구 기쿠치 기요카스菊池清勝와 그 여동생이 일전에 내 집 거실에서 다음과 같은 대화를 나누었다. 그 여동생이 TV드라마 〈겨울연가〉를 입에 침이 마르게 말했다. 그 동생만이 아니라 그 오빠인 내 친구도 나를 어떻게 봤는지 그는 나를 존경해 내가 사는 서울을 향해서는 발을 안 뻗고 잔다는 사람이다. 내 이야기는 말기로 한다. 그 누이동생 말이 〈겨울연가〉가 멋이 있는 이유가 무엇인가. 옳다구나 하고 일본에 없었던 3 · 1운동의 공약 3장과 연결하여 〈겨울연가〉론을 다음과 같이 말했다.

세 가지가 일본에는 없는 것이 〈겨울연가〉에 있어요. 그 하나는 준상이와 상혁이가 둘이 다 한 여자를 사랑하면서 상혁이 볼 때에 준상이의 사랑이 더 순수하니까 상혁이가 그 여자에 관하여 결정적인 정보를 다 줘요. 준상 · 상혁은 연적이 아니에요. 다만 한 여자를 마음을 다해 사랑하는 것뿐이에요. 이 사상이 1919년 3월 1일에 일어났던 일본 제국주의 정부를 향한 시위의 공약 제1장이에요. 우리의 만세 부름은 일본을 미 위해서가 아니라 다만 하늘이 주신 천부의 권리를 신장하기 위함이라는 것이었지요. 둘은 준상이 그 여자를 죽음을 무릅쓰고 사랑해요. 부모가 금지하면 안 하는 연애가 아니에요. 3·1운동의 공약 제2장이 정당한 일을 죽을 때까지 한다는 것이었어요. 셋은 비폭력이에요. 그 드라마에 보면 각자가 제각기의 생업을 갖고 열심히 일을 해요. 라디오 PD, 건축가, 수의사, 의상 디자이너 이렇게 다양해요. 공약의 제3이 총을 든 경찰 앞에 비폭력으로 대할 것을 우리는 다짐했어요.

이때 나는 마침 베이징 올림픽 야구 결승에서 만루홈런을 한 쿠바를 맞아 한국이 승리했던 것도 이야기했다. 쿠바의 카스트로는 한국 야구 선수들이 마치 기계같이 움직였다고 감탄했는데 그때의 한국 선수들은 기계가 아니고 3·1운동 정신으로 가득 찬 인간이었다는 이야기를 했다. 내 친구가 이를 설명하라고 나를 다그쳤다. 내 말은 이러했다.

자. 공약 1이 있어요. 심판이 우리 투수의 퇴장을 명령했어요. 이때 우리 감독이 항의도 않고 낮은 볼을 잘 던지는 투수를 기용했어요. 새 투수가 낮은 볼을 던졌어요. 그랬더니 쿠바가 높은 공을 날릴 수가 없었어요. 쿠바가 드디어 가깝게 공을 쳤어요. 그러니 우리 수비들이 공을 돌려가면서 받아내 쿠바가 점수를 못 냈어요. 각 수비수들이 유능했고—비폭력으로—그리고 팀 모두가 힘을 합쳤어요. 공약 제2로요.

TV드라마나 스포츠에서만 3·1정신이 발휘되는 것이 아니다. 우리는 이 3·1정신이 있어서 박정희와 전두환 같은 독재자 밑에서조차 경제 성장을 이룩한 백성이다. 우리는 호랑이 굴 속에서도 살아남은 백성이다.

교집합이란 특정 현상을 구성하는 인자因子들의 고도의 결합을 말하는데, 이 인자들의 고도의 결합은 마치 수학에서 소인수분해에서 동일한 현상을 인자들 사이의 단순한 합산관계가 아니라 곱산관계로 만드는 것과 유사하다는 것을 지적하고 싶다. 3과 7을 합하면 10밖에 안 된다. 10은 3이나 7보다는 많은 수이다. 그러나 3과 7을 곱하면 21이 되며, 21은 10보다 11이나 더 합이 있는 수이다. 그리고 이 '더 힘이 있는' 상태가 곧 환희의 상태다.

위에서 환희는 대선 승리, 위기 극복 그리고 촛불시위의 강력한 결합 혹은 이 세 개 인자의 강력한 결합의 재현인 한류 현상으로 보았다. 환희를 형성하는 인자들이 대선 승리를 비롯한 3개 인자이며 이 3자의 결합관계가 강하다는 것에 주목하고자 한다. 바로 이 말은 수학에서 소인수라는 환희를 인수분해하되 인수 간의 관계가 곱산관계로 되게 하는 것과 비슷하다. 옛날 수학시간을 연상해 설명해 보자. 인수들이 단순히 합해지는 것보다 인수 간의 곱산관계가 있는 것이 더욱 강력하다. 예를 들어 2와 3의 합을 5라고 하지만 2와 3간의 곱은 6이다. 6은 5보다 1이 많다. 소수를 소인수분해하는 과정을—환희의 3가지 인자를 뽑는 과정을—살펴본다. 12라는 환희가 어떻게 곱산관계의 인수들로 만들 수 있는가를 보자. 12는 2와 3으로 나눌 수 있다. 일단 2로 12를 나누면 6이 남고 6을 다시 2로 나누면 3이 남는다. 그리고 3은 3으로만 나눌 수 있다. 따라서 이 12를 나눌 수 있는 과정을 정리하면 12는 2의 제곱곱하기 3, 즉 $12=2^2\times3$이 된다.

제7장
빛과 어둠

물과 어둠과 하느님의 기운

나는 천지인 이야기로부터 본서를 시작했다. 그런데 〈창세기〉는 맨 처음에 천지인이 생겼다고 기술하지 않고 좀 더 원형적 상황에서 천지인이 출현된 것을 기술하고 있다. 즉 〈창세기〉 제1장 1, 2절이 전하는 다음 상황에는 아직은 천도 없고 땅도 없고 사람도 없다.

> 처음에 하느님께서 하늘과 땅을 지어 내셨다. 땅은 아직 모양을 갖추지 않고 아무것도 생기지 않았는데, 어둠이 깊은 물 위에 뒤덮여 있었고 그 물 위에 하느님의 기운이 휘돌고 있었다.

이 혼돈들 위에 엿새 동안의 창조가 진행된다. 첫째 날에 빛이 창조되었다.[12] 둘째 날에 창공을 만들었다. 빛이 생기니 창공 아래 있는 물과 창공 위에 있는 물이 갈라진 것이다. 빛이 물을 말려서 하늘이 드러난 것이다. 셋째 날에 물을 말리

12 첫째 날에 빛이 창조되었다는 말은 〈창세기〉 제1장 1, 2절에서 보이는 빛 이전에 이미 있었던 것들, 즉 하늘과 땅 그리고 어둠이 깊은 물 위에 뒤덮여 있었던 것들도 역시 하느님이 만드신 것들임을 지나쳐 버리는 모순된 말일까? 그렇기도 하고 그렇지 않기도 하다. 이 〈창세기〉 첫 부분의 묘사는 분명 모순된다. 이 모순을 지나쳐 버리는 까닭은 혼돈이 사람의 잘못으로 된 것이 아니라는 것이 내 판단이다. 그러나 후술하는 5대 설화에서 보는 어둠의 묘사는 엄중하고 치밀하다. 이는 어둠과 혼돈이 사람의 책임 불이행에서 왔기 때문이다. 이 시점에서 내가 《성서》를 인용하는 입장을 밝힐 차례다. 《성서》는 모든 것을 밝히는 글이어서 인용하는 것은 아니고 이 책이 다만 사람에게 사람이 마땅히 수행해야 할 책임을 묻는 글이기 때문이다.

는 일이 계속되어 물에서 대지가 드러났다. 말리지 못한 물을 일컬어 바다라 하였다. 이렇게 첫째 날에 빛이 생겼고, 둘째 날에 빛이 창공에 가득 찬 물을 말려 천天이 생겼다. 빛이 물을 더욱 말려 셋째 날에 지地가 드러났다. 셋째 날에 지뿐만 드러난 것이 아니라 드러난 지면 위에 온갖 푸른 움이 돋아났다. 농부가 하는 중요한 일이 하룻밤 자고 나오면 맨 땅에 다시 돋아나오는 잡초를 제거하는 것임을 보아도 셋째 날에 땅과 더불어 생겨난 것이 푸른 것임을 짐작할 수 있다. 근자에는 잡초를 제초제로 제거해 왔다. 그러다 보니 잡초에 약에 대한 내성이 생겨 초대형 잡초가 생겼다. 제초제로 잡초가 제거된 대지에서 이 초대형 잡초가 자라 곡물 생산국 미국의 농업을 오늘 크게 위협한다. 채소, 과일, 곡물이 생겨난 것도 이 셋째 날의 일이다.

넷째 날은 낮과 밤 그리고 사계절이 땅 위에 찾아오도록 하느님이 일을 했다. 〈창세기〉는 기후의 변화를 자연 속에서 있도록 원인한 현상을 다음과 같이 시적詩的으로 묘사하고 있다.

> 하느님께서 "하늘 창공에 빛나는 것들이 생겨 밤과 낮을 갈라놓고 절기와 나날과 해를 나타내는 표가 되어라! 또 하늘 창공에서 땅을 환히 비추어라!" 하시자 그대로 되었다. 하느님께서는 이렇게 만드신 두 큰 빛 가운데서 더 큰 빛은 낮을 다스리게 하시고 작은 빛은 밤을 다스리게 하셨다. 또 별들도 만드셨다. 하느님께서는 이 빛나는 것들을 하늘 창공에 걸어 놓고 땅을 비추게 하셨다. 이리하여 밝음과 어둠을 갈라놓으시고 낮과 밤을 다스리게 하셨다. 하느님께서 보시니 참 좋았다. 이렇게 나흗날도 밤, 낮 하루가 지났다.(〈창세기〉 제1장 14-19절)

닷새째 날에는 바다의 물고기와 땅 위 하늘 창공 아래에는 새들이 생겨나게 했다. 엿새째 날에 땅 위에 동물이 생겼다. 동물 중 최종적으로 피조된 동물이며 창조 신화 중 최종의 피조물은 사람이다. 왜 사람이 맨 처음이 아니라 맨 나중에 만들어졌나? 사람은 자족自足적 존재가 아니라 뭐가 있어야 삶을 사는 존재이기 때문이다. 사람에게는 하늘이 있고 땅이 있어야 했고, 낮과 밤과 사계절과 갖가지 동식물이 갖춰져야 사는 존재이기 때문이다. 사람이란 이렇게 뭐가 있어야 사는 것이 곧 사람의 특권이기도 하지만 동시에 운명이며 원죄이기도 하다. 따라서 뭐가 있어서 비로소 삶을 사는 인간은 구조적으로 남의 것이라도 도둑질해 살려는 비극성을 지닌 존재였다. 이래서 히브리인에게 처음으로 주어진 10계명을 한마디로 요약하면 약탈하지 말라는 것으로 정리할 수 있다. 십계명의 취지를 다음에 밝혀 보자.

취지	십계명
하느님까지도 사유물화하지 말라	1. 야훼 이외의 신을 믿지 말라 2. 우상을 만들어 절하지 말라 3. 야훼의 이름을 함부로 불러 귀찮게 굴지 말라
엿새 동안 일을 했으면 그리고 엿새 동안 종들을 일 시켰으면 하루는 쉬고 하루는 쉬게 하라	4. 안식일을 기념하며 거룩함을 지켜라
부모의 공도 잊고 자기 사는 것에 몰두하면 이 세상을 오래 살 수 없다	5. 부모를 공경하라
남의 소유는 네 것이 아니다.	6. 살인하지 말라 7. 간음하지 말라 8. 도적질 하지 말라 9. 이웃을 거짓 증거하지 말라 10. 이웃의 집을 탐하지 말라

제10장 〈새로운 관계〉의 첫째 절 〈사람과 환경 사이〉에서 나는 정부가 할 일을 지금까지 쓴 천지창조를 역행하지 말 것을 쓸 것이다. 즉 정부가 하는 일의 첫째 일은 무엇을 하는 것이 아니다. 하느님이 천지창조 때 하신 일을 역행하지 않는 일이다. 말하자면 무위無爲가 일이다. 예를 들자. 삼천리 반도 방방곡곡에 물을 담는 댐을 만들어 물이 많게 한다. 생산되지도 않는 석유를 수입해 와 공기를 오염시키고 기후변화를 조작하지 말고 태양열과 간만의 차를 이용해 조수 전력과 방방곡곡에 흐르는 물에 풍차를 만들어 전력을 만든다. 포니 자동차를 일찍

이 수출했다가 지금은 그랜저를 수출하고 있는데 미래에는 소형 전기자동차를 수출한다. 우리의 농토를 헐어서 도시를 건설할 생각을 아예 말고 이를테면 대치동을 들판으로 복원하고 그곳을 사과와 배밭으로 만든다. 한국의 사과와 배 같은 맛있는 과일은 한국에나 있지 농업 대국이라는 미국에도 없다. 그러면 대치동의 아파트는 어디로 가나? 우리는 산이 평지보다 많은 나라다. 산으로 간다. 숲속의 집이 산속의 잘 포장된 길로 연결되는 마을을 만든다. 그렇게 되면 세계의 부자들이 한국의 숲속의 집에 와서 묵어 가고 싶게 될 것이다. 이 정도에서 내 상상을 멈추고 다음 제10장까지 참고 있자.

이렇게 사람은 환경과 관계를 맺는 존재인데 사람은 관계 맺기를 환경에만 국한한 것은 아니며 사람과 사람 사이에 관계를 갖는다. 그러잖아도 이 사람과 사람과의 첫 관계 맺음을 만듦으로 하느님의 천지창조 작업이 끝나고 있다. 즉 하느님은 사람만 만드신 것이 아니라 남자와 여자도 만드셨다. 창조신화에서 사람의 사람에 대한 관계는 남녀관계다. 남자와 여자를 하느님이 만드신 이야기도 하늘에 별들을 만든 이야기만큼이나 아름답게 묘사되어 있다. 〈창세기〉 제2장 18절에서 25절까지를 다음에 옮긴다.

> 야훼 하느님께서는 "아담이 혼자 있는 것이 좋지 않으니, 그의 일을 거들 짝을 만들어 주리라" 하시고 들짐승과 공중의 새를 하나하나 진흙으로 빚어 만드시고, 아담에게 데려다 주시고는 그가 무슨 이름을 붙이는가 보고 계셨다. 아담이 동물 하나하나에게 붙여 준 것이 그대로 그 동물의 이름이 되었다. 이렇게 아담은 집짐승과 공중의 새와 들짐승의 이름을 붙여 주었지만 그 가운데는 그의 일을 거들 짝이 보이지 않았다. 그래서 야훼 하느님께서 아담을 깊이 잠들게 하신 다음, 아담의 갈빗대를 하나 뽑고 그 자리를 살로 메우시고는 그 갈빗대로 여자를 만드신 다음, 아담에게 데려오시자 아담은 이렇게 외쳤다.
>
> "드디어 나타났구나! 내 뼈에서 나온 뼈요, 내 살에서 나온 살이로구나. 지아비에게서 나왔으니 지어미라고 부르리라!"
>
> 이리하여 남자는 어버이를 떠나 아내와 어울려 한 몸이 되게 되었다. 아담 내외는 알몸이면서도 서로 부끄러운 줄을 몰랐다.

지금까지의 말을 간추려 보자. 천지인이 만들어지기 이전에는 물과 어둠과 하느님의 기운만이 있었다. 이 시초 상황에 빛이 생겨나 변화가 생겼다. 생겨진 환경은 한마디로 보이게 아름다웠다. 하느님이 한 날의 창조를 마치고 창조된 것을 본 인상이 아름답다는 것이었다. 그러니 하느님과 비슷한 사람도 아름답다고 생각했다. 사람은 이 아름다운 감징 이외에 남자가 본 여사에 내한 감정은 따듯함 자체였다. "이야말로 내 뼈에서 나온 뼈요. 내 살에서 나온 살이로구나! 남자에게서 나왔으니 여자라 불리리라." 이 남자의 감탄사는 한 남자로 하여금 그 아버지와 어머니를 떠나 둘이 한 몸같이 살 여자를 대하는 적합한 말이었다. 이렇게 아름다움이나 따듯함이나 다 빛이었다.

어둠

그러나 빛은 빛을 맞이할 인간의 고귀한 책임이 뒤따를 때에만 빛을 향유한다.[13] 이는 마치 동굴 입구에 서서 동굴이 어두운 것을 경험하는 것과 유사하다. 동굴 입구에서 빛 들어오는 것을 가로막고 서 있는 자기 자신 때문에 동굴이 어두운 것이다. 사람이 그 책임을 다 안 하면 아름다움이 추하게 되며 따뜻함이 미움으로 바뀐다. 이 아름다움을 추함으로 그리고 따뜻함을 미움으로 바꾼 인간의 타락을 〈창세기〉는 창조설화 다음에 곧 5대 설화로 설명했다. 천지창조 때 어둠 다음에 빛이 왔듯이 인간 세상에서도 죄라는 어둠 다음에 속죄라는 빛이 생겼다. 5대 설화를 보면 인간의 타락이 관계 속에서만 이루어진다. 아름다우며 따뜻한 관계를 역행하는 것이니 관계 속에서 악이 진행되기 마련이다. 그런데 마땅히 있어야 할 올바른 관계를 따지는 것이 행정학이다. 공무원들이 국민과의 관계를 유지하면서 공무원끼리의 관계를 맺는 데가 행정부다. 일본이 2009년 8월에 정

---

13 이런 생각을 하게 해 준 한 강의는 아카데미우스가 주최했던 선한용 교수의 10회에 걸치는 어거스틴 강의에서였다. 《성 어거스틴의 고백록》(어거스틴 지음, 선한용 옮김, 대학기독교서회, 1990) 중에서 관련된 편, 장, 항목을 열거한다. 2, 1, 1; 4, 16, 30; 10, 5, 7; 12, 15, 21; 13, 8, 9 등과 같다.

권 교체를 54년 만에 하였는데 그 중요한 원인은 정치가 없는 관료행정의 비대가 국민으로 하여금 자민당 정권을 심판하게 했다. 행정학 중 정상 관계를 전제로 하지 않는 효율 추구의 학문으로서의 행정학이 있을 수 있다. 바로 다음 절에서 보는 〈발전행정의 사이비〉가 그것이다. 거듭 말해서 올바른 관계를 따지는 것이 행정학이다. 행정 혹은 통치구도 같은 관계 속에서 좀 더 적용이 잘 되는 설화가 5대 설화이다.[14]

1. 남자와 여자의 타락. 남자와 여자 사이가 남녀 관계만이 아니라 남자는 어른이며 여자는 남자를 돕는 관계다. 여자는 남자를 도와 남자를 편하게 하는 사람이니 남자와 여자는 정상頂上의 참모조직이다. 여자가 남자와만 관계를 맺는 것이 아니다. 관계하는 것이 꽤 있다. 나무에 달린 과일, 뱀, 하느님 등이 여자와 관계를 맺는 대상이다. 여자가 동산 가운데 있는 한 나무의 과일을 보니 보기에 좋고 먹고 싶고 따고 싶어졌다. 그런데 하느님의 명령이 다른 과일은 다 따 먹어도 그 나무에 생긴 과일만은 따 먹지 말라는 명령을 기억해 못 따 먹는다. 그러나 여자는 이를 따 먹고 싶어 애를 쓴다. 이때 뱀이 여자에게 속삭인다. 하느님의 명령이 틀렸다고 이를 따 먹어도 죽지 않는다고. 죽지 않을 뿐 아니라 그 나무의 열매를 따 먹기만 하면 눈이 밝아져서 하느님처럼 선과 악을 알게 된다는 말을 덧붙인다. 여자가 과일을 따 먹는다. 맛이 있다는 것을 안 후 남자에게 갖다 주어 그도 먹는다. 이 과일을 따 먹은 후 옷 벗은 것을 부끄럽게 생각하여 나뭇잎으로 가리는 데를 만들어 입는다. 하느님이 남녀가 과일 따 먹는 것을 알고 저녁 서늘할 때 동산에 나와 남자를 이름 불러 찾는다. 숨었던 남녀가 아직은 덜 타락했다. 숨어서 토지에 흔하게 굴러 있는 돌이라도 들어 하느님을 때려 버릴 수도 있

14 1970년 9월에서 1974년 4월 초까지 나는 김재준 목사가 주간하는 동인지 《제3일》에 〈아나로기아〉라는 연재문을 기고했다. 5대 설화를 성서와 현실비판과 행정학의 지식을 연결해 쓴 처음이 이 〈아나로기아〉에서였다. 예를 들어 아담을 군사정부의 대통령과 견주어 쓴 한 글을 이화여대 기독교학과 허혁 교수는 안병무 교수를 통해서 이 비유의 부적절을 나에게 전했었다. 근 40년 전의 일이다. 이 책에서야 변명을 다음에 쓴다. 허 · 안 두 분 교수가 이미 세상에 안 계시니 섭섭하다.

지만 남녀가 하느님 앞에 나타난다. 하느님과 사람 · 뱀과의 긴 대화가 다음과 같이 이어진다.

야훼 : (아담을 부르신다.) 너 어디 있느냐?

아담 : 당신께서 동산을 거니시는 소리를 듣고 알몸을 드러내기가 두려워 숨었습니다.

야훼 : 네가 알몸이라고 누가 알려주더냐? 내가 따 먹지 말라고 일러둔 나무 열매를 네가 따 먹었구나.

아담 : (핑계를 댄다.) 당신께서 저에게 짝지어 주신 여자가 그 나무에서 열매를 따 주기에 먹었을 따름입니다.

야훼 : (여자에게 묻는다.) 어쩌다가 이런 일을 했느냐?

여자 : (핑계를 댄다.) 뱀에게 속아서 따 먹었습니다.

야훼 : (뱀에게 말한다.) 네가 이런 일을 저질렀으니 온갖 집짐승과 들짐승 가운데서 너는 저주를 받아 죽기까지 배로 기어다니며 흙을 먹어야 하리라. 나는 너를 여자의 원수가 되게 하리라. 네 후손을 여자의 후손과 원수가 되게 하리라. 너는 그 발꿈치를 물려고 하다가 도리어 여자의 후손에게 머리를 밟히리라.

야훼 : (여자에게 말한다.) 너는 아기를 낳을 때 몹시 고생하리라. 고생하지 않고는 아기를 낳지 못하리라. 남편을 마음대로 주무르고 살겠지만, 도리어 남편의 손아귀에 들리라.

야훼 : (아담에게 말한다.) 너는 아내의 말에 넘어가 따 먹지 말라고 내가 일찍이 일러둔 나무 열매를 따 먹었으니, 땅 또한 너 때문에 저주를 받으리라. 너는 죽도록 고생해서 먹고 살리라. 들에서 나는 곡식을 먹어야 할 터인데, 땅은 가시덤불과 엉겅퀴를 내리라. 너는 흙에서 난 몸이니 흙으로 돌아가기까지 이마에 땀을 흘려야 낟알을 얻어먹으리라. 너는 먼지이니 먼지로 돌아가리라.

아담은 아내를 인류의 어머니라 해서 하와라고 이름 지어 불렀다. 야훼 하느님께서는 가죽옷을 만들어 아담과 그의 아내에게 입혀 주셨다. 야훼 하느님께서는 '이제 이 사람이 우리들처럼 선과 악을 알게 되었으니 손을 내밀어 생명나무 열매까지 따 먹고 끝없이 살게 되어서는 안 되겠다'고 생각하시고 에덴동산에서 내쫓으셨다. 그리고 땅에서 나왔으므로 땅을 갈아 농사를 짓게 하셨다. 이렇게 아담을 쫓아내신 다음 하느님은 동쪽에 그룹cherub들을 세우시고 돌아가는 불칼을 장치하여 생명나무에 이르는 길목을 지키게 하셨다.

이상에 묘사된 제1설화는 얼핏 볼 때 남자와 여자, 뱀, 야훼 하느님 등과의 관계가 보인다. 여기에 두 가지를 유의해야 한다. 하나는 야훼 하느님이 창조신화에는 안 나타나 그냥 하느님이었는데 5대 설화에 비로소 야훼라는 이름의 하느님이 등장한다는 것이다. 이 야훼 하느님의 정의는 〈출애굽기〉 제20장 2절에 비로소 그 정의가 나오는 그 하느님이다. 제20장 2절은 십계명 전문前文의 글이기도 한데 여기에 밝혀진 하느님은 "너희 하느님은 야훼다. 바로 내가 너희를 이집트 땅 종살이하던 집에서 이끌어 낸 하느님이다"로 정의되어 있다. 하느님 야훼는 사람의 성정을 가졌다. 제1설화에서만 봐도 야훼는 요즘의 CCTV만도 못하다. 범죄한 아담을 동산에 나와서 불러내서야 찾았다. 야훼 하느님은 아담 내외를 동산에서 추방하고 난 후에야 허둥지둥 동산 동쪽에 있는 생명나무가 그대로 있는가를 확인하고 생명나무에 이르는 길목에 불칼을 장치하여 지키게 하였다. 하느님 야훼는 사람이 어려움 속에서도 자신의 책임을 다하도록 도움되는 약한 사람을 위한 신이다. 이 하느님 야훼의 아벨에 대한 편애가 제2설화에 보이며, 홍수로 사람을 징계한 것을 제3설화에서는 후회하며, 제4설화에서는 탑을 세우는 인간의 교만함 앞에 분열정책 정도밖에는 쓸 수가 없으며, 끝으로 제5설화에서는 살던 곳을 뒤돌아본 롯의 아내에게 분노하는 너무나도 사람다운 하느님이 야훼다.

제1설화를 자세히 보면 남녀, 뱀, 야훼 하느님 등 간에 관계만 있는 것이 아니라 선악을 알게 하는 나무와 생명의 나무가 있다. 이 두 가지 나무가 상징하는 역할을 규정하고자 하니 뱀의 역할을 우선 규명해야만 한다. 거듭 쓴다. 제1설화는 정상 관계의 역행이 내용이며 관계는 역할 간의 교섭을 말한다. 선악을 알게 하는 나무, 생명의 나무 그리고 뱀의 역할을 살펴보자 선악을 알게 하는 나무를 이해하기 위하여 사람을 만든 하느님의 의도가 다음 세 가지 중 무엇이었을까를 먼저 판단해야 한다.

① 선하게 살아라.
② 악하게 살아라.
③ 선악을 판단 않고서 그냥 살라.

이 세 가지 중에서 사람은 선하게 살아야 하는 것임을 즉 위 ①번의 길을 택할 것을 하느님이 사람을 만들기 전에 가지각색의 편의를 미리 마련한 것과 돕는 이인 여자를 만드신 것을 보면 알 수가 있다. 사람에게 제공되는 편의와 이웃과 사람이 공존해야 하지 자기 혼자서만 독점 사유화하는 것은 원래의 창조의 취지가 아니며, 바로 이 사유욕을 억제하는 것 자체가 바로 선하게 사는 길이다. 이제 사람이 선하게 살아야 하는데 왜 선악을 하느님같이 알지는 말라는 것인가? 이 말도 우리는 새겨 들어야 한다. 이 말은 하느님같이 선악을 자기 혼자서는 판단할 능력이 사람에게 없다는 뜻이다. 즉 인간 세상에는 선악을 판단하는 이가 자기 밖에 있어야 한다는 뜻이다. 자기 밖에서 자기의 선악을 판단해 주는 사람이 꼭 있어야 하는 것을 극명하게 보여 주는 상황은 통치자가 놓여 있는 상황이다. 통치자가 옳고 그른 것을 판단해 주는 외부는 언론, 야당, 대학교수, 성직자들이다. 애비 없이 자란 자식이 불쌍한 것은 바로 자식의 잘못을 바로잡아 줄 권위인 아버지가 안 계신 비참함을 말한다. 최초의 여자가 선악을 판단하는 나무가 보기에 좋았고 먹음직스러웠다는 것은 툭하면 자기 남편에게 시비를 걸어오는 신문기자, 야당 정치인, 대학교수 그리고 목사들이 없었으면 좋겠다고 조바심했음을 말한다. 이런 몹쓸 짓을 한 정권이 1970년대 유신독재정권이었다. 신문기자들 그리고 대학교수들을 줄줄이 해직시켰고 야당의 김대중 씨를 박해한 것이 바로 이것이다.

생명의 나무는 무엇인가? 이를 야훼 하느님이 끔찍이 귀하게 여기신 것임을 위 이야기를 통해서 알 수 있다. 생명의 나무만큼 귀중하게 여긴 것이 위 이야기에서 둘이 더 있음을 적시할 수 있다. 그 하나는 남자다. 남자가 여자를 거느리고 동산을 다스리는 주인인 것을 보아도 이를 알 수 있다. 다른 하나는 방금 언급했던 선악을 알게 하는 나무다. 남자, 선악을 알게 하는 나무 그리고 생명의 나무를 세워 놓고 보니 이 세 가지는 각각 권력과 지식과 경제를 상징하는 것이며 권력, 지식, 돈은 인간이 이 세상에서 구비하고자 애쓰는 귀중한 것임을 알 수 있다. 이를 비근한 예를 통해서 볼 때 영국이 민주주의를 만든 나라인데 영국에서 이 세 가지 면에서 자력으로 성취를 이룩할 증거를 보이는 사람에게만 공직자에 선출하게 하였음을 볼 수 있다. 이 점을 다음 표에서 대비해 보자.

창세기	소유의 내용	영국의 공직자
남자	권력	추천인을 얻는다
선악과	지식	알파벳을 안다
생명의 나무	돈	구민법의 대상이 아니다

〈히브리서〉 제9장 4절을 보면 성전 지성소에 금으로 만든 분향 제단과 온통 금으로 입힌 계약의 궤가 있었는데 이 계약의 궤 속에는 ① 만나를 담은 항아리와 ② 싹이 돋은 아론의 지팡이와 ③ 계약이 새겨진 서판물이 들어 있었다. 이 경우 만나를 담은 항아리는 생명의 나무에 해당하는 보물이며 아론의 지팡이는 남자이며 십계명을 새긴 서판은 선악과에 해당하는 보물이었다.

끝으로 뱀은 누구인가? 나는 뱀은 무엇인가라고 안 쓰고 누구인가로 썼다. 뱀이 여자에게 한 말이 꼭 간신이 왕에게 말하듯 한 것이 뱀을 간신을 의인화擬人化한 것으로 보이기 때문이다. 그러면 이 간신은 누구인가? 그런 간신의 예를 우리는 독재정부 때 꽤 보았다. 교수들 중 꽤 많은 사람들이 정부기관의 평가교수라는 것을 한 것이 이들이다. 바로 다음 절에서 쓸 〈발전행정의 사이비〉가 이런 일을 전임한 행정학자의 흐름을 다룬다.

2. 카인이 아벨을 죽인다. 공동번역성서 〈창세기〉 제4장 1절에서 16절까지가 이를 다룬다. 카인은 아담의 큰아들이며 아벨은 둘째 아들이다. 큰아들이 둘째 아들을 시기해서 죽인 사건이니 얼핏 보기에 아버지 아담과는 무관한 사건이다. 그러나 아니다. 아버지와 큰아들 사이는 아버지가 만들어 놓은 재산을 아버지

사후에 상속하는, 상속을 하되 장자라는 자격 하나만으로 재산을 공들임 없이 거저 받는 존재이니 작은아들이 큰아들을 볼 때 그러잖아도 무서운 존재다. 아들 이름을 역할을 설명해 붙이기도 했다. 카인은 칼이라는 뜻이며 아벨은 허무하다는 뜻이다. 아담의 통치체제가 두 아들을 낳음으로 성립되었는데 이 통치체제 내에서 형이 아우를 죽이는 범죄가 생겼다.

형이 아우를 죽인 경위는 이렇다. 두 아들의 직업이 달랐다. 형은 밭을 가는 농부였고 아우는 양을 치는 목자였다. 카인은 야훼께 곡식으로 예물을 드렸고, 아벨은 양떼 가운데서 맏배의 기름기를 드렸다. 그런데 야훼께서는 아벨과 그가 바친 예물을 반기시고 카인과 그가 바친 예물을 반기지 않으셨다.

카인은 고개를 떨어뜨렸다. 몹시 화가 나 있었다. 야훼께서는 이것을 보시고 카인에게 말씀하셨다. "너는 왜 그렇게 화가 났느냐? 그러나 네가 만일 마음을 잘못 먹었다면 죄가 네 문 앞에 도사리고 앉아 너를 노릴 것이다 그러므로 너는 그 죄에 굴레를 씌워야 한다." 그러나 카인은 아우 아벨을 들로 가자고 꾀어 들로 데리고 나가서 달려들어 아우 아벨을 쳐 죽였다.

왜 야훼가 카인보다 아벨을 더 사랑했나? 기독교 장로회의 창설자인 김재준의 《창세기 강해》조차도 이는 하느님의 신비에 속하는 문제로 적고 있다.[15] 도대체 5대 설화를 신비화하는 것부터도 이 시점에서 따져 볼 문제이다. 야훼가 사람으로 하여금 선하게 살고자 의도하면서 선하게 사는 데 필요한 판단이 따라서 필요한데도 사람이 선악을 알게 하는 나무의 열매를 못 먹게 한 것도 신비했었다. 마찬가지로 야훼가 카인보다 아벨을 더 귀여워한 것도 신비하다. 그러나 이런 일들이 신비하다고만 말함은 해석이 아니며 동의반복에 불과하다. 문제는 왜 5대 설화를 〈창세기〉 저자는 신비화해서 썼는가이다. 그 이유는 통치자 일반의 속성을 묘사하기 때문에 솔직하게 직설적으로 쓰면 이런 글은 통치자에게 들키

15 김재준 목사조차도 이렇게 말한 것을 보면서 생각하는 것은 신학과에 신학자 교수만을 갖는 것이 아니라 정치 권력을 이해하는 사상가와 역사학자가 포함되어야 한다고 나는 생각한다. 예수는 비참한 세상에 육화肉化되어 들어온 하느님이기에 세속의 권력을 이해하는 것이 예수를 이해하는 데 도움이 된다는 생각이다.

기 마련이고, 일단 이 이야기가 당대의 통치자를 비유한 것을 통치자가 알면 그 글쓴이를 죽일 수도 있다. 이뿐 아니라 글이 한 맺혀 있는 백성들 사이에 유포 될 수도 없다. 이런 통치 악을 신비화한 고전의 예가 바로 희랍 노예가 어른들이 읽을 동화책으로 쓴《이솝우화》였다. 나는 이《이솝우화》의 우화 84개를 내 책 한 곳에 분석한 바도 있다.[16] 이 우화는 약한 동물이 악하고 강한 동물에게 승리하는 이야기들이다. 이 책의 저자는 처음에는 그 의도가 들키지 않았으나 드디어는 들켜서 누군가에 의해 암살당했다 한다. 누가 죽였겠는가? 집권자의 졸개 짓이었을 것이다.

아벨을 카인보다 더 사랑했던 야훼의 기도企圖는 자신의 분신을 후계자로 삼으려는 아담의 이해관계에 어긋났고 동시에 아버지의 사후 아버지의 재산을 거져 소유하려는 카인의 기도에도 어긋났다. 이렇게 아담과 카인의 기도를 어겨서 아벨을 편든 신이 바로 야훼신이다. 야훼는 이집트 땅에서 종살이하던 히브리 백성을 탈출케 한 신이며 둘째 아들의 신이었다. 이렇게 써 놓고 보니 성서는 끈질기게 야훼가 둘째 아들을 편애하는 이야기로 이어진다. 자 보라. 〈창세기〉에 등장하는 보석과 같은 인물 요셉[17]은 야곱의 열두 아들 중 열한 번째 아들이었고 형들이 단결해서 요셉을 미워했다. 요셉의 윗대 신앙의 선조 아브라함만 해도 고향의 기득권을 포기하고 나온 떠돌이였다. 아브라함의 아들 이사악 중 그 이름을 이스라엘이라는 명명을 받은 야곱도 둘째 아들이었다. 히브리 민족의 위대한 지도자 모세도 이집트에서 기득권을 포기했고 드디어 예수는 통치자가 사는 성문 밖에서 로마 정부의 최고형 십자가형으로 죽임을 당한 허무한 사람이었다. 한국에서는 군사정부가 선거를 하면 국민이 김대중에게 보다 더 많은 표를 던져주는 것을 시기해 — 마치 야훼가 아벨의 제사를 더 반기시던 것을 카인이 시기

---

16 이문영,《인간 · 종교 · 국가 — 미국행정, 청교도 정신 그리고 마르틴 루터의 95개조》, 나남, 2001, 136-147쪽.

17 요셉을 〈창세기〉에 나오는 보석으로 내가 말함은 그가 자신을 죽이려 하던 형들을 보복하지 않았고 사랑했기 때문이다. 따뜻함이 미움으로 변하는 것이 추한 것이면 미움을 승화해 사랑에 이른 것은 아름다움이며, 보석은 아름다움의 한 상징이다.

했듯이—김대중을 거듭 거듭 죽이려 했다. 제2설화는 카인이 아벨을 죽인 것으로 이야기를 끝내지 않고 있다. 카인이 떠돌아다니는 신세가 되는 징벌을 받는다. 그러나 사람을 죽인 카인을 아무도 죽이지는 못하는 조치를 야훼 신이 만들었다. 그러니까 나쁜 강자에게 폭력을 써서 일이 해결되는 것이 아니라는 비폭력 투쟁의 원리가 약자에게 시달된 것이다. 그 경위를 밝혀 보자.

> 카인 : (야훼께 하소연 한다.) 벌이 너무 무서워서 저로서는 견디지 못하겠습니다. 오늘 이 땅에서 저를 아주 쫓아내시자, 저는 이제 하느님을 뵙지 못하고 세상을 떠돌아다니게 되었습니다. 저를 만나는 사람마다 저를 죽이려고 할 것입니다.
>
> 야훼 : 그러지 못하도록 하여 주마. 카인을 죽이는 사람에게는 내가 일곱 갑절로 벌을 내리리다.

이렇게 야훼가 말씀한 후 야훼께서는 누가 카인을 만나더라도 그를 죽이지 못하도록 그에게 표를 찍어 주셨다. 카인은 하느님 앞에서 물러나와 에덴 동쪽 놋이라는 곳에 자리를 잡았다. 이런 비폭력 조치 이외에 죽은 아벨 대신에 아담이 아들을 낳았고 이 새 아들이 에노스라는 이름의 아들을 낳았는데 이 에노스가 비로소 야훼의 이름을 불러 예배하였던 것을 적는 것으로 제2설화를 마무리하고 있다.[18] 야훼는 카인이 아벨을 죽인 것을 가슴 아파하며 다시는 이런 살인이 안 일어나도록 비폭력 조치를 피해자 쪽에 마련했던 것을 유의해 보아야 한다. 본 장의 끝 절에서 〈빛의 정의〉를 논할 것인데 빛의 시작은 약자, 피해자, 국민 쪽의 비폭력투쟁에서 비롯되는 것이 밝혀질 것이다. 다만 이곳에서 이해할 점은 왜 약자, 피해자, 국민의 비폭력 조치가 통치자의 악을 멈추게 하는가를 고찰하는

18 이 에노스의 예배는 제2설화의 마무리라기보다는 전체 설화의 마무리다. 창조된 것이 풍기는 아름다움, 아담의 하와에 대한 따뜻함 그리고 야훼의 끈질긴 징벌에서 보는 올바름에 이어 에노스의 예배에서 보는 평화가 이어지고 있다. 윤견수 교수는 내가 60세 이후에 쓴 네 권의 책의 화두가 《자전적 행정학》이 아름다움이며, 《논어맹자와 행정학》이 따뜻함이며, 《인간 · 종교 · 국가》가 올바름이며 《협력형 통치》가 평화라고 언급했음을 나는 상기한다. 이렇게 쓰고 보니 나는 말년에 골몰하는 생각이 하느님의 '시작'인 셈이다.

일이다. 그 이유는 간단하다. 약자 · 피해자 · 국민이 폭력을 쓰면 악한 통치자는 더욱 통제를 강화하기 때문이다. 제5장 〈짧은 햇빛〉에서 이승만이 데모 발생 후 단 일주일 만에 무너진 것도 이 일주일 동안에 폭력이 없었기 때문이다.

3. 성 도덕의 문란紊亂. 제3설화에는 사단이 많다. 〈창세기〉에 6개 장에 걸쳐 설명되고 있다. 이제는 아담의 가족만이 아니라 인종이 많아졌다. 노아가 의인이어서 야훼가 그를 믿었다. 그러나 남자들이 여자들을 좋아하는 일이 생겼다. 성서는 이렇게 점잖게 표현했지만 성 도덕이 문란한 것을 볼 수 없어 홍수를 40일간 내려 사람을 쓸어 버리려 했다. 그런데 야훼는 홍수 내린 것을 후회한다. 어린아이들까지도 악한 것을 보고는 앞으로는 이런 징벌을 않겠다고 결심한다. 어린아이까지도 악했다는 것은 어린아이들이 따를 모범이 없었다는 뜻이며 사회 일반이 다 부패한 것을 단순한 개인 도덕의 차원에서 그 책임을 물어야 할 문제가 아닌 것을 시사한다. 사회 일반인의 성 도덕이 문란했다는 것은 그렇게 될 만한 사회윤리적 이유가 있었다는 것을 뜻한다. 이 사회윤리적 이유를 따지기 위하여 이미 생겼던 제1, 2설화의 원인을 생각할 수밖에 없게 한다. 제1설화에서 악한 통치자를 향하여 올바른 말을 못하며 올바른 말을 하면 쫓겨나고 소외되는 것을 일반 국민이 보았다. 제2설화에서는 이 악한 통치자 자리를 경쟁하면 죽임당하는 것도 보았다. 이렇게 사람이 말도 못하고 높이 올라갈 수도 없으면 성이나 즐길 수밖에 없게 되는 것이다. 조지 오웰의 소설《1984년》을 보면 전체주의 사회에서의 남자는 여자를 보자마자 산에 끌고 가서 섹스를 한다. 조선조의 성리학의 질곡 속에서 남자들은 여자와 사귀는 특권을 누렸다. 일본 식민지의 총독정치는 강점한 나라 조선에서 3S정책을 폈다. Sex, Screen, Sports를 식민지 백성이 즐기게 하고 일본 제국을 향해 손을 불끈 쥐고 저항이라도 하는 기개를 성의 문란, 영화 그리고 스포츠 관람을 통해 흐리고자 했다.

4. 바벨탑 세우기. 악한 정부를 향하여 불끈 쥔 주먹을 펴게 하는 방책이 3S 갖고도 불가해졌으니 마련된 정부 시책이 국민이 제각기 벌어먹는 것을 못하고 정부가 일일이 식량 배급까지도 주면서 살게 하는 방책을 궁리한다. 독점관료경제

를 대형으로 만든다. 이 관계의 작업이 바벨탑 세우기다. 바벨탑을 세우기 전 집권자들이 자기네들의 단결이 흐트러지지 않게 하기 위하여 하늘에 다다른 탑을 세웠던 것이다. 생각해 보자. 탑에서 밥이 나오는 것이 아니다. 탑을 세운 것은 국민의 피와 땀으로 세웠건만 일단 세워진 탑 밑에 국민들이 이를 올려다보면서 입을 벌리며 감탄하며 국민 자신이 세웠으면서도 마치 평양의 주체탑 앞에서 선 국민들모양으로 통치자를 찬양할 것이 뻔하다. 우리의 경우 군사정부가 경부고속도로를 만들고 중화학 공장을 세웠던 것과 유사하다. 군사정부가 경제계획을 세워서 실천했던 것이 사실이며 심지어는 전두환 때 수출이 수입보다도 더 많았던 해도 있었다. 그러나 이 모든 업적은 바벨탑인 것이 문제였다.[19]

야훼가 이 악의 진행에 대하여 대안을 마련한다. 국민들이 말을 서로 못 알아듣게 만든 것이다. 이 예가 1970년대 김대중 대통령 후보가 다른 말 대중경제론과 4대국 보장론을 말하고 나선 것이다. 김대중의 이 말을 제일 못 알아들은 쪽은 군사정부였다. 경제를 위에 있는 재벌이 아니라 아래 있는 대중으로부터 돌리자는 것이 바로 대중경제론이었다. 2008년 집권한 미국 오바마 대통령의 정책이나 2009년 8월에 집권한 일본 하토야마 총리의 정책이 대중경제론이었고 이들의 정책을 과거의 집권당이 못 알아들었었다. 이 바벨탑 이야기는 어떻게 보면 제1설화에 아담이 저지르지 못한 악, 생명의 나무 파괴의 악보다도 더 진전된 악이었다.

5. 소돔 · 고모라의 멸망. 야훼께서 아브라함에게 말씀하셨다. "소돔과 고모라

19 사회간접자본의 투자를 빌미로 한 독재정치가 문제다. 예를 들어 덴마크의 해안선에 뚝을 쌓는 일을 빌미로 해 덴마크가 독재를 하지는 않았고 민간 지도력을 중심으로 만들었다. 한편 박정희가 산업화를 이룩했다는 말도 하나의 착각이다. 세계에 박정희 같은 군사독재가 즐비했지만 우리와 같은 경제성장을 이루지는 못했다. 우리는 이미 문맹율이 세계에서 낮은 나라 중의 하나였다. 제6장에서 보듯 국민이 똑똑했기 때문에 고난 중에서도 기업가 정신을 갖춘 인물이 나왔고, 심지어는 박정희 밑에서도 경제성장을 한 백성이 우리 국민이다. 오늘의 중국과 싱가포르의 경제성장이나 심지어는 일본의 번영도 공산독재, 일인독재, 그리고 군인 지배의 영향하에서 생긴 것이니 이들 나라의 성취가 다 일종의 바벨탑인 것을 생각할 때 이들 나라의 빛 속에는 어두움이 구조적으로 깃들여져 있다. 이들 나라가 그들의 구조적 어두움을 헤쳐 나가기가 나는 대한민국보다 어렵다고 본다. 우리에게는 빛을 악조건 속에서 만들어 낸 업적이 3 · 1운동, 4 · 19, 70년대 민주화운동, 그리고 촛불시위 등에 있었기 때문이다.

에서 들려오는 저 아우성을 나는 차마 들을 수가 없다. 너무나 엄청난 죄를 짓고 들 있다. 내려가서 그 하는 짓들이 모두 나에게 들려오는 저 아우성과 정말 같은 것인지 알아보아야 하겠다." 야훼를 포함한 수행원들이 걸음을 옮겨 소돔 쪽으로 갔다. 그러나 아브라함이 그냥 야훼 앞에서 물었다. "당신께서는 죄 없는 사람을 죄인과 함께 기어이 쓸어버리시렵니까? 저 도시 안에 죄 없는 사람이 오십 명이 있다면 그래도 그곳을 쓸어버리시겠습니까? 죄 없는 사람 오십 명을 보시면 용서해 주시지 않으시렵니까?" 이에 야훼께서 오십 명 죄 없는 사람이 있으면 그 죄 없는 사람을 보아서라도 용서하겠다고 대답하셨다. 아브람이 45명, 40명, 30명, 20명, 10명까지 수를 줄여가면서 야훼께 애원했다. 야훼는 10명의 의인만 있어도 그곳을 멸망시키지 않겠다고 약속했다.

수행원 천사들이 소돔에 다다랐다. 아브라함의 조카 롯이 때마침 성문에서 앉아 있다가 그들을 보고 일어나 맞으며 땅에 얼굴을 대고 엎드려 자기 집에 와서 하룻밤을 편히 쉬신 다음 길을 갈 것을 청했다. 롯이 하도 간청함으로 롯을 따라 그의 집에 들어갔다. 누룩 안 든 빵을 구워 주며 대접했다. 그들이 아직 잠자리에 들기 전에 소돔 시민이 늙은이 젊은이 할 것 없이 몰려와 롯의 집을 둘러싸고 롯에게 소리치는 것이었다. "오늘밤 네 집에 든 자들이 어디 있느냐? 그자들하고 재미를 좀 보게 끌어내어라."

롯이 밖으로 나가 등 뒤로 문을 닫고 사정을 하였다. "여보시오, 제발 이런 못된 짓은 하지들 마시오. 아시다시피 나에게는 아직 남자를 모르는 딸이 둘 있소. 그 아이들을 당신들에게 내어줄 터이니 마음대로 하시오. 그러나, 내가 모신 분들에게만은 아무것도 말아 주시오." 그러나 군중들이 막무가내로 문을 부수려 하였다. 이쯤 되자 방문객 두 사람이 손을 내밀어 롯을 집 안으로 끌어들이고 문을 닫았다. 그리고 문 앞에 몰려든 사람들을 어른 아이 할 것 없이 모두 장님으로 만들어 문을 찾지 못하게 만들었다. 그러고 나서 롯에게 식구들을 데리고 떠나게 한 후 식구들이 그 성을 빠져 나오자 야훼께서 손수 하늘에서 유황불을 소돔과 고모라에 퍼부었다. 이 불타는 도시를 뒤돌아 본 롯의 아내는 그만 소금기둥이 되어 버렸다.

대충 이런 줄거리가 뜻하는 것이 무엇인가? 한마디로 어둠이 점점 더 어두워져 암흑이 되어 버린 이야기다. 보아라. 제1설화에서는 생명의 나무를 안 건드렸으니 그래도 덜 어두웠다. 그러나 제5설화에서는 깜깜해져 군중이 롯의 집문을 찾을 수도 없게 되었다. 어둠의 전쟁을 좀 더 설명하자. 백성 일반은 옳게 살 의욕을 상실해 성 도덕이 문란해진 세상에서 정부가 대중경제에 역행하는 경제건설을 하면 그런 정치체제에서는 통치 악을 바로 잡을 자생력이 없어져 통치 악을 바로잡는 것이 인접 국가의 선의의 간섭으로만 바로잡아진다는 것이다. 의인 50명은 물론 10명도 없는 나라가 되어 버린 것이 바로 이 자생력의 소실을 단적으로 말한다. 박정희가 법무장관으로 황산덕이라는 사이비 학자를 임명해 인권문제를 언급하는 미국 목사, 신부를 내쫓았고, 말기에 내한한 미국 카터 대통령이 박정희에게 당신이 말하는 경제성장만큼 정치 발전도 해야 하지 않느냐고 말했던 것이 우리의 사정이다.

제1, 2절을 써 놓고 보니 두 종류의 어둠이 있음이 드러난다. 하나는 〈창세기〉 5대 설화에 나오는 통치 범죄자에 그 근원을 둔 어둠이다. 다른 하나의 어둠은 통치자가 아닌 일반 시민들이 받은 유혹—이 유혹을 예수도 받았다—을 물리치지 못한 데서 생긴 범죄이다. 전자는 구조적 어둠이요, 후자는 개인적 어둠이다. 따라서 김대중 · 노무현의 악이 박정희 · 전두환의 악보다 그 급이 낮다. 민주화 정권이 집권 후 저지른 잘못을 따지는 것이 다음 장 〈조선옷을 입은 한 청교도〉이다. 다른 비유를 생각해 보자. 정치 정당성이 김대중 · 노무현과 같이 높았지만 비난받을 만한 일을 많이 했던 다윗의 잘못은 불이 타다가 남은 장작불의 어둠이지 〈창세기〉 설화에 나오는 어둠은 아니었다.[20] 민주화 정권의 잘못에 대해 분한 나

20 왜 통치 악과 인간 악을 구별하여 정치 정당성이 높은 왕의 잘못을 인간적인 잘못으로 보아 주는가? 후술하다시피 둘째 아들로 태어나 구조적으로 불리한 입장에 있는 야곱을 유리한 입장에 있는 에사오보다 더 사랑으로 대하는 야훼신의 고유성(〈말라기〉 제1장 2-3절)을 나는 긍정하기 때문이다. 한 예로 내가 현직 교수로 있으면서 군사정부에 저항하고 박해받은 이, 김대중 씨를 편들었던 것은 한 사람 크리스천의 신앙 간증이었다.

머지 김대중 · 노무현을 박정희 · 전두환과 동열에 놓고 비교하여 김대중 · 노무현이 한 짓을 박정희 · 전두환은 하지 않았다는 말을 한 역사학자로부터 나는 들었다. 심지어는 전두환이 귀여운 데가 있다는 한 행정학자의 언급을 나는 듣기도 했다. 이는 과거에 받은 다음 절에서 쓸 발전행정학의 영향이리라. 그러나 아니다. 야훼 하느님은 지분이 전혀 보장되지 않는 둘째 아들 편이다. 큰 아들은 말하자면 구조적으로 악에 속하고 둘째 아들은 구조 선에 속한다. 개인악이 심해도 그가 구조 선에 속해 있으면 그를 야훼신이 끔찍하게 여긴다. 개인적으로 악했던 둘째 아들을 더욱 끔찍하게 여겼던 히브리 전통을 우리는 아브라함의 손자 야곱에게서 본다. 야곱은 둘째 아들인 것뿐이지 하는 행동 하나하나가 일일이 악했다. 어머니 뱃속에서 나올 때에도 먼저 나온 형 에사오의 발꿈치를 잡고 나왔다. 야곱은 어머니와 단짝이 되어 에사오의 장자권을 빼앗았다. 형을 피해서 도망하되 외삼촌 집에 갔다. 그곳에서 외삼촌의 딸들을 다 자기의 부인으로 만들었다. 고향 생각이 나서 돌아올 때는 외삼촌 몰래 도망했다. 고향 근처에 와서야 형을 만나면 자기가 한 짓이 있어서 형에게 죽임 당할 걱정을 했다. 그때서야 야훼께 보호해 달라고 기도하며 떼를 썼다. 하도 힘차게 떼를 써서 야곱의 환도뼈가 부러졌다. 하기야 한 것을 따지면 환도뼈가 다 부러질 만도 했다. 그런데 야훼신이 야곱을 보호해 줄 것을 약속해 야곱의 이름을 이스라엘로 붙여 준다. 그 이스라엘이 바로 오늘날의 유대 나라 국명인 끔찍한 이름이다. 이렇게 야훼신은 현실적 이상주의자이다. 유대 나라만 불쌍한 나라가 아니다. 우리나라도 하느님의 긍휼하심을 입어 야곱이 이스라엘이 되는 빛의 과정의 역사가 있었음이 자랑스럽다.

발전행정의 사이비

본 절은 전 절에서 제시된 어둠을 발전행정론이라는 학문에서 그대로 복사해 논하고 있음을 밝히고자 한다. 학문인은 어둠을 빛이라고 궤변하는 혀도 갖고 있다. 이를 넘어서 학문인의 궤변은 그럴듯하게 진짜가 아닌 사이비를 만들기 마련이다. 본 절이 사이비에 대해 빛을 밝히는 것이라면 진정한 행정학의 전망도 동시에 보여 주게 되니, 이 전망이 곧 본서 제3부 〈환희로서의 학문〉의 구도를 스스로 제시하는 절이 될 것이다.

발전행정론에 대해 내가 평가하는 기준을 뽑을 차례다. 세 가지 기준을 뽑고자 한다. 행정이란 행정부에서 누가 무엇을 어떻게 하는가를 따지는 학문이기에 다음 기준 1은 발전행정에 보이는 인간관 기준 2는 발전행정이 보는 일관 그리고 기준 3은 발전행정이 보는 방법관이 될 것이다.

1. 발전행정론에는 민주주의가 없다. 5대 설화에 민주주의가 없는 것을 단적으로 나타내는 이야기는 선과 악을 알게 하는 과일을 먹는 일이다. 정부의 선과 악을 정부가 판단하는 것이 아니라 정부 외부에 있는 국민이 하되 국민을 대표해 말하는 사람인 신문기자, 야당 정치인, 대학교수 그리고 성직자들을 제거했던 것이 5대 설화의 비극의 시작이었다. 행정학에서 국민에게 귀를 안 기울인 것에 맞춰 신문방송학에서도 발전커뮤니케이션이라는 해괴한 논의가 나왔던 것도 민주주의에 외면을 보인 한 예이다. 일생을 공무원 교육에 헌신했던 공자의 글 《논어》의 첫 글에는 싫은 말을 잘 들으라는 말이 있다. 즉 "나를 알아주지 않아도 성을 내지 아니하면 군자가 아니겠는가!"이다. 이 말은 선악을 알게 하는 나무가 시비를 걸어와도 정부는 성을 내지 말라는 뜻이다.

2. 발전행정론에는 '관계'가 없다. 발전행정론은 무엇을 만든다는 말 즉, 드디어는 바벨탑을 세운다는 말은 있어도 천지창조에 있었던 마땅히 있어야 할 관계를 유지한 말이 안 보인다. 《고대신문》 1966년 11월 12일 제456호 권두논문에 〈근대화 거점의 설계 방향〉이라는 글을 내가 썼던 생각이 난다. 이 글은 정부 내에 특히 국회 내에 부패를 방지하는 관계가 결핍된 것을 지적한 논문이다.[21] 이 글을 철학과 박희성 교수님이 보시고 날보고 어려운 말을 썼다고 격려하셨다.

21 《한국행정론》(이문영, 일로각, 1986) 중 제5장 〈행정우위〉에 수록된다.

나는 그때 말로 썼지 행동이 없어 부끄러워 "뭘요. 저는 말만 했습니다"라고 대답 드렸다. 그러나 그 후 나는 그 어른이 왜 어려운 말이라고 말씀했을까를 곰곰히 생각했다. 1966년 3월 초《사상계》에 〈공무원 부패 20년사〉를 기고했을 때에도 나는 격차구조도라는 행정부 내 관계 연구를 제시했다. 말년에 쓴《협력형 통치》는 관료제 문화와 수평적 정권 교체가 존재하는 민주문화 속에서 생겨나는 관계를 합했을 때에만 협력형 통치가 생긴다는 책이었다.[22] 박희성 교수님은 내 은사님이다. 내가 하찮게 생각했던 글을 어려운 글이라던 선생님 말씀이 이렇게 오랜 시간 후에 생각났다. 박 교수님은 철학과 교수님이시기에 사람이 하는 일보다 사람의 이성이 만든 관계를 더 중요시하셨을 것이다.《논어》의 첫 글은 멀리서 친구가 오면 기쁘지 않는가를 말한다. 이는 역시 이미 있었던 가까이 있는 친구와의 관계 이외에 덧붙여진 관계가 제공하는 기쁨을 말한다.

3. 발전행정론에는 학문이 없다. 학문이란 문학, 역사, 철학 등의 인문학을 말한다. 사람에게 인문학적 소양이 없으면 폭력을 억제 못하며, 개인윤리적으로 타락하며, 사회 정의가 부족하며, 자기 욕심만을 부리게 된다. 그리고 이 모든 덕목이 있을 때에만 5대 설화에서의 신의 징벌을 면할 수 있다. 내가 고려대학교에서 아쉬워했던 학문은 대학의 중심이 법률학자와 상학과로 출발했던 보성전문의 전통을 뭔지 모르지만 그대로 계승하는 점이다. 이에 비해 한국 사학의 쌍벽인 연세대를 보면 문과 이과의 전통을 잇고 있을 뿐 아니라 음악과 신학과를 갖고 있다. 법률과 상학교육이 잘 되면 졸업생들의 취직이 좀 더 잘 될 수도 있었다고 본다. 그러나 말은 바르게 해야 한다. 취직 공부는 학문이 아니다. 취직 공부를 시키는 데는 대학이라기보다는 학관이다. 그러니 막스 베버의 말과 같이 대학은 아무나 만들 수 있는 기관이 아니며 오랫동안 유럽 문화만의 전유물이었다.[23] 발전행정론에는 인문학적 조명이 없으니까 발전행정은 한낱 기술 공부에

22 《협력형 통치》(이문영, 열린책들, 2006) 중 관계도 세 가지를 40쪽에서 〈상하관계의 세 가지 유형〉, 41쪽에서 〈협력하는 통치〉, 43쪽에서 〈협력하지 않는 통치〉 등을 볼 수 있다.

23 주 10에서 언급한 내 책 282, 283쪽에서 막스 베버가 제시하는 유럽에서 보는 현상 8개를 소개하고 있다. 눈에 보이지 않는 것들이 유럽의 실체인 것을 알 수 있다. 고려대학교가 졸업생의 취직을 잘 시

불과하다. 공자는 공부한 것을 거듭 익혀 공부함이 기쁘다고 《논어》 첫 마디로 시작했으며 공자가 말한 공부는 시詩 공부였다. 제자가 공자의 아들에게 아버지께서 강조해 교육하시는 공부가 무슨 공부인가를 물은 적이 있었다. 공자의 제자가 들은 답은 시 공부라는 것이었다. 영국이 식민지를 세계 곳곳에 갖고 있을 때에도 고급 공무원을 사회과학 전공자에서 채용하지 않고 옥스퍼드와 캠브리지 양 명문대의 문과대 졸업생 중에서 일단 뽑은 후 이 채용된 사람에게 실무교육을 나중에 시켰다.

발전행정론의 비조는 서울대 행정대학원의 박동서 교수다. 미 국무성이 군사쿠데타 정부를 해당 나라들을 근대화시키는 거점으로 계획해 공무원 교육을 담당케 한 기구가 하와이 대학교의 East and West Center였다. 이곳에 선임연구원으로 다녀온 분이 박동서 교수다. 이러한 맥락에서 나는 우선 1973년도에 나온 박동서의 두 책을 평가하고자 한다. 한 책은 《한국행정론》(법문사, 1973)이며 다른 한 책은 박동서 외 6인이 공저한 《발전행정론》(법문사, 1973)이다. 박교수는 전술한 바와 같이 민주주의를 외면하고 능률만 강조했던 것을 뉘우친 바도 있다. 또한 박 교수와 나는 함께 한국 행정학회를 발족시킨 정의도 있어 여기에서 그분 이름을 거명하는 것이 가슴 아프다. 비슷한 이유로 6인 교수를 거명하지 않겠다. 그러나 아무래도 한 분이 더 있다. 이한빈 교수다. 이분은 East and West Center의 소장을 역임한 후 서울대 행정대학원 원장을 지낸 분으로 발전행정론을 세계적으로 시취한 분이다. 물론 나는 이분과도 정의가 있고 또한 그분이 스위스 대사 시에 저술한 《작은 나라가 사는 길》을 나는 내 《협력형 통치》에 상세하게 소개한 바도 있다. 그러나 이분의 주저主著 한 권 《사회변동과 행정》(박영사, 1968)을 나는 평가하지 않을 수 없다. 하나가 더 있다. 나는 1976년 3월에 3·1 민주구국선언에 서명해 감옥에 있었는데 이때 마침 그해 겨울 미국 행정학회에서 발간하는 학술지인 《Public Administration Review(PAR)》에 비교행정과 발

키는 뒤에는 눈에 보이지 않는 것을 다루는 공부가 더욱 보완되어야 한다.

전행정을 평가하는 세미나가 게재되었던 것을 감옥에서 꼼꼼히 읽었다.[24] 내가 몰랐던 것도 알았고 내가 발전행정에 대하여 평가하는 세 가지 기준을 확인하게 한 글이기도 했다. 그래서 이《PAR》의 글도 살펴보기로 한다.

우선 박동서의《한국행정론》이다. 이 책에 바로 세 가지가 다 없다. 민주주의도 '관계'도 그리고 인문학도 없다. 따라서 이 책은 행정기술교본이다. 어떻게 보면 이 세 가지가 다 없는 것에 대해 그 후 행정학자들은 별 불편을 안 느껴 왔다고 본다. 그러나 눈에 안 보이는 것을 따지는 것은 신앙만이 아니라 학문도 마찬가지다. 하기야 행정인은 벽에 둘러싸인 서류함과 책상 앞에 앉아서 외부에 있는 국민을 보지 않아도 일할 수 있고 어차피 모든 '관계들'은 안 보이는 것들이며 학문이 인문학이라니 이것도 안 보이는 것을 다루는 것이니 안 보이는 것은 안 보면 그만인 것에 익숙해 온 것이 행정학자들 아닐까 한다. 그래서 보이는 것에 치중하다 보니 통계를 내고 수리화한 논문만이 논문으로 생각하게 된 것이 행정학자다. 조사방법론이 학문방법론의 모두인 양 착각하고 있는 것도 행정학이다. 그러나 보이는 것을 중요시하는 행정학자를 위하여 내가 보여 주고 싶은 행정학 학문이 있다. 이것들은 미국이 독일, 이탈리아, 일본 등 비민주국가와 전쟁 중에, 그리고 이 제2차 세계대전을 승리로 이끈 이후에 쓴 책들이다. 그 당시에 개정판을 낸 화이트Leonard D.White 교수의《행정학 입문》의 책 첫 페이지에 자신의 책을 민주주의와 능률을 위하여 바친다고 그는 썼다. 내가 처음 쓴 책《행정학》은 기술교본으로서의 행정학 책들을 참고하지 않고 있다. 한 예로 마르크스Morstein Marx의《The Elements of Public Administration》을 보자. 민주주의를 미국 땅에 정착시키려는 불 같은 사나움으로 행정의 관료화를 저지하고 있다.[25] 정치학자들의 기여가 많이 보인다. 그리고 정치학은 역사학과 철학이 결합된 인문학에 기반을 두었지 기술교본이 아니다. 서울대 행정대학원 교수들이 행정학을 조직

---

24 A Symposium, Comparative and Development Administration : Retrospect and Prospect, *Public Administration Review*, Vol.36, Nov/Dec, 1976.

25 마르크스의 책은 나의 미시간대학교 행정대학원에서의 교과서 중 하나였다. 미국 유학 시 받은 민주주의 행정을 반영한 책이 나의 첫 저서《행정학》(일조각, 1962)이다.

· 관리론, 인사행정론 그리고 재무행정론 등으로 3분화하고 이 3분화를 합치면 곧 행정학이 된다고 보아 왔던 것은 잘못이다. 행정학은 국민의 저항권과 기본권 신장에 그 뿌리를 내려야 하는 엄숙한 수업이어야 한다.

1973년이면 민족의 건국과 분단과 4 · 19혁명과 군사정부의 등장 등 격동을 겪은 직후인데 이 책은 그런 문제에 전면 무반응이다. 해방 이후 1973년까지의 내 나라를 묘사한 글을 다음에 옮긴다.

> 1945년에 일본으로부터 해방되어 한국 정부가 수립된 1948년 사이에 미군정 시대가 있어 행정의 어떠한 면, 특히 구조면에서는 거의 미국식으로 크게 변화를 수반했으나 워낙 단기였고 이를 담당하는 한국인의 이해에 입각한 것이 아니었으므로 한국 정부의 수립과 더불어 이때의 주역인 구 일정 관리들에 의하여 1955년 초에는 거의 구조상으로는 미군정상의 흔적을 찾아볼 수 없게 되었으므로 여기서 지면상 생략하기로 하겠다. 한국 시대에 관해서는 본서에서 다루는 대상 · 시기가 주로 1960년대 이후가 되므로 이와 연결지우는 정도로 약술해 보고자 한다.

이상과 같은 입장은 우리 백성이 독재자 앞에 엎드리기만 한다고 보는 입장이지 다음 4 · 19를 거친 우리의 시인 김수영의 시—시는 기준 3에서 보듯 곧 학문이다—에서와 같이 바람보다도 더 빨리 눕지만 바람보다도 먼저 일어서는 백성의 자랑스러움을 망각한 태도이다.

> 풀이 눕는다
> 바람보다도 더 빨리 눕는다
> 바람보다도 더 빨리 울고
> 바람보다 먼저 일어난다

앞에 인용한 서설에 이어 생태면과 행정면으로 설명을 잇고 있다. 정치 이념을 볼 때에 좌우익의 치열한 투쟁 끝에 민주주의를 이념으로 채택하였으나 이는 우리에게 오랜동안 있었던 유교사상과 이질적인데다가 이 도입 · 채택이 극히 소수의 지배자에 의한 것이기에 일반 국민의 생활과 거리가 멀었고 지식인 · 통치자들의 사회화 또는 정치 교육에 대한 몰이해와 이로 인한 내면화의 미급으로 이질성의 극복에는 시간이 상당히 소요되었으며 참정보다는 동원된 투표권자를 많이 보게 되는 것 같다는 것이다. 즉 6 · 25전쟁 중에도 여당의 횡포에 저항한 야당 세력의 태동과 세계사에 드물게 7일간의 데모로 이승만 정권을 붕괴시킨 국민의 저력을 외면하고 있다. 바로 6 · 25전쟁을 겪으면서 보여 준 우리 국민의 활력을 못 보고 있다. 그저 기다린 것은 군사정부의 등장이며, 이 군사정부의 등장을 기다렸다가 이에 접목시킬 것을 찾은 것이 발전행정이었다.

서문에 17년간을 실무자와 담화를 나눈 것을 자료로 했고 발전행정의 입장에서 책을 썼다고 적고 있다. 실무자들에게서만 들었다는 이 말은 그 책에 바로 '관계'가 부족한 것을 말하는 것이다. 내 경우와의 대비가 불가피하다. 전술한 《고대신문》 권두언 논문은 공무원이 아니라 감사원의 결산보고서를 분석했던 것이며, 그 결론 중 하나는 감사원을 국민에게 가까운 국회에 소속시키라는 것이었다. 《사상계》에 기고한 격차 구조도는 신문 보도를 자료로 했었다. 신문 보도는 정부가 자가발전한 말은 아니었고 국민과의 관계를 중요시하는 접근이었다. 정치 권력 · 경제력에 비중을 두었다고도 쓰고 있는데 각 어휘의 정의는 불분명하다. 목표정책 형성, 기획, 조직화, 동작화, 통제 등으로 편을 나누어 논하고 있다. 이렇게 그럴듯한 이름을 붙여 가며 편을 나눈 것도 따지고 보면 1930년대 미국 행정학에서 행정기술이 강조될 시 관리자의 기능을 POSDCORB로 나누어 보았던 것과 유사하다.[26] 그러니까 공무원들이 먼저는 목표를 세우고, 정책 형성에 이어 기획을 한 다음에는 조직을 짜고 동작화하고, 통제한 후 모든 진행이 목표한바 대로 되었는가를 되돌아보자는 말은 POSDCORB의 계획을 세우고, 조직을 쌓고 인원을 충원한 후 지시하며 조정해 일한 뒤, 일한 것을 보고해 확인하고 예산을 편성해야 한다는 말과 유사하다. 그러니까 각 편의 서술을 해당 문제

26 P는 planning, O는 organizing, S는 staffing, D는 directing, CO는 coordinating, R은 reporting, B는 budgeting 중에서 첫 알파벳 머릿자를 딴 것이다.

를 실제에서 어떻게 하고 있다는 조사와 자료의 제시 없이 모름지기 이렇게 해야 한다는 일방적 교시의 나열로 채우고 있다. 말하자면 군사정부 공무원들을 위한 행정기술교본에 불과하다. 각론의 편 분류가 이쯤 되어 있으면 행정의 정의에 잘못이 있으리라 짐작이 된다. 과연 그렇다. 행정의 정의가 입장에 따라서 다를 수 있다는 것이 박 교수 생각이다. 행정관리설, 정치기능설, 행정형태설 그리고 자신의 입장인 발전기능설을 쓰고 있다. 그의 발전기능설을 다음에 옮긴다.

> 이는 현재 대부분의 학도가 찬송하고 있는 정치기능설과 기본적으로 일치하는 것으로서, 1960년대의 발전행정론자들인 M. Esman, E. Weidner 등에 의하여 제창된 것으로서 이의 정치기능설과 다른 특색은 분화된 사회에서 야기되는 문제들로 인한 도전을 받고 비로소 그를 조정 · 해결하기 위한 결정을 하는 데 그치는 것이 아니라, 스스로 정치 사회의 발전 목표의 설정에 적극적으로 참여하면 이에 일치되는 발전정책 · 발전계획의 형성을 주도해 나가는 것을 의미하고 있다. 이상의 여러 학설의 특색은 공통적인 것으로서 관리적인 것을 내포하고 있다고 하겠으나, 큰 차이가 나온 것은 정치의 내포 여부 또는 기능의 범위에 관한 것이라고 생각된다.[27]

위 정의 중 문제점은 우선 ① 발전행정이 정치기능설과 기본적으로 같다는 것이 잘못이다. 정치기능설은 민주주의가 세계대전으로 도전받는 상황에서 국민과 관료와의 관계를 정상화하는 착안이 주축이 된 사상이다. 더욱이 ② 박교수가 말한 대로 갈등 조정을 넘어서 행정 주체적으로 발전정책 · 발전개혁을 추진한다는 것은 정치기능설과 맥이 상응하지 않는다. ③ 모든 학설이 공통점을 관리기능으로 본 것도 잘못이다. 모든 학설마다 관리기능을 포함하고 있는 것은 사실이지만 국민을 외면하는가 아닌가, 행정부가 시행하는 기획이 국민에게서 나왔는가 관료의 자기 발전에 의한 것인가를 따질 때 행정을 정의하는 공통점은 좀 더 포괄적인 개념을 사용했어야 했다. 행정부 내에서 누가/무엇을/어떻게 하는가를 따지는 것이 행정이라고 본다면 정치기능설과 발전행정설은 차이가 있

27 박동서, 《한국행정론》, 법문사, 1973, 34, 35쪽.

다. 정치기능설에서는 누가가 국민의 통제를 받는 관료가 되며, 발전행정에서는 국민의 통제를 소홀히 한 관료 자신이 누가가 된다. 행정부가 하는 일도 정치기능설에서는 이익단체와 국회의 관여가 두드러지나 발전행정에서는 아니다. 일하는 방법도 정치기능설은 문화와 학문의 조명을 고려하지만 발전행정에서는 목표 선정에서 출발해 성취한 것이 세워진 목표대로 달성되었는가를 보는 사무원적 입장이 두드러진다.

이 관리론적 단견이 조선조와 일제 식민지하의 행정을 분석하는 데 그대로 나타나고 있다. 예를 들어 일정 시의 행정도 관리론적으로 분석하고 있는데, 이때의 행정을 말하자면 정치기능적으로 분석했더라면 일본 총독부가 행한 행정이 1960년대의 군사정부가 내세운 '근대화 사업'과 동일한 것이며 피지배자의 참여가 배제된 정부의 일방적 행위임을 반추하고 군사정부에 반성 자료를 제공할 수도 있었을 것이다. 조선조 행정의 분석도 관리조직 분석을 하고 있는데 조선조가 나라를 송두리째 일본에 내주게 된 것은 관리자가 부족해서가 아니라 국민의 여론을 무시하는 초강경정책을 썼기 때문이라고 봄이 타당도 하며 군사정부에 일침을 가하는 고찰이 될 만도 했다고 보인다. 발전행정론은 심지어는 행정부에 발전계획만 있으면 공산권 행정조차도 이를 긍정시 하고 있다. 한국의 군사정부가 더 먼저 망했지만 러시아를 포함한 공산권의 붕괴를 박 교수는 그의 생애 중에 맞이했으니 정치 정당성이 결핍된 발전행정의 과오를 예견 못했던 것이 잘못이었다.

《발전행정론》은 7인 교수의 글을 모은 책이다. 박동서 교수의 글이 세 편 보인다. 제1편 제1장 〈근대국가의 발전〉 제2편 제1장 〈발전행정의 태두 및 개념〉 그리고 제3편 제2장 〈발전행정학의 한국관료권〉 등이 박 교수의 글이다. 나는 이 세 개의 글을 평가하고자 한다. 우선 왜 7인 교수의 글을 평가하지 않는가를 써야 한다. 이들 사이에 의견의 일치가 없었다고 서문에 집필자 일동이 밝히고 있음에도 불구하고 6인의 글 중 아무 글도 전술한 세 가지 잘못, 즉 민주주의가 없는 것, "관계"가 없는 것, 그리고 학문이 없는 것에 대한 예외를 발견할 수가 없기 때문이다. 박 교수의 세 개 글을 평가한다 해도 세 개 글의 주류가 이미 그의

《한국행정론》에서 밝힌 미급함을 여전히 반복하고 있어 나로서는 답답하다. 그러나 답답한 이야기를 참고 듣는 것이 학문의 한 과정이다.

박 교수는 근대국가의 발전을 논하는 시작을 이념의 여하를 불문한다고 쓰고 있다. 근대국가란 일체감을 갖는 국민 또는 민족적 기반 위에 통합된 생각을 지닌 중앙정부를 가진 국가를 의미하는 것으로 해석해 우리는 통일신라나 고려시대부터 근대국가라는 희한한 발상을 하고 있다. 유럽보다도 먼저 국가 형성이 된 나라가 우리라는 것이다. 다만 우리의 경우 국민 형성이 안 되어서 근대국가가 못 되었다고 본다. 국민 형성이 안 되었던 이유도 특이하다. 유교 문화의 영향에서 생긴 씨족의식이 강해서라고 보고 있다. 이렇게 박 교수는 3 · 1운동에서의 국민의 각성과 4 · 19를 거친 고양된 민주의식의 국민을 전혀 고려하지 않았다. 이 책을 쓰기 전 불과 2년 전에 박정희의 득표를 거의 뒤집을 뻔했던 김대중의 대선에서의 대안 제시도 외면하고 있다.

이러한 외면을 전제로 하여 집권자가 경제발전 또는 부국강병을 한 박정희 정권의 업적을 신생국들이 동경의 대상으로 삼았다고 극찬하고 있다. 다만 이렇게 박정희가 잘한 것은 박정희에게만 공이 있었던 것은 아니며 국민의 정치의식의 형성에 의한 것이라고 딱 한 줄을 적고 있다. 이 책이 출간된 1973년은 그냥의 군사정부도 아닌 유신정부의 때인데 이와 같은 민주주의 역행은 국민의 고양된 정치의식에 반비례한 조치인 것을 지적만 했더라면 '민주주의를 외면했다'는 발전행정론의 제1의 비난을 면할 수도 있었을 것이다. 참여와 배분을 논하고 있다. 그러나 김대중의 '대중경제론'을 언급하고 전태일의 죽음을 기억했었어야 했던 지면을 일반론으로 채우고 있다. 엉뚱하게 국민교육헌장을 찬양까지 하고 있다. 이 헌장이 민주주의에 역행하는 헌장이라고 비판한 송기숙을 비롯한 전남대 교수 11명 교수가 아직도 옥중에 있었던 그 당시에 교수들이라고 호강에 겨운 대우를 받고 살았던 지식인의 슬픈 군상들이다.

발전행정에 대한 관심의 시작은 1963년의 인디애나 대학교에서의 미국의 비교행정연구회에서라고 말한다. 미국이 신생국의 정부 역량 증대를 착안한 것도 이 모임에서부터인데, 이 관심 표명이 민주 이념을 주입하면 내정간섭이 됨으로 정치적으로 중립적이며 기술적인 측면만을 강조해 박 교수의 해석은 관리기술적인 면만을 강조했다는 것이다. 민주주의라는 가치, 규범, 이념의 문제가 고려되지 않게 되니까 통계 또는 계량적인 비교에 치중하는 연구 방법이 채택되었다고 쓰고 있다.

1950년대와 비교해 볼 때 1960년대는 관료의 전문기술성, 재량성, 경제권, 대통령의 권위 등이 모두 강화되었고 국회 정당의 통제력이 약화되었으며 시민의 통제력은 약간 강화되었다고 박 교수는 보고 있다. 다만 이러한 발전행정의 폐단이 하급 공무원들의 형식주의의 만언이라고 지적하고는 있으나 이 극복책이 정상 정치의 복원에 있다는 진단은 안 보인다. 집권자는 투표에서 지지표를 못 얻었을 때에 비로소 자신의 잘못을 뉘우치는 자이지만, 학자는 한 정권의 운명을 미리 예견하고 이를 대비케 하는 방책을 갖고 있어야 하는 것이다. 이러한 예견력은 한낱 기술을 익힌 이로부터 나오지는 않고 사물의 본질을 묻는 학자로부터 나온다.

이한빈의 《사회변동과 행정》은 3부로 구성된다. 제1부는 〈행정에 대한 시관론적 접근〉이며 제2부는 〈해방 후 한국의 급격한 사회변동〉이며 제3부는 〈역대 정부의 정책 지향〉을 다룬다. 이 3부 중 가장 중요한 부는 제1부이다. 제1부에 수록된 두 개 장이 미국행정학회 비교행정연구회 회장 프레드 리그스Fred W. Riggs 교수로부터의 초청에 응답한 글들이다. 첫 번째 글은 1960-61년을 고비로 하는 한국의 정치 및 행정의 변동에 관한 논문이다. 제2장도 연이은 비교행정학회에서의 발표에 부응한 글이다. 제2, 3부는 그 후 하와이 대학교 부설 동서문화 센터에 1년간 있으면서 집필한 글이다.

책 전체에 걸쳐서 흐르는 논지는 4개 정권 밑에서 공무원 생활을 한 경험을 반추해 박정희 정권 밑에서야 비로소 경제성장을 뒷받침하는 주역 노릇을 했다는 고백이다. 박동서 교수는 그의 《한국행정론》의 집필을 위하여 공무원들과의 대화를 주 자료로 삼았듯이 이한빈 씨는 공무원으로서의 자신의 공직 경험을 자료로해서 쓴 부분이 제1부 제1장이다. 여기에 의하면 공무원이 시간을 보는 안목이 다음과 같이 상이하다는 것이다.

시간	관觀
과거	도피형
현재	착취형
미래	발전형

이 세 개의 지향 중 미래지향적인 발전형만이 가하여 소극적 태토를 취하는 과거의 시상時相이나 도피와 발전의 중간선에서 이득이나 보려고 하는 착취형이나 다 바람직하지 않고 미래에 대한 명확하고 일관된 목표를 갖은 발전형이 바락직하다는 것이다. 박정희를 뒷받침해도 너무 심하게 뒷받침하는 말이다. 이러한 시상을 갖는 주체는 물론 민주주의를 무시한 공무원이다. 나는 이 시점에서 내《자전적 행정학》에 보이는 민주주의의 조명을 받는 공무원의 사상을 다음과 같이 밝혔던 생각이 난다.[28]

시간	관觀
과거	그리움
현재	한숨
미래	꿈
통합 시간	감동

나의 시간은 이한빈 씨의 시관에서 보듯 미래만을 긍정하지 않고 모든 시제時制 중에서 긍정적인 것을 찾는다. 예를 들어 러시아의 솔제니친은 공산권 치하에서 희랍정교회가 대안이었던 과거를 그리워했고, 현실이 그러하지 못해서 한숨지었고, 미래는 이런 한숨 짓는 백성이 참여하는 미래를 꿈꾸었고, 나는 이 세 감

28 책 164-170쪽까지에서 네 가지 시간과 시대정신, 시대정신과 정책, 네 개의 초월과 네 개의 시간, 그리고 네 복음서와 네 개의 시간으로 나누어 설명했다.

정의 통합이 감동이라고 나는 보았다. 예를 3 · 1운동에서 다시 들어보자. 그 당시 일본 경찰 앞에서 만세를 불렀던 우리 조상은 그리움, 한숨 그리고 꿈과 이 모든 것이 합쳐진 감동을 온몸으로 느끼면서 만세를 불렀을 것이다. 이러한 3 · 1운동의 진지함을 무시한 채 구구절절이 군사정부가 그전의 정권보다 발전행정적이었다고 극찬하고있다. 이한빈의 책 마지막 장에서는 제2공화국 정부가 새로운 사회세력, 즉 군대를 무시하기까지 했다고 분해하고 있다. 이 무시당했던 군사정부는 집권 초 수개월간에 상당수의 지식인들을 정책고문으로 징용했는데, 후자에 대한 전자의 불신과 불인내로 인하여 군정당국과 그들의 고문들의 상호관계가 충성된 공생관계로까지는 가지 못했다고 군사정부를 두둔하고 있다.

《Public Administration Review》 1976년 11 · 12월호에 게재된 〈비교행정 및 발전행정의 반성과 전망〉 심포지엄의 필자는 8인이다. 8인 중 심포지엄의 총지휘자는 1966년부터 《PAR》의 편집장이기도 한 왈도Dwight Waldo 교수이며 6인의 학자가 비판자들이다. 이 비판을 듣고서 발전행정론의 학장 격인 리그스Fred W. Riggs 교수가 답하는 글을 내고 있다. 다음 몇 가지 이유로 이들 논의 중 러브맨Brian Loveman 교수의 글만을 나는 소개하기로 한다.

1. 리그스 교수는 러브맨 교수의 주장의 가부를 말하지 않고 꽤 긴 글에서 연구 기금을 못 구해서 이론을 만들어 내지 못한 것을 구차하게 변명하고 있다. 특히 미국의 대외원조기구에서 돈 받은 것이 없다는 것까지 쓰고 있다. 리그스 교수는 러브맨을 좌익이라고 매도하고 있으나 러브맨이 왜 좌익인지는 쓰고 있지도 않다. 이렇게 리그스 교수는 우익의 본성을 드러낸 것이다.

2. 6인 교수 중 러브맨 교수와 스프링거J. Fred Springer 교수가 발전행정을 제목에 넣고서 글을 쓰고 있으나 다른 4인은 비교행정연구 일반에 치중한 글이다.

3. 스프링거 교수는 발전행정 연구가 자료수집 단계이지 이론을 만들지 못하고 있음을 말하는데, 이 점을 리그스 교수가 연구 자금이 없어서 못했다고 쓰면서 이를 인정 하고 있다. 리그스 교수가 글의 첫 마디에 쓴 앞서 있었던 이론가들

베버Max Weber, 테일러Frederick Taylor, 사이먼Herbert Simon, 모셔Frederick Mosher, 아지리스Chris Argyris 그리고 오스트롬Vincent Ostrom 등도 돈이 있어서 훌륭한 글을 만들었다는 것인지를 리그스 교수에게 나는 묻고 싶다.

4. 타피아 비델Tapia-Videl의 글이 CAG가 독재자 양성에 기여한 것을 언급하고 있는데 이 논의는 러브맨의 주장에 뚜렷하다.

브라이언 러브맨 교수는 제2차 세계대전 이후 발전이라는 말이 좋은 생활과 동의어로 진보와 유토피아라는 말을 대신해 사용되었다고 말을 시작한다. 이 시도의 한쪽 끝에는 빈곤, 착취, 소외 그리고 국민국가가 소멸되는 등의 사회를 만들기 위하여 고도의 공산주의 단계를 향한 발전이 관리되어야 한다는 생각이 있었다. 여기에 행정이란 규범과 행정 규칙과 그 실천을 말하고 있었다. 서구 자유민주주의와 사회민주주의는 다른 끝에 있는 사상이었다. 이 서구 민주주의와 사회민주주의도 '시장의 불완전성'을 규제하기 위하여 행정기구의 확대된 역할이 필요했다. 이 선의의 필요 때문에 1960년에 미국에서 비교행정연구단(Comparative Administration Group, CAG)이 발족했다. 리그스의 말에 의하면 CAG는 제3세계에서 기술원조 계획에 종사했던 학자들의 고민을 해결하기 위한 모임이었다. 그들의 고민은 제각기의 임무지에서 미국 행정학 이론을 적용하고자 했으나 문화 배경이 달라서 적용에 난점이 있다는 것이었다. 이래서 물리적이며 인간적이며 문화적 환경을 재형성하는 정부의 능력 확대가 곧 발전이라고 CAG는 생각하게 되었다. 물론 CAG회원들은 서구 자유민주의 신봉자들이었으나 변화를 가져 오려면 에스만Milton Esman의 주장과 같이 발전이 관리되어야 한다는 것이었다. 에스만의 주장은 공산주의가 비교적 소수의 정렬적인 소집단에 의하여 추진되듯 발전행정도 소수의 엘리트에 의한 지도를 필요로 한다는 것이었다.

공산주의와 CAG는 다음 두 가지 점에서 공통성을 띠게 되었고 한 가지 점에서 예기치 않았던 결과를 만들었다. ① 둘 다 경제 성장이 빈곤을 없앤다고 생각했다. ② 경제성장이 되면 좋은 사회가 되고 제3세계에서는 자유민주주의가 생긴다고 생각했다. 이렇게 하면 CAG는 ③ 경제성장과 자유민주주의라는 발전의 전진을 하게 되며 또 하나의 부산물로 드디어는 공산주의의 침투를 막기도 한다는 생각이다.

그러나 여기에는 문제가 있다. 행정발전을 발전행정보다 선행했어야 한다는 문제이다. 1960년대에 들어서서 이 점을 더욱 피부로 느끼게 되었다. 파이Pye 교수가 말했듯이 책임 있고 대표성 있는 정치의 성장이 필요했는데 제3세계의 군사정부는 행정 기능의 강화에만 기여했다.—이러한 군사정부의 기여에 전술한 바와 같이 박동서, 이한빈 두 교수는 부채질을 했다—브라질, 이란 그리고 남한이 이러한 발전행정의 전시장이 되었다. 이들 나라는 테러, 제도화된 고문 그리고 반대자에 대한 탄압을 스탈린 못지않게 감행했다. 비록 행정이 발전을 위한 필요조건이기는 하나 발전을 행정할 수 있는 것은 아니다. 발전은 개인의 창의가 존중되어야만 비로소 생기는 것이며, 사람이 그들 자신의 가치와 일상생활의 상태를 거듭 생각하며 거듭 정의하는 능력을 가질 때에만 비로소 생기는 것이다.

빛의 정의

칠흑의 밤을 밝혔던 장작불 생각이 난다. 강화도 전등사에 하룻밤을 묵었다. 30명쯤 되는 일행이 장작불에 둘러앉았다. 해직 교수들의 가족 모임이었다. 그때 장작불 타는 것을 보면서 나는 유신독재라는 암흑이 걷히는 원리를 생각했다. 어둠을 향해 장작을 태워 없앰으로만 가능하다는 원리가 바로 그것이다. 우리는 그때 정부가 교수 직에서 추방한 해직 교수였으니까 장작불이었다. 나는 2개월 모자라는 10년간을 봉급을 못 받았다. 그 장작불 둘레에 내 세 자식들도 있었다. 장작불이 불씨까지도 다 사라지는 것을 우리 모두가 보았다. 그 자리를 일어서면서 나는 한마디를 했는데 정확하게 이를 지금 옮길 수는 없다. 필경 중학생들 앞에서 수학 이야기를 하듯 했었을 것 같다.

유신독재는 마이너스 가치입니다. -300쯤으로 생각해 봅시다. 그런데 여기 우리는 30명이 모였는데 우리는 아버지들이 대학에서 올바른 말을 했기에 그 말을 싫어하는 -300에 의하여 추방당한 사람들입니다. 장작이 타서 없어짐으로 어둠을 향하여 빛을 발하는 것을 보면서 수식을 하나 적어 보겠습니다. -300 곱하기 -30(30명이 손해를 보면서 앉아 있는 모습을 -30으로 씁니다)는 놀랍게도 +9,000이 됩니다. 우리는 -300을 +9,000으로 만드는 작은 무리들입니다. 감사합니다.

-300×-30 = +9,000라는 진리를 앞에 놓고 며칠 전 김대중 전 대통령의 국장 시 세상이 그를 칭송했던 생각이 난다. 4년 4개월간을 두 번에 걸쳐서 그와 감옥생활을 같이 했던 내가 보는 그의 참 값은 바로 두 번의 옥고를 자신에게 마이너스가 되게 한 데에 그 근원이 있다고 본다. 첫 번째 옥고는 1976년 3월 1일에 민주구국선언을 열한 명이 나란히 서명해 유신정부 이후 이름 석 자를 밝히는 반대를 처음 해서였다. 이것이 긴급조치 제9호를 어겼다는 것이었다. 저항권의 행사였기에 우리는 양심범이었고 옥고를 감수하는 곱하기 마이너스 가치의 행동이었다. 두 번째 옥고는 1980년 5월에 청와대 경호실 차장을 했던 전두환이 내란을 기도해 정당한 정치 경쟁자를 내란음모자로 몰고서 김대중을 죽이려 한 것에 우리는 끌려갔으니 이번에는 한 것도 없는데 감옥에 간 마이너스들의 군상이었다.

-300×-30 = +9,000에서 빛은 -30이다. 이 빛의 자리에 어둠이 올 수도 있다. 이는 사이비 민주화운동이며 마이너스가 아니라 플러스 가치이다. -30 대신에 +30이 차지하면 그 결과는 놀랍게도 -9,000이 된다. -9,000과 +9,000은 그 거리가 엄청나 18,000이나 된다. 진정한 혁명과 거짓 혁명을 구별한 책이 바로 브린튼Crane Brinton의 《The Anatomy of Revolution》이다.[29] 이 책에 의하면 현대 혁명 네 개 중 프랑스혁명과 러시아혁명은 영국과 미국의 혁명과는 달리 민주화운동을 했다는 사이비가 혁명 후에 등장해 혁명을 실패케 했다는 것이다. 혁

29 원문은 1957년에 프랜티스 홀Prentice Hall사가 출판했다. 한국기독교서회에서 이를 차기벽 교수가 번역 출판한 바도 있다.

명 때 뒤에 숨어 있었던 기회주의자가 나섰다는 것이다. 우리의 경우도 참여정부 때는 유난히 386세대의 등장을 강조했는데, 80년대는 70년대보다 덜 무서울 때이고 이때 운동자들은 별별 소리를 다 했어도 잡혀가지 않았던 세대들이었다. 이에 비하여 70년대의 청년들은 작게 말했어도 잡혀갔고 감옥에 갔다 와서는 몸에 큰 병이 나서 많은 이가 사망까지 했다. 80년대 운동자는 살아남아 민주화된 정국에서 여전히 큰소리 치고 심지어는 부정으로 구속되기도 했으니 임전무퇴臨戰無退하던 화랑정신을 벗어났었다고 말할 수 있다.

한편 -30 자리가 처음에는 -30이었지만 끝까지 이 -30을 유지하지 못하고 플러스 역할로 변질할 수도 있다. 장작이 타다 말면 빛도 안 나오고 흉하게 검은 잔해만이 남는다. 김대중 전 대통령 국장 때 가톨릭 신부는 딱 한마디 "그가 인간적으로 약해서 저지른 죄를 하느님의 긍휼하심으로 용서해 주십시오"라고 기도했다. 나도 김대중 씨의 가장 빛나는 점은 그가 45세 때 군사정부가 감히 실천 못하는 두 가지 발언 '대중경제론'과 '4대국 보장론'을 주장한 것이라고 보아 서거 익일《경향신문》에 그를 애도한 바 있다. 이미 빛이 났던 이도 집권 후 약해져서 저지르는 실수를 밝힌 글이 다음 장 함석헌에게서 찾는 글이 될 것이다.

구약성서〈열왕기〉를 보면 왕들의 치적이 간추려져 나온다. 왕들의 처음이 좋았으나 나중이 실수하는 것으로 적힌 치적이 많다. 하기야 정치 정당성이 높았던 왕 다윗도 흉한 짓을 꽤 했다. 장군 우리야의 아내를 탐해 그 장군을 일선에 내보내 전사케 한 후 그 여자를 취했고 그 여자에게서 난 아들을 후계자로 삼았다. 타다 남은 장작은 이렇게 추했고, 빛다웠던 이도 크게 실수하는 인생의 허약함 앞에 한없이 머리 숙여진다. 타지 못하고 꺼진 장작이 생기는 연유를 밝힌 글이 이미 밝혔듯이 다음 장의 글이다. 다만 이곳에서 지적하고 싶은 것은 장작이 타다가 꺼멓게 남게 되는 까닭으로 나는 이미 본서 제1장에서 예수의 3대 유혹을 언급했던 것을 상기하고 싶다. 예수가 겪은 유혹을 민주화를 이룩한 정권도 저지른 점을 다음에 대비한다.

	예수의 유혹	민주화 정권의 잘못
①	돌이 떡이기를 바란다	부패한다
②	나만은 성전 꼭대기에서 떨어져도 안 다친다고 생각한다	자신의 가족과 고향 사람을 편애한다
③	절을 하고 부귀영화를 누린다	과격하여 재산권과 의사표시의 신성을 모독한다

이 중 유혹 ①, ②는 국민의 정부의 실수였고 ③은 참여정부의 실수였다. 어떤 점에서는 정부의 이름을 잘 붙였다. 자신이 제일 못한 것을 의식한 이름이기 때문이다. 국민의 정부는 국민을 생각했더라면 어떻게 부패하며, 국민을 생각했더라면 어떻게 자신의 가족과 고향만을 끔찍하게 여겼는가! 참여정부는 386만 참여하겠다는 것이지 386만 참여하는데 어떻게 모두가 참여할 수가 있었겠는가!

이렇게 못 타 버린 장작은 흉했지만 그러나 김대중 · 노무현 두 정부는 빛이었다. 어둠이 아니었다. 그 선두주자인 김대중의 빛다운 근거는 그가 죄가 없는데도 세 번을 죽임을 당할 뻔했고 내가 같이 경험해 아는 사실로 두 번이나 4년 4개월간을 억울한 옥고를 치렀기 때문이다. 고난 중 그가 습득한 지혜는 적의 이성이 감히 거절 못하는 말을 하되 그 말한 것 때문에 옥고라는 손해를 무릅쓰는 것이었다. 그러나 빛의 근원이 김대중의 경우 좀 더 옛날에 있었을 것인데 아직은 이를 나는 정확히는 모른다. 다만 짐작하기는 자신을 부정하는 버릇이 이미 언제 어떻게 있었는가를 짐작할 뿐이다. 생각해 보자. 감옥에 들어오기 전에 가깝게는 70년 대선 때 자기를 부정하는 말을 했다. 빈자의 편을 든 것도 불쌍한 북한 동포의 편을 든 것도 그렇지만 이런 말로 기득권자인 유진산 당수의 압력에 저항하고, 또 이런 말을 자신과 정반대의 길을 가는 군사정부를 향하여 한 것도 그것이다. 이 70년의 발언 이전에는 무엇이 있었을까? 그가 끈질기게 노동문제연구소장에 관계했던 것도 보이며 엄격한 가톨릭 신자인 장면 씨 아래에서 말을 골라서 해야 하는 대변인을 했던 것도 생각할 수 있다. 그 전에는 무엇이 있었을까? 그는 목포상업고등학교의 우등생이었다. 돈이 생겼다고 다 내 것이 아니라

이 돈이 빚으로 생긴 것인지 번 돈인지를 구별하는 훈련을 해서였다고 생각할 수 있다. 이것만이 아니다. 더 옛날에 무엇이 있었을까? 전라도 한 구석 섬에서 성장한 푸대접이 사람을 동정하는 마음으로, 이어서 자신을 부정하는 마음으로 자라났을까?

이런 식으로 나는 1976년 3월 1일의 서명자 10명의 과거를 추적하고도 싶다. 예를 들어 함석헌의 경우 어렸을 때 밭에 오이를 모아 두었었는데 이 오이를 여동생이 따 먹은 것을 나무랐지만 그 어머니가 함석헌을 꾸짖은 것을 함석헌은 일생을 안 잊고 계셨다. 빚의 정의를 더듬은 본 절에 맞는 논의는 아무래도 내가 잘 하는 내 이야기이면 적절할 것 같다. 내 이야기를 사례로 빚의 정의를 따져 보자.

나는 제6장 〈공약 3장의 환희〉에서 내 시작을 어린이 부흥회에서 동생들을 때려 준 것을 뉘우친 것이라고 적었다. 이 바로잡음이 드디어는 박정희에 대한 비폭력투쟁으로 발전했다고 생각한다. 나는 이 과정을 '지켜야 할 최소에 관한 이야기'를 부제로 한 내 자서전《겁 많은 자의 용기》에서 이미 밝힌 바 있다. 15개의 과정을 다음에 옮긴다.

1. 장남임을 행세해 동생들을 때린 나에게서 보듯, 악은 피치자 국민이 아니라 통치자가 만든 것이다.
2. 통치자인 형의 악은 한마디로 말하여 폭력 사용이다.
3. 통치자의 악을 바로잡는 능력은 시원적으로는 통치자에게 없다.
4. 통치자의 악은 피치자가 통치자를 향하여 악을 바로잡으라고 요구해야 바로잡힌다.
5. 피치자가 신음하며 우는 소리를 듣지 못하다가 나는 어린이 부흥회 때 하느님의 도우심으로 그 소리를 들었다.
6. 또다시 하느님의 소리를 들은 곳은, 내가 배재중학교 예배 시간에 한 결심에 따라 학문하게 된 대학이었다.
7. 내 아버지가 형사에게 말했듯, 피치자는 통치자에게 통치자도 가지고 있는 이성理性이 감히 거절하지 못하며 이 이성을 환기하는 말로 요구한다.
8. 악한 통치자는 비폭력 조치를 동반한 국민의 요구에 따라 자신의 악을 바로잡는 이야기에 통치자는 국민보다 결코 높은 이가 아니다.

9. 악한 통치자가 수용하는 개혁의 첫걸음은, 노자의 《도덕경》에 나오는 큰 생선 뒤집는 요리사 같이 신중하고 마음이 온유해지는 일이다.
10. 통치자가 행사하는 비폭력인 온유함도 통치자가 자신의 업적으로 자랑할 업적은 못 되고 국민이 요구한 것을 그대로 반영하는 데에 불과하다.
11. 비폭력은 국민의 악한 통치자에게 요구하는 데 사용될 첫째 덕목이며, 무엇인가를 통치자에게 요구했다고 해서 요구한 자가 드디어 무슨 사적인 이익을 통치자에게서 얻어서도 안 된다.
12. 이 사적인 이득을 얻지 않은 행위를 '자기희생'이라고 말할 수 있다.
13. 국민은 비폭력 다음에 개인윤리와 사회윤리를 덧붙여 가진 후 드디어 자기희생을 한다.[30]
14. 이 성숙해 가는 국민의 요구, 즉 계몽된 시민의 수준에 따라 국가의 수준이 결정된다.
15. 따라서 비폭력은 주권자인 피치자나 공직자인 통치자나 공히 사람이 삶을 살아가는 데 첫걸음이 된다.

동서고금을 막론하고 위대한 정치 혁명의 뒤에는 위대한 종교가 있었다. 전체주의국가 은나라를 극복한 주나라의 혁명도들은 거북점 치는 신이 아니라 천명天命의 신을 믿었다. 유대인들이 이집트에서 대탈출을 가능케 했던 것은 그들이 야훼신의 신도들이었기 때문이다. 미국은 근세에 청교도들의 가르침을 따라서 독립전쟁을 했다. 지난 세기말의 러시아를 포함한 공산권의 붕괴 뒤에도 종교가 있었다. 러시아의 고르바초프 뒤에서 러시아의 희랍정교회의 전통이 있었고 폴란드의 바웬사 뒤에는 바오로 제2세 교황이 있었다. 김대중의 1997년의 집권은 극동문화에서의 이변이었는데 이 이변 뒤에 이변을 주동한 기독교인 세력이 있

30 비폭력, 개인윤리, 사회윤리, 자기희생의 인생 노정은 〈창세기〉에 나오는 5대 설화에 보이는 선악과 따 먹기와 카인의 아벨 살해 등의 폭력, 노아의 홍수에서 본 성 도덕의 문란, 이런 성 도덕의 문란을 초래한 사회윤리의 타락 그리고 바벨탑 세우기에서 보는 자기비대화라는 악행의 정반대되는 인격 벌전 수위이다. 이런 고찰이 주 3에서 밝힌 《제3일》의 내 글에 있다. 카인을 아무도 못 죽이도록 야훼신이 꼬리표를 카인에게 붙여 준 비폭력 조치, 요셉의 개인윤리, 선지자들의 사회윤리 그리고 이모든 것의 완성자인 예수의 자기희생을 내 글이 다뤘다. 그런가 하면 성서의 마지막 글 〈요한계시록〉 제21, 22장을 정당성 높은 대통령의 취임사로서 해석한 글에도 이 네 개 덕목이 보인다. 이 〈요한계시록〉 제21, 22장의 분석을 나는 본서 제9장의 최종 절에서 다루고자 한다.

었음을 나는 주시한다.[31] 1976년 3월 1일에 김대중이 참여한 11명 항의자의 명단을 분류하면 이를 곧 알 수 있다. 11명 중 6명은 박정희가 교수 직에서 해직시킨 네 분 교수, 서남동, 문동환, 안병무, 이문영과 이에 동조한 문익환 목사와 서울여대 이우정 교수가 일요일 오후마다 모이는 저항교회 '갈릴리교회'의 설교자들이었다. 이 기독자교수협의회 회장은 이문영이었고 총무가 한완상 교수였는데 이 회의 중앙위원 12명 중 11명을 유신정부가 교수 직에서 해직시켰다. 이 6인에 3인의 정치인이 가담했다. 정일형이 감리교인, 윤보선이 장로교인, 김대중이 가톨릭이었다. 기독교장로회 윤반웅 원로 목사 한 분이 더 있었고 항의문 서명자의 첫 자리 이름은 함석헌이었는데 함석헌은 퀘이커 신도였다.

교파를 초월하고 교회 내 직분의 차이를 넘어서는 이 11명이 신앙했던 신이 바로 위에서 말한 빛을 말하는 신이었다. 예수가 곧 빛이며 비폭력이며 '말씀'인 것을 전하는 복음서가 〈요한복음〉이다. 〈요한복음〉 제1장 제1절은 "한 처음, 천지가 창조되기 전부터 말씀이 계셨다. 말씀은 하느님과 함께 계셨고 하느님과 똑같은 분이셨다"고 말한다. 즉 말씀은 말을 높인 말이며 말은 사람이 누구나 갖는 이성에서 나오는 말인 점에서 폭력에 대항하는 인간의 유일한 무기이다. 성서는 이 말씀 없이 생겨난 것은 하나도 없다고 말한다. 생겨난 모든 것이 그에게서 생명을 얻었으며 그 생명은 사람들의 빛이었다고 말한다. 그러니까 말씀은 대안이며 대안에서 새 세상이 생긴다는 것이다. 이 빛은 어둠 속에서 비치고 있는데 다만 어둠이, 즉 군사정부가 빛을, 다시 말해 김대중의 대안을 이겨본 적이 없다고 말한다. 이 빛이 어둠에 의해 박해받는 것을 제1장 제11, 12절은 다음과 같이 말한다.

> 그분이 자기 나라에 오셨지만 백성들은 그분을 맞아주지 않았다. 그러나 그분을 맞아들이고 믿는 사람들에게는 하느님의 자녀가 되는 특권을 주셨다.

---

31 군사정부 세력이 강해서 김영삼 씨가 노태우에게 항복해 여당에 들어간 후에야 대통령이 되었고, 김대중 씨는 집권하자 군사정부의 제2인자인 김종필을 총리로 노태우 때 사람을 비서실장으로 임명했다. 사정이 아무리 이렇다 하더라도 국민의 정부는 기독교 에큐메니컬 인물들을 적어도 문화공보부장관이나 주요국 대사로라도 임명할 수가 있었겠다. 이런 자리들까지도 측근으로 충원했었다.

그분이 자기 나라에 오셨지만 백성들은 그분을 맞아 주지 않았다는 기록이 제2장에 곧 나온다. 예수가 성전 뜰에서 소와 양과 비둘기를 파는 장사꾼들과 환금상들이 앉아 있는 것을 보시고 밧줄로 채찍을 만들어 양과 소를 모두 쫓아 내시고 환금상들의 돈을 쏟아 버리며 그 상을 들어 엎으셨다. 그리고 비둘기 장수들에게 "이것들을 거두어 가라. 다시는 내 아버지의 집을 장사하는 집으로 만들지 마라" 하고 꾸짖으셨다. 이를 목격한 유대인이 무슨 권한이 있어서 이런 일을 하는가를 예수에게 따졌다. "이 성전을 허물어라. 내가 사흘 안에 다시 세우겠다"라고 대답하였다. 그들이 예수께 "이 성전을 짓는 데 사십육 년이나 걸렸는데, 그래 당신은 그것을 사흘이면 다시 세우겠단 말이오" 하고 또 대들었다. 그런데 예수가 성전이라 하신 것은 당신의 몸을 두고 하신 말씀이었다. 제자들은 예수가 죽었다가 부활하신 뒤에야 이 말씀을 생각하고 비로소 성서의 말씀과 예수의 말씀을 믿게 되었다. 이 말은 빛이란 어떤 것인가를 말해 준다. 몸이 성전인 예수와 예수의 신도들을 설혹 어둠이 파괴시켜도 그는 죽은 후 사흘 후에 부활하여 다시 그가 빛난다는 뜻이다.

제8장
조선옷을 입은 한 청교도

왜 예수가 믿을 만했을까?

함석헌이 어려서부터 예수를 믿었다. 30대에 쓴 그의 첫 저작명은《성서적 입장에서 본 조선역사》였다. 그가《사상계》1956년 1월호에 기고한 첫 글이〈한국의 기독교가 무엇을 하고 있는가〉였다. 내가 함석헌을 처음 뵌 장소는 고려대의 한 강의실에서였는데 그분의 첫 인상은 조선옷을 입은 청교도인이라는 것이었다.

그의 말씀 중 잊을 수 없는 말씀은 그가 작고하기 일 년 전인 88세 생신 때 하신 말씀 중 "나는 최근에 더욱 예수님을 나의 주님으로 고백한다"였다. 그때 자신이 일생에 실수하신 한 가지를 터놓고 말씀도 하셨다. 여신도 회관에서의 축하연이 끝나고 그는 자신의 댁으로 가서 잔칫상을 받는 것이 아니라, 급한 걸음으로 대학로 거리를 걸어서 마침 오후 시간에 열리는 대학생 재판에 가시느라고 서둘러 가셨다. 박정희의 검찰이 학생들에게 베푸는 재판장은 그가 급히 가고자 하는 현장의 하나였다. 키가 큰 선생님 옆에 키가 작은 한완상 교수가 따라갔는데 나는 이 모습을 인상적으로 보았다. 내가 하고자 하는 말의 요체는 다음과 같다. 함석헌의 일생의 준거는 예수였는데 고난받는 현장으로 곧바로 가셨던 그의 행동하는 말년에 그는 더욱 예수를 그의 주님으로 고백하셨을 것이라는 생각이다.

이에 나는 왜 예수가 함석헌의 눈에 믿을 만한 사람이었을까를 짐작하고 쓴다. 법정에 섰던 예수의 모습을 묘사하는 성경공부를 적음으로 언행일치했던, 언행이 일치함으로 그의 인격의 틀림없음이 드러났던 일을 적고 싶다. 법정이란 불이익을 받는 판결을 권력으로부터 받는 장소이다. 이 법정에서도 불이익을 개의치 않고 소신대로 말했다면 가히 우리는 그를 믿을 만한 사람이라고 볼 수 있다고 본다. 나만 해도 법정 경험이 좀 있다. 법관 앞에서 울기도 한 언론인, 이제는 집에 가서 아이나 보겠다고 말한 정치인, 박정희를 용서하겠다고 말한 정치인 등을 나는 보았다. 믿지 못할 사람들의 모습이었다.

법정에서의 예수 이야기를 나는 이미 내 책《인간 · 종교 · 국가》에서 쓴 바가 있다. 그때 예수의 모습을 어떻게, 무엇을, 그리고 누가의 세 개 면에서 분석했었다. 배운 것을 다시 익히는 학이시습지學而時習之의 심정으로 재판정에 선 예수의 설명을 다음에 옮겨 보자. 예수의 '방법'관을 보여 주는 재판 시나리오, 예수의 '일'관, 그리고 예수의 '사람'관순으로 이야기가 이어진다.

1) 예수의 '방법'관을 극명하게 보여 주는 재판 시나리오

상황 1: 안나스의 심문(〈요한〉 18: 19-24)
상황 2: 예수를 거듭 부인한 베드로(〈요한〉 18: 25-27)
상황 3: 빌라도 앞에 선 예수(〈요한〉 18: 28-40)
상황 4: 사형선고를 받은 예수(〈요한〉 19: 1-16)

상황 1에서 수사의 초점은 그의 제자들과 그의 가르침에 관하여 묻는 데 있다. 예수는 "나는 세상 사람들에게 버젓이 말해 왔다. 나는 언제나 모든 유대인들이 모이는 회당과 성전에서 가르쳤다. 내가 숨어서 말한 것이라고는 하나도 없다. 그런데 왜 나에게 묻느냐? 내가 무슨 말을 했는지 들은 사람에게 물어 보아라. 내가 한 말은 그들이 잘 알고 있다"라고 대답한다. 예수가 이렇게 말하자 곁에 서 있던 경비병 한 사람이 "대사제님께 그게 무슨 대답이냐?"며 예수의 빰을 때린다. 예수는 그 사람에게 "내가 한 말에 잘못이 있다면 어디 말해 보아라. 그러나 잘못이 없다면 어찌하여 나를 때리느냐?"라고 말한다. 안나스는 예수를 묶은 채 대사제 가야파에게 보낸다.

상황 1에서 예수의 비폭력 저항 — 비폭력이라는 이름 아래 행하여지는 폭력이나 폭군의 웃는 얼굴과는 거리가 먼 저항 — 을 본다. 상황을 제시하는 문제 이해는 이론과 분석을 제시하는 문제 이해가 아닌 것을 독자는 양해하기 바란다. 상황 1에서 비

폭력이란 저쪽에서 때리더라도 이쪽에서는 말로만 대응하는 것을 뜻하는 것이지, 말의 형식을 빌린 폭력의 행사가 아님을 상황은 보여 준다. 따라서 폭력의 반대어는 말을 계속하는 일이다. 우리의 속담에 있는 "때리지 말고 말로 합시다"라는 말은 진리이다. 여기에서 말로 하자는 것도 하나의 상황 이해를 통한 표현이다. 따라서 형식만을 따져 예수가 성전에서 비둘기 파는 상을 뒤엎던 것을 미루어 예수가 폭력적 인물이라고 보는 것은 상황 이해에 어긋난다. 상황 1에서 예수와 예수의 말을 들은 사람들 사이에 넓은 공감대가 형성되어 있는 것을 짐작할 수 있다. 이 넓은 공감대가 바로 취조하는 이의 증오대상이기도 하다.

상황 2에서는 밖에 있던 예수의 수제자가 거듭 예수를 모른다고 하며 배신한다. 상황 2는 공포가 지배하는 상황임을 이렇게 보여 준다. 상황 3에서는 공포의 지배가 더욱 굳어진다. 사람들이 예수를 가야파의 집에서 총독 관저로 끌고 가는데 "너희가 데리고 가서 너희 법대로 처리하라"는 총독의 말에 예수를 끌고 간 사람들은 "우리에게는 사람을 사형에 처할 권한이 없다"고 대답한다. 이 말은 더욱 강도가 심해진 공포를 표현하는 말이다. 예수를 끌고 와서 하는 말이 우리는 법률 전문가가 아니니까 이 사람에 관하여 법률 사실을 조사해 달라고 하면 폭력이 아니지만, 법률 사실이 어찌 나오건 간에 예수를 죽여 달라는 말을 하는 것은 폭력이다. 그리고 이 폭력은 예수가 사형선고를 받는 상황 4에서 최고의 위력을 발휘한다.

이상은 악한 통치자의 통치 방법과 악한 통치에 대한 예수의 대응 방법, 두 가지를 보여 준다. 양측 방법의 차이를 다음에 대비한다. 우선 악한 통치자는 대사제라는 권위 — 국민의 복종 대상이 되는 정부를 〈로마서〉 제13장 1절은 권위 혹은 권한(authority)으로 표현하지, 폭력(violence)으로 표현하지 않는다. 따라서 악한 통치자가 내세우는 권위는 권위가 아니라 폭력이다 — 를 내세운다. 예수가 내세우는 권위는 당당한 한 사람이라는 권위뿐이다. 그가 세상 사람에게 버젓이 말한 것, 언제나 모든 유대인들이 모이는 회당과 성전에서 가르친 것, 공개적으로 말한 것 등이 바로 이를 말하며, 굳이 내세우는 권위가 있다면 그의 말을 들은 사람들에게서 나온다. 이 경우 사람들이란 예수와 같이 자기 자신 외에는 내세울 것이 없는 사람들이다. 악한 통치자는 말이 안 되는 것을 묻는다. 수사의 초점이 아예 하느님이 사람에게 준 이성에 어긋나는 것을 묻기 때문이다. 이에 반해서 말도 안 되는 것을 묻는 통치자에게 '말'을 하는 것이 예수이다. 이 말하는 예수에게 통치자는 "대사제님께 그게 무슨 대답이냐?"며 예수의 뺨을 때린다. 이와 같이 말에 대하여 말로 답하지 않고 폭력을 쓰는 자가 악한 통치자이다. 폭력을 쓰는 통치자에게 "내가 한 말에 잘못이 있다면 어디 말해 보아라.

그러나 잘못이 없다면 어찌하여 나를 때리느냐?"고 끝까지 말로 대응하는 것이 예수이다.

이 통치자의 방법인 폭력행사는 그것 자체가 말로 진행해야 하는 수사의 원리를 어긴 행위이다. 법률 사실을 캐자는 것이 아니라 자기네에게 예수를 죽이는 법이 없어서 끌고 왔다고 말하는 것도 예수라는 사람과 말로 하자는 전제를 시원적으로 무시한 커다란 약속 위반이다. 그러나 예수는 정 그 말을 알고 싶으면, 그의 말을 들은 사람에게 물어 보라고 말해, 그의 말을 들은 사람과의 신뢰관계를 확신하고 있다. 이 신뢰는 그의 애제자 베드로가 밖에서 예수를 부인할 수밖에 없는 공포 분위기 속에서도 여전하다. 끝으로, 통치자의 최종의 무기는 예수를 폭력으로 죽이는 일이다. 이에 대한 예수의 대응은 철저한 비폭력이다.

악한 통치에 대한 예수의 대응 방법을 이해하기 위해서 나의 세 번의 구속 중 마지막인 1980년 5월 17일의 구속을 언급하고자 한다. 그 이유는 내 경험이 예수의 대응 방법과 같은 데가 있었기 때문이다. 그러나 독자들은 "같은 데가 있었다"라는 말에 유의하기 바란다. 같은 데가 있는 것을 기술하기 전에 우선 다른 데가 있는 것을 나는 고백해야 한다. 내가 예수와 다른 점은 예수는 뺨을 맞고 난폭하게 다뤄지는 공포 분위기 속에서도 결코 자신의 뜻을 굽히지 않은 사람이지만, 나는 굽혔던 사람이다. 나는 전두환 정권의 하수인들이 조작한 '김대중 내란음모' 조서에 손도장을 찍었던 사람이다. 이러한 김대중 씨에 대한 거짓 증언을 나는 뉘우치며, 그에 대한 나의 편들기가 이런 뉘우침의 표시이기는 하지만, 이런 것들이 나의 잘못에 비하면 턱없이 모자란다고 생각한다.

나는 다만 예수와 비슷한 경험을 했다. 바로 이 비슷한 경험이 아마도 나로 하여금 내가 감히 못 따라갈 분인 예수를 흠모하는 창구 역할을 한 것이다. 나는 이때에도 그전에 끌려갔을 때와 같이 내 일정표와 주소록이 든 수첩을 가지고 갔다. 취조받을 때면 으레 언제, 어디에서, 무슨 말을 했으며, 아는 사람에 대하여 묻기 때문에, 그리고 어차피 내가 한 행동은 숨길 만한 것이 없는 정정당당한 행동이었기 때문에 수첩을 갖고 다녔다. 그런데 이 수첩을 갖고 간 것 때문에 나는 곤욕을 치렀던 경험이 있다. 내가 끌려갔을 때 기관원 셋 중 두 명은 내 서재로 올라가서 무엇인가 수색했고, 한 사람은 응접실에 앉아 있었으며, 나는 방에 들어가 외출복으로 갈아입고 나왔다. 그때 나는 수첩을 안 가지고 갈 수도 있었는데 그것을 갖고 갔다. 이 수첩 안에는 열 두엇쯤 되는 분야별로 이름이 둘씩 적힌 메모가 적혀 있었다. 그런데 뜻밖에도 취조에서 이 명단이 내란음모가 성공한 후의 조각組閣 명단으로 둔갑했다.

이 이름들을 적은 사정은 다음과 같다. 어느 날 '국민연합' 의장 중 한 분인 김대중 씨가 나에게 분야별 전문가의 인터뷰를 모아서 책을 하나 낼 것이니 주선해 달라 하여, 적어 놓은 이들과는 미처 의논도 하지 않고 내가 이름을 정해 놓았다. 재판의 증거물로 수첩을 빼앗겼기 때문에 지금 이름을 모두 기억할 수는 없다. 적어 놓은 이름 때문에 직장에서 쫓겨난 분이 그 후《한겨레신문》부사장을 했던 임재경 씨이다. 임 선생의 경우에는 후일 이분이 이러한 사연을 나에게 말해 줘서 지금 기억한다. 문익환 목사의 이름은 통일이라는 단어 옆에 써 놓았기 때문에 혁명 후의 통일원 장관으로 둔갑되었다. 김관석 목사는 재생 분야 옆에 이름이 있었다. 여기에서의 재생은 김대중 씨가 여러 번 정부에 의하여 죽을 뻔했기 때문에 이 죽을 뻔한 것과 이 경험 후의 생활을 묻는 분야였다. 밖에서는 "재생은 자동차 타이어를 재생하는 장관인가보다" 하고 웃었다고 한다. 분야별로 두 명의 이름이 있는 이유는 한 분은 인터뷰할 분이고, 다른 한 분은 조교이다. 하루는《동아일보》해직 기자인 이태호 씨가 내 방에 들렀을 때 내가 복직이 되어 책 내는 일이 진척이 안 되니 조교를 붙여 달라고 하자, 이태호 씨가 그 자리에서 내 수첩에 이미 있는 이름 옆에 새 이름을 넣은 것이다. 이래서 두 이름 중 한 분은 장관이 되고 다른 한 분은 차관으로 조작되며, 나는 내란음모자의 한 성원이 된다. 이와 같이 나는 세상에 숨길 것이 없는 떳떳한 발언을 여러 사람 앞에 했는데, 악한 통치자들은 나에게 폭력을 행사했다. 말하는 것의 반대어는 폭력이다.

2) 취조 과정에서 본 예수의 '일'관

총독: 네가 유대인의 왕인가?(〈요한복음〉 제18장 33절)

예수: 그것은 네 말이냐? 아니면 나에 관해서 다른 사람이 들려준 말을 듣고 하는 말이냐?(〈요한〉 제18장 34절)

총독: 내가 유대인인 줄로 아느냐? 너를 내게 넘겨준 자들은 너희 동족과 대사제들인데, 도대체 너는 무슨 일을 했는가?(〈요한복음〉 제18장 35절)

예수: 내 왕국은 이 세상 것이 아니다. 만일 내 왕국이 이 세상 것이라면 내 부하들이 싸워서 나를 유대인들의 손에 넘어가지 않게 했을 것이다. 내 왕국은 결코 이 세상 것이 아니다.(〈요한복음〉 제18장 36절)

총독: 아무튼 네가 왕이냐?(〈요한복음〉 제18장 37절)

예수: 내가 왕이라고 네가 말했다. 나는 오직 진리를 증언하려고 났으며, 그 때문에 세상에 왔다. 진리 편에 선 사람은 내 말을 귀담아 듣는다.(〈요한복음〉 제18장 37절)

총독: 진리가 무엇인가?(〈요한복음〉 제18장 38절)

예수를 유대인의 왕으로 고소하는 총독이 "너는 무슨 일을 했느냐?" 하고 묻는 말 속에 나오는 '일'이 의미 있는 말이다. 따지고 보면 왕 제도 아래에서의 일이란 솔로몬 왕이 죽은 후 발생한 후계자 르호보암 왕에 대한 데모 군중의 요구에서 보듯, 큰 성전과 궁전 짓는 일을 그 내용으로 한다.

예수는 그의 왕국이 이 세상에서 보는 왕국이 아님을 말한다. 그러나 주권재민主權在民의 사상을 전혀 들어보지 못했던 당시의 총독이 예수의 말을 이해했을 리가 없다. 이 세상의 왕은 뭔가를 한다고 설치는 유위有爲의 왕이지만, 민주국가에서 정부는 무위無爲를 일로 삼아야 한다. 정부가 국민을 위해 어떤 일을 한다 해도 국민 고유의 것을 국민에게 돌려주는 정부이기 때문에, 민주국가에서의 왕은 원래 국민 각자이다. 예를 들면 일산이나 분당에 정부가 주택을 개발하는 일에도 두 가지 방법이 있을 수 있다. 하나는 땅값을 비싸게 해 비실수요자에게 파는 일이요, 다른 하나는 땅값을 싸게 해서 이 돈을 정부가 지원해서 실수요자에게 파는 일이다. 전자는 통치자 위주의 정부의 '일'관을 보여 주며, 후자는 국민 위주의 정부의 '일'관을 보여 준다. 국민 각자가 통치자를 선출하여 왕 노릇하며, 따라서 일도 스스로 하는 유의有爲의 왕이 곧 국민 각자인 것이다.

나는 이 시점에서도 1980년 군사법정에서 있었던 이야기를 좀 더 하고 싶다. 재판정에서 심문을 한 검찰관이 나에게 "앞으로 정치를 하겠느냐"고 물었다. 나는 "정치를 하고 하지 않고는 내 자유인데 왜 묻느냐"고 되물었다. 국민이 정치를 하는 것은 국민 고유의 권리인데, 이 권리를 국민이 포기하면 군인들이 정권욕으로 쿠데타나 더 하라는 말이냐 하는 것이 대답의 요지였다. 나는 평민당 부총재로 들어오라는 것과 국회의원으로 출마하라는 제의를 내가 꼭 필요하다고 느끼지 않아 이를 거절한 바 있다. 이런 취사선택이 있을지언정 쿠데타 정권의 군인 앞에서 정치를 하지 않겠다고 말하는 것은 주권 포기를 의미한다. 주권을 가진 이가 자신의 전문직업을 가지면서도 자기 소신에 맞는 정당에 가입하지 않는 것은 바람직하지 않다.

3) 예수의 '사람'관

예수는 '사람'을 하느님과 직접 합일合一하는 존재로 보아서 사람과 신 사이에 역기능적으로 끼어 드는 성전과 대사제 등을 인정하지 않았다. "우리는 이 사람이 사람의 손으로 지은 이 성전을 헐어 버리고 사람의 손으로 짓지 않은 새 성전을 사흘 안에 세우겠다고 소리치는 것을 들은 일이 있습니다"(〈마르코복음〉 제14장 58절)라고 몇 사람이 증언을 했는데도 예수는 한 마디도 대답하지 않았다.

이러한 예수의 침묵이 "그대가 과연 찬양을 받으실 하느님의 아들 그리스도인가?" 하는 대사제의 질문에 대하여 거의 걷잡을 수 없이 큰 말로 변한다. "그렇다. 너희는 사람의 아들이 전능하신 분의 오른편에 앉아 있는 것과 하늘의 구름을 타고 오는 것을 볼 것이다"(〈마르코복음〉 제14장 62절)라는 말이 예수의 대답이었다. 아마 그때 예수는 그냥 볼 것이라고 말하지 않고 "네 눈깔이 볼 것이다"라는 어감으로 호언장담하셨을 것이다. 이 대답에 대사제는 자기 옷을 찢으며 신에 대한 모독이라고 말하며, 사람들은 일제히 예수는 사형감이라고 단정해 어떤 자들은 예수에게 침을 뱉고 그의 눈을 가리고 주먹으로 치며 "자, 누가 때렸는지 알아 맞춰 보아라"며 조롱한다. 경비원들도 예수에게 손찌검을 한다. 이러한 폭발적 반응들은 모두 모름지기 사람과 신 사이에는 대제사장이나 성전 따위의 중간 착취물이 끼어들 수 없다는 예수의 신인합神人合 사상의 철저함을 보여 준다. 악한 정권은 언제나 같은 악을 행한다. 1980년 군사정권도 나에게 무기형을 선고했다. 악한 통치자의 '사람'관은 어차피 손찌검, 즉 폭력을 당할 수도 있는 존재, 말살될 수도 있는 존재로 보는 것이다. 그러나 예수의 '사람'관은 사람을 하느님의 자리에까지 높이며 비참한 사람을 살려내는 데 있다.

이상에서 예수가 겪은 악한 통치자와 이에 대응하는 약자의 대응을 방법관, 일관, 그리고 사람관을 통하여 관찰하였다. 이 세 개의 관점에 서서 마르틴 루터의 교회원관觀, 민회원관觀, 나아가 행정부의 공무원관觀을 검토할 수 있다. 이 예수의 재판정에서의 모범을 따라 교회원들이 행동해야 함을 밝힌 글이 마르틴 루터의 95개조 논문이었다. 방법, 일, 사람 면에서 마르틴 루터의 지적을 간추려 본다.

i) 사람이 일을 하는 방법은 신 앞에서 일생을 회개하며, 이 마음을 미루어 교회에서는 사제를 존경하며 교회 밖에서는 이웃에게 봉사하는 것이지, 신에게 회개하지 않고 다만 사제에게 굴종하며 교회 밖의 사람들에게 교만하는 것이 아니다.
ii) 사람이 할 '일'이란 하늘나라와 의를 추구하는 것이지, 면죄부의 구입으로 상징되는 '이利'를 추구하는 것이 아니다.
iii) '사람'은 신 앞에 서는 존재이지, 사제나 교회 앞에 서는 존재가 아니다.

교회원의 위와 같은 변화가 교회 안을 바꿔 논 것이 아니라 사회와 국가를 바꿔 논 것이 유럽의 민주 문명이었다. 즉 제3부 제10장 〈새로운 관계〉에서 보듯 사회내 민회民會원들과 나아가 여야 정당 간의 행동에 변화가 생겼다. 예를 들어 민회인 노동조합의 회원들은 비폭력(방법) 개인윤리(이상) 사회윤리(일) 그리고 자기희생(사람) 등을 행동강령으로 갖게 되었다. 여야 간의 관계의 기조도 투쟁이 아니라 '올바름'이 행동의 기조로 바뀌어서 정당하지 않는 권력이 올바른 정당에게 권좌를 내 놓고 나갔던 것이다. 예수 → 교회원 → 민회원에 이르는 영향은 드디어는 공무원에 이른다는 것이 내 발견이다. 곧 이어서 쓸 〈천지인을 지닌 씨올〉에서 언급할 내 저작 《인간 · 종교 · 국가》에서 상술할 공무원의 방법 · 일 · 사람 면에서의 변화가 그것이다.

물론 예수로부터 공무원에 이르는 이 네 종류의 사람들이 하는 일들에 각각 차이가 있다. 예수는 재판을 받는 중의 사람이며, 교인들은 기독교 신앙을 갖는 것이며, 민회원은 노동조합운동, 언론활동, 정당활동 등으로 사회단체에서 활동하는 일이 다르며, 공무원은 하는 일이 국가와 사회의 기능만큼이나 다양하다. 이러한 구성원들의 차이에도 불구하고 이들의 공통점은 모두 혼자서 사는 사람들이 아니라 조직 속에서 사는 사람들인 점이 동일하다. 그리고 조직 속의 사람을 이해하는 데는 어떠한 기능에 조직인이 관여하는가를 차치하고, 조직 이론에서 검토할 공통점이 있다. 예를 들어 행정부의 행정을 다룬 행정학 교과서의 구도를 본떠서 교회행정학 교과서나 민회를 관리하는 교과서 등이 씌어진 것을 쉽게 발견하는데, 이는 조직이론의 공통점 때문이다. 한편 행정학 이론은 대부분의 것을 사기업과 주식회사의 경영이론에서 빌려왔고, 지금도 현대 행정학의 발상지인 미국에서는 행정대학원과 경영대학원이 통합되어 있다.

예수가 겪은 재판이라는 구도 속에서 드러난 인간—악한 통치자와 약한 예수라는 인간—의 모습을 다음과 같이 정리할 수가 있다. 예수가 겪은 악한 통치자의 모습과 악한 통치자를 강한 동물로 비유해서 쓴 《이솝우화》에 보이는 21개의 악한 통치자의 모습이 동일한 것이 흥미롭다.

아래 표는 서로가 상반되는 대응 방법을 대비한다. 악한 세상의 대응은 비폭력과 거리가 먼 방법을 시작으로 하여 상대방을 죽이며 나아가 자신도 파괴하는 데 이른다. 이에 비하여 예수의 대응은 비폭력에서 사랑에 이른다. 예수의 비폭력과 사랑을 동시에 보여 주는 글은 〈루가복음〉 제22장 51절과 〈요한요한〉 제18장 11절이다. 두 글 모두가 예수를 잡으러 온 대사제의 종을 베드로가 차고 있던 칼을 뽑아 내리쳐 오른쪽 귀를 잘라 버린 데 대한 예수의 대응을 보여 준다.

〈루가복음〉이 전하는 예수의 대응은 "그만해 두어라" 하고 말리며—비폭력—, 그 사람의 귀에 손을 대어 고쳐 준 것—사랑—이다. 한편 〈요한복음〉이 전하는 예수의 대응은 "그 칼을 칼집에 도로 꽂아라. 아버지께서 나에게 주신 이 고난의 잔을 내가 마셔야 하지 않겠느냐"로 기록하지만, 〈요한복음〉은 〈루가복음〉과 같이 귀를 고쳐 준 것을 기록하지는 않고 그 대신 "아버지께서 나에게 주신 이 고난의 잔을 내가 마셔야 하지 않겠느냐?"로 기록한다. 고난의 잔을 마시는 것과 사랑이 곧 동일 현상임을 이제 밝힐 차례이다. 다음 표에서 예수의 관觀 중 '사람'관은 "사람을 위하여 자신을 희생한다"고 설명한다.

	악한 세상의 觀	예수의 觀
'방법'觀	가장을 하며, 교묘한 말을 하며, 약속을 어겨서 일을 한다	비폭력의 길을 가며, 자신에게 긍지를 가지며, 말을 하며, 말을 듣는 사람과의 약속을 지킨다
'일'觀	왕의 욕심을 충족시키는 것이 일이다	약자인 국민의 몫을 요구하며, 주권을 존중하는 일을 한다
'사람'觀	사람을 수단시하여 죽인다.	사람을 위하여 자신을 희생한다

예수는 위에서 대제사장과 교회를 세워서 유지하는 세력에 의하여 희생당함으로써 하느님과 합일됨을 전한다. 이제 사람이 하느님과 합일하면 그 사람은 곧 사람을 사랑하게 되는 개념을 성서에서 찾아야 한다. 이 구절로서 〈요한1서〉 4장 16절 "하느님은 사랑이십니다. 사랑 안에 있는 사람은 하느님 안에 있으며 하느님께서는 그 사람 안에 계십니다"를 나는 제시한다. 예수의 비폭력에서 사랑에 이르는 대응은 훌륭하게 일생을 산 신도의 생활을 연상케 한다. 학대와 고난을 겪으면서도 폭력을 사용하지 않고 당하고만 살다가, 드디어는 자신의 것을 모두 오히려 기쁘게 가해자를 포함한 이웃을 위하여 바치며 생을 마감하는 한 겸손한 생을.

긴 회개

나는 전 장에서 한류를 마감하면서 우리 겨레는 박정희 · 전두환 밑에서도 살아남았다고 썼다. 이는 이 두 사람의 악을 〈창세기〉 5대 설화에서 설명되는 원죄에 해당하는 것으로 보기 때문이다. 이렇게 쓰고 보니 원죄에 해당하는 군상이 더 떠오른다. 일제에 친일한 사람들과 독재자 이승만이다. 과거사가 규명되고 《친

일인명사전》이 출간된 것을 보아도 그들의 죄가 악하다는 것을 알 수 있다. 한 가지 이승만의 경우는 반일운동을 했었는데 독재자로 생을 마감한 것이니 아쉽고 안타깝다.

이런 원죄를 저지르지 않고 살아남은 겨레는 어떻게 구성되었을까를 더듬고 싶다. 이를 위하여 〈창세기〉 설화를 훑어 나가면서 원죄에서 살아남은 사람들을 열거해 본다.

① '선악과'에 해당하는 의인들 중 역시 지금까지 살아 있는 자와 그 후손들
② 박정희에게 아첨해 '선악과'를 따먹은 졸개들 중 산 자와 그 후손들
③ 아벨의 죽음 후 야훼에게 예배를 드린 죽은 아벨 대신에 출생한 후손들
④ 아벨을 죽인 사람들과 그 후손들
⑤ 노아의 후손들
⑥ 어른들을 본떠서 성 도덕이 문란한 어린이들
⑦ 바벨탑 세우는 것을 반대한 사람들과 그 후손들
⑧ 바벨탑을 세운 사람들과 그 후손들
⑨ 소돔, 고모라를 빠져나온 사람들
⑩ 뒤를 돌아보면서 박정희 시대가 좋았다고 말하고 싶어 하는 사람들

이렇게 열 개 종류만을 고른다. 이런 이들이 삶을 사는 곳이 이 세상이다. 즉 선인과 악인이 골고루 태양과 비의 혜택을 누리는 곳이 이 세상이다. 그런데 이런 사람들도 악을 저지른다. 이승만 같은 이가 바로 이런 이인데 악을 저지르되 원죄를 저지른 사람이다. 내가 아는 교수 한 분 생각도 난다. 일제 때 군수를 해 친일했는데 이를 잘못했다고 말하면서 박정희의 군사정부에 협력도 했고, 이 군사정부에 협력한 것은 뉘우치지 않았다. 그런데 이 열 개 종류의 사람들도 비록 원죄는 안 짓더라도 사람이란 악한 존재이면서 쉽게 툭하면 죄를 짓는다. 사람은 목숨이 몸에 붙어 있는 한 죄를 짓는다. 이런 종류의 죄를 진 이가 민주화를

한 정권의 수장인 김대중과 노무현이기도 하다. 노무현 전 대통령은 이런 유혹에 진 것이 들춰지니까 이런 자신이 원죄를 저지른 이와 동류로 취급되는 것이 부끄러워 자살하고 말았다. 김대중 씨를 송별하는 장례식에서 가톨릭 성직자는 딱 한마디 그의 인간적으로 악함에서 저지른 죄를 용서해 달라고 신께 기도 드렸다. 이런 웃사람이 짓는 죄를 성서는 유혹이라고 말하며, 이런 유혹을 이긴 것으로 예수는 그의 공생활公生活을 시작했다.

루터는 그의 종교개혁 첫 논문 첫머리와 마지막 맺는말에서 신도들이 일생을 두고서 해야 할 일이 회개라고 말했다. 임종하는 신도에게 가서 예수가 당신을 위해 대신 돌아갔으니 안심하고 죽으라고 위로하는 신부를 루터는 저주까지 했다. 고통과 고난을 통하여 신도는 하늘나라에 들어간다는 것이다. 비슷하게도 함석헌은 죽기 전의 생일축하연에서 그의 죄를 서슴치 않고 고백했다. 그리고 함석헌은 긴 그의 저작생활에 끈질기게 예수의 3대 유혹에 해당하는 유혹을 우리 겨레가 회개해야 한다고 갈파했다.

첫 번째로 보이는 3개의 회개는 그가 30대에 즉 1930년대《성서조선》에 연재한 〈성서적 입장에서 본 조선역사〉에서 조선조가 개혁했어야 했던 점 세 가지와 기독교가 이 땅에 들어옴으로 나라를 바로잡은 세 가지를 말하고 있는데, 이 세 가지가 예수가 겪은 세 가지 유혹을 극복하는 것에 해당한 것을 알 수 있다. 함석헌은 이 세 가지의 분류가 예수의 유혹과 동질의 것임을 지적하지는 않았고 세 가지의 설명이 다음과 같이 다르게 표현되어 있다.[32]

즉 함석헌이 지적한 조선조를 바로잡을 수 있었던 개혁은 효종의 북벌계획과 당론 평정과 실학 세 가지였다. 북벌계획은 사람을 바로 세우는 일이며, 당론 평정은 여러 사람들이 분열하지 않고 힘을 모으는 일이며, 실학은 일하는 방법에 해당했다. 효종은 인조의 아들로서 볼모로 청정淸廷에 잡혀 가 온갖 쓰라림을 남김 없이 맛보았으므로, 돌아와서 임금이 된 다음에는 힘써 북벌 경영을 하였다.

32 함석헌,《뜻으로 본 한국역사》, 함석헌 편집, 236-252쪽.

군비를 저축하고, 군사를 기르고, 영상領相 송시열宋詩烈에게 초구貂裘를 내리며, 대장 이완李浣에게 갑주甲冑를 주어 기회 오기를 기다려 한번 만주를 치려하였다. 실행이 되었든 못 되었든 아무튼 건국 이래 처음이다. 그러다가 조선조 부르짖음의 둘째 소리는 당론을 탕평하자는 것이다. 외적의 멍에를 벗는 것이 물론 당면의 긴급한 문제지만, 외적은 대갈일성大喝一聲으로 물러가는 것이 아니요, 단순한 군사계획으로만 되는 것도 아니다. 부흥운동이 군사적 광복 계획에만 그치는 한 그것은 천박함을 면할 수 없고 일시적이 아닐 수 없다는 것이다. 셋째의 부르짖음을 한국을 알자는 운동이다. 영 · 정조 두 임금 때에는 문운文運의 성하기가 세종조 이래 처음이라 하는 시대로서, 제도로 산업으로 학문으로 볼 만한 것이 많이 있었는데, 그중에서도 특별히 빛난 것은 학문의 연구요, 모든 연구 중에서도 더욱 의미 있는 것은 한국 연구가 성했던 것이다.

한편 기독교가 이 땅에 들어와서 개혁해야 했던 것도 세 가지를 그는 말했는데 이는 사대사상의 극복, 계급주의의 타파, 그리고 숙명론의 탈피였다. 사대사상의 극복은 북벌계획과 맞닿은 사상이었고, 계급주의의 타파도 모든 이가 힘을 합하는 생각에서였고, 숙명론의 탈피는 실학사상과 연계되는 사상이었다.

이러한 사람 · 일 · 방법에 관한 생각이 역시 표현은 다르지만 《사상계》 1958년 8월호에 냈던 유명한 글 〈생각하는 백성이라야 산다〉에서도 보인다. 이 글은 6 · 25전쟁이라는 민족상잔에 대한 대안을 생각한 글이었다. 이 글에서 사람으로서는 독립정신, 일로서는 통일정신 그리고 방법으로서는 신앙정신을 언급했다. 이 글에서 함석헌은 세 가지 할 일이 예수가 이긴 유혹과 같은 것이라고는 안 썼지만 그는 글을 마무리하면서 국민 전체가 회개를 해야 될 것이라고 다음과 같이 말한다.[33]

> 국민 전체가 회개를 해야 할 것이다. 예배당에서 울음으로 하는 회개 말고(그것은 연극이다) 밭에서, 광산에서, 쓴 물결 속에서, 부엌에서, 교실에서, 사무실에서, 피로 땀으

33 《함석헌 전집》 14, 한길사, 1976, 120쪽.

로 하는 회개여야 할 것이다.

누구를 나무라는 것 아니요 책망하는 것도 아니다. 나 자신을 보고 하는 말이지. 죽지 못하고 부산까지 피난을 갔던 나는 완전히 비겁한 자요, 미워하는 자요, 어리석은 자다. 거기에서 돌아와서도, 오늘까지 맛에 팔려 사는 나는, 평안을 탐하는 나는, 완전히 음란한 자요, 악한 자요, 속된 자요, 거룩을 모르는 자다. 그러면서도 오히려 말을 하는 것은 말을 파는 자요, 진리를 파는 자요, 하나님을 팔아 더럽히는 자다. 만 번 죽어 마땅한 나, 오늘까지 살리신 것은 그 죄 속하라 함이 아닐까? 무슨 십자가에 거꾸로 못박혀야 그 죄를 속할까?

하느님, 이 나라를 불쌍히 여기소서!

세 가지를 언급함은 1970년 4월호와 5월호에 연이어 쓴 〈하나님의 발길에 채어서 Ⅰ, Ⅱ〉에서도 계속된다. 외세를 의존하지 말 것, 악한 정부에 저항하는 데 분열하지 말것, 그리고 폭력보다 정신의 힘으로 할 것을 말함으로 독립선언서 공약 3장을 복사해 말하고 있다. 이 두 개 글은 함석헌이 왜 퀘이커 신도가 되었는가에 답하는 형식의 글이다. 다음 인용에서 보듯 그의 주변사를 논하는 듯 보이는 글이다.

나는 이날까지 걸어온 내 생애를 돌아보며 스스로 내린 하나의 판단이 있습니다. '나는 실패의 사람'이라는 것입니다. 이날껏 해 본 일은 여러 가지입니다. 그러나 이루어놓은 것도 하나도 없습니다. 생각이 없던 어릴 적은 말할 것 없고, 스스로 나라는 생각을 할 줄 알게 된 때부터라도 이렇게만 되자는 것은 아니었습니다. 되자던 나와 된 나와의 사이에는 너무도 거리가 있습니다. 그래서 실패의 사람이라는 것입니다. 그러나 그러는 나이면서도 또 나는 역시 나였습니다. 나 스스로 나를 버리고 싶지는 않습니다. 이상은 내게 반드시 없지 않습니다. 어떤 때는 어리석은 줄을 알면서도 스스로 나는 이상주의다 하기까지 합니다. 그러나 그 이상을 실지로 실현하려면 어떻게 해야 할지를 모르겠습니다. 모른다기보다도 어느 의미로는 도리어 너무 알아서라고도 할 수 있습니다. 안과 밖이 어떻게 먼 것, 나와 남 사이가 어떻게 떨어진 것, 앞이 어떻게 될 것이 너무도 빤히 뵈어 주저주저 하게 됩니다. 그러노라면 주위의 사정이 나를 몰아쳐서 가야 할 데로 가고야 말게 합니다. 가 놓고 보면 역시 그럴 수밖에 없었구나 하게 되지만 그것은 결코 내가 한 것이 아닙니다. 생각했던 것은 하나도 실현해 본 것이 없고 나간 것은 한 발걸음도 내가 내켜 디디었다 할 수가 없습니다. 그래서 나를 "이날껏 하나님의 발길에 채어 오는 사람"이라고 합니다. 퀘이커가 된 것도 아마 잘 돼서 됐다기보다는 잘못돼서 된 것이라 해야 할 것입니다. 분명히 피할 수 없는 발길에 챈 느낌이 거기 있습니다. 두려움과 화평, 슬픔과 감사, 부끄러움과 자랑이 뒤섞인 것이.

까닭은 있다면 있습니다. 그러나 설명은 못합니다. 할 필요도 없습니다. 까닭은 내 까닭이지 누구의 까닭이 될 수 없습니다. 그것은 나와 하나님과의 사이의 일이지 누가 알 수 있는 일이 아닙니다. 나와 너는 믿을 사이지 알 사이가 아닙니다. 믿으면 알 수 있을 것입니다. 나와 너는 믿기 위해 알자는 것은 거꾸로 입니다. 믿음은 영혼의 지성소至聖所 안에서의 일입니다. 거기는 말이 있을 수 없습니다. 침묵 속에 하는 생명의 불사름이 있을 뿐입니다. 나는 생명의 지성소 안에는 시時조차도 없다고 합니다. 하물며 질문·설명이 있을 수 있습니까? 설명은 현상계의 일입니다. 하나님의 발길은 지성소 휘장 안에 있지 휘장 밖 현상계에 뚫고 나오지는 않습니다. 그러니 그 발길에 챈 사람이 어떻게 말이 있을 수 있습니까? 그것을 말하는 것은 죽음보다 더 부끄러운 일입니다. 나는 어려서 장난을 하다 손가락을 다쳐서 피를 내고는 싸매 주려는 어머니한테 보지 말고 싸매 달라고 했다고 어머니가 말해 주었습니다. 내 영혼도 그럴 것입니다. 나를 발길로 차는 것도 하나님이지만 또 그는 눈을 감고 싸매 주기도 합니다. 어디 보자 하고 바르집는 것은 싸맬 줄을 모르는 사람입니다.

그러나 나는 지성소에서도 들어가지마는 또 이웃 속에서도 사는 인간입니다. 어떻게 말을 아니할 수 있습니까? 지성소에서 하나님의 말씀을 아니 믿으려다가 벙어리가 되어 나온 사가랴처럼, 나는 부끄럼을 무릅쓰고 서투른 시늉으로라도 내가 지난 것을 말하지 않을 수 없습니다. 그렇게 해서만 나는, 조지 폭스가 말하는, "각 사람의 속에 있는 하나님의 것에 응답"할 수가 있습니다.

이런 흐름의 글 속에서 그가 30년대에 제시했던 민족의 갈 길을 또 다른 표현으로 그러나 같은 정신을 쓰고 있으니 과연 함석헌은 기독교 사상을 육화한 분이며 역사가 신학을 결합시킨 분임을 알 수가 있다. 함석헌이 89년의 한평생을 문명의 벤다이어그램을 걸으셨다는 생각을 한다. 어떻게 보면 함석헌은 문예부흥, 종교개혁 그리고 계몽사상의 근세사를 한 몸으로 산 분이시다. 〈수평선 넘어서〉라는 시를 썼고 《노자》를 마지막 외출인 병실에 가기 전까지 강의했다. 말년까지 낸 잡지의 이름을 '씨올의 소리'로 정했다. 이렇게 난세에 문명의 다이어그램을 그분의 자서전 제목 《죽을 때까지 이 걸음으로》와 같이 같은 걸음을 걸으신 것, 그것이 바로 곧 3 · 1운동 후예들이 마땅히 걸어야 할 걸음 이었다. 함석헌은 긴 회개를 한 조선옷을 입은 한 청교도였다.

쏟아져 내리는 폭포

김수영이 4 · 19혁명을 폭포에서 물이 내려오듯 쏟아져 내렸다고 노래했던 이미지를 나는 함석헌의 행동에서 옮겨서 본다. 유신독재 때의 그분의 인상이 바로 쏟아져 내리는 폭포였다. 전태일이 분신자살하자 곧 그의 집을 찾았다. 재판받는 학생들의 방청석에 으레 앉으셨다. 종로5가 기독교회관에서의 목요기도회에는 언제나 제일 앞자리에 앉으셨다. 대통령긴급조치 제9호라는 것이 나와서 유신헌법을 비판만 해도 구속되는 암흑 속에서 1976년 3월 1일에 유신헌법을 반대해 서명하는 11명이 나왔을 때 바로 첫자리의 서명자가 함석헌이었다.

선생님이 그립다. 그분의 현장으로 가시느라고 휘날리는 옷자락을 만지는 듯한 한 글을 나는 발견한다. 이는 《씨올의 소리》 1971년 8월호에 낸 〈펜들힐의 명상〉이다. 함석헌이 미국 퀘이커 수양관 펜들힐에 묵으면서 명상한 〈요한복음〉 연구가 그 내용이다. 이 글에서 우물가의 사마리아 여자, 처형장에서의 간음한 여자, 옥함을 깨트려 그 기금으로 예수의 발을 씻은 여자, 그리고 예수를 배반한 가롯 유다 등에 지극한 관심을 예수가 갖고 있음을 묘사하는데, 이들 세 사람의 공통점은 한 사람도 빠짐없이 체제 밖의 사람이라는 것이 내 발견이다. 그리고 함석헌이 쏜살같이 찾아갔던 전태일, 재판받는 학생들 그리고 성명서 서명자들은 모두가 체제 밖의 사람들이었다. 〈펜들힐의 명상〉에서 함석헌의 마음을 사로잡았던 네 개 이야기를 다음에 옮긴다.

사마리아 여자와의 이야기. 먼 길에 지치신 예수가 야곱의 우물에 앉으셨다. 마침 그때에 한 사마리아 여자가 물을 길으러 나왔다. 예수와 체제 밖 사람인 사마리아 여자와의 사이에 다음과 같은 대화가 오고 갔다.

예수: 물을 마시게 달라.

여인: 당신은 유다인이고 저는 사마리아 여자인데 어떻게 저더러 물을 달라고 하십니까?(유다인들과 사마리아인들은 서로 상종하는 일이 없었다.)

예수: 하느님께서 주시는 선물이 무엇인지 또 너에게 물을 청하는 내가 누구인지 알았더라면 오히려 네가 나에게 청했을 것이다. 그러면 내가 너에게 샘솟는 물을 주었을 것이다.

여인: 선생님 우물이 이렇게 깊은데다 선생님께서는 두레박도 없으시면서 어디서 그 샘솟는 물을 떠다 주시겠다는 말씀입니까? 이 우물은 우리 조상 야곱이 마셨고 그 자손들과 가축까지도 마셨습니다. 선생님께서는 이러한 우물을 우리에게 주신 야곱보다 더 훌륭하시다는 말씀입니까?

예수: 이 우물을 마시는 사람은 다시 목마르겠지만 내가 주는 물을 마시는 사람은 영원히 목이 마르지 않을 것이다. 내가 주는 물은 그 사람 속에서 샘물처럼 솟아올라 영원히 살게 할 것이다.

여인: 선생님, 그 물을 저에게 좀 주십시오. 그러면 다시는 목마르지도 않고 물을 길으러 여기까지 나오지 않아도 되겠습니다.

예수: 가서 네 남편을 불러 오너라.

여인: 남편이 없습니다.

예수: 남편이 없다는 말은 숨김 없는 말이다. 너에게는 남편이 다섯이나 있었고 지금 함께 살고 있는 남자도 실은 네 남편이 아니니 너는 바른대로 말하였다.

여인: 과연 선생님은 예언자이십니다. 그런데 우리 조상은 저 산에서 하느님께 예배드렸는데 선생님네들은 예배 드릴 곳이 예루살렘에 있다고 합니다.

예수: 내 말을 믿어라 사람들이 아버지께 예배를 드릴 때에 이 산이다 또는 예루살렘이다 하고 굳이 장소를 가리지 않아도 될 때가 올 것이다. 너희는 무엇인지도 모르고 예배하지만 우리는 우리가 예배 드리는 분을 잘 알고 구원은 유다인에게서 오기 때문이다. 그러나 진실하게 예배하는 사람들이 영적으로 참되게 아버지께 예배를 드릴 때가 올 터인데 바로 지금이 그때이다. 아버지께서는 이렇게 예배하는 사람들을 찾고 계신다. 하느님은 영적인 분이시다. 그러므로 예배하는 사람들은 영적으로 참되게 하느님께 예배 드려야 한다.

여인: 저는 그리스도라 하는 메시아가 오실 것을 알고 있는데 그분이 오시면 저희에

게 모든 것을 다 알려주시겠지요?
예수: 너와 말하고 있는 내가 바로 그 사람이다.

이 긴 대화의 최고봉으로 예수의 마지막 말, 즉 '내가 그다'라는 말을 지목하는 것이 당연하다. 그러나 나는 아니라고 본다. 예수가 한 말이 중요하기보다는 예수의 마음을 움직이게 한 여인의 말이 더 중요하기 때문이다. 그 여인은 보잘것없는 이방인 여자이며 남편이 다섯 명이나 있었던 여자인데 그런 여자가 예수를 감동시켰을 질문 "왜 당신네들은 예루살렘에서만 예배를 드려야 한다고 말합니까?"를 던졌던 것이다. 따라서 이 대화의 하이라이트는 예배하는 사람들은 장소가 중요하지 않고 영적으로 참되게 하느님께 예배하는 것이 중요하다는 데 있다. 그리고 이 진리는 예수 죽은 후 2009년이 지난 오늘의 유대인들도 실천 못하고 있는 진리를 그때에 낳게 한 위대한 질문이었던 것이다.

간음한 여자. 간음한 여자는 그 당시 아니 오늘의 사람의 체제가 간음한 여자에게만 그 죄의 책임을 묻는 편리한 남성 지배의 체제유지 비법이다. 예수가 하필이면 간음하는 여자가 현장에서 잡혀 뭇사람들의 돌팔매를 맞는 현장에 있게 되었다. 그때의 예수는 사마리아 여자라는 체제 외 인물의 질문에 귀를 기울이듯 역시 체제 외 인물인 간음한 여자의 말 못하는 울부짖음에 귀를 기울이게 되었다. 이래서 예수가 한 일은 단 한 가지이다. 돌을 든 사람을 한 사람 한 사람씩 불러서 앉히고 그가 보는 땅 위에 글씨를 적으니 그 글 쓴 것을 보고는 돌 던지려던 사람이 돌을 놓고 슬그머니 퇴각하게 한 것이다. 돌 던지려던 사람이 과거에 저질렀던 비행을 예수는 일일이 땅 위에 적었음이 분명하다.

함석헌이 세 번째로 언급한 명상 자료는 〈요한복음〉 제12장에 나오는 예수께 향유를 부은 마리아 이야기다. 한 만찬 장소에서 생긴 일이다. 예수가 전에 죽은 몸을 살려준 나자로가 식탁에 앉아 있었고 마르타는 시중을 들고 있었다. 그때 마리아가 매우 값진 순나르드 향유 한 근을 가지고 와서 예수의 발에 붓고 자기 머리털로 그 발을 닦아 드렸다. 그러자 그 집 안에 향유 냄새가 가득 찼다. 예수의 제자로서 장차 예수를 배반할 가리옷 사람 유다가 "이 향유를 팔았더라면 삼백 데나리온은 받았을 것이고 그 돈을 가난한 사람들에게 나누어 줄 수 있었을 터인데 이게 무슨 짓인가?" 하고 투덜거렸다.

유다는 가난한 사람들을 생각해서가 아니라 그가 도둑이어서 이런 말을 한 것이었다. 그는 돈주머니를 맡아가지고 거기 들어 있는 것을 늘 꺼내 쓰곤 하였다. 예수께서는 이렇게 말씀하셨다. "이것은 내 장례일을 위하여 하는 일이니 이 여자 일에 참견하지 마라. 가난한 사람들은 언제나 너희와 함께 있지만 나는 언제나 함께 있지 않을 것이다."

예수께 향유를 부은 마리아가 바로 체제 밖의 사람이며 값이 비싼 향유를 부은 것을 비판한 가리옷 유다는 체제 유지자이다. 예수는 체제 외 인물인 마리아의 낭비를 예수의 장례를 치르고 있는 것이라고 긍정시 하고 있다. 체제 내 사람은 합리성과 효율을 추궁해 계산하면서 행동하지만 체제 밖의 사람은 한 사람을 사랑하기 위하여 온 재산을 다 버리면서 사랑한다.

이어서 네 번째의 함석헌의 명상은 옥함을 깬 여인 이야기에 등장한 가리옷 유다에 대한 예수의 각별한 관심과 사랑을 내용으로 하고 있다. 예수가 십자가에 달려서 급하게 돌아가신 것은 이 가리옷 유다를 빨리 가서 지옥에서 만나보고 싶어서라는 것이다. 이 설명은 우리가 왜 감옥에 있으면서 박정희와 전두환의 회개를 위하여 기도했는가를 설명하는 명상이기도 하다.

적에게 진리를 전하기 위하여 빨리 그것도 폭포가 위에서 쏟아져 내리듯 쏟아져 내려야 한다는 것과 상통하는 사상이다. 〈펜들힐의 명상〉을 간추려 본다. 함석헌은 체제 외의 사람인 사마리아 여자, 간음한 여자 그리고 옥함을 깨트린 여자 등에게 아무도 말릴 수 없는 관심과 애정을 가졌고 이런 체제 밖 사람을 괴롭히는 가리옷 유다를 바로잡고자 곧은 마음으로의 관심과 애정을 가졌었다. 따라서 쏟아져 내리는 폭포는 제7장에서 부각한 어둠을 심판하는 행동 원리이며, 전 절에서 본 〈긴 회개〉는 빛의 자식을 심판하는 행동 원리이다.

행정학과 신학

첫 절에서 믿을 만한 사람을 평가하는 안목을 세 가지 면, 즉 사람이 일하는 '방법', '일'의 핵심적인 요소 그리고 '사람'의 품격을 결정짓는 핵심 요소 등으로 보았다. 세 가지로 예수라는 인물을 평가한 까닭은 예수를 이해하기 위함만이 아니라 사람의 솔직한 모습을 드러내 보이기 위함이었다. 그리고 여기에서 말하는 사람이란 권좌에 앉거나 재벌의 회장 자리에 앉은 사람이 아니라 사회 내 맨 밑바닥에 있는 사람, 씨ᄋᆞᆯ을 말한다. 이 밑바닥에 있는 사람이 예수 같은 이를 믿을 만한 사람으로 신임하지, 권좌에 있는 사람이나 부자는 예수 같은 사람을 믿는 다기보다는 자기들의 이해관계에 반대되는 적이라고 생각한다. 〈루가복음〉 제1장에 보이는 마리아의 노래는 자신이 잉태한 아이 예수가 장차 권좌의 자리에서 권세 있는 자들을 내쫓으며 부자를 빈손으로 돌려보내실 것이라고 노래했다. 따라서, 씨ᄋᆞᆯ의 격이 사람 원래의 모습으로 높여서 이해하기 위하여 전 절에서 예수라는 인물의 평가를 했던 것이다.

씨ᄋᆞᆯ이 지닌 고유의 특성을 방법, 일, 사람으로 설명할 차례이다. 그런데 이 방법, 일, 사람에 관한 사상은 본서의 시작에서 언급된 천지인天地人 사상이었음이 이 시점에서 새삼 발견된다. 이 천지인 사상이 유불선儒佛仙 사상, 동학의 주문, 그리고 〈요한복음〉 제16장 8절로 이어지는 것을 본서의 제1부에서 언급하였다. 이러한 흐름에서 천지인天地人을 다시 보자.

ABC의 교집합을 설명하자. 사람이 일하기 위하여 체득하는 최고의 방법은

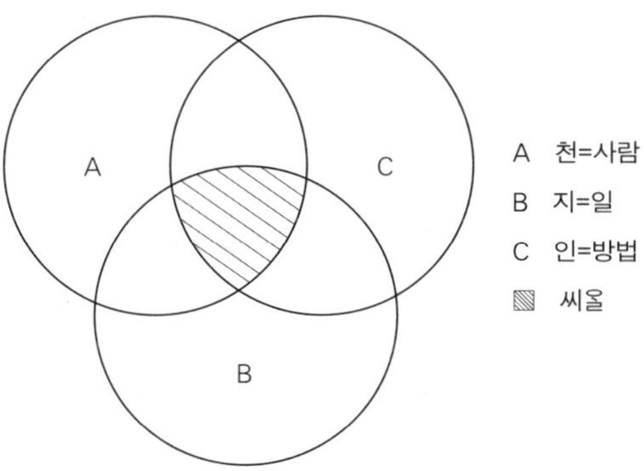

주먹으로가 아니라 머리로 하는 것이다. 즉, 사람의 영혼 속에 갖고 있는 이성을 발휘해 서로가 말을 소통해서 일하는 비폭력이 이것이다. 이 일이 적과의 투쟁이라는 일을 하는 경우 인간이 발견한 최고의 투쟁 방법은 비폭력투쟁이었다. 가깝게는 꽃을 가슴에 달고 나온 군중으로 무너진 공산주의 정권들, 한국의 군사정권, 인도의 해방운동 그리고 1919년의 3·1운동이었다.

이 비폭력투쟁의 C가 사람과 만나되 사람의 동물성과 만나는 것이 아니라 사람의 하느님만큼 높은 경지의 사람 A와 만난 교집합 현상이 곧 3·1독립운동이었다. C와 A의 교집합이 뜻하는 사람이 마땅히 행하는 일이라는 B와의 교집합—마땅히 행해야 하는 일이기에 마지막 한 사람 남을 때까지 단결해 투쟁하는 B와의 교집합—이 생겨 C가 A와 B를 만나 형성된 이가 3·1운동 때의 씨올들이다.

ABC 즉 사람, 일, 방법 삼자의 교집합을 설명하는 사고를 프랑스 고등학교 철학교과서에서 다음과 같이 옮겨 올 수 있다.

> 기술은 능력과 의지 즉 할 수 있는 것과 원하는 것을 조화시키는 데 필요한 매개자이다.[34]

이 인용에서 기술은 본서가 말하는 방법이며 능력은 일의 속성이며 의지는 사람의 성질이다. 즉 방법은 일과 사람을 조화시키는 데 필요한 매개체라는 것이니 이 인용은 기술, 능력, 의지의 교집합을 설명한다. 이 철학교과서는 위 설명에 이어서 철학만이 우리의 의지를 명확하게 밝혀 볼 수 있다고 말하면서 칸트는 철학의 전체적인 계획을 세 개의 질문으로 요약한다고 다음 인용과 같이 말하는데, 이 세 개의 질문은 바로 본서가 말할 사람, 일, 방법의 세 개 범주이다.

> 우리는 무엇을 알 수 있는가? 우리는 무엇을 해야 하는가? 우리는 무엇을 원할 수 있는가?

34 앙드레 베르제, 드니 위스망 공저, 남기영 옮김, 《인간학·철학·형이상학—프랑스 고교 철학 I》, 삼현종합출판부, 2001, 18쪽.

바로 이 셋을 질문하며 답하는 학문이 행정학 이외에 헌법학과 행정법학이 있다는 것이 내 경험이다. 다만 이곳에서는 이 세 개 질문을 3 · 1운동을 겪은 씨올이 행정학에서 어떻게 질문하며 답해야 하는가를 따지는 것이 다음 제3부 〈환희로서의 행정학〉이다. 3 · 1운동을 겪은 씨올은 어디에 매인 데가 없는 맨사람이지 조직 내 사람이 아니다. 방법 · 일 · 사람의 교집합적 적용을 이미 관료조직문화 민주문화 속에서 경험한 바 있던 것과는 달리 3 · 1운동을 겪은 씨올이 경험할 방법 · 일 · 사람의 교집합적 적용은 홀로 겪는다는 차이점이 있다. 굳이 조직을 찾는다면, 씨올 한 사람 한 사람이 곧 조직이 되는 셈이다. 이 단계의 씨올은 홀몸이지만 그 품격이 절이나 성전만큼 높으며, 하는 일이 목숨을 걸고 올바르며, 일하는 방법이 몸의 가장 귀중한 곳인 머리에서 나와 이성적이며 비폭력적이다. 이러한 영감의 세례를 우리 겨레가 1919년 3월 1일에 이미 받았었기에 이승만을 비롯한 통치자들이 아무리 자행恣行했어도 그 자행이 한없이 그대로 자행하도록 씨올이 내버려두지 않아 4 · 19, 7, 80년대 민주화운동 그리고 촛불시위등으로 이어졌던 것이다.

따라서 제9, 10, 11장은 행정학을 새롭게 만드는 장들이다. 이 세 개 장은 공약 3장 각각에 상응하는 장들이다. 즉 금일 오인의 차거此擧는 정의인도, 생존존영을 위하는 민족의 요구이니, 오직 자유적 정신을 발휘할 것이요. 결코 배타적 감정으로 일주하지 말라는 공약 1에 해당하는 장이 제9장이다. 최후의 일인까지, 최후의 일각까지 민족의 정당한 의사를 쾌히 발표하라는 공약 2에 해당하는 장이 제10장이다. 모든 행동은 가장 질서를 존중하여, 오인의 주장과 태도를 어디까지나 광명정대하게 하라는 공약 3에 해당하는 장은 제11장이다. 이렇게 써놓고 보니 어떻게 일, 사람 중 교집합 안 된 부분과 교집합 된 부분이 다음과 같이 구분된다.

	교집합 안 된 부분	교집합 된 부분
사람	적은 미워하는 사람	자신의 천부인권을 사랑하는 사람
일	잇속을 챙기는 일	정당한 의사를 표시하는 일
방법	폭력 싸움	비폭력

제9장이 사람으로서 무엇을 원할 수 있는가를 따지며 글의 제목을 '새 정부가 보는 사람'으로 지칭한다. 새로운 문명에서의 씨울은 옛날과 같이 절에 다니고 교회당에 나가지만 이미 사람은 달라져야 해 사람 하나하나가 곧 절이며 성전이어야 한다. 제10장이 무엇을 해야 하는가를 따지며 글의 제목은 '새로운 관계'로 정한다. 사람과 환경과의 상호관계, 정치와 행정관계, 노사관계 그리고 나라와 나라와의 관계가 달라진다. 끝으로 제11장이 무엇을 알 수 있는가를 따지며 글의 제목을 '목민관을 위한 준비'로 정한다. 이제 청소년들은 과외공부의 노예가 아니다. 대학은 취직 공부하는 데가 아니라 진리를 탐구하는 데이다. 공무원 시험과목도 달라져 사회 과학 공부가 아니라 사상전집과 문학전집을 읽은 학생이 고급 공무원으로 채용되고 사회과학 공부는 시험 합격 후에 교육될 것이다.

이상과 같이 씨울이 지닌 보물 세 가지 천지인을 잘 키워 내야 하기 때문에 모든 이의 생각이 싹 바뀐다. 그런데 이 싹 바뀌는 곳의 원은 단 하나로, 다음 문명의 벤다이어그램에서 C만이 더 생긴다는 뜻이다. 나는 헌책들이 많이 꽂혀 있는 하버드 대학교 도서관에 공부 책상을 가진 적이 있다. 이때 느낀 것인데 헌책들이 많은데 새 책들이 드문드문 꽂혀 있으니 문득 책이 새롭게 보였었다. C가 보태어짐으로 AB를 대상으로 하는 학문들도 살아나게 되는 것이 곧 새로운 학문이다.

이렇게 써 놓고 보니 행정학의 참 모습을 향한 나의 긴 탐구가 주마등같이 머리에 떠오른다. C가 C만 변화되었다고 졸지에 생기는 것은 아니며 C를 향한 A와 B가 있었기에 C가 가능했다는 생각이 든다. 나의 학문의 흐름을 열거해 보자.

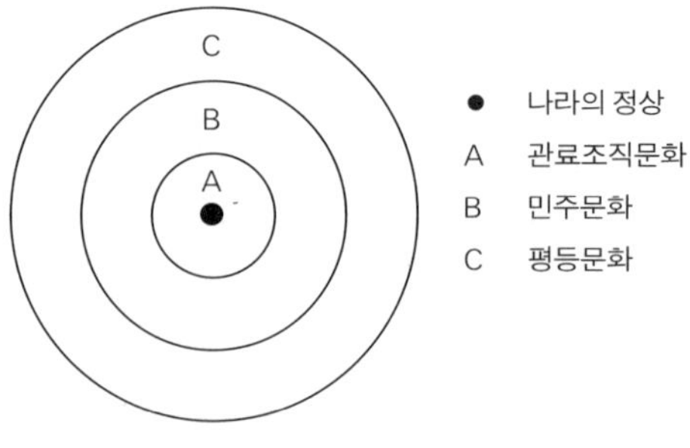

1. 〈북한 행정권력 변질에 관한 연구〉(1971년 고려대에 제출한 박사학위 청구 논문) 1959년에 고려대에서 가르치기를 시작했던 나를 당황케 한 것은 이 나라의 정상들이 하나같이 다 벤다이어그램의 A, B, C 방향으로 나가지는 않고 점 하나를 유지하려고 아등바등하는 모습이었다. 북한은 더 심했다. 이 나라의 정상이 A. 관료조직문화를 갖고 이어서 B. 민주문화를 갖기 시작하면 나라의 정상도 오히려 권좌가 안정되고 남북한이 상호 공존 · 교류를 시작할 수 있다는 것을 《로동신문》 60개월을 분석해 발견했다.

거듭 쓰지만 이 연구는 아무리 전체주의 사회일지라도 관료조직문화—일을 농촌이나 공장에서 하기 위하여 일하는 사람들의 자율성이 인정되며—민주문화가—최소한 임금을 올려 주며 국민에게 채소 배급을 더 주는 등 개인의 이익을 도모하는 등—생기기 시작하면 체제가 자유화도 되고 남북한의 교류 · 공존도 가능하다는 것을 전망했다. 30개월씩을 나누어 본 자료는 후기가 전기보다 이런 징후를 덜 보였다. 러시아의 스탈린 사후 김일성이 주체사상으로 체제강화를 힘 썼기 때문이다. 벤다이어그램에서 ●만이 아니라. A와 B도 있어야 함을 지적한 것이 이 논문이었다.

그러나 체제 유연화 시기가 길었다. 남한에서만이라도 숨을 좀 쉬고 싶었지만 불가능했다. 나는 10년간을 대학 연구실에서 내쫓겼고 그중 5년간은 옥중에 있었다. 1984년에 고려대에 복직해 1992년까지 대학연구실을 지켰다. 이때 고려대 법제사 연구실에서 박성학 선생 지도하에 《논어집주》와 《맹자집주》의 한문강독을 꾸준히 했다. 다음 3번의 저작을 준비하는 공부였다.

2. 《자전적 행정학》(민중문학사, 1991). 정년 1년 전에 썼다. 이 책은 나라의 ● 정상에서 A, B, C를 향해 가는 인간 모색의 아름다움을 묘사한 행정학 책이다.

3. 《논어맹자와 행정학》(나남, 1996). 앞으로의 세 권은 경기대 연구실에서 썼다. 그 첫 번째 책이 1996년에 쓴 이 책이다. 이 책은 논어 · 맹자의 조문을 하나도

빠짐없이 조합해서 쓴 행정학 책이며, 인류 역사상 중국에서 처음으로 생겨난 관료조직 문화의 원형을 행정학적으로 제시한 책이다. 828페이지에 달하는 책이며, 이 책에 대하여 한국행정학회가 학술상을 주었고, 이 책을 중국의 '동화출판사'가 중국어로 번역 출판했다. 이 책은 조직 내 상급자가 하급자에게 어떻게 따뜻할 수 있는가를 묘사한 글이며, A의 원형을 묘사한 책이다.

4. 《인간 · 종교 · 국가 — 미국행정, 청교도 정신 그리고 마르틴 루터의 95개조》(나남, 2001). 이 책은 청교도 이민들이 세운 나라 미합중국을 묘사했다. 청교도의 기원을 1517년의 마르틴 루터의 95개조 논문에서 보았다. 이 논문을 발터 폰 뢰베니히Walther von Loewenich가 1982년에 쓴 《마르틴 루터》에서 분석한 틀을 따라 95개조 논문을 방법(제1-7조 제92-95조), 일(제8-29조, 제30-55조) 그리고 사람(제56-68조, 제69-80조, 제81-91조)면에서 나누어 보았다.

이렇게 교회에 교인들의 바람직한 행위가 방법, 일, 사람면에서 발견된 동일한 원리를 그대로 사용해 세속 단체인 행정부 내 공무원에서 다음과 같은 세 개의 행동강령을 발견했다.

i) 공무원이 일을 하는 '방법'은 전문 지식(능률과 민주주의 이념 포함)을 매일매일 닦아서, 이 학문을 갖고서 조직 내에서는 상사를 존중하며 조직 밖에서는 국민에게 봉사하는 것이지, 전문 지식을 연마하지 않고 다만 상사에게 굴종하며 조직 밖의 국민들에게는 교만하는 것이 아니다.

ii) 공무원이 할 '일'이란 민주 · 복지국가와 정의를 추구하는 것이지, 상사에게 상납하는 대가로 '이利'를 추구하는 것이 아니다.

iii) 공무원인 '사람'이란 전문 지식(능률과 민주주의 이념 포함) 앞에 서는 존귀한 존재이지, 상사와 조직 앞에 세워지는 존재가 아니다.

이 책은 예언자적 전통을 경쟁적 야당이 이어받아 올바름에 기초하여 여야 정당 간의 수평적 관계가 형성됨을 묘사했다. 이 책은 벤다이어그램에서 B의 한 사례를 묘사한 책이다.

5. 《협력형 통치—원효 · 율곡 · 함석헌 · 김구를 중심으로》(열린책들, 2006). 이 책은 나라가 정상의 군사주의 정치를 견제한 원효, 성리학적으로 경직된 관료조직 즉 A를 개혁한 율곡, 7, 80년대 민주화운동의 스승 함석헌의 B. 그리고 3 · 1 운동 직후 C문화를 몸소 이국 땅 중국 조계조에서 임시정부를 이끌었던 김구 등을 한 권의 책 속에 담았다. 그러니까 이 책은 문명의 벤다이어그램이 다 작동하는 상태를 묘사한 협력형 통치로 설명했다. 네 분 우리의 인물에 상응하는 세계의 고전들을 소개했다. 예를 들어 원효에 해당하는 세계, 고전으로 플라톤《국가론》, 노자의《도덕경》그리고 붓다의《수타니파타》를 소개했다.

하나만 더 예를 들어 율곡에 상응해《논어》,《맹자》, 로마법, 봉건시대의 문명, 그리고 막스 베버 등을 소개했다. 꽤 두꺼운 책, 692쪽에 달하는 이 책을 2007년도 대학민국학술원이 기초학문육성 '우수학술도서'로 선정했다.

이상 1에서 5에 이르는 5권의 책은 C 하나만을 묘사한 본서《3 · 1운동에서 본 행정학》에 비교해 볼 때 한낱 시작의 글들이다. 시작이란 무엇일까? 시작에는 아름다움(1, 2) 따뜻함(3) 올바름(4) 그리고 평화(5)가 공존해 있는 것이 아닐까 한다. 예를 들어 시작을 적은 〈창세기〉도 다음 적시에서 보듯 아름답고 따뜻하며 올바르며 평화스럽다.

아름답다	신이 천지를 창조하고는 아름답다는 말을 연발한다
따뜻하다	아담이 이브를 보고 너는 내 뼈 중의 뼈이며 살 중의 살이라고 따뜻한 말을 한다
올바르다	야훼가 인간을 징계한 5개 설화는 하나같이 올바름의 무서움을 보여 준다
평화	동생을 죽인 아벨이 보복을 안 받도록 야훼가 형 카인에게 꼬리표를 붙여 준다. 이 신의 배려의 덕으로 생긴 일인데 카인에게 죽은 아벨 대신 셋이 출생했고 이 셋의 아들 에노스가 비로소 야훼의 이름을 불러 예배를 드렸다

그런가 하면 범죄한 아담 이후의 첫 사람 예수를 묘사한 마리아의 노래도 노래의 흐름이 아름다움, 따뜻함, 올바름 그리고 평화이다. 마리아의 노래를 〈루가복음〉 제1장에서 인용해 본다.

> 내 영혼이 주님을 찬양하며 내 구세주 하느님을 생각하는 기쁨에 이 마음 설렙니다. 주께서 여종의 비천한 신세를 돌보셨습니다. 이제부터는 온 백성이 나를 복되다 하리니 전능하신 분께서 나에게 큰일을 해 주신 덕분입니다.(아름다움)
> 주님은 거룩하신 분, 주님을 두려워하는 이들에게 대대로 자비를 베푸십니다.(따뜻함)
> 주님은 전능하신 팔을 펼치시어 마음이 교만한 자들을 흩으셨습니다. 권세 있는 자들을 그 자리에서 내치시고 보잘것없는 이들을 높이셨으며 배고픈 사람은 좋은 것으로 배불리시고 부유한 사람은 빈손으로 돌려보내셨습니다.(올바름)
> 주님은 약속하신 자비를 기억하시어 당신의 종 이스라엘을 도우셨습니다. 우리 조상에게 약속하신 대로 그 자비를 아브라함과 그 후손에게 영원토록 베푸실 것입니다. (평화)

6. 《겁 많은 자의 용기 — 지켜야 할 최소에 관한 이야기》(삼인, 2008). 이 책은 나의 시작의 글이 아니다. 이 책과 지금 쓰는 책이 아마 내 마지막 책들이 될 것이다. 본서에서 나는 내가 걸어온 길을 반추했는데 한마디로 말해서 나는 슬펐다. 내 출발은 동생들을 때려 준 것을 뉘우쳐 교회 어린이 부흥회에서 운 것이었다. 집사람과의 사별 후 1년이 좀 지나서 책을 냈다. 병원에서 나에게 한 말은 나쁜 세상에서 신문에 이름이 나는 유명한 사람되지 말라는 것이었다. 병실에 들어섰을 때 간병인이 소리를 크게 해 내가 왔다고 말했다. 그가 눈을 떴는데 눈에 눈물이 입가에는 웃음이 있었다. 두 가지가 동시에 있었다. 나와 53년을 함께 산 그 사람과 나는 이렇게 헤어졌다. 그런데 나는 그 사람 이름 惜中같이 슬픔 속에 앞으로도 있을 것 같다. 나는 죽을 때에도 이만 하면 잘 살았다고 편안히 죽을 것 같지는 않다. 나의 구원을 성취하려고 애를 쓰면서 죽을 것 같다.

7. 《3 · 1운동에서 본 행정학》. 지금 쓰는 책이다. 이 책의 테마는 기쁨이다. 나

는 슬프기 때문에 기쁨이 나 아닌 사람들에게 가득하기를 바라며 이 책을 쓰고 있다. 인류의 오메가 포인트는 가장 보잘것없는 자 중 하나가 보살핌을 받아 물 한 모금이라도 얻어 마시는 세상이다. 집사람이 찌꺼기 밥을 먹으며 시어머니와 세 자식을 기르며 남편의 유학과 긴 옥바라지를 하며 괴롭고 슬펐지만 드디어는 웃었듯이 웃는 얼굴들을 나는 내 이웃에서 보고 싶은 것이다. 따라서 나의 최종의 행정학은 기쁨의 행정학이다.

문득 함석헌을 생각하는 장에서 길게 내 이야기를 썼다는 생각이 든다. 함석헌은 그의 전공인 역사학을 신학과 관계 맺어 생각한 학자이며, 나는 나의 전공인 행정학을 신학과 관계 맺어서 생각한 학자이기 때문이다. 함석헌은 평양고등보통학교 5학년일 때—지금의 학제로 고교 3학년 때—3 · 1운동이 터져 학교에 나와 데모에 참가했다가 복교를 않고 있다가 3 · 1운동 지도자 중 한 분인 이승훈 씨가 설립한 오산학교에 전입학해 오산을 졸업했고 도쿄고등사범학교를 졸업 후 오산학교 역사 교수를 10년간 했을 때 《성서조선》에 〈성서적 입장에서 본 조선역사〉를 썼다. 이 책은 함석헌의 역사개론서이지만 이기백의 역사개론학에 역사개론서로서 이 책은 소개 않고 있다. 이기백 씨가 함석헌을 언급 않는 이유를 짐작할 수밖에 없는데 함석헌은 기독교 문명과 접목된 3 · 1운동을 밝혔기 때문이라고 생각한다.

그는 3 · 1운동을 몸소 겪어 기독교 없이는 3 · 1운동이 없는 것도 알았고, 첫 저작도 역사와 기독교의 접목을 시도했고 앞의 두 개 절에서 보듯 일생을 기독교의 틀 안에서 겨레의 회개와 바로잡음을 생각했다.

이런 분 함석헌과 1976년 3월 1일 민주구국선언의 서명자 11명의 한 사람으로서 나는 함께 법정에 섰다. 이때를 짐작하건대 3 · 1운동 때와 비슷한 민심을 나는 겪었다. 내가 옥중에 있을 때 집사람이 세 번이나 지갑을 분실한 적이 있다. 은행에 가서 놓고 나오고 전화부스에 놓고 나오고 택시에 놓고 나왔는데 남편을 감옥에 둔 여자가 얼마나 허둥댔겠는가! 그런데 세 번 다 지갑 안에 든 주민

등록에 있는 내 이름을 보고 돌려져 왔다는 것이다. 문간에 지갑을 갖고 온 한 사람 말이 지갑 안의 이름을 자신의 아버지가 보고 이분의 돈은 갖을 수 있는 것이 아니라고 돌려드리라 해서 지갑을 갖고 왔다는 것이다. 나는 5년간은 세 차례에 걸쳐 감옥에 있었지만 이런 민심의 격려가 나를 뒷받침했다.

옥중의 나를 격려해 주었던 민심이 바로 3 · 1독립선언서 공약 3장을 따르는 민심이다. 이 민심이 행정부에서 누가 무엇을 어떻게 해야 하는가를 따지는 행정학의 정신이어야 한다. 그리고 이러한 행정학은 〈요한복음〉 제16장 8절의 성령의 세 가지 역할, 정의, 심판 그리고 죄를 알게 하는 신학과 연결됨을 깨달아 이에 제3부 새로운 행정학인 〈환희로서의 행정학〉을 제기한다.

3부

환희로서의 행정학

제9장
새 정부가 보는 사람
사람이란 만세를 부르는 존재다

각자의 특성을 지키는 종교

내 집 아줌마의 손주 오현석이 젖 뗄 때에 내 집에 좀 와 있었다. 할머니가 좋아 한가한 집에 순하게 잘 있다가 갔다. 자기 집에 가서는 젖을 안 찾았단다. 현석이 아직 말은 못했다. 엄마라는 말 하나는 했다. 누구든지 귀여워서 부르면 으레 엄마라 말하면서 따랐다. 낯을 안 가리는 아이였다. 눈치가 있었다. 내 서재에 들어와서 원고지 같은 것은 안 만졌다. 현석의 행동 중 귀여운 것은 그 할머니가 뭘 먹이면서 얼마나 맛이 있는가를 물으면 말은 못하고 웃으면서 양편 팔을 번쩍 쳐들었다. 할머니는 손주의 그 모습이 귀여워 재롱 삼아 얼마나 맛있는가를 물으면 그때마다 현석은 양팔을 올렸다.

이 양팔을 번쩍 올리는 동일한 양팔 올림은 바로 1919년 3월 1일에 삼천리 방방곡곡 경찰서 앞에서 그 경찰들의 왕초가 미워하는 고종의 만세무강을 빌어 만세를 불렀던 동일한 만세 부름이었다. 현석의 만세는 기쁨으로 부른 만세요. 선조의 만세는 슬픔에서 부른 만세였다. 현석의 선조의 만세는 마지막 왕조의 왕 고종의 서거를 슬퍼해 부른 만세인데 왜 나는 이 두 개의 만세를 같은 성질의 것으로 보는가. 이는 두 만세가 다 그 근원이 같은 데서 나왔기 때문이다. 나는 제6장에서 이미 기쁨과 슬픔이 동일한 원천에서 나옴을 설명한 바가 있다. 이 세상에서 나를 마지막으로 본 내 집 사람의 입가에는 웃음이 있었지만 눈에는 눈물이 고였던 것이다. 현석의 기쁨도 우리 조상의 슬픔도 공히 하늘에서 왔다. 모르긴 해도 이런 어린이가 잘나게 보여 워즈워스Wordsworth 같은 시인은 어린아이가 어른의 아버지라고 높여 말했을 것이고, 일본이나 중국과는 달리 만세를 불렀던 선조를 나는 높이 말하기도 하지만 원은 아니다. 현석이나 우리 조상은 그저 하늘이 시키는 대로 행동했을 뿐이다. 3 · 1독립운동의 공약 3장의 첫 공약은 우리의 거사의 목적이 일본 제국을 미워해서가 아니라 하늘이 우리 겨레에게 준 고유의 인권을 신장하기 위함이라는 것이었다.

따라서 만세 부름은 우리는 그저 가만히만 있고 하늘의 명을 받아들이기만 한 행위였다. 3 · 1독립운동 때 여러 종교인들이 참여해 만세를 불렀다. 따라서 3 · 1운동이 여러 종교에게 던져 준 첫째의 과제는 비록 각각이 신봉하는 종교의 이름이 다르지만 각 종교들이 사소하고 불필요한 것으로 서로가 다르다고 투정하며 차별할 것이 아니라 나라의 대사 앞에 서로가 마음을 합하는 데 있다고 본다. 예를 들어 보자. 7, 80년대 민주화운동 때 종로5가 기독교회관에서 목요일마다 하는 예배에서 하루는 문익환 목사 사모인 박용길 장로가 사회를 봤다. 이때에 사회자가 그 자리에 참석 중인 고은을 기도자로 지명했다. 불교 승려였던 고은이 사회자의 지명을 받고는 조용히 일어서더니 기도를 드렸다. 짧은 기도였는데 기도의 마무리를 어떻게 했었는지 기억이 안 난다. 나는 첫 번째 구속 생활을 함세웅, 문정현, 정현필 등 가톨릭 신부들과 함께 했다. 기독교에서는 이런 초교파적 활동을 에큐메니컬ecumenical하다고 말한다. 에큐메니컬은 희랍어 외쿠메네oekoumene에서 온 말로 '살고 있는 땅'이라는 뜻이다. 내 중학생일 때 아버지가 인도 간디의 문장을 모은 일본 사상전집을 사다 주셨다. 나는 그 책을 읽기 전에 그가 으레히 내가 믿는 기독교인인 줄만 알았는데 생전 듣지도 못했던 힌두교 계통의 신자임을 알았다. 간디는 기도회에 잘 나갔다는 것을 읽었다. 그 후 간디가 기도회에서 찾은 하느님이나 내가 기도회에 나가 찾은 하느님의 모습과 색깔이 다르다는 것을 나는 굳이 구별하지 않았다. 사람이 무엇이든지 다 아는 것도 아니다. 마치 몸에 병이 있어도 이 세상을 병과 더불어 사람이 살아 가듯이 정확히는 몰라도 모르는 것을 안다고 고집하면 안 된다. 나는 기독교인 부모에게서 출생해 교회에서 첫 가르침을 듣고 자라서 기독교인이다. 각 종교는 제각기의 고유성도 있어야 하지만 종교 간의 협동도 있어야 하는 것에 관하여 몇 가지 유의점을 밝히고자 한다.

1. 종교별로 종교의 고유성이 있다는 말은 각 종교마다 타 종교들이 도저히 추종할 수 없는 장점이 있다는 말이기도 하다. 예를 들어 봄이 되면 땅을 얼렸던 얼음이 물이 되어 흙이 부드러워진 맨땅을 벌레들이 비집고 나올 때 신심 있는 불교도 아낙네들은 부엌에서 쓰던 더운물도 땅 위에 함부로 버리지 않는다. 이 더운물을 버리지도 않고 벌레를 죽이지 않는 불교도들의 비폭력을 유교나 기독교가 못 따른다. 불교의 시조 석가모니는 정치판에서 사람을 죽인 후 권력을 유지하는 생활이 지긋지긋해 사람은 물론이고 벌레도 죽이지 말자는 깨달음을 얻었을 것이다. 따라서 왕위를 이을 석가모니의 고민은 평범한 사람들의 고민과는 달랐다. 평범한 사람들은 세상을 살다가 노인이 되어 병이 들어 죽는 생로병사의 괴로움 속에 살았지만 자신과 같은 왕족은 사는 것이 혹 평민들과 같아도 늙는다기보다는 기득권을 빼앗길까 봐 전전긍긍하다가 평민들같이 병이 나서가 아니라 마음이 이상해져서 자칫 잘못하면 멸망하고 마는 생주이멸生住異滅의 과정을 겪는 것을 알았다. 그리고 이 생로병사가 아니라 생주이멸의 심각성을 지닌 왕족은 그의 죄성을 벗기 위하여 벌레도 안 죽일 생각을 하였을 것이다.

유교의 장점을 말해 보자. 통치 조직에 상하관계가 반드시 있어야 한다고 유학도는 생각했다. 불교도나 기독교도들은 그렇게는 생각 안 했다. 그런데 상하간에 맡아서 수행해야 하는 일의 업무의 종류와 난이도에 따라서 권력이 적당히 분배되어야만 한다고 생각했다. 예를 들어 군대라는 조직은 상하관계의 조직이다. 군대의 영문을 지키는 군인은 하급 군인이다. 추울 때도 더울 때도 바람 불고 비 오는 밖에 서 있는 군인이다. 어떻게 보면 천한 일을 하는 영문지기 군인에게도 영문 지키는 일을 수행하기에 알맞은 권한이 있는 것이 유교사상이다. 얼핏 생각할 때 대장이 짐을 싣고 영문을 나서고자 할 때에 '대장님 이상 없이 근무 중입니다'라고 소리를 지르며 경례를 붙이면 그 영문지기는 맡은 일을 잘 하는 것으로 여겨질 수가 있다. 그러나 중국이 만든 관료조직 사상에서는 아니다. 그렇게 경례만 하는 영문지기의 경례를 받기 전에 대장은 영문지기를 불러 세워놓고 다음과 같이 나무라야 한다.

> 너 지금 무엇이라고 말했느냐? 이상 없이 근무 중이라고 말했는데 네 행동이 바로 이상이 있다. 영문을 통과하는 물품을 반출증과 대조도 않고 이상 없다고 말했으니 너는 너의 직무를 유기한 것이다.

이런 식으로 중국은 상하질서를 유지하였기 때문에 그 전통 속에서 중국의 실용주의 문화가 융성했던 것이다. 원효가 요석공주와의 사이에 아들 설총을 낳았다. 아들을 원효는 나라의 기둥 되게 길렀는데 승려로 만들지 않고 유학자로 길렀다. 신라와 고려에서의 불교는 유교의 도움을 얻어서만 나라를 운영할 수 있었던 것이다.

기독교에도 다른 두 개 종교가 아무리 좇아가려 해도 실천하지 못하는 원리가 있다. 이는 왕과 수평적 위치에 서서 왕의 잘못을 지적하는 예언자 전통이다. 아브라함을 기독교인은 선조로 말한다. 그의 특징은 자기가 정 붙여 살던 땅과 친척이 사는 고국을 떠나와 살았다. 모세는 '바로왕' 밑에서 있는 것조차도 부끄러워했다. 예언자의 완성자인 예수는 로마제국 밑에 살기를 거절해 성문 밖에서 로마의 극형 십자가형을 선택할 정도의 저항인이었다. 이 저항의 전통에서 야당이 여당이 되는 민주주의 문화가 만들어졌다. 이런 민주주의 문화를 뒷받침하는 종교는 이 땅에 기독교 이외에는 없다.

나는 위 삼자 종교의 특성을 구별하는 책을 고려대 교수 정년 이후에 쭉 써 왔다. 4, 5년 간격을 두고 쓴 첫 번째 책은《논어맹자와 행정학》이다. 이 책을 1984년 이후 고려대에 복직 후 쭉 고려대 법제사 연구실에서의 박성학 선생의《논어집주》와《맹자집주》강의 결과를 정년 후 4, 5년 걸려서 썼다. 이 책을 쓴 후의 나의 발견은 유교에는 수평적 민주주의가 없다는 것이다. 그래서 4, 5년 걸려서 《인간 · 종교 · 국가》를 썼다. 그 부제목이 시사하는 인간은 문예부흥 시기의 인간 발견을, 종교는 마르틴 루터의 종교개혁을 그리고 국가는 미국 행정을 말한다. 이 책을 쓴 후 4, 5년간을 동국대학에서도 청강하고 원효사상 연구를 청강해 원효를 《협력형 통치》의 한 기둥으로 밝혔다. 불교에서는 원효, 성리학에 찌든 조선조에서는 이율곡, 그리고 목사들에게 망쳐진 기독교에서는 함석헌을 나란히 세워서 겨레의 어른들로 탐구했다.

2. 기독교가 그 고유성을 지켰다는 것은 악한 정부에 대한 저항자 역할을 잊지 않았음을 말하며 이러한 기독교가 타 종교와 3 · 1독립운동을 협동해서 했다. 이렇게 각 종교의 고유성을 지키는 일과 종교 간의 협동하는 일과의 결합 사이에 생길 수 있는 현상을 A. 고유성을 지킨다/B. 고유성을 안 지킨다/C. 협동한다/D. 협동도 안 한다로 정하고 볼 때에 AC. AD. BC. BD의 네 개 결합을 생각할 수 있다.

이 네 개의 결합 중 AC의 결합만이 바람직하다. 3 · 1운동 때의 종교 간 협동이 이 예이다. AD의 결합은 과히 나쁜 결합이 아니다. 때가 오면 AD는 AC로 바뀔 수 있기 때문이다. 한편 바람직하지 않은 결합은 BC이다. 7, 80년대 민주화운동에 참여했던 기독교 목사가 민주화가 된 이후에 목사 직으로 돌아가지 않고 민주화된 정권에서 한자리를 하며 권력에 빌붙어 기웃거린 군상들이다. 목사의 고유 업무는 악인을 위하여 기도 드리는 일이지 나라의 행정을 맡는 일이 아니다. 이런 목사들이 제일 못하는 일은 〈야고보서〉 제5장 끝 절에 있듯이 악한 통치자를 위하여 하느님께 기도 드리는 일이다. 그대신 제일 잘하는 일은 회의를 하고 성명서를 내고 데모에 참가하는 일이다. BD가 제일 질이 나쁜 결합이다. 보수 교단들이 즉 고유성도 지키지 못하면서 협동을 않는 세력이다. 이런 교회들은 고유의 업무에의 충실함을 가장해 자기들이 보수 교회라고 자칭하지만 원은 다음 절 이하에서 보듯 개혁된 모습이 전혀 없는 목사들의 영업 장소로 삼는 교회이다. 이런 교회는 악한 정부에 저항하는 저항자 역할을 결코 않는다. 한참 무서울 때인 유신독재 시절 이런 기독교 교회의 목사들은 민주화운동을 물론 안 했고 그대신 독재자를 위하여 조찬기도회를 조직한 사람들이다. 한국기독교교회협의회(NCCK)는 7, 80년대에 민주화운동 때 AC현상을 형성한 세력이지만 그 당시 조찬기도회를 조직한 세력인 BD는 그 후 한국기독교총연합회를 만들어 사이비 협동운동을 해 오고 있다. 정통성 있는 이름 '한국기독교교회협의회'열자 중에서 교회협의회 5자를 총연합회 4자로 바꿔 넣어서 단체를 만들고 있는데 이 사이비 단체는 무서울 때나 지금이나 여당 편을 드는 단체다. ABCD 4자의 결합 관계 중 내 경험을 통하여 제시할 수도 있다. 나는 같은 교회에 5세 때부터 지금까지 다니고 있다. 내 유년기의 교회는 AC였고 유신정부 이후의 교회는 BD이다. BD인 교회에 지금도 나가는 한 가지 이유는 BD정도까지 내려가 있는 교회를 위하여 인내하고 기도할 일이 남아 있기 때문이다. 다른 하나의 이유는 내 유년기의 교회가 제6장에서 썼듯이 AC인 섬을 나는 잊을 수 없기 때문이다. 어린이 부흥회 때 동생을 때려 준 것을 뉘우쳐 운 곳이 이곳 교회다. 크리스마스 어린이 행사 때 〈마태오복음〉을 긴장해 암송하던 곳이 이 교회이다. 내가 성홍열을 앓았을 때 나를 위하여 기도해 준 분이 배선표 목사님과 박기반 전도사 내외였다. 일제 말에 배선표 목사님은 감옥에 갇혀 있었고 다석多夕 유영모의 친구였고 함석헌 모임에 참석하는 목사님이었다. 그런데 이런 교회가 교회성장론자가 목회하더니 BD형으로 바뀌었다. 여자 전도사와 비행이 있었던 목사를 이원조 목사가 옹호했을 때는 예배시간마다 검은 옷 입은 깡패들이 저들을 옹호했고 한 장로는 그런 목사를 두둔해 내 배를 몹시 때렸다. 참으로 못 볼 굴욕을 나는 겪었다. 그러나 나는 이 교회를 떠날 수가 없다. 내 자신이 바로 이런 곳일수록 더 남아서 하느님께 기도해야 할 교회이기 때문이다.

3. 이상에서 언급한 바와 같이 만세를 부를 정도의 기독교는 종교의 독자성을 잘 지켜야 하는데, 종교의 독자성을 지키려는 모습에서 반드시 발견되어야 하는

동시현상 세 가지를 더 지적하고 싶다.

이 세 가지는 사람의 모습을 부각하는 세 개 측면인 방법 · 일 · 사람 면에서의 부각이기도 하지만 공약 3장의 비폭력, 마땅히 사람이 행할 일, 그리고 사람의 마땅한 모습에서 생겨야 할 현상이기도 하다. 이 방법 · 일 · 사람 면에서의 기독교인들의 마땅한 모습을 부각한 글이 종교개혁의 아버지 마르틴 루터의 95개조 순서이기도 하다.

발터 폰 뢰베니히Walther von Loewenich가 쓴 《마르틴 루터Martin Luther — Der Mann und das Werk》(München: List Verlag, 1982)에 의하면 제1조에서 제95개조까지가 다음과 같이 방법 · 일 · 사람의 순으로 개진되어 있다.

방법		제1조에서 7조
		제92조에서 95조
일	내세의 일	제8조에서 29조
	현세의 일	제30조에서 55조
사람	사람과 신 사이에 낀 교회	제56조에서 68조
	사람과 신 사이에 낀 사제	제69조에서 80조
	사람의 당연한 항의	제81조에서 91조

예를 들어 제1조에서 제7조까지에 무엇이 적혀 있기에 방법을 논하는 것에 포함되었는가를 밝힌다. 마르틴 루터의 95개조의 요약, 즉 기독교회가 그 고유성을 유지하기 위한 비결 세 가지를 요약한다.

첫째, 사람이 일을 하는 '방법'은 신 앞에서 일생을 회개하며, 이 마음을 미루어 교회에서는 사제를 존경하며 교회 밖에서는 이웃에게 봉사하는 것이지, 신에게 회개하지 않고 다만 사제에게 굴종하며 교회 밖의 사람들에게 교만하는 것이 아니다.

둘째, 사람이 할 '일'이란 하늘나라와 의를 추구하는 것이지, 면죄부의 구입으로 상징되는 '이利'를 추구하는 것이 아니다.

셋째, '사람'은 신 앞에 서는 존재이지, 사제나 교회 앞에 서는 존재가 아니다.

4. 따라서 정상적인 교인들의 위와 같은 세 가지 행동은 세속 조직인 행정조직의 각 공무원에게 옮겨져 행동될 것을 예견할 수 있다. 그러므로 95개조에 나오는 말들을 행정조직 상황에 맞는 말로 다음과 같이 바꾸어 본다.

95개조의 상황	행정조직의 상황
사람	공무원
신	전문지식
교회	조직
사제	상사
교회 밖에 있는 이웃	조직 밖에 있는 국민
나라와 의義	민주 · 복지국가와 정의
면죄부의 구입	상사에의 상납

위의 낱말 대비 중에서 신이 곧 전문지식이라는 것에 거부감을 느낄 수 있을 것이다. 그러나 〈요한복음〉 제1장 1절은 천지가 창조되기 전에 말씀(Word)이 있었다는 것이며, 이런 점에 비추어 볼 때 공무원의 경우 공무원이 일하기 전에 말씀에 해당하는 전문지식을 공부해야 한다. 말씀은 '로고스'로도 표현되며 철학에서 이성理性으로 표현된다. 한편 이 신, 말씀, 로고스, 이성이 기독교인에게는 성신으로 지칭되듯 공무원에게는 여기에서 전문지식으로 표현된다. 1996년 10월 18일 한국행정학회 창립 40주년을 기념하는 자리에서 박동서 교수는 한국행정을 반성하면서 미국의 행정에서 능률만을 배워 왔지 미국 행정의 또 하나의 기둥인 민주주의를 배워 오지 않았다고 말하였다. 능률의 강조는 논리실증주의적 학문 접근에 기울며, 민주주의의 강조는 도덕, 윤리, 가치 문제를 포함하는 현상학적 학문 접근에 기운다. 이 박동서 교수의 젊었을 때의 큰 과오였던 발전행정의 허위를 나는 제7장에서 한 절을 만들어 논했었다.

새로 발견된 낱말을 사용해 행정조직에 속한 공무원의 세 개의 행동강령을 다음에 만들어 본다.

i) 공무원이 일을 하는 '방법'은 전문지식(능률과 민주주의 이념 포함)을 매일매일 닦아서, 이 학문을 갖고서 조직 내에서는 상사를 존중하며 조직 밖에서는 국민에게 봉사하는 것이지, 전문지식을 연마하지 않고 다만 상사에게 굴종하며 조직 밖의 국민들에게는 교만하는 것이 아니다.

ii) 공무원이 할 '일'이란 민주 · 복지국가와 정의를 추구하는 것이지, 상사에게 상납하는 대가로 '이利'를 추구하는 것이 아니다.

iii) 공무원인 '사람'이란 전문지식(능률과 민주주의 이념 포함) 앞에 서는 존귀한 존재이지, 상사와 조직 앞에 세워지는 존재가 아니다.

5. 이렇게 행정조직에 건전한 영향을 끼칠 정도의 기독교인이 있는 국민의 격을 유지시키기 위하여, 아니 바꿔 말해 공무원이 잘못하는 경우 공무원 앞에서 만세를 부르면서 저항하는 국민의 존엄성을 유지하기 위하여 정부는 공권력을 행사하여 징수한 세금을 갖고서 운영해야 할 시책들을 시행해야 한다. 3 · 1운동을 일으켰던 국민의 국가이기에 다른 국가가 도저히 못 갖는 시책 몇 가지를 예시한다.

① 정부는 교인들을 교회의 목사들로부터 착취당하지 않도록 조치를 강구해야 한다. 한 방법은 목사들에게서도 세금을 징수해 이 징수된 세금을 별도로 정립해 목사 정년 이후의 주택, 의료, 생활비로 충당해야 한다. 큰 교회나 사찰의 교역자가 말년을 추잡하게 교회와 사찰에 붙어 있는 까닭은 죽기 전의 생활비가 불안해서이다. 목사가 말년을 보장받기 위하여 일생을 교인들을 속여 먹고 살게 된다. 목사의 말년을 정부가 보장해 줌으로 정부가 교인들을 보호하게 된다. 만일에 각 교단이 이를 종교 탄압이라고 반대하면 이를 반대하는 교단 본부로 하여금 목사 정년 대비를 하도록 정부가 감독해야 한다. 단테의 《신곡》에 보면 교회를 후임자에게 판매한 신부가 지옥에 갇혀 있다. 목사의 이와 같은 비리는 그가 지옥에 가기 전에 이 세상에서 형법으로 처벌되어야 한다. 이런 방법도 있을 수 있다. 기독교인임을 신고하는 국민은 3년마다 당해년 수입의 십분지 일 정도를 정부가 종교세로 징수해 이 돈으로 목사의 생활비를 정년 전부터 도시나 농촌을 불

문하고 균일하게 지급하고 복지사업을 할 수도 있을 것이다.[35] 이 방법이 앞서 말한 방법보다 더 장점이 있다. 교인들은 그 자신이 이미 거룩한 성전임으로 성전을 괴롭히는 교역자의 도둑질로부터 성전을 보호하는 일을 정부가 해야 한다.

② 자의건 타의건 모든 능력을 상실하여 병상에 누워 있거나 사형에 해당하는 형벌을 받아 감옥에 있거나 노인이 되어 생존만 하고 있는 생명들이 존엄시되어야 한다. 예를 들어 환자의 자의라고 혹은 의사가 판단할 때 소생의 가능성이 없다고 인공호흡기를 떼는 것을 나는 안 되는 일로 본다. 어느 환자가 말을 알아듣는지도 모르고 물론 말을 못해도 그가 하느님께 기도를 드리고 있을 수 있기 때문에 기도하는 성자를 죽이는 것은 잘못이라고 생각한다. 사형에 해당하는 죄수가 감옥에 갇혀 있는 경우 그가 할 수 있는 일이 어차피 하느님께 기도할 일 밖에 없으며 이런 큰 죄인의 기도는 굉장한 효험이 있는 것으로 나는 생각한다. 사람이란 움직일 수 있을 때에는 무엇을 하지만 아무것도 못하게 되면 기도 밖에는 할 일이 없게 되니 이 기도하는 일은 그 사람에게는 물론 나라와 인류에게 큰 도움이 된다고 생각한다. 나는 제5장 마무리에서 〈야고보서〉 제5장 끝 절을 인용하여 노사관계에서 생기는 갈등을 해결하기 위하여 인내하고 기도하듯 환자의 병을 고치기 위하여 혹은 악한 통치자가 마음을 바로잡기 위하여 인내하고 기도해야 한다고 말했다. 우리가 일본 제국주의에 이어서 있었던 독재의 질곡을 그간 벗어났던 것도 다 뒤에서 기도하는 사람들이 있어서였다고 생각한다.

③ 탈북자들이 주택, 진학, 취직, 의료 등 여러 가지 면에서 정부의 특별한 배려를 받아야 하며 탈북자 중에서 장차 대통령이 나오고 뛰어난 지성인, 성직자 등이 배출되어 세상 사람들이 우리 정부가 위대한 정부라고 증언하게 되어야 한다.

④ 온유한 사람은 땅을 차지한다. 예를 들어 우리를 강점하던 일본인들이 일본인 촌을 한반도에 단 한 곳도 못 만들었지만 우리 겨레의 촌락은 일본 여기저기에 있다. 우리 교민은 중국, 러시아, 미국을 비롯한 세계 각지에 산재해 있다.

---

35 이것은 매우 성서적인 근거를 갖고 있는 것으로 삼 년마다 한 번씩 그 해에 난 소출의 십일조에 해당된다.(〈신명기〉 제14장 28-29절)

정부는 교민들이 자기가 몸담고 있는 나라에서 성공해 살도록 교민들을 돕고 이들이 택한 정부가 어려울 때에 우리 동포를 몸담고 살게 한 은혜를 갚아 반드시 도와야 한다. 6 · 25전쟁에 참전한 나라들과는 은의를 지켜야 한다.

⑤ 끝으로 국민이 만세를 부르도록 국민을 키운 정부가 있는 국가는 만세를 부르지 못하게 한 국가보다 멋이 있는 국가다. 이 글을 쓰는 2009년 8월의 이 시점에서 보는 한국과 일본을 비교해도 이것이 드러난다. 일본은 아직도 불경기의 늪에 빠져 있지만 한국은 일본보다 먼저가 아니라 세계에서 먼저 불경기의 늪을 빠져나올 첫 국가라는 지목을 세계로부터 받고 있다. 일본 도쿄의 관문 요코하마는 지방자치단체로 처음으로 일본의 침략을 미화하는 교과서를 채택했지만 전일 일본 제국과 굴욕적인 제물포조약을 맺었던 항구도시 인천은 세계의 도시를 한데 모으는 대축제를 벌였다. 인도네시아의 한 섬에 사는 원주민 찌아찌아족이 한글을 그들의 발음을 표기하는 글로 채택한 것이 2009년 7월 일이다. 그런가 하면 일본은 공용 한자의 수를 91개 늘렸다. 일본 TV를 보면 원자폭탄 맞은 것을 금년에도 원통히 여기며 슬퍼하고들 있지만 과거 일본이 전쟁에서 한 짓에 비해 원자폭탄을 단 두 곳만 맞았다는 게 불행 중 다행이었다는 증언은 안 보인다. 나는 일본이 독도가 자기네 땅이라고 말하며 군비를 갖추기 위하여 평화헌법을 보통헌법으로 고치려는 움직임을 보이는 걸 보면서 이렇게 퇴보해 가는 까닭과 한국이 진보해 가는 것을 다음과 같이 대비해 볼 수 있다고 생각한다.

> 일본 정부가 국민들로 하여금 만세를 못 부르게 하고 정부의 말을 듣게 한다. → 국민이 위축된다. → 과거의 정부의 잘못을 뉘우치지 않는다. → 국민이 더욱 위축한다.
>
> 한국 정부가 4 · 19와 7, 80년대 운동에서 만세 부르는 것을 못 막는다. → 국민이 활개를 편다. → 민주화된 정부들이 일제와 독재정부의 과거사를 뉘우친다. → 국민이 더욱 활개를 편다.

아니나 다를까 2009년 8월 8일자 《경향신문》은 한국 국민의 표정이 80년대 이후 밝아졌지만 일본인은 어두워졌다는 한국문화전문가 오구라 기조小倉紀藏 교토대 대학원 교수의 글을 게재했다. 즉 일본 교토대학 대학원 인문-환경학 연구과의 오구라 교수는 최근 간담회에서 한국인과 일본인의 특성을 비교하면서 다음과 같이 말했다.

"최근 한국의 지방도시들을 방문하면서 느낀 것이지만, 한국인의 성격은 일본인에 비해 훨씬 낙관적이며 직선적인 것 같습니다."

오구라 교수는 "80년대만 해도 한국인들은 그렇게 밝지 않았다"고 회상했다. 그는 "일본 젊은이들은 한국 젊은이에 비해 활기나 기개가 모자라고 어두워 보인다"면서 "한국인들이 밝아진 것은 지난 수십 년간 산업화가 진행돼 부유해지고 자신감이 커졌기 때문이 아닌가 추측된다"고 말했다.

그는 이어 한국인과 일본인의 사고방식을 비교하면서 "한국인은 자신을 중심으로 삼아 가족, 회사, 사회, 국가, 세계 등 동심원처럼 범위를 확대해 나간다"고 말했다. 오구라는 "이에 비해 인본인들은 관계를 중심으로 삼으며, 물질을 중시한다"면서 "따라서 타인과 관계를 맺지 않는 사람은 자신에게만 몰입한다"고 설명했다.

오구라 교수는 "한국 사회는 성선설과 혁명관에 기초하고 있기 때문에 일본보다는 신분의 상하 이동이 훨씬 자유로운 것 같다"고 말했다. 또한 "일본 사회는 신분사회로 고정돼 있어 신분의 상하 이동이 별로 없고, 사회 상층부의 부도덕성에 대해 비판을 별로 하지 않으며, 따라서 정권 교체도 어려웠다"고 분석했다.

그의 말 중 한국인의 밝음의 원인이 산업화에 기인했음은 적절한 말이 아니다. 제7장에서 밝힌 대로 산업화만이 원인이라 말하면 군사정부의 공으로 착각할 수 있다. 군사정부 밑에서 산업화를 못 이룬 민족이 이 세계에 하나둘이 아니다. 우리 백성이 똑똑해서 우리는 군사정부 밑에서도 산업화를 이뤘으니 그 공을 백성에게 돌렸어야 한다. 일본인 교수가 못 본 것은 한국의 원동력이 일제 시에 일본 사람 밑에서도 만세를 부른 백성이라는 점이다. 한편 정권 교체 대목의 지적은 맞는 말이다. 2009년 8월 30일에 모처럼 치렀던 중의원 선거에서 일본은 비로소 정권 교체를 했다. 이렇게 두 나라를 대비하고 볼 때에 사람과 나라에서 잘못을 뉘우친 경험이 있는가 없는가가 그 사람과 나라를 좀스럽게도 만들고 위대하게도 만든다는 것을 알 수 있다. 우리는 민주화 정권시대에 유난히 과거사의 평가, 즉 과거의 잘못을 뉘우치는 일을 많이 했다. 제4장에서 보듯 3 · 1독립만세도 평양 대부흥회에서의 회개운동에 이어서 생겨났다.

군자君子에의 길

전 절에서 공무원이 사람의 길을 가는 과정을 청교도를 만들어 낸 마르틴 루터의 95개조 논문에서 뽑아 보았다. 종교개혁의 영향을 제일 많이 받은 나라들 즉 미합중국에 이어 북유럽의 여러 나라의 공무원들의 청렴함을 보면 큰 가르침인 宗教의 위대함을 새삼 느낀다. 역사학자 토인비가 세계 문명을 각 지역에서 지배적으로 신봉되는 종교에 따라서 다르게 분류했던 역사관을 나는 수긍한다.

이런 나의 수긍은 고려대 정년퇴직 후 3권의 연이은 저작에서 나타난다. 세 권은 1.《논어맹자와 행정학》(나남, 1996), 2.《인간 · 종교 · 국가 — 미국행정, 청교도 정신 그리고 마르틴 루터의 95개조》(나남, 2001) 그리고 3.《협력형 통치》(열린책들, 2006) 등이다. 1은 유교, 2는 기독교 그리고 3은 유교와 기독교의 공존 상황에서의 행정의 모습을 묘사하고 있다. 이 세상에 종교는 많은데 이렇게 유교와 기독교 둘만을 내가 유의미하게 보는 까닭으로 나는 두 가지 정도를 생각한다.

1. 다음 장 중 〈정치와 행정 사이〉에서 언급될 나의 북한《로동신문》60개월을 내용 분석한 연구에서 지적하듯 아무리 전체주의적 국가라 할지라도 일단 일하는 조직과 개인을 존중하는 조직이 생겨나기 시작하면 체제의 자유화와 남북교류 · 공존도 가능하다는 것이다. 그리고 이 말 중에 나오는 일하는 조직의 원형을 인류에게 제시한 가르침은《논어》《맹자》이며 개인을 존중하는 조직의 원형을 가르친 책은《성서》라는 것이다.

2. 유교와 기독교는 한국 행정의 형성에 전통적으로 영향을 미쳤다. 통일신라

와 고려는 불교를 많이 받아들였지만 불교만 갖고서 행정을 형성하지는 못했고 유교를 도입함으로 행정을 했다. 기독교가 이 땅에 들어와서야 1919년의 3·1독립운동이 일어났고 1970년대 이후의 민주화운동은 한국 기독교의 초교파적 협동운동으로 뒷받침되었다.

두 개 종교 유교·기독교 중 유교 이야기만을 본 절에서 해 보자. 1984년 고려대에 복직한 어느 날 나는 캠퍼스에서 법제사 교수 최달곤 박사를 만났다. 그가 조합장이어서 교직원 택지개발을 했을 때에 나를 끼워 주어 그 집에 내가 살 수 있게 한 그가 다른 혜택을 던져 주었다. 자기 방에서 박성학 선생을 모시고 한문 강독을 주 1회에 두 시간씩 하고자 하니 원하면 나오라는 것이었다. 내가 선택한 것도 아닌데 이 강독시간에 늘 교재를《논어집주》아니면《맹자집주》를 택했다. 강의시간 중 졸기도 했다. 저녁에 피곤했을 때의 모임이었다. 그러나 사람이 졸기만 하는 것이 아니었다. 문득《논어》와《맹자》를 합하면 비논리실증주의적 행정학책이 되겠다는 생각이 들었다. 이 생각 후는 안 졸았다. 강의를 들으면서 여기저기에 메모를 했다. 그래서 1996년 '나남'에서 출판한 책이《논어맹자와 행정학》이다. 그러나 논어와 맹자의 장구章句를 하나도 빠짐없이 재결합하면 행정학이 된다는 이 생각은 우연히 생긴 것은 아니고, 다음과 같은 발견의 결과에서 생긴 깨달음이었다.

1. 공자의 사상을 모은 책인《논어》가《맹자》보다 먼저 나온 책이다. 공자는 은殷나라의 전체주의를 극복했던 주周나라의 약 800년간의 통치가 무너진 후 중국이 혼란하여 전국시대가 되어 버림을 안타깝게 여겨 주나라의 제도를 연구하고 이를 실천하며 교육하고자 한 분이었다. 은나라는 전체주의국가였고 나라의 통치세력은 정인貞人이라고 일컬어지는 거북점치는 사람들이었다. 공자가 파악한 주나라 제도의 특성은 적어도 두 가지였다. 그 하나는 인간이 궁극적으로 의지할 곳은 결코 거북점에 있을 수는 없고, 그 사람이 잘되고 못되고는 당사자 개인이 선한가 아닌가에만 달려 있어야 한다는 생각이었다. 이에 공자는 이를

천명天命의 신으로 생각했다. 다른 하나의 생각은 전체주의를 극복하는 비법이었는데, 이는 왕 밑에서 일하는 관청에서 상하의 질서가 있기 마련이지만 아무리 아랫사람이더라도 맡은 일을 하기에 필요한 고유의 권한을 윗사람이라고 해서 함부로 침범해서는 안 된다는 생각이다. 나는 이런 두 가지 생각이 《논어》의 근본 전제라는 것을 강의를 들으면서 졸면서도 생각했다.

2. 《맹자》는 공자의 손주뻘 되는 세대인 맹자의 글인데 맹자는 《논어》에 영향을 받아 동일한 학문 접근을 사회과학적으로 연구했다. 따라서 《논어》는 인문학적 접근의 책이라면 《맹자》는 인문학에 영향을 받은 사회과학 책이다. 이 점은 논리실증주의적 행정학이 아닌 오늘에 필요한 행정학 연구에 곧 본이 될 만한 학문 접근이다.

3. 두 책에 등장하는 장구를 분류하면 관료제도의 두 기둥인 조직과 관리에 적용되는 논의가 많으며 관리도 정책, 재무, 인사 등에 걸치는 내용이 많아 두 책을 읽을수록 행정학 책을 읽고 있다는 착각을 갖게 되었다.

조직과 관리, 관리 중에서도 정책, 재무, 인사 등 각 분야마다 공무원들이 군자의 길을 가야함을 묘사한 책이 《논어》와 《맹자》이다. 군자의 길을 가는 첫걸음은 신信이며, 지智, 예禮를 거쳐서 인仁에 이어서 최종적으로 의義에 이르고 있다. 나의 이 순서는 信仁義禮智로 일컬어지는 유학의 간추림과 어긋나는 흐름이다. 나는 본서에서 이미 언급한 대로 춘하추동의 계절에 따라서 봄에는 신을, 여름에는 지와 예를, 가을에는 인을 그리고 겨울에는 의를 사람이 나무에서 배운다고 썼다. 《맹자》는 인의예지의 끄트머리만 사람에게 있어도 좋은 일이라고 말해 네 개의 끄트머리 사단四端을 말한 바 있다. 인의 끄트머리는 남을 긍휼히 여기는 마음이며, 의의 끄트머리는 자신을 부끄러워하는 마음이며, 예의 끄트머리는 사양하는 마음이며 그리고 지의 끄트머리는 시시비비를 가리는 마음이라는 것이다. 다만 신의 끄트머리가 무엇인지에 대한 언급은 안 보인다. 최소한의 덕목으로 인격발전을 다음과 같이 순서화할 수 있다고 본다.

믿을 만하다 → 시시비비를 가린다 → 사양한다 → 약자를 긍휼히 여긴다 → 자신을 부끄러워한다.

이 흐름은 민주 행정의 과정과도 일치한다. 즉 사람이 비폭력일 때 믿을 만해지며 개인윤리를 내용으로 하는 과학적 관리 이후에 남에게 사양하는 인간관계의 향상이 뒤따랐고, 사회윤리에 이어서 자기를 공복으로서 희생하는 것이 공직자의 마지막길이다. 행정의 네 분야인 조직, 정책, 재무, 인사 분야에서 네 개의 자기 승화과정을 다음과 같이 생각할 수 있다.[36]

승화 과정 / 행정 분야	A 조직	B 정책	C 재무	D 인사
1. 信	A1	B1	C1	D1
2. 智	A2	B2	C2	D2
3. 禮	A3	B3	C3	D3
4. 仁	A4	B4	C4	D4
5. 義	A5	B5	C5	D5

조직에서 보는 공직자의 자기승화: (A1)《논어》《맹자》는 공직자의 권력행사가 전무한 상태를 공직의 시작으로 보지는 않았다. 오히려 권력행사가 다음 4개의 전제하에서 필요하다고 보았다. ① 〈등문공滕文公〉 下4에 의하면 '남은 것으로 부족한 것을 보충하는' 조정역을 정부가 해야 하기 때문에 알맞는 권한이 있어야 한다는 것이다. ② 〈이루離婁〉 下2에 의하면 만인이 이용할 수 있는 공공시설을 만들기 위하여 정부의 공권력 행사가 필요하다고 보았다. ③ 〈이루離婁〉 下24에는 공의를 위하여 사람을 죽이는 것이 사은私恩을 위하여 사람을 안 죽이는 것보다 낫다고 보았다. ④ 〈고자告子〉 下10, 11, 12에 의하면 야만 국가를 면하고 문명국가를 유지하기 위하여 공권력 행사를 해야 함을 말했다. 국민이 신임하는

36 이문영, 《논어맹자와 행정학》(나남, 1996) 중 제3부 〈행정구도〉를 표로 간추리고자 한다.

정부는 아무 권력행사도 안 하는 정부가 아니라 이상 4개의 권력행사의 전제들이 보이는 정부이다.

(A2) 조직에 있어서의 지적 대응은 주로《논어》에서 찾을 수 있다.《논어》는 조직의 최소 단위인 직무가 어떻게 지적 대응을 충족해야 하는가를 몇 가지 점에서 밝히고 있다. 우선 직무를 잘 수행하는 요건으로서 결단력이 있는 과果와 사리에 통달하는 달達과 재능이 많은 예藝를〈옹야雍也〉6에서 말한다. 논어는〈위정爲政〉12에서 군자불기君子不器를 말하고 있는데 이는 공직자가 한 가지 일만을 잘하는 말하자면 미국식 스페셜리스트specialist보다는 한 사람이 여러 일을 잘하는 영국식 제너럴리스트generalist를 일컫는 말이다. 또한, 직무수행에 필요한 기술인 기器와 상사와의 관계에 있어서 정신인 도道가 적용되는 내용을〈자로子路〉25에서 다음과 같이 엿볼 수 있다.

> 君子는 섬기기는 쉬워도 기뻐하게 하기는 어렵다. 기뻐하게 하기를 道로서 하지 않으면 기뻐하지 않으며, 사람을 부림에 있어서 그릇에 따라 小人은 섬기기는 어려워도 기뻐하게 하기는 쉽다. 기뻐하게 하기를 비록 道에 맞게 하지 않더라도 기뻐하며, 사람을 부림에 있어서는 각박하게도 완전하기를 요구한다.

(A3) 조직에서 비폭력(A1)의 길을 간 후 지적 대응(A2)을 성취한 다음에 당면한 과제는 직책과 직책 간에 관계를 원활히 하는 일이 A3이다. 이것이 예禮의 세계다.《논어》《맹자》에서 직책과 직책 간에 의미 있는 관계는 상하 간의 관계이다.〈팔일八佾〉5에서 "오랑캐에게도 군주가 있으나 중국의 여러 제후국에 군주가 없는 것과는 같지 않다"라고 하여 정부의 불가피론을 말하고 이 정부를 관리하기 위해 관료제가 필요하다는 것이다. 상하 간에는 상하질서의 계층성과 기능 차이가 있음을〈이루離婁〉下 27,〈옹야雍也〉23,〈안야顔淵〉11,〈공손추公孫丑〉下 2 등에서 보여 주고 있다. 또한〈등문공滕文公〉下 1장의 3,〈자로子路〉3에서 정명正名이 상하가 지켜야 할 정신임을 말하고 있다. 조직 내 상上이 할 일로서 ① 당堂을

짓지 않은 것(述而 30) ② 어짐과 관용을 가질 것(子張 3) ③ 정성을 다하여 불쌍한 자를 대할 것(子罕 9) ④ 솔선수범할 것(子路 1) ⑤ 올바를 것(子路 6, 13)(離婁上 20) ⑥ 예禮를 좋아할 것(憲問 44) ⑦ 행정은 공개적인 장소에서 할 것(爲政 10) ⑧ 감히 못하는 것들이 있을 것(堯曰 2) 등이며, 하下가 할 일로서는 ① 충성으로서 임금을 섬길 것(八佾 19) ② 의리와 세속 중 의리를 우선으로 할 것(子罕 3) ③함부로 못하는 것이 있을 것(陽貨 24, 25) 등을 들고 있다. 그리고 "못 얻었다고 그의 상上을 비난해도 안 되며 백성의 위에 있으면서 백성과 동락하지 않는 자도 안 된다"는 〈양혜왕梁惠王〉 下 4장의 2가 상하를 유지하는 궁극의 목적이 된다.

(A4) 《논어》·《맹자》에는 관료조직 이외에 관료조직이 감히 어찌 할 수 없는 조직들이 있는 것을 당연시 한다. 이들에게 측은지심 즉 인仁으로 대할 것을 권한다. 6개 정도의 이 자연 상태의 조직을 열거하면 다음과 같다.

① 스승과 부형에게 아무도 침범할 수 없는 조직의 권위가 있다. 예를 들어 〈이루離婁〉 下 31장은 스승인 증자는 신하인 자사와 달리 전쟁터를 피해가도 可하다고 말한다.

② 〈만장萬章〉 下 9는 귀척지경貴戚之卿과 이성지경異姓之卿을 분류하여 언급하고 있다. 왕에게 잘못이 있으면 간하고 반복해서 간해도 듣지 않으면 군주의 자리를 바꾸는 사람이 전자이며 떠나는 사람을 후자로 구별한다. 여기에서 이성지경은 조직을 떠나기 때문에 조직 외적 조직으로 볼 수 있다.

③ 창조적 소수(Creative minority)가 있다. 〈진심盡心〉 上 18은 덕과 기술의 지혜를 가진 창조적 소수를 말하고 있다. 또한, 이런 의미 있는 사람들의 쇠락을 염려하는 내용이 〈양화陽貨〉 16에 있다.

④ 교육자가 있다. 〈진심盡心〉 上 20은 군자는 부모형제가 무고하고, 부끄러운 일이 없으며 교육의 즐거움이 있음을 말하여 왕과 구별한다.

⑤ 농農 · 공工 · 상商 · 경賈와 사士가 있다. 특히, 선비의 기능으로 〈진심盡心〉 上 33, 下 31에서 말을 해서 안 될 때에 말해도 안 되고, 말해야 할 때에 말하지 않아도 안 됨이 언급된다.

⑥ 다른 나라들이 있다. 〈계씨季氏〉 1장의 11, 〈진심盡心〉 下 2, 〈미자微子〉 10, 〈양혜왕梁惠王〉 下 3, 上 5에서 단순한 영토 확장을 위한 정벌의 금지, 다른 나라와의 관계에 있어서의 관용성, 그리고 큰 나라가 작은 나라를 인仁으로 대할 것을 권한다.

(A5) 행정조직이 성격상 영구히 존재하는 것이 아니라는 것을 〈미자微子〉 9, 〈등문공滕文公〉 下 7, 〈만장萬章〉 下 4, 〈진심盡心〉 上 34, 〈양혜왕梁惠王〉 下 12 등이 말한다. 이 중 자신이 속했던 조직을 버리고 떠나는 것을 묘사한 전형적인 글이 〈미자微子〉 9이다. "노魯나라 악관樂官이 우두머리인 태사太師 지摯는 제齊나라로 가고, 아반亞飯의 간干은 초楚나라로, 삼반三飯의 료繚는 채蔡나라로 사반四飯의 결缺은 진秦나라로 가고, 북을 치는 방숙方叔은 하내河內로 들어가고, 소고小鼓를 흔드는 무武는 한중漢中으로 들어가고, 소사小師인 양陽과 경쇠를 치는 양襄은 해도海島로 들어간다"는 것이다.

마지막 예인 〈양혜왕梁惠王〉 下 12장 2, 3에서는 해당 직을 관장하는 상급자의 도덕성이 결핍될 때에 해당 직에 속한 사람이 직을 떠나므로 해당 직이 존속될 수 없음을 말한다. 즉 흉년과 기근에 백성들이 고통을 받고 있음에도 불구하고 상급자의 창고는 재물로 가득 차 있을 때 백성들이 떠나게 되고 당연히 그 조직은 해체되어야 한다는 것이다.

정책 형성에서 보이는 자기승화: (B1) 정책이란 정부가 하는 일을 말한다. 일의 시작도 관이 민에 대해서 비폭력적 조치를 취하는 것으로 시작한다. 나라에 백성들이 모여들게 해야 하며 모여든 백성에게 생활의 근거가 되는 농토를 제공하며 그 토지 위에 사는 백성에 대하여 정부가 선공후사先公後私의 입장에 서서 항산恒産시책을 강구해야 함이 비폭력의 내용이다. 정부가 비폭력적일 때 자연히 인구 증가가 있게 됨을 〈양혜왕梁惠王〉 下 15에서 말하고 있다. 항산恒産이란 결혼한 남자에게 3000평의 농토가 부여되도록 정부가 이를 확인하는 제도로서 〈등문공滕文公〉 上 3장의 2, 3, 4, 5, 11, 12, 13은 국민이 항산을 갖는 데는 정부가 잘해야 함을 보여 주고 있다. 〈등문공滕文公〉 上 3장의 9에서 "우리 공전公田에 비를 내려 마침내 우리 사전私田에 미친다" 하여 존경의 대상으로서의 공公이 항산의 주체로서의 사를 선행하는 점을 말한다.

(B2, B3, B4) 정책이 지智 · 예禮 · 인仁 등으로 3분화하기보다는 이 3가지가 통합된 경험을 원전은 말한다. 즉 인간의 본래 성격이 선하기 때문에 인간 속에 있는 선한 것을 찾아서 이를 실천해 나가는 입장에 선다. 〈등문공滕文公〉 上 1장에 의하면 등문공이 세자로 있을 때에 초楚나라에 가기 위하여 송宋나라를 지나다가 맹자를 만났다. 이때에 맹자는 성性이 선함을 요순堯舜을 예시하여 말했다. 뭇사람과 요순이 처음에는 조금도 다름이 없었으나 다만 뭇사람들은 사욕에 빠져 본성을 잃었고, 요순은 사욕에 가림이 없어 그 본성을 그대로 유지했다는 내용이다. 말하자면 인의仁義는 밖에서 구할 수 있는 것이 아니라 성인도 배워서 이룰 수 있는 것임을 알아 힘을 씀에 게을리 하지 않아야 한다는 것이다. 이 점은 《논어》의 〈요왈堯曰〉 1장의 6에서도 볼 수 있다.

(B5) 정책의 최종 단계는 사람이 자신을 부끄럽게 생각하는 것이다. 자신을 부끄럽게 생각하는 자는 자신의 이익을 포기한다. 이를테면 사람이 출생하자마자 먹을 것을 찾으나 죽을 때는 곡기를 끊는다는 것이다. 국민이 성선적 경험을 포기하면 정책의 최종 단계에서 자신의 이익을 위해서 타인을 죽이게까지 된다는 이야기로 시작하는 글이 《맹자》의 첫 글이다. 이에 의하면 양혜왕梁惠王이 맹자에게 맹자가 자기 나라로 오면 이利롭다고 말한다. 여기에서 나라가 이롭게 된다는 것은 백성들이 선하게 된다는 말과는 다르다. 이 말을 듣고 맹자는 왕이 이

利를 숭상하면 종단에는 이를 충족하기 위하여 사람을 죽이고 당신의 부하가 당신을 죽이게 되는 데까지 이른다고 말한다. 정부는 이利가 아니라 인의仁義만을 구해야 한다는 것이다. 이 대화에서 보듯 성선적 경험의 결핍은 자기의 이익을 위해서 왕까지도 살해하는 지경에 이른다는 것이다. 이와 같은 입장에서 원전은 의義를 실천하는 형이상적 경험을 사람들이 갖기를 권한다. 원전이 제시하는 형이상적 경험은 사별한 부모에게 지극한 애도의 정을 나타내는 것으로 실천됨을 말한다. 〈등문공滕文公〉 上 2장의 2, 4에 의하면 국민이 형이상적 경험을 갖게 하는 첩경은 왕 스스로가 이를 실천하는 것을 국민에게 보임으로서 가능하다는 것이다. 이상에서 정부 정책의 진전이 비폭력적 조치에 이어서 국민으로 하여금 성선적 경험을 갖게 하고 드디어는 형이상적 경험도 갖게 하는 것을 내용으로 하는 것을 볼 때 이 3가지 길과 정반대로 가는 현실과 대비하게 된다. 즉 정부가 비폭력의 길과는 달리 포악하며 국민으로 하여금 성선적 경험과는 거리가 먼 자신의 이익만을 추구하는 경쟁적 경험을 부추기며 드디어는 형이하적 경험을 궁극의 목표로 삼게 되는 비인도적인 현실을 생각하게 한다. 오늘의 한국 실정이 이 시점에 있다고 본다. 우리가 이 시점에 있는 한 더 전진할 수 없고 선진국이 되는 문턱에서 후퇴하고 말 수도 있다.

재무행정에서의 자기승화 : (C1) 정부의 세출이 정책에서 언급한 B1의 프로그램을 뒷받침하는 것이 재무행정의 제1과제이다. 따라서 백성에게 항산책恒産策을 마련해 주기 위해서 국민에게 분배할 농토를 정부는 갖고 있어야 한다. 조선조의 경우 공신들에게 엄청난 농토를 주었기 때문에 일반 농민들에게는 항산책이 마련되지 못하여 농노생활을 하게 되고 빈번한 농민반란의 온상이 되었다. 생활의 근거인 농토가 국민에게 분배된 후에는 정부가 선공후사先公後私의 비폭력 조치를 취해야 하는 것이 B1의 프로그램이었다. 〈양혜왕梁惠王〉 上 3에 의하면 "웅덩이와 연못에 촘촘한 그물을 넣지 않아 고기와 자라가, 즉 인간의 환경이 보존된 상태"를 보여 주고 있으며 이는 곧 먹이를 키워 가면서 잡아야 한다는 사상으로 정부의 비폭력적 사고를 말한다. 〈선진先進〉 7은 "안회顔回의 아버지 안로顔路가 죽은 아들을 위해 공자의 수레 팔기를 공자에게 청하자 공자는 다음과 같이 말했다. 목곽木郭을 마련하기 위하여 관직에 있는 자의 수레를 팔 수 없다"고 하여 선공후사先公後私 정신을 언급하고 있다.

(C2, C3, C4) 이 단계의 재무행정은 백성의 성선적 경험을 뒷받침해야 한다. 이 단계의 재무행정을 요약하는 적합한 개념은 〈요왈堯曰〉 2에 나오는 혜이불비惠而不費이다. 이는 정부가 은혜롭되 허비하지 않음을 말한다. 제임스 레그James Legge는 이를 'Beneficient without great expenditure'로 번역한다. 허비하지 않는다는 것은 가급적 수입을 늘리고 비용은 줄인다는 것을 뜻하며 수입을 늘린다는 것은 개인의 선행을 늘리며 악행을 줄인다고 해석될 수도 있으므로 불비는 곧 성선적 경험에 부합하는 말이다. 물질의 본질은 검소한 데 있지 물질의 노예가 되어서 즉 물질을 하느님으로 여겨 비극을 불러오는 데 있지 않음을 원전은 강조한다. 〈태백泰伯〉 13은 "나라에 도道가 있을 때에 가난하고 또 천한 것이 부끄러운 일이며, 나라에 도道가 없을 때에 부富하고 또 귀한 것이 부끄러운 일이다"라고 말한다. 공직자가 꼭 사용해야 될 비용을 다음에 예시한다.

· 공직자가 노魯나라 사람 임방林放에게 말한 검소한 예禮를 갖추기 위한 물질.(八佾 4)
· 자공子貢이 없애려고 한 것을 공자가 필요하다고 말한 제사에 바치는 희생양.(八佾 17)
· 염자冉子에 대한 공자의 교훈으로, 사사로이 사람을 부릴 때에는, 부자이기도 한 공서적公西赤의 경우와 같이, 그에게 돈을 주지 않지만 직책이 있으면 원사原思의 경우와 같이 부자에게도 넉넉히 준다.(雍也 3)
· 포 한 속束 이상을 갖고 오는 예를 행한 자에게 공자는 교육을 시킨다. 그러니까 제자들은 선생님 댁에 갈 때에 뭘 좀 갖고 가야 한다.(述而 7)
· 사치하고 공손하지 못한 물物이 아니라 검소하고 고루한 물物이 필요하다.(述而 35)
· 공자가 위衛나라의 공자公子 형荊을 두고 평한 말로, 높은 사람은 외물外物로 마음을 삼지 않아 '그런대로 이만하면 됐다'라는 마음이 필요하다.(子路 8)
· 공자가 위衛나라에 갈 때 염유冉有에게 한 말로 백성을 모은 후, 즉 인구가 늘게 한

후 백성을 부유하게 만들고 그 다음에 교육한다.(子路 9)

· 공자가 엽공葉公에게 한 말로 아버지가 양羊을 훔치면 자식이 아버지를 숨겨 준다.(子路 18) 이는 부정을 덮어 두라는 뜻이 아니다. 상술한 〈엽문공滕文公〉 下 10에서 보듯 진중자陳仲子의 지조는 지조가 아니라는 예를 밝힌 것으로 이 경우 양이 아마도 아버지의 최소한의 물질적 기반이 되었을 것이다.

국민에게 항산책을 마련하고 왕이 국민과 더불어 즐거움을 같이 하려면 국민에게 혜택이 되는 시책을 금전적으로 뒷받침해야 한다. 조선조 과거시험에서 답안지에 맹자를 많이 인용하는 수험자가 불온한 사상을 가졌다고 의심받았다는 고사가 상기된다. 백성에게 사용할 돈이 없는 정부가 과거시험 수험자가 항산책을 강조하는 맹자에 심취함을 꺼려했기 때문이다. 〈양혜왕梁惠王〉 上 2장의 3에 있는 "백성과 함께 즐기기 때문에 능히 즐길 수 있다"라는 원전을 음미해 볼 만 하다.

(C5) 재무행정의 최종 종착점은 공직자가 행한 것을 국민에게 더 잘해 줄 수 있었다는 아쉬움과 반성으로 가득해야 한다. 이 정신을 재무행정에서 표현한 적절한 어휘는 〈태백泰伯〉 5장에 나오는 유약무有若無이다. 레그는 이를 'Having, as though he had not'으로 번역한다. 나라의 주인이 공직자가 아니라 공공조직의 창출자인 국민이라고 인식해야 한다는 것이다. 유약무의 정신을 원전에서 간추려 보자.

· 자공子貢의 말로서 가난하되 아첨함이 없으며 부富하되 교만하지 않은 것이 가난하면서도 즐거워하며 부富하면서도 예禮를 좋아함만 못하다.(學而 15)
· 공자가 거주하면 이족夷族이 사는 곳도 누추하지가 않다.(子罕 13)
· 천명을 받아들이지 않고 재화를 늘린 사賜와는 달리 안회顔回는 도道에 가까웠고 자주 끼니를 굶었다.(先進 18)
· 자로子路에게 공자가 한 말로서 이利를 보고 의義를 생각하면 성인成人이 될 수 있다.(憲問 13)

· 종일토록 밥을 먹지 않으며 밤새도록 잠자지 않고 배운다. 생각만 하는 것이 아니다.(衛靈公 30)

인사행정에서의 자기승화 : (D1) 인사행정에 있어서의 비폭력을 단적으로 나타내는 현대의 제도는 전임자가 임명한 공무원을 후임자가 해임하지 아니하는 '직업공무원제도'이다. 유교사회에서의 직업공무원제도에 해당하는 개념은 '예禮를 통한 공무원의 채용과 해임'이다. 예禮는 다음과 같은 몇 개의 내용으로 구성될 수 있다.

· 여러 사람이 좋다고 천거하는 사람을 채용하고 여러 사람이 그만두게 해야 한다고 하는 사람을 그만두게 한다.(梁惠王 下 7장의 4)
· 충성스러운 공직자의 자식이 충성스러운 경우 충성스러움을 증명하였다고 볼 수 있다. 누대累代에 걸친 충신을 세신世臣으로 일컷는다.(梁惠王 下 7장의 1)
· 공직자를 채용하는 기준을 우리나라나 일본에서 보듯 수험자의 지능 정도를 측정하는 것이 아니라 수험자의 순수한 인간성을 평가하는 데 둔다. 말하자면 시험과목이 인간으로 하여금 사무사思無邪를 생각하게 하는 시詩와 대인관계에서 실천되어야 하는 예禮의 유무 여부를 보는 데 있다.(爲政 2, 季氏 13장 2, 3, 4, 5)
민주주의 국가로 상징되는 영국의 고급 공무원 채용이 옥스퍼드나 케임브리지 문과대 출신을 채용한 후 실무교육을 통해 이루어졌던 것과 달리 제국주의 건설을 위한 요원을 양성하기 위해 도쿄대학을 설립했던 일본을 대비해 볼 때 공직자 채용에 있어서 올바른 교육의 중요성을 생각하게 한다.

(D2) 인사행정에서 지적인 대응책은 공직자가 일할 자리를 정하고, 그 자리에 공직자가 임명되며, 봉급을 받고 드디어는 이직을 하는 제도가 합리적이어야 한다. 직위 분류는 다음을 고려하여 이루어져야 한다. ① 〈헌문憲問〉 28에 의하면 "군자는 생각이 그 지위를 벗어나지 않는다"라고 하여 사람은 역할에 영향을 받아 사고하게 된다. ② 〈옹야雍也〉 12, 〈안연顔淵〉 21장의 3, 〈위령공衛靈公〉 37에서 보듯 일을 먼저하고 이득을 나중에 얻는다는 선사후득先事後得의 정신이 실천되어야 한다. ③ 〈위정爲政〉 12, 〈태백泰伯〉 4장의 3, 〈자한子罕〉 2에서 언급되었

듯 직위에 따라 직무가 분류된다.

다음은 임용에 있어서 유의해야 할 세 가지를 열거한다. ① 행行을 전제로 한 전문지식의 유무 여부를 살펴야 한다(爲政 18). ② 높은 직무일수록 덕德은 물론 재才도 있어야 한다(憲問 12). ③ 일단 채용된 공직자의 옳은 말은 버리지 않는다(衛靈公 22). 봉급 지급에 있어서는 ① 직책이 있으면 부자라도 넉넉히 준다(雍也 3). ② 밑바닥 공직자의 생활보장을 전제로 한다(萬章 下 2). ③ 봉급은 일을 할 때만 받는다(公孫丑 下 14) 등이 고려되어야 한다.

〈공손축公孫丑〉 下 5장 1, 2, 3, 4, 5는 관官으로서 맡은 자리의 사람이 일이 안 되고, 특히 바른말 하는 것을 책임으로 삼는 자가 말을 할 수 없으면 떠난다고 하여 이직에 관하여 언급하고 있다.

(D3) 조직 내 구성원 간에 화목을 도모하는 D3는 지적 대응인 D2와 더불어 인사행정에서의 개인윤리적 대응을 형성한다. 즉 지智와 예禮가 개인윤리의 덕목을 가진 사람의 특색이다. 조직 내 구성원 간에 화목한 인간관계와 그렇지 않은 인간관계의 두 모형을《논어》《맹자》에서 볼 수 있다. 각 모형의 차이를 ① 공무원이 조직에 들어가기 전의 교육에서의 차이 ② 측근 정치의 유무 ③ 인화의 유무가 미치는 영향 면에서 고찰된다. 설명 항목을 만들어 보면 다음과 같다.

	1. 교육과정	2. 측근정치	3.결과
화목한 인간관계(O)	O1	O2	O3
불화한 인간관계(X)	X1	X2	X3

6개의 항목 중 교육과정(O1, X1)을 〈옹야雍也〉 8을 내용으로 하여 설명해 보자.

백우伯牛가 병을 앓자, 공자가 문병할 때에 남쪽 창문으로부터 그의 손을 잡고 말하였다. "이런 병에 걸릴 리가 없는데, 운명인가 보다. 이런 사람이 이런 병에 걸리다니!"

〈이씨季氏〉 13에서 공자는 자식인 백어白魚에게도 예외가 아니게 시詩와 예禮를 으뜸가는 교과 과목으로 가르친 것을 〈임용 절차로서의 예禮〉 절에서 이미 살펴본 바가 있다. 거듭 말해서 시詩란 '사무사思無邪'를 내용으로 하며, 예禮란 오늘날의 어휘로 말하면 헌정 질서에 관한 공부이다. 시詩가 사적인 생활에서 알아야 할 덕목이라면, 예禮는 공적 생활에서 알아야 할 덕목이라고 말할 수 있다. 윗글에서는 스승인 공자와 제자인 백우 사이에 구체적인 인간관계가 얼마나 두터운가를 엿볼 수 있다. 시詩와 예禮를 공부하되 공자와 같은 인간애에 입각하여 제자가 받은 교육은 표의 O1에 해당하는 교육이며, 그렇지 않은 교육은 X1이 자명하다.

측근의 존재 여부와 만약 존재한다면 그들이 군자인가 소인인가에 따라 그 항목이 각각 O2와 X2로 결정된다. 이에 대한 내용은 〈위정爲政〉 14, 〈등문공藤文公〉 下 6장의 1, 2, 〈고자告子〉 下 13장의 8, 〈만장萬章〉 上 7, 8, 9 등에서 언급되고 있다.

화목하고 화목하지 않은 인간관계의 결과는 서로 반대의 관계로서 각각 O3, X3으로 표시되었으며 특성 몇 가지를 정리해 보면 다음과 같다.

① O3은 공무원이 좋은 능력을 최대한 발휘케 하는 데 반해 X3은 반대이다.(顔淵 16)
② O3은 관계자들이 합의해서 일을 하지만, X3은 그렇지 않다.(憲問 9)
③ O3은 말이 통용되는 사회인 데 반해 X3은 불통의 사회이다.(衛靈公 7)

(D4) 소외된 국민을 등용하는 것이 인仁의 실천이다.

· 〈옹야雍也〉 4에는 '아버지가 악하나 아들이 선하다면 그 아들은 당연히 쓰여져야 한다'라고 하여 사회윤리적 인사행정을 언급하고 있다.
· 〈안연顔淵〉 22장의 1, 3, 6에는 인仁에 대하여 ① 사람을 사랑하는 것이다. ② 부정한 자를 곧게 하는 것이다. ③ 정직한 사람을 들어 쓰니 불인不仁한 자들이 멀리 사라졌다라고 각각 기술하고 있다.
· 〈헌문憲問〉 19에 대한 홍씨洪氏의 주석은 '가신家臣의 천한 신분을 이끌어 자기와 함께한 것에 세 가지 장점이 있으니, 사람을 알아본 것이 첫째이고, 자신의 귀함을 잊

은 것이 둘째이고, 임금을 섬긴 것이 셋째이다'. 여기에서 망기忘己라는 어휘가 나오는데 '스스로 반성하여 고치는 행위를 일컫는 말'로서 주목되어야 한다.
· 〈고자告子〉 下 15, 〈진심盡心〉 上 18에서도 사회윤리적 입장에서 인사 등용을 논하고 있다.

(D5) 인사행정의 최종 단계는 정권의 정당성을 구성원이 인정함으로 구현된다. 이와 의미가 같은 사례를 몇 가지 찾을 수 있다.

· 〈자한子罕〉 12에서, 자공子貢이 말하기를 "여기에 아름다운 옥玉이 있다면, 이것을 궤 속에 넣어 감추어 두겠습니까? 아니면 좋은 값을 구하여 파시겠습니까?"라고 하자, 공자가 대답하였다. "팔아야지, 팔아야지. 그러나 나는 좋은 값을 기다리는 사람이다"라고 하여 올바른 정치를 공자가 기다리고 있음을 알 수 있다.
· 〈헌문憲問〉 1에서, "원헌原憲이 나라에 도道가 있을 때에 녹祿만 먹는 것과, 나라에 도道가 없는 데도 녹祿만 먹는 것이 수치스러운 일이다"라고 대답하였다.
· 〈공손축公孫丑〉 上 9장의 1에서는, "제후들이 비록 사명辭命을 잘하여 찾아오는 자가 있어도 받아들이지 않았으니, 받아들이지 않은 것은 또한 나아감을 좋게 여기지 않은 것이다"라고 기술하고 있다. 또한 〈위령공衛靈公〉 13, 〈등문공滕文公〉 上 4장의 10, 〈이루離婁〉 上 20 등에서도 정권의 정치 정당성에 관한 내용이 언급되고 있다. 일단 취직이 된 후에는 구성원의 이견異見이 받아들어져야 하며, 이 이견이 받아들여지지 않을 때 공직자는 그 직을 떠나야 한다.

이견이 받아들여지는 내용은 다음과 같다.

· 〈미자微子〉 2에서, 유하혜柳下惠가 사사士師가 되어 세 번 내침을 당하자, 혹자가 말하기를 "그대는 아직 떠날 만하지 않은가?" 하니 "도道를 굽혀 사람을 섬긴다면 어찌 굳이 부모의 나라를 떠나겠는가?"라고 대답하였다.
· 〈양혜왕梁惠王〉 下 9장의 2에서, 맹자가 제선왕齊宣王에게 한 말로 "지금 여기에 박옥이 있으면 비록 만일(24만 냥)이나 되는 비싼 것이라도 반드시 옥공玉工으로 하여금 조탁彫琢하게 하실 것이니, 국가를 다스림에 있어 '우선 네가 배운 것을 버리고 나 왕을 따르라' 하신다면 왕이 옥공에게 옥 조탁하는 방법을 가르치는 것과 무엇

이 다르겠습니까?"
·〈공손축公孫丑〉上 8·下 2장의 9,〈만장萬章〉下 7장의 4에서도 이견이 받아들여지는 내용을 찾아볼 수 있다.

이견이 받아들여지지 않아 떠나는 경우는 다음과 같다.

·〈헌문憲問〉39에서, 공자가 말하였다. "현자賢者는—백이佰夷와 태공太公 같은 사람은—세상을 피하고, 그 다음은 지방—어지러운 나라를 떠나 다스려진 나라로 가기 위해—을 피하고, 그 다음은 색色을 보고—예모禮貌가 쇠한 모습을 보고—피하고, 그 다음을 어기면 피한다."
·〈헌문憲問〉40에서, 공자가 말하였다. "일어나 은둔한 자가 일곱 사람이다".
·〈미자微子〉1에서, (주왕紂王의 서형庶兄인) 미자微子는 떠나가고 (주왕의 숙부叔父이며 주왕에게 간諫한 자인) 기자箕子는 종이 되고, (주왕의 숙부이며 주왕에게 간한 자인) 비간比干은 간하다가 죽었다. 공자가 "은殷나라에 세 인자仁者가 있었다"라고 하였다.

(A1)에서 (D5)에 이르는 20개 항목이 요청하는 덕목을 다 구비한 이를 비로소 군자라 일컫는 것에 새삼 경이로움을 느낀다. 공자와 맹자는 공히 춘하추동의 구별이 분명한 지역 출신이다. 봄에는 신信, 여름에는 나무의 성장에 도움을 주는 지智와 예禮, 가을에는 나무에 맺는 열매를 남에게 나누워 주는 인仁 그리고 모든 잎들을 떨어뜨리는 겨울에는 자신을 부끄러워하는 의義에 비유되는 것으로 보아 유학의 덕목들이 4계절의 이치와 일치하는 것이 우연이 아니라는 생각이 든다. 공자나 맹자가 산 세상은 왕을 천자라 하여 왕의 질서를 벗어나는 것을 용납하지 않아 수인囚人같이 혹은 수도원의 수사들같이 갇혀 있는 몸이니 군자로 하여금 명상과 수행으로 헌신할 수밖에 없었던 기막힌 사정이 짐작되기도 한다. 그 이유가 무엇인지는 두고두고 따져 볼 일이다. 다만 한 가지 분명한 것은 공자, 맹자의 영향을 받은 지역은 경제성장 또는 군사력 강화라는 세속적 성취를 이루었다는 점이다. 이 지역 사람들은 비록 정부가 부패하더라도 혹은 정치

가 심하게 반인도적이더라도 무엇인가를 이 땅 위에 건설해 놓은 것이 특색이다. 한국은 박정희의 군사 쿠데타 정부하에서 경제성장을 하였다, 주체사상이니 선군정치니 하는 엄청난 과오가 북한에서 저질러지고 있다, 중국에는 마오쩌뚱의 전체주의가 여전히 건재하다, 일본에는 도조 히데키東條英機의 군국주의가 미일전쟁이라는 엄청난 일을 일으켰다 등이 좋은 예들이다. 즉 관료들이 국민에 의하여 통제되지 아니하면 상상할 수 없는 일들이 저질러지게 된다는 것이다.

《논어맹자와 행정학》을 관통하는 개념을 윤견수 교수는 따뜻함이라고 말했다. 내 건강이 나빠져 본 절부터 오해원 군이 대독 · 대필을 하고 있다. 그는 고려대 졸업생이며 버밍햄대학 석사다. 그가 정외과 학생으로 대학 때 몰랐던 개념, 아랫사람에게 그 사람이 일하는 만큼 필요한 권한을 부여하는 상하질서에 경이를 표시한다. 오군에게 경이로운 대상이 바로 윗사람의 따뜻함에 기인한다고 본다. 윗글을 정리하면서 그가 느낀 말이다. 오군과 내 집에 삼 년째 입주하고 있는 62세의 아줌마가 일을 잘한다고 내가 칭찬을 한다. 오군 말이 "선생님께서 칭찬하니 대단한 사람입니다"라고 말한다. 내 말이 "나는 아줌마 같은 무학의 고급직업이 아닌 사람을 처음 봤어. 그런데 아줌마의 딸이 내 집에 왔을 때 내 발을 씻겨 줬어. 자기 어머니가 모시는 나를 공손히 자기도 모시는 것이지. 철저한 전통문화더군. 한편 철저한 따뜻함이야. 이는 나에게 놀라움이다. 그 딸이 젖 뗀다고 두 살이 못 된 아들을 할머니인 아줌마에게 놓고 슬그머니 가 버렸던 적이 있는데, 그 아이가 울지도 않고 할머니를 따르고 있었어. 이런 구경은 내 일생에 처음이야. 나에게 손주를 맡기고 가면 내 손주는 울고만 있을 것 같은데"로 꽤 길다. 좀 있다가 오군과의 대화가 이어진다.

나 : 3 · 1운동 때 바로 아줌마 같은 사람들이 만세를 불렀는데 이런 너무나도 정상적인 사람들을 본서에서 살려 볼 장소가 어디일까?

오 : 바로 〈군자에의 길〉을 쓴 본 절의 마무리에 살려 볼 수 있지 않을까요? 아랫사람이 권한 위임을 받고 살다 보니 자기들끼리도 서로가 따뜻한 세상을 만들

었으니까요.

이렇게 관료제도 문화의 장점을 내 제자가 언급한다. 나는 대독 · 대필하는 과정에서 나를 가르치는 한 제자를 얻었다. 오해원이 말한 상하질서의 경이로움이나 아줌마의 손주와의 친숙함이나 다 윤견수 교수가 말하는 따뜻함이다.

이제 관료행정 문화라는 한 부분을 내리고 민주주의 문화에서의 공직자가 공복으로서 어떻게 자기 마음을 비워 나가는가를 미국을 예로 들어 다음 절에서 살펴보고자 한다.

공복公僕에의 길

나는 1956년 2월부터 만 3년간을 미국에서 행정(administration)을 공부했다. 나에게 행정학이라는 학문이 미국에 있다는 것을 말씀해 주신 교수님이 고려대 법대 이희봉 학장이었다. 우선 군청소재지에 있는 작은 대학에서 Business Administration을 전공으로 학사 편입학 해 여름과 3학기 만에 학사학위를 받았다. 경영학은 기업 부문의 행정이어서 회계학 공부가 재미있었다. 이 학사 편입의 공부가 행정을 이해하는 데 크게 도움이 되었다. 미국의 시市지배인을 양성하는 미시간 대학교의 행정대학원에서 두 여름과 3학기를 꼬박 공부하였다. 나는 미국의 생활도 잘 모르면서 실무적 정책을 위주로 교육하는 과정에서 공부가 힘들다고 생각했다. 그러나 정치학의 한 과목으로 연구하는 일반 대학원 행정학 공부에서 못 배우는 세상을 엿볼 수 있었다.

미국에서의 3년간의 학문이 나의 학문관을 바꾸게 하였다. 이 학문 방법을 요약하면 귀납적 방법에 의한 진리의 발견이다. 강의마다 숙제가 있고 제출된 숙제에 대한 교수의 교정이 첨가되어 되돌려지는 과정에서 좀 더 확실한 지식을 얻는다는 것을 알게 되었다. 회계학 강의 이전에 자습해서 문제를 풀고 난 후에 듣는 강의는 예습 없이 일방적으로 듣는 것과 다르다는 것도 알았다. 이와 같은 귀납적 지식의 습득 과정의 한 예를 나는 본 절에서 시도하고자 한다. 즉 전 절에서 공직자가 군자가 되는 길을 20개 항목에 걸쳐서 연역적으로 — 귀납적이 아닌 방법으로 — 검토하였다. 그러나 미국의 경우 제도의 발전이 한꺼번에 이루어진 것이 아니라 시기에 따라서 한 가지씩 생김으로 드디어는 20개에 걸치는 제도가 완성되었다. 20개 항목의 요약을 다음과 같은 표로 만들기 위하여 검토된 자료는 행정학 사전인 Ralph C. Chandler and Jack C. Plano, 《The Public Administration Dictionary》(John Willey & Sons, 1982)와 두 개의 기본 문서집인 Frederick C. Mosher (ed.) 《Basic Document of American Public Administration, 1776-1950》(Holmes & Meier Publishers, Inc, 1976)과 Richard J. Stillman Ⅱ (ed.) 《Basic Document of American Public Administration since 1950》(Holmes & Meier, 1982) 등 3권의 책이다. '행정학 사전'과 '기본 문서'에 기록된 행정제도가 연대순으로 되어 있어서 행정 조치가 비폭력에서 자기희생에 이르는 과정을 전적으로 따르고 있다는 것을 귀납적으로 알게 되었다.

설명 항목 분류

분야 / 단계	조직	정책	재무	인사
비폭력	강한 정부	정치행정 양원화	복식 부기	엽관주의 거부
개인윤리1	분업	수리적 분석	품목, 성과주의, 기획예산제도	과학적 인사관리
개인윤리2	휴머니즘	정부 간 협동	MBO	인간관계 향상
사회윤리	사회적 형평	고객 보호	정치 과정으로서의 예산	고용 평등
자기희생	시민 참여	권력의 공유	부패로부터의 자유	공무원 노조

1) 조직에서의 비폭력: 강한 정부

모셔J. Mosher가 편집한《행정문서집》1편에 기술된 4개의 문서는 모두 정부의 권력이 폭력화되는 것을 막고 있다. 1776년 선포된 미국독립선언은 '국민의 기본권을 확보하기 위해 정부가 조직되었으며 정부의 권력은 국민으로부터 나온다' 라고 하여 정부의 권력 남용을 허용하지 않고 있다. 1787년의 노스웨스트법령(Northwest Ordinance of 1787)에 의하면 각 주들은 스스로 오하이오 강북서 지역에 있는 각 주의 영토를 미국 정부에 귀속시키고 있다. 즉 정부가 폭력으로 땅을 빼앗는 것이 아님을 법령으로 보여 준다. 1789년 세계에서 가장 먼저 만들어진 민주헌법으로서의 미국 헌법과 연방정부기관 설치 법령 또한 정부의 권력 남용을 억제하는 것을 주요 내용으로 하고 있다.

행정 차원에서 미국 공무원이 행사하는 권한의 근거는 ① 상급자의 권한 위임, ② 하급자의 동의, ③ 공무원이 수행하는 구체적 직무에 있다. 즉 독재정부도 아니지만 그렇다고 아랫사람이나 국민이 마음대로 정부를 뒤흔드는 약한 정부도 아닌 강한 정부(Strong Government)[37]가 미국 정부의 상징적 어휘이다.

2) 조직의 개인윤리 1: 분업

미국에 있어서 초기의 조직이론은 외국의 경험이나 이론에 영향을 받았다. 1887년 《The Study of Administration》에서 정치행정 양원론(Politics-Administration Dichotomy)을 주장한 윌슨Woodrow Wilson과 1937년에 《Papers on the Science of Administration》을 편집한 루터 굴릭Luther Gulick 등이 이에 속한다.

독자적 미국 이론의 출현은 1939년 설립된 미국행정학회(American Society for Public Administration)와 1937년 1947년에 각각 발족된 브라운로위원회(Brownlow Committee)와 후버위원회(Hoover Commission)이다. 뉴딜 정책이 시행된 대공황기에 활동한 브라운로위원회의 개혁안은 다음 3가지로 정리할 수 있다. ① 대통령실(Executive office of the President)을 설치하여 백악관 참모들과 예산국(Bureau of the Budget)을 이곳에 포함시켰다. 예산국은 그 전에는 재무부에 있었다. ② 계선係線 기관들을 12개의 부에 통합시키며 이 안에 독립규제위원회를 포함시켰다.

37 Leonard D. White, *Introduction to the Study of Public Administration*, 1926에서 최초로 주장되었다.

③ 인사위원회(Civil Service Commission), 감사원(General Accounting Office), 천연자원계획위원회(Natural Resources Planning Board) 등을 개편하였다. 한편 1949년 대통령에게 제출된 제1차 후버위원회 보고서의 조직 개편 목표 5개는 다음과 같다. ① 정부의 비용을 감축시킨다. ② 중복을 제거한다. ③ 유사한 기능을 합친다. ④ 불필요한 기능을 폐지한다. ⑤ 행정부의 활동을 제한한다. 여기에서 주목할 점은 조직에서 어떤 점이 중요시 되었는가와 특정 기능의 존속 여부를 정해야 하는 의회의 고유 권한을 빼앗는 것이 아니라 현재의 기능이 더욱 잘 작동하도록 도움을 주었다는 것이다.

3) 조직에서의 개인윤리 2: 휴머니즘

과학적 관리 이후에 인간관계를 존중할 합의 모색 시도가 행정에 도입되었다. 이를 연대순으로 정리하면 다음과 같다. 폴레(Mary Parker Follett, 1868-1933)는 초기 인간존중 이론을 제기한 학자이다. 1924년에 출간된 《Creative Experience》에서 조직 구성원 간의 갈등 해소를 위해 ① 구성원 간의 통합(Integration)과 ② 조직 내 상하 간에는 권력 현상이 아닌 권위 현상이 존재해야 한다는 점을 주장했다. 폴레의 이론은 메이오Elton Mayo와 뢰슬리버거Fritz Roethlisberger 두 사람의 호손연구(Hawthorne Studies)에 의해 검증되었다. 즉 "사람은 사람으로 대접할 때 사람으로서 반응을 보인다"라는 것이다.

1938년 바너드Chester I. Barnard가 저술한 《The Functions of the Executive》에서 언급된 하급자의 무관심 영역(Zone of Indifference)과 이어서 나온 사이몬Herbert A. Simon의 하급자의 수용 영역(Zone of Acceptance)의 한정 개념 또한 주목된다. 1943년 《Psychological Reviews》에 발표한 매슬로Abraham H. Maslow의 논문 〈A Theory of Human Motivation〉은 과학적 관리에 대한 이론적 도전이었다. 그는 인간의 욕구는 ① 생리적 욕구 ② 안전 ③ 애정과 소속감 ④ 존경 ⑤ 자기실현 등 5개가 있다고 발표했다. 1959년 출간된 허즈버그Frederick Herzberg의 《The Motivation to Work》와 1960년 맥그리거Douglas M. McGregor

가 낸 《The Human Side of Enterprise》는 인간 동기 이론서이다. 1960, 70년대는 조직면에서의 휴머니즘을 집대성한 시기이다. '치료적 차원', 즉 조직발전 이론(Organization Development)과 '이론의 정밀화'라는 두 계통의 연구가 주류를 이룬다. 1964년의 에릭 번Eric Berne의 'Transactional Analysis' 이론, 1967년 로버트 브레이크Robert R. Blake와 제인 모튼Jane F. Mouton의 'Management Grid' 이론, 그리고 1972년 커트 백Kurt W. Back의 'Sensitivity Training' 이론 등이 전자에 속한다. 한편 인간관계 이론을 잘 종합한 책은 스토그딜Ralph M. Stogdill의 《Handbook of Leadership : A Survey of Theory and Research》(1974)와 덴넷Marvin D. Dunnette의 《Handbook of Industrial and Organizational Psychology》(1976)이다.

4) 조직의 사회윤리: 사회적 형평

미국 행정조직의 사회윤리적 대응에는 ① 외부 문제 해결을 위한 새로운 조직 형성의 허용 ② 외부에 있는 정치세력과의 공존을 도모하는 다원형(Pluralist Model) 단계 ③ 조직이 부당하게 약자가 된 집단에 대한 고려를 내세운 사회적 형평(Social Equity)을 모색하는 단계 등 3단계로 구분해 볼 수 있다. 독립규제위원회(Independent Regulatory Commission), 국영기업체(Government Corporation), 지방자치단체(State and Local Government), 연방정부의 지역사무소(Field Office) 등이 첫 번째 단계에 해당한다. 다원성의 단계는 행정조직 외부에 있는 의회, 특히 의회의 위원회와 의회 지도자들과 합리적 관계가 유지되는 단계이다. 그러므로써 사회 내의 불만과 갈등이 해소되어 정치의 정당성이 확보되기 때문이다. 이에 대한 주요 저서는 트루먼David B. Truman의 《The Governmental Process》와 프리먼J. Leiper Freeman의 《The Political Process : Executive Bureau Legislative Committee Relations》 등이다.

마지막 단계로서 시급한 사회문제를 해결하기 위해 사회적 형평 면에서의 대응이 필요하다. 이를 실현한 조직 모형은 1981년 출간된 하먼Michael Harmon의 책 《Action Theory for Public Administration》에 잘 언급되어 있다.

5) 조직의 자기희생: 시민참여

행정 내부 차원에서 스스로를 견제하는 미국 행정제도의 특징을 정리해 보자. 첫째 민원은 말을 통해 행한다. 1946년에 제정된 행정절차법(Administrative Procedure Act)과 이를 더욱 보완한 1947년의 Freedom of Information Act, 그리고 옴부즈만 제도가 이에 해당한다. 둘째 드러커P. F. Drucker가 《The New Realities》에서 논한 국영기업의 민영화이다. 또한 일이 끝나면 조직 스스로가 해체하는 채비를 갖추어야 한다는 행렬조직 기법도 미국 행정의 특징이다. 끝으로 행정부의 일은 공무원이 하는 것이 아니라 비록 하급 행정단위에서 보는 것이지만 민간기구가 직접 하게 하는 것이다. ① 자문단체로서의 시민위원회 ② 결정작성권을 갖는 시민위원회 ③ 마을 단위의 정부 ④ 자문위원회의 전문가로서의 시민 참여 등이 이에 속한다.

6) 정책의 비폭력: 정치 · 행정 양원화

'정치는 입법부의 활동 영역이며, 행정은 정치 영역이 만든 정책을 수행할 뿐이다'가 정치 · 행정 양원론의 내용이다. 이는 1880년대의 행정개혁과 미국공무원법(Civil Service Act of 1883)의 제정을 통해 구체화되었다. 이에 대한 고전적 이론은 뮌헨대학 교수인 막스 베버가 1918년에 쓴 《Politics as a Vocation》에서 찾을 수 있다. 공무원은 비록 정치가 정한 정책을 싫어하더라도 마치 이에 동의하는 양 성실하게 구현해야 한다는 것이다.

반면에 현대에 들어와 행정부의 기능이 복잡해져 양원론이 도전을 받고 있다. 공무원의 자유재량권이 중요한 한계를 침범하지 않는 한 확대되어야 함을 애플비Paul H. Appleby는 1949년에 출간된 그의 저서 《Policy and Administration》에서 주장하기도 했다. 그러나 이러한 정치 · 행정 일원화 논의는 오랜 기간에 걸쳐서 다져진 정치 · 행정 양원화의 실천이 있어 왔던 전통 속에서 개화되었다는 점을 잊어서는 안 될 것이다.

7) 정책의 개인윤리 1: 수리적 분석

지적 혹은 합리적 대응으로서의 정책에 관련되는 기술들을 시대순으로 나누어 보면 ① 회계적 기술 ② 논리 내지는 수리적 분석 기술 ③ 컴퓨터 사용을 중심으로 하는 기술 등으로 3분화할 수 있다.

많이 일하면 많은 보수(Compensation)를 지불한다는 경제인 이론(Economic Man Theory)과 돈 계산에 입각하여 행정인의 행동이 정해져야 한다는 원가편익 분석(Cost-benefit analysis)이 회계적 방법의 전형이다. 한편 수리적 분석에는 의사 결정 가지(Decision Tree), 컴퓨터를 사용하지 않는 단순한 모의시험(Simulation), 목표 달성을 위한 미래의 행동을 사고해 내는 계획(Planning), 프로그램의 효과를 평가 측정하는 정책 분석(Policy analysis), 1950년대 부즈Booz, 알렌Allen, 해밀턴Hamilton에 의하여 발전된 프로그램 평가로 여러 작업 단위가 있을 때 작업 순위를 정하는 PERT(Program Evaluation and Review Technique) 그리고 모델 구축과 OR(Operations Research) 등이 있다. 물론 수리분석 또한 컴퓨터 작업과 연결되어 있으나 컴퓨터 사용 기술의 정수는 EDP(Electronic Data Processing), MIS(Management Information System) 등이다.

8) 정책의 개인윤리 2: 정부 간 협동

나라의 일을 각급 정부가 서로 협력해서 처리하는 것이 협조적 연방주의(Cooperative Federalism) 또는 창조적 연방주의(Creative Federalism) 개념이다. 이는 각급 정부가 헌법적 균형과 경제 체계 내에서 상호 간 반목적인 경쟁관계를 유지해야 한다는 재래의 생각을 대치한 사상이다. 미국에서 정책결정 과정에 각급 정부가 협력했던 사례를 찾아보자.

첫째 'Model Cities Act of 1966'과 'Intergovernmental Cooperative Act of 1968'이다. 둘째 위 2개 법령을 모법母法으로 하여 태동한 1969년 7월의 〈Circular A-95〉라는 지시서이다. 이는 오늘의 관리예산실(Office of Management and Budget)의 전신인 예산국(Bureau of the Budget)의 회람으로서 연방정부에 주정

부나 지방정부가 보조금을 신청할 시에 각급 정부들 사이에서 의사소통과 의논이 선행될 것을 명하고 있다.

9) 정책의 사회윤리: 고객 보호

미국에서 개인 시민조직이 정부의 정책결정에 참여하는 것이 중요함을 단적으로 나타내는 것이 'Equal Opportunity Act of 1964'이다. 1960년대에 들어서서 생긴 Model Cities와 공동체 액션 프로그램 등이 모두 이 고객 참여에 의한 것들이다. 더 나아가 미국 행정기관 내에는 고객을 다루는 기관(Clientele agency)이 존재한다. 법무부(Department of Justice) 내의 독과점금지국(Antitrust Division), 내무부(Interior Department) 내에 인디언의 이익을 도모하기 위한 인디언국(Bureau of Indian Affairs) 등이 그 예이다.

여기에서 우리는 정부의 정책결정 과정에 있어서 시민조직의 참여가 연방주의, 삼권분립과 더불어 미국의 다원주의(Pluralism)를 형성하는 3개의 기둥이 되고 있음을 간과해서는 안 될 것이다.

10) 정책의 자기희생: 권력의 공유

소수의 공무원, 의회분과 위원회 그리고 외부에 있는 이익단체들이 정치적 연합을 이루어 공공정책 결정에서 비슷한 가치와 선호의 공유를 모색할 수 있다. 이를 하부시스템(Subsystem)화라고 하며 외부의 필요를 반영한다는 장점이 있으나 엘리트화를 통하여 조직 외부의 권력과 부의 분배가 구조적으로 왜곡되는 현상을 초래한다. 이러한 엘리트를 라스웰은 권력 소유자(Powerholder)로 규정했으며 사회학자 라이트 밀스C. Wright Mills는 그의 저서 《Power Elite》에서 미국 사회의 이 영향력 소유층인 이른바 'Establishment'를 분석했다. 이와 같은 왜곡된 구조를 타개하는 데 도움이 된다고 생각되는 기법을 정리하면 다음과 같다.

① 예를 들어 노동세력이나 강력한 이익집단들의 압력이 있어 재래식 점증주의(instrumentalism)적 대응이 불가능한 것을 알아내는 환경난류(環境亂流, environmental turbulence) 조사.

② 'National Environmental Policy Act of 1969'에 따라 연방정부가 지원하는 프로젝트가 환경에 미치는 영향을 조사하는 환경영향평가(environmental impact statement).

③ 1966년에 통과된 법률로서 관청 문서를 일반 시민이 접할 수 있는 'Freedom of Information Act'.

④ 1977년에 통과된 법률로서 규제위원회, 독립기관, 위원회, 자문위원회 등과 같은 단독 관청이 아닌 연방기관은 공개리에 사무를 진행해야 한다는 'Government in the Sunshine Act'.

⑤ 케인즈 학파의 정부 기능 확대에 반대하는 통화주의(monetarism).

⑥ 예를 들어, 'Office of Economic Opportunity Act of 1964'에 의해 빈자가 정부 결정에 직접 참여하는 것 같은 참여민주주의(participatory democracy).

⑦ 1970년대에 각급 정부의 프로그램을 평가하는 조치인 프로그램평가(program evaluation).

⑧ 재산세를 제한하는 1978년 캘리포니아 주 헌법 조치인 'Proposition 13'.

⑨ 정부기관도 시민에게 좋은 물자와 서비스를 제공하기 위하여 경쟁적 위치에 놓여야 한다는 공공선택경제학(public choice economics).

⑩ 1972년에 간행된 소라우프Frank J. Sorauf의 《Party Politics in America》에서 주장된 내용으로 정당은 먼저 프로그램을 정한 후, 이 프로그램에 충실한 후보자를 지명해, 선거운동은 프로그램 차이를 드러내는 것이어야 한다는 책임정당제도(responsible party system).

⑪ 처음으로 1976년 콜로라도 주에서 통과된 법률로 해당 행정기관과 프로그램 존속 여부를 입법부가 정기적으로 검토하는 일몰법(sunset legislation).

11) 재무행정의 비폭력: 복식 부기

미국 재무행정의 특징은 복식부기이다. 지출된 돈을 평가하기 위해 현금장부 외에 자산 · 부채 · 자본 · 비용장부 중 하나를 골라 기록하며 계산한다. 돈 쓰는 사람으로 하여금 함부로 돈을 못 쓰게 하는 장치가 곧 복식부기이다. 복식부기는 일면에서 따지는 것이 있는 점도 단식부기와 다르다.

즉, [수입-비용=이익 ↓ 자산=부채+자본]라는 도식에서 수입이 비용보다 많을 때에만 영업수익이 생긴 것으로 보며 이익과 자본 사이에 있는 ↓의 흐름을 정확히 계산하는 것이 단식부기와 차이가 있다. 또한 복식부기는 회계 주체라는 한 사람을 대상으로 회계를 한다.

미국 재무행정의 또 다른 특징은 활동 주체가 독립된 특별회계의 돈을 일반회계로 옮겨서 쓸 수 없다는 점이다. 끝으로 정부회계(Governmental Accounting)의 원칙과 방법은 정부가 만드는 것이 아니라 회계학자들에 의해 만들어진다는 것이 미국 재무행정의 특징이다.

12) 재무행정의 개인윤리 1: 품목별 · 성과주의 · 기획예산제도

품목별예산이란 예산 지출을 하는 데 있어서 누가 무엇을 구입하는가를 미리 예산에 정한 대로 하자는 것이다. 이는 1921년 예산회계법(Budget and Accounting Act of 1921)의 소산이다. 법률의 주요 내용은 예산은 의회의 세출예산위원회(Appropriation Committee)가 관장하되 예산안은 행정부의 재무부에 있는 예산국(Bureau of the Budget)—1970년 이후는 관리예산실(Office of Management and Budget)로 대치—에서 각 부처로부터 예산요구서를 받아 만든다는 것이다. 집행부 예산제도(Executive Budget)의 특징이 보이고 있으나 예산을 의회가 통제할 수 있게 했던 점에 유의해야 한다. 또한 이 법률에 의하면 감사원(General Accounting Office : GAO)이 우리나라나 일본과 달리 의회 소속으로 만들어진다는 특징이 있다.

성과주의 예산은 1949년에 나온 제1차 후버위원회 보고서의 권고에 의한 것이다. 품목별 예산이 지닌 통제에 첨가하여 예산을 정부의 기능, 활동 그리고 프로젝트별로 편성하자는 것이다. 1950년 트루먼 대통령이 이 성과주의에 입각한 예산안을 의회에 제출했었다.

기획예산제도는 성과주의예산제도에서 세분화된 사업을 상호 비교하여 원가가 제일 싸게 들고 편익(benefit)이 제일 많이 나오는 사업을 골라서 예산에 포함시키는 기법을 택하는 제도이다. 1961년 맥나마라Robert S. McNamara 국방장관

에 의해 국방부에서 사용되었으며 존슨 대통령의 지시에 따라 1965년 연방정부 21개 부처에서 상용하였다. 그러나 이 제도는 1971년 전폐된다. 사업의 원가를 양적으로 측정할 수 없으며 예산 결정에 정치적 결정이 작용한다는 점, 외부 국민의 예산 결정에의 참여 부족, 심지어는 결정 작성자가 통계자료를 자기 결정을 합리화하는 데 사용한다는 등의 결점 보완이 필요했기 때문이다.

13) 재무행정의 개인윤리 2: MBO(상하 협력에 의한 목표관리)

목표관리(Management By Objectives)는 미국 예산의 약 1/3을 사용하는 사회복지 분야 행정에서 성과를 거둔 제도이다. 목표를 정한 후 공무원 조직 내 상하 간 활발한 대화를 통하여 목표를 달성해 나가는 것을 그 내용으로 한다. 브래디Rodney H. Brady 교수는 미국의 보건교육복지부(Department of Health, Education and Welfare :HEW)에서의 MBO의 경험을 《Havard Business Review Vol.51》(March-April, 1973)에서 소개하고 있다. 그에 의하면 MBO가 성공하려면 목표가 첫째, HEW가 하고자 하는 일을 명백하게 설명해야 하며, 둘째, 조직 내 상하 간이 합의를 통하여 만든 것이어야 하며, 그리고 셋째, 목표의 집행 과정에서 일의 진행을 수시로 평가할 수 있는 것이어야 한다는 것이다.

그러나 MBO는 공무원 조직 내 상하 간 합의를 얻어낼 수는 있어도 조직 외부에 있는 국민들의 참여를 통해 문제를 해결하는 제도가 아닌 것이 한계이다.

14) 재무행정의 사회윤리: 공무원과 국민간의 협의예산

예산을 정치 과정으로서 다룬 명서는 아론 윌다브스키Aaron Wildavsky의 《The Politics of the Budgetary Process》(Boston: Little Brown and Co., 1964)이다. 그의 이론은 예산에서의 계산(Calculation)과 전략(Strategies)을 어떻게 볼 것인가로 요약된다. 그가 말하는 계산이란 돈의 합계를 내거나 돈의 지출을 통한 이익과 불이익을 따진다는 의미가 아니라 예산 결정에 영향을 주는 제반 조건을 예산 결정자가 인지하면서 따내는 것이라 규정한다.

한편 전략이란 행정기관이 사용할 수 있는 금액이 깎이지 않게 하거나 혹은 사용할 수 있는 금액을 더 많이 갖기 위하여 행하는 행정기관의 행동을 지칭한다. 말하자면 정치를 잘해야 한다는 것이다. 이를 잘하기 위해서는 ① 적극적인 고객 즉 프로그램의 지지자를 많이 만드는 일 ② 타 공직자들 사이에서 신임을 얻는 일 그리고 ③ 기회를 최대한으로 활용하는 능력 등을 잘 발휘해야 한다.

끝으로 공무원 조직 외에 있는 고객을 개발하는 전략으로 언급된 것을 정리하면 다음과 같다. ① 고객을 찾아라 ② 고객에게 봉사하라 ③ 고객을 넓혀라 ④ 요구가 상이한 개별 유권자를 위하여 일하라 ⑤ 환류장치를 갖으라 ⑥ 고객을 분할하지 말아라 등이다.

나는 여기에서 이런 전략이 책략으로 인식될 수도 있으나 정치 정당성이 확보된 상황하에서는 용납이 가능하다고 생각한다.

15) 재무행정의 자기희생: 부패로부터 자유

미국 재무행정의 자기희생 면에서 2개의 개혁적 조치는 'Congressional Budget and Impoundment Control Act of 1947'와 'Zero Base Budgeting'이다. 전자는 행정부에 의해 행해진 뒷문을 통한 재정조달(Backdoor financing)과 의회의 세출예산을 무시하는 대통령의 몰수행위(Impoundment)에 대한 개혁을 주요 내용으로 한다. 뒷문을 통한 재정조달이란 각 기관들이 국회의 세출위원회를 통하지 않고 재정조달을 하는 제도로서 1974회계연도에는 지출의 56%에 이르기까지 했다. 한편 대통령의 몰수행위는 의회가 의결한 돈의 사용을 대통령이 거절하는 것이다. 이는 닉슨 대통령이 반대당인 민주당 의원의 프로그램을 많이 몰수했던 사례에서 찾아볼 수 있다.

1974년 이전까지는 대통령만이 전체 예산을 검토할 수 있었으나 위 법률의 제정을 계기로 의회 내에 새로 설치된 의회예산실(Congressional Budget Office)을 통해서도 검토할 수 있게 되었다. 이는 행정부의 권력 남용을 막고 의회의 기능을 강화한 법률로서 성공적인 입법으로 간주되고 있다.

영본위예산(Zero-Base Budget)이란 매년 예산을 짤 때 백지상태에서 새롭게 예산을 짜도록 구조를 만든 것이다. 연방정부의 농림부에서의 1964년 회계연도에 실시, 간접비를 통제하기 위하여 파이어Peter A. Pyhrr가 텍사스인스트루먼츠사(Taxas Instruments Inc.)에서 이용, 그리고 지미 카터에 의하여 1973년 조지아주와 1977년 연방정부에서의 채택 등이 미국에서의 사례이다.

그러나 미국에서의 경험에 비추어 볼 때 사람이란 기득권을 버리기 어려운 존재이기 때문에 ZBB는 한계가 있다. 그럼에도 불구하고 행정부의 자기견제를 예산 면에서 제도화한 조치로 평가된다.

16) 인사행정의 비폭력: 엽관주의의 거부

엽관주의란 선거에서 승리한 정당이 기존 재직 공무원을 배제하고 소속 정당원을 공무원으로 임용함을 말한다. 미국에서 이러한 인사행정에 있어서 폭력적 행위를 금하는 조치가 'Pendleton Act' 또는 'Civil Service Reform Act of 1883'이다. 이 법률에 의해 만들어진 주요 조치는 다음과 같다.

① 직업공무원제도가 정착되었다. ② 직업공무원제도를 인사위원회(Civil Service Commission : CSC)가 관장한다. ③ 모집, 경쟁시험, 정치적 중립, 신분 보장 등에서 실적주의(Merit System) 원칙을 채택한다. ④ 공개성이 보장된 인사제도를 통하여 인적 교류를 자유롭게 한다 등이다.

이후 1883년 법률은 'Ramspeak Act of 1940', 'Civil Service Reform Act of 1978' 등에 의하여 보완되어진다.

17) 인사행정의 개인윤리 1:과학적 인사관리

과학적 인사관리란 직위분류 → 모집 → 시험 → 임명 → 보수 → 훈련 → 근무평가 → 이직 등의 과정이 합리적으로 이루어짐을 말한다. 1911년 테일러Frederick Winslow Taylor는 그의 저서 《Scientific Management》에서 "가장 능률적으로 일을 할 수 있는 방법을 찾은 다음에, 이 일에 적합한 사람을 채용하고 훈련시키면 최고의 능률을 올린다"고 보았다.

첫 번째 단계인 직위 분류(Position classification)에서는 ① 직위에 맡겨진 직무마다 임무의 일람표를 만들고 ② 직무명세서(Job specification)에 따라 해당 자리에 충원될 사람의 요건을 정하며 ③ 직위에 등급을 부여하는 직무평가(Job evaluation)를 통해 봉급액을 정하는 등이 행해진다.

모집의 취지는 우수한 자격자가 공무원 직에 응모케 하는 데 있다. 시험이란 지원자의 행태, 지식, 혹은 능률의 표본을 미리 측정하거나 평가하는 과학적 과정으로서 객관성(objectivity), 타당성(validity), 그리고 신뢰성(reliability)이라는 기준의 충족을 요구한다. 임명은 공무원에 대한 임명권자의 채용 행위를 말한다.

보수는 ① 타 조직에 있는 유사 직무 ② 동일 조직 내의 다른 직무 ③ 동일 조직의 동일 직무에서 일하는 종업원의 보수액을 고려하여 결정된다. 'Salary Reform Act of 1962'과 'Federal Pay Comparability Act of 1970' 등이 보수와 관련된 법령이다.

훈련에서 가장 보편적인 것은 현장훈련(On the job training)이다. 미국에서 저소득층 실직자를 훈련하는 프로그램을 만든 CETA(Comprehensive Employment and Training Act), 1977년 카터 대통령에 의해 대졸자를 대상으로 한 인턴제도 등이 훈련의 예이다. 근무평가(Performance evaluation)는 일한 것의 효과를 측정하여 공무원의 성적을 평가함을 말한다. 로버트 오언Robert Owen은 1800년 근무평가를 체계적으로 적용한 사람이다. 끝으로 미국 공무원의 이직은 당사자의 사표 제출, 자연사, 정원 감축, 부정을 저지른 이유에서의 해고, 직무가 요구하는 수준의 일을 못하는 경우 등이 이직의 사유가 된다. 또한 임명권자는 물론 해임권을 갖는다.

18) 인사행정의 개인윤리 2: 인간관계의 향상

공무원 조직 내 인간관계의 향상을 위해 어떠한 조치들이 있어야 하는가? 글렌 스탈O. Glenn Stahl의 저서 《Public Personnel Administration》의 내용을 통해 이를 정리해 보자.

첫째 직무 면에 있어서 공무원에게 좀 더 책임과 자율과 성취감을 부여하도록 재구조화 해야 한다. 어셈블리 라인식 사고를 버리고 일하는 사람의 재능을 최대한 활용하는 직무가 되어야 한다는 것이다. 이를 위해 ① 제도를 공개해야 하며 ② 제도에 기동성을 부여해야 한다. 둘째 국민 일반이 공무원 직을 존경스러운 자리라고 생각하게 만드는 것이 모집에서 유의할 점이다. 셋째 임명은 임명권자 단독의 소유물이 아니라 아랫사람과 결정을 공유해야 한다. 즉 인사행정의 성패는 아래에서 일하는 사람의 동기와 의욕 유발에 있기 때문이다. 넷째 훈련도 정상근무의 일환으로 인식되어져야 한다. 마지막으로 근무평가는 상급자만이 일방적으로 하는 것이 아니라 아랫사람에게도 고유의 권리가 있다 등이 스탈이 말한 인간관계의 향상을 위한 방안들이다.

19) 인사행정의 사회윤리: 고용 평등

제대 군인을 포함하여 종족, 성, 종교, 출신 국가, 연령, 그리고 신체 불구 등에서 차별받아 온 약자들에게 인사상 혜택을 주는 내용을 담고 있는 'Civil Right Act of 1964' 법률이 인사행정에서의 사회윤리적 대응책이다. 그러나 사회윤리적 법률이 실적주의적 대응책을 손상시킬 수 있음을 유의해야 한다. 이에 실적주의적 인사행정의 보완조치로 'Inter-Governmental Personal Act of 1970' 법률이 만들어진다. 한편 지금까지의 인사 차별을 수정하는 계획을 통합한 법률인 'Equal Employment Opportunity Act of 1972'가 통과되었다.

'Griggs v. Duke Power Company'(1971) 소송을 계기로 소수민족에 대한 채용 할당(Guota)제 또한 유의해야 할 미국에서의 제도이다. 더불어 크레이머Fred Kramer 교수의 《Dynamics of Public Administration》(1997), 스탈Stahl의 《Public Personnel Administration》, 델마 헌트Thelma Hunt의 논문 〈Critical Issues Facing Personnel Administration Today〉, 《Public Personnel Management》(Nov.-Dec., 1974) 등에서 인사행정에서의 사회윤리에 관한 내용들을 찾아볼 수 있다.

20) 인사행정의 자기희생: 공무원노조

공무원노조의 활동을 정부가 수용하는 것이 인사행정에서의 자기희생이다. 미국에 있는 최대의 공무원노조는 1932년 5월 17일 위스콘신 주정부 공무원에 의해 창립된 AFSCME(American Federation of State, Country and Municipal Employees)이다.

오늘의 미국 공무원노조의 골격은 1962년 케네디 대통령의 행정명령(Executive Order 10988)에 의하여 만들어졌다. 이 지시는 공무원의 노조 결성, 노조의 공인, 인사정책과 절차를 정할 때 의논 상대가 될 것, 작업 조건에 관하여 특별한 조건하에서 협상할 것 등을 규정하고 있다. 미국의 공무원 노동조합은 노동조합주의적 운동단체이지 관리자의 상위를 찾으려 하며 계급투쟁을 목적으로 하는 이념 단체가 아니라는 특징이 있다.

본 절을 마무리하면서 윤견수 교수가 내 책《인간 · 종교 · 국가 — 미국행정, 청교도 정신 그리고 마르틴 루터의 95개조》의 화두로 말한 '올바름'을 음미하는 것으로 마무리하고 싶다. 〈군자에의 길〉이나 〈공복에의 길〉이 다 다음 대비에서 보듯 표현이 다르지 동일한 실천 과정을 말하고 있다.

과정 / 문명	1	2-1	2-2	3	4
관료제 문명	信	智	禮	仁	義
민주 문명	비폭력	개인윤리 과학적 관리	개인윤리 인간관계의 향상	사회윤리	자기희생

《맹자》는 지智의 시작을 시시비비를 가리는 것으로 예禮의 시작은 사양하는 것으로, 인仁은 불쌍한 사람을 긍휼히 여기는 것으로 그리고 의義는 자신을 부끄러워하는 것으로 말한다.[38] 다만 나의 열거의 순서는 信智禮仁義인데 유학에서는 信仁義禮智로 열거한다. 이렇게 두 개 문명이 표현이 다르지 같은 개념을 실

38 成百曉 譯註,《孟子集註》,〈公孫丑〉上 6, 전통문화연구회, 1991, 120쪽.

천하고 있는데 왜 민주문명의 화두만이 올바름일까. 그 이유는 관료제 문명에서는 덕목의 실천이 왕의 존재를 전제로 해 상하 간 조직에서 하의 개혁에 한정되는 데 비하여 민주행정에서는 동일 덕목의 실천이 왕의 자리를 교체할 수 있다는 전제하에서 행정부 외부에서 바른말을 하는 '선지자'가 있기 때문이다. 정확히 말해서 행정부 외부에서의 선지자들의 실천에 수응하여 행정부 내 공무원들이 자기 변혁을 하는 것으로 볼 수 있다. 이 책 어딘가에 이미 썼던 선지자들의 역사를 다음에 간추린다.

비폭력	아벨을 죽인 카인을 죽이지 못하게 야훼가 꼬리표를 붙여 준다
개인윤리	아직 사회윤리까지는 없지만 주인과 왕에게 충실한 요셉
사회윤리	모세가 기득권을 박차고 나가 동족이 노예 생활하는 것을 해방한다
자기희생	이런 일을 했는데도 자기를 희생한다

그러니까 민주화에서는 바른말하는 사람들이 많다. 성직자들 교수들 그리고 기자들이다. 70년 초 박정희는 자기 귀에 듣기 싫은 말을 하는 사람을 골라 중앙정보부를 이용해 압력을 가해 그들을 해직시켰던 것이 그가 독재자임을 증명하는 첫 징후였다.

이상에서 공직자가 군자의 길을 가는 중국과 공복에의 길을 가는 미합중국의 사례를 보았다. 관료조직 문명과 민주 문명이 합해지고 이 국가가 패권주의로 치닫지 않을 때의 현상을 묘사한 책이 나의《협력형 통치》다. 얼핏 생각할 때 이 두 나라의 경험이 중요한 나머지 이제는 더욱 겸손해야 될 공직자를 탐구해야 할 필요가 없는 것같이도 보인다. 그러나 아니다. 어떤 나라든지 빈부의 격차가 심하고 군사국가화할 때 그리고 이를 견제하는 양심이 잠자고 있으면 그 국가는 좀 더 나은 문명으로 대치되어야 한다. 이 제3의 문명을 제시하는 것이 3·1운동을 밝히는 본서다. 신약성서가 밝히는 것과 같이 유대 나라 선지자는 하루 생활비에 해당되는 가난한 사람의 돈을 헌금으로 받아들여 이를 갖고서 큰 성전을 짓고 로마의 제국주의가 유대 나라를 점령하고 있는 부조리를 외면했다. 유대 나라의 제사장들과는 달리 3 · 1운동 당시에 일반 백성들이 청나라와 러시아를 이기고 한국을 점령하고 통치한 일본에 비폭력으로 저항했다. 이 3 · 1운동이라는 선지자들의 실천에 수응하는 행정의 모습을 묘사하는 것이 본장 〈새 정부가 보는 사람〉을 시작으로 하는 3개 장이다.

새 문명에서의 공직자

본 장의 제2절은 관료조직문명에서의 공직자, 제3절은 민주 문명에서의 공직자를 논했다. 그러나 민주 문명도 역기능을 창출한다. 민주 문명하의 나라 안에서 서민에 대한 경제적 불평등이 심해지고 나라와 나라 사이에는 군사주의적 패권주의가 성행함에도 불구하고 이를 개혁하고자 하는 용기 있는 지성과 정치가가 결핍될 수 있다. 이쯤 되면 민주 문명을 초월하는 새로운 문명이 요청된다. 본서가 바로 3 · 1운동을 통해서 한국민이 열 새 문명을 모색하는 책이다. 이 단계에서 민주 문명에서의 타락을 극복할 수 있는 통치자가 나올 수 있다면 이 사람은 새 문명에서의 공직자가 되는 것이다.[39]

때를 불문한다. 국가이건 지방자치단체이건 단체의 크기도 상관치 않는다. 아무 때고 어디에서고 민주주의와 타락된 민주주의를 바로잡기 위하여 고생을 하며 탄생한 행정수반에게 그의 취임사 원본으로 나는 〈묵시록〉 제21장과 22장을 권한다. 이는 두 장이 새 하늘과 새 땅, 새 정부(새 예루살렘) 그리고 민주주의를 위한 희생자(주 예수)에 대한 애처로움을 전하고 있기 때문이다. 다음에 만들어 본 취임사 구절의 시제 중 예를 들어 과거형이 미래형으로 쓰이기도 해 원본인 〈묵시

39 새로운 문명에서의 공직자의 모습을 묘사한 글이 〈묵시록〉 제21장과 22장이다. 공동번역에 의하면 이 두 장의 첫머리 제목을 '새하늘과 새땅'으로 달고 있다. 나는 김재준金在俊 목사님이 주간하는 저항 동인지 《제3일》에 이 두 장을 개필改筆한 글을 1972년 5월에 낸 바가 있다. 이 글에서 외부의 침입자인 나쁜 구 세력에 대항하여 아랫사람을 보호하는 상급자를 묘사했다. 이런 상급자가 되려고 노력한 나는 그렇지 못한 나의 상급자에 의하여 힘없이 쫓겨나는 생활을 했다. 나는 이 쫓겨남의 슬픔을 아는 만큼 이런 슬픔이 없는 미래를 꿈꾼다. 따라서 〈묵시록〉 제21, 22장을 사용한 나의 공직자의 취임사는 민주 문명을 향한 취임사일 뿐 아니라 민주 문명의 타락을 극복한 새 문명에서의 공직자의 취임사이기도 하다. 다음에 이어질 글은 나의 《자전적 행정학》(실천문학, 1991), 374-378쪽에서 옮겨 온 것이다.

록〉의 그것과는 다르다. 나오는 숫자는 해당되는 성서의 장, 절을 표시한 것이다.

취임사

21장 — ① 이제 민주정치라는 새 천지가 시작됩니다. 이전의 천지인 전제정치는 사라지고 우리 사이를 가로막던 불신의 바다도 지금은 존재하지 않습니다. ② 이제 우리 헌법의 기본 원리 두 가지를 천명하는 바입니다. 그 하나는 거룩한 도성 예루살렘인 새 정부가 마치 신랑인 국민을 맞을 신부가 단장한 것처럼 차리고 국민으로부터 나올 것이라는 점입니다. 국민으로부터 나왔다기보다는 하늘과 같이 높은 국민에게서 내려온 것으로 봄이 더 합당할지도 모르겠습니다. ③ 다른 하나는 나의 옥좌를 걸고 말하는데 이제 국민은 기본권을 향유한다는 것입니다. 기본권이 국민들과 함께 있고 그래서 국민들은—굳이 백성이라면—다름 아닌 이 기본권의 백성이 될 것입니다. 국민이 기본권을 향유하였기 때문에 ④ 국민들의 눈에 있던 모든 눈물을 씻게 될 것입니다. 따라서 부패, 슬픔, 울부짖음, 고통 등이 다 사라져 버린 것입니다.

⑤ 여러분은 여러분 스스로가 앞으로 모든 것을 새롭게 만드는 것을 보게 되실 것입니다. 나의 이 방침은 확실하고 참된 방침입니다. ⑥ 이제 말씀한 것은 그러나 어떻게 보면 이미 다 이룩된 것이라고 볼 수가 있습니다. 정부가 아니라 국민만이 모든 것을 시작도 하며 마감도 할 것입니다. 이런 상황은 민주주의를 갈망하면서도 얻지 못하여 고민하던 자가 생명의 샘물을 거저 마시는 상황이기도 합니다. ⑦ 승리하는 자는 기본권을 차지하게 될 것이고 이러한 조건하에서만 나와 여러분 간에 권력관계가 형성될 것입니다. ⑧ 그러나 민주주의를 맞이하는 데 비겁한 자와 이에 대한 믿음이 없는 자, 독재정치를 예배한 흉칙스러운 자, 독재자의 힘을 빌어 재주를 부린 살인자와 간음한 자와 마술쟁이, 거짓말로 국민을 모함하고 국민을 미혹한 우상숭배자와 모든 거짓말쟁이들이 갈 곳은 불과 유황이 타오르는 바다뿐이라는 것을 말해 둡니다. 이미 그들은 죽어 있었는데 이렇게 되면 두 번째로 죽는 셈입니다.

⑨ 나는 이 자리에서 새 정부의 모양을 어느 정도 설명 드려야 하겠습니다. 전제정치의 멸망을 과거에 예언했던 학자들도 나의 설명 내용에 동의하리라고 생각합니다. 우선 새 정부는 곧 민주주의를 위해서 속죄양이 된 분의 아내이며 신부인 것을 말하고 싶습니다. ⑩ 민주 의식에 투철한 사람만이 이 정부의 진상을 보실 수가 있을 것입니다. ⑪ 이 도성都城이 발하는 빛은 지극히 귀한 보석과 같고 수정처럼 맑은 백옥과 같은 것입니다. ⑫ 이 도성에는 크고 높은 성벽과 열세 개의 대문이 있고 그 열세 개의 대문에는 문지기가 하나씩 있으며 대한민국의 자손 열세 도道의 이름(시장의 취임사면

동의 이름)이 각각 적혀 있을 것입니다. ⑬ 이 대문은 열세 도道의 사람들이 들어오기 편한 위치에 세워질 것입니다. ⑭ 이 도성의 성벽에는 열세 개의 주춧돌이 있는데 그 주춧돌에는 민주주의를 위해서 속죄양이 된 분의 사도들 열셋의 이름이 각각 적혀 있을 것입니다.

⑮ 모든 학자들은 마치 금으로 만든 측량척을 가지고라도 재듯 이 도성을 정확히 측량하고 평가할 것입니다. ⑯ 그런데 이 큰 도성은 아무리 재 보아도 완전하기만 할 것입니다. ⑰ 또한 학자들이 이 성을 위대한 성이라고 말할 것입니다. ⑱ 성벽은 백옥으로 쌓았고 도성은 온통 맑은 수정 같은 순금으로 된 것입니다. 국민이 들여다보는 공개 정치, 공개 행정이니까, 하기야 성벽의 재료가 맑을 수밖에는 없습니다. ⑲ 민주주의를 위한 희생자들은 성벽의 주춧돌이며 이들은 갖가지 보석과도 같은 분들입니다. 백옥, 사파이어, 옥수, 비취옥, ⑳ 홍마노, 홍옥수, 감람석, 녹주석, 황옥, 녹옥수, 청옥, 자수정 같은 분들입니다. ㉑ 열세 개의 대문은 열세 개의 진주로서 그 대문 하나하나가 한 개의 진주로 되어 있습니다. 도道마다 마음들이 합해져 있기 때문에 한 개의 진주인지도 모르겠습니다. 이 도성의 거리는 맑은 유리 같은 순금입니다. 도성에 가는 길이 밝다는 것을 여러분은 유의하시기 바랍니다.

㉒ 나는 도성엔 성전이 없다는 것을 말씀드립니다. 높은 사람이라고 제일 좋은 방에서 제일 좋은 시설을 꾸미고 앉아 있지 않다는 것입니다. 나는 어차피 임기만 채우고 나갈 종이요 여러분 국민과 민주주의를 위한 속죄양이 바로 이 도성의 성전이기 때문입니다. ㉓ 이 도성에는 말하자면 태양이나 달과 같은 다른 빛이 필요가 없습니다. 국민의 영광이 이 도성을 밝혀 주며 속죄양이 도성의 등불이기 때문입니다. ㉔ 모든 공무원들이 이 빛을 받아가지고 걸어 다닐 것이며 땅의 왕들은 그들의 보화를 가지고 이 도성으로 들어올 것입니다. 이 도성에는 밤이 없으므로 종일토록 문이 닫히는 일이 없을 것입니다. 그러니까 참으로 상향식上向式 조직組織의 세상입니다. ㉕ 그리고 사람들이 이민을 가는 것과는 반대로 다른 나라 사람들까지도 보호와 영예를 이 도성으로 가지고 들어올 것입니다. ㉖ 더러운 것은 아무것도 이 도성으로 들어오지 못하고 흉측한 것과 거짓을 일삼는 자도 결코 이 도성으로 들어오지 못합니다. 이 도성에 들어올 수 있는 자는 다만 어린양의 동지同志들뿐입니다.

22장 — ① 학자들은 또한 수정과 같이 빛나는 생명수의 강이 정부의 심층부에서 나와 그 동산의 넓은 거리 한가운데를 흐른다고 증언證言할 것입니다. ② 강 양쪽에는 열세 종류의 열매를 맺는 생명나무가 — 즉 各道의 중소기업, 농어촌, 권익을 보장받은 노동자, 문화활동 같은 것들이 — 있어서 달마다 열매를 맺고 나뭇잎은 여러 국민을 치료하는 약이 될 것입니다. ③ 이제 이 도성에는 다시 저주받을 것이 하나도 없을 것입니다. 국민과 어린양의 옥좌가 그 도성 안에 있고 그분의 종들인 공무원들이 그분을 섬기며 국민의 얼굴을 뵈올 것입니다. ④ 공무원의 이마에는 국민의 이름이 새겨져 있을 것입니다. ⑤ 이제 다시 이 도성에는 밤이 없어서 등불이나 햇빛이 필요 없습니다. 국민만이 그들에게 빛을 던질 것이며 이러한 제한 속에서만 공무원 제도는 영원히 존속할 것이기 때문입니다.

⑥ 끝으로 한 말씀드릴 것은 이렇게 새 천지가 된 것은 다 민주주의를 위한 속죄양이 바로 다시 살아오신 것과 똑같다는 점입니다. 속죄양의 은총이 모든 국민에게 내리시기를 빕니다.

풀이

믿는 자에게서 그의 이웃들은 새 천지, 하늘에서 내려온—그러니까 자기에게서 나온—예루살렘, 그리고 살아 오신 예수를 느껴야 한다. 이러한 것들을 느끼되 흡사 자기의 부인, 아니 부인은 부인인데 신혼 때의 부인을 느껴야 한다. 아, 신부는 어떠했을까. 기억나는 대로 고생을 하는데 좋아만 하며 시작하는 기쁨을 가져 준 것, 롯의 아내에서 보는 욕심 같은 것이 전혀 없는 것, 뭐든지 새 옷으로 갈아입는 것, 혹 처녀 때 같은 이상스러운 성격이 사라진 것, 두려워하며 눈치를 보는 것과는 너무나도 거리가 먼 조심스러움 그리고 잡념 없이 한 남자에게 향하며 늘 뭐를 해 드릴까를 생각하는 마음, 이런 것 외에 또 뭐가 있었을까. 어떻든 신부는 좋은 것이다.

믿는 자는 그 이웃을 사랑함으로 이웃의 눈물, 슬픔, 울부짖음, 고통 등등이 사라지게 하여야 한다. 이웃이 새로워지며 커지는 것을 보면 꼭 자기 일과 같이 좋아해야 한다. 이웃은 그로부터 하나도 가려진 데가 없는 밝은 빛, 같은 도道나 같은 학교 출신이 아닌데도 고루 받는 혜택, 완전함, 그분 아래서는 서로가 힘을 모으고 싶은 마음, 잘난 체하는 성전이 없는 것, 다른 과課나 다른 계係의 직원도 그 과나 그 계로 가고 싶어 하는 흡인력, 마음으로 그를 대접이라도 하고 싶어지는 존경심, 생명의 강이라도 자기를 향하여 흘려보낸다고 느끼는 착각, 이런 것들을 느껴야 한다.

이웃은 또한 믿는 자가 자기 외에도 관심을 두는 대상에 셋이 더 있다는 것을 알아야 한다. 그 하나는 어린양이요—이 책의 어휘로 이는 자기희생에 해당하는 태도이다—둘은 이웃을 해치는 자요—이는 비폭력을 그리워하는 태도이며—셋은 공정하게 평가해 주는 학자이다. 이는 개인윤리의 덕목 중 지적 대응에 해당하는 태도이다. 믿는 자의 눈에 눈물이 글썽할 때가 많은 것을 이웃은 본다. 이는 그가 어린양과 어린양의 동지들의 죽음을 애처롭게 생각하는 때이다. 순하기만 할 줄 알았던 믿는 자가 자기 아닌 다른 사람, 즉 이웃을 해치는 자를 보면 아 참 그렇게 무서워질 수가 없게 무서워진다. 인간을 목적시 하는 지도자는 아랫사람을 해치는 이를 밖으로 내모는 것이다. 이런 흉악자를 내몰기는커녕 이런 자에게 아첨까지 하며 이웃에게는 사납게 대하는 사람들만을 많이 보아 온 이웃은 믿는 자를 대하고는 놀라기도 한다. 끝으로, 믿는 자는 남의 비판과 비평을 잘 받아들인다. 비평자가 자로 재 본다고 하면 믿는 자는 아마 금으로 만든 자라도 만들어 줄 정도로 열정적이다. 이렇게 믿는 이가 그리웁다.

제10장
새로운 관계

사람과 환경 사이

본 장 〈새로운 관계〉는 3·1운동을 겪은 겨레가 정부 프로그램으로서 유지해야 될 것을 설명하는 장이다. 바로 전 9장에서 공직자의 품격을 한국이 경험한 선진의 문명적 영향을 반영하여 《논어》《맹자》의 관료적 문명에서의 기여와 청교도적 영향하에 발전된 미국 행정의 특색을 반영할 뿐만 아니라 미국 행정의 문제점을 극복할 미래의 문명 틀에서 검토를 하는 3중적 중첩 현상을 보았듯이, 본 장에서도 3중적 문명의 중첩이 어떠한 상태가 된다는 것을 밝히고자 한다. 제1절은 사람과 환경과의 관계를 논하는데 이 관계는 전통사회에서 이어 와야 할 긍정적 관계이다. 얼핏 생각할 때에 군신관계, 부부관계, 형제관계 등등이 의미 있는 관계인 듯 생각되나 사람과 환경과의 관계만큼 본질적이 아니라고 생각된다. 지금은 군주국가가 아니기 때문에 군신관계를 계승할 필요가 없고 부자, 형제 등등의 관계는 오늘에도 중요하나 이 문제는 다음 장의 한 절 〈가정〉에서 검토될 것이다. 2절 〈정치와 행정 사이〉 그리고 3절의 〈노사관계〉는 청교도의 영향을 받은 민주주의 문명이 인류에게 발전, 유지하도록 요구하는 제도들이다. 최종 절 〈6개국들 사이〉는 패권주의화하는 상황에서 한국 공직자의 모습을 제시한다. 이른바 정부 프로그램을 논하는 장에서 정부가 유지해야 할 관계를 유지하는 것만을 유의미하게 본 것을 유의하기 바란다. 이는 모름지기 정부가 마땅히 할 일을 일하는 것이 아니라 무위無爲라고 역설한 노자의 사상을 연상케도 한다.

제자 오해원이 나에게 한참 세종시 문제가 논의 중인 2010년 2월에 세종시가 어떻게 해결될 것인가를 물었다. 나는 세종시를 행정복합중심도시로 하여 전국을 균형 발전시키는 것이 환경과 국민과의 관계를 바르게 만든다는 취지로 이야기를 시작했다. 왜 균형 발전이 환경과 국민과의 관계를 좋게 만드는가를 제자가 다시 물었다. 나는 이 물음에 답하기 전에 제일 먼저의 질문에 우선 답했다. 2010년 2월은 세종시 문제가 그 방향을 못 잡고 있는 때인데 나는 단정적으로 정부가 수정안을 밀고 갈 것을 예상했다. 제자가 그렇게 답하는 근거를 물었으며 내 설명은 좀 길었다.

한나라당은 열린우리당이 실패했기 때문에 집권해 들어온 정당이다. 열린우리당이 실패했던 이유는 특유한 과격성 때문에 민심이 이탈을 해서다. 두 가지 예를 들겠다. 하나는 민노총도 아니고 한노총이 어느 해 5월 1일 평양에 간다고 했을 때 노무현 대통령은 말할 것도 없고 열린우리당의 어느 국회의원도 기자회견을 열어 '평양에도 노동조합이 있어서 평양에 가겠다는 것인가? 햇볕정책은 남북이 공존 교류하자는 정책이지 나라의 중요한 단체인 노동조합이 사고의 중심을 잃는 것은 마땅하지 않다'라는 가르침을 국민에게 던진 바가 없다. 한노총의 평양 방문에 대해 교훈하는 가르침이 보도가 되었더라면 이 말 한마디를 갖고 국민 일반을 안심시켰을 것이다. 두 번째는 경기대학교 설립자의 후손인 총장이 교수 채용 시 돈을 받았다는 혐의로 구속되었는데 이때에 정부는 열린우리당 강원도 지부장을 경기대 이사장으로 보내고 경상남도 지부장을 총장으로 보냈다. 과격한 행동이었다. 이를 두고 노무현 대통령이 아무 말을 안 했다. 그러나 만일 노무현 대통령이 교육인적자원부장관을 불러서 경기대학교의 인사를 하기 전에 구속된 총장을 만나서 대리인을 지명토록 하고 그로 하여금 정부가 만족할 만한 수습을 했는가를 확인했더라면 열린우리당이 사유재산을 존중하는 정당임을 보이게 되었을 것이다. 즉 이 말 한마디가 지식인을 포함하는 일반 국민이 노무현 정부를 이른바 '빨갱이 정부'는 아니라고 생각하게 하였을 것이다. 그 후 경기대 설립자와 총장은 혐의 사실이 무죄가 되어 구속에서 풀려 나왔는데도 참여정부는 이사장과 총장을 계속 유임시켰고 교육 당국이 설립자와 총장에게 대리인을 묻는 절차가 없었다. 이 두 예에서 보듯 국민들로부터 민심을 잃었던 열린우리당이 2006년 지방선거에서 참패했을 뿐만 아니라 2007년 대선에서도 패배하였던 것이다.

내가 하려는 말이 더 있었으나 오군이 내 말을 가로막았다. 관계되는 질문을 해서이다. 질문에 이어 내 대답이 나오고 오군의 의견 진술도 이어지는 등 대화를 가졌다.

오 : 2006년 지방선거와 2007년 대선에서 성공한 한나라당이 세종시의 수정안을 만들어 밀고 간다는 것이군요. 이명박 정부가 취임 첫 마디를 국민의 말을 듣겠다고 하였는데 어째서 여론의 분열을 무릅쓰고 이번에도 밀고 가게 되겠습니까?

나 : 이명박 정부는 문민정부를 잇는 정부이기 때문에 최소한 우악스러운 정치를 안 해야 하지만 그렇지 못하고 있는 형편이다. 중요한 것은 이 우악스러움을 국민이 알면서도 이명박 정부에 대해서 상당히 높은 지지를 보내고 있는 것 또한 사실이다. 이 군사정부의 형태와 같은 우악스러움과 이 우악스러움을 오히려 지지하는 듯도 하는 민심의 근원이 어디에 있는가를 밝혀야 한다고 본다. 애통하게도 그 근원이 여당이라기보다는 야당에 있다. 즉 오늘의 야당이 예전 집권당 시대의 민심 상실을 회복하지 못하고 있기 때문에 그 틈을 타고 여당의 우악스러움이 판을 치는 것이다.

오 : 야당이 민심을 못 얻고 있다는 뜻이군요. 야당이 투쟁을 잘하고 있다고 보여지는데요. 여당이 국회에서 압도적 다수를 차지하고 있기 때문에 야당으로서는 국회를 뛰쳐나와 거리에서 투쟁할 수밖에 없는 사정도 있지 않나요?

나 : 투쟁이라는 말을 되풀이해 말하는군. 어떻게 보면 야당의 전유물이 투쟁같이 보인다. 그러나 내 생각은 다르다. 야당이 하는 말을 듣고 여당도 내심으로는 동의하고 따라서 국민 일반이 야당이 하는 말에 동의할 뿐만 아니라 하나의 가르침으로 받아들일 수 있는 그러한 말을 만들어 내는 데 성공해야 한다. 특히 폭력에 대항하는 대안은 투쟁이 아니라 말이다. 한 예를 들겠다. 4대강을 한다는 것으로 예산심의 논의가 한창일 때 반대의 불을 끄기 위해서 느닷없이 이명박 대통령은 '나는 4대강을 안 한다'고 했다. 이 말을 듣고 투쟁 일변도인 야당은 '4대강을 안 하는 이유가 무엇인가?'라고 다그쳐 묻지를 못했다. 만약 야당이 대통령의 발언 직후에 그 이유를 대라고 다그쳤더라면 대통령은 당황해서 즉답을 못했을 것이라고 생각한다.

이 당황해함을 국민이 보면 이명박 대통령이 우악스러울 뿐이라는 것을 알게 되어 투쟁보다도 더 효과적인 민심 획득을 야당이 할 수 있었을 것이다. 이명박 대통령이 대답을 안 했는데 이때에도 야당이 왜 대답을 안 했는가를 즉각 묻지 못했다. 여당도 내심으로 야당의 말에 동의할 수밖에 없는 말을 하는 것이 폭력보다 더 효과가 있는 득표 행위이다. 심한 예로 도둑질을 하러 가면서 도둑질을 안 한다고 말을 하는 경우가 있을 수 있다. 이때에 이 말을 듣는 사람이 왜 계속했던 도둑질을 멈추는가를 묻는다면 그 도둑은 이유를 대지 못하고 얼버무리고 당황해했을 것이다. 야당인 민주당의 잘못을 한 가지만 더 말하겠다. 2008년 초 촛불시위 때 야당 국회의원들이 앞자리에 가 앉는 것은 잘못된 일이었다. 내가 제5장에서 밝힌 대로 4 · 19 때에 그 당시 야당 정치인이 데모에 참여하지 않았기 때문에 이승만 대통령이 데모 군중의 순수함에 압도되어 데모 발생 후 1주일 만에 하야했다. 이승만 씨가 독립투쟁 때나 정치활동 때에 겪었던 반대자와는 다른 종류의 저항자를 맞이했기 때문에 하야를 할 수밖에 없었을 뿐 아니라 하야 전에 데모로 부상당한 학생들의 병상을 찾기도 하였다. 촛불시위는 유모차까지도 동원된 순수한 모임이었다. 이 촛불시위 앞에 이명박 대통령은 거의 속수무책이었고 청와대 뒷산에 올라가 횃불을 내려다보며 한숨지었다. 그러나 이명박 대통령이 살아날 계기가 왔다. 그것은 데모 군중 앞자리에 이른바 재야인사라는 사람들과 야당 국회의원들이 앉아 있었기 때문에 이들을 잡아들이는 형식의 우악스러움으로 이명박 정부가 살아나기 시작했고 민심을 얻기 시작했다. 나는 데모 군중의 앞자리에 앉아 있었던 사람 때문에 드디어는 노무현 전 대통령도 죽게 되었다고 생각한다. 이명박 정부는 반대자를 잡아들이는 기세를 몰아 김해에 가 있었던 전직 대통령을 조사할 수 있었다.

오 : 노무현 전 대통령의 국상 이후 야당의 지지도가 높아 졌으나 얼마 안 가서 지지도가 다시 가라앉는 것은 앞서 선생님께서 말씀하신 투쟁 일변도를 뉘우치지 못한 데서 기인했겠군요. 이 우악스러움을 갖고서 구현하고자 하는 세종시 수정안이 왜 나쁩니까?

나 : 균형 발전이 모처럼 만든 민주주의 문화를 정착시킨다. 박정희 유신정부는 통일될 때까지는 지방자치를 안 하겠다고 말했는데 지방자치를 안 할 정도면 통일도 되지 않는다. 나는 83년간을 서울에서 살고 있는데 나라의 균형 발전이 없기 때문에 인구가 서울에 몰려들 수밖에 없고 서울이 극도로 생활하기에 불편한 환경이 되어 버린 것을 경험하고 있다. 즉 개인 주택인 내 집 주변만 하더라도 아파트와 다세대 주택으로 밀집되어 있다. 세종시로 행정 기능이 모두 간다면 행정부 공직자의 가족도 옮겨 살아야 하고 가족이 옮겨 갈 수 있으려면 세종시의 초 · 중

· 고등학교를 졸업해도 그 자제들이 우수한 대학에 진학할 수 있도록 교육개혁도 되어야 한다. 학관이 없어지고 공교육이 튼튼해지고 대학이 출세하는 사람을 양성하는 곳이 아니라 학문하는 곳으로 교육개혁을 해야만 하는 촉진을 세종시의 행정도시화를 통해서 할 수 있다. 세종시의 원안대로의 건설은 따라서 교육의 혁명을 불러와 전국적인 균형 발전도 가능하게 된다.

오 : 선생님의 말씀을 듣고 보니까 우악스러움이 환경을 파괴하고 나라의 균형 발전을 저해하게 되는군요. 세계에서 환경이 깨끗하게 유지된 국가들은 모두 정치의 우악스러움이 승화가 된 이른바 선진국가들과 북유럽 국가들인 것이 연상됩니다.

정치의 우악스러움이 없는 나라에서 환경이 좋아진 것을 밝힌 글이 2009년 10월 5일 발행된 《타임스》 내용 중 〈Special Report — Heroes of The Environment〉이다. 꽤 긴 글이다. 이 중 노르웨이와 미국의 오바마 정권이 환경 선진국 역할은 하고 있는 것을 밝히고 있는데 이명박 정부의 우악스러움과 대조되어짐을 알 수 있다. 예를 들어 노르웨이의 경우 모든 기준에서 볼 때, 세계에서 가장 환경적인 국가들 중 하나이다. 세계에서 가장 먼저 탄소포획 저장시설을 만들었고, 배기가스에 높은 세금을 부과하고, 교토 기준을 능가할 뿐만 아니라 2030년까지 무탄소국이 되려는 야심찬 목표를 가지고 있다. 모든 자동차 생산자들이 — 심지어는 하이브리드차를 제조하는 자들까지도 — 그들의 상품을 환경 친화적이라고 광고하는 것을 금지하고 있다. 왜냐하면, "차들은 환경을 위해 좋은 일을 아무것도 해 줄 수 없다"라고 노르웨이 환경관계 공무원은 보고 있기 때문이다. 또한 노르웨이의 환경장관 에릭 솔하임Eric Solheim의 환경정책을 살펴볼 때 발전 우선의 우악스러움과는 거리가 있다는 것을 찾아볼 수 있다. 그는 그의 환경적인 대의를 나라의 국제 발전부의 장으로서의 역할과 결합시킨다. 즉 이루어질 수 없을 법한 결합이 — 한쪽은 자연보호, 다른 쪽은 경제발전 — 가능하다고 생각한다. "이 시대의 큰 이슈들 중 하나는 기후 변화에 어떻게 적응하냐는 것입니다. 그리고 집에서든 해외에서든 우리가 적응하기 위해 하는 모든 것은 발전입니다"라는 말로 그는 환경과 발전이 결합할 수 있음을 설명한다. 그는 배기가스, 산림 파괴,

그리고 산림 파괴를 줄이는 프로그램(The Reducing Emissions from Deforestation and Forest Degradation)과 주요한 국제적 환경협정을 교섭하는 까다로운 직무를 마다하지 않는다. 산림 파괴가 지구의 온실가스 5분의 1을 낳는 와중에, REDD는 가난한 국가들에게 그들의 숲들을 위한 지속 가능한 관리 업무를 도입하게 하고 금전적인 유인을 제공함으로써 배기량을 줄이기 위해 구성되었다. 솔하임의 지휘와 함께, 노르웨이는 이 프로그램을 이끄는 것을 도왔을 뿐만 아니라, 산림 파괴와 싸우기 위해 따로 마련해 두었던 5억 달러 중 5,200만 달러를 REDD가 순조롭게 출발할 수 있는 것을 돕기 위해 책정하였다. "이것은 더 낮게 달린 열매입니다. 이것은 배기량을 줄이고, 산림 파괴를 막고, 개발도상국에서의 거대한 사회적 변화를 촉진하는 방법입니다. 그러나 이를 위해서는, 그들은 부자 나라들로부터의 금전적인 지원이 필요합니다"라고 그는 토로한다.

국내와 해외에서 변화를 시도하고 있는 미국 오바마의 친환경적 정권 또한 우악스러움과는 거리가 있다. 산업은 지구를 파괴하려 하고 환경 기관들은 지구를 보존하기 위해 노력한다. 환경 정책들은 그 중간에서 정부가 하는 조정 행위들이다. 그러기에 환경 보호에 있어 정부의 의지가 중요하다. 오바마의 내각은 미국 역사상 가장 환경 친화적이라고 평가된다. 새로 생긴 기후 지도자의 지위에 있는 캐롤 브라우너Carol Browner부터 환경보호기관(EPA)의 대표 리사 잭슨Lisa Jackson, 그리고 내정 장관인 켄 살라자르Ken Salazar까지 오바마 대통령은 녹색당을 황홀하게 하는 팀을 구성했다. 특정 문제들에 대한 강조가 부족하다는 불평들이 있을 수 있지만, 아무도 드디어 맞는 사람들이 맞는 자리에 있다는 것에 대해 논쟁하지 않는다. 워싱턴에 기지를 둔 세계자원기구 회장인 조나단 래쉬Jonathan Lash가 말한다. "제가 지금까지 본 것 중 가장 훌륭한 팀입니다."

오바마의 내각이 녹색 빛을 띨 것이라는 그의 첫 번째 힌트는 그가 물리학자 스티븐 추Steven Chu를 에너지부 장관으로 임명했을 때 왔다. 미국 내각에 임명된 첫 번째 노벨상 수상자인 추는 먼지 쌓인 에너지 부처를 내일의 깨끗한 동력 해결책들을 위한 인큐베이터로 바꾸는 임무를 부여받았다. 그리고 백악관에서는 이 임무가 존중받을 것이라는 것을 보여 주는 선택들을 줄지어 내놨다. 국가대양대기 행정부의 책임자로 해양생물학자인 제인 루브첸코를, 과학 고문으로서 하버드의 존 홀드렌을, 새 기후 직책에 EPA 옛 장관인 브라우너를 임명했다.

정치적인 면에서, EPA의 잭슨은 부시 행정부의 가장 논쟁적인 환경 정책들을 뒤바꾸기 시작했다. 2009년 봄 내각 전부가 오바마의 미국 자동차들의 연료 효율성 기준을 높이려는 계획을 지지하기 위해 의견을 모았다. 이 결정은 몇 백만 톤의 이산화탄소를 줄일 것이다. 에너지와 환경은 항상 워싱턴에서 자원을 위해 싸워야 할 것이다. 특히 심각한 불경기의 맹위에서 더 그럴 것이다.

정치의 우악스러움 때문에 환경이 파괴된 곳은 남한만이 아니라 한반도 전체가 그렇다는 것을 가슴 아프게 생각한다. 북한은 산야가 황폐화되어 있다. 그러나 DMZ가 한반도를 가로지르고 있어 친환경적 상태를 만들어 낼 수 있는 좋은 환경이 있는 것은 사실이다. 호남 지방에 슬로시티Slow City가 형성되어 나가는 현상도 긍정적이다. 특히 제주도는 계절에 적응할 수 있는 다양한 동식물의 보고이며 제주도가 유네스코 세계자연유산에 등재되어 있다는 것은 다행한 일이다. 선군정치와 쿠데타 정부하에서 한반도의 자연이 신음하고 있었던 것이 정치의 정상화를 통해서 극복되기를 기대한다.

정치와 행정 사이

내 나이가 82세다. 문득 26세 때 그러니까 56년 전에 골똘히 생각했던 한 생각을 그 사이 꾸준히 해 왔고 지금도 같은 생각을 하고 있음을 발견한다. 인창중학교 영어선생 때의 일이다. 2학년 영어교과서의 제1장이 'Spring has come'으로 시작되었다. 선생인 나는 봄이 왔다라고 가르쳤다. 가르쳤다라는 말은 가르친다는 동사의 과거형인데 온다는 영어 말 come의 과거형은 came인데 'Spring came'으로 안 말하고 'Spring has come'으로 말해야 하는 논리를 나는 말해야 했다. 'Spring came'은 과거의 한때에 왔다는 뜻이고 'Spring has come'은 봄이 과거로부터 지금까지 왔다는 뜻이며 이런 상황을 현재완료형이라고 말한다는 설명을 나는 해야만 했다. 그리고 완료형을 만드는 공식이 있는데 have동사에 동사의 과거분사인 come을 합해서 만드는 것이 현재완료형이라고 설명했다. 나로서는 진땀이 나는 설명이었다.

누군가 한 학생이 완료형을 만들 때 왜 꼭 have동사를 씁니까를 물었다. 그 학생은 지금쯤 무엇을 하고 있을지 궁금하다. 이 질문에 곧 대답을 못했던 것 같다. 그 후 영어시간에 have동사 이야기를 내가 꺼냈다. have동사는 완료형을 만들 때 꼭 사용도 되지만 have가 든 의문문을 만들 때에 do동사를 앞세워 'Do you have a pencil?'이라고도 묻지만 'Have you a pencil?'이라고도 묻는 것으로 보아 have동사는 특별한 대우를 받는 동사라고 말했다. 또 그 후 이런 말도 했다. have를 앞세우는 의문문 영어가 좀 더 원어답다고도.

이렇게 영어 동사 have가 특이하게 눈에 띄는데 영어동사는 이 have동사 이외의 동사들을 굳이 분류한다면 be동사와 do동사가 더 있다고 현재완료형 설명 시간 후 발견했다. 왜 이런 분류가 영어에 있을까를 생각했다. 그래서 왜 완료형을 만들 때 하필이면 have동사를 쓰는가를 물었던 대답을 할 수 있었다.

> 동사는 사람의 움직임을 나타내는 낱말이다. 사람에게는 Be동사적 움직임 do동사적 움직임 그리고 have동사적 움직임 등 세 개의 움직임이 있는데 이 세 개 움직임은 움직임의 단순한 분류가 아니라 좀 더 고급의 움직임을 보여 준다. 사람은 그냥 존재만 하는 to be형적 움직임이 제일 저급의 움직임이며 그 다음 단계의 고급 행동이 to do이며 최고급의 움직임은 to have형 움직임이다.

나는 세 개 형의 동사를 설명해야 했다. 먹고만 사는 사람이 To Be형이고 부모가 시켜서 마지못해 공부하는 사람은 to do형이지만 여러분같이 야간에라도 나와서 공부하는 학생들은 — 그때는 인창중학교에 야간이 있었다 — 만난을 무릅쓰고 공부하려고 하는 결심이 있으니 to have형이라고 설명했다. 따라서 사람이 갖은, 즉 have하는 것은 물질과 돈을 갖는다기보다는 의사 표시를 소유해 나가는 일이다.

내 말을 학생들이 알아들었는지 모르겠는데 나는 그렇게 말했다. 하나가 더 있다. 그것은 의지미래와 단순미래의 구별이다. 여러분이 서대문 모퉁이 책가게에 영어교과서를 구입하러 갔다가 책가게 주인이 그 책을 내일 갖다 놓겠다고 말했을 경우를 생각해 보라. 두 경우인데 학생이 '책값을 미리 받으세요. 호주머니에 넣고 가다가 호떡이라도 사 먹을 것 같아서요'라고 말하고 돈을 주인에게 건넸을 때의 주인 말이 '나는 너에게 책 한 권을 주게 될 것이다'라고 말할 수 있다. 또 이런 경우를 생각해 보라. '저는 고학생이어서 파본이 있으면 한 권 내일 주십시오'라고 말했을 경우도 만일에 주인이 선심이 발현되어 위와 같은 말을 하게도 될 것이다. 미래의 책가게 주인의 행동을 전자의 경우는 단순미래를 써야 한다. 왜냐하면 책값을 받았는데도 책을 안 주면 자신은 돈 준 학생에 의해 파출소에 끌려갈 것이니 책을 주는 미래동사가 책가게 주인의 의사 여부를 결정짓는 행위가 아니어서이다. 후자의 경우는 의지미래를 쓴다. 이는 책가게 주인의 위대한 선심이 발현된 것이기 때문이다.

to have, to do, to be의 세 개 분류와 단순미래와 의지미래의 분류는 다음과 같은 행동지표를 만든다. 이 표에서 shall을 단순미래 will을 의지미래로 상징하기도 한다.

동사의 분류	A. shall	B. will
1. to have	A1	B1
2. to do	A2	B2
3. to be	A3	B3

그 후 3년간 유학을 갔다가 고려대에서 행정학 강의를 3년간 하고 《행정학》을 썼다. 이 《행정학》 교과서의 제1장이 〈행정과 행정학〉이다. 행정부 내의 누가 무엇을 어떻게 하는가를 따지는 것이 행정학이라는 것이다. 이 경우 누가가 to have 즉 위 표에서 1번에 해당하며, 무엇을이 to do 2번에 해당하며 어떻게가 to be 3번에 해당한다. 누가를 관료조직과 공무원으로 나눠서 보았고 하는 일을 현대 국가의 기능으로 보았고 방법을 능률 구도로 보았다.

교과서를 쓴 후 2년 후인 1964년에 고려대 행정문제연구소가 간행하는《법률행정론집》에 〈우리나라에서의 적용을 고려한 행정개혁이론 모색〉을 발표했는데 이 행정개혁 모형이 바로 위 표를 행정 상황에 맞춰 본 것이다. will의 세계는 공무원이 있는 행정이며 shall은 행정의 환경인 국가와 사회를 내포하는 정치이다. to have를 담당자 형성, to do를 효과 달성, to be를 능률 향상으로 보았다. will의 세계도 조직 · 관리로 양분되고 관리는 정책 · 재무 · 인사로 삼분화되었다. 위 표가 생긴 지 9년 만에 생긴 변화가 다음과 같다.

일단 위 영어 동사의 구도와 유사한 논문에서 발전된 '개선점 일람표'를 다음에 옮긴다.[40] to have는 담당자, to do는 효과, 그리고 to be는 능률에 해당한다.

개선점 일람표

장소 / 목적	결심작성			관료제도			
	문화의 성격		C. 공무원의 역량	D. 조직	E. 사업	F. 인사	G. 재무
	A. 정치	B. 가치관					
1. 담당자 [사람 – 누가]	정국의 불안정(예 : 혁명, 극한, 투쟁, 굴욕 외교의 지양	다른 사람보다 자기가 높다고 생각하는 권위주의	타인의 동의 없이 타인에게 영향을 미치는 결정을 하는 일	권한 침해	프로그램의 변동	직업공무원제도의 결핍	집행부 예산제도의 미발달
2. 효과 [일 – 무엇을]	프로그램의 과다 요구(예 : 평등 선거, 수익권, 프로그램, 공사규정의 헌법에서의 삭제)	일을 못 해 본 데서 발생한 비합리주의	발생된 외부 문제와 결정 간에 상관관계가 없는 일	종류 없음	계획의 결핍	직무 분류의 부적절	성과주의 예산제도의 미발달
3. 능률 [방법 – 어떻게]	행정부에 에너지를 안 주는 일(예 : 강한 행정수반을 만드는 것)	공식적 조직체의 단일성을 파괴하는 파벌	무능	조직 원칙의 무시	D(지시), CO(조정), R(보고)의 부족	임용제도의 소극성	복식부기를 이용한 기금회계제도의 결핍

40 이문영,《한국행정론》, 일조각, 1980, 18쪽에 일람표가 있다. 나는 이 표에 이어서 24쪽까지를 옮기고자 한다.

shall은 결심작성, will은 관료제도이다. 여기에서의 결심작성을 행정의 환경 혹은 정치라고 말할 수 있다. 행정인이 의사결정을 하는 환경이 정치이기 때문이다. 문화의 성격을 결정짓는 것을 공식적인 면과 비공식적인 면을 나누어 일람표는 정치와 가치관으로 나누고 있다. 여기에서의 가치관을 사회라고 말할 수도 있다. 문화의 성격이 정치 · 환경의 공식적 측면이라면 공무원의 역량은 비공식적 측면이기도 하다.

나는 이 일람표에서 적용되는 종합적 개혁단계 8개를 다음과 같이 제시했다.

〈원칙1〉 3대 개혁단계가 있는데, 제1은 담당자 형성, 제2는 효과성 유지, 제3은 능률성 향상을 위한 개혁이다.

〈원칙2〉 동일 단계에 있어서는 상급자의 비통제 항목인 A(정치), B(가치관)가 다른 항목에의 개선보다 앞서는 것이 좋다.

〈원칙 3〉 동일 단계에 있어서의 CDEFG 중 각개에 있어서의 개선이 발전되기에 앞서서 동일 단계 내의 AB를 제외한(왜냐하면 AB는 원칙 2에서 처리됨) 다른 네 항목의 개혁이 개별적으로 혹은 업무 개선 작업을 통해 총체적으로 선행하는 것이 좋다. 예를 들어 G가 개선되기 전에 CDEF가 각각 개별적으로 혹은 업무 개선을 통해 전체적으로 먼저 개선되어야 한다.

이상의 삼원칙을 정원책정작업(F3작업 - 임용 시에 충원될 인원 수를 결정하기 때문에) 실례를 통해 설명하면 다음과 같다.

첫째, 적소가 있어야 적재 발견을 할 수 있는 것이기 때문에 우선 충원의 대상이 될 직무(F2)가 정해져 있어야 한다.(원칙1 - F2는 F3보다 앞서기 때문이다.)

둘째, 무능한 사람이 일하는 경우에는 인원 수를 더 필요로 하므로 충원될 공무원이 유능(C3)해야 한다.(원칙3 - 동일 단계인 제3단계 중 C3이 F3보다 앞서기 때문이다.)

또한 전기한 첫째 작업인 직무(F2)가 확정되기 위해서는 다음과 같은 세 가지 작업이 선행해야 한다.

(가) 공무원이 가지고 있는 가치관이 합리적인 방향으로 변경됨에 따라 혹은 행정에 따라 정치적 영향의 조성자인 국민의 질이 향상됨에 따라 그만큼씩 직무의 내용이 안정화해 간다.(원칙 2 - 행정 외적인 요인이기 때문에 동일 단계 내에서 우선순위를 갖는다.)

(나) 직업공무원제도의 수립(F1)을 비롯한 제반 권한침해 현상의 배제 작업(제1단계 개

혁 전반)이 있어야 한다.(원칙 1)

(다) 너무나 업무 개선할 것이 많으면 업무의 내용이 정해질 수 없다.(원칙 3 - 업무 개선의 주 내용인 C2 · D2 · E2 · G2가 앞서기 때문이다.)

이상의 3개 원칙에 따라서 '개선점 일람표'를 평가하여 생기는 원칙으로 다음과 같은 방계원칙을 첨가할 수 있다.

〈원칙4〉 모든 행정개혁의 출발점은 'A1과 B1' 지점이며 종착점은 C3인 행정개혁이 건전한 것 같다.(출발점이 'A1과 B1'인 이유는 원칙 1과 2에서 이미 설명하였으며, 종착점이 C3인 것인 인간 계발을 제3단계의 목적으로 하기 때문이다.)

〈원칙5〉 제1단계 개혁인 인간 계발을 위한 환경조성 작업에 실패하면 거의 숙명적으로 공무원의 부패 현상이 일어나는 경향이 있다.(따라서 제2부 제1장에서 보듯 이론적으로 볼 때에 과다한 권한을 장악하고 있는 데서 생기는 부패이므로 관권경제 권위주의적 관리의 불식 방식 혹은 인권 존중 작업 등을 골자로 하는 제1단계 개혁을 함으로써 부패가 없어지는 것이지, 여름에는 노타이 셔츠를 입게 하고 점심에는 도시락을 싸 오게 함으로써만 없어지지는 않는다.)

〈제6원칙〉 비록 전 단계까지의 개혁이 잘 되어 있더라도 제2단계 개혁인 과학적 관리가 잘 안 되면 표준이 잘 발전되지 못하는 경향이 있다.

〈제7원칙〉 비록 전 단계까지의 개혁이 잘 되어 있더라도 제3단계 개혁인 인간 계발 작업이 잘 안 되면 행정이 소극성을 띠게 되고 관료제도는 다이내믹하지 못하게 되는 경향이 있다.

〈제8원칙〉 모든 행정개혁에 실패한 후에도 담당한 일을 여전히 처리하고자 애를 써야 하는 행정체에서는 E3 중 D(지시) 부분에 가장 많은 낭비를 발생하게 하는 경향이 있다. 예를 들면, 여러 가지 행정개혁 조처 중 단 하나의 조처인 재정상의 지원(G)만 불충분한 곳—즉, 봉급을 적게 주고 사업비를 잘 안 대 주는 곳에서는 일을 추진시키기 위해 자연히 밑의 사람을 누르든지(E3의 D), 친하게 굴든지(E3의 CO)하여 일을 해야 한다. 그런데 우리의 형편으로는 밑의 사람과 친하게 한다는 관리방식이 발달되지 않았으므로(행정개혁이 순조롭지 않은 다른 모든 나라에서와 같이) 자연히 '누르는 것'에 호소하게 되는 것이다. 여기에 행정개혁이 잘 안 되는 나라에서 있을 수 있는 권위주의의 특색이 있다.

이상의 원칙을 통해 이른바 과학적 관리를 음미해 볼 수 있다고 본다. 여기에서의 부호로 볼 때 C2 · D2 · E2 · F2 · G2가 과학적 관리의 분야다. 과학적 관리에 선행해야 하는 것은 다음의 세 가지로 볼 수 있다.

① 좋은 정치 제도(A1 · A2 · A3)
② 합리적인 가치 체계(B1 · B2 · B3)
③ 남의 권한을 안 빼앗는 일(C1 · D1 · E1 · F1 · G1–남의 권한이라도 안 빼앗아야 하기 때문)

과학적 관리는 공무원의 유능성 개발(C3 · D3 · E3 · F3 · G3)에 의해 뒤따라질 때 더 빛을 낼 수 있다. 우리는 과학적 관리의 선행조건도 잘 안 되어 있는 실정이다. 이 합리성 이전의 문제가 잘 안 되어 있는 상태를 다음과 같이 설명할 수도 있다.
공무원을 통해서 일을 하려면,

① 그 공무원을 누를 수 있든지(B1) 그 공무원과 같은 파벌의 사람(B3)의 소개장을 가지고 가되
② 갈 때에는 무엇을 가지고 간다. 이때에 가지고 가는 것은 ㉠ 높은 자리(A1) ㉡ 일거리(A2), ㉢ 돈(A3) 같은 것이 된다.
③ 가서는 말을 잘 하면(B2)
④ 데리고 나와 술을 먹이고 여자를 붙여 주는 데 성공하면 된다.(C1 · D1 · E1 · F1 · G1)

이상과 같이 shall, will/to have, to do, to be의 대비를 원류로 하는 행정개혁표를 내 책 《한국행정론》에서 옮기고 보니 이 책의 제목이 '한국행정론'이 아니라 '사람 · 일 · 방법의 연구'가 된다는 생각이 든다. 영어 동사의 구분을 to have, to do, 그리고 to be로 나누었던 것부터가 사람, 일, 방법의 구분이었다. 담당자는 곧 사람이며, 효과는 일이며, 그리고 능률은 방법이었다. 따라서 이 책은 3 · 1운동의 선언문 공약 3장이 겨냥하고 세 개 범주를 사람, 일, 방법을 응시한 책이었다. 1980년까지의 글들을 모아서 초판을 낸 이 책을 훑어 보니 행정개혁 개선점을 심화하던지 아니면 담당자 효과 능률 상호 간의 관계를 연구한 것이 즐비하다. 예를 들어 개선점 일람표 D1에 해당하는 권한 침해를 심화한 글이 《사상계》 1966년 3월호에 낸 〈공무원 부패 20년사〉이며, 이 글에서 제시된 격차 구조는 상급자에 의하여 권한을 침해받고 있는 상황을 치밀하게 묘사하고 있다. 이

를 내 책《한국행정론》133쪽에서 다음과 같이 옮긴다.

격차 구조도

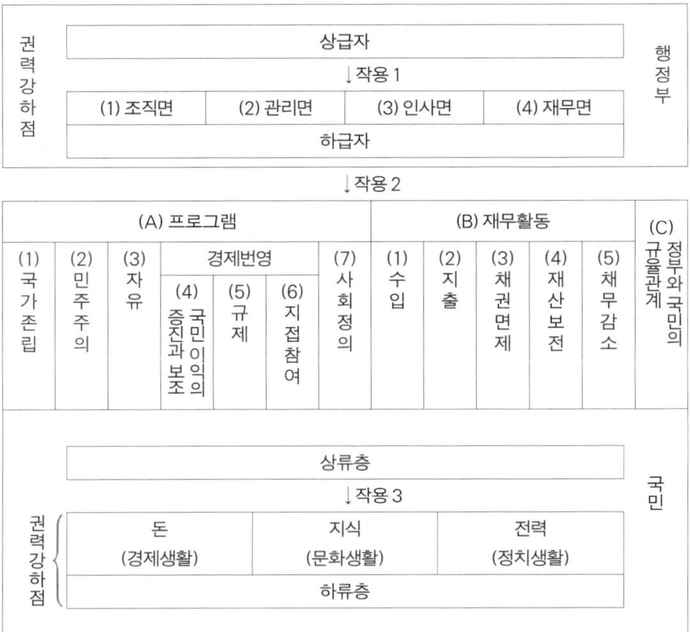

《사상계》1966년 9월호에 낸 행정 분권화 파괴 과정을 고발한 글이나 동년 12월에 고려대《법률행정론집》제9집에 낸 재무행정에 있어서의 법치주의에 관한 글이나 마땅히 있어야 할 관계의 결핍을 고발하고 있다.

그런가 하면 1970년에 고려대 아시아문제연구소 주최 남북통일을 위한 국제회의에 제출한 논문이 이 책의 제7장〈사례연구〉인데 60개월의 북한《로동신문》을 2기로 나누어 비교 분석했다. 행정담당자로서 정상적인 행정 계층이 생기든지 개인을 존중하는 조직이 생겨나야만 체제의 자유화도 가능하며 남북한의 교류·공존도 가능하다는 것을 전망한 글이다. 이 글에서 본격적으로 담당자와 효율과의 관계를 분석했다. 앞서 안재홍이 북한에서 납북 시 직접 목격했던 6·25전쟁의 복구사업이라는 효율이 김일성의 주체사상으로 저하되는 모습을 나는 보았다. 이 연구에서 정상 계층 연구의 모형 연구를 한 것이《논어맹자와 행정학》이며 개인을 존중하는 조직의 원형 연구가《인간 · 종교 · 국가》였다.《한국행정론》242쪽에서는 북한 권력의 변이를 다음과 같이 전망했다.

소련 · 중공이라는 힘

↓

두 종주국의 작업 과제 수행

↓

'조선로동당'이라는 지배하는 힘

↓

당 밑에서의 효율 지향

↓

새 힘

↓

새 힘이 올리는 효율 지향

↓

개인이라는 힘

↓

효율 자체 지향

위 전이에서 새 힘이 곧 정상계층의 등장을 말하며 개인이라는 힘이 곧 개인을 존중하는 조직을 말한다. 두 개의 종주국 밑에 있는 정권과 조선노동당은 극복되어야 할 담당자이다. 효율 중 효는 일을 율은 능률을 지칭한다.《한국행정론》제10장은 〈최소한의 시작〉이라는 장인데 이는 노동운동과 행정 사이의 연구이다. 노동자의 권익이 상승되기 시작하는 것을 행정의 민주화의 시작으로 보고 있다. 책을 닫는 장이 〈행정철학 序〉이다.《한국행정론》에 보면 360쪽에 공약 3장이 사람, 일, 방법을 뜻 깊이 탐구했음을 제시하고 있다. 본서 제1장에 소개된 유동식의 멋과 흔과 삶을 사람, 일, 방법에 부합하는 사상으로 묘사한 곳도 360쪽이다.

노사관계

나의 81년 생애에서 하나는 43세에서 46세까지의 고려대 노동문제연구소 소장 경험, 둘은 52세 때 4개월 간의 YH사건 옥고, 그리고 셋은 80세 때 대선 시 문래동에 있는 민주노동당 당사를 방문했던 일을 반추하고자 한다. 고려대 노동문제연구소에서 나는 늘 노사관계의 바람직한 모형을 생각했다. 모형이란 틀을 말한다. 틀은 경우마다 쓸 수 있어야 하기에 바람직한 것이어야 한다. 예를 들어 의식주 생활 중 김치는 하나의 틀이다. 집집마다 그 김치가 물김치와 배추김치와 깍두기 등으로 좀 다를 수 있지만 집집마다 김치를 다 든다는 점에서 김치는 하나의 모형이며 틀이다.

YH사건의 옥고에서 내가 느낀 간추림은 이 틀이 정치이념 앞에는 몹쓸 정도로 휘어 버리고 만다는 것이었다. 노사관계에서 생각해야 할 정치이념 문제를 나는 4개월간 곰곰이 생각했다. 노사관계의 틀이 그런대로 덜 망가지는 것을 민주화정권 10년간에 봤다. 이 십 년을 겪은 후 노사관계가 정치 속에서 모름지기 어떠해야 할까를 나는 2007년 대선 때에 생각했다. 말하자면 노사관계의 이상이다. 나는 대선주자 중 민주노동당 당수가 이상을 실현하는 데에 열쇠를 쥐고 있다고 생각해 문래동 당사를 방문했다. 그러나 내 몸부림은 하나의 이상이었지 현실은 비참한 것이었다. 이렇게 나는 비참하게 끝날 수만은 없어서 다음과 같이 쓴다. 틀의 모색, 정치이념으로 휘어진 틀 그리고 지켜야 할 이상의 순으로 이야기를 해 보자.

하나의 틀이 사람과 사람 사이에서—여기서는 노동자와 사용자 사이에서—맞는 틀이기 위해서는 그 틀을 하나는 정치적으로 적용될 만한가를 보아야 한다. 노사관계란 한 나라 안에서 진행되는 것이기 때문에 해당 국가에서 '자의적 지배'를 우리의 경우 일본 제국주의, 이승만 독재 그리고 군사정부 등에서 본 주권자가 동의하지 않는 정권의 지배를 극복하는 방법에 부합되는 노사관계여야 하기 때문이다. 둘은 이렇게 정치적으로 검증된 틀의 타당함을 노사관계가 성행하고 있는 그 나라의 중심적 종교가 역시 같은 말을 말하고 있는가를 보아야 한다. 종교란 한문자 宗敎라는 말 그대로 인간사에 적용되는 큰 가르침이기 때문에 종교에서의 가르침에 부합하여야 틀로서의 타당도가 높아진다고 본다. 셋은 해당 학문—여기서는 노사관계론이나 노동운동사—에서도 같은 말을 하고 있는가를 보아야 한다. 틀의 적합도를 평가하는 면을 이렇게 나라, 종교 그리고 학문으로 나는 열거했는데 이 열거는 마땅히 제도로서 발전되어야 할 발전 순위를 말하기도 한다.

자의적 지배를 극복하는 틀 : 한 나라에서의 자의적 지배를 극복하는 방법을 밝힌 말이 국체國體라는 말이다. 우리의 경우 헌법 제1조에 있는 말 그대로 대한민국은 민주공화국이라는 그 말이다. 이 제1조에 앞서 있는 헌법 전문이 자의적 지배를 극복하는 방법의 시초를 적고 있는 점에서 헌법 전문을 자의적 지배를 극복하는 방법을 말한 국체를 설명한 글이라 말할 수 있다. 헌법 전문에 의하면 우리의 자의적 지배 극복책의 예를 1919년 3월 1일 일제에 항거한 3 · 1독립운동, 이를 이은 4 · 19 그리고 7, 80년대 민주화운동을 긴요한 사건들로 말하고 있다. 따라서 우리가 자의적 지배를 극복한 비결은 비폭력투쟁이다.

돌이켜 볼 때 이 비폭력투쟁은 세계문명에 대한 하나의 기이奇異였다. 투쟁이란 으레히 무기를 들고서 하는 것인 줄만 알았던 세계에 하나의 진전을 제시했다. ① 어떻게 우리가 이런 일을 할 수 있었으며, ② 이런 일이 내 나라에서 그 후 어떻게 계속 실현되었으며, 그리고 ③ 이런 운동이 세계 다른 나라에서 어떻게 실현되었는가를 보고자 한다.

① 비폭력투쟁이 우리에게서 나온 까닭. 근대국가 형성의 선례를 볼 때 제일 먼저 문예부흥이 생겼고 이어서 종교개혁이 나온 후에 민주혁명이 생겼다. 우리의 경우 세 가지 과정이 전개되는 과정을 보면 실학의 융성이라는 문예부흥기를 거쳐서 동학의 출현이라는 종교개혁이 있었고 이 동학이 주동이 되어 동학혁명이 일어났다. 조선조는 이 동학혁명 때문에 멸망되어야 했었다. 그러나 멸망한

것은 동학혁명군이었다. 동학혁명군은 왜 멸망했는가? 곳곳에서 청일전쟁을 이겨 낸 일본 소총부대의 무차별 사격으로 멸망했다. 동학혁명군을 멸망시킨 일본은 나라 전체를 자기 나라로 차지했다. 이 패망당한 전봉준 장군의 한을 나는 고려대 노동문제연구소 소장 재직 시 서관 시계탑에서 흘러나오는 전봉준 장군의 노래에서 들었다. 가끔 캠퍼스를 찾으면 다음 노래가 아쉽게도 지금은 시계탑에서 울려 나오지 않고 있다.

새야새야 파랑새야
녹두밭에 앉지마라
녹두꽃이 떨어지면
청포장수 울고간다.

이런 한을 지닌 동학 교도들과 순교자를 세계 선교사상 로마와 터키에 이어서 많이 낸 한국 기독교도들이 지도자가 되어 일으킨 항일 운동이 3 · 1독립운동이었다. 이 운동에서 한 일은 한반도 방방곡곡에서 군중들이 거리에 나서 3 · 1독립선언서를 읽고 태극기를 흔들고 만세를 부른 것이 행동의 전부였다. 독립선언서에 적힌 공약 3장에 따라 행동했다. 공약의 하나는 비폭력으로 할 것, 즉 동학혁명 때 같이 칼질을 안 할 것이었고, 공약의 둘은 겨레의 마지막 한 사람 남을 때까지 하겠다는 것이요, 공약의 셋은 이런 외침과 만세 부름은 일본이 미워서가 아니라 천부인권을 신양하기 위함이라는 것이었다.

칼질로 나라를 다스려 왔던 일본 제국이 이 칼을 들지 않고 말만을 하고 나서는 군중 앞에 거의 속수무책이었다. 그러나 아는 법은 칼질하는 것이어서 일본 관헌은 화성의 제암리교회에 마을 사람들을 모이게 한 후에 교회 문을 잠그고 불을 지른 후 총을 난사하였다. 불 속에서 군중은 대한독립만세를 불렀다.

② 이러한 비폭력투쟁이 그 후 겨레에서 실천된 일. 1919년에 있었던 3 · 1독립운동 이후 41년 만인 1960년에 4 · 19혁명이 일어났다. 4월 17일은 고려대생이 데모에 나선 꼭 하루 전이다. 이 날 나는 교수실에서 세상을 생각해 한숨 짓는 선

배 교수들의 말을 들었다. 이 선배 교수들은 한숨을 지었지만 소용이 없었다. 학생들이 모여 질풍같이 쏟아져 나가 광화문에 모인 날이 그 다음 날이었다. 나는 4·19나 3·1운동이나 맨 밑바닥 사람들이 행동하는 것을 크게 봤다. 3·1운동 지도자들은 26년 후 해방됐을 때 뚜껑을 열어 보니 하나같이 친일파로 변질되어 있었다. 4·19 경우도 교수 데모에 앞장섰던 교수들이 총장이나 국회의원 등으로 한자리씩을 했다. 그러나 4·19로 이승만 독재가 붕괴됐다. 4·19 이후 꼭 16년 만인 1976년 3월 1일에 이름 석 자를 쓰고서 유신헌법에 반대하는 11인의 성명이 처음 나왔다. 이들 11명 안에 나도 끼어 있었고 이 서명자들은 옥고를 치렀다. 그러나 박정희를 끝장낸 것은 YH의 노동자 김경숙이었고, 전두환의 간선제를 저지한 것은 시청광장을 메운 시민들이었다. 이런 비폭력투쟁이 또 있었다. 2006년 5월 31일 지방선거에서 노무현 정권을 참패시키더니 2007년 대선에서 박정희의 후예 정당의 이명박을 대통령으로 당선시킨 지 몇 개월 만에 시청앞 광장을 연일 촛불시위 군중이 메웠다. 이명박의 지지도가 20%대로 떨어졌고 노무현의 정당 지지도를 국민이 결코 올리지도 않았다. 세계에 유례가 없는 군중 시위였다. 이런 주권자의 비폭력적 조치가 곧 3·1독립운동의 재현이었다. 촛불시위 때 나는 한국교회협의회로부터 교회 측 대표로 참석해 달라는 부탁을 받았다. 나는 이를 거절했다. "촛불시위에 유모차가 다 나올 정도로 순수한 집회인데 철지난 후지래해진 꽃나무같이 된 내 몸이 끼면 촛불이 꺼집니다"가 내 말이었다.

③ 3·1독립운동을 외국에서 실천한 일. 비폭력 민주화운동이 일본과 중국에는 영향을 끼치지 못했다. 일본은 해방 후 거의 한 번도 자민당 이외의 정당이 정권을 차지해 보지를 못한 나라이다. 중국은 지금도 공산당이 지배하는 국가다. 독도가 자기 땅이라느니 동북공정이라느니를 말해 구태의연한 나라 꼴을 보이고 있는 것이 두 나라이다. 극동지역에서 우리에게는 3·1독립운동이 있었기 때문에 이런 나라들보다 우위에 놓인 행동을 해 오고 있는 나라가 되었다. 그러나 3·1독립운동을 먼 곳 나라들이 배웠다. 그 두드러진 곳을 적자. 대영제국의 지배를 벗어난 인도의 해방운동이 그 하나다, 미국의 흑인 지도자 마르틴 루터 킹

목사의 비폭력투쟁이 둘이다, 셋은 너무나 긴 옥살이를 한 남아공의 만델라가 남아공의 대통령이 된 일이다, 하나 더 공산주의 정권들이 광장에 가슴에 꽃을 달고 모인 군중으로 무너진 일들이다.

기독교가 제시하는 틀 : 지구상에서 노사관계의 모형을 제시한 국가들은 기독교가 지도적 역할을 하는 국가들이다. 기독교 선지자들의 행적을 보면 기독교가 자의적 지배를 극복하는 방법을 역사의 긴 길을 가면서 어떻게 쌓아 왔는가를 알 수 있다. 예수가 이들 선지자들의 방법을 한 몸으로 실천한 사람이기도 하다. 한편 기독교인의 새로운 생활방식을 정리한 〈로마서〉 제12장을 간추리면 틀의 요약을 알 수 있다. 이를 간추린다. 네 개의 덕목이 제시되어 있는데 네 개 덕목 명칭을 내가 붙이고 해당 조문을 밝힌다. 성서의 기술 순서를 어겨 내가 생각하는 인격 발전 순위대로 정리한다. 공동번역 성서는 〈로마서〉 제12장을 '그리스도인의 새 생활'로 제목을 붙이고 있다.

비폭력 (14절-21절)	박해하는 사람들을 축복하고 복수하지 말고 하느님의 진노에 맡기라
개인윤리(3절-8절)	각자가 자기를 과대평가하지 말고 각 사람에게 할 일이 나뉘어 있으니 분수에 맞는 생활을 하라
사회윤리(9절-13절)	형제를 거짓이 없이 사랑하고 악을 미워하고 꾸준히 선한 일을 하라
자기희생(1절-2절)	하느님의 자비가 크시니 여러분은 자신을 하느님께서 기쁘게 받아 주실 거룩한 산 제사로 바치라

이상의 크리스천의 생활원칙을 노동자에게 적용한 교훈을 〈야고보서〉의 제5장 7-11절에서 '인내와 기도'라는 제목하에서도 볼 수 있다. 이 노동자의 할 일은 제5장 1-6절까지 적힌 부자의 죄에 대한 대응이기도 한데 노동자의 행위는 부자의 죄의 반대이기도 하고 앞에 적은 〈로마서〉 제12장의 그리스도인의 생활과 부합하기도 한다. 크리스천의 생활, 부자의 죄, 그리고 노동자의 할 일 셋을 다음

에 대비한다. 괄호 안은 〈야고보서〉의 해당 절이다.

크리스천의 생활	부자의 죄	노동자의 할 일
비폭력	(6절) 죄 없는 사람을 단죄하고 죽였다. 그러나 죽임 당한 사람은 대항하지 않았다.	(9절) 참고 기다리되 주께서 오실 날까지 기다리라. 심판을 받지 않으려거든 남을 탓하지 말라. 심판할 분이 이미 문 앞에 서 있다.
개인윤리	(5절) 도살당할 날을 눈앞에 두고도 사치와 쾌락을 누리었다.	(11절) 욥이 끈기 있게 참아 냈듯이 끝까지 견디어라.
사회윤리	(4절) 밭에서 곡식을 거두어들인 일꾼들에게 품삯을 주지 않고 가로챘다. 일꾼들의 아우성이 만군의 주님의 귀에 들렸다.	(7-8절) 주께서 오실 때까지 참고 기다리라. 농부가 가을비와 봄비를 기다리듯 기다리라.
자기희생	(1절-3절) 부자들의 재물은 썩었고 옷가지들은 좀먹었다. 금과 은이 녹슬었고 이 녹이 부자를 고발할 증거가 되고 있다.	(10절) 예언자들같이 고난을 참고 이기라.

노사관계를 제시하는 틀: 부자의 죄와 노동자가 할 일이 정반대이다. 우선 부자는 대항하지도 않는 노동자를 단죄하고 죽였는데 이런 일을 당한 노동자는 예수가 재림해 올 때까지 기다리되 투덜거리지도 말라고 말하되 투덜거리면 문밖에서 기다리던 분이 들어와 심판한다는 것이다. 노사관계론의 공리 하나가 여기에서 나온다. 이것이 부당노동행위의 금지이다. 노사관계의 공리는 부자와 노동자 둘 다가 지켜야 하는 윤리이다.

둘째는 부자는 사치와 쾌락을 누려 자기 몸 하나도 단속을 못하는데 노동자는 자신을 단정하게 하되 성서가 동방의 의인이라고 쓴 욥과 같이 갖은 고난 중에서도 끈기 있게 참으라는 것이다. 나는 이를 개인윤리라고 말한다. 개인윤리의 내용은 자기 공부를 잘하고 이웃과의 인간관계를 예禮로서 대하는, 즉 인간관계가 훌륭한 사람을 지칭한다. 이런 개인윤리 덕목을 노사관계론에서 살려 낸 공리가 단체협약이다. 사용자와 노동자 양측이 대표를 보내 협상 테이블에 앉아서 상호 이익과 불이익에 관한 사정을 의논하고 개선책을 정하는 것이 단체협약이다. 따라서 단체협약을 하기 위해서는 양측이 다 제각각 아는 것이 있어야 하며 상대방을 인간관계의 상대방으로서 존중하는 마음이 있어야 한다. 이 단체협약에서 중요한 것의 하나는 이 협약에서 결정된 것을 기업주나 밖에 있던 노동자들이 따라야 한다는 점이다. 서로가 협의를 하는 절차를 따라서 자신들이 대표를 뽑았으면 그 대표들의 결정을 따르는 것도 바로 개인윤리이다.

셋째로 부자는 일꾼들의 품삯을 주지 않고 가로채며 일꾼들이 하늘을 향해 하소연하는 것은 야훼신이 들으신다. 일꾼들은 이런 부조리의 끝을 기다리되 예수가 재림해 올 때까지 기다리라 한다. 〈마태오복음〉 제25장에 따르면 재림한 예수가 선한 사람과 악한 사람을 구별해 심판하는 이야기가 나온다. 이 이야기 중 굶주린 자, 병든 자 그리고 감옥에 갇힌 자의 몸으로 이 세상에 이미 나타났던 이가 바로 재림한 예수라는 것이다. 이 이야기를 미뤄 볼 때 예수가 재림할 때까지 기다리라는 7-8절의 말은 약자에게 무엇인가를 하면서 기다리라는 뜻이 되며, 약자에게 물 한 모금이라도 주는 것은 곧 사회윤리적 행위이다. 노사관계에서 노동자단체인 노동조합을 노동자들끼리만 단결해야 하지 노동자이면서 회사 측 사람들과 내통하면 사회윤리에 어긋나게 된다.

끝으로 부자들은 욕심이 한이 없어 녹이 스는 법이 없는 것이 금과 은인데 부자들이 갖고 있는 금과 은은 녹슬었다고 한다. 이런 부자를 눈앞에 보면서도 노동자들은 고난을 참고 이기란다. 여기에 문제가 있다. 이기라는 것을 보아 승리를 하라는 것인데 여기서도 참으란다. 말하자면 공산주의 혁명을 일으키지 말라는 뜻인데 가만히만 있으라고는 말 안 한다. 예언자들같이 이기라는 것을 보아 올바른 말을 계속하되 말한 것 때문에 불이익을 감수하라는 뜻이다. 이런 원리를 노사관계에서 볼 수 있는 것은 노동자는 노동쟁의를 할 것이지 회사를 자기 것으로 만들려고 투쟁하거나 계급투쟁을 하지 말라는 뜻이다.

이 부당노동행위의 금지, 단체교섭, 노동자는 노동자에 머무를 것, 그리고 노동쟁의만 할 것 등의 네 가지는 3 · 1독립운동의 공약 세 가지와 직접 관계가 된다. 공약의 하나인 비폭력으로 운동을 하는 것이 부당노동행위의 금지에 해당한다. 개인윤리인 단체협약과 사회윤리인 노동자는 노동자에 머물 것은 마지막 한 사람이 남을 때까지 단결하라는 3 · 1운동의 공약에 해당한다. 노동운동을 노동쟁의에 한정하라는 자기희생은 3 · 1운동이 일본을 미워하는 데 그 목적이 있지 않고 우리 겨레에 하늘이 부여한 인권을 신장하는 데 있다는 생각과 합일된다.

이 틀이 왜곡된 것을 크게 두 가지 볼 수 있었는데, 하나는 군사 쿠데타로 휘어지고 다른 하나는 공산주의 사상으로 휘어지는 것을 나는 경험했다. 일본의 경우 3 · 1독립운동 같은 주권자의 일어섬이 없었는데도 불구하고 그런대로 우리보다도 안정된 노사관계를 유지해 온 이유가 군사 쿠데타와 인접한 공산주의 국가가 없어서라고 생각한다.

군사통치는 1961년 5월 16일 이후의 일이다. 1961년에서 오늘인 2008년까지 47년간이다. 우리 정치에서 이 군인정치의 기간이 꽤 길다. 2007년 12월에 집권한 이명박 정부가 툭하면 십 년 만에 집권했다고 말하는 것을 보면 이명박 씨는 금년에 37년째 군인정치를 할 작정인 것이다. 며칠 전 한나라당의 라경원 의원이—전직 당대변인까지 했던 분인데—역대 대통령 중 존경하는 대통령을 박정희라고 KBS에서 말했던 것도 지금 군인정치 37년째를 하고 있음을 보여 줬다.

이 군인정치의 장기 중 하나는 위에 언급한 바람직한 노사관계의 틀을 휘게 하는 데 있다. 내 경험을 말하자. 1971년 봄에 고려대 노동문제연구소 김낙중, 노중선 두 분이 고려대생의 지하신문 《민우지》를 지도했다는 명목으로 잡혀갔다. 여름방학이 되자마자 중앙정보부가 나를 끌고 갔다. 취조관과 나 사이에 다음과 같은 말이 오고 갔다.

그 : 김, 노 두 직원의 봉급을 지불하겠다고요?
나 : 법이 대법원에서 형이 확정될 때까지는 무죄로 간주됩니다.

그 : 두 사람의 사상이 나쁜 것을 몰랐소?

나 : 나는 두 분을 헌신적인 사람으로 봤어요. 사상이 나쁜 것은 중앙정보부가 늘 감시하고 있는 것이겠죠.

그 : 사상이 나쁜 사람을 쓰고 있었던 책임을 지고 사표를 쓰세요.

사리로 보아 나는 사표를 쓸 수가 없었다. 그러나 소장 사표가 아니라 교수직 사표까지 썼다. 그 다음 날 총장이 나를 불렀다. 총장이 어제 쓴 사표를 돌려줬다. 나는 고맙다고 말하고 돌아서 나오는데 내 뒤통수에 대고 총장이 "자체적으로 해결하랍니다"라고 말하더니 그 이후 학장이 나를 졸졸 쫓아다니더니 사표를 받아갔다. 나는 이 모든 처사 뒤에 군사정부가 있다고 보았고, 군사정부가 나 같은 법을 지키는 사람을 보호 · 격려하고 노동법대로 노동운동을 하려는 연구소 소장을 귀하게 여겼어야 했었다. 그러나 유신헌법 제정 후 군사정부는 노동자를 이렇게 올바르게 도와주는 사람들까지도 국가의 보위를 손상케 하는 자로 규정하는 국가보위법을 만들었다.

1979년 8월 어느 날 나는 몇몇 재야인사들과 함께 청량리 YH회사 노동자들의 농성현장에 갔다. 사장이 재산을 정리하고 미국으로 도망가 있었고 노동자들은 낮에는 일하고 근무시간 후에 모여서 직장이 폐쇄되지 않기를 바라는 요구로 농성 중이었다. 이 여공들이 어느 날 새벽에 야당 당사에 뛰어가 모였다. 고은, 문동환, 이문영이 야당 당수 김영삼 씨 집에 가서 보사부에 교섭해 이들의 청원을 들어달라고 우리는 말했다. 이렇게 여공들을 위해 김영삼 씨 집에 간 것이 국가보위법 위반자가 되어 우리는 구속되었다. 이 구속은 동법 시행 후의 첫 구속이었다. 이 국가보위법 구속사건 후 세상이 빨리 돌았다. YH여공 중 김경숙이 죽어 나왔고 여공들이 해산되었다. 야당 당수인 김영삼 씨를 국회에서 제명 결의를 해 국회의원 직을 박탈했다. 김영삼 당수의 선거구 부산, 마산 시민들이 들고 일어났다. 시위군중을 무참하게 군사정부가 짓눌렀다. 서울에서 이 부산, 마산 데모 같은 것이 일어날 것이라는 소문이 퍼졌다. 박정희가 자신의 경호실장과 중앙정보부장을 불러서 대책회의를 하는 술자리를 만들었다. 이 대책회의에서 경호실장은 강경책을 말했다. 중앙정보부장은 온건책을 말했다. 강경, 온건이 소리 높여 다퉜다. 그러다가 중앙정보부장이 권총을 꺼내 경호실장과 박정희를 둘 다 살해했다. 이렇게 노동자를 탄압하는 장치인 국가보위법을 시행하다가 박정희는 자기도 보위하지 못하고 말았다.

군사정부가 노사관계의 바람직한 틀을 망가뜨리는 비결은 딱 하나다. 노동운동을 금지시키되 결과적으로 부자의 편을 들어 부자의 부당노동행위를 부추기는 것이 그 비결이다. 박정희 생전 시 동일방직 노동자들이 집회를 열고자 경찰에 신고했다. 집회하는 데 경찰이 오기는 왔는데 집회 장소에 똥물을 끼얹었다. 이렇게 경찰이 집회를 금지하기 바라는 기업주의 편을 들었다. 이때의 노동자들이 금년 10월 어느 날 종로5가 기독교 빌딩에서 자축회를 열었다. 오늘의 이명박 정부가 툭하면 법대로 하겠다고 말하는 것을 나는 군인정치의 본색으로 받아들이다. 연초에 있었던 촛불시위에서 불순분자를 집회가 끝난 후에도 계속 잡는다고 하는데 촛불시위가 자신이 모르던 것을 깨우쳤다고는 결코 말하지 않았다. 이런 것이 군인정치의 본색이다.

공산주의에 영향받은 노동운동의 특색은 앞에서 말한 바람직한 틀의 정반대의 길을 가는 일이다. 예언자같이 참고 언제 올지도 모르는 예수의 재림까지를 기다리라는 것에 정반대의 길을 가는 것이 공산주의에 영향을 받은 노동운동이다. 해방 직후까지만을 보아도 이를 알 수 있다. 예를 들어 3·1독립운동에 그리고 4·19혁명에 공산주의자들은 참가하지 않았다. 일단 큰일이 끝난 후에야 움직였다.

제2차 세계대전 후 유럽에서 공산주의 계통의 영향력보다 기독교 민주당 계통 노동조합의 영향력이 우위로 견지되었다. 그러나 유럽보다 먼저 노동조합운동을 〈야고보서〉 제5장 7절에서 11절까지의 원형 모습을 보여 준 곳이 미국 노동조합운동이었다. 그러나 1886년에 발족한 전국노동연맹(American Federation of Labor : AFL) 이전의 노동운동은 아니었다. 즉 AFL은 사회주의 노동당(Socialist

Labor Party)과 사회당(Socialist Party), 세계산업노동당연맹(Industrial Workers of the World: IWW) 등의 도전도 받았으며, AFL의 엄격한 실리주의적 노선이 대다수 미국의 조직된 노동자의 견해로서 자리 잡았다.

AFL의 비폭력 노선은 뉴딜정책과 제2차 세계대전을 거치며 그리고 1935년에 생긴 산업별조직위원회(Committee of Industrial Organization : CIO)의 도전을 받으면서 그 이념을 계속 유지했다. 특히 이 이념은 AFL과 CIO가 1955년에 통합함으로 더욱 계속해 유지했다. 미국 노동자의 절대다수를 회원으로 갖고 있는 AFL-CIO의 규약은 공산주의자, 파시스트, 기타 전체주의자에 대하여 강력한 반대를 하였고, 그들에 의해 지명받거나 통치되거나 지배되는 여하한 노조의 가입을 거부했다.

고려대 노동문제연구소가 1983년에 펴낸 《미국노동운동사》의 52-54쪽을 보면 AFL초대 위원장이었던 사무엘 콤퍼스Samuel Compers가 언급한 AFL의 발전이념 10개가 나와 있는데 이를 대체로 자기희생, 사회윤리, 개인윤리 그리고 비폭력의 순으로 설명하고 있다.

자기희생: 금후 … 유토피아적 혹은 협동조합적 활동에는 일체 참가하지 않는다. 폭력적 기업 내지 사용자의 반대 입장을 취하는 농민과 중소기업가와 제휴 · 협력은 일체 하지 않는다. 조합은 금후 혁명적 사상 또는 혁명적 집단과도 일체 손을 끊는다. 지식층의 노동운동 참가는 조심스럽게 받아들인다. 노동정당을 결성하지 않는다.
사회윤리 : 개혁적 입장을 지지하지 않는다. 정부의 보조 없이는 힘도, 권한도, 유지하지 못하는 조합 혹은 단체의 조직화는 인정하지 않는다. 이민법의 자유화에 강경하게 반대한다.
개인윤리: 단체 교섭을 중요시한다.
비폭력 : 미국 노동운동은 '자본주의' 결국 '자유기업' 체제의 기틀 속에서 활동하며 안주하는 온건한 직업적 조합주의에 따라 추진되어야 함을 목표로 한다.

콤퍼스의 10개 이념 항목들이 전술한 네 개 덕목으로 분류되는 점이 놀라웁다. 이상 이념 표시 중 자기희생에 분류될 수 있는 이념이 반수 정도가 되는 것을 유의하기 바란다. 이 이념 표시 중 '무엇 무엇을 하지 않고 포기한다'는 식으로 표현하고 있다. 이 무엇 무엇을 스스로 한다는 것이 바로 자기희생이다.

다시 우리에게 돌아오자. 군인정치에 이어 바람직한 틀을 휘게 흔든 이는 과격한 노동운동이었다. 물론 이 과격은 파시스트나 군인정치보다 낫다. 제2차 세계대전에서의 교훈도 그러했다. 민주국가와 공산국가가 연합해 파시스트에 승리했고, 공산주의가 정리된 것은 종전 이후의 일이었다. 군인정치에 반대하는 공산주의자가 있기 마련이었고, 민주화된 세상에서 별별 생각이 분출하기 마련이었다. 특히 참여정부 시 햇볕정책에 편승한 친북 움직임을 정부가 단속하지도 못했다.

이러한 사정에도 불구하고 두 가지가 분명해졌다. 하나는 우리의 노동운동도 미국만큼 자기희생적이어야만 했다. 예를 들어 자기희생을 내세우는 미국 노동자들이 험한 일을 자기들이 하겠으니 외국인 노동자들은 나가 달라고 말하듯 우리도 그랬어야 했다. 다른 한 가지 분명해진 것은 이 세상에서 미국이 제일인 줄만 알았는데 북유럽의 나라들은 노동자와 기업과 정부가 잘 협조해 국가경쟁력을 미국보다 더 높이고 있는 것을 우리는 목격했고, 우리의 노조가 속해 있는 내 나라는 이런 나라들과 경쟁해야만 살아남게 되어 있었다.

미국에게는 물론 그리고 북유럽 국가들에게도 국가경쟁력 면에서 승리해야 할 내 나라가 2007년 12월에 대선을 맞이했다. 우리는 민주화를 자력으로 성취한 국가이며 국가경쟁력을 높여야 경제지수를 높일 입장에 놓여 있었다. 이래서 나는 대선 때 문래동에 있는 민주노동당 당사를 찾았다. 내 권고는 다음과 같았다.

> 권영길 씨가 대통령될 생각을 마시고 한나라당에게서 승리할 것을 궁리를 합시다. 이를 위하여 권영길 씨는 문국현 씨 그리고 정동영 씨와의 대타협이 필요한데 선거 후 권영길 씨는 노동부장관을 하시고 문국현 씨는 재경부장관을 하세요. 정동영 씨가 대통령 하고요. 세 분이 할 일이 다릅니다. 제일 중요한 분이 권영길 씨인데 유세 중 그간 노동운동을 과격하게 한 것을 잘못했다고 고백하세요. 앞으로 노동장관이 되어서 제대로의 노사관계를 하겠다고 말하세요. 그대신 문국현 씨는 돈을 마련해 평화스러운 노동운동을 하는 노동자의 자녀들이 대학에 들어가면 등록금 정도가 아니라 생활비까지도 국가가 지불해야 합니다. 그리고 이 재원은 정동영 씨가 개성에서 싼 인건비로 만들어 나오는 물품을 세계에 팔아서 마련한다고 말하세요.

위 내 말을 민노당이 듣지 않았다. 문국현 씨도 자신이 잘난 줄만 아는 듯했다. 그러더니 둘 다 국회의원이라도 된다는 성과 이외엔 소기의 목적 달성을 얻지 못했고 야당은 여전히 빈민에 대해 속수무책 상태에 있고, 지지도가 안 올라가고 있다. 여야 정치 지지도가 낮은 정치는 국민의 신뢰를 상실한 정치이며, 이렇게 자신감을 잃은 백성은 결코 물건을 세계에 내놔서 팔 수 없는 나라다. 이 모든 일의 관건은 바람직한 노사관계 틀의 형성에서만 비롯한다. 가난한 집의 흥성이 그 집 어머니의 자기희생에 달려 있듯이 나라의 흥성은 나라의 어머니인 노동자의 자기희생에 달려 있다.

그리고 우리의 노동자는 이런 모든 일을 해낼 수 있다. 이는 우리 노동자의 조상들이 3 · 1독립운동에서 끝까지 변절하지 않았기 때문이다. 그 당시 운동의 지도자들은 변절했었지만 밑바닥 사람들은 끝까지 참아서 일을 해냈다. 끝으로 하나 더 생각이 있다. 우리에게 3 · 1운동이 있었기에 건전한 노사관계를 우리만이 만든다고 생각했는데 우리보다도 더 먼저 미국과 북유럽의 노동자들이 일을 해냈다는 사실이다. 그러나 쪽풀에서 나온 물감이 쪽보다 더 푸르다는 것을 나는 생각한다. 이에 나는 미국이나 북유럽보다 더욱 찬란할 미래를 꿈꾼다.

6개국 사이

6개국은 북한, 중국, 러시아, 일본, 미국 그리고 대한민국을 지칭한다. 남북한이 공히 6개국 간의 관계를 잘 유지해야 되는 이유는 우리가 1919년 3월 1일에 다른 4개국들이, 특히 일본과 미국이 감히 하지 못했던 일을 했기 때문이다. 구체적인 예를 들어보자. 미국은 윌슨 대통령이 민족자결주의를 표방했을 뿐 이를 실천하지는 못했었다. 러시아는 남하정책의 대상으로 한반도를 생각했기 때문에 하나의 침략자로 보아야 했다. 중국은 아직도 민주국가가 아니며 심심치 않게 동북공정을 생각하고 있는 나라이다. 일본은 하토야마가 54년 만에 정권을 교체했다는 이 시점에도 군국주의를 버리지 못하고 독도가 일본 영토라는 것을 초등학교 학생에게까지 교육을 시키고 있다. 이와 같은 예에서 볼 때 3 · 1운동을 겪은 우리 겨레의 정신적 우위가 자명해진다. 세계사의 방향은 정신적 우위가 그 실천을 요구해 나가는 과정이라고 볼 때에 3 · 1운동을 겪은 한반도의 역할이 6개국 사이에서 때에 따라서 요청되고 발휘되어야 됨이 예견된다.

우선 여섯 개 정도의 과일을 모아 보자. 사과, 배, 감, 포도, 머루, 귤 등. 이들이 제각기 잘 익어서 한자리에 있으면 우리의 입맛을 유혹한다. 이들 영상들이 우리의 뇌에 도달할 때에 이들이 우리의 눈을 화사하게 뜨게 한다. 이렇게 우리에게 즐거움을 주기까지 과일이 익기 위해서는 제각기 따로따로의 성숙의 길을 가야만 한다. 사과가 익은 길이 배가 익은 길과 다르며 감은 배의 길과 다르다. 머루는 산속에서만 자란다. 귤은 제주도에서만 자란다. 6개국들이 과일만큼의 화사함과 풍성함을 우리에게 제공하기 위해서는 6개국 각각의 나라들이 제각기의 사명을 다하고 있어야 함을 다음과 같이 나는 생각하고 싶다.

북한 : 제일 중요한 나라는 북한이다. 그런데 북한은 과일로 치면 산속에서만 자라는 머루이다. 다른 과일과는 달리 소외돼 있다. 대한민국의 입장에서 보는 관행을 일단 멈춰 보자. 이 말은 북한의 입장에서 북한을 이해해 보자는 뜻이다. 북한은 핵무기를 만들었다는 이유로 5개국에 의해 빈축과 견제를 받고 있는데 북한이 핵무기를 가질 수밖에 없었던 사정을 이해하는 입장을 만들어 보자. 북한은 6 · 25전쟁 때 미국이 전쟁에 개입하지 않았더라면 능히 한반도를 통일할 수 있었을 것이기 때문에 6 · 25전쟁 후 평화협정도 맺지 않고 있는 오늘에서 볼 때 미국은 적대 국가다. 북한은 김일성 사후 김정일이 선군정치를 하고 있고 김정일의 건강이 나빠지는 이 시점에 김정일 이후의 통치자로 거론된 자가 20대 연령인 김정일의 아들이다.

다른 하나의 입장은 북한의 핵개발을 6 · 25전쟁 직후에 수복정책을 신속하게 했던 연장선상에서 본다. 냉정하게 볼 때에 아무 나라나 핵시설을 만들 수 있는 것이 아니다. 우리가 포니 자동차에 이어서 그랜저를 만들고 핸드폰을 만든 것이 실용주의 노선이었다면 이해하기에 따라서는 북한이 핵시설을 만들고 초대형 군사 퍼레이드를 과시하는 것도 나름대로의 실용주의라고 말할 수 있다. 안중근의 동양평화론에서 미완 부분을 추측으로 메워야 하듯 앞으로 있을 수 있는 북한의 6개국 사이에서의 행위를 나는 다음과 같이 요약하고 싶다. "핵을 포기하는 대가로 전쟁 행위가 끝나지 않았던 데서 생긴 북한의 경제침제를 회복하기 위한 보상을 해 달라. 이와 같은 원조가 수용된다는 조건으로 나는 이제는 세습할 이유를 느끼지 않는다. 북한도 남한과 같은 민주국가를 만들고자 한다. 나 김정일은 나라의 격이 아직도 민주화를 미흡하게 하고 있는 중국보다는 높게 만들어야겠다." 나의 이 발상은 현실성이 높다고 생각한다. 김정일이 자신의 아버지 때에부터 정치를 담당해 온 실용주의자였던 그의 면모에 나는 기대를 걸기 때문이다.

중국 : 중국은 기원전 300년경에 주周나라의 건국 모델을 800년간의 춘추시대를 거친 후에 공자, 맹자가 회복해 낸 위대한 나라다. 어떤 점에서는 등소평의 실용주의 모델이 공자, 맹자의 모델을 잇고 있다. 그러나 공자, 맹자의 모델이 서구에서 발전된 민주주의 모델은 아니다. 그리고 민주주의 모델 없이 오늘의 중국을 개혁해 나갈 상황도 아니다. 오늘의 중국은 이 점에서 겸손해야 한다.

러시아: 공산 통치를 종식시킨 솔제니친은 공산주의에 대한 대안으로 옛날에 있었던 러시아 정교도 정치를 말했다. 고질화된 부패와 폭력 정치로부터 러시아는 내정을 개혁해야 한다.

일본: 일본은 6 · 25전란이 일어나는 것을 계기로 해 군수물자를 만듦으로 갑자기 돈을 벌게 돼 제2차 세계대전을 발발시킨 잘못을 뉘우칠 기회를 상실한 나라다. 이때에 등단한 정치세력이 오늘의 일본 정치에서 야당을 하고 있는 취약한 나라다.

1919년 3 · 1운동은 일본이 청나라를 이기고 한국을 점유하는 것을 계기로 하여 러시아에 승리하고 엄청난 악행을 저질렀을 때 일어났다. 하루 사는 돈을 헌금으로 내는 과부에 해당하는 한국의 민중들이 군국주의 일본의 경찰서 앞에서 대한독립만세를 부른 3·1독립운동은 예수가 "나는 사흘이면 성전을 짓겠다"고 도전적인 발언을 했던 것에 해당하는 뛰어난 행동이었다.

한국을 강점했던 일본과 소위 민주국가라는 미합중국이 일단 패권주의의 덫에 걸리며 그 이성을 잃었던 사건이 1905년 7월 29일 비밀리에 있었던 가쓰라-태프트 밀약이었다. 일본 수상 가쓰라 다로桂太郎와 미국의 루즈벨트 대통령의 특사 태프트W. H. Taft 육군장관 사이에 이루어진 밀약으로서 일본은 필리핀에 대한 미국의 식민지 통치를 인정하며 그 대가로 미국은 일본의 조선 침략에 적극적으로 협력하고 조선에 대한 일본의 보호 통치를 인정한다는 것이었다. 이 밀약은 결국 대한제국 문제와 필리핀 문제와 교환조건으로 성립된 비밀조약으로서 패권주의의 전형적인 예를 보여 주고 있다.

3·1운동이 패권주의 정치의 대안이 되는 운동이기 때문에 일본 제국주의 총지휘자였던 이토오 히로부미를 만주 하얼빈 역에서 사살한 안중근 의사의 법정 진술을 귀담아 들어야 한다고 생각한다. 안중근 의사가 감옥에서 쓴 글 중에 동양평화론[41]이 있는데 이는 미완의 글이다. 그가 쓴 글의 초점은 청일전쟁, 러일전쟁 때 대한제국이 청나라와 러시아를 적극 후원해서 일본을 패배시키지 못한 것을 후회하고 있는 일이다. 나는 미완으로 끊긴 글을 다음과 같은 상상을 함으로써 감히 안중근 의사를 대신하는 동양평화론을 펴고자 한다. 청나라와 러시아를 도와서 일본을 패배케 할 정도의 군사력을 한국이 가진 다음에 동양평화를 위해서 할 수 있었던 일은 하나밖에 없었다고 생각한다. 한국이 일본 제국주의가 팽창하는 것을 막을 수 있고 중국, 러시아가 한국을 엿보는 것을 저지할 수 있는 길은 한국이 청나라와 러시아를 도와 일본을 패배토록 할 수 있는 군사력을 갖고 있는데도 불구하고 주변국에 대하여 전쟁행위를 안 하겠다는 극동에서 처음으로 중립국 선포를 하는 것이라고 생각한다. 이 중립국 사상도 그 당시에 저명한 지식인인 유길준, 이승만이 지녔던 사상이기도 했다.[42] 여기에서 유의할 것

41 안중근, 《재판장 마음대로 하시오》, 역민사, 1993, 169-180쪽.

42 다음을 참조할 만하다. 1. 강종일 · 이재봉 편저, 《한반도의 중립화 통일은 가능한가》, 들녘, 2001,

은 중립국은 군사력은 강한데도 전쟁행위를 포기한다는 행위이기 때문에 세계에서 제일 먼저 중립국이 된 스위스에서 보듯이 제2차 세계대전 시 독일의 히틀러 군대는 스위스를 공격하지 못했다. 기껏해야 대령으로 지휘되는 예비군이 강력했기 때문이었다. 스위스에서 보듯이 나라가 중립국을 유지하기 위해서는 정직하고 강한 국민이 있어야 하고 일단 유사시에 총사령관 대령이 지시하는 말에 따라서 외국에 나가 있던 국민까지도 조국의 부름을 받고 귀국해야만 한다. 히틀러가 생각할 때에 스위스의 산악은 지뢰로 방어가 되어 있을 것이고, 산의 구석구석마다 스위스 예비군이 매복해 있을 것이라고 생각해 침공하지 않았던 것이다.[43] 따라서 한국의 경우도 안중근 의사의 말과 같이 청일, 러일전쟁 때에 청나라와 러시아를 돕되 명성황후를 살해한 일본에 대한 응징을 매섭게 할 수 있었더라면 그 군사력과 무기를 갖고서 능히 한반도를 극동에서의 영세중립국화하는 계기로 삼았을 것이라고 생각한다. 극동에서의 영세중립국화를 앞으로도 남북한 통일 후에 해야 하는 것이 3·1운동을 일으킨 백성의 긍지에 걸맞는 소치라고 생각한다. 극동에서 영세중립국을 만들 수 있는 기회는 1945년 제2차 세계대전에서 패배한 일본이 평화헌법을 가졌을 때였다. 그러나 일본은 그 전쟁에서 패배한 것을 원통하게만 생각할 뿐 그 전쟁을 일으켰던 잘못을 깨닫지 못하더니 드디어는 평화헌법을 고쳐서 일본도 군대를 가질 수 있는 보통국가를 만든다는 방향으로 움직이고 있었으니 한심스러운 일이다. 중립국가도 아니면서 주변국가의 신망을 얻을 수 있다고 생각하는 것은 망상이다. 한국은 남북한이 통일된 후 중립국가로 만들 수 있다면 주변국, 즉 중국, 러시아, 일본을 포함하는 6개국 사이에서 공정한 처사를 할 수 있는 국가가 될 수 있고 6개국 사이의 관계를 안정시키게 되며 3·1운동을 일으켰던 백성의 긍지에 맞는 동양평화의 길을 열게 될 것이다.

16-22쪽. 2. 유길준전서편찬위원회 편, 《유길준 전서(Ⅳ)》, 일조각, 1991, 319-328쪽. 3. 이승만, 《이승만의 전시중립론》, 나남, 2000.

43 이문영, 《협력형 통치》, 열린책들, 2006, 637-644쪽.

중립국가를 만든다는 것은 최소한 6개국 중 일본, 러시아, 중국 그리고 미국에 대하여 문화적 영향력이 가능할 때에 이룩된다. 이 문화적 영향력이 다행히 우리 교포 800만 명가량이 4대국에 분포해 살고 있는 현상을 나는 중요시 한다. 이 분포는 3·1운동을 전후해서 생겨난 현상이다. 이 4대국 국민들이 한반도에 단 한 개의 촌락도 이루지 못하고 있는 데 반하여 우리 교민들은 4대국에서 약소민족으로 두 개의 언어를 사용하면서 살고 있다. 이중언어 사용의 예를 세계 각지에 펼쳐서 사는 유대인의 디아스포라에서 볼 수 있다. 이들은 생활하는 현지의 언어와 모국어를 동시에 사용한다. 우리가 과거시험을 외국어인 한문으로 보았던 과거에서 증명되듯이 또한 언어학의 통설이 말하듯이 이중언어를 사용하는 사람은 그렇지 못한 사람보다 영리하다. 그리고 영리함은 문화적 영향력의 기초다.

미국: 청교도 국가인 미국도 잘못될 수 있으며 그 요인은 3가지이다. 하나는 서민경제가 파탄에 이르고, 둘째는 국가가 군사력 증대에 몰두해 패권주의를 도모하고, 셋은 이를 바로 잡고자 하는 지성이 결핍되어 있는 상태를 말할 수 있다. 다행히 마샬플랜으로 제2차 세계대전 후에 세계에 활기와 번영을 가져왔다. 그러나 미국의 실수는 이후 이 원리를 베트남, 이라크, 아프가니스탄, 이슬람 테러세력 그리고 북한에 대해서 적용하는 것을 꺼림으로 손해를 보고 있다. 〈마르코복음〉 제12장 41절에서 시작되는 말세에 관한 이야기를 종합하면 이를 짐작할 수 있다. 즉 예수는 자기 생활비 전체에 해당하는 엽전 한 푼을 헌금하는 과부를 많은 돈을 내는 부자보다 더 높이 평가했다. 이 이야기에 이어서 46년 걸려서 지어진 성전을 보고 감탄해 하는 제자에게 "왜 성전을 새로 짓는 데 46년이나 걸리느냐? 사흘이면 새로 지을 수 있다"는 도전적인 말을 예수가 했다. 한국의 김재준 목사는 독일의 어마어마한 구축물인 쾰른성당 앞에 섰을 때 첫마디가 "잘들 해처먹었군"이었으니 한국의 김재준은 어마어마한 구축물 앞에서 감탄하기만 했던 예수의 제자들보다 나았었다. 이 46년 걸려서 지은 성전 이야기와 과부가 엽전 한푼 낸 것을 높이 평가한 이야기를 통해 볼 때에 과부로부터 엽전 한 푼

을 받아서까지 성전을 짓기 위해 돈을 걷어들이는 그 당시 교권주의자들의 횡포를 짐작할 수 있다. 한 나라의 그릇됨을 지적하는 일을 잊고 한낱 성전 건축에 몰두했던 그 당시 종교계의 부패를 볼 수 있다. 이렇게 서민이 착취당하는 유대 나라는 로마 제국주의에게는 한낱 작은 식민지에 불과했다. 이 상황에서 성전을 사흘이면 짓겠다고 말한 예수는 로마제국이 제정한 극형인 십자가형으로 처형을 받을 도전자였다. 서민경제가 나빠지고 나라는 제국주의 질곡 속에 있으며 이 속에서 예수 이외에 아무도 바른말을 하지 않았던 상황이 바로 말세임을 나타낸다. 예수는 이런 상황을 지칭해서 "내가 말하지 않으면 돌이 말한다"고 절규했었다.

한국: 한국의 여당은 툭하면 자기네가 민주화를 계승했다고 말한다. 그러나 아무리 북한이 선군정치를 하더라도 북한이 실용주의 노선을 도입하게 하는 계기를 엿보았던 햇볕정책을 망각하고 있다. 야권은 북한의 강경 정책 앞에 당황만 하고 있지 틈새를 엿보아 신라면이라도 보내는 손을 게을리 하고 있다. 다행히 남북한 긴장 사이에도 남한 주민은 높은 수출 업적을 올리고 주가를 상승시키고 있다.

6개국 사이에서 가장 중요한 관계는 남북한의 관계다. 3 · 1운동을 이은 70년대 민주화운동이 귀중한 희생을 거치면서 만들어 놓은 성과 안에 남북관계의 엄청난 변화가 포함되어 있다. 돌이켜 볼 때 70년대 군사정부를 거절해 대통령 후보로 나섰던 김대중 씨의 선거공약은 4대국 보장론과 대중경제론이었는데 이 두 정책은 군사정부가 도저히 착안을 못하는 시책이었다. 대중경제론은 바로 앞 절 〈노사관계〉가 밝히는 마땅히 해야 할 일이며 4대국 보장론은 본 절이 밝히는 마땅히 해야 할 일이다. 4대국 보장론은 햇볕정책을 만들었다. 따라서 6개국 사이의 문제는 햇볕정책을 동반할 때에만 그 진가를 발휘한다. 햇볕정책은 빈번하게 있었던 북한의 군사적 도발에도 불구하고 이쪽에서는 이를 개의치 않게 보이는 인도적 대응을 함으로 남북한의 긍정적 변화를 마련하고자 하는 정책이다. 따라서 천안함 사건을 일으킬 정도의 북한이기 때문에 햇볕정책이 절실한 것이다. 민주화운동에 이어서 탄생한 정권은 그 정권의 이름을 무엇으로 부르든지 햇볕정책을 이을 의무가 있다. 햇볕정책을 잇는 남북한 정책은 남북한 공존을 통한 통일정책이지 북한의 멸망을 기다리는 과거에 동서독이 통일이 되듯 흡수 통일을 하고자 하는 정책이 아니다. 중국과 대만이 양안에 대치되는 군사적 긴장에도 불구하고 경제협력 공동체를 만드는 것을 보면서 나는 부끄럽다. 북한의 노동력을 활용해 휴전선의 기적을 만드는 것이 3 · 1운동의 후예가 할 일이다.

6개국 사이를 논하면서 3 · 1운동을 겪은 국민이 이웃 나라들의 어처구니없는 행동, 예를 들어 일본이 소학교 교과서에서 독도가 자기 나라 것이라고 왜곡된 애국심을 강조하는 것을 본다든지 중국이 동북공정을 시도하는 것을 보아도 나는 이들 나라가 우리의 경쟁국이 될 수 없다고 생각한다. 왜냐하면 게임이 이미 끝났기 때문이다. 1919년 3월 1일의 거사가 일본과 중국에서는 일어나지 않았다. 전술한 대로 6개국 중 일본, 중국, 러시아 그리고 미국에 우리 동포들의 교두보가 이미 설치되어 있는 것도 우리의 우위를 말하는 증거다. 이에 생각할 한 가지는 우리와 경쟁할 나라가 어디에 있는가이다. 우리와 경쟁할 나라는 6개국은 아니고 북유럽의 작은 나라들이다. 이들 나라들은 본 장의 제시사항을 다 충족한 나라들이기 때문이다. 다시 말해서 환경이 깨끗하고, 민주주의가 있고, 노사 협력이 있고, 이웃 나라와의 관계에서도 전일 공산권 시대에도 냉전체제를 유지하지 아니했던 나라들이 북유럽의 작은 나라들이다. 북유럽의 작은 나라들이 이웃 나라와의 관계를 잘 유지하는 단적인 예는 UN이 인정하는 피난민들을 국제법에 따라 이민으로 받아들이고 있는 사실이다. 나의 이 말은 미래에 주도권을 잡고자 하는 정당들, 특히 지금의 야당들에게 유의할 점을 제공한다고 본다. 북유럽의 정치 모델, 즉 집단지도체제와 연립정부 구성 등을 빨리 학습하고자 착안하는 정당이 다음번의 지도 세력이 될 것이다.

여섯 개 과일 중 내 집 뜰에 자라는 과일나무는 감과 사과뿐이다. 그중 사과는 감보다도 자리를 못 잡고 있다. 그러나 온천지에는 여섯 종류의 과일나무가 모두 있다. 온천지는 내 집 뜰과는 다르다. 혹 한두 종류의 나무가 부실할 수 있어도 전멸하는 법은 없다. 온천지에 자리 잡은 6개국 중 하나 둘이 부실할 수 있어도 천지 속의 과일나무들은 서로가 연민의 정을 갖고 보살핌으로 키워 나간다고 생각한다. 이 경우 긍휼을 베푸는 나라는 생존하기 위하여 고난을 많이 겪어 삶의 깨달음을 얻은 하나 둘의 나라일 것이다. 내 추측이지만 사람과 같이 자기 고집이 세지 않은 나무들은 살아나가는 비법을 우수하고 겸손한 나무로부터 배운다고 생각한다.

제11장
목민관을 위한 준비

기다림

행정학이란 행정부에 있는 사람, 즉 공직자가 무엇을 어떻게 하는가를 검토하는 학문이다. 제9장에서 검토된 것이 공직자론이다. 제10장에서 논의된 것이 이 공직자가 하는 일과 일하는 방법이었다.

이제 본 장 11장에서 논할 것은 전 장 9장과 10장을 아울러 볼 때 공직자를 정약용이 말한 목민관이라고 비로소 말할 수 있는데 목민관이 되기 이전에 어떠한 준비가 있어야 하는가이다. 제9장, 10장에서 묘사된 목민관은 발전행정이 부각했던 공무원상과 정반대의 인물들이다. 발전행정에서는 민주주의가 없고 인류가 고생해서 만들어 낸 정상적인 관계가 무시될 뿐만 아니라 경제성장을 도모하는 것에만 집착했다. 얼핏 생각하건대 일제시대의 도쿄제국대학과 우리의 군사독재시대의 서울대 행정대학원에서 보듯 특정한 교육기관이 공무원을 준비하는 과정같이 생각되기도 한다. 그러나 아니다. 공무원이 되기 이전에 거의 일생을 일생에 준하는 긴 준비와 기다림 후에 공무원이 탄생한다. 이 기다림을 3단계로 구분할 수 있는데 첫째 과정은 개혁된 교회에서의 준비이며, 둘째는 가르침이 있는 가정에서의 준비이며. 그리고 셋째는 학문을 탐구하는 대학에서의 준비 등 3과정이다.

종교, 가정 그리고 대학의 열거는 내 개인의 경험을 반영한 순서이기도 하다. 내 자서전인 《겁 많은 자의 용기》를 쓴 동기는 내 일생을 마무리하면서 한 권의 책을 더 쓰고자 하여 그 제목을 탐색하기 위한 저작이기도 했다. 그 책 제목은 새 문명에서의 공직자였다. 본서의 제목이《3 · 1운동에서 본 행정학》인데 3 · 1운동이 곧 새 문명이며 행정학이 곧 공직자론이다.

공직자가 되기 이전의 긴 기다림을 쓴 고전의 하나는 플라톤의《국가론》이다. 이에 의하면 출생된 자식들이 모두가 가정을 떠나 공공교육기관에 맡겨져 교육되며 사유재산이 허용되지 않고 장성한 후 여자를 사유할 수 없는 정도의 공인公人을 모색하고 있다.[44] 하나의 유토피아적 발상이지만 나라마다 군비를 갖추고 전쟁에 이기고 지는 것이 국민의 운명을 가혹하게 영향했던 당시의 사정을 미루어 보아 이를 긍정시 하게도 된다. 나는 18세까지 일본 제국의 한 식민지에서 일본 군국주의의 교육을 받았다. 그 후 나는 플라톤의《국가론》을 읽으면서 군국주의 일본의 교육 방법의 원형이 플라톤의《국가론》에 있음을 회상했다. 일본인은 신토라는 호국종교가 나라의 마을 구석구석까지 침투되어 있었다. 가정마다 조상의 신주를 모시는 단이 있어서 그 신단 앞에 무시로 예를 하면서 성장해야 했던 이가 일본 어린이들이다. 일본 소년들 중에는 비행기를 몰고 적함대로 돌격해 들어가 자폭하는 것을 지원하는 소년들이 줄을 섰다. 오늘날 이슬람 과격파가 자폭 행위를 감행하고 있지만 불과 반세기 전까지도 일본이 동일한 야만 행위를 했다. 나는 일본의 야만 행위의 원인을 종교가 개혁되지 아니하고 가정에는 정상적인 가르침이 들어갈 수 없을 정도로 신단 앞에서의 예가 강조되고, 학교교육은 경쟁률이 치열한 입학시험을 거쳐서 엘리트 코스를 지향해 그 엘리트 코스로 졸업한 후에야 비로소 일본 관리의 엘리트 코스를 갈 수 있는, 극히 단순한 준비과정이 그 원인이라고 생각한다.[45]

---

44 이문영,《협력형 통치》, 열린책들, 2006, 129-150쪽.

45 군국주의 일본에 헌신하는 교육을 담당했던 한 교육기관은 도쿄대학에 입학하기 전에 학생들을 많이 양성했던 제일고등학교이다. 미국에서 박사학위를 받고 이 제일고등학교에서 오랫동안 교장을 했던 니토베 이나조新渡戶稻造가 교장 생활을 끝내고 미국서 영어로 저술한 책이《무사도》이다. 이 책의 요약은 제일고등학교의 교육 목표가 학생들에게 무사도를 연마시키는 것이었다. 야나이하라 다다오矢內原忠雄가 이 책을 일본어로 번역하여 '알파문고'가 1938년에 출판했다. 감히 서구사회를 향하여 영어로 이 책을 썼던 담력을 대하며 나는 오늘날의 과격파 이슬람이 펴내는 그들의 청소년 교육을 지도하

일본 소년병들이 자폭하려 가기 전 날에 군에서 제공하는 여자와 성행위를 하게 한, 인정과 도의를 벗어난 행위는 부인들을 공유해야 한다는《국가론》의 사고와 동일했다. 적의 진지에 자신의 몸을 쉽게 하나의 희생물로 바치는 일본인의 경우와 대조되는 모형으로서 나는 개혁된 교회, 가르침이 있는 가정, 그리고 학문이 있는 대학 등 좀 더 복잡한 구도를 소개한다. 이 복잡한 준비과정을 거친 것을 우리에게 보여 준 전형적인 국가는 영국같이 보인다. 영국에서는 워터루 전쟁 이후 전사자를 많이 낸 고등학교를 명문교로 간주하는 것을 보아 일본 군국주의에 공헌한 명문고등학교들과 동일한 교육 내용을 갖고 있다고 잘못 생각할 수도 있다. 그러나 양국은 교육의 질이 달랐다. 일본의 경우 무사도를 주입하는 학교교육이었으나 영국의 경우는 신사도를 몸에 익히는 교육이었다.

내 개인의 경험으로 눈을 돌려 본다. 첫 번째는 나는 어려서 다닌 교회 주일학교의 경험에서 내 일생에 영향을 주는 일을 겪었다. 전술한 바도 있는 것을 약술해 본다. 주일학교 크리스마스 행사 때 단 위에 올라가 여러 어린이들과 더불어〈마태오복음〉제1장에 나오는 예수 탄생의 기록을 돌아가며 한 절씩을 읽었을 때 신비한 인상을 받았다. 나는 그 후 이 경험을 간직해 내 나라에도 로마의 식민지인 유대 나라의 말구유에 뉘인 왕이 탄생하기를 바랐다. 나는 기껏해 조선 총독부가 나라를 통치하는 것을 애통히 여겼다.

내가 고려대 교수일 때 경상도 사람이 아닌 전라도 사람이 그것도 대학 졸업생도 아닌 김대중 씨가 군사정부가 도저히 못하는 말, 즉 4대국 보장론과 대중경제론을 내세우고 대통령 후보로 나왔을때 나는 그를 베들레헴에 난 왕의 출현으로 생각해 그를 지지했다. 그가 정치적 박해를 받을수록 나의 지지는 더욱 공개적이고 공고했다. 나의 3회의 옥고 중 2회는 김대중 씨와 같이한 4년 6개월의 옥고였다.

두 번째는 어린이 부흥회 때 윤판석 장로의 설교를 들으면서 동료 어린이들이

는 책이 이와 비슷할 것이라고 생각한다.

보는 것도 개의치 않고 나는 느닷없이 슬피 울었다. 오씨 성을 가진 주일학교 교장선생이 내 옆에 와서 왜 우는가를 물었다. 내 대답은 다음과 같았다. "남동생 둘을 저는 심하게 때렸습니다." 나의 울음은 내 누님 셋 다음에 출생한 나의 두 남동생에 대한 횡포를 뉘우치는 울음이었다.

이 울음은 내 일생을 영향했다. 나는 겁이 많아서 주일학교에 가는 중학천가를 지날 때 다리 옆을 지나지도 못하고 좀 떨어진 담 아래를 걸어갔던 소년이었다. 이 겁 많은 것은 오늘에도 같다. 지금도 이웃집 개가 문이 열린 내 집 뜰을 어슬렁 어슬렁 들어와도 나는 개를 무서워해 내가 나가지 않고 아줌마를 불러서 나가게 한다. 아줌마 말이 "어떻게 옆집 개를 무서워하는 분이 군사정부를 반대해 열일곱 번이나 잡혀갔었습니까?"라고 반문한다. 겁 많은 자가 용기를 낼 수 있었던 그 원인도 어쩌면 어린이 부흥회 때 동생들을 때렸던 것을 뉘우쳐 울었기 때문이다.

세 번째는 나는 어려서 성홍열이라는 전염병을 내 동기 여섯 명과 같이 앓았다. 이 여섯 명 중 세 명이 세상을 떠났고, 이 세 명 중에는 나한테 매를 맞았던 동생 둘이 포함된다. 이 성홍렬을 앓았을 때 내 교회의 박기반 전도사가 찾아왔다. 어머니는 순화병원 전염병동에 입원해 있는 두 동기를 간호하기 위하여 병원에 가 계셨다. 말하자면 주인이 없는 내 집에 전도사가 오더니 나도 순화병원에 입원해야 한다고 엄하게 말씀하셨다. 이를 나는 단호하게 거절했다. 이 전도사가 나에게 지지 않고 심하게 꾸짖었다. 그때가 밤중이어서 그런지 어차피 입원하기에 부적절하다고 생각해서인지 전도사의 꾸짖음이 멈췄다. 내가 자고 있던 이불 속에 그분이 들어오더니 힘차게 나를 껴안고 내 병이 낫게 해 달라고 하나님께 기도를 드렸다. 어린아이라고 무엇을 생각하지 않는 것은 아니다. 내가 생각했던 것은 이 박기반 전도사가 어떻게 남의 집 아이를 마치 친부모가 자기 자식에게 하듯이 나무랄 수 있으며 내가 앓고 있는 병이 전염병이라는데 그 전염병을 자신의 자식들에게도 옮길 수 있는데 내 이불 속에 들어와서까지 나를 힘차게 껴안고 기도할 수 있는가 하는 것이었으며, 이것은 하나의 경이었다. 병원에 3개월을 입원했었다. 하루는 박기반 전도사의 남편 배선표 목사가 새벽같이 문병을 오셔서 어머님에게 말씀하셨다. "제가 기도 중에 계시를 받았는데 하느님께서 문영이를 고쳐 주신다고 하셨어요"라고 했다. 나는 이 말을 들으면서 그 말씀의 진실됨을 믿었다. 내가 배선표 목사의 말씀을 믿은 증거를 대야 한다. 내가 1964년에 아들을 얻었을 때 그 아들 이름을 배선표 목사님의 성함을 따서 이선표로 지었던 것이다. 비록 골골하지만 지금 83세까지 비록 대필의 형식으로 책을 쓸 수 있는 것은 배선표 목사님의 기도를 하느님께서 들어주셔서라고 지금도 생각한다.

네 번째는 14세 때 배재중학교에서의 채플시간에 한국어로 예배를 드리는 것을 보면서 나는 다음과 같은 결심을 했던 일이다. '이제부터는 공부를 잘하되 내 나라를 위하여 기독교의 틀 안에서 공부하자'를 결심한 것이다. 그 당시는 학교 수업을 일본어로 했던 때인데 유독 일주일에 한 번씩 전교생이 같이했던 채플시간에서만은 한국어로 성경을 읽고, 한국어로 찬송을 부르고, 한국어로 설교를 듣고, 한국어로 기도를 드렸다. 나는 강의 시간과는 달리 내 나라 언어를 기독교 예배에서 들으며 이와 같은 결심을 했던 것이다. 기독교의 틀 안에서 내 나라를 위하여 공부하겠다는 생각은 우리를 지배하고 있었던 일본의 국가 종교 신토를 거절한다는 마음이기도 했다. 일본과 미국이 전쟁을 했을 때도 도의와 사상적으로 더 우위에 있는 국가가 민주국가인 미국인 것을 나는 의심치 않았다. 1956년에 미국 유학을 갔을 때 나는 군청소재지에 있는 회중교회 소속인 작은 대학인 디파이언스Defiance College에 편입학하여 대학원에 들어가기 전에 준비를 했는데 그 대학 생활에서 민주국가 시민의 모습을 가까이에서 볼 수 있었다. 대학원 교육도 일반 대학원이 아니라 졸업 후 미국의 지방자치단체의 시 지배인으로 취직해 나가는 사람을 교육시키는 데에서 했으니 미국에서의 목민관 교육을 준비하는 학교에서 나는 공부했다. 귀국 후 행정학 교수를 하면서 나는 발전행정론자와는 다른 민주행정론자의 길을 갔다.

가르침이 있는 가정의 경험을 쓸 차례이다. 내 집에서 공부를 잘한 첫 번째 사람은 내 아버지이다. 보성중학교 졸업 때에 우등생이었다. 그 우등상장을 나는 어려서 보았는데 지금은 찾을 수가 없다. 그 당시 우등상장에는 담당 과목명이 명시된 아래에 담당 교사들의 이름이 적혀 있고 인감이 찍혀 있었다. 이 아버님이 보성전문학교 법학과에 입학했었는데 우수한 학생이었을 것이다. 그분이 내 할아버지가 돌아가시므로 학비를 댈 수가 없어서 보성전문을 중퇴하셨다. 이 아버지의 공부를 못 마친 원통함이 그 부인인 내 어머님과 8남매 자식들에 대한 교육의 뒷받침으로 보상되었다. 어머니는 감리교 신학교를 일정 기간 동안 자신이 양복점을 개점할 때까지 다녔다. 미국인 회사의 한낱 직원이었던 아버지와 양복점을 하는 어머니가 돈을 모아서 내 집 누님들까지도 전문학교 교육을 마치게 하고 나와 내 동생들 셋을 대학 공부를 시켰다. 8남매 중 두 사람은 박사학위 소지자다. 내 아버지의 손자들이 우수하다. 내 집 세 자식은 모두 미국 Ph.D.이다. 미국에 이민 간 동생 이인영 박사의 두 자식은 다 명문대 졸업생이면서 돈 버는 것과는 관계가 먼 전문인들이다. 이민 간 여동생 보영의 딸은 미국에서 변호사로 활동하는데 인권 변호사이다. 이 조카에게 "너는 어찌하여 인권 변호사를 하는가"를 묻는 질문에 "내 외삼촌(나)의 영향입니다"라고 대답을 했다. 이 조카는 미국에 이민 가 성장했기 때문에 나를 보지도 않았음에도 불구하고 내가 그를 이끄는 지주가 되어 있는 것을 알고 송구스럽게 생각했다. 그리고 그 아래 여동생인 금영의 딸이 인도인 사업가 사이에서 세 쌍둥이를 낳았을 때 그들의 가족회의에서 세 아이의 이름을 인도 말로 짓되 내 이름에서 문자와 영자를 따서 두 아이에게 한 자씩 붙여 주고 세 번째 아이에게는 내 아들 선표의 善자를 따서 지어 주기까지 했다. 이 세 쌍둥이의 어머니는 미국 출생이며 나를 보지도 못하고 자랐는데 나를 의지할 만한 어른으로 생각하고 있는 것이 더욱 송구하게 만들었다.

어느덧 내 아버지의 증손 얘기에 이르게 되었다. 금영의 딸이 자신의 셋째에게 선표의 이름에서 선 자를 따서 이름을 정했는데 이 조카의 판단은 맞은 것이었다. 선표의 큰 딸 혜연이 우수 학생이기 때문이다. 혜연이가 2008년 9월 11일에 서울대학교 특기자 전형을 위하여 서울대학교에 제출한 자기소개서에 다음과 같이 그 아버지와 할아버지를 언급하고 있기 때문이다.

"학문이란 곧 나의 삶을 의미한다. 정년 퇴임을 한 지금도 연구에 몰두할 수 있는 것은 나에게 큰 행복이다." 행정학과 교수로 정년 퇴임을 하시고도 계속 연구에 매진하고 계신 할아버지의 말씀입니다. 저희 아버지도 기계공학과 교수이십니다. 이런 학구적인 분위기 속에서 자라면서 저도 학자가 되겠다는 목표를 가지게 되었습니다. 이 목표를 정한 뒤 평생 동안 공부할 분야에 대해 생각해 왔습니다.

저희 할아버지는 행정학을 전공하신 행정학자이십니다. 사회과학 분야인 행정학을 공부하셨지만 인문학적 바탕에서 행정학을 고찰하는 행정철학을 연구하셨습니다. 그래서 제게 인문학이 모든 학문의 기초가 되는 중요한 학문이라고 자주 말씀하십니다. 제가 문학, 역사, 철학과 같은 인문학에 관심을 갖고 영어영문학과를 지원하게 된 것은 할아버지의 평소 가르침에 큰 영향을 받았기 때문입니다. 인문학은 인류의 사상과 문화를 발전시키는 데 가장 중요한 학문이고, 인문학에 바탕이 없는 학문은 그 뿌리가 흔들린다고 말씀하십니다.

혜연은 입학한 서울대 영문학과에서 지난 학기에 첫 수업을 끝냈는데 수업을 받은 6개 과목 중 1개 과목만 A를 받고 5개 과목은 A^+를 받았다. 그 외에 학교에 다니는 손주들이 다 우등생들이다. 그러나 학교 성적이 우등인 것이 제일은 아니고 그 정신과 기개가 우등생이어야 한다. 학교 성적이 우수한 것만이 아니라 그 정신이 뛰어났던 것을 보였던 분은 내 아버지였다. 아버지는 일제 시 일본식 창씨개명이 강요되었을 때 내 반 58명 중 55명이 일본식 이름을 가졌음에도 불구하고 개명을 안 했다. 창씨개명을 안 한 3명 중 1명은 일본 정부로부터 남작 작위를 부여받은 집안이고 또 한 명은 종로에 있는 중앙감리교회 담당목사였다. 그런데 내 아버지는 전쟁 때문에 본국으로 철수해 돌아간 한 미국 회사의 평직원이었던 실직자였다. 나는 본서가 평민들이 예수와 같이 일제에 저항했던 것을 높여 보듯이 명성과 배경이 없는 아버지가 비폭력적 저항을 한 것을 높이 생각한다. 하루는 종로경찰서 형사가 내 아버지를 찾아왔다. 아버지와 형사가 대면하는 모습을 나는 아버지의 방 한구석에서 공부를 하다가 보았다. 형사와 아버지 사이에 다음과 같은 대화가 있었다.

형사 : 왜 창씨개명을 일본식으로 안 했습니까?
아버지 : 일본 법률 어디에 창씨개명을 해야 한다고 적혀 있습니까?
형사 : …

이 대화에서 아버지는 형사 앞에서 아무 변명도 않고 위에 말만 하였다. 형사가 멋쩍어 하면서 나갔다. 형사가 나가는데 아버지는 일어서서 배웅도 않았다. 이 아버지의 기개와 비폭력적인 태도를 보면서 아버지께서 나에게 사 준 일본어로 된 간디의 사상문집을 나는 마음 깊이 새기게 되었다. 나는 일본에 갔을 때 오사카 시립도서관에서 이 문집을 얻어 복사를 해 오기도 했다. 나의 군사정부에 대한 저항이 비폭력을 앞세웠던 것은 아버지의 가르침 때문이다. 그러니까 정리를 할 차례가 되었다. 사람에게는 한 사람을 올바르게 지도할 만한 가르침이 있는 교육을 받은 것이 중요하지 이를테면 썩은 세상에 출세영화를 누리려고 공부를 잘하는 것은 아니라는 것이다. 내 아버지는 공부도 잘했지만 정신이 살아 있었다. 정확히 말해서 정신이 살아 있어서 공부도 잘한 사람이었다. 내 아버지가 작고하시기 1년 전인 1953년에 군대에 있던 나에게 쓰신 편지에 "공명과 명예의 노예가 되지 말고 초월하기를 바란다"라고 아버지께서 쓰셨다. 나는 이 편지를 내 어머니 사진과 나란히 내 집 벽에 걸어 놓고 있다.

내 경험 중 학문이 있는 대학을 언급할 차례다. 내 경우 나에게 학문하는 대학으로 영향을 준 대학은 6년간을 학문했던 고려대학교를 지목한다. 왜 나는 유학했던 대학들과 연구교수로 체류했던 외국 대학들을 지목하지 않는가? 고려대학교가 나에게 오늘날까지 학문하는, 즉 물음에 대답을 찾게 한 대학이기 때문이다. 학문은 모르는 것을 묻는 것인데 이 물음은 한 생명이 한참 성숙화를 도모하는 시기에 묻는 것이 유의미하다. 3가지의 물음을 고려대학교 학생생활에서 나는 했다.

1. 행정학을 공부하되 법과대학 과목 중에서 민법이 법과대학의 기초학문이듯이 행정학에서의 기초를 묻겠다는 생각을 했다. 나는 학문에서 물음이 있는 것을 중요시한다. 고려대학교 법과대학에는 행정학이 과목으로 개설되지도 않

았고 법과대학의 한 과로서 행정학과가 아직 생기지도 않았는데 나는 이 같은 물음을 했다. 나에게 미국에는 'Public Administration'이라는 학문이 있다는 것을 말씀해 주신 분이 바로 민법 교수인 이희봉 학장이었다. 이희봉 교수님의 학문이 법과대학 과목 중에서 기초이듯이 행정학을 미국에서 공부하되 기초를 다지고자 했던 것이다. 1970년 고려대학교 대학원에 제출된 나의 박사학위 논문의 제목은 〈북한 행정권력의 변질 요인에 관한 연구〉였다. 이 논문은 나의 대학생일 때 물음을 북한이라는 좀 더 구체화된 상황에서 물은 것이었다. 아무리 전체주의 국가라 할지라도 그 행정체제 내에 정치권력의 횡포로부터 자유로운 일하는 조직이 생겨나고 개인을 존중하는 조직이 생겨나면 나라가 자유화도 되고 남북한의 교류가 가능하다는 발견을 이 논문이 제시했다. 따라서 일하는 조직과 개인을 존중하는 원형 연구를 하는 것은 행정학의 기초를 연구하는 것에 해당했다. 나는 이 물음을 잊지 않고 고려대학교를 정년한 후 4년 후인 내 나이 69세 때 비로소《논어맹자와 행정학》을 출판했는데 이 책이 바로 일하는 조직의 원형을 은나라의 전체주의를 극복한 주나라에서 찾아 연구한 책이다. 그 후 5년 후 내 나이 74세 때《인간 · 종교 · 국가 — 미국행정, 청교도 정신 그리고 마르틴 루터의 95개조》를 출간했다. 이 책이 바로 개인을 존중하는 조직의 원형 연구를 청교도들의 영향하에 세계에서 제일 먼저 민주국가를 만든 미국의 사례 연구를 중심으로 했다. 그러니까 20대에 지녔던 물음을 70대 노령에 이르러서야 대답을 한 학문인이 나이다. 83세인 지금 쓰고 있는 이 책《3 · 1운동에서 본 행정학》은 미국 문명이 역기능을 했을 때의 대안을 모색하는 책이니 본서도 나의 20대의 물음에 대답을 하는 책이다. 이렇게 내 일생에 걸쳐서 대답을 탐구한 물음을 나는 20대에 했다.

2. 무릇 학문의 기초가 인문학에 있음을 짐작해 전문학교에서 처음으로 개편된 대학인 고려대학교에서 인문학 과목의 강의를 들어 학문의 기초를 물었다. 그 당시 강의는 교수가 강의노트를 갖고 들어와 일일이 읽어 주며 진행하는 강의였기에 내가 소속한 법과대학 강의는 동료의 노트를 빌려 베끼면 강의 출석을

대신할 수가 있었다. 그 대신 나는 문과대학 강의를 청강했다. 노트를 읽어 주지 않는 강의자가 나의 심금을 울리는 강의자였다. 철학의 박희성 교수, 서양사의 김성식 교수, 국문과의 조지훈 교수, 영문학의 이인수 교수 그리고 변영태 교수 등이 이에 해당한다.

시론詩論을 강의하던 변영태 교수가 국무총리로 나가 그의 강의를 더 들을 수 없었던 것이 큰 아쉬움이었다. 나는 현상윤 총장의 강의, '조선사상사'를 한 시간도 빠짐없이 들었다. 현 총장은 강의실에 들어오자마자 흑판 앞에 서서 강의할 한문 원본을 빼곡히 적은 다음에 이 글을 해석 · 평가하는 것으로 강의를 했다. 나는 이때 들은 원효의 글이 아름답다고 거의 일생을 생각해 내 나이 79세에 출판한 《협력형 통치》에서 한 개 장을 〈원효〉를 제목해 썼다. 이 〈원효〉의 장을 쓰기 위하여 약 1년간을 원효사상연구소라는 곳에 다니며 강의도 들었다. 나에게 일생에 걸쳐 물음을 갖게 한 다른 하나는 조선조 통치의 잘못은 현상윤 총장같이 조선조에 등장한 유학자들의 사상을 평가함으로 밝혀지는 것이 아니라는 것이었다. 현 총장은 강의의 결론에서 조선조가 문약하고 파벌이 심했던 것 등을 지적하셨는데 나는 거의 일생 동안 그 지적을 부적절하고 어딘지 일본 학자의 냄새가 나는 지적이라고 생각했다. 나는 꽤 긴 세월을 《논어집주》와 《맹자집주》를 공부하고 79세 때 《논어맹자와 행정학》을 썼는데 이 책은 논어, 맹자 원본과 조선조 정치의 괴리를 지적하는 책이었다. 따라서 나의 조선조 통치에 대한 잘못의 지적은 현상윤 총장의 그것과 달랐다. 조선조는 논어, 맹자 원본에도 없는 충효라는 사상을 강조했고 부부간에 역시 원전에도 없는 칠거지악이라는 비인도적 내외관계를 감행한 것도 나의 지적이었다. 원전이 강조하는 항산책과 봉건정치로서의 지방자치가 우리에게는 없었던 것도 나는 지적했다.

나는 젊어서부터 강의를 연역법이라기보다는 귀납법적 강의를 했다. 나의 귀납법적 강의 자료는 하나의 주변사를 문학이 다루듯이 다면적 접근을 했기 때문에 연역법 강의에 길들여진 학생들은 당황해하다가 내가 맺는 결론에 와서야 비로소 안심하는 표정을 나는 학생들의 얼굴에서 읽을 수 있었다. 나는 다음에 쓸 세 번의 물음에서 생겨진 결과로서 성경을 성경으로 보지 않고 성서로 보아 강의 시간에 서슴치 않고 성서를 인용했다. 나의 세 번째 행정학 책인 1991년에 출판한《자전적 행정학》이 나의 학풍을 잘 드러낸다.

나의 박사학위 과정 학생에 대한 지도도 내 개인의 학풍을 그대로 옮겨 박사학위 논문을 쓰되 여러 학과가 있는 고려대학교에서 자유자재로 학문을 섭취해 통합하는 입장을 취하게 했다. 이 학생지도가 성공했던 몇 가지 예를 들겠다.

하나는 70년대에 내가 잠깐 복직했을 때 조교였던 제주대학교 행정학과 고창훈 교수이다. 그는 그가 원해서 학부생일 때 내 방의 조교가 되었다. 나는 제1차로 해직되었다가 복직한 교수로서 말하자면 위험한 교수인데 그가 자원해서 내 조교가 되었던 것을 나는 마음에 두고 있었다. 그는 내 방 한구석에서 정약용의 번역서를 읽고 있었다. 그가 고려대학교 대학원 학생일 때 국민대학교와 제주대학교 교수로 갈 수 있는 기회가 왔다. 그가 어디로 갈까를 나에게 물었다. 나는 "너의 고향은 제주도인데 제주대학을 감으로 제주도의 특성을 연구하는 것이 좀 더 너의 학문을 발전시키는 계기가 될 것이니 제주대학을 가라"고 말했다. 그는 이 말을 따랐다. 그는 제주대학교 교수이면서 4 · 3사태의 진상규명에 전력했다. 그는 내가 마지막으로 복직한 이후에야 4 · 3사태를 갖고서 논문을 썼다. 그의 나이 이제는 환갑에 가깝다. 여름마다 세계 학자를 불러서 제주대학교의 부속대학으로 영어로 교육하는 세계환경평화대학을 개설하고 이제는 이 대학의 졸업생이 UN특별기구에 취직하는 학생으로 만들고자 노력 중에 있다.

둘은 현재 관동대학 교수로 있는 정인화 교수이다. 그는 중국 행정을 평가하는 논문을 제출했을 때 심사위원의 한 사람이 국보급 논문이라고 평을 했다.

셋은 현재 중앙대학교 교수로 있는 김동환 교수이다. 외부에서 온 심사위원이 "이 논문은 솔직히 말해 고려대학교에 제출하기에는 아깝게 잘 쓴 논문입니다"라는 평을 했다. 고려대학교에 제출하기에는 아까운 논문이라는 평을 받은 김동환 박사는 과연 그만한 학자인 것을 중앙대학교 채용 시에 증명했다. 최종 경쟁자인 옥스퍼드에서 박사를 받은 사람이 남았는데 이 사람을 누르고 김동환 교수가 채용되었다. 논문 이후에 외국 학회에서 발표한 영어 논문이 상대방 것보다 더 좋았을 것이라고 짐작된다.

한 제자를 더 쓰겠다. 내 지도 학생은 아니다. 그러니까 나의 《자전적 행정학》 이후 쭉 내 책을 독서하고 평가해 준 교수 중 한 사람인 충주대학교 윤견수 교수가 그 사람이다. 윤 교수는 행정학에 인문학적 접근을 시도하는 학자이며 한국행정학회에서 논문상을 받은 바도 있다. 그를 고려대학교 행정학과가 2번에 걸쳐 만장일치로 교수 채용을 결의했었는데 윤 교수가 최종 학위를 외국에서 받지 않았다는 이유로 학교 본부가 채용을 거절했다. 세 번째로 학과에서 또 올렸다. 세 번째의 결정을 학교 본부가 드디어 받아들여 2010년 3월에 교수 채용을 했다.

한 분이 더 있다. 이분은 내 제자가 아니고 경기대 교수일 때 동료 교수였던 정성호 교수이다. 경기대에 계시는 이분이 내가 쓴 글을 읽고 나의 강의를 고려대학교 대학원에까지 와서 청강했다. 그는 나에게 말하기를 "외국에서 박사학위를 받고 와서 교수생활을 하면서 어두움에 점점 갇혀 들어가는 상태였다가 선생님의 책을 대하면서 몸에 생기를 느끼기까지 했습니다"라고 말했다. 《자전적 행정학》과 《논어맹자와 행정학》은 아니지만 그 후 나의 책들을 독서하고 평가해 준 이가 정성호 학장이다. 내 책의 5인 평가 교수 중 멀리 있는 제주도 고창훈 교수와 평택대 김문기 교수는 참석할 수 없고 나머지 세 사람, 정성호, 윤견수, 김동환 교수는 광화문 맥줏집에서 자주 만나는데 모르긴 해도 이 모임의 좌장은 선배 교수인 정성호다. 세 분이 행정이란 무엇인가를 제각기 말했다고 한다. 윤견수는 비움이라고 말해 내 책의 9장에 해당하는 개념을 행정학의 핵심으로 말했다. 정성호는 행정학이란 만남이라고 말했다. 이 만남은 본서의 제10장에서 만나는 새로운 관계에 해당하는 말이기도 하다. 그리고 이 만남이라고 인상을 갖게 된 그의 첫걸음은 모름지기 나의 저서 《논어맹자와 행정학》에서 오지 않았을까 생각한다. 김동환은 행정학의 핵심을 본 절의 제목, 기다림이라고 말했다. 기다림이 만남을 통해서 드디어는 비움에 이르는 과정을 탐구하는 이 세 분의 모색은 모두가 인문학적 탐구이다.

이렇게 쓰고 보니 본서를 평가하는 교수 5명 중 김문기 평택대 교수가 빠져 있는 것을 느낀다. 나는 행정학과 3인 교수와 신학자인 김문기 교수가 합석해서 만들어 낼 사상을 진심으로 바라는 사람이기 때문이다. 그러나 철저하게 금주를 실시하는 성결교회 목사로서 맥줏집에 가 앉기는 거북한 일일 거라는 생각이 든다. 김문기 교수의 이야기를 본 장 제2절 〈개혁이 있는 교회〉에서 곧 언급하기로 하고 아쉬움을 달랜다.

3. 나는 고려대학교 학생일 때 신학부 강의를 듣고 싶었다. 그런데 고려대학교에는 신학부가 없었다. 신학 강의를 듣기 위해 낯선 다른 대학은 갈 수가 없었고 다만 각 교회에서 어쩌다가 개최하는 성서연극모임과 함석헌 선생의 집회에 참석했다. 신학 연구에 대한 갈증을 이렇게 밖에서야 채웠으니 신학에 대한 나의 물음은 그만큼 진지한 것이었다.

나는 강의 시간에 성서를 학문 서적과 동일한 위치에 놓고 인용했다. 월간지 《기독교 사상》에 행정학자로서 기고도 빈번하게 했다.[46] 학문으로서의 나의 성서 인용이 엉뚱했을 텐데도 김재준 목사가 동인지 《제3일》을 만들었을 때 나를 동인의 한 사람으로 초청했다. 나는 후일에 전집을 내는 경우 《제3일》에 30회에 걸쳐 게재했던 〈아나로기아〉와 《기독교 사상》에 냈던 글들과 합하여 한 권의 책으로 냈으면 한다. 〈아나로기아〉는 성서와 한국의 현실과 행정학 이론을 합쳐 쓴 원고지 30매가량의 글들이다. 그 후 긴 세월 후인 내 나이 74세에 쓴 《인간·종교·국가》에서 나는 종교개혁과 마르틴 루터의 항의문 95개조와 세계에서 제일 먼저 민주국가를 만든 미합중국의 행정의 모습을 대비했다. 청교도론 강의를 박상진 교수와 종교개혁사를 김문기 교수로부터 한 학기씩 들었다. 본서 《3·1

46 대한기독교서회가 발행(1957년 초판 발행)한 월간 《기독교 사상》에 〈행정학자가 본 그리스도〉(1970. 2), 〈대중 — 자주적 의식구조의 확립〉(1970. 8), 〈새로워지는 경쟁〉(1970. 11), 〈좋은 도전과 좋은 반응〉(1970. 12), 〈서울 비대와 정치〉(1971. 1), 〈10대 뉴스에서 본 정치〉(1971. 2), 〈현황과 예측〉(1971. 3), 〈관과 민〉(1971. 7), 〈부패의 구조〉(1971. 10), 〈민주사회의 우상〉(1972. 9), 〈풍요한 사회〉(1973. 4), 〈사회단체의 힘〉(1973. 5), 〈혼미에서 창조에로〉(1975. 4), 〈달라진 평신도상〉(1975. 8), 〈사회 속의 교회〉(1978. 8), 〈매카시즘과 권력〉(1978. 11), 〈인권과 평화〉(1979. 7), 〈종교개혁의 원리〉(1984. 8), 〈신앙과 민주주의〉(1984. 12), 〈동북아시아의 평화와 미래/안보정치와 평화정치〉(1994. 1) 등을 기고했다.

운동에서 본 행정학》의 제8장에서 한 절로 〈행정학과 신학〉을 만들 정도로 성서의 인용을 많이 했다. 그러니까 나의 20대 때 세 번의 물음도 나의 일생에 걸쳐서 그 해답을 도모하는 물음이었다.

개혁이 있는 교회

돌이켜 생각할 때 나의 모든 기독교의 영향은 훌륭한 성직자 배선표, 박기반 두 분에게서 기인한다. 배선표 목사님은 일제 말에 일본 감옥에 갇히기도 했다. 성결교회인 내 교회의 가르침이 일본 천황을 신으로 모시는 일본 신토와 어긋나는 것이어서 성결교단 목사 몇몇에 포함되어 옥고를 치렀다. 내가 교수일 때 배선표 목사님의 추모행사를 청량리에 있는 나사렛교회에서 가진 적이 있다. 이때 나는 그분의 약력 소개에서 그분이 내 교회 목사이면서 그의 친구인 유영모—함석헌의 선생님—의 집회에 정기적으로 참석했다는 것을 비로소 알았다. 배선표 목사는 결코 교권주의에 포로가 되어 교회에 갇혀 있는 제사장이 아니라 교인들이 겪는 교회 밖에서의 고통과 고난에 관심을 갖는 선지자였던 것이다. 제사장이면서 제사장 직을 초월한 선지자이기도 해야 하는 것이 개혁된 교회의 마땅한 성직자의 모습이라고 본다.

배선표 목사 퇴임 후 오늘까지 개혁되지 않는 교회의 전형을 형성한 세 사람의 목사 실명을 거명하지 않고 다음과 같이 A, B, C목사로 지명한다.

A목사 : 70년대 초에 부임해 90년대 초에 원로목사가 되기까지 교회 성장을 시켰던 목사.
B목사 : A목사에 의해 초빙된 A목사 후임 목사. B목사의 여전도사와의 간음을 A목사가 적극 옹호 했지만 B목사는 교단 심판위원회의 심판을 받아 출교.
C목사 : 2010년 현재의 목사. 설교 중 A목사로부터 넥타이를 선물받은 것을 엘리사가 엘리아로부터 겉옷을 받았던 것에 해당하는 선물이었다고 말한 목사.

배선표 목사 이후 내 교회에 정착한 목사들은 A, B, C 세 분인데 이분들은 철저하게 선지자의 길을 외면하고 제사장의 길을 갔다. 나는 지금까지 출판된 내 책에서 이들 목사들의 실명을 거명한 바가 없다. 나는 C목사가 교회를 개혁하기를 바라서 내 책 《겁 많은 자의 용기》에서 앞으로 쓸 책, 즉 본서에서 개혁된 목사의 사례로서 C목사를 묘사하고자 했다. 그러나 본서를 거의 다 쓰는 이 시점에까지 그러한 징후는 안 보인다. 몸이 불편해 입원 중에 있는 나에게 단독으로 찾아올 것을 신방 온 부목사와 여자 전도사에게 전했건만 찾아오지도 않는다. 나는 교회 예배에 참석했을 때에 나의 기도 제목은 C목사의 회개였다. 나에게 민주대통령을 꿈꾸게 하고 나를 회개하게 하고 나에게 神谕(신유)의 은총을 준 이 교회가 타락해 가는 긴 질곡 속에서 나는 제사장이 회개하기를 기도하면서 참고 있었다. 그러나 그 교회 참석도 건강이 여의치 않아 못가고 있다. 사회생활도 끊고 있는 내가 지금할 수 있는 일은 책 쓰는 일과 기도하는 일인데, 나의 기도 제목은 C목사가 회개하는 것과 제10장 중 〈6개국 사이〉 절에서 언급했듯 김정일이 개혁하기를 바라는 것 두 가지가 있다. 나는 어디에서인가 썼듯이 감옥에서 박정희, 전두환이 고쳐지기를 기도했고, 나는 〈야고보서〉 제5장 끝절에 있는 '그러면 죄인을 그릇된 길에서 돌아서게 한 그 사람은 그 죄인의 영혼을 죽음으로부터 구원할 것이고 또 많은 죄를 용서받게 해 줄 것입니다'라는 말의 효험을, 노동운동의 기본 정신을 제시한 〈야고보서〉 제5장에서 마무리로 언급된 것으로 보아 민주화운동을 한 나에게 적합한 기도 제목이라고 생각한다. 한국의 민주화의 뒤에는 에큐메니컬한 기독교 신도들의 기도가 있었고 폴란드의 바웬사 뒤에는 기도하는 바올로 2세가 있었고, 러시아의 반체제 인사 솔제니친은 미래의 러시아에서의 대안은 희랍정교회라고 말했다. 나는 교회에서 예배만 끝나면 아무도 만나지 않고 귀가했지만 이제는 본서를 통해서 교인과 만나고 싶다.

제사장의 악은 예수 때에서 보듯 큰 성전을 짓되 과부의 하루 생활비까지도 다 연보로 거두면서 교인들이 교회 밖에서 겪은 고통을 외면하는 데 있다. C목사의 경우 세 분 목사 중 학력이 뛰어나다. 석사를 연세대학교에서 한 후 박사를 미국 벤다빌트 대학교에서 했다. 그러나 공부를 잘했다는 것이 가르침이 있다는 것을 의미하진 않는다. (1) C목사는 설교 때 교회 집회에 오라고는 그래도 회개 하라고는 말하지 않는다. (2) C목사는 설교 때에 감사하라고는 말해도 돈이 새어 나가는 것을 염려해 밖에 나가서 봉사하라고는 말하지 않는다. 교회 예배의 축복기도 때에는 자신이 했던 설교를 마무리하지는 않고 일고여덟 가지가 되는 연보의 종류를 열거해 이를 감사해하기도 하고 오만가지가 되는 병명을 열거하여 교인들의 병이 낫게 해 달라고 기도한다. C목사가 한번은 설교 시에 원로 목사인 A목사로부터 식사할 때에 넥타이를 받은 적이 있는데 자기는 이 넥타이를 받을 때 엘리사가 그 선임 선지자 엘리야의 겉옷을 받았을 때에 버금가는 감동을 받았다고 말했다. 그 자신의 선임자가 교회성장론자로서 선지자의 길을 전혀 가지 않았던 것을 망각하는 언급이었다. C목사는 단 한 번도 사회악을 바로 잡고자 기도를 하지 않는다. 그런데 그는 내 교회 목사로 취임하기 전에 신학교에서 기독교 사회윤리를 가르쳤던 교수였다. (3) C목사는 예배에서 원맨쇼를 한다. 집회광고나 돈 내라는 것은 담당 장로가 나설 수도 있으련만 이를 목사가 다 한다. 장로도 대표 기도를 할 때 단 한 사람도 빠짐없이 목사를 중심으로 해서 교회가 잘되게 해 달라고 기도를 하지 교회가 사도신경에서 고백한 대로 거룩한 공회가 되게 해 달라고 기도하지를 않는다.

이상 C목사의 잘못의 열거는 마르틴 루터의 '95개조'에서 지적한 마르틴 루터 당시 교회 성직자의 악과 동일하다. 이를 후술하겠지만 (1)번에 해당하는 악은 교인이 어떻게 살아야 하는 것을 외면하는 악이다. (2)번의 악은 교인이 마땅히 행해야 하는 것이 의를 행하는 것이지 교회에 돈 내는 것이 아님을 외면한 말이다. (3)번은 교인이 상대해야 할 사람은 하느님이지 하느님의 역할을 성직자가 결코 할 수 없음에 해당한다.

C목사의 악은 하나가 더 있고 그 악은 제일 나쁜 악이다. 그는 한번 설교 때에 자신은 이 교회의 과거에 어떠한 일이 있었다는 것은 모르고 온 목사라고 말함

으로 선임자 A, B목사가 끼친 악행을 눈감아 준 데 있다. B목사는 한 여자 전도사와 음행했던 것이 세상에 드러나 교회에서 쫓겨난 목사이다. B목사도 나름대로 원맨쇼를 하다가 숨어서는 여자 전도사와 음행을 했었다. 이 사건이 일어났을 때 30여 명 장로 중 나를 포함한 4명의 장로 호서기, 유희승, 이일재 등이 이를 항의했다. 그러나 여타 장로들은 목사를 옹호하는 조직폭력배 역할을 했다. 그중 한 장로는 나의 배를 심하게 후려 때리기도 하고 다음번에는 내 집에 쳐들어오겠다고까지 했다. 나는 군사정부 때에 17번을 잡혀가서 맞기도 했는데 나를 때린 어떤 사람도 민주화운동을 또 하면 다음에는 너희 집에 찾아가 때리겠다고는 말 안 했다. 이러한 장로들이 현역 장로인 두 분 장로 호서기, 유희승에 대한 핍박을 심하게 해 그들은 교회 출석을 않고 있다. 이일재 장로는 나에게 와서 속이야기하는 것이 없다. 이 점에서도 내가 할 수 있는 일은 하느님께 기도하는 일이다. 그런데 C목사는 이러한 엄청난 일도 모르고 왔을 뿐 아니라 나를 때린 장로가 포함된 30명가량의 장로들이 신학대에서보다는 월등히 많은 보수를 결의해 준 것에 대해서 감지덕지하고 있으니 C목사는 과연 삯꾼 목사다.

교회성장론자 A목사는 교회당을 종로6가에 세우고 나서 내 집을 심방했다. 내 말이 "이제는 교회당을 크게 세웠으니 교회가 공회답게 제도를 만듭시다"라고 했다. 이 말을 듣자마자 얼굴을 붉히고 일어섰다. 화가 나서 나가는 목사에게 나는 "이제는 교회를 공회로 만드는 일이 남지 않았습니까?"라고 말했던 것 같은데 정확하지는 않다. 교회를 공회라고 말하는 것을 구체적으로 재론할 기회가 드디어 왔다. A목사가 원로 목사가 되고자 할 때 나는 원로 목사의 사택을 교회 소유로 구입해서 원로 목사 내외분이 생을 그 주택에서 마치고 그 사택을 교회 소유로 하자고 말했고 후임 목사는 당신께서 정하지 말고 30여 명 장로의 만장일치로 정하자고 말했다. 내가 그와 단독으로 만나서 한 제의였다. 이 제의를 둘 다 A목사는 거절했다. 지금 A목사는 원로 목사 될 때에 사들인 집에 살고 있지도 않다. 그 집은 자식이 팔아 먹었다는 것이다. 지금 집도 여전히 교회가 사들인 집이다. A목사의 단독 의사로 영입된 목사가 바로 문제의 B목사다. 교회를 공회답게 만드는 문제로 또 한번 충돌이 있었다. 간음한 여자 전도사가 간음한 B목사와의 장면을 녹음한 것을 내 연구실로 갖고 왔다. 나는 이 녹음 테이프를 갖고서 A목사를 만나서 B목사를 조용히 내보내자고 말했다. A목사의 대답은 교회가 분열되니까 안 된다는 것이었다. 나는 "그러면 이 테이프를 공개하겠오"라고 말했다. 이 테이프의 공개 때문에 내 교회인 성결교회 지방회가 B목사를 드디어 파면 결의하게 되었다. 자신이 불러온 목사의 잘못을 엄연히 증명하는 증거 앞에서도 덮어 주려던 A목사의 태도는 극히 사적인 행동이었다. 그는 사적인 횡포를 이 지경까지 했다.

B목사를 상대로 항의할 때 협동목사 중 한 분인 김문기 목사가 개혁에 나선 교인들이 의지하는 성직자로 나섰다. 이렇게 교회가 부패하면 하느님께서 교회를 먼저 치실 것이라고 그는 나섰다. 김문기 목사는 A목사가 독일 유학비를 지출했던 목사인데 그가 단호하게 A목사에게 바른말을 하는 모습과 눈초리를 보고 나는 크게 든든했었다. 그런데 죄지은 사람은 죄지은 것도 잊어버린 것 같다. 교회가 백주년사를 만들고자 할 때 백주년 기념사의 집필을 평택대학교 신학대학원장으로 있는 교회사 전공인 김문기 박사에게 의뢰했다. 원고료는 1천만 원이었다. 김문기 박사는 중앙교회 교회사를 썼다. 내가 묻지는 않았는데 원고를 받아 본 당회가 A목사의 업적을 훼손하는 말을 빼고 B목사의 잘못도 적당히 넘어가고 C목사가 채용될 때 공식 과정으로 채용된 사람을 제쳐 놓고 C목사가 채용된 과정도 빼달라고 했던 것이라고 생각된다. A목사는 교회를 크게 짓고 C목사는 교회의 내장을 크게 고친 것을 업적으로 쓰기를 바랐을 것이다. 그러나 지금 우리가 관광을 가는 로마의 베드로 성당을 세울 때 종교개혁이 일어났고 한국의 C목사는 교회당 내장을 한창하는 해의 종교개혁 주일에 종교개혁에 관한 설교는 않고 교회 리모델링을 위하여 교인들이 연보낼 설교를 했다. 지금까지 김문기 목사는 원고의 수정을 거절 중이다. 원고료 잔액 전부를 받지도 않고 있다. 김문기 목사는 역사가로서 내 교회 당회의 기록과 내 상회인 지방교회 본부의 기록을 더 존중해서 썼을 것으로 짐작되는데 이것조차 현 목사는 출판되는

것을 두려워하고 있다. 과거 두 개의 민주화 정권에서 각종의 잘못된 과거사를 밝혔던 것이 그 정권의 정당성을 높였던 것이라고 생각된다. C목사의 경우 전임자 A, B의 비리를 밝히는 것이 C목사의 정당성을 높이는 것이라고 생각되는데 이를 못하고 있다. 다만 그가 A목사와 야합하에 들어온 것을 꺼려할 수 있으나 이 잘못도 두려움 없이 밝힌다면 자신이 목사 직을 수행하는 데 덜 두려움을 갖게 될 것이라고 나는 생각된다.

나는 제1절에서 김동환 교수가 행정학의 요약을 기다림이라고 말하고, 정성호 교수가 만남이라고 말하고 그리고 윤견수 교수가 비움이라고 말하는 것을 언급했을 때 광화문 맥줏집에 김문기 교수가 갔더라면 무엇이라고 말했을까를 궁금해하며 아쉬워했다. 내가 짐작하건대 행정학의 요약을 김문기 교수는 빛이라고 말했을 것 같다. 기다림 다음에 만남이 생기고 만남 다음에 비움이 생기는 것이 마치 빛이 진행하듯 진행되기도 하고, 그가 지조 있는 학자로서 중앙교회의 어두움에 대해 빛을 바라고 있어 학문이란 모름지기 해당 분야에 어두움을 밝히는 것이라고 생각하기 때문이다.

1517년 발표된 마르틴 루터의 항의문 95개조는 어두움에 던져진 빛이었다. 나는 본 절에서 내가 겪고 있는 내 교회의 비리를 3가지로 지적했다. 하나는 목사가 교인들이 무엇보다도 먼저 해야 하는 것을 회개라 보지 않고 교회에 참석하는 것으로 보며, 둘은 교인들이 해야 할 일을 사회에 나가 봉사하는 것으로 보지 않고 교회에 헌금하는 것으로 보며, 셋은 목사를 교인이 하나님과 직면하는 것을 돕는 자로 보지 않고 신의 위치에 놓고 보게 하는 것을 지적했다. 이 3가지의 지적은 1517년에 나온 마르틴 루터의 항의문 〈95개조〉의 지적과 동일한 것이 놀랍다. 발터 폰 뢰베니히가 쓴 《마르틴 루터》[47]에서 〈95개조〉의 전개 순서가 (1) 교인들이 교인 생활을 하는 방법, (2) 마땅히 해야 할 일, 그리고 (3) 교인이 자신을 성직자 앞에 선 존재로 보느냐 아니면 신 앞에 선 존재로 보느냐에 사람

47 Walther von Loewenich, 《Martin Lutin — Der Mann und das Werk》, München: List Verlag, 1982, pp.107-109.

관이라고 썼다.[48]

다음에는 95개조에 나오는 3가지 개혁할 점을—즉 이와 동질의 문제점이 내 교회에서도 있었다—요약하자.

(1) 사람이 삶을 사는 방법은 신 앞에서 일생을 회개하는 것이다. 95개조에서는 사람이 사는 방법으로 회개를 다음과 같이 해야 한다고 쓰고 있다.

① 회개는 신 앞에서 하는 것이다.

제1조는 "우리에게 회개를 명한 이가 주님이시며 선생이신 예수 그리스도"라고 한다. 이 말씀은 하느님께서 드리는 성례전적 참회, 곧 교회의 전승에 따라 사람에게 의무적으로 부과된 고백과 사제의 직권으로 수행되는 사면(absolution)으로서 회개를 이해할 수 없다는 것이다(제2조). 제5조와 제6조는 교황의 한정된 권한을 말한다. 제5조는 "교황은 그 직권 혹은 교회법의 위세로 부과된 형벌 이외의 어떤 벌이든지 용서할 힘이나 뜻을 가지지 못한다는 것이다"라고 하며, 제6조는 교황의 권한을 다음과 같이 구체적으로 제한한다.

i) 교황은 하느님께서 죄를 사하였다는 것을 선언 혹은 시인하는 이외에 어떤 죄든지 사할 힘이 없다.
ii) 기껏해야 그 자신에게 주어진 사건들을 그가 사하는 데 불과하다.
iii) 이런 경우에도 만일 그의 사죄하는 기능이 업신여김을 당하게 될 때에 사함받았다는 죄는 확실히 그대로 잔재한다.

루터는 제92-95조에서 모두에게 회개하는 사람 앞에 가로막고 서 있는 거짓 예언자들을 꾸짖는다. 제92조는 그리스도의 백성을 향하여 평안도 없는데 "평안, 평안"하고 부르짖는 거짓 예언자들은 다 물러가라고 말한다. 이 꾸짖음의 근

48 뢰베니히의 분석을 포함하여 앞으로 쓸 95개조 요약을 나의 책《인간 · 종교 · 국가—미국행정, 청교도 정신 그리고 마르틴 루터의 95개조》258-277쪽에서 읽을 수 있다.

거는 다음과 같다.

· 그 예언자라는 것들은 무엇 하나 잘되는 것이 없는데도 잘되어 간다고 하며 나의 백성을 삐뚤게 이끌었다. 그래서 백성이 담을 쌓으면, 그 위에 하나 바르는 것들이다.(〈에제키엘〉 제13장 10절)
· 발현을 본답시고 보고는 무엇 하나 잘되는 것이 없는데도 잘되어 간다고 하면서 그것을 예루살렘 주민에게 나의 말이라고 전하던 이스라엘의 예언자들은 없어졌다. 주 야훼가 하는 말이다.(〈에제키엘〉 제13장 16절)
· 내 백성의 상처를 건성으로 치료해 주면서 "괜찮다, 괜찮다" 하는구나. 사실은 괜찮은 것이 아닌데(〈예레미야〉 제6장 14절)
· 내 말, 내 백성의 상처를 건성으로 치료해 주면서 "괜찮다. 괜찮다" 하지만 어디가 괜찮으냐?(〈예레미야〉 제8장 11절)
· 사람들이 태평세월을 노래하고 있을 때 갑자기 멸망이 그들에게 들이닥칠 것이다. 그것이 마치 해산할 여자에게 닥치는 진통과 같아서 결코 피할 도리가 없다.(〈데살로니카 I〉 제5장 3절)

제95조는 그리스도의 백성을 향하여 "십자가, 십자가"라고 부르짖는 모든 예언자들은 축복을 받으라고 말하며, 제94조에서 크리스천은 형벌이나 죽음이나 지옥을 통해서 머리 되신 그리스도를 부지런히 따르도록 훈계받아야 한다는 것이다.

② 회개는 일생 동안 하는 것이다. 사람이 자기 자신을 미워하는 한(참 내적 참회) 형벌이 계속한다고 보기 때문에, 우리가 하늘나라에 들어갈 때까지 회개를 계속하라는 것이 제4조이다. 이미 제2장의 '그리움 · 한숨 · 꿈'의 설명에서 보듯 회개를 가르치는 스승은 초급 교훈으로 십계명과 주기도문에서 제시하는 "매일매일을 바르게 살라"고 말한다. 이 매일매일 회개를 계속하다 보면 "네 마음과 목숨과 뜻을 다하여 네 하느님과 이웃을 사랑하라"(〈마태오복음〉 제22장 37-40절)는 좀 더 높은 교훈 앞에 회개를 하게 된다. 그리고 생에 최고 단계의 회개는 올바른 신앙의 선인을 이어 신도들 앞에 감히 "내 살을 먹고 내 피를 마시라"(〈요한복음〉 제6장 52절)고까지 말할 수 있을 정도로 순교殉教의 사람이 되지 못한 것을 회개하는

회개여야 한다.

③ 회개는 다만 내적 회개만을 뜻하는 것이 아니며, 이 회개한 마음을 미루어 밖으로 실천하는 회개여야 한다. 제3조는 회개를 했다고 하면서 육신의 정욕이 억제되지 않아, 정욕의 구체화가 외부로 나오게 하는 것이라면 그 회개는 무가치한 것으로 말한다. 루터는 억제되어야 할 정욕은 금식, 기도, 봉사로 표현된다고 말한다. 금식은 자신의 육신에 대한 인간의 의무이며, 기도는 명상, 독서, 듣는 것 등이 포함되는데 기도는 인간의 신에 대한 의무이며, 봉사는 이웃에 대한 의무라고 말한다.

④ 신에게 회개 않고 다만 사제에게 굴종하며 교회 밖의 사람들에게는 교만한 것은 결코 안 된다. 사제의 권한을 제한한 제5조는 교회 내외 상하 간의 직무 분담을 명확히 말하고 있을 뿐 신도들이 사제를 존경하지 말라고는 적혀 있지 않다. 한편 조직 내에서 윗사람의 권한을 명확히 말한다는 것은 정당한 권위를 가진 윗사람을 존경해야 함을 말한다. 오히려 제7조는 '모든 이'에게 겸손함으로 대하여야 한다고 말한다. 그리고 '모든 이' 안에는 교회 밖의 사람들뿐만 아니라 사제들이 포함되었다고 보아야 한다. 제7조를 다음에 옮긴다.

> 하느님께서는 그의 대항자인 사제의 권위에는 전적으로 복종하면서도 그 밖의 다른 모든 일에 대해서는 겸손할 줄 모르는 자의 죄를 결코 사하지 않으신다.

이제 제1-7조, 92-95조 등 11개조의 취지를 다음에 정리할 수 있게 되었다. 사람이 일을 하는 방법은 신 앞에서 일생을 회개하며, 이 마음을 미루어 교회에서는 사제를 존경하며 교회 밖에서는 이웃에게 봉사하는 것이지, 신에게 회개는 않고 다만 사제에게 굴종하며 교회 밖의 사람에게 교만해하는 것이 아니다.

(2) 사람이 할 일이란 하늘 나라와 의를 추구하는 것이다.

루터의 '일'관을 보여 주는 제8-29조(연옥의 불에 있는 죽은 자들을 위한 면죄부에 대하여)와 제30-55조(살아 있는 자들을 위한 면죄부에 대하여) 등 48개조를 분석하기에 앞서 공포나 폭력하에서 보여 준 예수의 '일'관을 정리해 보자. 우선 그의 '일'관은 '방법'관이 그러했듯이 비폭력을 전제로 한다. "내 왕국은 이 세상 것이 아니다. 만일 내 왕국이 이 세상 것이라면 내 부하들이 싸워서 나를 유대인들의 손에 넘어가지 않게 했을 것이다. 내 왕국은 결코 이 세상 것이 아니다"라고 총독에게 예수가 한 말에서 그의 '일'관이 비폭력임을 볼 수 있다. 그가 일을 하여 이룩하고자 하는 나라는 폭력을 기초로 하여 만든 나라와는 다르다고 언명하기 때문이다.

여기에서 볼 때 그의 '일'관을 보여 주는 요체는 따라서 비폭력을 으레 있는 것으로 전제하고 찾아야 한다. 그러면 비폭력을 전제로 하는 나라에서 예수가 한 일이란 무엇인가? 그의 '일'관의 요체는 왕이 현실적으로 존재하는 세상에서 십자가 위에 붙였는데, 이 명패는 '유대인의 왕 나사렛 예수'였다.(〈요한복음〉 제19장 20절) 거듭 말해서 주권재민主權在民의 사상을 전혀 들어보지도 못했던 당시의 총독은 로마 황제의 앞잡이가 아닌가! 왕에게 나라의 주권이 있어서 일을 하는 것이 아니라 약한 국민에게 주권이 있음으로 그 약자의 주장대로 일을 하는 이 도덕적 근거를 나는 사회윤리로 이름을 붙인다. 그리고 사람의 성숙 단계도 사람이 삶을 사는 방법의 근거였던 개인윤리의 실천, 그 다음 단계가 이 사회윤리라고 나는 생각한다.

그러나 제8-55조까지 단 한 곳에서도 교인들이 왕으로 살라는 명백한 표현은 없다. 이러한 외견상의 불일치는 제28조(제8-29조만이 아니라 48개 조항의 요절같이 보이는)를 이해하면 해소된다. 제28조는 다음과 같다.

> 돈이 연보궤 안에서 딸랑 소리를 낼 때 이득과 탐욕이 증가한다는 것은 틀림없다. 동시에 성직자의 대도代禱의 응답 여부는 하느님의 선한 뜻에 달려 있는 것이다.

여기에서 루터가 싫어하는 사람의 일이 드러났는데, 이는 이득과 탐욕을 도모해 교회의 연보궤 안에 딸랑 소리를 내며 돈을 바치는 일이다. 그렇다면 이 루터가 싫어하는 일과 정반대되는 일이 무엇인가? 앞 절에서 마땅히 있어야 할 사람의 모습이 밝혀졌는데, 이 사람은 부당하게 부귀영화를 추구하는 사람이 아니었다. 따라서 이러한 평범한 사람이 주권자인 왕 노릇을 하는 사람임이 밝혀진 셈이다. 이제 48개 조항이 사람이 안 해야 할 일과 사람이 마땅히 해야 할 일을 어떻게 대비하는가를 살펴보겠다.

첫째, 48개 조항은 사람이 이득 추구의 세계를 죽은 자의 세계와 산 자의 세계로 양분한다. 전자를 다룬 조항이 제8조에서 제29조까지이며, 후자를 다룬 조항이 제30조에서 제55조까지이다. 두 세계에서 볼 수 있는 사람의 욕심은 일단 죽은 후 지옥을 면하고 산 사람이 죽어서는 지옥을 피하고 싶은 욕구로 요약된다.

둘째, 사람은 죽어서 좋은 데로 가고 싶겠지만 일단 사람이 죽은 후에는 아무리 무슨 일을 해도 어찌할 수 없는 것이 사후의 문제이다. 교회법(제8조, 제22조)도, 교황의 자비(제9조, 제20조, 제21조, 제22조)도, 사제(제10조)도, 감독들(제11조)도, 아무 일을 못한다. 교회가 과한 벌은 사면 전에 이미 끝난 것이며(제12조), 이미 교회가 과한 벌로 임종에 처한 자는 죽음으로서 자유롭게 된다(제13조). 죄를 지은 사람의 공포는 당연한 것인데(제14조), 이 공포만으로도 연옥의 고통에 해당한다(제15조). 지옥, 연옥, 천국 등의 차이는 실망, 실망에 가까운 실망, 마음의 평화 등의 차이에 불과하며(제16조), 연옥에 있는 영들은 공포가 감소하는 만큼 자비심도 증대하리라 짐작되는데(제17조), 이 영들이 공적이나 자비의 영역 밖에 있다고 성서에 의하여 증명되거나 이성으로 생각되지 않는다(제18조).

따라서 산 자가 축복받은 것을 확인할 수는 있어도 죽은 영靈들을 어찌할 수 없다(제19조). 도대체 인생에서 형벌로부터 전적인 사면이 허락되는 사람이 있다면 몇 명이나 있겠는가(제23조). 그렇기 때문에 대부분의 사람들은 형벌로부터의 면제를 미끼로 사기를 당하기 알맞은 상태에 있다(제24조). 이래서 교황, 감독, 교구 목사 등의 일탈이 있게 된다(제25조, 제26조, 제27조). 면죄부를 구입함으로 죽은 이를 좋은 데 가게 한다는 것은 한낱 이득과 탐욕을 증가시키는 행위이며(제28조), 아무도 모르는 짓을 하는 것이다(제29조).

셋째, 살아 있는 자가 해서 안 될 일은 면죄부를 구입하는 일이요, 마땅히 해야 할 일은 자비를 행하는 일이다(제42조). 면죄부를 구입해서는 안 될 이유로 다음이 열거되어 있다.

i) 누구나 자기 참회의 진실성에 대하여도 확신을 못 가지는데 하물며 남의 죄가 완전히 사면받은 것을 어떻게 아는가?(제30조)

ii) 진심으로 회개하는 사람이 드문 것같이 면죄부를 진심으로 구입하는 사람도 드물다.(제31조)

따라서 면죄부에 의한 구원을 가르치는 사람들과 교황은 비기독교적 교리를 가르치는 사람이며(제35조) 저주를 받아야 하는데(제32조, 제33조), 사면의 은총은 인간에 의하여 정해진 성례전적인 사죄 행위의 형벌에만 적용되기 때문이다(제34조). 면죄부의 효과와 참다운 회개를 동시에 사람들에게 가르치기란 최고급의 신학자도 하기 어려운 일이다(제39조). 따라서 기독교인은 면죄부 없이 형벌과 죄책에서 완전히 사함받는 것을 알아야 하며(제36조), 면죄부 없이 그리스도와 교회의 모든 영적 은혜에 참여하며(제37조), 제6조에서 언급한 정당한 교황의 선언행위를 무시해서도 안 된다(제38조). 살아 있는 사람이 해야 할 일은 다음과 같이 많이 있다.

i) 형벌을 달게 받음으로써 회개한다(제40조).

ii) 선행을 행하는 것이 교황의 사면보다 더 중요하다(제41조).

iii) 자선사업이 면죄부의 구입보다도 더 중요하다(제42조).

iv) 가난한 사람을 도와주고 필요한 사람에게 꾸어 주는 것이 면죄부의 구입보다 더 중요하다(제43조). 왜냐하면 자비의 행위는 자비를 증가시키고 사람을 더 좋게 만들지만, 면죄부를 구입하면 사람이 더 좋아지는 것이 아니라 다만 형벌로부터 자유스러워진다(제44조). 가난한 사람을 보고도 본체만체 지나면서 면죄부를 구입하는 이는 하느님의 진노를 산다(제45조). 왜냐하면 〈요한복음〉 제3장 17절에 있듯이 하느님이 아들을 세상에 보내신 것은 세상을 단죄하시려는 것이 아니라 아들을 시켜 구원하시려는 것이기 때문이다.

v) 풍부한 재산을 갖고 있다면 몰라도 사람들은 자기 가족을 위하여 필요한 것은 저축할 의무가 있다(제46조). 〈디모테오 I〉 제5장 8절은 "만일 어떤 사람이 자기 친척, 특히 자기 가족을 돌보지 않는다면 그는 벌써 믿음을 버린 사람이고 비신자보다도 못한 사람 입니다"라고 말씀한다.

vi) 면죄부의 구입이 자유의사에 의한 일이라는 것을 크리스천들에게 가르쳐야 한다(제47조).

vii) 경건한 기도를 드리는 것이 면죄부를 구입하는 것보다 더 중요하다(제48조).

viii) 하느님을 두려워하는 것이 면죄부를 구입하는 것보다 더 중요하다(제49조).

ix) 신도들의 희생으로서 — 가죽과 살과 뼈로서 — 성 베드로 성당을 짓는 것보다 이를 차라리 불태워 버림이 좋다(제50조). 돈을 빼앗긴 많은 사람들에게 교황은 자기 자신의 돈과 성 베드로 성당을 판 돈을 주는 것이 더 낫다(제51조).

x) 면죄부로 구원을 확신하는 것은 헛된 일이다(제52조).

xi) 면죄부를 구입하라는 한 교회의 설교로 인하여 그들 교회에서 하느님의 말씀을 잠잠케 한 설교자는 그리스도와 교황의 적이다(제53조). 이런 설교를 하는 것은 하느님의 말씀에 대하여 악을 행하는 것이다(제54조).

xii) 복음의 가치가 면죄부의 가치보다 크다(제55조).

이상 12개의 할 일을 간추려서 무엇으로 말할까? 나는 예수나 세례자 요한이 회개하고서 맞이하라는 하늘나라를 만드는 일이라고 말하고 싶다. 나는 일곱 자리 수의 전화번호도 잘 못 외우는 사람이기 때문에 12가지나 되는 할 일을 외울 수는 없고 다만 크게 소리 내어 반복하여 읽고 또 읽고 싶다. 밤중에라도 혼자서 있을 때 이를 읽으면 무도한 나도 필경 울음을 터뜨릴 것 같다.

자, 이제 무슨 일을 하고 사람이 살아야 하는가를 마무리 할 차례이다.

사람이 할 일이란 하늘나라의 의를 추구하는 것이지, 면죄부의 구입으로 상징되는 '이利'를 추구하는 것이 아니다.

(3) 사람이란 신 앞에(coram Deo) 서는 존재이다.

사람의 '사람'관을 보여 주는 그림 둘을 그릴 수 있다. 하나는 그림 A인데, 이 그림은 원래 있어야 할 모습의 사람 그림이다. 그림 A에 보이는 위아래를 이은 세로 줄에 아무것도 끼여 있지 않으며, 사람은 그냥 사람이지 무슨 수식어가 붙은 사람이 아니다. 그림 B는 잘못된 상태를 바로 잡으려는 모습의 사람 그림이다. 위아래를 연결하는 화살표에 사제를 우두머리로 한 교회가 끼여 있으며, 이 끼여 있는 것 때문에 분노하고 있는 사람이 아래에 있다.

위로 향한 화살표는 아랫사람의 반란을 표시하며 아래로 향한 화살표는 윗사람의 억압을 표시한다. 따라서 화살이 안 붙는 상하의 줄은 권위형 질서가 아니라 윗사람이 맡은 일을 수행하는 데 알맞은 권한만을 갖는 정상적인 계층질서를 뜻한다. 그러므로 본 장의 시작에서 본 예수의 모습은 그림 B의 모습이다. 사람의 세상에서 사람이 윗사람—예수의 경우는 사제와 교회—에게 분노한다는 것은 스스로 자신의 목숨을 끊게 만든다. 그래서 그가 체포당하는 현장에서 예수는 "아버지께서 나에게 주신 이 고난의 잔을 내가 마셔야 하지 않겠느냐?"라고 말한다.(〈요한복음〉 제18장 11절). 여기서 언급된 '고난의 잔'을 나는 이 책에서

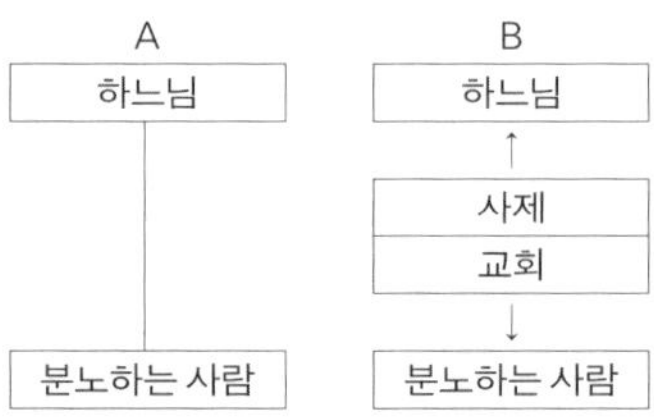

그림 부분	해당 조항
사제(면죄부를 설교하는 사제)	제69-80조
교회 (그리스도와 성인들의 잉여 공로로 여겼던 면죄부의 보고를 가진 당시의 교회)	제56-88조
분노하는 사람	제81-91조

자기희생으로 명명하며, 이 자기희생은 비폭력, 개인윤리, 사회윤리를 잇는 최고의 윤리 덕목으로 삼는다.

루터가 그의 95개조에 묘사한 사람의 그림도 그림 B이다. 그림 부분과 해당 조항을 다음에 밝힌다.

종교개혁 당시의 교회 위상을 결정하는 책임은 먼저 사제에게 달려 있었기 때문에 이 글에서는 95개조의 순서를 바꾸어 사제의 이야기를 교회의 이야기에 앞서서 설명하고자 한다. 먼저 루터는 비폭력을 상하 간에 존재해야 할 가치로서 확신하고 있다. 아래에 있는 신도들은 윗자리에 있는 사제를 존경할 것을 말한다. 사도적 용서를 행하는 감독들과 교구 교사들이 전적으로 존경받아야 하고(제69조), 이에 반대하여 말하는 자는 추방과 저주를 받아야 한다(제71조)고 말한다. 이렇게 상하 간의 줄에 화살표가 안 붙은 줄이 사제와 신도들 사이에 있어야 할 것을 루터는 주장한다. 그러나 사제로부터 사람에 이르는 줄에 화살표가 붙어 사람을 내리누르는 것을 루터는 몹시 싫어한다. 사제들은 교황이 위임하지 않은 자신들의 꿈을 설교하지 않아야 하며(제70조), 이러한 설교를 하는 자는 추방과 저주를 받아야 한다고 말한다(제71조, 77조, 79조, 80조). 이어서 제72조는 후술할 분노하는 사람을 두둔하는 말인데, 면죄부 설교자들의 해롭고 뻰뻰스러운 말에 대항하는 자는 복이 있다고 말한다. 사제들의 하느님과 사람에 대한 반역 행위를 다음에 뽑아 본다.

i) 교황이 면죄부 판매를 방해하는 자들을 책망하는 일(제73조).

ii) 교황이 면죄부를 구실 삼아 거룩한 자비와 진리를 방해하는 사제를 묵인하는 일(제74조).

iii) 교황이 면죄부에 능력이 있어 가장 작은 죄는 물론(제76조), 하느님의 어머니를 능욕한 인간까지도 용서할 수 있다고 생각하는 일(제75조).

iv) 교황이 〈고린토 I〉 제12장에서 가르치는 복음과 여러 능력 또는 병 고치는 은사 등을 면죄보다 덜 중요시 하는 일(제78조).

상인이 고객으로부터 돈을 받고 고객에게 상품을 팔 수 있으려면 상점과 상점 창고에 상품을 소유하고 있어야 한다. 면죄부를 판매한 잘못된 사제들은 교회가 교인들에게 판매하는 면죄부의 보고를 갖고 있다고 말할 수밖에 없다. 면죄부의 보화는 면죄부를 파는 근거가 되는 금고인데, 루터는 이 존재를 보통 교인들이 잘 모르고 있다고 말한다(제56조). 제56조는 분명히 교회의 보고(thesaurus ecclesiae)라는 단어를 쓰고 있으나 '교황이 그것으로부터 면죄부를 파는'이라는 단서가 붙어 있어서 '면죄부의 보화'라고 나는 쓴다. 루터는 제58조를 해설하면서 면죄부의 보고와 그리스도라는 교회의 보고가 다른 것이라고 말하고 있다.[49] 그리고 설혹 이런 보화가 있다고 해도 이 금고는 돈이 무한정 지불되는 금고도 아니다(제57조). 왜냐하면 이 금고는 사제들의 돈을 풀기 위한 금고가 아니라 돈을 차곡차곡 모으기 위한 것이다. 그릇된 사제들이 말하는 면죄부의 보화는 교인들이 구입하는 그리스도나 성인들의 공로인데, 이것들이 보화가 아닌 이유도 이들이 ① 교황의 도움과 전혀 독립되어 있고 ② 항상 속사람에게는 은총을 주고, ③ 겉사람에게는 십자가, 죽음, 지옥을 주기 때문이라는 것이다(제58조). 또 성 라우렌티우스St. Laurentius의 전설을 따라 가난한 사람들이 교회의 보화라고 말했지만, 이는 그 시대에 사용된 말의 뜻일 뿐이라는 것이다(제59조).

전설에 의하면 발레리안Valerian 황제의 박해로 258년에 순교한 라우렌티우스는 교회의 보화를 내 놓으라는 재판관에게 자신이 돌보고 있는 교회의 가난한 사람들을 데리고 갔고, 이로 인하여 그는 불에 달구어진 석쇠로 죽임을 당했다. 이에 관한 소개가 파쉬케F. Paschke의 《Laurentius, der Heilige》(in: RGG3, Vol. 4, 241쪽)에 보인다. 루터는 교회의 보화를 다음과 같이 언급한다.

> ① 우선은 그리스도의 공로로 주어진 교회의 열쇠이다(제60조). 왜냐하면 형벌과 처리할 사건의 면죄를 위해서는 교회의 열쇠를 쥔 교황의 전권만으로도 충분하다는 것이다(제61조).

49 지원용 편집, 《루터선집》 제5권, 컨콜디아사, 1984, 209쪽.

② 참 보화는 하느님의 영광과 은총의 가장 거룩한 복음이다(제62조).

③ 원래 복음이라는 보화는 돈 많은 사람을 낚는 그물이었다(제65조). 그러나 면죄부의 보화는 사람이 아닌 사람의 재산을 낚는 그물이다(제66조). 복음이라는 보화는 먼저된 자를 나중으로 만들기 때문에 증오를 받지만(제63조), 면죄부의 보화는 나중된 자를 먼저된 자로 만들기 때문에 애호를 받는다(제64조). 면죄부는 교황의 이익을 증대시키는 데 불과하다(제67조). 하느님의 은총과 십자가의 경건에 비하면 면죄부는 참으로 아무것도 아니다(제68조).

위와 같은 사제와 교회의 악에 대하여 교인들이 분노하는 것을 루터는 당연시한다. 뻔뻔스러운 면죄설교로 생기는 비방과 일반 세인의 의심 없이 날카로운 반대로부터 교황에 대한 존경을 수호하기란 아무리 박식한 사람에게도 쉬운 일이 아니라고 제81조는 말한다. 구체적인 예시를 통하여 교인들의 분노를 옹호한다.

① 만일 교황이 베드로 성당에 소비될 썩게 될 금전으로 인하여 수없이 많은 영혼을 구원한다고 할 것이면, 어찌하여 가장 정당하다고 볼 수 있는 이유, 즉 거룩한 사랑과 영혼들의 최고의 필요를 위하여 연옥을 비우지 않는가?(제82조)

② 이미 구속받은 사람들을 위한 기도는 부당한 일인데 무엇 때문에 죽은 사람의 장례식이나 추모제를 계속하는가? 또 무엇 때문에 교황은 그런 목적으로 교회에 바친 기부금을 돌려주지 않으며 혹은 그것(기부금)의 최소를 허락하지 않는가?(제83조)

③ 불경한 자와 하느님의 원수가 돈 때문에 — 자유의사에 의한 자비심과 자신의 필요에 의한 것이 아닌 이유로 — 하느님의 사랑을 받는 경건한 영혼을 연옥으로부터 구하도록 허락하는 것은 하느님과 교황의 새로운 신성함이란 말이가?(제84조)

④ 참회에 관한 교회의 법규는 사실상 오랫동안 사용치 않았기 때문에 폐지되고 사문화되었는데 왜 마치 그것이 아직 효력을 발생하고 있는 것처럼 아직 돈으로 인한 면죄부 부여를 통하여 구속해 내는 것같이 인정하지 않으면 안 되는가?(제85조)

⑤ 오늘날 제일 부자의 재산보다도 더 많은 재산을 가진 교황이 가난한 신자의 돈으로 행하는 대신 차라리 자기의 돈으로 성 베드로 성당쯤은 세울 수 있지 않은가?(제86조)

⑥ 완전한 참회로 충분한 사면과 속죄에 대한 권리를 가진 사람들에게 무엇을 사하려 하고 무슨 영적 은혜에 참여를 주려는가?(제87조)

⑦ 교황이 각 신자에게 사면과 은총의 참여를 지금 하루에 한 번 주는 것을 하루에 백 번 준다고 한다면 교회는 얼마나 더 큰 축복을 얻게 되겠는가?(면죄부에는 그것으로서 한번만 사죄된다는 것이 표시되어 있다)(제88조).

⑧ 교황이 면죄부로써 돈보다도 영혼의 구원을 생각하였다고 본다면, 무엇 때문에 그는 오래전부터 주어오던 증서나 면죄부를 정지하는가? 이들은 똑같은 효력을 가졌음에 틀림없지 않은가?(제89조)

⑨ 일반 세인이 열거한 반론에 대하여 떳떳한 이유를 들어 해결하지 않고 다만 권력으로만 억압하는 것은 교회의 교황을 원수의 조롱거리가 되게 만드는 일이요, 또 크리스천을 불행하게 만드는 것이다.(제90조)

⑩ 그러므로 만일 면죄부가 교황의 정신과 의도에 따라 선전된다면, 이 모든 문제는 쉽사리 해결되었을 것이다. 아니 그것은 존재하지도 않았을 것이다.(제91조)

나는 한국을 개혁하는 시발점을 교회로 보았다. 한국을 개혁하는 교회의 개혁 시점이 근세를 연 개혁 시점과 동일한 것이 놀랍다. 이러한 개혁에 역행해 내 교회는 교인을 오라고는 말해도 회개하라고는 말하지 않고 감사하라고는 말해도 밖에 나가서 정의를 실현하라고는 말하지 않는다. 한편 교인을 하나님과 직면하게 한다기보다는 목사가 교회라는 공회의 자리를 차지하고 있는 모습을 보인다. 이러한 상황하에서는 청교도들이 세계에서 제일 먼저 민주국가를 세웠던 개혁을 못하게 된다. 내가 쓴 책에서 밝히듯[50] 미국 공무원들은 일생을 걸쳐서 회개하라는 원죄론을 의식하고 전문지식 습득 전념을 일상생활화하고 그 결과로 조직 내에서는 상사를 존중하며 조직 밖에서는 국민에게 봉사했다.

일의 내용은 상사에게 상납하는 대가로 '이利'를 추구하는 것이 아니라 민주·복지국가와 정의를 추구했다. 사람이란 상사와 조직 앞에 세워지는 존재가 아니라 전문지식(능률과 민주주의 이념 포함) 앞에서는 존귀한 존재였다. 오늘날 교인들 앞에는 공무원을 직업으로 하는 교인들만 있는 것이 아니다. 많은 종류의 직업에 종사하는 교인들이 월요일부터 토요일까지의 생활에서 개혁된 교회의 모

50 이문영, 《인간 · 종교 · 국가—미국행정, 청교도 정신 그리고 마르틴 루터의 95개조》, 나남, 2001, 277쪽.

습을 답습하고 있지 않을 때에 전체국가 상황은 가히 중세의 암흑시대에 가까운 참상을 만들게 된다.

내 인생에서 거듭 실천된 〈창세기〉

전 절까지의 묘사에서 〈창세기〉가 강조하는 네 가지 사상, 아름다움, 따뜻함, 올바름 그리고 평화 중 평화가 마지막 사상인 점이 생각된다. 바로 전 절은 내 생애 마지막 지점에서의 내 교회 예배의 부적절을 평화사상에 맞추어서 설명하기도 했다. 서문에 밝혔듯이 내가 교회당 의자에 한 시간을 앉아 있을 수 없는 내 말년의 어느 날 나는 당회장 목사를 내 집에 초치하여 예배를 보았다. 이 예배 전에 오해원 씨가 내 어렸을 때의 교회 생활을 적은 〈기다림〉이라는 절과 이 기다림에 묘사된 교회에 못 미치는 오늘의 내 교회 사정을 적은 두 번째 절 〈개혁이 있는 교회〉를 읽었다. 내 생애에서 〈창세기〉에 나오는 처음에 있었던 네 가지, 아름다움, 따뜻함, 올바름 그리고 평화가 거듭 반복되어 실천된 생각이 난다. 인생이란 마땅히 있어야 할 처음을 반복하여 실천하는 것같이 보인다. 내 경우 거듭되는 반복이 다음과 같이 있었다.

1. 내가 어렸을 때에 경험한 생활이다. 그 묘사가 본 장 제1절 〈기다림〉에 적혀 있다.

어렸을 때의 일을 지금도 생생히 기억한다는 것 자체가 어렸을 때의 일이 아름다웠다는 것을 말한다. 나는 내 병상을 찾아온 박기반 전도사와 배선표 목사로부터 따뜻함을 느꼈다. 내 아버지가 내 집 방에 찾아온 종로경찰서 형사에게 일본 법률 어디에 한국 사람이 창씨개명을 해야 한다는 조항이 있는가를 물었을 때 한 실직자였던 내 아버지가 일신의 불리함을 개의치 않고 올바른 행동을 하는 것을 보았다. 배재중학교 예배시간에 '이제부터는 공부를 잘하되 내 나라를 위하여 기독교의 틀 안에서 공부하자'를 결심한 것은 평화 자체였다. 예배 본다는 것 자체가 평화인데 이 결심의 내용이 침략자 일본에 대하여 폭력 행사를 결심하지 않은 점이 평화였다.

2. 민주화 투쟁에서 동지 간의 연대가 있었던 것을 나는 내 인생에서의 중요한 교회 형성이라고 생각한다. 이 설명은 나와 한신대 사람들 간에 연대 이야기이기도 하고 좀 긴 설명이 필요하다.

연대連帶란 민주화운동에서의 동지 간의 단결을 말한다. 그 단결의 농도가 강했던 한 예를 근 · 현대사에서 든다면 제2차 세계대전 중 나치 독일 정부에 저항한 빨치산과 연합군 간의 단결일 수도 있다. 소설《누구를 위하여 종은 울리나》에 나오는 미국 지원병과 스페인 여자 마리아와의 사이를 물론 예로 들 수 있다.

동지와의 결합은 결합이기에 아름답다. 내 민주화운동의 경우 연대가 안 되어서 쓸쓸했던 경험과 내 쓸쓸해함을 보고 나와 동지애를 같이해 준 기쁜 경험이 동시에 있었던 것이 내 나이 38세인 1965년의 일이다.

1965년에 박정희의 군대가 고려대 캠퍼스에 침입해 들어왔다. 군대의 학원 침입 첫 사건이었다. 네 명의 교수와 항의문을 초안했다. 이 네 명 안에 내가 끼었다. 비슷한 나이 또래들이었다. 펜을 잡기는 시인인 K씨가 잡았다. 세 사람은 국문학자, 국제정치학자 그리고 행정학자였는데, 나는 글을 별로 고치지 않았다. 우리들의 사이가 좋았듯이 글이 좋았다. 본관 앞에서 교수들과 학생들이 모였다. 글을 기초한 교수 중 한 사람이 나와서 항의문을 낭독하라고 총장이 말했다. 그런데 서로가 좋았던 다른 세 사람이 현장에 없었다. 좋기만 했던 나는 갑작이 섭섭해졌다. 거듭 말해 나만이 현장에 있어서 나서서 항의문을 읽었다. 항의문을 읽고 나서도 세 명의 동지가 안 보이는 것이 섭섭했다. 예감이 생겼다. 도망들 갔다는 생각이다. 내 예감이 맞았다. 집필자인 시인을 길에서 만났다. 그가 한 말이 "이 교수는 현실을 도저히 이해 못하는 이상주의자이다"였다. 나는 이 말을 거의 일생동안 생각해 83세에 탈고한 내 책《3 · 1운동에서 본 행정학》에서야 경상북도 사람이 신라 통일 때부터 우악스러운 짓 했던 것을 불가피했던 행동이었다고 정당시하는 것을 지적했다. 국제정치 학자는 박정희에 의해서 프랑스 대사로 임명되었다. 국문학자도 가는 데가 있었다. 예술원장이 되었다. 나는 쓸쓸했다.

이 쓸쓸해하는 나에게 전화를 걸어 자기 방에 나를 불러 준 이가 한신대 전신인 조선신학교 졸업생인 《사상계》 편집인인 장준하였다. 《사상계》의 편집위원이 되어 달라는 것이다. 종로1가에 있는 《사상계》 사무실에 나갔다. 그곳의 형편도 비슷해 기라성 같은 교수 · 편집위원들이 다 도망갔다. 지명관, 정명환만이 있었다. 썰렁한 방에 장준하와 함께 넷이서 앉았다. 그런데 나는 쓸쓸하지 않았다. 서로의 사이가 따뜻함을 느꼈다. 고려대 항의문 작성자 사이에서 있었던 따뜻함이 장소를 옮겨와 살아났다. 이 느낌은 동지애이며 단결이며 아름다움이며 따뜻함이었다.

《사상계》와의 동지애는 따뜻함만이 아니다. 올바름과 평화도 있었다. 《사상계》의 올바름은 군사정부를 반대함이었다. 나는 얄팍해진 잡지 《사상계》에 〈공무원 부패 20년사〉라는 글을 썼다. 평화는 그 잡지를 군사정부가 폐간시켰는데도 우리는 무기를 안 들었고 장준하 씨는 1975년 8월 15일에 산속에서 암살당한 것을 말한다. 나는 《사상계》 폐간 후 이 아름다움, 따뜻함, 올바름 그리고 평화의 경험을 얼마 안 있다가 한신대 사람들과 다시 계속했다. 나에게 손을 내민 첫 사람은 한신대 설립자인 김재준 목사였다. 그분이 주간으로 내는 월간지 《제3일》에 나를 동인으로 부르셨다. 제1호가 나온 것이 1970년 9월인데 그분이 전에 내 글을 어디에선가 보시고 나를 부르셨을 것이다. 그분 귀에 무슨 소식이 전했을까? 《기독교 사상》에 썼던 글들일까? 60년대 후반기에 걸쳐서 내가 연구하고 있던 〈북한 행정 권력의 변질에 관한 연구〉 이야기를 들으셨을까? 《제3일》 첫 회의에 내가 보았던 글에 대한 김재준 박사의 코멘트가 나왔다. 주간 목사가 내 글의 제목을 〈아나로기아 1〉로 고치시더니 다음 달에 〈아나로기아 2〉를 쓰라셨다.

내 첫 글은 그 당시의 정치 현실과 성서의 말씀과 내 행정학 이론 세 가지를 하나의 프리즘으로 꿰뚫어 맞춘 글이었다. 나는 이렇게 세 가지를 맞춘 글을 30회 썼다. 왜 나는 뭐가 뭐와 비슷하다는 희랍어 아나로기아라는 글을 썼나. 얄팍한 잡지, 즉 대학생들이 호주머니에 넣고 다니며 차 안에서도 읽을 수 있는, 말하자면 대학생들 데모를 선동하기라도 하는 듯한 잡지에 나는 왜 썼을까? 한 학문, 행정학을 하는 학자가 분석해 내는 그날의 비참한 현실 그대로가 성서에 있는 것을 밝혀 제1일에는 우리가 죽고 있지만 땅속에 있는 이틀을 지낸 제3일—잡지의 제목이 '제3일'이다—에는 부활한다는 생각이었다.

김재준 목사께서 캐나다로 이주하실 때까지 〈아나로기아〉의 집필 기간은 우리가 올바름을 추구한 기간이었지만 이 올바름은 아름다움과 따뜻함을 이은 감정이었다. 우리는 한 달에 한 번의 편집회의를 기다려서 했다. 이 기다림은 아름다움이었다. 내가 고려대에서 해직되었을 때 김 목사님이 그 아들 관용 씨와 더불어 내 집을 찾으셨는데 쌀 두 가마니를 갖고 오셨다. 나도 나의 따뜻함을 표할 기회가 있었다. 목사님이 출국하시는 그 댁에 가서 잠자리에 누우신 목사님을 깨워서 큰절을 드리고 창피한 금액 20불을 드리고 나왔다.

장준하 김재준 두 분이 나를 찾은 일같이 내가 불리움을 받은 것이 아니라 나도 사람을 그것도 한신대 사람들을 찾는 일이 생겼다. 내가 제1차 해직 때 수도교회의 예배에 갔다. 김상근 목사를 나는 찾은 것인데 내가 그곳을 서성거리는 것이 눈치가 보였다. 내 제2차 해직 후 나는 김상근 목사를 불러냈다. YMCA 총무 방에서 김상근 목사의 지도교수인 문동환 한신대 교수와 함께 앉았다. 그때 문동환 교수는 나와 똑같이 해직되어 있었다.

내 말이 "내가 혼자서 해직되었을 때는 쓸쓸했고 남의 교회에 갈 수도 없었는데 이제는 기독자 교수들이 여럿이 해직되었으니, 주일날 오후에 몇몇 교수들이 돌려가면서 설교하는 고백교회를 합시다"를 제의했다. 이 제의가 받아들여져 갈릴리교회가 이해영 기장 목사님을 당회장으로 하고 설교자를 문익환, 서남동, 안병무, 문동환, 이우정, 이문영 6인으로 해 예배장소를 중구 내에 있는 홍사단 강당에서 1975년 8월 15일 주일에 첫 예배를 드렸다. 많이 모일 줄 알았더니 길목을 형사들이 막고 서 있어서 한 20명이 앉아서 예배를 드렸다. 경찰이 홍사단에 압력을 넣어 장소 계약이 해약되었다. 이래서 기장 교회인 강북구에 있는 이

해동 목사의 교회에 예배 장소를 얻었다.

이 갈릴리교회에서의 동지애는 끔찍했다. 한 30명쯤이 모였다. 길을 지키는 경찰과 싸움을 하거나—예를 들어 구속된 학생들의 어머니들—감히 경찰이 시비 걸 수 없는 어른들—예를 들어 함석헌 선생님과 같은 분이나 외국인 선교사와 방문객들—이 모였다. 우리들의 설교를 문동환 교수의 부인, 이우정, 선교사들이 간추렸다. 예배에서 호소된 인권사항도 이 길을 타서 외국에 보내졌다. 일본 도쿄에 가 있던 지명관 교수가 우리가 전하는 소식을 일본 잡지《世界》에 한국에서 온 통신으로 보도했다.

갈릴리교회의 이 작은 모임은 작았지만 빵을 만드는 누룩 역할을 했다. 교회가 창설된 다음 해에 맞은 3·1절을 이 모임이 그저 넘길 수가 없었다. 1976년 3월 1일에 '3·1 민주구국선언'에 11명이 서명해 유신정부의 부당함을 알리는 첫 선언을 냈다. 서명자는 6인 교수와 기독교 정치인 3인인 윤보선, 정일형, 김대중, 기장목사 윤반웅 그리고 함석헌 등 에큐메니컬한 11명이었다. 나는 한국교회협의회 멤버도 아닌 기독교 성결교회 교인이었다. 이들 중 함석헌, 정일형, 이우정 등이 빠지고 11명을 뒷바라지한 이해동과 함세웅 등도 구속됐다. 유신정부는 이 선언의 불을 끄려고 미국에서 불법 로비를 했고 불법 로비 자를 미국 정부가 구속하려고 했다. 이 구속을 정지시키는 것과 교환해서 한국 정부는 갈릴리교회가 만든 구속자 전원을 석방했다. 석방된 모든 사람들이 '민주주의와 민족통일을 위한 국민회의'라는 저항단체를 만들었다. 국민회의의 세 분의 의장은 함석헌, 윤보선, 김대중이었고 10여 명의 중앙위원 중 나는 상임위원이었다. 이 움직임은 평화스러운 움직임이었다. 자유민은 어떠한 경우에도 평화적으로 나라를 바로잡는 방법인 결사의 자유를 갖기 때문이다.

위에서 나는 연대란 아름답고 따뜻하며 올바르며 그리고 평화스러운 것이라고 썼다. 이 네 가지가 구비된 곳을 〈창세기〉에서 찾을 수 있다고 생각한다. 생각해 보자. 〈창세기〉의 첫머리는 자신이 만든 피조물이 아름답다는 말로 시작된다. 이 아름답다는 말을 끝내기도 전에 이 세상에는 사람 사이에 따뜻함이 있어야 함을 〈창세기〉는 기록했다. 하느님이 만든 이브를 보고 남편인 아담은 자기의 뼈 중의 뼈이고 살 중의 살이라는 따뜻한 말을 했다. 〈창세기〉가 올바름을 곧 기록했다. 5대설화가 바로 그것이다. 하느님이 이 땅에 시작하고자 하는 세상은 올바른 세상이었다.

〈창세기〉에 나오는 보물과 같은 인물은 요셉이다. 요셉은 얼마나 정직했으면 객지에서 부잣집의 집사가 되었으며 남의 나라에서 총리대신으로 승진했겠는가? 물론 요셉의 윤리는 모세와 같은 사회윤리는 아니다. 그러나 윤리적인 인물의 첫걸음은 개인윤리라고 생각한다. 마지막으로 〈창세기〉에는 평화가 있다. 카인에게 죽임을 당하고 아벨 대신 출산해 성장한 남자의 아들이 하느님께 예배드렸기에 평화가 찾아왔다고 기록한다. 마치 감옥에서 풀려나온 하느님의 자식들이 국민회의라는 결사를 만들었던 것과 같은 일이다.

이쯤 쓰고 볼 때에 우리를 평가하는 기준을 우리는 드디어는 예배를 보았는가에서 보게 된다. 예배는 카인에게 죽임당한 후손에게서 나왔고 노예 생활하던 유대민족이 바로왕에게 따로 나가서 예배를 드리게 해 달라고 목숨을 걸고 요청한 것이 예배다. 나는 우리 사이에서 생긴 세 가지의 선사상先思想, 즉 무엇을 앞세우는 사상, 민주주의보다 통일을 앞세우며 민주주의보다 민중을 앞세우는 사상, 그리고 민주화된 정권에 들어가서 한자리 하는 생각을 나는 근심했다.이러한 선사상을 갖고서는 귀중한 결사의 자유가 손상된다는 것이 나의 지론이었다. 예배가 순수해야 하듯 결사도 순수해야 하기 때문이다. 이러한 순수함을 그리워해야 하는 과제가 오늘의 한신대에 있다고 생각한다. 주기도문에 있듯이 유혹에 빠지지 않고 악을 저지르지 아니할 의무가 한신대를 포함한 우리 모두에게 있기 때문이다.

3. 모든 해직 교수가 복직해 나도 고려대학교에 복직한 1984년인 57세부터 내 나이 80세에 집사람과 사별한 때까지 〈창세기〉의 경험을 한다. 이 시기의 경험을 〈창세기〉 경험으로 말하는 이유는 이 시기에 쓴 네 권의 책의 화두를 순차적으로 아름다움, 따뜻함, 올바름, 그리고 평화라고 고려대 윤견수 교수가 말해

준 때문이다. 왜 그렇게 말했을까를 짐작해 본다.

《자전적 행정학》은 아름다움이다. 이 책은 내가 전두환 · 노태우 두 정권에 맞서 재야활동을 하며 꿈꾸었던 다른 종류의 문명, 그 문명을 사모해 내 고려대 정년퇴임 직전 해인 1991년에 행정학 서론 책을 썼으니, 이 책의 화두가 아름다움이었다.

《논어맹자와 행정학》은 따뜻함이다. 정치인으로서 김대중 씨와 나란히 반군사정부 운동을 했다는 김영삼 씨의 집권 시대에 쓴 책이다. 이른바 문민시대의 책이다. 은나라를 극복한 주나라의 통치 비결이 신의 개념은 주술적 신이 아니라 인간 한 사람 한 사람이 잘하고 못함에 따라서만 그 사람의 높은 자리와 재복이 결정된다는 천명天命의 신사상과 아무리 아랫사람이라 할지라도 맡은 일에 알맞는 권한이 있다는 관료사상은 웃사람으로 하여금 아랫사람에 대해서 따뜻함을 갖게 하였다.

《인간 · 종교 · 국가 — 미국행정, 청교도 정신 그리고 마르틴 루터의 95개조》는 그 화두가 올바름이다. 이 책은 내가 집권을 도왔던 김대중 씨 집권 시기에 출간되었다. 김대중 씨가 자신의 정당 출신 국회의원 공천을 자신이 직접하는 공천제도가 민주주의가 아님을 지적한 책이다. 이 지구상에서 올바름이 자리 잡은 지대는 개신교 종교개혁이 자리 잡은 지대라는 것이 이 책에서의 주장이다.

《협력형 통치》의 화두는 평화다. 386세대가 아무 말이나 다 했던 과격한 노무현 시대에 이 책을 썼다. 신라 통일을 향하여 자기 견제를 설파한 원효, 성리학적 통치에 대하여 인간주의적 저항을 한 율곡, 민주화운동의 정신적 지주였던 함석헌 그리고 중국 상해 조계지에 임시정부를 자리 잡았던 김구를 나는 이 책에서 부각했다.

4. 2007년 내 나이 80세부터의 오늘에도 아름다움, 따뜻함, 올바름 그리고 평화가 있을까? 좀 자신이 없다. 네 가지 중 눈에 띄어야 할 올바름이 없기 때문이

다. 그러나 있는 것을 적자. 나에게 아름다움이 있었다. 집사람 사별 후 돈을 들여서 창고와 같았던 내 집 이층을 고쳐서 사람이 와서 자고 갈 수 있게 고쳤다. 뜰에 돈을 들였다. 식당에서 잘 보이는 데다 사과나무를 포천에서 옮겨와 심었다. 따뜻함에 관하여 이렇게 좀 업적이 있다. 아줌마와 운전기사 두 종업원에게 나는 가급적이면 따뜻하다. 일전에 병원에서 투석하고 나와 엘레베이터 앞에 섰을 때 뒤에 투석을 받고 나온 한 여인이 자기도 엘레베이터에 태워 달라고 말했다. 엘레베이터가 섰을 때 나는 뒤돌아보고 그 여자의 소매를 잡고 먼저 엘레베이터에 타도록 했다. 평화에 관한 업적도 있다. 《겁 많은 자의 용기》와 《3 · 1운동에서 본 행정학》을 썼다. 《3 · 1운동에서 본 행정학》 마지막 장 중 1, 2절을 내 교회 목사에게 읽어 드리고 예배를 보았다. 올바름이 결핍된 말년의 고민은 내가 숨을 거둘 때까지 멈춰지지 아니할 고민일 듯하다.

가르침이 있는 가정

내가 입학한 소학교는 졸업 후 경기와 경복에 많은 학생을 입학시키는 수송보통학교였다. 생일이 이른 나는 1학년 때의 번호가 58번인 것을 보아도 약 60명 학생 중 거의 꼴찌였다. 4학년 때까지 일 년에 한 번씩 전염병을 앓아 장기 결석자였다. 좀 몸에 생기가 돌던 5학년 때 산술 시험에서 10점 만점에 6점을 받은 것을 나는 좋아했다. 이 시험지를 갖고서 잠자리에서 막 일어나시는 아버지에게 갖고 가 도장을 받고자 내밀었을 때 아버지의 얼굴에는 웃음이 없었다. 나는 이 때 아버지의 얼굴을 보며 아버지를 불쌍하게 생각하는 마음이 생겼다. 이 날 담임선생에게 손을 들고 일어서서 나는 공부를 좀 더 잘해서 상급학교를 가고자 하니 나를 6학년에 올리지 말고 5학년을 한 번 더 공부하게 해 달라고 말씀드렸다. 이렇게 동료를 의식하지 않고 행동하는 나의 첫 행동은 어린이 부흥회 때 동료를 의식하지 않고 몹시 울었던 일과 동일하다. 담임선생이 서류를 뒤적이더니 "너는 학급에서 석차가 38등이며 평균 7점이니 유급의 대상이 아니다"라고 말씀하셨다. 6학년에 올라가 소학교에 들어간 후 처음으로 열심히 공부했다. 소학교 졸업할 때 석차가 19등으로 올라가고 평균 9점을 받았다. 그러나 나는 졸업한 그 해 4곳 중학교 시험을 보아서 다 떨어졌다. 1년 후에 다시 3곳 중학교 시험을 보았으나 다 떨어졌다. 3년째 되는 해 첫 번째는 떨어지고 두 번째로 배재중학교에 시험을 보았다. 나는 이 배재중학교에 입학을 했는데 이 입학도 내 힘으로 들어간 것은 아니었다. 그 해에서야 나는 내가 8번을 입학 못한 이유를 발견했다. 입학시험 과목 중에 철봉에서 턱걸이를 하는 것이 있었는데 나는 일생에 단 한 번도 턱걸이를 못한 허약한 소년이었다. 일본 군국주의 교육에 허약한 소년은 교육 대상이 될 수 없다는 것을 그제서야 알았다. 그 당시 배재중학교 교장은 신흥우 선생이었는데 이분에게 어머니 친구인 임영신 여사가 청을 넣었는데 짐작컨대 나는 턱걸이 못하는 것을 배재중학교에서 봐줘서 들어갔다고 생각한다. 이 배재중학교 14세 소년이 본 장 제1절에서 언급한 공부할 결심을 했던 것이다. 내 부모님은 내가 배재중학교에서 공부할 결심을 할 때까지 중학교 입학을 8번이나 못하는 것을 끈질기게 기다리셨다. 한편 내가 어려서 학급에서 경쟁에서 이길 만하게 공부를 했으며 3번을 연거푸 중병을 앓지도 않을 건강한 소년이었더라면 나는 수송보통학교를 졸업하자마자 경기중학교를 입학했고 그곳을 졸업한 후 역시 엘리트 코스를 밟아 그 당시 한반도에 유일하게 있었던 경성제국대학에 입학했었을 것이다. 그런데 하느님이 나에게 마련한 길은 이 길이 아니었고 배재중학교에 청으로 들어가서 그곳 예배 시간에 "나는 이제부터 공부를 잘하되 나라를 위하여 기독교의 틀 안에서 공부하자"를 결심하게 했던 것이다. 나는 이 결심 후 내가 공부를 열심히 해 4학년 수료생으로 고려대학교의 전신인 보성전문에 시험을 봐 입학했으니 내가 학교 교육에서 얻은 교훈은 결심이 생기기 전에는 성업을 하는 일이 없다는 것이었다. 따라서 결심이 없이 공부만 잘하게 되면 당시에 세속사회에서 출세의 길을 가는 사람이 된다는 것이 내 생각이다. 일본 제국주의하에 살면서 내 나라를 위해서 공부를 열심히 하고 일본의 국교인 신토가 아니라 일본의 적인 미국을 세운 기독교의 틀 안에서 공부하겠다는 것은 세속을 벗어난 결심이었던 것이다. 이 결심을 할 때까지 나를 기다려 준 부모님의 행위는 전술한 바 있는 창씨개명을 일본식으로 안 하신 아버지의 가르침에 견줄 만한 가르침이었다.

나는 세속과 출세의 길을 벗어나 자기 고유의 창의성에 입각하여 교육을 해야 한다는 것을 주장한 사람으로 프랑스의 장자크 루소(Jean-Jacques Rousseau, 1712-78)를 지목한다. 이 사람의 어린이에 대한 교육론, 《에밀》을 전 절에서 마르틴 루터의 95개조를 개혁이 있는 교회의 모범으로 삼았듯이 《에밀》을 동기와 결심을 갖고서 아동을 키우는 모범으로 삼고자 한다. 루소가 그 명성을 얻게 된 것이 1750년 지방 학회의 디종아카데미 현상논문 공모 주제 '학문과 예술의 진보는 품성의 순화에 기여했는가?'에 〈학문과 예술론〉이 당선되면서이다. 학교 공부를 잘하고 예능의 특기를 갖는 것이 인류 발전에 도움이 됐는가를 묻는 논문 주제에 대한 그의 답은 이러한 것들이 한낱 왕 통치하의 굴종화된 사람을 만들 뿐 인류 진보에 공헌하지 않았다라고 한 것으로 보아 그가 《에밀》을 썼던 동기를 짐작할 수 있다. 학교에서 시키는 공부를 잘해서 졸업을 해 봤자 기껏해야 독재자인 왕에게 봉사하는 사람을 만들 뿐이라는 것이 그의 생각이었다. 더욱이 프랑스는 민주주의를 탄생시킨 영국과는 달리 1789년에 명예혁명이 아닌 혁명을 이룩해서야 민주국가를 만든 후진국이었기 때문에 루소는 혁명을 이룩할 인물이 나서기를 바라면서 《에밀》을 썼다.

14세의 나의 결심까지 기다려 준 나의 부모님의 기다림과 유사한 기다림을 루소의 《에밀》이 보여 준다. 즉, 초 · 중 · 고등학교와 학원에서의 교과목은 어떠해야 된다는 것은 일언반구도 없이 어린이 때부터 결혼기에 이를 때까지 집안 아이들이 어떻게 자율적으로 그때그때를 대처해 나가야 하는가를 다음과 같이 밝히고 있다.

제1부: 총론 및 출생에서 5세까지의 발달 과정에 따른 교육을 다룬다. 이 시기는 타고난 본능적인 욕구를 만족시켜 주는 것이 가장 중요하며, 어린이의 자연

적인 활동과 발육을 방해해서도 안 된다. 또한 특정한 인간으로 만들려고 해서도 안 되고, 오로지 깊은 애정으로서 인류애를 심어 주어야 한다고 지적한다.[51]

《에밀》이 서술한 것 중 내 개인 경험에 없는 것과 있는 것 몇 가지를 다음과 같이 열거하자. 《에밀》은 어머니만이 자식을 양육케 하는 것이 자연이라고 말해서 이 신성한 일을 고용인에게 맡기는 것을 다음과 같이 비난한다.

> 자신들의 제1의무를 무시하는 어머니들이 더 이상 자기 아이를 손수 기르기를 원하지 않게 되면서부터 돈으로 고용된 여자들에게 아이를 맡겨야 했는데, 그들은 애정을 전혀 느끼지 못하는 그 아이에게 낯선 아줌마일 뿐이며 수고를 아끼려고만 했다.[52]

이 루소가 강조한 어머니의 역할의 중요성을 통해 나는 어머니가 '동서양복점'을 시작함으로 나의 양육이 밥 짓는 이와 어머니의 조수인 여자 직원에게 맡겨졌던 아쉬움을 나는 기억한다. 어머니가 '동서양복점'을 시작하기 전에는 나는 유난히 어머니를 찾는 아이였기 때문에 이 아쉬움은 나에게 큰 것이었다.

소학교 4학년까지 세 가지의 전염병을 길게 앓았던 것은 나로 하여금 여든이 넘는 지금까지 책을 쓸 수 있는 건강을 유지하게 한 첫 번째의 시험대였다. 내 경험과 유사하게 《에밀》은 아이가 중한 병을 앓아도 그 병에서 자기 힘으로 살아나도록 자연에 맡길 것을 고언하고 있다.

> 훗날 그들이 견뎌 내야 할 공격에 대비하는 훈련부터 시켜라. 계절과 풍토와 환경이 불순한 지역에서 그들의 신체를 단련시켜라. 기아와 갈증과 피곤을 극복하는 훈련을 시켜라. 그들을 '지옥의 강물'에 빠뜨려라. 신체의 습관은, 아직 생기기 전에는 위험 없이 원하는 대로 들게 할 수 있다. 하지만 신체가 한번 성숙한 상태가 되면 모든 변

51 루소, 정영하 옮김, 《에밀》, 연암사, 2003, 7쪽. 이어서 나올 4개 부의 요약도 같은 책에서 인용한다.
52 루소, 김중현 옮김, 《에밀》, 한길사, 2003. 73쪽.

화는 위험한 것이 된다. 아이는 어른이 참아내지 못하는 변화들도 견딜 수 있다. 나긋나긋하고 유용한 어린 나무줄기는 자신에게 가해지는 휨을 어렵지 않게 견뎌낸다.[53]

어려서 3개의 중병에서 살아남은 것이 단순히 오늘날까지 삶을 이어가게 한 시금석이 되었다는 것만이 아니다. 루소가 언급하지 않은 나의 특유한 경험은 중병에서 살아 남은 자의 극히 연약한 생명이 겪은 하나의 진리였는데 폭력 앞에 생존하는 유일의 생존 방법은 비폭력이라는 교훈이었다. 중병 앞에 생명을 뺏기게 되면 뺏기는 것에 순종해야 된다는 깨달음을 어렴풋이 느끼니까 이 감정은 자기희생이라는 감정에 이어지는 시작이었다. 비폭력에서 자기희생에 이르는 과정에 나는 개인윤리와 사회윤리를 포함시켜 보기도 했는데, 이 비폭력, 개인윤리, 사회윤리 그리고 자기희생에 이르는 과정을 움트게 한 경험이 바로 어렸을 때 중병 세 가지를 앓은 것이었다.

《에밀》의 경우 어려서 양육되어야 하는 능력과 기관들의 내적인 성장은 자연교육이며, 그 성장을 이용하도록 인간을 가르치는 것은 인간교육이며, 그리고 인간과 접촉하는 대상들에 대한 경험 획득은 사물의 교육 등 세 가지이다. 그런데《에밀》의 경우 이 교육의 순서는 없다. 그러나 비폭력에서 자기희생에 이르는 과정을 생각하는 나는 루소와는 달리 교육 내용의 순서가 있다. 즉 비폭력이 먼저이며 비폭력은 루소의 인간교육에 해당한다. 두 번째 단계는 나의 개인윤리와 사회윤리에 해당하는 교육이며 루소의 사물교육에 해당한다. 사람이 대상을 접촉해서 일을 하려면 개인윤리와 사회윤리가 필요하다. 나의 마지막 교육 내용인 자기희생에 해당하는 루소의 교육은 자연교육이다.《에밀》의 경우 유년기의 가정교사로서 아버지를 권한다. 내 경우 아버지가 보성중학교 때 우등생이었는데도 불구하고, 게다가 내가 병으로 장기 결석을 자주하여 도움이 필요한 학생이었음에도 불구하고 아버지가 나에게 가정교사 역을 했던 경험이 없다. 전술했다시피 어머니가 생업에 몰두하여 나를 돌보는 것을 고용인에게 맡겼던 흠과 더불

53 김중현 옮김, 위의 책, 152쪽.

어 이 아버지의 가정교사 역할을 안 했던 것은《에밀》로부터 지탄을 받을 만한 행위였다. 그러나 두 분 부모의 무관심은 다음《에밀》의 제2단계에 나오는 자식을 자기 혼자 힘으로 결정을 하게 하라는 점을 이룩했다는 점에서 용서를 받을 만하다. 오랜 무관심은 오랜 기다림으로 볼 수 있다.

제2부 : 5세에서 12세까지의 전형적인 어린이 시기이다. 이 시기는 언어를 습득하고, 경험을 통해 학습하는 소극적인 교육의 시기이므로 어린이가 이해하기 어려운 책들은 피해야 하며, 감각교육 · 사물교육 · 육체적 단련에 중점을 두어 교육해야 한다고 지적한다.

감각을 중요시 하는 이 시기에 나는 도시 서민층 생활자로서 정원이 없는 집에서의 메마른 감정에 강요를 받는 생활을 했다. 어려서의 욕구불만을 고려대 교직원들이 쌍문동에 주택을 마련할 때 나에게도 택지를 안배해 줘 한 필지에 해당하는 정원을 확보했던 것이 나의 어린 시절의 욕구불만을 충족하는 행위였다. 나는 이 정원에 제일 먼저 담 끝까지 잔디를 입혔다. 담 둘레에 나무들을 심었는데, 제일 먼저 옮겨 심은 나무는 느티나무였다. 1973년에 제1차로 군사정부에 의하여 내가 해직되었을 때, 나는 13년간 근무한 퇴직금을 받았다. 이 퇴직금을 후일 생활비에 몰려 쌍문동 집을 팔게 될 경우를 대비해 그 돈으로 의정부 밖 길가 밭에 있는 집을 샀다. 그 집에 붙은 밭이 1600평이었다. 나는 이 밭에 정원을 꾸미고자 했다. 그러나 나는 그 후 고려대학교에서 복직 · 해직을 거듭해 약 10년간은 봉급이 없는 생활을 했었어도 정원이 있는 쌍문동 집을 팔지 않을 수 있었고 따라서 의정부 밖에 있는 큰 밭에 살 필요가 없었다.《에밀》이 5세에서 12세 사이에 자연을 마음껏 접촉하게 하라는 가르침을 나 나름으로는 이렇게 실천했다. 1789년에 프랑스혁명의 주장자 루소는 마땅히 프랑스의 어린이들을 마음껏 자연을 접하게 하자는 것이었는데 1970년대의 민주화운동자 이문영은 거실에서 느티나무를 바라보며 어렸을 때 경험하지 못했던 감각의 접촉을 재생하며 자유스러운 새 나라의 미래를 꿈꾸었다.

어린아이를 욕정이 치닫는 대로 생활하게 하면 그 아동은 가정에서 거의 자기 자신을 제어할 수 없는 독재자가 되는 것을《에밀》은 다음과 같이 묘사한다.

> 자기 힘의 범위 안에 있는 것은 모두 자기 것이라고 생각하는 것은 인간의 자연스러운 성향이다. 그런 의미에서 흡수의 원리는 어느 정도는 맞다. 욕구도 증가시키고 그것을 만족시키는 수단도 늘려 보라. 인간은 모두 세상의 지배자가 될 것이다. 손에 쥐기 위해 원하기만 하면 되는 아이는 자신을 세계의 주인으로 생각한다. 그는 모든 사람을 자기의 노예로 여긴다. 마침내 그가 요구하는 어떤 것이 거부당하지 않을 수 없을 때, 요구만 하면 모든 것이 가능하다고 믿었던 그는 그 거절을 반역으로 간주한다.[54]

이 비참한 좌절의 경험을 하는 나 자신을 나는, 어린이 부흥회 때 딸만 셋을 낳다가 남아로 출생한 내가 내 아래 있는 두 남동생들에게 난폭한 독재자처럼 대했던 것을 뉘우쳐 슬피 울음으로서 루소의 지적을 더 이상 안 받아도 좋게 되었다. 이 어린이 부흥회 때의 뉘우침이 실효가 있었던 것을 그 당시 크리스마스 때의 행사로서 아동들이 단상에 올라가 예수 탄생에 관한 〈마태오복음〉 구절을 암송했을 때의 감격을 가졌던 것으로 이를 증명할 수 있다. 내가 내 집이라는 공동체에서 동생들을 때려 준 것은 내 집이라는 공동체를 파괴시키는 행동이었다. 따라서 동생들을 때린 것을 뉘우친 나의 행동은 큰 공동체에서도 평화스러움을 갖고자 하는 바람이기도 했다. 이러한 평화의 안목에서 한 어린이가 로마의 식민지인 유대 나라의 왕이 탄생했다는 기사를 암송하면서 어렴풋이 느꼈던 선망은 어떻게 내 나라에는 왕이 없고 고작 통치자라는 사람이 일본인인 조선총독인데 유대 나라에는 비록 말구유 위에 뉘인 왕이긴 해도 왕이 탄생했다는 것은 하나의 부러움이었고 신비였고 놀라움이었다. 이 크리스마스 행사 때의 부러움은 후일에 전라도 하의도 출신 대통령 후보를, 군사정부로부터 미움받는 그를 베들레헴에 난 왕에 해당하는 사람으로 여기게 했고, 나는 그를 지지했다.

---

54 김중현 옮김, 위의 책, 152쪽.

하나만 더 언급하겠다. 루소는 자연질서에 어긋나는 선생과 그 제자와의 관계를 다음과 같은 부조리한 대화로 예시하고 있다.

선생 : 그런 짓은 하면 안 된다.
아이 : 왜 안 되는데요?
선생 : 나쁜 짓이기 때문이지.
아이 : 나쁜 짓이라니요! 어떤 것이 나쁜 짓인데요?
선생 : 너한테 못하게 하는 짓이 그렇단다.
아이 : 제가 못하게 하는 일을 하면 왜 나쁘지요?
선생 : 말을 듣지 않았으니 벌을 받게 되지.
아이 : 눈에 띄지 않게 할 거예요.
선생 : 누군가가 몰래 살필 거다.
아이 : 그럼 숨어서 할 거예요.
선생 : 네게 무엇을 했느냐고 캐물을 거다.
아이 : 그러면 거짓말을 하면 되지요.
선생 : 거짓말을 해서는 안 된단다.
아이: 왜 거짓말을 해서는 안 되지요?
선생 : 나쁜 짓이기 때문이지….[55]

위 대화를 한국의 1970년대의 대통령 긴급조치 제9호가 그대로 복사해 보여준다. 누구든지 유신헌법을 비판만 해도 그를 감옥에 넣겠다는 것이 대통령 긴급조치 제9호였다. 스승과 제자와의 대화를 다시 살피기 바란다. 스승이 말하는 것에 박정희 대통령의 말을 대입해 보면 독재자의 논리가 그대로 드러난다. 민주주의라는 새 질서를 모색하는 루소에게 일방적 지시의 통행은 받아들일 수 없는 논리였다.

제3부 : 12세에서 15세까지의 소년기로 적극적인 교육이 필요한 단계이다. 이

55 김중현 옮김, 위의 책, 156-157쪽.

시기는 이성을 훈련시키고, 지성을 가꾸어야 하는 시기이므로 단순한 지식 주입보다는 스스로의 노력에 의해 문제를 해결해 나가는 사물교육 · 관찰력 향상에 중점을 둔 교육을 해야 한다고 지적한다.

제3부를 읽으면서 루소의 교육 내용이 우리나라의 분류에 따르면 문과가 아니라 이과 부문인 것을 알 수 있다. 천문학에 관한 교육을 필두로 한 자연과학 실험교육이 소상하게 기록되어 있다. 가르치는 공부가 내 분야가 아니어서 소외감을 느끼면서도 내 눈을 번쩍 뜨이게 하는 한 구절을 나는 발견한다.

> 그의 능력 범위 안에서 문제를 내고, 그것을 그 스스로 풀게 하라. 당신이 그에게 이야기해 주어서가 아니라 아이 스스로 이해함으로써 배우도록 하라. 다른 사람의 지식을 배우게 하지 말고 그가 만들어 내도록 하라. 만일 당신이 그의 정신 속의 이성을 권위로 대치하면, 그는 더 이상 이치를 따지려 하지 않을 것이다.[56]

14세 때 배재중학교 일반 수업 시간에 일본어가 사용되었던 것과는 달리 조선어가 사용되었던 예배에서 나는 다음과 같은 결심을 했다.

> 이제부터는 공부를 잘하되 내 나라를 위하여 그리고 기독교의 틀 안에서 공부하자.

이 결심은 《에밀》 제3부에 나오는 실험 위주의 공부에 맞먹을 정도로 세분화된 구도를 보여 주었다. 즉 하나는 공부를 잘하자는 것이다. 나는 74세에 《인간 · 종교 · 국가 — 미국행정, 청교도 정신 그리고 마르틴 루터의 95개조》를 썼는데 이 책 첫머리에 배재학교 때의 결심을 이 책을 씀으로 성취한 것을 지적했다. 14세에서 74세에 이르도록 결심했던 것을 공부했으니 하나의 결심을 이룩했던 것이다. 둘은 나는 내 나라를 위하여 공부하겠다는 것이다. 이 책은 군사정부에 저항해 10년을 교수 직에서 해직되고 그중 5년간은 옥고를 치른 사람의 글이니 나라를 위한 글이라고 말할 수 있다. 셋은 나는 기독교의 틀 안에

56 김중현 옮김, 위의 책, 300쪽.

서 공부했다. 나는 강의 시간에도 서슴치 않고 성서를 인용했다. 70년대 초 한국기독교장로회 책임자인 김재준 목사가 《제3일》 동인지를 만들었을 때 나는 이 잡지에 동인으로 초대되어 30회에 걸쳐 〈아나로기아〉를 연재했다. 내가 1973년에 제1차로 해직되었을 때 나는 민주화운동에 앞장선 단체인 한국기독자교수협의회 회장이었다. 나는 해직 후 쭉 독재정부에 저항하는 것을 고백하는 교회인 갈릴리교회의 6인 설교자 중 한 명이었다. 나는 해직 중 한국기독교장로회가 개설하는 민주화운동으로 제적된 학생들을 목사 교육시키는 프로그램의 강사였다. 해방 직후 일제에 의해 폐쇄되었던 중앙성결교회가 복구되기 전까지 나는 종로구에 있는 묘동교회에서 청년회 활동을 했다. 나는 5세 때부터 현재까지 중앙성결교회의 교인이다.

제3부에서 나의 귀납적이며 사례 중심적이며 비암기주의적인 수업 방법과 동일한《에밀》의 수업 방법을 한마디 더 인용한다.

> 그에게 학문을 가르치는 것이 중요한 게 아니라 학문을 사랑하는 취미를 갖게 하여 그 취미가 더 커질 때 학문을 배우는 방법을 가르치는 것이 중요하다. 확실히 그것이야말로 모든 좋은 교육의 근본 원칙이다.[57]

제4부: 15세에서 20세까지의 청년기로 흔히 제2의 탄생기라고도 한다. 이 시기에는 부패한 사회에 적응하지 않고 역사에서 인간의 자연성을 인식하기 위해 도덕적이고 종교적인 감정교육에 주력해야 한다고 주장한다.

《에밀》에 따라서 루소가 지목하는 것에 해당하는 내 경험을 묘사해 보자. 루소는 소박하게 잘 키워진 청년은 자연의 최초의 감정들에 의해 부드럽고 애정 어린 정념으로 인도된다. 동정심 많은 그의 여린 마음은 그의 이웃의 고통에 대해 측은한 마음을 가진다고 보아 다음과 같이 말한다.

---

57 김중현 옮김, 위의 책, 307쪽.

> 그는 자기와 같은 인간 속에서 자기 자신을 인식하기 시작하고, 그들의 탄식에 측은한 마음이 들기 시작하며, 그들의 고통에 가슴 아파하기 시작한다. 바로 그때, 고통스러워하는 인간의 그 불행한 광경은 그가 이제까지 전혀 느끼지 못한 동정을 처음으로 그의 마음에 불러일으키게 된다.[58]

위와 같은 루소의 교육론은 나에게 있어서는 한낱 추상론이었다. 그 무렵 나는 서울역에 갔다가 일단의 조선옷을 입은 가족이 북간도를 향하여 일본 정부에 의해서 강제 이주하는 모습을 보았다. 거의 모두가 흰옷 조선옷을 입고 있었다. 새끼줄을 남편 허리에 두르고 어느 정도 거리를 두고 새끼줄을 길게 한 끝자락을 부인이 잡고 있었다. 식사를 담아 먹는 그릇으로 들고 있었던 것은 바가지였다. 이 광경을 보았던 내가 《에밀》의 동정론보다 좀 더 효과적인 교육을 받았다고 생각한다. 루소는 평민과 서민에 대한 애정을 에밀에게 교육해야 한다고 역설한다. 그러나 내 경우에 있어서 조선 사람이 일본 사람에 비해 곧 서민이며 평민이었다. 《에밀》은 자연에 대한 교육에 첨가하여 역사 교육도 강조한다. 그러나 나는 18세 때 일본이 자기 나라 본국으로 철수해 나가는 모습을 직접 보았다. 청나라와 러시아를 이기고 한국을 강점했던 권력이 결코 강하지 않다는 것을 보았다. 해방 이후 여운형이 위원장으로 있는 건국준비위원회가 활동하는 것도 보았다. 그러나 이 건국준비위원회가 이승만, 김구 씨 등이 귀국하기 전에 벽보에 조선민주주의 인민공화국을 발표하고 내각 명단으로 대통령 이승만, 국무총리 김구, 그리고 내무대신 여운형이 발표되는 것을 보고 선거에 의해서 헌법이 제정된 바가 없을 뿐 아니라 발표된 공직자가 선출된 바도 없는 것을 부당하게 생각해서 나는 건국준비위원회에 보초를 서러 나가는 봉사활동을 일체 안 했다. 나는 새 나라의 역사는 엄격하게 민의가 나라의 모습을 결정해야 한다는 70년대 민주화운동의 단서가 되는 생각을 이미 했다.

에밀에게 하느님이 존재하느냐 않느냐를 사변적으로 교육하는 것을 루소는

58 김중현 옮김, 위의 책, 396쪽.

기피한다. 이 점은 나의 기독교 생활과 일치한다. 나는 내 생의 흐름 속에서 하느님을 찾은 사람이지 책상 위에서 하느님의 존재를 증명해 낸 사람이 아니기 때문이다. 추상론적으로 신의 존부를 따지는 것을 기피한 루소는 사물을 움직이게 하는 것 뒤에는 인간의 의지가 작동하는 것을 언급하기도 하는데 나는 이 부분을 독서하면서 기독교의 야훼신적인 발상이라고 노트하기도 했다. 야훼신은 이집트에서 종살이하던 히브리 백성을 해방하도록 도운—즉 이집트에서 해방하고자 하는 히브리인의 의지를 뒤에서 도와준—하나님이다.

> 나는 우주가 강하고 현명한 어떤 의지에 의해 다스려지고 있다고 생각하네. 물질이 영원한 것이든 창조된 것이든, 수동적인 근원이 있든 능동적인 근원이 있든, 변함없이 확실한 것은 전체는 하나이며, 오직 하나의 예지를 나타내고 있다는 것이지. 왜냐하면 나는 같은 체계 안에서 질서가 잡혀 있지 않은 것은 아무것도 보지 못하기 때문이며, 동일한 목적 즉 '확립된 질서 상태로의 모든 것의 유지'라는 그 목적을 위해 협력하지 않는 것을 아무것도 보지 못하기 때문이야. 원하면 할 수 있는 그 존재가, 스스로 능동적인 그 존재, 그것이 어떤 것이건 우주를 움직이고 모든 사물에 질서를 부여하고 있는 그 존재자를 나는 신이라고 부르겠네.[59]

제4부의 중간 부분에서 루소는 에밀식의 교육을 받은 사람과 그렇지 않는 사람을 구별한다. 즉 에밀은 힘과 건강과 절제하는 마음을 가지고 있다. 욕망은 별로 크지 않아서 그것을 만족시킬 수단이 있다. 절대적인 자유 속에서 키워진 그가 생각하는 고통들 중 가장 큰 고통은 예속이다. 에밀은 모두가 복종하지만 그 복종하는 모두의 노예일 뿐인 그 불쌍한 왕들에 대해 측은한 마음을 가진다. 에밀은 헛된 평가에 얽매여 사는 그 위선적인 현자들을 측은하게 생각한다. 에밀은 어리석도록 사치에 몸 바치는 부자들에 대해 측은한 생각을 품는다. 에밀은 즐거워하는 것처럼 보이기 위해 인생 전체를 권태에 바치는 그 겉치레뿐인 쾌락 추종자들에 대해 불쌍한 마음이 든다.

---

59 김중현 옮김, 위의 책, 494-495쪽.

에밀과 에밀이 아닌 프랑스 왕정하의 피교육자 사이에는 차이가 있듯이, 가르침이 있는 가정에서 동기화된 교육을 받은 나와 일본 제국주의하에서 지능 교육에 몰입했던 일반 학생과는 차이가 있었다.

제5부: 결혼기로 소피를 만나 생활을 확립하고, 감정의 안정 등 내적 자유를 얻는 완성기이다. 루소의 여성 교육론이 나오는데, 아내는 남편에게 순종하고, 겸손의 미덕을 기르며, 청결, 육아育兒, 경로敬老, 간호, 가사 정리에 힘쓰는 등 현모양처賢母良妻를 만드는 것을 목표로 한다.

제5부의 시작 말은 에밀에게 에밀을 도와줄 동반자 여자 소피를 구해 줘야 한다는 말로 시작한다. 즉 "에밀은 성인이 되었다. 우리는 그에게 반려자를 약속한 바 있다. 그러니 이제 찾아 주어야 하지 않겠는가"가 제5부 시작의 말이다. 제5부의 마지막 말은 다음과 같다.

> 몇 달이 지났다. 어느 날 아침, 에밀은 내 방문을 밀고 들어와서는 나를 포옹하며 이렇게 말했다. "선생님, 선생님의 아들을 축하해 주세요. 곧 아버지가 되는 영광을 가지게 되었거든요. 우리의 열성에 얼마나 세심한 주의가 필요하겠어요! 선생님의 도움이 많이 필요할 것 같아요…! 저를 키워 주셨는데, 제 아들까지 키워 달라고 부탁하는 일은 당연히 없을 거예요. 그토록 신성하고 유쾌한 의무가 제가 아닌 다른 사람에 의해 이행되는 것을 저는 바라지 않거든요."[60]

제5부의 시작과 끝 사이에 주로 에밀이라기보다는 모름지기 에밀을 도와주는 여성의 모습이 어떠해야 하는가를 쓰고 있다. 루소가 기피하는 여성상은 파리 귀족사회의 여성상이다. 이에 비해 모범으로 삼아야 하는 여인들로서 루소는 희랍, 로마, 게르만족들의 건실한 모범을 열거한다. 루소가 자유분방한 사상가

60 김중현 옮김, 위의 책, 869쪽.

로서 자신의 부인을 자신이 선택해야 한다고 생각할 법도 한데 루소는 에밀을 위해서 좋은 배필자를 골라 줘야 한다고 말한 제5부 서두의 말은 의미심장하다. 루소는《에밀》을 쓸 때에 앞으로 다가올 프랑스대혁명에서 혁명의 주역을 담당할 남자를 보필할 여자를 열심히 찾았던 것으로 보인다. 이 점은 한국의 민주화운동에 공헌한 내 동지들의 아내들을 생각할 때에 수긍이 가는 생각이기도 하다. 1976년 3월 1일에 유신정부가 의지하고 있는 유신헌법의 개정을 요구했던 11인의 서명자의 부인들의 면면이 지금 이 시점에서 떠오른다. 11명의 구성은 갈릴리교회 설교자 6인과 정치가 3인과 윤반웅 원로목사, 그리고 함석헌 선생이었다. 이 11명 중 활동하는 연령에 있었던 9인의 경우를 보자.

문동환의 부인은 한미 간을 오가며 메시지를 전달하는 유능한 여자였다. 안병무의 부인 박영숙은 YWCA 총무로서 운동감각이 뛰어났다. 서남동의 부인은 그댁 파티가 있을 때 솜씨 있는 음식으로 우리를 대접했다. 문익환의 부인, 박용길은 한빛교회의 기둥 장로였다. 이우정은 그 자신이 여성이었다. 그리고 6인 설교자 중 한 사람인 이문영의 부인 김석중 이야기는 좀 미루자. 나머지가 정치인 3사람인데 나는 이분들의 부인이 엄청나게 뛰어난 내조자였다고 지금도 생각한다. 윤보선의 부인은 일본 동경신학교 졸업생으로 뛰어난 기독교 지도자였다. 김대중의 부인 이희호는 YWCA 총무였다. 정일형의 부인 이태영은 한국에서 처음으로 여성으로서 변호사 활동을 했다.

나는 왜 이분들이 훌륭한 내조자를 아내로 선택했을까를《에밀》의 제5부를 보면서 곰곰이 생각한다. 사람이란 예감도 있고 사명감도 있는 것이다. 이분들이 배필을 선정할 때 단순한 로맨티즘의 노예가 되어서 선정한 것이 아니라 장차 하느님이 그들을 통해서 하고자 하는 일, 즉 한국의 민주화운동을 하는 데 도움을 받을 수 있는 배필을 선정했다고 본다.

내 집사람 이야기를 할 차례이다. 나는 27세 때 결혼을 했는데 나를 스쳐 간 뇌리에 박혀 있었던 여인들이 몇 명 있었으나 내 배필을 소개해 준 이는 내 누님이었다. 내가 그 여인을 보고 선택을 했던 몇 가지를 적는다. 그녀는 가난한 집의 아버지가 없는 딸이다. 경기여고에서 급장을 했을 때 담임선생을 추방하는 학생 데모가 생겨 이 책임자로 퇴학을 당했으나 가정적 배경이 빈약해서 복학운동도 제대로 못하고 퇴학당하고 말았다. 기독교 학교인 이화여고 신봉조 교장이 그녀를 이화여고에 재입학시켜 나머지 1년간의 수업을 이화여고에서 끝냈다. 연세대 화공과에 장학생으로 입학했다. 집사람의 동네에 한 학생이 언더우드 살해 사건의 혐의자로 구속되었다. 이때에 그 학생이 동네 사람인 내 집사람의 이름을 거명함으로 종로경찰서에 약 20일 간을 갇혀 있다가 나왔다. 이 사건 이 후 연세대학교에 출교를 안 했다. 머리가 있어서 고등학교 졸업이라는 학력만을 갖고서 소학교 교사가 되어 소학교 교사였던 내 누님에게 발견되어 나에게 신붓감으로 소개되었던 것이다. 약혼 직전에 군대에 있었던 나는 하룻밤을 여자 집에서 잤다. 아침에 일어나 문틈으로 밖을 보니 신붓감이 요강을 비우고 있는 모습이 자연스러워서 마음에 들었다. 소개가 길어졌는데 이 집사람의 과거가 유학의 길을 혼자 가고 감옥 생활을 하고 봉급이 없는 생활을 10년간을 해야 하는 나를 보필하기에 알맞은 경력이라고 생각한다.

돌이켜볼 때 가정은 교회와 대학교라는 인간을 양성하는 기관의 중간자 고리에 있다. 내가 기독교를 어려서부터 사변적으로 접근하지를 않고 기독교 교회가 주는 영향에 순화할 수 있었던 것은 청교도적 신앙을 가진 검소한 한 가정이라는 장치가 나에게 있었기 때문에 가능했던 일이다.

한편 가르침이 있는 가정은 산물인 자식을 세상을 이롭게 하기 위해서 세상에 내놓는다. 배재중학교 졸업 후 나는 연희전문학교에 입학을 할까 아니면 보성전문에 입학할까를 망설였다. 나는 보성전문을 택했다. 내가 미국에서 유학하고 돌아와 연세대 총장인 백낙준 박사가 나를 연세대학에 교수로 초빙하고자 하는 의사 표시를 나에게 전했다. 이때에도 나는 연세대학이 아닌 고려대학을 택했다. 이 두 경우에 있어서의 나의 선택 기준은 이미 기독교인인 내가 기여할 수 있는 대학이 기독교 색이 없는 고려대학교라고 생각했기 때문이다. 나는 한 기독교 가정에서 출생하고 양육된 사람이다. 이 한 사람에게는 엄위한 역할이 주어져야 한다. 나는 고려대학교에서 민주화운동에 하나의 기여를 했다. 그러나 이 기여는 내가 보성전문에 입학을 했기 때문에 드디어는 고려대학교에서 교수직을 갖게 된 후일의 일이다. 나는 보성전문과 이어서 곧 생긴 고려대학교에서 6년간을 학문이 있는 대학을 전술한 대로 마음껏 경험했다.

학문이 있는 대학

사람이 학문을 해서 학문이 있는 대학을 만들고 학문이 있는 대학이 사람을 만드는 것을 나에게 보여 준 실례가 고려대학교이며 이광주의《대학사》이다.[61] 먼저 내가 본 고려대학교 이야기이며 둘째가 이광주의《대학사》이야기이며 셋째가 내 이야기이며 넷째가 고려대학교가 만들 미래에 관한 이야기이다.

나는 18세 때 보성전문학교의 입학원서를 구입하기 위하여 처음으로 캠퍼스에 와 보았다. 일제가 금지해 비록 민립대학을 못 세웠지만 성의를 다하고 있는 교육기관이라는 것을 알 수 있었다. 건물마다 수세식 변소가 있고 교수 연구실이 아담했다. 18세 8월 15일에 해방이 되었으니 1945년도 보성전문학교 한 학기의 경험이 나에게 잊을 수 없는 회상을 안겨 주었다. 아침조회 때 조회를 사회하던 옥선진 교수가 지각해서 참석한 학생을 나무랐다. 지각한 학생의 옷차림이 싸움을 하고 온 모습이었다. 옥 교수 말이 적어도 보성전문학교 학생이 남에게 매를 맞고 오는 것을 용납할 수 없다고 말했다. 이 옥 교수는 해방 후 초대 검찰총장으로 현실 참여를 한 교수였는데 우리는 옥 교수의 말을 듣고 주변에 있는 일본 학생들과의 투쟁심을 마음속으로 다졌다. 경제학 교수는 해방 후 북한에 가서 학술원장을 했던 좌익 교수였다. 그런가 하면 손진태, 안호상, 장덕수 등 우익 교수들이 공존해 있는 것이 놀라웠다. 이 보성전문이 고려대학교로 발족했

61 이광주,《대학사》, 민음사, 1997.

을 때 나는 전술한 대로 법률학과 학생이면서 신설된 인문학부 강의를 열심히 수강했다. 이 수강했던 강의 중 하나인 현상윤 총장의 '조선사상가' 강의에서 제기했던 나의 이의는 내 나이 69세 때 저술한 《논어맹자와 행정학》으로 잉태되기도 했다. 내가 고려대학교에서 얻은 첫인상은 고려대학교가 단순한 학문의 전당이 아니라 나라의 방향을 정하는 대학이라는 점이다. 내가 고려대학교 전임 강사로 임명된 1960년 4월 18일 고려대학교 학생들이 교문을 뛰쳐나와 광화문에 있는 국회의사당 앞에 이승만 정부의 독재를 항거해 모였던 것을 나는 의미 있게 보았다. 이광주의 《대학사》를 읽으면서 스콜라 철학이니 기독교 신학이니 베이컨의 경험론이니 루터의 종교개혁 등 많은 첨단 이론이 대학의 학풍을 바꾸는 것을 보았으나, 단 일개 대학 고려대학교의 학생들의 의거가, 한 대학의 학생의 움직임으로 한 정권이 무너지고 마는 것을 나는 인상 깊게 받아들였다.

일개 대학 고려대학교의 움직임과 그 일개 대학의 일개 교수인 나의 행적을 살펴보자. 이 행적을 살필 수 있는 객관적 전시를 고려대학교 박물관 전시실에서 볼 수 있다. 그 하나는 고려대학교에서 출판된 논문집이 한 묶음으로 전시된 것이 있는데 전시된 학술지의 하나로 아시아문제연구소 논문 중 이문영이 저술한 북한 행정 권력의 변질에 관한 영문 논문이 전시된 점이다. 이 논문은 아시아문제연구소가 남북한 통일에 관한 국제회의를 개최했을 때 제출한 영어 논문이다. 나는 이 논문에서 북한이 변질할 수 있는 요인을 찾되 비록 전체주의하에 있는 북한이라 할지라도 일하는 조직이 형성되며 개인을 존중하는 조직이 생겨나기 시작하면 북한도 자유화하며 남북한이 공존 · 교류한다는 것을 전망하였으니 이 논문은 나라가 마땅히 가야 될 방향을 점친 논문이었다. 같은 전시실에 이문영 교수에게 보낸 김대중 씨의 밀서가 전시되어 있고 전두환 정권에 대하여 결정타를 날린 고려대학교 교수들의 시국선언이 전시되어 있는 것도 일개 대학의 움직임이 나라의 방향을 제시한 예시이다. 나는 김대중 씨가 재야로 있을 때 그를 도왔으나 학문 활동에도 전념해 저작 활동에 매진했다. 다음 열거에서 보듯 나의 저작은 나라의 방향에 관한 모색이었다.

《논어맹자와 행정학》(나남, 1996) : 관료조직의 원형 연구를 문민정부 때에 완성.
《인간 · 종교 · 국가 — 미국행정, 청교도 정신 그리고 마르틴 루터의 95개조》(나남, 2001) : 민주정부의 원형 연구를 김대중 정부하에서 완성.
《협력형 통치》(열린책들, 2006) : 관료제 조직과 민주정부가 협력하는 모습을 연구.
지금 쓰고 있는 책인《3 · 1운동에서 본 행정학》: 민주정부가 패권주의의 노예가 되고 서민경제가 파탄했을 때의 대안으로서의 연구.

이렇게 써 놓고 보니 나의 학문 탐구는 바람직한 문명의 모습을 탐구한 연구이며 이 연구는 비록 짧은 대학 역사임에도 불구하고 고려대학교가 탐구한 연구과제와 동일한 것이기도 하다. 왜 고려대학교의 연구 과제가 무엇보다도 먼저 나라의 방향에 관한 것일까를 생각하게 한다. 이는 고려대학교가 일제하에서 금지된 학문 교육을 못했던 원한을 비로소 풀어야 하는 그러한 민족 대학의 과제를 안고 있었기 때문이라고 생각한다. 고려대학교 본관 앞 잔디밭 길은 현관에 이르기까지 일제시대나 지금이나 큰 대자를 이루고 있고, 이 큰 대자 길을 고려대학교생들은 걸으면서 민족의 큰 길을 생각해 왔던 것이다.

나라의 방향을 결정하는 것 이외에 고려대학교가 할 일은 이광주의《대학사》에서 보이는 대로 여러 가지의 진리 탐구를 생각할 수 있다. 현재의 교수 채용의 요건을 영어로 교육할 수 있는 교수로 채용한다든지 고려대학교에 국가고시 합격자가 월등하게 많다든지 하는 현상은 흔히 보이는 대학들과의 경쟁에서 생존하기 위한 모습인 것 같다. 그러나 거듭 말해서 고려대학교의 특색은 민족의 방향을 제시하는 데 있고, 이 제시는 일제하 3 · 1운동 때 우리 백성이 했던 제시를 잊지 않고 확인하는 데 성공해야 한다고 본다.

본 장을 마무리하면서 고려대학이 개혁이 있는 교회라는 오늘의 소요에 부응하지 못하고 있는 점이 두드러지게 보인다. 그것은 개신교 교회에 개혁된 성직자를 공급하지 못하고 있는 점이다. 고려대학교에는 신학대학이 없고 신학대학의 학문을 뒷받침하는 인문과학이 학문의 중심으로서 자리 잡고 있지도 않다.

미국 메사추세츠주 지방에 생겼던 명문대학이 인문과학 중심의 학부 수준의 교육이 엄격했던 사정에 비추어 보아 고려대학교는 졸업생을 한날 고위직에 취직시키는 일종의 학원 역할을 하고 있다고 볼 수 있다. 학원은 마음 놓고 창조하는 인간을 만들어 내지 못한다. 인문학 중심의 대학을 만들고 드디어는 졸업생들 중 오늘의 기독교를 개혁할 수 있는 성직자가 나올 것을 나는 기대한다.

나가면서

썩은 열매가 안 나오게 하는 길

나는 3 · 1공약이 만들어 내는 신묘한 열매를 여러 가지로 밝혔다. 4 · 19혁명이라는 짧은 햇빛, 그러나 짧은 햇빛임에도 불구하고 한 정권을 무너뜨린 위대한 빛을 우선 밝혔다. 이 빛은 조그마한 불순물도 견디지 못하는 순수함이었다. 이 순수함을 깨뜨린 불순물 제1호는 군사 쿠데타를 한 정권이 산업화를 이룩했다는 논리로 어두움을 빛으로 가장하는 행위였다.

이 말은 역사적 사실과 안 맞는다. 현재의 독일인 중 독일의 독재자 히틀러가 독일의 산업화를 이룩했다고 말하는 사람은 없다. 군사 쿠데타 이전에 있었던 6 · 25 참사 중에도 평민들의 창의심이 오히려 찬란해 김수영, 이중섭, 박수근, 윤이상 등이 불후의 작품을 냈고, 오늘날 수출 업적을 내는 많은 기업이 그때 이미 활동 중이었다. 유독 군사정부가 산업화를 자기의 업적으로 내세우는 것은 몹쓸 짓을 해서 삼국 통일을 한 경상도 지역에 본거지를 둔 신라의 우악스러움이 오늘날까지 남아 있어서 감히 하는 행동이다.

4 · 19혁명을 이은 두 번째 빛은 김대중이 포함된 7, 80년대 민주화운동이다. 이 빛은 좀 흐려졌다. 80년대 민주화운동은 박정희 사후의 운동이어서 좀 덜 무서울 때의 운동이었다. 덜 무서울 때에 민주화운동은 조금 말만 해도 잡혀갔던 운동과는 달리 많은 말을, 즉 과격한 말을 해도 안 잡혀가는 시대였으니 운동의 순수도가 70년대의 운동만큼은 못했다. 이렇게 빛이 광도를 잃기 시작할 때에 집권한 김대중, 노무현의 집권은 순수한 빛이라고 보기에는 적절치 않은 빛의 세

계였다. 김대중은 집권을 군사정부의 제2인자인 김종필을 국무총리로 영입하고 군사정부의 후계자인 노태우 정부에서 비서실 근무자인 김중권을 비서실장으로 영입해 민주화됐다는 정권을 꾸몄으니 그 정권이 순수한 빛이 아니라는 것이 자명했다. 바로 앞에 언급한 대로 신라세가 강한 나라가 우리나라이다. 민주화 운동을 김대중 씨와 더불어 했다는 김영삼 씨는 이 신라세인 한나라당에 항복하고 들어가서야 대통령 후보 자리를 얻어 한나라당 출신의 대통령으로 당선될 정도였다. 이쯤 상황이 되니까 신문들은 눈이 어두워져 군사정부가 산업화를 했다고 서슴없이 썼다. 한편 일부 신문은 민주화를 귀중히 여기는 나머지 민주화 정부가 집권 후 했던 잘못을 덮어주고 어두움을 지적하는 기사를 쓰지 않았다. 민주화 정부의 후기 정부인 노무현 정부의 어두움은 김대중 정부의 어두움보다 좀 색깔이 다른 어두움이었다. 자신의 정부 이름을 참여정부 혹은 386정부라고 말했듯이 30대 80학번 60년도생 재야인사들이 서슴지 않고 참여하는 정부였는데 이들은 국민 일반이 그들의 사상을 의심할 만하게 입을 열면 아무 말이나 막 해댔다. 이 과격의 소치로 열린우리당이 2006년 6월의 지방선거에서 참패하고 그 다음 해에 있었던 대선에서 패배하고 말았다.

그러나 3·1공약의 후예다운 면모가 평민들 사이에서 분출했다. 평민들을 묘사한 고은 시인의 《만인보》가 완성되었고 김민기의 〈아침이슬〉이 민요와 같이 친숙하게 불리게 됐고 한국의 드라마가 외국 사람들 눈에 신묘한 것으로 보여 한류를 형성했다. 동사무소나 우체국이나 종합병원 입원실에서 간호사들을 대해 보자. 오늘의 평민들은 모두 친절하다. 세계를 재패한 피겨스케이팅의 김연아와 여성 세계 최초로 히말라야 14좌에 도전한 오은선 씨 다 평민 출신이다. 국제경기에서 한국의 평민들은 뛰어난 성적을 냈다. 따지고 보면 한국의 대통령은 중국과 일본과는 달리 평민 출신이 더 많이 대통령이 되고 있는 나라다. 이 평민들의 활성화는 고대로부터 권한받은 평민들이 만든 사상인 천지인, 화랑정신, 동학정신 그리고 평민들이 교인들로 많이 있었던 3·1운동 직전의 기독교 교회의 모습이었다.

나는 오늘을 개혁하는 시발점으로 3 · 1운동 직전의 교회 상태를 내 교회에서 회복하고자 개혁 있는 교회를 썼다. 3 · 1운동 직전의 교인들은 예수의 제자이기를 갈망했다. 그리고 오늘의 내 교회의 교인들도 예수의 제자이기를 갈망해야 한다. 성서가 말하는 예수의 모습을 다음에 적음으로 본서의 마무리로 삼고자 한다. 예수를 전한 요한은 예수를 '말씀'이라고 전했다. 말씀은 폭력 앞에서도 폭력에 대항하여 말하는 것을 말한다. 따라서 공약 3장은 일하는 방법, 일, 그리고 일하는 사람의 형성 과정 중 일하는 방법이 비폭력일 것을 중요시 한다. 사람이 비폭력일 것이 사람의 시작인 것을 밝힌 예수의 모습을 적어 보자.

예수의 재판 시나리오 앞에 묘사한 〈요한복음〉 제18장 10-11절은 예수의 비폭력 면모를 보여 준다. 예수를 잡으러 온 대사제의 종을 시몬 베드로가 차고 있던 칼을 뽑아 내리쳐 오른쪽 귀를 잘라 버렸다. 이것을 본 예수는 베드로에게 "그 칼을 칼집에 도로 꽂아라. 아버지께서 나에게 주신 이 고난의 잔을 내가 마셔야 하지 않겠느냐" 하고 말하였다. 이 비폭력은 그가 어떻게 삶을 산 것인가를 보여 준다. 비폭력은 그의 '일'관과 '사람'관의 전제이기에 비폭력은 모든 덕목들의 시작이 된다. 따라서 그가 삶을 산 고유한 방법은 첫째 말로 하는 것, 둘째 말을 들었던 사람들과의 합의를 존중하는 것, 이 두 가지이다. 아마 이런 논리를 빌어 〈요한복음〉 제1장의 시작에서는 태초에 첫째 말이 있었고, 둘째 이 말을 믿는 사람에게 — 즉 말한 사람과 말을 들은 사람들과의 합의가 있는 경우에 — 구원이 있다고 쓰고 있다. 말하는 것은 사람의 생각, 시시비비, 지식 획득 이런 것 등을 근거로 한다. 합의란 약속의 이행, 상대방의 존중, 예의 등을 근거로 한다. 이런 두 계통의 행위를 합하여 나는 그것을 개인윤리로 이름 붙인다.

〈창세기〉에 나오는 인물로서 이 두 가지의 행위를 다 갖춘 인물은 요셉이다. 그는 그때그때를 사는 적합한 지식이 있어서 부잣집의 집사 노릇과 정부의 양곡 관리인 역할을 잘했고, 부잣집 주인과의 약속을 충실히 지켜서 금전을 축내지 않았고, 유혹하는 주인의 부인을 거절했고, 이 주인의 부인에게 손을 안 댄 대가로 상을 받은 것이 아니라 오히려 3년 동안 옥중 생활을 했을 정도로 주인과의 약속을 잘 지켰다. 나아가 그는 왕과의 약속을 지켜 그의 막대한 재산을 총리대신으로서 잘 간수하였다.

사람들은 일상생활에서 예수가 겪었던 것과 같이 명백하고 급박한 공포와 폭력 속에서 살지는 않는다. 다만 평범한 사람들은 일상생활에서 자신의 이 고유의 것—지식의 사용과 합의의 존중—을 유지해서 어려움이 닥쳐도 같은 행동을 할 수 있도록 대비한다. 종교개혁자 마르틴 루터는 과연 이 일상생활에서의 평범한 사람들의 삶의 방법이 어떠해야 한다고 보았던 것일까? 그런데 95개조 제1-7조, 그리고 제92-95조 등 11개 조항 중에서 단 한 곳도 지식을 획득하며 이웃과의 합의를 존중하면서 생활해야 한다는 견해를 발견할 수 없다. 예를 들면 제1조와 제95조는 합하여 사람이 어떻게 살아가야 하는가에 관한 요약일 뿐만 아니라 전체 95개조의 요약처럼 보이는데, 다음에 인용한 이 두 개 조를 볼 때 신자들은 일생 동안—심지어는 죽기 직전까지도—많은 고난을 통하여 신 앞에서 회개할 것을 말하고 있을 뿐이다.

제1조 우리들의 주님이시며 선생이신 예수 그리스도께서 "회개하라. 하늘나라가 다가왔다"(〈마태오복음〉 제4장 17절)고 말씀하실 때 그는 신자들의 전 생애가 참회(깊이 뉘우치는 것)가 되어야 한다는 것을 의미한다.

제95조 이같이 하여 크리스천으로 하여금 위안에 의해서보다 오히려 많은 고난을 통해서 하늘나라에 들어가는 데 더욱 깊은 신뢰를 가지게 하라.(〈사도행전〉 제14장 22절)

제1-7조와 제92-95조는 모두 회개悔改를 설명한다. 사람이 회개하면 일상생활에서 예수가 보여 준 모습으로 환원됨을 설명해 보자. 이 설명의 실마리를 다음의 두 자료에서 얻는다.

첫째, 세례자 요한이 〈루가복음〉 제3장 7-14절에서 말한 회개할 내용을 알아봄으로써 사람이 어떻게 살아가야 하는가를 보여 주는 모습을 찾는다.

둘째, 회개나 참회懺悔가 다 기도의 형식을 취하며, 기도의 원형은 주기도문(〈마태오복음〉 제6장 9-13절)이기 때문에 주기도문을 통하여 짐작되는 사람이 삶을 사는 방법의 바람직한 모습을 찾는다.

세례자 요한도 예수와 같이 회개를 설교한 분이다. 〈루가복음〉 제3장 7-14절에 의하면 그가 말한 회개의 내용은 다음과 같다.

> 7요한은 자기에게 세례를 받으러 나오는 사람들에게 이렇게 말하였다. "이 독사의 족속들아, 닥쳐올 징벌을 피하라고 누가 알려주더냐?"
> 8너희는 회개했다는 증거를 행실로 보여라. 그리고 "아브라함이 우리의 조상이다"라는 말은 아예 하지도 말라. 사실 하느님은 이 돌들로도 아브라함의 자녀를 만드실 수
> 있다. 9도끼가 이미 나무 뿌리에 닿았으니 좋은 열매를 맺지 않는 나무는 다 찍혀 불속에 던져질 것이다.
> 10군중은 요한에게 "그러면 우리는 어떻게 해야 하겠습니까?" 하고 물었다. 11요한은
> "속옷 두 벌을 가진 사람은 한 벌을 없는 사람에게 주고 먹을 것이 있는 사람도 이와 같이 남과 나누어 먹어야 한다"고 대답하였다.
> 12세리들도 와서 세례를 받고 "선생님, 우리는 어떻게 했으면 좋겠습니까?" 하고 물었
> 다. 13요한은 "정한 대로만 받고 그 이상을 받아내지 말라" 하였다.
> 14군인들도 "저희는 또 어떻게 해야 합니까?" 하고 물었다. 요한은 "협박이거나 속임수를 써서 남의 물건을 착취하지 말고 자기가 받은 봉급으로 만족하여라"고 일러주었다.

이 글에서 알 수 있는 사람의 모습은 세 가지이다. 첫째는 옳게 살되, 자신이 이미 굉장히 옳은 사람이라는 덤을 스스로에게 주지 않음으로 사람의 원 모습을 드러내게 되는 존재이다. 아브라함이 자신의 조상이라고 생각해서 자신도 아브라함과 같은 굉장한 성인이라고 생각하지 말라는 것이다. 왜냐하면 사람에게는 윤리적으로 살 최소한의 능력밖에는 없기 때문이다.

둘째는, 사람에게는 의식주가 필요하다는 것이다. 속옷 두 벌을 가진 사람은 한 벌을 없는 사람에게 주고 먹을 것이 있는 사람도 이와 같이 남과 나누어 먹어야 한다. 여기에서 유의할 점은 사람에게 필요한 한도 내에서만 의식주가 허용

된다는 점이다.

셋째는, 사람에게는 세리나 군인 같은 공권력을 쥔 사람이 필요하지만, 다만 이런 사람들은 권력을 남용하지 않는 상태에 있어야 한다는 것이다. 세리는 정한 대로만 거두고 그 이상은 받아내지 말며, 군인은 협박하거나 속임수를 써서 남의 물건을 착취하지 말고 자기가 받은 봉급으로 만족해야 한다.

주기도문의 내용도 세 가지이다. 이 세 가지는 사람이 회개해야 할 세 가지와 동일하다. 그것을 다음과 같은 대비를 통해 밝혀 보겠다.

하늘에 계신 우리아버지
온 세상이 아버지를 하느님으로 받들게 하시며
아버지의 나라가 오게 하시며
아버지의 뜻이 하늘에서와 같이
땅에서도 이루어지게 하소서(〈마태오복음〉 제6장 9-10절)
(이 기도는 사람이 사람 위에 가져야 할 바람직한 상급자로 아버지를 제시한다. 그러니까 바로 앞서서 나온 세리와 군인이 우리의 아버지와 같던지 하늘에 계신 아버지와 같다면, 그러한 상급자를 둔 사람이 사는 세상은 사람이 살 만한 세상이다.)
오늘 우리에게 필요한 양식을 주시고(〈마태오복음〉 제6장 11절)
(이 기도의 취지는 속옷 두 벌을 가진 사람은 한 벌을 없는 사람에게 주고 먹을 것이 있는 사람도 이와 같이 남과 나누어 먹어야 한다는 것이다. 이 기도에서 양식을 나에게만이 아니라 우리에게 줄 것을 기도한다. 따라서 혼자서만 진수성찬을 차려 놓고 먹는 부자는 주기도문을 드릴 자격이 없다.)
우리가 우리에게 잘못한 이를 용서하듯이
우리의 잘못을 용서하시고
우리를 유혹에 빠지지 않게 하시고
악에서 구하소서.
나라와 권세와 영광이 영원토록 아버지의 것입니다. 아멘(〈마태오복음〉 제6장 12-13절).
(이 기도의 어느 구절에서도 자신을 아브라함의 후손이라고 뽐내는 흔적을 볼 수 없다. 자기에게 잘못한 이를 용서하지 않으면 아무리 굉장한 선행을 이미 했다고 하더라도 우리는 용서받지 못하게 돼 있다. 우리는 결코 대단한 사람이 아니라 쉽게 유혹에 빠지며, 굉장한 선을 행한다기보다는 악에서나 구하여지기를 바라야 하는 연약한 사람이다.)

바울이 논한 〈로마서〉 제1장 18-32절에 보이는 인간의 죄도 세 가지 면에서 진행됨을 알 수 있다. 다만 신이 사람이 사람답게 살기 위하여 사람에게 요구하는 것이 최소한도인 것이지만, 사람은 현실에서 최대의 악을 저지른다는 것을 이 글을 보면 알 수 있다. 예를 들어 신은 사람에게 먹을 것을 이웃과 나누어 먹으라고 요구하지만 실제의 인간은 자신의 몸을 무한대로 정욕에 내맡겨 동성연애까지도 한다(제1장 24-27절). 이웃에 대한 행패는 부정부패, 탐욕, 살의, 분쟁, 사기, 악의, 난폭, 거만, 부모 거역 등 그 범위가 끔찍하게 넓다(제1장 28-32절). 사람이 유지하는 상하관계도 극히 전도되어 하느님을 사람의 위치와 바꾸면서 산다(제1장 18-23절).

이렇게 해서 이제 사람의 원 모습이 드러났다. 사람에게는 먹을 것이 있어야 하며, 행동의 기준이 부귀영화가 아니라 선악이어야 하며, 나아가 그가 존경할 만한 아버지가 가까이 있어야 한다. 그렇다면 이런 사람은 어떤 사람인가? 이런 사람은 평범한 사람이다. 아니 '평범한'이라는 형용사를 아예 붙일 필요도 없는 그냥 사람이다. 내가 본 예수의 말 중에서 나의 심금을 울리는 말이 있다. "자, 때가 왔다. 사람의 아들이 죄인들 손에 넘어가게 되었다"(〈마르코복음〉 제14장 41절)라고 하면서 잡혀가기 전에 자신을 가리켜 '사람의 아들'이라고 한 것이다.

3·1운동 때 만세를 불렀던 우리 백성도 이런 평범한 사람이었다. 그렇다면 이러한 평범한 사람은 어떻게 살아야 하나? 타인의 것을 훔치고 타인을 죽여서 나만 잘사는 것이 아닌 비폭력의 삶을 우선 살아야 한다. 그리고는 자신의 머리를 사용해서 말을 하고, 손을 움직여 생업을 갖고, 자칫하면 폭력 행사의 대상이 될 수 있는 이웃과 이제는 약속을 만들며, 그 약속을 지키면서 살아야 한다. 그런데 인간은 이런 사람의 길을 버리고 끈질기게 주먹을 쓰면서 살려고 한다. 그리고 주먹을 써서 얻는 것은 재물과 권력이다.

이제 가까스로 밝혀진 것이 사람의 원 모습으로 돌아가는 방법은 늘 회개하는 것이며, 이 회개를 철저하게 하면 할수록 그만큼 그는 평범한 사람으로 환원된다는 것이다. 회개의 목적은 사람의 원 모습으로 생활을 시작하는 데 있지, 과

거의 잘못을 징벌하는 데 있지가 않다. 세례자 요한도 세리나 군인이 앞으로 새 생활을 하라고 말하였을 뿐이다.

이 비폭력 저항이 바로 3 · 1운동과 4 · 19혁명과 70년대 민주화운동과 그 앞자리에 재야인사와 야당의원들이 앉기 이전의 촛불시위에서 나타났다. 이러한 저항은 어두움에 비친 빛이었고 저항자가 하는 말은 〈요한복음〉 제1장 1절과 같이 세상을 창조하는 말씀인 말이기도 했다. 따라서 본서는 한반도에서 권한받은 평민들이 했던 말의 신묘한 역사를 더듬은 책이다. 본서에서의 더듬음을 간추린 장으로 볼 수 있는 제11장의 묘사에서 본다면 오늘의 교회와 가정과 대학은 백성에게 빛이라기보다는 어두움만을 던져 준다. 그러나 나는 실망하지 않는다. 빛은 고난을 이김으로써만 가능하다. 한편 본서의 관심사는 어두움의 역할을 하는 재래의 행정학이 지닌 어두움을 해결하는 데 있다. 세례자 요한의 말을 거듭 인용한다면 공무원들이 평민들보다 더 어두운 짓을 한다. 따라서 고난 이후에 오는 빛을 전하는 본서가 3 · 1운동을 겪은 백성이 만들어 낼 하나의 빛, 새 행정학의 모습이다.

끝으로 본서는 남북한의 분단 극복을 기다리는 책이다. 내가 바라는 변화의 고장은 대구와 평양이다. 평양은 지금 선군정치에 앞장서 있고 대구는 우악스러운 정치의 본산이다. 우선 대구의 이야기인데 대구에서는 화랑이 나왔고, 최제우의 동학사상이 나왔고, 또 4 · 19 때만 하더라도 경북고등학교 학생들이 데모를 했던 곳이다. 이 본때를 살려서 단순한 기득권 옹호가 아니라 자기수정을 하기 바란다. 즉 김대중 같은 인물이 대구 사람 중에 나오기를 기대한다. 다른 한편 평양의 경우는 3 · 1운동을 일으켰던 후예답게 적어도 나라의 품격이 중국보다는 나은 민주국가를 김정일이 자율적으로 헤치고 나오기를 바란다. 이렇게 본서의 마무리에서 생각하는 이유는, 한 이문영이라는 소년이 동생들을 때린 것을 뉘우쳐 울었던 것을 연장해 국민을 때리는 군사정부를 민주정부로 바꾸어 놓았듯이 분단이라는 오늘의 문제를 해결하기 위해 대구와 평양에서 기득권을 포기하는 모습이 나타나기를 나는 바라서이다.

찾아보기

3·1운동에서 본 행정학

초판발행 2011년 3월 18일
초판 1쇄 2011년 3월 18일

지은이 이문영
펴낸곳 **고려대학교출판부**
www.kupress.com
kupress@korea.ac.kr
136-701 서울특별시 성북구 안암동
02-3290-4230, 4232
Fax 923-6311
찍은곳 한국컴퓨터인쇄정보

ISBN 978-89-7641-743-5 93350

값 32,000원